한국정치리더십론

나남
nanam

나남신서 1980

한국정치리더십론

2003년 9월 5일 초판   발행
2012년 3월 31일 개정증보판 발행
2012년 3월 31일 개정증보판 1쇄
2018년 11월 30일 개정신판   발행
2018년 11월 30일 개정신판   1쇄

지은이   정윤재
발행자   趙相浩
발행처   (주) 나남
주소   10881 경기도 파주시 회동길 193
전화   (031) 955-4601 (代)
FAX   (031) 955-4555
등록   제 1-71호(1979. 5. 12)
홈페이지   http://www.nanam.net
전자우편   post@nanam.net

ISBN 978-89-300-8980-7
ISBN 978-89-300-8001-9(세트)

나남신서 1980

한국정치리더십론

정윤재

Korean Political Leadership

by

Chung, Yoon Jae

nanam

이 책을 은사이신
고(故) 글랜 D. 페이지 교수님께 바칩니다.

《한국정치리더십론》을 내며

현대 한국정치는 전과 다름없이 오늘도 도전받고 있다. 우리의 근현대사가 언제나 위기와 난국이 지속되는 가운데 전개되어 오고 있기 때문이다. 그런데 지금 우리가 목도한 국가적 현실은 우리의 정치적 인식과 행동의 대전환을 요구하는 것으로 보인다. 안으로는, 행동하는 주권자-국민의 역할이 국가발전의 핵심이라는 민주공화주의적 신념이 더욱 일상적인 정치의식으로 자리 잡았다. 밖으로는, 비핵화와 함께 우리 한반도의 평화정착 문제가 국제정치상 주요의제가 되어 안팎의 정세가 매우 긴박한 중에 변전하고 있다. 그런데 이런 때일수록 우리는 정치리더십의 중요성을 더욱 실감하게 된다. 어떤 경우든 공동체가 당면한 상황은 정치지도자의 진단에 따라 달리 인식되며, 이점을 강조하여 율곡은 일찍이 〈동호문답〉에서 "상황이란 것도 기실은 정치지도자의 결정과 선택이다"(時也者 上位者之所爲也) 라고 말한 적이 있다.

저자는 이 책의 초판을 낼 때도 이런 생각을 했던 터라 이번에 제 3판을 준비하면서 솔직히 부끄러운 생각이 많이 들었다. 그렇게 중요한 정치리더십을 공부한다면서, 정치지도자가 그 사실을 인식하게 하고 또 더 만족스럽게 일하게 하는 데 기여한 바가 별로 없다는 자괴감 때문이다. 그럼에도 불구하고 계속 정진할 수밖에 없는 처지임을 실감하고 무뎌진 생각들을 추스르며 이 졸저를 마무리했다. 첫째, 기왕의 증보판에서 제 14장(이명박)과 제 19장(세종대왕)을 삭제했다. 전자는 엄밀한 의미에서 정치리더십 분석이 아니었고, 후자는 시대적으로 맞지 않는 주제였다. 둘째, 대신 "정치리더십에 대한 메디컬 모델"을 제 4장으로, "중용리더십과 한국민주주의"를 제 19장으로 새로 넣었다. 전자는 저자의 학위논문 중 일부를 번역하여 가필했고, 후자는 한국정치의 발전을 위한 새로운 연구의 방향을 제시하고자 최근에 새로 썼다. 셋째, 책의 제목을 《한국정치리더십론》으로 바꿔 제목을 내용과 일치시켜 독자의 혼란을 최소화하고자 했다.

이 책을 내면서 미국 하와이대 유학 시절 은사이셨던 고(故) 글렌 페이지(Glenn D. Paige) 교수님께 각별한 감사를 드린다. 그는 저자에게 정치리더십을 가르쳐 주셨을 뿐 아니라 학자로서 살아가는 기본자세를 보여 주셨다. 그는 평생 비폭력 정치이론의 개발과 전파에 매진하시다가 지난해에 별세하셨다. 그는 정치리더십에 대한 메디컬 모델의 개발을 이끌어주셨고, 세종과 같은 한국의 전통리더십도 연구해 볼 것을 권고하셨다. 그의 가르침을 생각하면 부끄럽기만 하니 이 책을 그의 영전에 바친다.

이 책을 내며 먼저 저자를 한국학중앙연구원에서 봉직하도록 도와주신 구범모 교수님께 감사드린다. 그리고 오랫동안 수시로 만나 토론하시면서 저자의 한국정치리더십 연구를 격려해주셨던 안청시 서울대 명예교수님께도 감사드린다. 또 한국학대학원 정치학전공실에서 내내 함께 지냈던 박병련, 정영훈, 이완범, 그리고 김원 교수님께 감사드린다. 이 책이 나오기까지 도와주신 분들께 감사드린다. 특히, 박충석 교수님께서는 중용리더십 관련 논문의 초고를 읽고 논평하시는 수고를 마다하지 않으셨다. 한국외대 윤대식 교수와 성균관대 이택선 박사의 정성스런 토론에도 깊이 감사드린다. 또 서울대 한국행정연구소 연구원 김태승 박사의 도움이 컸다. 메디컬 모델의 번역과 주요한 부분에 대한 가필, 그리고 전반적인 재검토에 그의 공헌이 컸다. 정치리더십에 대한 이론적 탐구에 매진하고 있는 그의 열정이 보람 있는 결실로 맺어지기 바란다. 또 방용식 박사는 중용리더십 관련 자료 준비와 내용검토 과정에서 많은 도움을 주었다. 그리고 수업시간을 통해 즐겁게 토론하고 많은 대화를 나누며 좋은 시간을 함께했던 정치학전공의 최승원, 조병주, 김혁, 어너르 자르갈 등 여러 학생들에게도 감사의 인사를 전한다. 끝으로 어려운 상황에서도 본 개정신판의 출판을 기꺼이 맡아 준 나남출판의 조상호 회장님과 행정처리와 편집을 도와준 방순영 편집장에게 감사드린다.

2018년 11월 7일
문형관 306호에서
정 윤 재

개정증보판을 내며

2012년은 졸저가 출판된 지 9년이 되는 해다. 그리고 올해는 우연하게도 한국정치의 표변(豹變)이 기대되는 총선과 대선이 한꺼번에 실시되는 해이기도 하다. 그동안 정치리더십에 대한 논문과 저서들이 매우 많이 생산되었다. 2009년 여름쯤 평생 정치사상을 연구하고 가르쳐온 경북대 윤순갑 교수는 "아무래도 정치의 에센스는 리더십인 것 같다"면서 리더십 강의의 필요성을 강조했던 적이 있다. 그렇듯 이제는 정치에서 리더십의 중요성에 대한 인식은 꽤 일상화된 것으로 보인다. 지은이로서는 이러한 상황이 반갑기 그지없지만, 그동안 졸저와 함께 강의하고 글을 쓰는 동안 여러 형태의 오류들을 발견했다. 즉시 수정본을 내고자 했으나 형편과 여건이 허락하지 않았다.

그러던 중 이제라도 틈을 얻고 또 출판사 측의 흔쾌한 동의를 얻어 발견된 오류들을 고치고 새로운 연구들을 보태어 개정증보판을 내게 된 것을 다행으로 여긴다. 우선 전반적으로 오자와 띄어쓰기나 활자 크기가 잘못된 것들을 수정했다. 특히 초판본의 제1장과 제2장 그리고 제17장과 제18장을 다시 읽으며 부적절하거나 부자연스러운 부분을 수정하고 보완했다. 그리고 그동안 지은이가 새로 발표했던 논문들 중 2편을 골라 개정증보판의 제14장, 제19장으로 실었다. 여기에는 이명박 대통령과 세종대왕의 리더십에 대한 글이 포함되어 있다. 그리고 이 기회에 참고문헌도 세밀하게 다시 보며 교정하고 꼭 필요한 경우에만 추가했다. 이렇게 해서 개정증보판을 내지만, 그렇다고 새 책에는 오류와 부적절한 표현이 전혀 없다고 한다면 그것은 그야말로 자만일 뿐이다. 그리고 졸저가 우리나라 역대 대통령들의 리더십 연구를 핵심으로 하는 점을 반영하여 "한국 대통령 리더십 연구"라는 부제를 새로 달아 펴냄을 명기한다.

지은이가 개정증보판 제1장 마지막 부분에 소개한 것처럼, 이제는 정치철학자나 구조주의적 분석에 익숙한 비교정치학자 모두 정치리더십의 중요성을 강조하고 있다. 앞으로 이러한 학문적 분위기가 성숙되어 정치리더십에 대한 이론적 논의가 더욱 활기 있게 진행되고 우리나라와 외국의 정치지도자들에 대한 수준 있는 연구들이 계속해서 많이 생산되어 리더십교육과 시민교육에도 새로운 전기가 마련되기를 기대해 본다. 그래서 정치와 민주주의에 대한 균형잡힌 시각이 성숙되고 확산되어 한국민주주의가 참여적이면서도 효율적인 국가경영방식으로 자리잡기를 또한 기대해 본다. 끝으로 수정원고를 꼼꼼히 읽으시고 귀중한 조언을 주신 조상호 사장님께 깊은 감사의 인사를 드린다.

이 책을 나의 스승 Glenn D. Paige 교수님께 바친다.

2012년 이른 봄
장서각 연구실에서
정 윤 재

대통령 동상(銅像)이 없는 나라

얼마 전 나는 전경련회관과 국회도서관을 방문한 김에 여의도공원을 거닐었다. 여의도공원은 김대중 정부가 박정희 독재시대의 대표적 상징물인 5 · 16 광장을 없애고 서울시와 협의하여 녹지공원으로 새로 단장한 장소다. 옆에 난 큰길로 지나가는 차들이 내는 소음이 거슬리긴 했지만 아담한 산책로와 자전거길, 그리고 잔디밭에 벤치까지 있어 좋았다. 또 우리의 희망인 청소년들이 신나게 놀고 운동할 수 있는 공간도 있고, 나무나 꽃에 이름표까지 달려 있어 더욱 좋았다. 그런데 나는 한강유람선 여의나루 쪽으로 걸어가다 세종대왕 동상을 보고 다소 실망하였다. 내가 세종대왕을 존경하지 않거나 그 동상을 세우는 데 조력한 분들을 원망해서가 아니었다. 적어도 국회의사당이 버티고 있는 여의도라면 최소한 대한민국을 건국하고 초대 국회의장을 지낸 이승만 박사의 동상쯤은 있어야 하는 것 아닌가 하는 생각이 들어서였다. 세종대왕상은 덕수궁에도 있지 않은가?

내가 이렇게 말하는 것은 이승만 대통령만이 당대의 정치현실에서 가장 존경받을 만한 정치지도자였다고 생각해서가 아니다. 다만 좋

13

거나 싫거나 나는 현재 대한민국정부에 세금을 내는 국민 중 한 사람으로서 자존심이 상해서다. 외국을 여행하다 보면 우리가 아는 정치지도자들의 동상은 물론이고 JFK 국제공항이 있고, 퐁피두센터가 있으며, 벤구리온대학교까지 있다. 그런데 우리는 자기 나라를 세운 건국의 공로자로서 초대 대통령의 동상 하나도 제대로 세우지 못하고 있는 것이다. 김대중 대통령이 박정희 대통령 기념관을 건립하는 데 국고를 지원한다고 했지만 그런 어설픈 '동진' 책략보다는 차라리 역사적 안목에서 여의도공원을 조성할 때 거기에 이승만 박사의 동상부터 세우기로 했다면 아마도 큰 호응을 얻었을 것이다. 그가 비록 정치적 성향으로 보아 김구 선생을 더 선호한다 해도 대한민국의 국가원수로서 한 번 더 심사숙고했더라면 그의 대북 화해노선도 더 많은 공감과 기대 속에서 추진될 수 있었을 것이다. 이런 생각을 하면 모든 게 아쉬울 뿐이지만, 여기에는 필시 어렵고 냉정한 곡절이 있을 것이다. 우리 현대정치의 어둡고 슬픈 단면들이 이리저리 중첩되는 가운데 그 원인들이 맺혀 있는 것이다.

우리에게는 아직까지도 지도자 복이 없다. 모두가 흔쾌히 따라가며 좋아할 수 있는 넉넉한 대통령이 없었다. 정치와 정치인들을 불신하고 냉소하기는 예나 지금이나 마찬가지다. 그래서 그런지 우리나라에는 역대 유명 정치인들 중 실권 있는 대통령을 지내보지 못한 김구 선생의 동상만 남산에 서 있을 뿐, 공공장소에 역대 대통령들의 동상은 하나도 없다. 이러한 사실은 정치적 경쟁에서 패배했던 김구에 대한 동정과 그가 지녔던 정치적 이상에 대한 공명이 국민들 마음에 아직 살아 있음을 보여주는 것이다. 동시에 역대 대통령들은 리더십적으로 한계가 있었던 정치지도자들이었고 현대 한국정치사 역시 그 불구성을 아직도 극복하지 못하고 있음을 상징적으로 말해주는 것이다. 그러나 이제 우리는 과거 우리나라를 이끌었던 대통령들에 대해 파당적 입장에서가 아니라 바람직한 지도자에 대한 종합적 전망에서 그들에 대한 우리의 이해와 평가를 더욱 심화시켜야 할 것 같다. 아니 그렇게 할 수 있는 분위기를 적극적으로 만들기 위해서 역사적 안목과 함께 가슴 넓고 능력 있는 지도자가 대통령이 되어야겠다.

이승만 대통령은 대한민국을 건국한 지도자로 그 공이 크다. 그러나 민주정치를 잘 아는 정치학 박사로서 그것을 제도화시키는 데 매진하기보다 '임금'처럼 법 위에 군림했던 사실은 흠이 아닐 수 없다. 불안했던 국내외 정세를 탓할 수도 있겠지만, 그는 지식인 대통령으로서 자신이 제시한 비전과 정책의 필요성을 적극적으로 설득하는 노력에 소홀했으며, 다만 권력논리에 따라 정치를 임의로 조작하거나 폭력으로 전횡하였다. 그래서 그는 야당뿐 아니라 '교과서 속의 민주주의밖에 모르는 철부지들'에 의해서도 규탄받았다.

박정희 대통령은 우리나라를 근대화시킨 지도자이다. 보릿고개를 없앤 그의 업적은 평가자의 정치적 입장과 관계없이 정당하게 평가받아야 할 것으로 본다. 그리고 정치지도자로서 그의 비전과 엘리트 장악력, 그리고 엄격한 자기관리와 추진력은 평가받을 만하다. 그러나 그의 불도저식 개발추진은 인권유린과 자연파괴, 그리고 부정적 군사문화의 확산을 초래했다. 그래서 그가 비록 성공한 근대화 지도자라 하더라도, 그의 정치적 안목은 제한적이었음이 지적되어야 한다.

김영삼 대통령과 김대중 대통령은 민주화운동을 이끌었던 지도자들로 독재타도와 민주주의 진전에 중요한 기여를 했다. 그러나 두 사람 모두 대통령으로서 민주화세력이 건국세력이나 근대화 세력에 비해 그래도 도덕적으로 앞서 있다는 평가를 받게 하는 데 실패했다. 민주주의가 정착되는 데 정치지도자의 도덕성은 필수적 요소이나, 고질적 지역주의, 부정부패, 친인척비리 등을 제대로 극복하지 못했던 것이다. 그리고 누구보다도 민주주의를 지향했던 지도자들로서 과거의 권위주의 정치문화를 충분히 약화시키는 데 성공하지 못했고 법치실현을 통한 민주주의의 제도화에 뚜렷하게 기여하지 못했다. 또한 김대중 대통령은 한국정치의 고질적 정치불신의 문제를 다음 대통령의 과제로 남겨두고 임기를 마쳤다.

우리에게도 이젠 자부심을 가지고 존경할 수 있는 정치지도자가 있어야 한다. 그리고 이러한 지도자는 자신의 노력과 함께 주권자로서 줏대가 확실한 국민들 속에서 단련되고 선택된다. 동시에 국민 각자는 주권자다운 책임과 의무로 정치에 관심을 가지고 참여하며 법과 규정을 먼저 지키는 리더십을 발휘해야 한다. 흔히 말하는 시민정신이 바로 그것이다. 군주시대에는 군주 한 사람만 리더십을 발휘해도 되지만, 민주시대에는 국민 각자가 주인으로 책임을 다하는 어려움을 감당해야 하는 것이다. 그렇게 될 때 우리는 언제라도 세계화에 맞는 비전과 상황 장악력, 그리고 정치적 안목과 기술을 두루 갖춘 인물을 대통령으로 뽑을 수 있을 것이다.

특히 오늘의 우리 정치에는 도덕성과 커뮤니케이션 능력을 지닌, 그리고 민주적 생활방식이 몸에 밴 정치지도자가 필요하다. 그러한 인물들 중에서 우리의 대통령이 선출된다면, 우리는 아이들과 함께 대통령 동상이 있는 공원을 거닐며 시련 속에서도 경제번영과 민주주의를 일궈낸 우리의 역사를 도란도란 얘기할 수 있을 것이다. 또 저녁시간에 TV뉴스를 보다가 대통령이 화면에 나왔을 때 부모들이 자식들을 향해 "애들아 이리 오너라, 대통령이 나오셨다"고 하면서 함께 즐거운 대화시간을 가질 수 있을 것이다.

이 책은 한국정치에 대한 필자의 이러한 문제의식과 희망이 교차되는 가운데 지난 10여 년 동안 썼던 글들을 모아 수정·가필을 거쳐 엮은 것이다. 이 책의 내용들은 참고문헌에서 볼 수 있는 것처럼 대부분 학회지나 공저의 일부분으로 출판된 것이다. 그리고 집필 당시의 대통령이나 정치적 이슈를 다룬 것이기 때문에 지금 읽기에 다소 부자연스러운 감이 있다. 하지만 기본적으로 한국민주주의의 발전이라는 맥락에서 쓰인 논문들로 일정한 시간이 흐른 지금에도 시사하는 바가 있다고 판단하여 그대로 실었음을 밝힌다. 다만 신익희 전 국회의장의 민주적 리더십에 관한 글, 노태우 전 대통령에 관한 글, 출생순서와 리더십 스타일에 관한 글, 그리고 한국사회의 발전과 대통령의 자질에 관한 글 등 4편은 한국정치학회 등이 주최한 여러 학술세미나에서 발표만 되었던 것들이다. 이전부터 이 원고들을 엮어 단행본으로 내려 했으나 미진하다는 생각을 떨치지 못해 결단을 내리지 못하던 차였다. 하지만 이번에 고려대 함성득 교수의 제의와 나남출판 조상호 사장님의 후의로 이렇게 펴낼 수 있었다.

이 책이 나오기까지 많은 분들의 은덕을 입었다. 특히 한국정신문화연구원에 계시다가 정년퇴임하신 구범모 선생님은 평소 엄격하고 날카로운 가르침으로 본인의 게으름을 각성시켜 주셨으며, 서울대 정치학과의 안청시 교수님은 하와이대학교 유학시절부터 지금까지 줄곧 본인의 정치리더십 연구를 지켜봐 주시고 격려해 주셨다. 또 서울대 정치학과의 김홍우 교수님과 함께 했던 현대사상연구회 활동을 통해 소통과 토론의 중요성을 재인식하게 되었다. 그리고 본인의 수업에 참여하며 진지하게 논의했던 한국정신문화연구원 한국학대학원 정치학전공 졸업생 및 재학생들, 제임스 번즈의 책을 번역하느라 많은 시간을 함께 했던 연세대 장동진 교수 등 한국리더십연구회 회원들, 사회과학의 각종 주제들을 넘나들며 토론에 열중했던 순조실록 읽기모임의 박현모 연구교수와 회원들에게도 고마움의 마음을 전한다.

본인이 공부하는 동안 어려운 집안을 맡아 고생만 해온 나의 아내 임유나와 더 많이 사랑해주지 못한 아들 현도와 딸 현숙에게 말로 다

표현하기 어려운 남편과 아빠의 마음을 전한다. 또한 이 책을 준비하는 과정에서 온갖 잡일을 마다하지 않고 성실하게 도와주고 색인작업까지 말끔하게 해낸 대학원생 노홍래 군에게 고마움을 전한다.

이렇게 책을 내는 것이 스스로를 채찍질하는 것이지만 또 모험하는 것도 되어서 조심스럽고 부끄럽기만 하다. 그러나 이 책이 우리나라 학계에서 정치리더십 연구를 촉진하는 작은 계기라도 될 수 있다면 그나마 다행으로 여길 것이다. 강호제현의 질정을 기대하는 바이다.

2003년 늦여름

문형관 서재에서

정 윤 재

차례

제1부

정치리더십과 근대국가의 발전

제1장

현대정치학과 정치리더십

1. 머리말

동서고금을 막론하고 정치는 우선 사람의 일이며, 하나의 공동체를 형성하고 유지하며 발전시키고자 하는 공동목표에 따라 지도자와 일반국민들이 일정한 관계를 유지하며 국가를 경영하는 리더십 과정이다. 그래서 일찍이 율곡(栗谷) 이이(李珥)는 "치란(治亂)은 사람에게 있는 것이지 때에 매인 것이 아니다. 때라는 것은 윗자리에 있는 사람이 만드는 것이다"(治亂在人 不係於時 時也者 在上位者之所爲也)[1]라고 주장했다. 또 루소(Jean J. Rousseau)는 "인민들은 결코 부패하지 않는다. 다만 국가를 담당하는 지도자들에 의해 자주 잘못 지도되며, 그렇게 잘못 지도될 때만 인민들은 이른바 나쁜 짓을 하는 것 같다"[2]라고 주장함으로써 정치지도자의 역할이 국민들의 태도와 행동

---

1) 이이, "동호문답", 《국역 율곡전서 3》(한국학중앙연구원, 2007), p. 176.
2) Jean J. Rousseau, *The Social Contract*(Penguin Books, 1968); David Held et al. (eds.), *States and Societies*(New York: New York University Press, 1983), p. 73.

에 중요한 영향을 미친다는 점을 지적했다. 또 몽테스키외(Montesquieu)
는 "하나의 사회가 처음 생겨날 때 공화국을 만들어내는 것은 그 지
도자들이고, 다시 지도자들을 만들어내는 것은 그 제도들이다"[3] 라고
말함으로써 정치제도와 지도자는 역동적 상호관계에 있음을 강조했다.

　물론 현대 정치학자들도 정치에서 지도자 혹은 리더십의 중요성을
언급하였다. 미국의 정치학자 메리엄(Charles E. Merriam)은 리더십
현상은 "정치·사회적 행위에서 가장 생생한 현상 중 하나"[4] 라고 지
적했다. 에딘저(Lewis Edinger)는 현대정치에서 리더십은 경제적 불
안정, 전쟁, 그리고 기술적 변화 등 때문에 그 필요성이 점점 더 증
대되고 있으며 20세기의 주요한 정치현상 중 하나라고 간주하였다.[5]
정치리더십의 중요성에 대한 이런 지적과 함께, 제2차 세계대전 이
후 새로 독립하기 시작한 제3세계 국가들 대부분은 정치적 독립, 경
제발전, 그리고 사회통합의 과제를 동시에 안고 있었기 때문에 정치
리더십의 문제는 현대정치학 내 여러 연구분야에서 주요 연구과제로
채택될 만했다.

　그러나 현대정치학에서 정치리더십은 하나의 연구주제로서 학문적
연구의 주류에서 제외되었다. 특히 제2차 세계대전 이후 현대정치학
을 대표한 미국의 정치학자들은 그들대로의 지적 전통과 정치적 경험
에 따라 제도나 구조, 혹은 체계를 더 중시하는 이른바 "과학적 정치
학"을 발전시켰는데, 그런 한편으로 정치리더십은 주요 관심의 대상

---

3) Edward Feit et al., *Governments and Leaders: An Approach to Compar-*
ative Politics(Boston: Houghton Mifflin, 1978), p. xvii.

4) Charles E. Merriam, *Systematic Politics*(Chicago: University of Chicago
Press, 1966), p. 107.

5) Lewis J. Edinger, "Political Science and Political Biography(1): Re-
flections on the Study of Leadership," *Journal of Politics*, 26-2(May
1964), p. 423.

에서 비켜나 있었다. 그 결과 1906년과 1963년 사이에 〈미국정치학
회보〉(*American Political Science Review*)에 실린 약 2천 5백여 개의 논
문들 중 그 제목에 leaders나 leadership이란 단어가 출현하는 것은
17번에 불과하며, [6] 1964년부터 1987년 사이에는 11개 논문만이 그
러한 단어를 포함했을 뿐이다. [7] 페이지(Glenn D. Paige) 교수는 미
국정치학의 정치리더십에 대한 이러한 무관심은 진화론적, 심리적,
그리고 경제적 결정론과 같은 유럽의 지적 전통에 의해 큰 영향을 받
은 결과로 설명했다. [8] 터커(Robert C. Tucker) 교수는 현대의 정치
학자들이 지나치게 "권력중심적 분석"에만 몰두하고 정치엘리트를 단
순히 권력추구자로 간주하여 정치에 대한 리더십적 이해와 평가가 소
홀했다고 보았다. [9] 그래서 오늘날 정치리더십에 대한 연구를 가장
활발하게 하는 정치학자 중 하나인 번즈(James M. Burns) 교수에 의
하면, "리더십은 지상에서 많이 관찰되는 현상이면서도 그에 대한 이
해가 가장 부족한 현상"[10] 으로 남아 있다.

사실상 리더십이 군사학이나 경영학, 그리고 심리학을 연구하는 학
자들의 주요 연구대상이었지만 정치학 분야에서는 이상할 정도로 축적
된 연구성과가 많지 않다. 물론 정치리더십에 대한 관심과 연구가 전
혀 없었던 것은 아니다. 그래서 필자는 앞으로 한국정치학에서 정치리

---

6) Glenn D. Paige, *The Scientific Study of Political Leadership*(New York:
   The Free Press, 1977), p. 11.

7) Yoon-Jae Chung, *A Medical Approach to Political Leadership: An Chae-
   hong and A Healthy Korea*(Ph. D. dissertation, University of Hawaii,
   1988), p. 3.

8) Paige, 앞의 책(1977), p. 39 참조.

9) Robert C. Tucker, *Politics as Leadership*(Columbia: University of Mis-
   souri Press, 1981), p. 15.

10) James M. Burns, *Leadership*(New York: Harper & Row, 1978), p. 2.

더십 분야에 대한 관심과 연구가 보다 심화되어 새로운 이론적 전망과 그에 따른 보다 창조적이고 생산적인 연구가 전개될 것을 기대하면서 지금까지 시도된 정치리더십 연구의 성과를 이론적 논의와 연구사례를 중심으로 소개할 것이다. 또한 이 같은 연구들이 시사하는 바를 요약하고 앞으로의 연구방향에 대한 필자의 견해를 피력하고자 한다.

2. 현대정치학에 대한 비판적 검토

이 절에서는 정치사상, 권력접근, 체계접근, 구조기능주의적 접근 등 네 분야를 중심으로 현대정치학의 주요 연구경향을 리더십 차원에서 이해하고 비판적으로 검토할 것이다. 11) 다른 분야들도 있지만 필자는 이 정도 수준의 검토로도 현대정치학에서 정치리더십에 대한 인식의 정도와 경향이 어떠한지를 파악하는 데 충분하다고 생각한다.

1) 정치사상 분야

미국을 중심으로 발전했던 현대정치학에서 정치리더십이 어떻게 인식되었는지를 살필 수 있는 방법 중 하나는 세이빈(George Sabine)의 대표적 저서인 《정치사상사》12)를 검토하는 것이다. 이 책은 1937년에 처음 출판된 이후 학위과정을 이수하는 정치학도들의 필독서로서 플라톤에서 마르크스에 이르는 서양학자와 이론가들의 정치사상을 소개하고 있다. 이 책의 색인에 정치리더십과 관련된 부분은 "leadership,

---

11) Paige, 앞의 책(1977), pp. 11~40을 참조.
12) George H. Sabine, *A History of Political Theory*, 2nd ed. (New York: Holt, 1955); 3rd ed. (1961); 4th ed. (1973).

in fascism and national socialism, 883~888, 900~901" 뿐이다. 이 것은 세이빈이 《정치사상사》에서 두 번에 걸쳐 정치리더십과 관련된 언급을 하고 있음을 뜻한다. 첫 번째는 "국민, 엘리트, 그리고 지도 자"란 제목의 절에서다. 이 절은 주로 히틀러의 《나의 투쟁》에 대한 서술로 되어 있으며, "지도자는 예술가가 흙으로 작품을 빚어내듯이 일반대중들을 주무르면서 지배한다"라는 말과 함께 끝난다. 또 이 절 에는 무솔리니와 레닌이 언급되고 "카리스마적"이란 단어도 사용되었 지만 막스 베버를 인용했던 것은 아니다. 두 번째는 "전체주의"에 대 한 절에서다. 여기서 세이빈은 나치식 "지도원리"란 "통상적 정부기구 를 통한 권위를 개인적 권위로 대치하는 것과 자율적 정치를 강압적 규제로 대치하는 것"이라고 설명했다.

우리가 세이빈의 책에서 분명히 확인할 수 있는 것은 그가 정치사상 전문학자로서 리더십에 대한 관심이 "매우 적다"는 사실과 자유민주주 의적 시각에서 리더십을 "경멸적으로" 생각했다는 사실이다. 세이빈은 이 책의 색인목록에 "플라톤의 철인왕", "군주", "마키아벨리의 군주", "왕권신수설", "영웅숭배", 그리고 레닌, 무솔리니, 히틀러에 대한 언 급들을 포함하고 있어 리더십에 대한 그 나름의 관심이 있음을 보여주 지만, 정치사상의 차원에서 리더십을 개념화하거나 리더십의 정치, 사회적 기능을 검토하는 데 유의하지는 않았다. 물론 이러한 것들을 그에게 기대할 수도 없는 것임을 부인할 수 없다. 그 대신 세이빈은 "자연법"에 대한 매우 높은 관심을 가지고 이 책을 썼다.[13]

일상에서 흔히 사용되는 리더십이 이처럼 서양의 정치사상 분야에 서 개념적으로 정립되지 못했던 이유로 다음과 같은 두 가지를 들 수 있다. 첫째, 리더십은 정치 이상과 현실 사이에서 형성되는 지도자와

---

13) Paige, 앞의 책 (1977), p. 15.

추종자 사이의 관계를 중심으로 나타나는 현상임에도 불구하고, 이제까지 학자들 사이에서는 플라톤 이래의 이상적 정치형태에 대한 탐구와 아리스토텔레스, 특히 마키아벨리 이후의 정치제도에 대한 경험적 분석을 구분하는 이분법이 강했다. 둘째, 역사적으로 탁월한 연구자들은 이러한 이분법적 경향의 극복을 위한 작업에 게을렀다. 즉, 정치이상과 정치현실을 연결하기 위한 구체적 전략과 작업에의 열정과 노력이 부족했다.[14]

이 같은 비판적 시각에서 볼 때, 그리스와 로마시대의 지도자 50명에 대한 전기와 18개의 짧은 비교논문을 썼던 플루타르크(Plutarch)[15]에 대한 우리의 이해와 평가는 새로워져야 한다. 그의 저술이 역사학자나 전기작가들에게 대단한 흥미를 유발하지는 못했다. 하지만 정치학자들은 그에게 상당한 흥미를 느꼈으며, 또한 그를 통찰력 있는 연구자로 인정하고 있다. 앞으로 정치사상 분야에서 맡아야 할 과제는 플루타르크를 플라톤과 마키아벨리 사이에 자리매김하게 하고 다른 지적 전통들 속에서 플루타르크와 같은 사상가를 발견하는 일이다.[16]

2) 권력접근

권력접근을 시도한 대표적 연구는 달(Robert A. Dahl)의《현대정치분석》[17]이다. 이 책의 색인목록에도 리더십이 포함되지 않아 달 역

---

14) 위의 책, pp. 15~16.

15) Plutarch, *Lives of the Noble Greeks and Romans*, 이 원전의 가장 표준이 될 만한 책은 *Plutarch's Lives*, 11 Vols., trans. Bernadotte Perrin, *Loeb Classical Library*(Cambridge: Harvard University Press, 1914~1926).

16) Paige, 앞의 책(1977), pp. 14~16.

17) Robert A. Dahl, *Modern Political Analysis*(Englewood Cliffs: Prentice-Hall, 1963).

시 정치리더십에 대해 각별한 관심을 두지 않았음을 알 수 있다. 그렇지만 그는 권력과 영향력 개념을 중심으로 하는 정치분석의 한 접근방법을 간명하게 소개하였다. 동시에 리더십과 관련된 여러 개념들과 경험적 사례들을 많이 소개하고 있기 때문에 정치학에서 리더십 문제를 보다 명시적으로 다루도록 기여할 수 있을 뿐만 아니라 정치리더십 연구자들도 이 연구로부터 많은 도움을 기대할 수 있을 것이다. 달의 연구의 출발점은 "A와 B라는 두 행동자간의 상호적 영향력 관계"이며, 여기서 영향력이란 "A가 B로 하여금 그렇지 않았으면 취하지 않았을 방향으로 행동하도록 유도하는 관계"를 말한다. 이것은 지도자와 추종자 또는 지도자와 지도자 사이의 관계를 분석적으로 해명하는 데 유익하다. [18]

달은 영향을 받은 행동자의 지위상의 변화 정도, 복종을 위한 심리적 비용, 복종가능성의 차이, 반응범위의 차이, 반응자 수의 차이 등과 같은 영향력을 측정하는 다섯 가지의 방법들을 제시하기도 했는데 이것이 모두 "추종자들의 행위"에만 초점이 맞추어져 있다는 사실은 리더십의 관점에서 지적해 둘 가치가 있다. 다른 한편, 달은 권력에 대한 개념규정을 제시하지는 않았지만, "각별히 중요한 권력의 한 원천"으로서 "국가"에 대한 관심을 촉구하였는데, 그 이유를 달은 국가가 물리적 강제력의 합법적 독점에 바탕을 둔 "네거티브한 강제력"과 국가 내 대량의 자원들에 대한 통제에 바탕을 둔 "포지티브한 강제력"을 보유하기 때문이라고 설명했다. 덧붙여 달은 권력을 탐지하고 측정하는 네 가지 방법을 제시하였는데, 그것은 공식적 지위의 소유 여부, 영향력 행사에 대한 평판, 정책결정 과정에의 참여 여부, 그리고 어떠한 정책결정상의 결과가 초래되도록 이니셔티브를 행사하거나

---

18) Paige, 앞의 책(1977), p. 17.

그것을 반대하는 상대적 영향력의 정도 등을 검토하는 것이다.[19]

달은 "정치적 인간"(*Political Man*)이란 제목의 장에서 정치적 인간들을 '권력 있는 사람', '권력추구자', '정치에 관심 있는 사람들', 그리고 '정치에 무관심한 사람들' 등의 4부류로 분류했다. 이것은 정치지도자들을 '권력 있는 사람들'과 '권력추구자들'의 집단에서 발견할 수 있음을 의미한다. 그리고 '권력추구자들과 지도자들'이란 소절에서는 사람들이 권력을 추구하는 이유를 '공공선', '개인이익추구', '잠재의식적 동기' 등 세 가지로 정리하였다. 또 '권력자들'이란 제목의 소절에서는 왜 사람들 사이에 획득하는 권력의 양이 차이가 나는가에 대해 답하면서 그것은 '사용된 자원의 양'과 '여러 자원들을 사용하는 기술과 효용성'에 따라 다르다고 설명했다. 동시에 그것은 상황적 요인 및 개인적 동기의 요인들에 의해서도 다르게 나타난다고 설명했다. 또한 달은 "정치사상과 정치제도는 어떠한 관계에 있는가?"라는 질문에 대해 "유물론적 설명"과 함께 정치사상이 정치, 사회, 경제적 제도를 생산하는 것으로 간주하는 "합리적 설명"을 소개하였다. 이상과 같은 견해들은 그가 정치 혹은 정치지도자의 능동적 역할을 이해하고 있고 또 정치적 영향력과 권력의 정도가 객관적 자원의 양뿐 아니라, 지도자 자신의 개인적 특성에 의해서 달라질 수 있음을 간파하고 있음을 시사하는 것이다.[20]

요컨대, 달의 권력접근은 비록 정치리더십을 색인목록에 포함하고 있지는 않지만, 정치리더십 연구를 위한 풍부하고 시사적인 분석틀을 제공하고 있다. 그래서 앞으로 정치리더십에 대한 보다 세련된 관심이 집중될 경우, 권력접근과 기타의 접근들은 보다 향상된 정치분

---

19) Dahl, 앞의 책(1963), pp. 50~51.
20) Paige, 앞의 책(1977), p. 17.

석을 제공할 수 있을 것이다. 즉, 정치리더십 개념을 동원한 연구는 영향을 받는 사람들뿐 아니라 영향을 주는 사람들의 행동, 그리고 강제력을 행사하는 국가의 직접 당사자들에 대해서도 분석적 관심을 갖게 할 것이다. 또한 정치리더십 개념은 사람들의 생각과 제도 및 환경에 대해 영향력을 행사하는 사람들의 다양한 행동양태에 대한 주의를 환기시킴으로써 "합리적/유물론적" 설명이라는 이분법적 사고를 극복하는 데 일정한 공헌을 할 수 있을 것이다.

3) 체계접근

이스턴(David Easton)은 정치에 대한 권력접근을 비판하고 이른바 체계접근을 제시했다. 그는 먼저 "정치학이란 권력의 분배와 사용에 의해 영향을 받는 가치들의 권위적 배분을 연구하는 학문"이라고 규정했다.[21] 그리고 그는 국가 개념 대신 정치체계 개념을 이용하여 정치에 대한 체계중심적 이해를 처음 시도하였다. 그에 의하면 정치체계는 일정한 범주 안에서 투입, 산출, 피드백 등과 같은 요소들의 상호관계에 의해 기능하고 있다. 그러나 정책결정이 핵심적으로 이루어지는 과정을 단순히 "전화"(conversion)로만 처리함으로써 투입과 산출을 연결시키며 정책생산과 결정작성에 참여하는 정치지도자들의 존재와 역할을 소홀히 인식, 평가하게 유도하고 있다. 그래서 정치지도자들의 역할과 영향력이 두드러지게 나타나는 전화과정은 "블랙박스"(input-black box-output)[22]로 남아 있는 것이다.

---

21) David Easton, *The Political System: An Inquiry into the State of Political Science*(New York: Alfred Knopf, 1953), pp. 90~148.

22) 이러한 점은 L. J. Sharpe & K. Newton, *Does Politics Matter?: The Determinants of Public Policy*(New York: Oxford University Press, 1984)에

그리고 이스턴의 또 다른 저서인 《정치체계분석》23)의 색인에는 리더십이 전혀 나타나지 않는다. 그러나 그는 발전도상국가들의 주요 전환과정에서의 새로운 리더십의 필요성을 명시적으로 강조했고, 리더십 개념을 사용하여 정치체계의 세 가지 구성요소들인 국가, 정권, 그리고 당국을 창출하고 그에 대한 지지를 만들어내는 여러 행동들을 언급하였다. 그러나 여기에서의 리더십은, 정치체계에 대한 독자적 입장에서가 아니라 아직도 일반적 체계상의 요구로 "부과된 필요"에 의해서 행동하는 엘리트의 이미지를 벗어나지 못하고 있다. 24)

이스턴은 또 《정치생활의 체계분석》25)에서 한 번 리더십을 언급했는데, 그것은 당국과 정권에 대한 지지를 확산시키는 데 공헌하는 요인으로서의 "개인적 정당성"을 논의하는 것에 사용되었다. 그는 카리스마적 지도자뿐 아니라 모든 형태의 정치리더십이 국민들의 지지를 확보하는 데 효과적이기만 하다면, 각자 스스로 정당성을 확보하는 잠재적 능력을 보유한다고 보았다. 그래서 개인적 정당성 개념이 카리스마보다도 더 광범위한 범주의 리더십 형태들을 포괄할 수 있고, 경우에 따라서 카리스마는 이 개인적 정당성의 범주에 포함된다고 생각했다. 이는 아직도 이스턴이 리더십을 "개인 차원에서 또는 개인의 성격에서 파생된 특성" 정도로 생각한다는 것을 보여준다. 26)

이스턴은 비록 정치리더십 개념을 아주 제한적으로 사용했지만, 정치리더십 행위의 여러 측면들에 대해 여러 가지 의미 있는 언급을 하

———
서 지적되었으며, 이 책에 대한 서평은 *American Political Science Review*, Vol. 8, No. 3 (September 1986)에 있다.

23) David Easton, *A Framework for Political Analysis* (Englewood Cliffs: Prentice-Hall, 1965).

24) Paige, 앞의 책 (1977), p. 22.

25) David Easton, *A Systems Analysis of Political Life* (N.Y.: Wiley, 1965).

26) Paige, 앞의 책 (1977), p. 23.

였다. 예컨대, 그는 "문 지키기" 개념을 국민들의 여러 가지 희망사항들을 요구나 사회정책으로 전화시키는 것을 통제하기 위한 구조적 메커니즘으로 사용하면서, 정치지도자들을 보다 광범위한 개념인 "문지기"에 포함시켰다. 또 그는 파이(Lucian Pye)의 책27)을 인용하면서, 때때로 당국자들은 다른 사람들의 요구를 인정하거나, 그것에 반응하거나, 또는 그것을 무산시키기도 하지만 능동적으로 요구를 창출하기도 한다고 생각했다.

요컨대, 이스턴의 체계접근은 정치리더십에 대한 많은 통찰력 있는 아이디어를 제공했지만, 정치리더십 개념 자체가 심도 있는 연구의 초점이 아니었다. 또한 정치지도자들과 그의 적대자들이 포함될 당국자들에 대한 논의의 큰 흐름은 그들의 행위가 체계영향력의 생산자라기보다 그것의 생산품이라는 점, 그리고 독립변수라기보다 종속변수라는 점에서 벗어나지 않았다. 그래서 그의 책에서 한 장 전체가 당국자들을 "지지의 대상들"로 다루는 데 할애되었지만, 어느 하나의 장도 그들을 "지지의 창조자들"로 간주하여 탐구하지 않았다. 이스턴은 그의 주장을 요약하는 한 도표에서 "당국자들에 대한 영향력"을 표시하는 화살을 19개나 그렸지만, 반대로 환경에 대한 "당국자들의 영향력"을 표시하는 화살은 단 한 개밖에(나중에는 둘로 갈라짐) 그리지 않았다. 28)

---

27) 파이는 그의 책 *Politics, Personality, and Nation Building: Burma's Search for Identity*(New Haven: Yale University Press, 1962), pp. 42~43에서 "서양의 정치이론은 '사회과정'이 '정치과정'을 만들어 가는(*generate*) 가운데 국가와 사회가 균형 있는 체계를 형성한다는 입장에서 발전되었지만, 그것이 미얀마와 같은 개발도상국가에서는 적실성이 없다. 왜냐하면 변화를 향한 모든 이니셔티브는 지배적 위치에 있는 사람으로부터 나오며 정부가 사회의 압력에 반응하는 것이 아니라 그 반대이기 때문이다'라고 주장하였다.

28) Paige, 앞의 책(1977), pp. 22~24.

4) 구조기능주의 접근

정치발전에 대한 구조기능주의적 접근은 알몬드와 콜먼(Gabriel A. Almond & James Coleman)이 함께 쓴 《개발도상국가들의 정치》[29]에 실린 알몬드의 서론 "비교정치학 연구에 대한 기능주의적 접근"에서 시도되었다. 이 책은 미국의 사회과학연구협의회 내 비교정치위원회(위원장, 알몬드)가 출판한 개발도상국의 정치에 대한 비교연구시리즈 중 최초의 연구서로서 이후의 개발도상국 연구에서 중요한 기준이 되었던 책이다. 알몬드의 논문에서 정치리더십은 물론 주 관심사가 아니었고 이 책의 색인에도 "리더"나 "리더십"이 나와 있지 않다. 동 연구위원회가 이후에 출간한 책들 중 어느 하나도 "정치리더십과 정치발전"의 주제를 다루지는 않았다. 이 연구프로젝트에 참여했던 학자들의 관심은 주로 커뮤니케이션과 관료제, 일본과 터키의 정치적 근대화, 교육, 정치문화, 정당, 그리고 위기와 연속되는 사태들에 집중되었다.

알몬드는 정치체계를 "한 사회의 질서를 유지하거나 변혁시키는 정당성 있는 체계"로 규정하고 모든 정치체계 내에서는 비록 그 수준과 빈도, 그리고 구조적 특징을 달리하지만 동일한 기능들이 수행된다고 가정했다. 그에 의하면 모든 정치체계 내에서 동일하게 수행되는 기능들은 크게 "투입기능"과 "산출기능"으로 나뉘고, "투입기능"에는 정치사회화와 충원, 이익표출, 이익집약, 그리고 정치적 커뮤니케이션과 같은 것이 있고, "산출기능"에는 규칙제정, 규칙적용, 규칙판정이 있다. 정치체계의 기능에 대한 이러한 개념화는, 물론 알몬드 스스로

---

29) Gabriel Almond & James Coleman(eds.), *The Politics of Developing Areas*(Princeton: Princeton University Press, 1960).

도 언급했듯이, 구조적 전문화와 기능적 분화가 높은 수준으로 성취된 정치체계들, 즉 서구진영의 민주적 선진국가들을 기준으로 시도된 것이었다.

그래서 정치발전연구의 주 대상이었던 개발도상국들에서 정치지도자들의 막강한 권력과 영향력이 매우 두드러진 현상이었지만 정치지도자나 정치리더십 현상이 각별한 관심의 대상은 아니었다. 그래서 알몬드는 "개인적이든 집단적이든 정치지도자들이 정치체계를 향하여 수행하는 기능들은 무엇인가?"라는 질문을 제기하지 않았던 것이다. 알몬드가 이러한 점에 착안할 수 있었다면 정치체계를 향하여 수행되는 정치리더십의 다양한 기능들을 "국민통합", "수단으로서의 혁신", "권력유지"로 분류하여 개발도상국가들의 정치를 분석하고 평가할 수 있었을 것이다. 30)

요컨대, 이상에서 살펴본 것과 같이, 현대정치학에서 정치리더십은 누구도 부인할 수 없는 생생한 현상 중 하나임에도 불구하고, 주요한 분석적 관심의 대상이 되지 못했다. 우선 정치리더십은 전체주의나 독재와 같은 부정적 정치행태의 하나로 인식되었다. 그리고 체제, 구조, 제도, 그리고 "이름 없는 대중들의 행태"와 같은 대상들에 대한 과학적 연구에 압도되어 정치지도자들과 그들의 리더십 및 영향력은 정당한 연구대상의 범주에서 제외되었다. 또한 정치엘리트나 지도자들은 "사회경제적 압력에 수동적 존재"이거나 "정치체계 내의 무의미한 부분"에 지나지 않는 존재로밖에 인식되지 않았다. 31) 루이스 에딘저

---

30) Paige, 앞의 책(1977), pp. 24~25.

31) 이러한 평가에 대해서는 다음을 참조하라. Jerzy J. Wiatr, "Introduction: Political Leadership from a Comparative Perspective," *International Political Science Review*(1988), Vol. 9, No. 2, pp. 91~94; 졸고, "제3세계 발전에 대한 정치리더십 접근 시론," 〈한국정치학회보〉 제25집 2호(1992),

는 이러한 경향이, 특히 미국의 경우에서, "집단정향적"(*group-oriented*) 정치문화와 "각 정치지도자들보다는 사회, 경제적 세력들이 정치과정에 더 결정적 영향력을 행사한다고 간주하는 일부 정치학자들의 편향적 사고방식에서 비롯되었다고 지적했다.[32] 이는 결국 정치에 대한 불균형적 이해와 평가의 원인이 되었으며, 특히 개발도상국가들의 정치현실에 대한 적실성 있는 분석을 어렵게 하는 배경이 되었다.

3. 정치리더십에 대한 이론적 논의들

이 절에서는 그동안 정치리더십을 연구했던 주요 정치학자들의 연구성과를 개인 저서의 내용을 중심으로 간략하게 소개하고자 한다. 여기서 소개하는 저서들은 대부분 1970년대 후반과 1980년대 초반에 쓰이고 출판된 것들이지만 그동안 우리나라 정치학계에서 관심의 주요 대상이 되지 못했거나 아직도 제대로 소개되지 못한 것들이다.

1) 다변수, 다차원적 접근: Glenn D. Paige

미국의 정치학자 페이지 교수는 "정치리더십은 인간생활에서 중심적 의미가 있는 현상이며 이것을 이해하고, 이것을 위해 교육하며, 그것에 영향을 끼치고자 하는 노력들이야말로 인류의 일반적 복지증진을 취할 수 있는 가장 경제적이고 생산적인 투자이다"[33] 라고 주장했던 선

---

pp. 193~221.

32) Lewis J. Edinger, 앞의 글(1964), pp. 423~439; idem, "Political Science and Political Biography(2)," *Journal of Politics* 26-3(August 1964), pp. 748~676.

구적 리더십 연구자 중 한 사람이다. 앞 장에서 살펴본 바와 같이 페이지는 그의 책, 《정치리더십에 대한 과학적 연구》에서 현대정치학에서의 리더십에 대한 무관심 현상을 자세하게 분석, 비판한 다음, 같은 책의 제5장에서 정치리더십에 대한 과학적 분석, 평가를 위한 "다변수, 다차원적 접근"을 제시했다. 34) 그리고 그는 먼저 "정치리더십의 다양한 행동패턴들은 일련의 상호작용적 변수들의 산물이며, 동시에 그것은 정치행동의 다양한 차원들과 관계있다"고 전제한 다음, 정치리더십의 특징을 "특출함, 이니셔티브, 그리고 상호작용"으로 가정했다.

그는 정치리더십의 패턴이 이와 같은 변수들과 차원들을 고려할 때, 여러 가지로 나타남을 다양한 예를 들어 설명했다. 막스 베버의 권위의 기반에 대한 논의를 중심으로 보면, "카리스마적", "전통적", "합리적-법적" 리더십이 있으며, 기능상의 특징을 중심으로는 "대표자", "피위임자", "정치인" 스타일이 있다. 또한 시장의 행동유형과 관련해서 "계획수립, 인간관계, 임무수행 방식"상의 특징에 따라 지도자 스타일을 "얼굴마담형", "어머니형", "개인중심형", "집행관형", "기업가형"으로 구분할 수도 있다. 35) 또한 정치·경제적 변화의 정도와 관련하여 "최소변화 리더십", "온건변화 리더십", "최대변화 리더십"을 생각해 볼 수도 있다. 이같이 다양한 리더십 스타일에 대한 논의 끝에, 페이지는 그러한 리더십 스타일들이 어떠한 개념으로 정리되든 "정치지도자들은 개인적으로든 집단적으로든, 정책결정과정과 정책수행 결과뿐 아니라 특정 제도들의 창설, 유지관리, 그리고 변화에 영향을 주며 일정한 패턴에 따라 행동한다"는 가설에 따라 현실적

---

33) Paige, 앞의 책(1977), p. 10.

34) 위의 책, pp. 97~153.

35) 이러한 시장의 리더십 유형은 John Kotter & Paul R. Lawrence, *Mayors in Action*(New York: Wiley, 1974), pp. 105~121에 소개되었다.

으로 다양한 정치리더십 유형들을 체계적으로 탐구하는 것이 중요하다고 주장했다.

한편, 페이지는 정치지도자들은 "창조적 잠재력"을 지니고 있다고 전제하고, 다양한 정치리더십 유형들의 출현과 영향력을 설명하고 분석하기 위한 목적에서 성격, 역할, 조직, 임무, 가치관, 그리고 상황 등 여섯 가지의 변수들을 선정하고, 이들은 상호작용하면서 권력투쟁 과정에 있거나 이미 권력을 잡고 행동하는 지도자들의 정치리더십 유형을 만들어내고 있는 것으로 가정했다. 그는 이 같은 여섯 가지의 변수들을 선택한 이유를 두 가지로 들었는데, 첫째는 여섯 가지 개념 모두가 지금까지 사회과학자들과 행태주의자들에 의해 광범위하게 사용되는 것들이며, 둘째는 정치지도자들의 전기에 자주 나타나는 임무나 가치관과 같은 것들이 사실상 정치리더십 형태에 중요한 부분으로 작용하는 현실을 직관적으로 수용했기 때문이다. 요컨대, 페이지는 정치리더십 행동의 여러 유형들은 "쌍방적 상호작용관계에 있는" 이상 여섯 가지 변수들의 함수라고 생각했는데, 이를 공식으로 표현하면 다음과 같다.

$$\text{PLBi-k} = f(P, R, O, T, V, S) + e$$

PLB는 Political Leadership Behavior이며, i-k는 다양한 리더십 패턴들이며, P, R, O, T, V, S는 여섯 가지 변수들이며, e는 이상 여섯 가지 변수들에 의해 설명되지 않는 오류편차이다.

이상과 같은 식의 정치리더십 행동패턴에 대한 개념화는 너무 복잡하고 세밀한 것이 못 되어 정치리더십을 크게 만족스럽게 설명할 수는 없을 것이다. 그리고 각 변수들도 일일이 보다 엄격하게 조작되고, 측정되며, 또 경험적으로 검증되어야 한다. 그러나 비록 이러한 공식화가 조잡하고 새로울 게 없는 것처럼 보일 수 있지만, 이제까지 우리에게 익숙했던 "지식 많은 왕", "뜻이 굳은 왕자", "사람들을 흥분시키는 카리스마적 지도자", "이런저런 거래나 하는 정치꾼", "사회를 지배하는 엘리트" 등과 같은 개념들보다 정치학 발전에 더 도움이 되지 못한다고는 할 수 없다. 이것은 최소한 정치지도자들에 대한 기존의 왜곡되거나 부정적 이미지들을 극복하는 "다면적 명제들"을 생산하고, 크게는 이전의 것보다 더 좋은 개념들과 상호연계이론, 그리고 정치변동이론의 출현을 자극하여 정치에 대한 새로운 가설, 명제, 법칙들을 생산하는 데 공헌할 수 있을 것이다. 36)

2) 엘리트와 리더십: William A. Welsh

웰시 교수는 그의 책 《지도자와 엘리트》에서 이제까지의 엘리트 연구성과를 종합적으로 비판, 검토한 다음, 기존의 엘리트 개념과 대비하여 리더십에 대한 새로운 개념화를 통해 정치리더십에 대한 학문적 연구의 중요성을 일깨웠다. 이러한 그의 견해는 주로 이 책 중 1장 "Leaders and Elites"에서 제시되었다. 37) 그는 먼저 파레토, 모스카, 미헬스, 그리고 마르크스의 견해들을 종합적으로 소화하면서 이제까지 서양정치학에서 유행하던 엘리트 개념과 그것을 중심으로 전개된 정치, 사회학적 이론들의 특징을 위계구조와 불평등 개념, 소수지배

---

36) 페이지는 이러한 미래의 정치리더십 연구를 위해 바탕이 되는 분야별 연구업적들과 박사학위논문 목록, 그리고 다차원분석에 소용되는 풍부한 자료들을 수집하여 이 책의 후반부에 싣고 있어 정치리더십에 대한 더 깊은 연구에 관심 있는 이들에게는 큰 도움이 될 것이다.

37) William A. Welsh, *Leaders and Elites*: *Some Classical and Contemporary Notions*(N.Y.: Holt, Rinehart and Winston, 1979), pp. 1~21.

와 다수피지배의 이분법, 개인적 속성과 사회적 맥락의 분리, 민주주의와 대립되는 엘리트 개념 등으로 나누어 자세하게 검토하였다.

정치엘리트에 대한 전통적 개념화는 "위계구조와 불평등"이란 두 개념을 기초로 전개되었다. 따라서 사회위계구조는 수직적 형태이고 상부엘리트들은 소수이며 하부대중들은 다수이기 때문에 전체적 사회구조는 피라미드 형태로 간주되었다. 또한 웰시는 불평등과 위계개념 중심의 견해가 "인간적 속성의 '자연적' 배분론"과 어차피 다수의 사람들이 주요한 국가정책 결정과정에 모두 참여하기가 어렵다는 이른바 "물리적 불가피론"으로 정당화되기도 했음을 상기시켰다. 그리고 웰시는 정치권력은 역사상 언제 어디서고 소수의 사람들에 의해 행사되는 것이 상식임을 강조하면서, 정치와 정치분석에서 보다 중요한 쟁점은 불평등한 위계구조 그 자체라기보다 "위계상 상부에 있는 사람들이 하부구조에 속한 사람들에 대해 반응적인지 또는 그렇지 않은지, 그리고 반응적이라면 어떻게 반응적인지에 대한 문제"라고 강조했다.

그리고 어떠한 특성이 사람들을 정치엘리트가 되게 하느냐에 대한 전통적 논의는 "자질론"과 "사회적 상황론"으로 나뉘는데, 파레토가 전자의 경우고, 모스카, 칼 만하임, 조셉 슘페터 같은 사람들이 후자에 속한다고 볼 수 있다. 파레토는 특정한 개인들은 "지배의 심리적 특성"을 소유했기 때문에 어느 시기에 정치권력을 누리는 지위에 오르게 되고, 유지하는 것이라 주장했고, 사회적 맥락을 더 강조하는 사람들은 개인이 권력을 얻고 유지하는 것도 "지배적 위치에 있는 제반 행위들이 사회에 매우 긴요한 것으로 용인되는 한도 내에서"일 뿐이라고 주장했다. 그러나 웰시는 이 두 가지 견해 중 어느 하나를 취하거나 버리는 것은 바람직하지 않으며 현대의 정치사회에 대한 이해를 위해서는 두 가지 견해가 모두 중요하며, 따라서 가능한 한 많은 자료를 동원하여 두 가지의 견해를 다 함께 검토할 필요가 있다고 강조했다.

한편 민주주의의 문제와 관련하여 일부 학자들은 정치체제를 "민주적" 체제와 "엘리트주의적" 체제로 나누기도 한다. 전자는 평등과 보편의 원칙을 기초로 많은 시민들의 정치참여를 보장하는 체제이지만, 후자는 정치 및 정부의 활동에서 소수의 엘리트들에 의한 정치적 통제력의 행사가 제도화되어 있는 경우이다. 그러나 다이와 지글러의 《민주주의의 역설》[38]과 미헬스의 "과두제의 철칙"이 잘 시사하듯이, 어떠한 정치체제이든 소수의 엘리트들이 주요한 정책결정에 거의 독점적으로 참여한다는 사실을 부인할 수가 없다. 그래서 웰시 교수는 민주주의와 관련된 정치이론상의 중요한 문제는 정치엘리트가 존재한다거나 그들이 막강한 영향력을 행사한다는 사실 자체가 아니라 그들이 "얼마나 결집력이 있고 침투력이 있는지, 그리고 그들이 대중들에 대해 어느 정도의 책임감을 가지고 그들과 어떠한 연계관계를 유지하고 있는지"에 관한 것이라고 주장했다. 또한 그는 민주주의에는 항상 정치엘리트가 존재한다는 사실과 관련하여 과연 그것이 민주주의에 위협이 되지는 않을 것인가의 문제를 명확하게 따지기 위해서는 민주주의를 "조건들의 집합"으로뿐 아니라 "변화의 과정과 추진"으로 개념화하는 것이 필요하다고 주장했다.

마지막으로 웰시 교수는 지금까지의 엘리트 연구과정에서 엘리트 개념은 규범적 차원에서 부정적인 뜻으로 사용되었으며, 엘리트에 대한 "기계론적" 입장과 "유기체론적" 입장은 배타적으로가 아니라 종합적 시각에서 연결시키는 작업이 필요하다고 설명했다. 특히 그는 "리더십이 엘리트들에 의해 행사되는 그 무엇인 것으로 가정되었던" 관계로 "엘리트적인 것과 리더십이 기능상 유사한 것"으로 잘못 간주되었음을 비판적으로 지적한 다음, 리더십에 대한 개념화를 시도하였다.

---

38) Thomas Dye & Harmon Zeigler, *The Irony of Democracy*(Belmont : Wadsworth, 1970).

그는 지금까지의 엘리트연구에서 학자들이 엘리트와 리더십 중 어느 하나의 개념을 사용하는 것에 대한 이유를 명확히 제시하지 않았고, 각각에 대한 개념도 들쭉날쭉하거나 서로 구분 없이 상호교환적으로 사용되었음을 지적한 다음, 무엇보다도 엘리트는 "위계적 지위"를 기본으로 규정되는 개념이지만 리더십은 "관계중심적" 개념임을 강조하였다. 엘리트 혹은 엘리트적 속성은 개인이 차지한 지위에서 비롯되며, 사회 전체적으로 소수이고, 사회의 제 가치와 자원들이 불평등하게 배분되어 있는 상황이나 시기에 존재한다. 따라서 정치엘리트 역시 주요 정치적 지위들이 소수의 사람들에게 집중되었을 때 존재한다. 반면에, 리더십은 관계중심적 개념으로 "특정 목표를 추구하는 과정에서 인간자원들을 동원하는 능력"으로 규정된다. 리더십은 단순한 영향력이나 권력을 넘어서 내재적 권위를 갖는 특성이 있다.

따라서 이러한 리더십 개념에 충실한 연구를 위해서는 엘리트간, 엘리트와 비엘리트 간, 그리고 엘리트와 잠재적 혹은 비활동적인 엘리트와의 "상호작용방식"을 검토해야 한다. 이러한 개념화에 의하면, 결국 "따르는 병졸이 없는 장군은 리더가 아니다"라는 격언이 시사하듯이, 정치엘리트들이 정치적 혹은 정부 차원의 위계구조 내에서 상위지위를 점하고 있다고 해서 그들이 모두 지도자인 것은 아니다. 동시에 어떤 경우 정치지도자들은 그들이 일정한 지위를 갖고 있지 않기 때문에 엘리트가 아니다. 따라서 양자에 대한 개념적 혼동은 곧장 리더십 분야에 대한 관심을 소홀하게 하고, 연구성과를 미비하게 만든 원인이었다.

웰시의 이러한 엘리트와 리더십에 대한 새로운 개념화는 이제까지 양자의 개념을 구별 없이 사용했던 관행을 지양하는 데 기여할 것이다. 그가 리더십을 "관계적" 개념이라고 규정한 것은 정치리더십 전문학자들 사이에 공통된 견해를 집약한 것으로 정치리더십 연구가 단순히 높은 지위에 있는 엘리트들만 고립적으로 연구하는 것이 아니라 정치공동체 내에서 문제해결과 공동목표를 중심으로 형성되는 다이내믹하고 다양한 관계들을 그 대상으로 하는 것임을 시사한다.

3) 정치에 대한 리더십 접근: Robert C. Tucker

터커 교수는 이미 1965년에 발표한 "전체주의와 독재자"(*The Dictator and Totalitarianism*)란 논문을 통해 당시의 비교정치학자들이 소련과 같은 전체주의체제의 독재자도 다원주의체제에서의 정치엘리트들과 마찬가지로 부분적 기능을 수행하거나 체제적 메커니즘에 의해 그 역할이 결정된다고 간주하는 경향을 비판하고, "전체주의적 독재자는 그가 장악한 체제에 대해 아주 심대한 영향을 미치는 편집광적 인물"이기 때문에 "전체주의체제의 이론적 모델에 개인적 요소가 반드시 포함되어야 한다"고 주장했던 미국의 원로정치학자이다. 그는 이 논문에서 스탈린과 히틀러를 예로 들면서 전체주의체제에서 지도자는 정치적 결정과정에 가장 많은 영향력을 행사하는 존재인 반면, 다원주의체제란 그러한 중심적 역할을 담당하는 유일한 정치엘리트가 존재하지 않는 체제라고 비교함으로써 양 체제의 차이를 지도자의 정치적 역할과 영향력의 범위를 중심으로 규명하였다. [39]

이후 그는 1981년에 미국 미주리대 출판부를 통해 펴낸 《리더십으로서의 정치》(*Politics As Leadership*)란 책자를 통해 이제까지의 정치학 연구경향이 권력중심적 분석에 치우쳤음을 비판하고 그에 대한 새로운 대안으로 "리더십 접근"을 제시하였다. 그리고 이에 의한 국내

---

39) Robert C. Tucker, "The Dictator and Totalitarianism," *World Politics* 17-4(July 1965), pp. 565~573. 이것은 Fred Greenstein & Michael Lerner(eds.), *A Source Book for the Study of Personality and Politics* (Chicago: Markam, 1971)에 재수록되었다.

및 국제정치 분야에서의 새로운 연구가 절실함을 진지하게 강조하였다. 터커는 우선 정치가 개인의 이익과 관련된 "권력의 추구와 행사"와 의사나 양치는 목동과 같이 "무리를 돌보는 예술"이라는 두 가지 속성을 지니고 있다고 정리했다. 그리고 정치의 권력추구적 속성을 부인하지 않지만 정치의 "공동체에 대한 적극적 봉사기능" 혹은 국민들에 대한 "방향제시 기능"을 강조했던 플라톤을 오늘날까지 유행하던 정치에 대한 "권력접근"과 대비되는 "리더십 접근"을 창안했던 정치사상가로 보았다. 40)

터커는 마키아벨리, 마르크스, 앤서니 다운스, 밀즈, 라스웰 등을 검토하면서 근·현대 사회과학에 풍미했던 "권력중심 접근" 경향을 비판했는데, 무엇보다도 "권력접근"은 "우리들에게 지도자들이 지도자로서 무슨 일을 하고 있으며, 또 국민들로부터 그들이 무슨 일을 할 것을 기대받고 있는지"를 밝히지 못한다고 지적했다. 즉, "권력접근"은 비행기 조종사들이 "바퀴와 레버를 조작하고 있다"고 말할 뿐 그러한 일을 하는 목적인 "비행기를 하늘에 날게 한다"는 것에 해당되는 부분에 대해서는 아무런 말도 하지 못하고 있다고 비판했다. 41) 그리고 나서 터커는 "정치지도자란 정치공동체 구성원들의 행동에 일정한 방향을 제시하거나 그러한 방향제시 과정에 의미 있게 참여하는 사람"42)이라고 규정하였다. 그리고 분석상의 목적에서, 하나의 목적이 있는 정치행동으로서의 정치리더십은 "문제상황에 대한 진단", "문제해결을 위한 처방", "진단과 처방에 대한 국민적 지지의 동원"과 같은 세 가지 기능을 실천한다고 보았다.

이러한 리더십 접근을 통해 터커는 특히 기존 정치학이 권력중심적

---

40) Tucker, 앞의 책(1981), pp. 1~3.
41) 위의 책, p. 8.
42) 위의 책, p. 15.

연구경향을 탈피하지 못해 결국 국가학(*state science*)43)의 범주를 탈피하지 못했음을 비판하고, 이제는 국가와 권력엘리트들을 중심으로 하는 연구를 벗어나, 지금까지 소홀히 취급했던 사회정치운동과 지구적 차원의 문제들에 대한 보다 적극적인 분석적 관심을 환기시켰다. 그에 따르면, 사회정치운동은 이른바 "제도권리더십"과 대비되는 "재야리더십"의 출현배경이 되고 동시에 그들에 의해 주도되는데, 그것은 첫째, 제도권 리더십이 국민들 사이에 존재하는 다양한 요구들을 만족스럽게 대변하지 못할 때, 둘째, 특히 제도권 리더십에 의해 변화를 향한 리더십이 제대로 제공되지 못할 때 출현하게 된다. 그리고 이러한 사회정치운동들은 그들의 진단과 처방을 합법적으로 제도권에서 수용케 하거나 때로는 폭력적 방법으로 목적을 성취하기도 한다.44) 또한 변화의 정도에 따라 정치리더십은 크게 프랭클린 루스벨트 미국 대통령과 마틴 루터 킹 목사 같은 "개혁리더십"과 레닌이나 호메이니 같은 "혁명리더십"으로 구분된다.

리더십 접근이 필요한 또 하나의 분야로 터커는 지구적 차원의 문제를 들고 인간생존의 위기상황에 있는 오늘의 지구촌 문제를 과거 정치학이 그랬던 것처럼 더 이상 민족국가와 그 지도자들에게 맡길 수 없다고 주장한다. 왜냐하면 그들은 그간의 경험이 잘 말하듯이 민족 국가적 차원의 이익에 집착하기 때문이다. 그들은 현재의 지구적 상황을 잘못 진단하거나 아예 외면하기 일쑤이며, 기껏해야 현상유지를 위한 임시처방을 마련하는 데 그친다.45) 따라서 위기에 처한 인류를 구할 유일한 방법은 지구적 차원의 공동행동을 담당할 "중앙지도능력"을 구비하는 것이다. 이것은 결국 앞으로 인간이 "인류 전체의, 인류

---

43) 위의 책, p. 79.
44) 위의 책, pp. 71~85.
45) 위의 책, pp. 127~129.

전체를 위한 리더십의 개발"에 성공하느냐 못하느냐에 달려 있다. 또한 이를 위해서는 과거 18세기의 사람들이 시도했던 것과 같은 "인류당"(The Party of Humanity)이 다시 필요하며 이것이 의미 있는 새로운 인간연대를 창출하여 방황하는 인류를 내일의 조직화된 세계로 이끌 수 있어야 한다.[46]

터커는 끝부분에서 플라톤으로 돌아간다. 과거에 플라톤이 철인왕 개념을 동원하여 "이성의 지배"에 의한 이상사회를 꿈꾼 것처럼 현대세계가 미국과 소련의 협동에 의한 방식보다 인류구원의 문제의식에 투철한 새로운 리더십의 합리적 설득과 실제행동에 의해 평화롭고 안정된 지구촌으로 바뀌기를 희망하고,[47] 지구적 차원의 문제해결은 기존의 정치학과 국가가 아니라 리더십 접근과 지구적 리더십의 창출과 행동으로 가능함을 시사했다.

터커는 이미 알려진 바와 같이 정치사상과 비교정치부문에서 정평이 있는 원로정치학자이다. 그가 권력중심적 연구경향을 비판하고 리더십 접근을 제시한 것은 정치학자로서 현재 인류가 처한 피하기 어려운 생존 차원의 위기와 국내 정치의 황폐함을 극복하기 위한 처방이다. 또한 그가 오늘날 정치이론으로 볼 때 민주주의적 전통과 대비되는 플라톤의 견해를 바탕으로 정치학과 정치의 방향을 검토한 것은, 단순히 이상주의적 전통으로 복귀하려는 것이라기보다 실천의 차원에서 인간의 창조성과 가능성을 극대화하여 정치의 위상회복과 인류공동 과제의 해결에 기여하려는 그의 적극적 문제의식에서 비롯된 것이라 하겠다.

---

46) 위의 책, p. 139.
47) 위의 책, pp. 151~157.

4) 목적있는 권력으로서의 정치리더십: James M. Burns

번즈 교수는 이미 루스벨트 대통령에 대한 전기로 퓰리처상과 미국의
저작상(National Book Award)을 받은 적이 있는 저술가이다. 그리고
그의 방대한 저서 《리더십》은 역사, 전기, 정치이론, 동서양의 문명사
등을 아우르며, 미국 정치뿐 아니라 현대의 정치학과 역사학 전반에서
리더십에 대한 새로운 관심을 불러일으키는 데 크게 공헌했다.[48]
  먼저 번즈는 자신도 정치에서 사람과 사람과의 관계를 오로지 권력
이라는 전망으로 파악하는 "권력학파"(power school)에 속했던 정치학
자였음을 고백한 다음, 여전히 많은 사람들이 권력현상 자체에 집착
하고 있기에 적지 않은 지적, 정치적 대가를 치르고 있음을 심각하게
걱정했다. 그는 그간의 정치학이 경험적이고 심리학적인 분석에 너
무 치중한 것도 우리가 권력중심적으로 정치를 바라보게 만든 부분적
원인이었음을 지적하고, 무엇보다도 "정치를 권력으로 간주하는 것은
우리로 하여금 정치에서 권력의 역할에 대해 무지하게 만들었으며,
그로 인해 리더십의 귀중한 역할에 대해서도 까막눈이 되도록 만들었
다"고 비판했다.[49]
  번즈는 정치·사회적 삶 속에서의 권력현상을 무시할 수는 없지만
사람과 사람의 관계란 물건과 물건의 관계처럼 기계적이고, 비인격
적이며, 순간적인 것이 아니기 때문에 정치현상 속에서의 인간관계
를 지금까지 좁은 시각에서 통용되었던 권력개념만으로 파악할 수는
없고, 대신 상호설득, 교환, 승화, 변혁 등의 관계가 어우러지는 리
더십 개념으로 접근하는 것이 바람직하다고 주장했다. 그는 특히 "가

---

48) 이에 대해서는 당시의 *The Washington Post*, *Los Angeles Times*, *City News*
    에 게재되었던 서평을 참조바람.
49) Burns, 앞의 책(1979), p. 11.

장 강력한 영향력이란 두 사람 혹은 그 이상의 사람들이 서로서로 엉긴 상태에서 형성되는 깊은 인간관계에서 만들어지는 것"임을 지적하면서 우리는 강압적 권력이 지니는 한계를 인식해야 한다고 주장했다. 50) 지금까지 권력의 핵심요소가 "동기와 자원", 두 가지로 개념화되었으나, 번즈는 여기에 "목적"을 추가시켰고, 그런 점에서 리더십도 권력현상의 하나라는 견해를 폈다. 51) 그리고 이러한 리더십 접근은 방법론상으로 기존의 구조주의적 접근과 행태주의적 접근을 통합하는 것이라고 주장했다. 52)

이 같은 기본입장을 밝힌 번즈는 무엇보다도 모든 정치리더십은 도덕성을 지녀야 한다고 주장하고 그 도덕성을 판단하는 다음과 같은 세 가지 기준을 제시했다. 첫째, 명예, 성실, 공정함, 정직함과 같은 "행동양식가치"를 실천하는가? 둘째, 평등, 정의, 자유와 같은 "목적가치"를 실천하는가? 셋째, "자유로운 의사소통과 개방적 비판"을 통해 인간의 삶의 질을 높여주는가? 그리고 정치리더십의 종류를 크게 "변혁적 리더십"과 "거래적 리더십"으로 구분했다. 후자는 서구선진국가에서 흔히 볼 수 있는 것으로 공동목적의 성취보다는 수단적 가치에 충실하면서 자원의 공정한 분배와 개인 및 집단과의 합리적 거래를 통해 집단구성원의 이익을 증진하고자 한다. 반면 전자는 목적가치와 같은 "상위의" 공동목표에 따라 지도자와 국민들이 연합된 상태에서 그 성취를 도모하는 리더십으로 간디가 대표적인 예이다. 53)

번즈는 그의 책 뒷부분에서 그의 현대정치학 비판과 리더십 이론을 바탕으로 근대정치학의 비조(鼻祖)로 평가되는 마키아벨리의 《군주

---

50) 위의 책, p. 11.
51) 위의 책, pp. 18~19.
52) 위의 책, pp. 434~435.
53) 위의 책, pp. 19~20, pp. 425~426.

론》을 비판했다. 먼저 그는 마키아벨리가 현실적으로 매우 실용적 충고를 했다는 기존의 주된 평가를 정면으로 부정하며 결코 "실용적 이지 않다"고 규정했다. 그는 113쇄까지 찍고 28개국의 언어로 번역 되어 950만 부 이상 팔렸던 카네기(Dale Carnegie)의 《카네기 인간관 계론》(How to Win Friends and Influence People)의 내용이 정치적으로 도 더 실용적이고 유용하다고 주장했다.54) 다음으로 그는 마키아벨 리가 국민들과 주변의 엘리트들을 인격이 아니라 사물로 보았음을 지 적했다. 그에 따르면 "권력을 휘두르는 사람"은 사람을 물건으로 간 주하지만, 지도자는 그렇지 않다. 끝으로 마키아벨리는 정치를 "조 작"으로 보았을 뿐, 사람들을 "이끌어 가는 것"으로 보지 않았다. 또 그는 사람들로 하여금 정치를 냉소적이고 부정적으로 인식하게 했 다.55) 또한 번즈는 교육과 리더십이라는 것이 결코 분리될 수 없는 관계임을 지적하며 바람직한 리더십 교육은 학교, 가정, 직장, 사회 단체, 교회, 정당 등 모든 단위의 구성원들이 "다 함께 참여하는 교 육과 배움의 과정"을 통해 가능하다는 점을 강조했다. 이를 위해 그 는 미국, 영국, 독일에서의 정치교육의 사례를 간단히 소개하며 그 중요성에 유의했다.56)

　이상에서 간략하게 소개한 번즈의 리더십 이론은 기존의 정치학이 권력중심적으로 전개한 데서 오는 한계를 적절히 지적했다. 그리고 그가 제시한 정치와 정치리더십의 도덕성을 판단하는 기준들은 앞으 로의 정치분석과 평가를 보다 풍요롭게 해줄 것이다. 또한 그가 제기 한 리더십 측면에서의 마키아벨리 비판은 계속적 관심과 연구를 부추 기는 독창적 발상이라고 볼 수 있다. 그러나 번즈의 이 같은 도덕중심

54) 위의 책, p. 445, p. 447.
55) 위의 책, p. 18, p. 446.
56) 위의 책, pp. 446~448.

의 정치리더십 이론에 의하면 히틀러나 스탈린 같은 이른바 "폭력적 정치지도자"는 고려의 대상에서 제외되기 마련이다. 이러한 접근방식의 결과는 곧바로 리더십 접근 적용범위 축소로 나타날 수 있다. 어떤 경우 독재자들도 국민들과 목표를 공유하고 있다고 보는 것이 타당하며, 거래적 리더십은 사실상 리더십이라기보다 정치적 주고받기(*barter*)에 불과한 것이란 비판도 있음[57]을 유의할 필요가 있다.

4. 주요 연구사례들

지금까지 정치학 분야에서 정치리더십에 대한 연구가 크게 각광받지 못하고 이른바 학문적 주류에서 소외되기는 했지만, 관심 있는 학자들에 의한 전문적 연구가 전무했던 것은 아니다. 다만 최근의 몇몇 연구들을 제외하고는 정치리더십에 대한 개념적 이해나 "권력중심적 접근"에 비판적인 "리더십 접근"에서 비롯된 것은 아니고 기존의 엘리트 연구 범주에서 시도된 것들이 대부분이지만, 앞으로 정치리더십 분야의 연구에 주요한 공헌을 할 수 있을 것으로 생각된다. 그래서 이 절에서는 정치리더십 분야와 관련 있다고 생각되는 이제까지의 주요 연구사례들을 크게 유형화, 정치전기학, 각 분야에서의 정치리더십 접근에 의한 연구, 정치리더십에 대한 종합적 연구 등 4분야로 구분하여 그 특징과 대표적 사례를 간략하게 소개할 것이다. 그러나 이것은 지금까지의 연구성과를 총망라한 것이 아니며, 다만 지금까지 이루어진 정치리더십 연구의 방법과 방향을 개괄적으로 이해하기 위한 목적에서 주요 연구사례들을 특징별로 정리한 것이다.

---

57) George Wills, *Certain Trumpets: The Nature of Leadership*(New York: Simon & Schuster, 1994), p. 19, p. 276을 참조하라.

1) 유형화(*typology*)

정치리더십에 대한 연구 중 가장 흔하게 접할 수 있는 것이 엘리트나 지도자들에 대한 유형화이다. 정치학 또는 정치심리학 분야에서 일정한 분석적 개념과 기준에 따라 유형화를 시도했던 학자로는 라스웰(Harold D. Lasswell), 울픈스타인(Victor E. Wolfenstein), 바버(James D. Barber)를 우선 들 수 있다. 라스웰은 엘리트 혹은 지도자가 잠재의식적으로 어떠한 심리적 만족을 추구하느냐에 따라 대중의 감정적 환호와 지지에 큰 가치를 두는 "선동가형"(구약성경의 선지자들), 자신의 역할을 함께 일하는 사람들에게 행정적으로 코디네이트하는 정도로 만족하는 "행정가형"(후버 대통령), 그리고 사회정치적 역할보다 이론적 완전성의 추구에 더 만족을 느끼는 "이론가형"(마르크스)으로 구분하였다. 라스웰은 그러나 이들은 모두 p {d} r = P의 공식이 말해주듯, 개인적 동기를 공공의 대상에 전이시키고, 공공이익의 이름으로 자신의 행위를 합리화하는 "정치적 인간"의 범주에서 벗어나지 못한다고 밝혔다.[58] 또 울픈스타인은 정치지도자 중 "혁명적 지도자"의 특징을 레닌, 트로츠키, 그리고 간디에 대한 프로이트 심리학적 해석을 통해 유형화했다. 그에 의하면, 혁명적 지도자들은 공통적으로 성장기에 아버지와 갈등관계에 있었으며, 이후 "자신의 아버지와의 그러한 갈등을 정치적 영역으로 전환시킴으로써 오이디푸스적 죄책감으로부터 탈출하는 사람"이다.[59]

그리고 바버는 정치지도자에 대한 설득력 있는 유형화로 가장 많이

---

58) Harold D. Lasswell, *Psychopathology and Politics* (Chicago: University of Chicago Press, 1930), p. 53, p. 75, p. 78, p. 127.

59) E. Victor Wolfenstein, *The Revolutionary Personality* (Princeton, N. J.: Princeton University Press, 1971), pp. 305ff.

알려진 정치학자로서 그는 앞서와 같은 심리학적 일반화에 의존하지 않고 "정치적 업무 실천방식의 차원"과 "그러한 업무에 대한 자신의 감정적 태도의 차원"이라는 두 가지 기준에 따라 정치지도자를 네 가지 유형으로 구분했다. ① 적극-긍정형. 적극적으로 열심히 일하면서도 스스로 즐기는 스타일이다. 상대적으로 높은 자존심이 있으면서도 주위환경과 성공적으로 조화를 이룬다(트루먼 대통령). ② 적극-부정형. 아주 열심히 적극적으로 일은 하지만 그것에 대한 자신의 평가가 낮거나 부정적인 지도자다. 일하지 않으면 안 된다는 강박관념에 쫓기기 때문에 자신은 별로 즐기지 못한다(닉슨, 존슨 대통령). ③ 소극-긍정형. 일은 적극적으로 하지 않고 주로 주변사람들과 좋은 관계유지에 더 많은 신경을 쓴다. 그러면서도 자신의 일과 역할에 대해서는 긍정적이다(하딩 대통령). ④ 소극-부정형. 일을 열심히 하지도 않을 뿐더러 자신이 그 같은 일에 합당치 않다고 여기기 때문에 정치지도자의 위치와 일을 즐기지 못한다. 의무적으로 부과된 일만 하는 것을 자신이 쓸모없다는 심리적 저평가에 대한 정당한 보상이라고 여긴다(아이젠하워 대통령).[60]

또한 "역사와 인간과의 관계"라는 맥락에서 지금까지 사회과학자들에게 많은 영향을 끼친 사회학자 후크(Sidney Hook)가 역사적 흐름에 대한 지도자들의 태도와 대응방식에 따라 지도자들을 "대세주도형"과 "대세편승형"으로 구분한 유형화이다. 이 두 유형의 지도자는 모두 역사적 흐름의 방향과 무관하지 않다. 다만 대세주도형은 자신만의 특출한 판단력과 의지로 상황의 전개과정을 주도해 가지만, 대세편승형의 역할은 그저 평범한 사람이라면 누구라도 할 수 있는 역할을 하며 시대적 추세에 적응한다. 후자의 대표적 예는 당대의 시대적 흐름에 따라

---

60) James David Barber, *The Presidential Character* (Englewood Cliffs, N. J. : Prentice-Hall, 1977), pp. 12~13.

기독교를 공인했다 해서 위대한 황제로 회자되는 콘스탄티누스 대제이
며, 전자의 예는 시저, 크롬웰, 나폴레옹 같은 지도자들이다. 61) 이밖
에 정치지도자를 장남, 차남, 막내 등과 같은 출생순서에 따라 달리
나타나는 성격적 특성에 따라 구분하는 심리학자들의 연구도 있다. 62)

2) 정치전기학 (*political biography*)

유형화 분석과 함께 가장 많이 알려진 정치리더십 연구가 전기학이
다. 그동안 정치학자들은 이 분야에 대한 관심이 적었던 데 비해, 63)
역사학자들이나 심리학자, 그리고 전기전문작가들은 꾸준히 전기물
을 출판하고 있다. 근래 우리나라에서도 이 분야에 대한 정치학자들
의 관심과 연구열기가 고조되는 듯한 느낌이 있으나 본격적 작업은
아직 미진한 편이다. 정치리더십에 대한 전기적 연구는 성격상 세 가
지로 구분할 수 있다.

　첫째, 정치지도자 개인에 대한 심리분석적 전기다. 대표적인 것으
로는 Alexander & Juliette George, *Woodrow Wilson and Colonel*

---

61) Sidney Hook, *The Hero in History* (Atlantic Highlands, N. J. : Human-
　　ities Press, 1943), pp. 151~170.

62) 이와 관련된 연구의 예는 다음과 같다. Kevin Leman, *The Birth Order
　　Book* (New York: Dell Publishing, 1985), pp. 135ff; Louis H. Stewart,
　　"Birth Order and Political Leadership," Magaret Herman, *A Psycho-
　　logical Examination of Political Leaders* (New York: Free Press, 1977),
　　pp. 206ff.

63) 그럼에도 불구하고 정치학자 중 Edinger는 앞의 주 31에 소개한 바와 같이
　　1964년에 연달아 발표한 "Political Science and Political Biography"라는 2
　　개의 논문을 통해 인문학적 연구와 사회과학적 연구의 결합에 의한 정치리
　　더십 연구와 이를 위해 정치전기학의 필요성을 강조하였다. Lewis J. Edinger,
　　"Political Science and Political Biography (1)," p. 438.

House(1956), Eric H. Erickson, *Young Man Luther*(1958), Bruce
Mazlish, *In Search of Nixon*(1972), Nancy Gager Clinch, *The Kennedy
Neurosis*(1973), David Abrahammsen, *Nixon vs. Nixon*(1977), Betty
Glad, Jimmy Carter, *In Search of the Great White House*(1980) 등이
다. 이러한 연구는 대부분 정신분석학의 이론을 원용하거나 인간행
동에 대한 이론적 전망에 입각하여 정치지도자들의 행동에 대한 "과
학적 설명"을 시도하는 것이지만, 인간행동의 역사·문화적, 의지적,
그리고 합리적 차원을 무시하거나 소홀하게 처리할 위험성이 많음이
지적되고 있다.[64]

둘째, 전통적인 연대기적 기술에 의한 전기다. 이것은 정치변화와
역사적 사건의 전개과정을 정치지도자 개인의 성장과정, 역할과 시대
인식, 특징적 활동에 초점을 맞추어 서술하는 것이다. 대표적 예는
Lewis J. Edinger, *Kurt Schumacher: A Study in Personality and Po-
litical Behaviour*(Stanford: Stanford University Press, 1965); Arthur
Schlesinger, Jr., *The Imperial Presidency*(1989); James M. Burns,
Roosevelt: The Lion and the Fox(1956); Robert C. Tucker, *Stalin as
Revolutionary, 1879~1929*(1973), *Stalin in Power: The Revolution from
the Above, 1928~1941*(1990) 등이며, 각국의 역대 대통령들이나 수
상들의 전기가 대부분 이 부류에 속한다.

셋째, 전기작가나 언론인, 정치학자, 혹은 정치인들이 여러 정치

---

64) 예컨대, 미국의 정치학자 달(Dahl)은 라스웰적인 심리학적 일반화에서 정
   치행위는 억압되고 잠재의식적이며, 비합리적인 내면세계의 심리적 갈등에
   서 비롯된 것이므로, 이러한 이론적 전망에서는 "none of political be-
   havior needs to be impelled by conscious 'rational' thought"일 수밖에 없
   는 한계가 있음을 지적하였다. Robert A. Dahl, *Modern Political Analysis*,
   3rd ed. (Englewood Cliffs: Prentice-Hall, 1976), p.115를 참조하라.

지도자들과 직접교류하거나 혹은 간접관찰을 바탕으로 쓴 인물중심
의 정치사나 특정 인물들에 대한 체험기가 있다. 대표적 예로 Richard
Hofstadter, *The American Political Tradition* (1948) ; Richard Nixon,
World Leaders (1982) ; Peter Clarke, *A Question of Leadership: From
Gladstone to Thatcher* (1992) ; Nordom Sianuk, *Charisma and Leadership*
(1993) 등을 들 수 있다.

3) 비교정치 및 국제정치 분야에서의 정치리더십 접근

정치학 내 각 연구분야에서 정치리더십 접근을 시도하는 연구들을 분
야별로 살펴보면 다음과 같다.

첫째, 제3세계 발전과정에 대한 연구에서 정치지도자의 "결정적"
역할에 유의하여 발전도상국가들의 다양한 정치리더십 형태를 유형
별로 분류하거나 경제, 정치적 전개과정을 정치리더십을 중심으로
분석하는 경우이다. 그리고 서구지역의 다양한 자유민주주의 정치체
제들을 정치리더십의 특징적 요소에 따라 비교분석하기도 했다. 대
표적 연구로는 Elbaki Hermassi, *Leadership and National Development in
North Africa: A Comparative Study* (1972) ; Taketsugu Tsurutani, *The
Politics of National Development: Political Leadership in Transitional
Societies* (1973) ; Paul R. Dettman, "Leaders and Structures in 'Third
World' Politics: Contrasting Approaches to Legitimacy," *Comparative
Politics* (1974) ; Joel S. Migdal, "Vision and Practice: The Leader,
the State, and the Transformation of Society," *International Political
Science Review* 9-1 (1988) [65] ; Robert Elgie, *Political Leadership in*

---

65) 미그달의 논문이 실렸던 *International Political Science Review* 9-1 (January

Liberal Democracies(1995) 등이 있다. 이 중에서 특히, 쓰루타니 (Tsurutani)는 좋은 정부란 형식적 제도의 구비보다 국민들에게 정신적·물질적인 안전과 복지를 실질적으로 제공할 수 있는 능력, 즉 통치능력이 있는 정부라는 입장에서, 발전도상국가들의 "정치리더십은 국가발전과정에서 여러 요인 중 하나라기보다 그것의 주도자다"란 가설을 검증하며 발전도상국가들의 근대화 과정을 분석하였다. 그는 발전도상국가들에 경제발전이나 정치적 제도화를 포함한 모든 프로젝트는 정치리더십의 임무이며, 전통과 근대의 가치가 서로 보완적 관계로 발전과정에 공헌할 수 있도록 이니셔티브를 취하는 것도 정치리더십이라고 주장했다. 나아가 그는 "어떠한 형태의 폭력이 존재한다는 것은 리더십 능력이 빈곤함을 뜻한다"고 했으며, 정치리더십 혹은 국가경영의 에센스는 그가 속한 공동체 내의 국민을 교육하고 사회적 개혁을 실천하는 것에 있음을 강조하였다. 그리고 최근에 출판된 엘지(Elgie)의 책은 정치리더십의 개념과 그에 대한 상호작용 접근법을 요약 소개한 후, 영국, 프랑스, 독일, 미국, 일본, 이탈리아 등 여섯 국가의 현대정치사를 정치지도자들의 권력, 동기, 제도적 환경에의 반응, 사회세력과의 관계 등을 중심으로 비교, 분석하였다.

둘째, 현대국가의 정책결정과 집행에서 정치지도자의 "자율적이고", "중심적인" 역할에 유의하여 현대국가의 성격을 규명하는 연구이다. 이러한 국가의 성격과 관련하여 국가 혹은 정치체제를 "리더십체제"로 개념화하여 비교분석의 틀로 삼으려는 경우도 있다. 노들링거 (Eric A. Nordlinger)는 *On the Autonomy of the Democratic State*(1981)에서 현대의 다양한 국가이론들이 "사회중심적 가정들"에 입각한다고 비판한 다음, 대부분의 민주국가는 막강한 사회집단들의 영향 속에서

1988)은 "Visionary Realism and Political Leadership"이란 주제의 정치리더십 특집판(책임편집자, Michael Keren)으로 제작된 것이다.

도 정책의 형성과 집행에서 상당한 자율성을 유지하고 있다고 주장하는 한편, 그러한 국가의 자율성은 실제의 정책과정에서 "정치리더십의 창조적 발휘"라고 지적하였다. 번스(Valerie Bunce)는 *Do New Leaders Make a Difference?*(1981)에서 미국과 같은 자본주의체제나 소련과 같은 공산주의체제 등 어디에서든 최고 정치지도자의 변동이 주요 정책상의 변화를 초래함을 실증적으로 비교, 분석하였다. 그리고 로젠(David M. Rosen)은 "Leadership Systems in World Cultures"(1984)에서 국가는 사회통합을 위한 조정기능과 사회체제 유지를 위한 헤게모니적 기능을 수행한다고 보고, 이를 위한 구체적 행동은 정치지도자들에 의해 이루어짐을 강조하여 국가를 "리더십체제"개념으로 구분하는 유형화를 제시했다. 그는 리더십체제를 자원배분 양식(개방/폐쇄), 충원원칙(업적중심/귀속주의), 동원방식(대중적 영향력/제도화된 권력기반)의 기준에 따라 평등주의적 체제, 반평등주의적 체제, 귀족형 체제, 계층형 체제로 구분하였다.[66]

셋째, 국제정치 분야에서도 예전과 달리 평화적 신세계질서의 형성을 위한 정치리더십의 중요성이 강조되고 있다. 최근의 연구서로 이오네스쿠(Ghita Ionescu)의 *Leadership in an Interdependent World: The Statesmanship of Adenauer, De Gaulle, Thatcher, Reagan and Gorbachev*(1991), 셰퍼(Gabriel Sheffer)가 편집한 *Innovative Leaders in International Politics*(1993), 그리고 지구촌 정치위원회(The Commission on Global Governance)가 펴낸 보고서인 *Our GLOBAL Neighborhood*(1995)를 들 수 있다. 이오네스쿠는 상호의존성 개념을 중심으로 부제에 나와 있는 것과 같은 주요 지도자들이 국제정치에서 상호협력과 평화를 위해 구체

---

66) 이에 대해서는 Barbara Kellerman(ed.), *Leadership: Multidisciplinary Perspectives*(Englewood Cliffs, N. J.: Prentice-Hall, 1984), 3장에 실린 그의 논문을 참조하라.

적으로 어떻게 활동했는가를 검토하였다. 67) 셰퍼가 편집한 책도 이오네스쿠의 책과 유사한 시각에서 20세기 동안 국제정치무대에서 국제협력과 평화를 위해 "혁신적으로" 공헌했다고 여겨지는 정치지도자들의 활약상을 개인별로 분석, 평가했다. 68)

지구촌 정치위원회의 보고서는 지구적 차원의 여러 가지 시급한 문제들의 현황을 분야별로 점검한 다음, 이제 세계는 단위국가가 아닌 세계의 모든 구성원들의 생존과 평화로운 삶을 걱정하고, 이의 실현을 위해 용감하게 행동하는 새로운 리더십을 절실하게 필요로 하고 있다고 주장했다. 지구평화와 인류생존을 위해 일할 리더십은 무엇보다도 미래에 대한 명료한 비전과 지구촌 이웃에 대한 철저한 책임의식을 구비해야 하며, 국내적 요구와 국제협력의 필요성을 조화시킬 수 있는 탁월한 지도능력을 갖추어야 한다고 주장했다. 69)

4) 정치리더십에 대한 종합적 연구

정치리더십 현상의 여러 측면들 혹은 정치리더십을 포함한 다양한 분야의 리더십 현상을 이론적으로 규명하거나 경험적 사례들을 체계적으로 분석·정리한 종합안내서나 교과서와 같은 연구서들도 적지 않게 출판되었다.

예컨대, Jean Blondel, *World Leaders* (1980) ; Barbara Kellerman

---

67) Ghita Ionescu, *Leadership in an Interdependent World*: *The Statesmanship of Adenauer, De Gaulle, Thatcher, Reagan and Gorbachev* (London: Long man, 1991).

68) Gabriel Sheffer (ed.), *Innovative Leaders in International Politics* (New York: SUNY Press, 1993).

69) The Commission on Global Governance, *Our Global Neighbourhood* (New York: Oxford University Press, 1995), pp. 37~39, pp. 353~357.

(ed.), *Political Leadership : A Source Book*; *George Wills, Certain Trumpets : The Nature of Leadership* (1994)과 같은 것이다. 블롱델의 책은 〈정치지도자들에 대한 국제비교연구〉(*Political Executive in Comparative Perspective : A Cross-National Empirical Study*) 시리즈 중 제1권으로 출판된 것으로, 주로 정치지도자들의 등장과 소멸, 사회 배경, 집권기간, 개인적 특성과 환경과의 관계 등을 중심으로 각 국가마다 다양한 정치리더십 형태들을 비교, 분석하였다. 켈러만의 책은 말 그대로 자료집과 같은 방대한 연구서로 지금까지 많이 알려지고 읽힌 각 분야의 고전들과 현대 사회과학자들의 연구업적들을 "지도자가 역사를 변화시키는가?" "지도자들은 왜 지도하는가?" "추종자들은 왜 따라가는가?" "지도자들의 유형은 어떠한 것이 있는가?" "지도자들은 어떠한 방법으로 추종자들과 관계를 맺는가?" "실패하지 않는 리더십이 있는가?" "실제의 지도자들은 리더십에 대해 무어라 말했는가?"와 같이 이해하기 쉬운 질문들에 따라 배열하여 정치리더십에 대한 깊이 있는 이해를 돕는 책이다.

마지막으로 윌스의 책은 다양한 리더십 유형을 정치, 군사, 외교, 비즈니스, 종교, 스포츠, 예술, 학문 등 다양한 분야별로 정리하고, 이들 분야마다 한 사람씩 선정하여 그들의 리더십적 특징을 "지도자, 추종자, 그리고 공동목표"라는 리더십의 세 가지 요소를 중심으로 분석하였다. 이것은 정치리더십만 다룬 책이 아니지만 리더십에 대한 학제적 연구가 강조되는 추세로 비추어 볼 때 충분히 참고할 만한 연구서이다.

5. 맺음말: 몇 가지 시사점과 연구방향

이상에서 우리는 현대의 정치학자들이 정치리더십을 어떻게 인식하고 그에 대한 학문적 관심이 어떻게 나타났는지를 주요 학자들의 연구성과를 중심으로 살펴보았다. 즉, 제 2절에서는 정치리더십에 대한 관심이 매우 부족했던 사실과 그 원인에 대한 검토를 시도했고, 제 3절과 제 4절에서는 정치리더십에 대한 주요 연구자들의 성과를 이론적 논의와 연구사례를 중심으로 살폈다. 그래서 여기에서는 이제까지 정치리더십을 중심으로 살펴본 현대정치학의 연구경향과 그에 대한 비판적 접근들이 시사하는 바를 몇 가지로 정리하고, 이를 바탕으로 앞으로의 연구방향에 대한 소견을 간단히 더하고자 한다.

첫째, 정치는 크게 인간적 요소와 제도적 요소로 구성되고 전개되는 것이라고 볼 수 있는데, 그동안 정치학은 지나치게 후자에만 치우치는 경향이 있었다. 그러나 앞으로는 보다 생생한 정치현실에서 구체적이고 큰 영향력을 행사하는 사람들 ― 터커의 용어를 빌어, 제도권 지도자와 재야지도자를 모두 포함하여 ― 에 대한 학문적 관심과 연구가 보다 강화될 필요가 있다. 정치리더십 현상은 "관찰가능하고, 설명가능하며", "정치체계는 각 지도자들의 역할과 활동방향에 따라 다르게 나타나기" 때문에 비교연구가 얼마든지 가능하며 또한 필요하다. [70] 그리고 이러한 관심에 따른 연구는 무미건조한 "과학적 비교정치학"에 식상한 사람들로 하여금 실제 인물들의 성장과정과 활동상황을 정치제도

---

70) 이것에 대해서는 Jerzy J. Wiatr, "Introduction: Political Leadership from a Comparative Perspective," *International Political Science Review*, Vol. 9, No. 2(1988), pp. 92~94를 참조하라. 이 글은 위아츨이 책임 편집한 정치리더십에 대한 특집에 실린 권두 논문이며, 이 특집 편에는 권두 논문 외에도 다섯 편의 정치리더십 관계 논문이 실려 있다.

및 환경과 함께 고찰함으로써 정치와 정치학에 대해 새로운 기대와 흥미를 갖게 해줄 것이다. 71)

둘째, 정치리더십에 대한 새로운 관심은 민주주의를 "일련의 조건들"로 간주했던 이제까지의 경향을 지양하고 대신 "변화의 과정과 추진"으로 파악함으로써, 각 국가에서 최고지도자들이 각각 독특한 국민과의 관계를 유지하는 가운데 전개되는 다양하고 다이내믹한 정치과정들을 적실성 있게 분석, 평가하는 계기를 제공할 것이다. 이러한 노력은 제3세계 발전과정에 대한 "신국가주의적 접근"72)에서 유용한 경험적 사례연구로 공헌할 수 있을 뿐 아니라, 지나치게 "밑으로부터의 혁명" 또는 "사회중심적" 시각에서 조명되었던 근·현대정치사를 균형 있게 평가할 수 있게 할 것이다. 동시에 이러한 관심은 경제발전 및 정치적 민주화를 성취했거나 현재 추진중에 있는 여러 제3세계 국가들의 다양한 정치과정을 정치리더십의 특징적 요소에 따라 일별함으로써 보다 덜 추상적이고, 줏대 있는 연구와 평가를 가능케 할 것이다.

셋째, 정치지도자를 정상적인 인간으로 간주하는 리더십 연구와 정치사상에 대한 리더십적 해석에 대한 새로운 관심이 요망된다. 지금까지 엘리트에 대한 심리학적 분석은 주로 프로이트(S. Freud)나 아

---

71) Edward Feit et al., 앞의 책(1978), pp. 2~3.
72) 신국가주의적 접근(neo-statist approach)은 발전과정에 대한 설명에서 국가중심적인(state-centric)이긴 하지만 국가결정론이나 국가환원론을 피한다. 대신, 신국가주의적 접근은 첫째, 국가를 부분적으로 독자적 목적, 능력, 경제변화 과정에 대한 의미 있는 영향력 등의 원천으로 간주한다. 둘째, 국가자율성, 전략, 능력에 대한 설명에서 국제체제, 국가구조, 그리고 사회적 변수들을 종합적으로 고려한다. 셋째, "국가는 "필연적으로" 사회에 대해 적대적이다"라고 가정하지 않는다. 이에 대해서는 Linda Weiss & John M. Hobson, *State and Economic Development*: *A Comparative Historical Analysis* (Cambridge: Polity Press, 1995), pp. 8~10을 참조.

들러(Alfred Adler)의 정신분석과 같은 비정상적 인간들의 심리에 바탕을 둔 심리학 이론을 적용하거나 검증하는 차원에서 이루어졌는데, 앞으로는 예컨대, 에이브러햄 매슬로(Abraham Maslow)의 인간주의 심리학과 같이 보다 정상적인 인간심리와 보다 높은 가치를 추구하는 인간의지라는 시각에서[73] 정치지도자들을 연구하는 것도 중요하다. 그렇지 못할 경우, 우리는 정치에 대한 냉소주의를 극복하기 어려울 것이다. 동시에 정치리더십 연구는 가능하다면 동양과 서양의 정치사상들에 대한 리더십적 해석을 통해, 과거와 같은 과학적 지식의 생산이 야기하는 현실에 대한 극사실화(hyper-factualization)와 같은 추상화를 지양하고,[74] 건강한 정치를 지향하는 다수의 정상적인 시민들과 예비지도자들을 위해 필요한 실천적 지혜의 생산과 교육에 공헌할 수 있어야 한다.

넷째, 정치전기학 연구가 다양해지고 심화되어 과거의 정치지도자에 대한 공정한 평가를 기하고, 동시에 지금 활동하는 주요 지도자들에 대한 정보가 보다 많이 축적되어 그들에 대한 검증과 통제가 자연스럽고 일상적으로 이루어지도록 하는 것이 필요하다. 나아가 미래사회에 합당한 지도자상 혹은 그것의 종합이나 연장으로서 바람직한 시

---

73) 인간주의 심리학에 대해서는, Abraham Maslow, *Motivations and Personality*(New York: Harpers & Row, 1987)를 참조하라. 또한 어떤 미국의 정치학자는 인간주의 심리학을 바탕으로 기존의 합리적 선택이론과 대조되는 "자아실현의 정치이론"이란 새로운 개념을 제시하기도 했다. 이에 대해서는 Stephen Woolpert, "A Comparison of Rational Choice and Self-Actualization Theories of Politics," *Journal of Humanistic Psychology*, 22-3(Summer 1982), pp. 55~67.

74) 한국정치학에서 이러한 현상에 대한 비판으로는 안청시, "한국정치학의 발전과제와 방향모색," 한국정치학회 편, 《현대한국정치론》(법문사, 1987), pp. 479~484가 있다.

민상에 대한 처방적 연구가 이루어지는 것이 필요하다. 그리고 이상에서 논의한 정치리더십 연구의 몇 가지 시사점들은 자연스럽게 지금까지 별로 중요하게 여기지 않았던 정치교육과 이에 대한 종래의 부정적 관념을 극복하기 위한 노력의 중요성을 강조하고 있다고 생각된다.

마지막으로, 이러한 이론적 시사점들을 고려하면서 앞으로 한국정치학도 정치리더십에 대한 보다 밀도 있는 연구는 물론 정치에 대한 리더십 접근의 이론적 의의에 대한 이해를 전제로 특히 현대정치사의 서술과 평가에서 과거의 접근방식을 과감하게 극복하는 노력을 경주하고 보다 적실하고 소신 있는 연구에 매진할 수 있어야 할 것이다. 그간 한국정치학에서는 주로 현대정치사의 새로운 발굴이란 차원에서 유수한 정치지도자들의 성장과정, 사상, 정치활동 등을 검토하는 정치전기학이 주종을 이루어왔으며, [75] 근래에 와서는 정치지도자들의 리더십적 특성을 분석하는 연구도 나오고 있다. [76] 그리고 최근에는 편역의 형태로 서양의 정치리더십 이론을 소개하는 책도 출판되었다. [77] 그러

---

[75] 이 방면에 관심을 갖고 저서를 낸 정치학자로는 이정식, 추헌수, 김학준, 김남식, 심지연 등이 있으며, 언론인으로는 송건호, 손세일, 류근일 등이 있다. 특히 김학준 교수는 이정식 교수와 공편한 《혁명가들의 항일회상: 김성숙, 장건상, 정화암, 이강훈》(민음사, 1988)에서 "우리 겨레의 현대정치사 연구와 정치전기학의 성장: 하나의 소묘"란 논문을 통해 우리나라 정치전기학의 발달과정을 정리하고 그 중요성을 강조하였다. 그 밖의 저서나 논문을 통해 정치전기학적으로 연구한 학자나 언론인들이 많이 있으나 이것을 전부 검토하는 것은 이 글의 범주를 벗어나므로 다음 기회로 미루고자 한다. 이 분야 연구현황을 알려면 김학준, 《한국정치론사전》(한길사, 1990), pp. 462~493을 참고바람.

[76] 이러한 연구로는 다음과 같은 것이 있다. 김호진, 《한국정치체제론》전정 5판(박영사, 1995), 특히 pp. 374~431, pp. 715~734; 정윤재, "김 대통령 개혁리더십의 정치적 특성," 구영록 교수 화갑기념논총 편집위원회, 《국가와 전쟁을 넘어서》(박영사, 1994) 및 "박정희 대통령의 근대화 리더십 연구," 김호진 외, 《현대한국정치사론》(법문사, 1995), pp. 264~303.

나 정치리더십에 대한 개념화나 정치에 대한 리더십 접근과 그것이 시사하는 사상적, 이론적 지향에 따른 새로운 정치분석과 역사적 평가를 시도하는 연구, 그리고 바람직한 정치지도자에 대한 본격적 연구는 매우 미미했다고 보아도 과언은 아닐 것으로 생각되는데, 앞으로 이러한 방면에서 의욕적 연구가 많이 나올 것을 기대한다. 78)

---

77) 예컨대, 한승조, 《리더십 이론과 한국정치》(일념, 1988)가 있다.

78) 이 책이 처음 출판된 이후 정치학자와 행정학자들에 의해 생산된 주요 연구서는 김호진, 《대통령과 리더십》(청림출판, 2006); 김충남, 《대통령과 국가경영: 이승만에서 김대중까지》(서울대 출판부, 2006); 김충남, 《대통령과 국가경영 2: 노무현과 이명박 리더십의 명암과 교훈》(오름, 2011); 한국정치학회/관훈클럽 편, 《한국의 대통령 리더십과 국가발전》(인간사랑, 2007); 홍재환·함종석 편저, 《국가경쟁력과 리더십》(법문사, 2009); 정윤재 외, 《세종의 국가경영》(지식산업사, 2006); 정윤재 외, 《세종 리더십의 형성과 전개》(지식산업사, 2009); 정윤재 외, 《세종과 재상, 그들의 리더십》(서해문집, 2010); 정윤재·박현모·김영수, 《청소년을 위한 세종리더십 이야기》(한국학중앙연구원 출판부, 2010) 등이며, 영문으로 출판된 것은 Choong Nam Kim, *The Korean Presidents: Leadership for Nation Building* (Norwalk, Conn.: Eastbridge, 2007)이 있다. 그리고 이화여대 양승태 교수는 대한민국의 정체성에 대한 정치철학적 논의를 전개하면서 정치리더십의 문제를 심도 있게 짚었다. 양승태, "국가정체성과 정치적 지도력, 그리고 대통령," 양승태, 《대한민국이란 무엇인가: 국가 정체성 문제에 대한 정치철학적 성찰》(이화여대 출판부, 2010), pp. 392~424. 또한 그동안 주로 구조주의적 접근을 통해 한국민주주의의 발전문제를 연구했던 고려대 최장집 교수와 임혁백 교수도 최근의 연구를 통해 한국민주주의에서 리더십의 중요성을 강조하였다. 최장집, "정치가는 누구인가," 최장집 엮음, 박상훈 옮김, 《막스 베버, 소명으로서의 정치》(폴리테이아, 2011), pp. 13~101; 임혁백, "한국에서의 공공성의 정치와 공화주의," 임혁백, 《1987년 이후의 한국민주주의: 3김 정치시대와 그 이후》(고려대 출판부, 2011), pp. 69~118.

제2장

마키아벨리와 정치발전*
다케쓰구 쓰루타니의 견해

1. 머리말

그동안 구미의 비교정치학에서 근대화 혹은 발전문제는 주로 일반이론의 형성이나 계량화를 염두에 두는 차원에서 전개되었다. 그리고 발전도상국가들의 경험과 역사는 그러한 목적에 따른 과학적 관찰과 이론검증의 대상이었을 뿐, 각 국가들의 근대화 발전과정이 정치지도자나 엘리트들에 의해 구체적으로 어떻게 추진되고 전개되었는지에 대한 사실적 연구는 각별한 문제의식과 진지한 연구대상의 범주에서 제외되었다. 그리고 기존 연구들은 주로 체계이론, 구조기능주의론, 종속이론, 관료적 권위주의론, 세계체제론 등과 같이 리더십을 포함한 인간적 요인들을 대체로 경시하는 이론적 맥락에서 이루어졌을 뿐만 아니라, 발전과정에 대한 평가도 주로 정치체계상 투입과정을 중시하고 상대적으로 전화과정과 산출과정을 경시하는 서구적 가치관을 주로 참고하는 방향에서 이루어졌다. 1)

---

* 이 글은 한국정신문화연구원의 연구비를 지급받아 수행한 연구과제 결과물을 수정·가필한 것임.

정치란 단순히 이론정립만을 위한 관찰의 대상이 아니다. 다시 말해 정치는 과학적 이론의 창조를 위해 객관적으로 관찰의 대상으로만 존재하는 것이 아니다. 현실적으로 정치란 권력을 쟁취하기 위한 갈등이면서도 공동체 내의 각종 문제를 해결하고 주요 가치와 목표들을 성취하기 위한 하나의 의도적 창조행위이다. 즉, 정치란 문제해결의 메커니즘이며, 따라서 정치에 대한 연구는 그런 메커니즘을 다루어야 하며, 적어도 투입·전화·산출과정을 총체적으로 고려하는 차원에서 이루어져야 한다. 그리고 정치학자는 연구방법의 과학화나 정치과정에 대한 미시적 실증연구에만 너무 집착하기보다 정치의 구체적 내용과 정책의 형성과정 및 집행과정을 두루 중시하는 태도로 정치를 관찰하고 연구해야 한다. 이렇게 볼 때 우리는 정치 일반뿐 아니라 발전도상국가들에게서 정치리더십의 중요성을 생각하지 않을 수 없는데, 이 글에서 소개하고자 하는 다케쓰구 쓰루타니 (Taketsugu Tsurutani) 교수가 바로 일찍이 마키아벨리의 정치사상과 일본의 근대화 경험을 바탕으로 근대국가 발전에 대한 정치리더십적 접근을 시도했던 미국의 정치학자이다.

쓰루타니 교수는 1960년대 후반 이후 이제까지 줄곧 미국 워싱턴주립대 정치학과에서 강의·연구하고 있다. 그는 우리나라 정치학계에는 잘 알려져 있지 않지만 일찍이 근대화 발전의 문제를 정치리더십에 초점을 맞추어 연구한 정치학자이다. 그의 논문은 주로 *The Review of Politics*, *Journal of Politics*, 그리고 *Asian Survey*를 통해 발표되었으

---

1) 이러한 검토는 졸고, "제 3세계 발전에 대한 정치리더십 접근 시론"(1992: 222~241)에서 이미 시도하였다. 그리고 미국 정치학이 리더십에 대한 관심이 어떻게 소홀했는지에 대해서는 Paige, *The Scientific Study of Political Leadership*(1972), pp. 11~40 및 이 글의 제 1장 "현대정치학과 정치리더십"을 참조하라.

며, 1973년에는 《근대국가 발전의 정치: 전환기 사회의 정치리더십》이란 제목의 저서를 출판해 근대화 발전에 대한 정치리더십적 접근의 이론적 틀을 제시했다.[2] 그는 발전과 정치리더십의 문제를 거론하기에 앞서 16세기 이탈리아와 20세기 발전도상국가들은 사실상 서로 유사하다고 보았다. 그리고 오늘날 정치학자들은 정치현상에 포함된 갖가지 인과관계를 발견할 수 있다는 이론적 전제하에서 연구하고 있고, 특히 비교정치학자들은 정치발전 혹은 국가발전과 관련된 여러 변수들을 확인하고 열거하는 데 매달려 있다고 평가하면서, 그들에게 정작 발전과정의 핵심역할을 하는 정치리더십의 솜씨와 역할은 주변적 관심사에 불과하다고 비판했다(Tsurutani, 1973: 4~5).

그래서 그는 발전과정을 적실성 있고 과학적으로 이해하기 위해서는 다른 그 무엇보다도 이러한 정치리더십의 역할과 특성에 대한 체계적 연구가 필수적이라고 강조했다. 이 글에서 글쓴이는 앞서 소개한 쓰루타니의 논문, "마키아벨리와 정치발전의 문제"와 저서 《근대국가 발전의 정치》의 내용을 중심으로 근대국가 발전에 대한 그의 정치리더십적 접근의 대강을 소개한 후 이에 대한 간단한 평가를 덧붙이고자 한다.

---

2) 이 책의 원제는 *The Politics of National Development: Political Leadership in Transitional Societies*이며, 그가 쓴 주요 논문을 살펴보면 다음과 같다. "Machiavelli and the Problem of Political Development"(July 1968); "Stability and Instability: A Note in Comparative Political Analysis" (November 1968). 그리고 최근에는 다른 정치학자들과 함께 주요 자유민주주의 국가들의 최고 지도자들의 정치리더십을 다룬 논문들을 공동편집해서 출판하기도 했다. Taketsugu Tsurutani & Jack B. Gabbert(eds.), *Chief Executives: National Political Leadership in the United States, Mexico, Great Britain, Germany, and Japan*(Washington: Washington State University Press. 1992).

2. 정치리더십과 근대화 발전

주지하는 바와 같이 신생국가 혹은 발전도상국가들은 해결해야 할 문제가 많다. 국민들 사이의 아이덴티티 문제와 사회통합 문제, 정치체제의 정당성 문제, 효율적 행정체제 완비의 문제, 경제개발과 소득분배 문제 등이 동시에 제기되는 매우 불안정하고 동태적인 사회이다 (Pye, 1966: 63~66). 이러한 과도기 사회는 불안하고 혼란하며 각 차원간의 부조화와 폭력으로 어지럽다. 설득과 권고의 수단으로서 법의 기능은 사실상 마비되어 있다. 그래서 정치적으로 민주주의가 제대로 기능할 수 없으며, 그보다는 질서와 안정의 확보가 더 시급한 경우가 대부분이다. 그래서 민주적 정치제도가 도입되고 그것을 지향하는 투쟁이 지속되어도 서구에서 볼 수 있는 바와 같은 안정된 민주주의가 성공적으로 정착되는 경우는 많지 않다.

쓰루타니는 이러한 제3세계적 현실을 마키아벨리가 보았던 16세기 이탈리아와 동일한 것으로 파악했다. 5백여 년 전의 이탈리아도 내부 분열이 끊이지 않은 채 혼란과 폭력이 난무하고 있었다. 그래서 쓰루타니는 오늘의 신생국가들과 16세기 이탈리아는, ① 이해관계를 공유하는 공동체가 성립되지 않은 채 분열되어 있는 상태, ② 잦은 정치권력의 교체, ③ 정부와 국민들 사이의 부조화한 관계, ④ 국가경영방향의 부재 등의 면에서 공통이라고 보았다(Tsurutani, 1973: 1~2). 따라서 이러한 과제와 문제들을 안고 있는 신생국가들에게서 정치지도자의 역할이란 매우 중요한 것일 수밖에 없었다. 그러나 미국에서 발달한 행태주의적 연구방법론에 익숙한 일부 비교정치학자들은 신생국가들의 근대화 발전을 연구하는 가운데 정치리더십의 중요성에 정당한 관심을 두기보다 "객관적으로 확인할 수 있는 사회적·경제적·정치적 변수들 사이의 상호작용들을 결정적 요인"으로 간주하는 경향이 지배적이었다.

  그러나 이러한 변수들 사이의 상호작용은 정치발전의 속도를 촉진
시키는 질서와 안정, 또는 사회적 역동성을 촉진시키는 사회적 균형
의 성취를 보장할 수 없다. 그리고 아주 특별한 경우 정치적 리더십이
라는 추진체 없이도 일정한 현상이 만들어질 수 있다는 것은 이론상으
로는 가능할 수 있으나, 현실적으로는 드물다. 그리고 각 변수들 사
이의 상호작용이란 본디 변덕스럽고 방향성이 결여되어 있기 때문에
기대되는 결과가 나타난다는 것은 "단지 우연일 뿐이다." 그래서 쓰루
타니는 16세기 이탈리아에서는 군주 자신과 행운이 정치세계에서 일
어나는 모든 종류의 일들을 구체화시키는 정치의 핵심"(Tsurutani,
1968a: 316)이었던 것처럼, 각종 문제들을 해결해야 할 발전도상국가
들의 정치지도자도 단순한 대리인이나 형식적이고 상징적인 대표가
아니라 각종 갈등과 문제의 구체적 해결을 담당하는 "최종 결정권자"
라고 간주했다(Tsurutani, 1973: 177).

  흔히 정치는 건축과 비교된다. 건축에 필요한 도구와 재료들 사이
의 관계는 건축가와 건축도구 사이의 관계와는 본질적으로 다르다.
능력 있는 건축가는 자신이 확보한 재료를 가지고 나름대로 목적에
합당한 건물을 짓는다. 그러나 아무리 좋은 건축재료와 도구가 있다
하더라도 건축가가 없으면 쓸모가 없다. 그리고 건축가가 있다 하더
라도 그의 식견과 능력이 시원치 않으면 예정한 건물을 지을 수 없고
지었다 해도 곧 결함이 드러날 것이다. 즉, 건축에서 재료와 도구는
그 자체로서 가치중립적이고 융통성이 있는 것이며 이것에 일정한 형
태와 내용을 제공하는 주체는 바로 건축가인 것처럼, 근대화 발전과
정에서 정치리더십은 그 방향과 완급을 기획하고 조정하는 주체인 것
이다(Tsurutani, 1968a: 319).

  실제에 밝은 현실주의자였던 마키아벨리의 관찰에 의하면, 사람들

은 상대방을 비난하는 데는 성급할 정도로 빠르지만, 칭찬하는 일에
는 느리다. 감사할 줄 모르며, 수다스러우며, 속이고, 어렵고 위험
한 일을 하기 싫어하고 탐욕스럽다. 본래 악하고 언제라도 기회만 있
으면 그 악한 본성을 드러낸다. 실제보다 겉모습에 자주 영향을 받는
다. 그러나 마키아벨리는 이러한 사람들일지라도 적절한 도움과 격
려를 통해 상스럽고 추잡한 수준을 넘어 공동체적 시민문화와 법에
의해 고상하고 품위 있는 생활을 할 수 있는 능력이 있다고 생각했
다. 그래서 그는 만약 군주들이 법을 제정하고 문명화된 제도, 새로
운 법률규정 및 명령을 만드는 데 훌륭한 재능을 보인다면, 국민들도
그러한 제도, 법률, 그리고 명령을 훌륭하게 지킬 것이며, 이렇게 되
면 국민들은 군주와 동등한 수준으로 되는 것이라고 말한 적이 있다.
마키아벨리에게 군주의 궁극적 목적과 의무는 그의 신민들을 개명된
세계(realm of civility)로 이끌어가는 것이다. 이처럼 신생국의 정치지
도자가 수행해야 할 궁극적 의무는 그 사회를 "개명된 환경으로 발전
시키는 일"이다(Tsurutani, 1968a: 320~321).

이러한 군주의 목표와 의무와 관련해서, 쓰루타니는 마키아벨리가
16세기의 이탈리아 정치지도자들에게 전한 충고를 바탕으로 발전도
상국가 정치리더십의 분석과 평가에 유용한 이론적 명제들을 다각적
으로 제시했는데, 이를 요약, 정리하면 다음과 같다.

첫째, 무엇보다도 중요한 것은 내부적 안정과 평화 및 중심적인 정
치적 권위체를 창출하는 것이다. 대체로 이러한 필요성이 존재하는
사회는 정치적 무질서와 부패가 만연되어 있다. 그리고 사회적 분열
이 심각하며, 개인 및 집단 차원의 행동을 예측하기가 어렵다. 한마
디로 개명된 삶의 조건이 크게 결핍되어 있는 상태다. 이러한 상태는
예외적인 것이며, 이러한 상태를 시정하기 위해서는 예외적 조치가
필요하다. 이러한 예외적 조치를 마키아벨리 비판자들은 비도덕적인

것이라고 부르고 있지만, 이것이 필요한 것은 사람들이 사악한 존재 서라기보다는 다른 어떠한 대안도 쓸모가 없는 정치적 상황이 그것을 요구하기 때문이다. 현실적으로 이러한 상황에서 이에 대응하는 적절한 예외적 조치를 성공적으로 취하지 못한다면, 차후에는 더욱더 예외적 수단이 필요하게 된다.

둘째, 일단 확보된 안정과 질서를 제도화시키는 일이다. 일시적인 정치적 안정과 평화는 폭력과 억압으로 얼마든지 가능하다. 그러나 중요한 것은 지속적 안정이다. 그리고 부정부패 정치인들에 대한 단죄는 순간에 끝날 수도 있지만, 중요한 것은 그러한 가능성을 차단하는 제도의 완성이다. 따라서 이 제도화의 단계야말로 근대화 정치리더십의 능력을 검증하는 기회이다. 즉, 정치발전과 관련해서 중요한 것은 정치지도자가 획득한 권력을 가지고 억압과 폭력으로 권력을 유지하는 데 머물지 않고 지속적 안정과 민주적 제도운용이 가능할 수 있도록 끈기 있게 추구하는 것이다. 정치지도자의 소임은 단순히 권력을 획득하고 유지하는 것에 그치지 않고, 그 권력을 활용해 "정중한 시민문화와 법의 지배"를 제도화하는 일이다. 마키아벨리가 《로마사 논고》 제1권 11장에서 "오직 한 인간의 활력에만 의존하는 왕국은 그리 오래 지속되지 못한다"면서 한 국가의 행복은 "살아있는 동안 잘 다스리는 군주를 갖는 것이 아니라 죽은 후에도 잘 유지되도록 제도를 정비하는 군주를 갖는 것이다"라고 말한 것은 그가 바로 이 제도화의 중요성을 인식했기 때문이라고 봐야 할 것이다(Tsurutani, 1968a : 324).

셋째, 제도화를 추진하는 단계에서 정치지도자는 정복자나 평정자 혹은 비도덕적 폭압자가 아니라 각종 근대적 덕성들의 최초 소개자로서 솔선수범자 혹은 교육자의 역할을 해야 한다. 마키아벨리는 일찍이 "군주는 자신의 휘하에 있는 국민들이 저지른 잘못을 보고 불평하지 말라. 왜냐하면 국민들이 저지른 잘못은 모두 군주 자신이 게으르고 솔선수범하지 않은 데서 비롯된 것이기 때문이다. 산적이 되었거나 그와 같은 악행을 저지르는 사람들을 가만히 보면, 그러한 악행은 모두 이와 유사한 잘못을 저지르고 있는 지배자들로부터 비롯된다는 것을 우리는 알 수 있다"고 말하면서 정치지도자의 성실성을 강조했다. 그는 또한 "하나의 공화국에서 법을 제정해 놓고 스스로 지키지 않는 것처럼 나쁜 것이 없으며, 더욱이 법을 만든 당사자인 정당이 그 법을 무시하는 것은 더욱더 나쁘다"고 하면서, 군주를 포함해 "누구든지 법에 의해 규제되지 못하면, 고삐 풀린 대중처럼 똑같은 실수를 저지르게 된다"고 강조했다(Tsurutani, 1968a: 324 ~325).

넷째, 정치지도자가 이러한 정치제도화를 성공적으로 수행하려면 정치문화와 정치체제 사이의 적정한 상호일치가 필요하다. 아리스토텔레스는 주어진 조건을 고려하는 가운데 가장 좋은 정치체제를 생각해야 한다고 하면서, "누구라도 마땅히 제안해야 하는 정치체제는 사람들이 쉽사리 그것에 이끌리고, 동시에 이미 있었던 것과 순조롭게 접목되고 융화될 수 있는 것이어야 한다"고 했다. 마키아벨리도 같은 맥락에서 "정부형태가 오래 지속되도록 노력하는 사람은 반드시 그것이 최소한 과거의 형태와 유사한 것이 되도록 해야 한다"고 했다. 아리스토텔레스와 마키아벨리는 모두 활력 있고 생명력이 있는 정치체제는 오로지 토착적 기초로부터 나올 수 있으며, 새로 도입되는 요소는 무엇이든 기존 사회의 조건과 능력과 공존할 수 있어야 한다는 점을 강조한 것이다(Tsurutani, 1973: 82~114, 148~172, 176).

다섯째, 어떠한 경우든 부당하고 불법적인 폭력이 있다는 것은 궁극적으로 그 사회가 부패했다는 것과 근대화 과정을 이끌어가는 정치리더십의 능력이 부족하다는 것을 의미한다. 어떠한 정치체제가 폭력이 자의적으로 이용되고 절제되지 못하면, 그것은 야만의 상태다.

그리고 철저한 비폭력 이상주의자가 아니라면 정치현실에서 폭력의 가능성을 점차, 그리고 가능한 한 많이 줄여나가려는 노력이야말로 정치리더십이 추구해야 할 중요한 정책방향임을 부정할 사람은 없을 것이다. 따라서 근대화 발전과정이란 어쩌면 바로 이러한 폭력의 최소화가 의식적, 제도적으로 정착되는 과정이라고 이해할 수도 있는 것이다. 이런 점에서 쓰루타니는 정치지도자는 결국 개혁적이고 교육적인 기능을 수행하는 존재라고 생각했다(Tsurutani, 1973: 178~180).

　이러한 쓰루타니의 견해는 자칫 발전도상국가들에서 흔히 볼 수 있는 "개발독재자들"의 정치를 미화하거나 너무 낙관적 입장에서 분석하려는 것으로 보일 수도 있다. 그러나 쓰루타니는 현실적으로 정치지도자가 소유한 권력이란 창조와 파괴의 기능을 동시에 갖는 것이기 때문에, 그것을 가지고 근대화 발전을 추진하는 주체인 정치지도자가 어떠한 안목과 기술을 가지고 근대적 목표를 추구하느냐, 그리고 국가의 엘리트와 국민들 사이에 어떠한 의미 있는 관계를 유지하며 근대화를 추진하는가 하는 것이 중요한 문제라고 보았다. 즉, 쓰루타니는 근대화 발전의 정치과정에서 권력을 담당한 정치지도자들을 단순히 일률적으로 "개발독재자"라고 규정하는 수준을 넘어 그가 주어진 권력을 가지고 경제발전이나 정치적 민주주의의 제도화 등과 같은 근대적 발전목표들을 구체적으로 실현시키기 위해 어떻게 노력하고 있는지, 그리고 그 과정에서 정치지도자의 능력이 어떠한 수준인지를 분석, 평가하는 문제가 중요하다고 본 것이다. 그런 점에서 앞서 기술한 다섯 가지 명제는 근대화 발전과정을 이끌어가는 정치지도자들을 분석 혹은 평가하는 가이드라인에 해당되는 것들이다.

3. 근대화 정치리더십의 필수요건과 유형들

근대화 발전과정을 이끄는 정치리더십 중 성공적 정치리더십은 국가 발전을 위해 각종 인적·물적 자원을 효율적으로 동원하고 활용하면서 발전의 패턴과 속도를 조절한다. 그런데 이렇게 효율적이고 성공적인 정치리더십은 그의 사회적 배경이나 정치체제의 차이로 설명되지 않는다. 정치리더십과 사회적 배경 혹은 정치체제의 차이 사이에는 아무런 상관관계도 없을 뿐 아니라 설령 있다 해도 거의 희박하다. 예컨대, 중국과 러시아의 혁명적 공산주의자들은 자신들과 경쟁관계에 있던 국민당원이나 멘셰비키 같은 비공산주의자들과 대체로 동일한 사회계층 출신이었다. 모두 중산층 출신의 엘리트 지식인들이었다. 일본 메이지시대의 지도자들은 모두 전통적 지배계급 출신이었지만, 그들은 한결같이 계급이익을 넘어서 전례 없는 획기적 근대화를 추진했다. 그런가 하면 통치형태나 정치체제의 특징 역시 근대화 지도자의 행동과 정책에 특별한 영향을 미치지 않는다. 즉, 군주제, 과두제, 민주제, 독재체제, 전체주의 체제는 경우에 따라서 근대화를 촉진할 수도 있고 그렇지 않을 수도 있다. 다만 역사적 사실들을 검토해 볼 때, 근대화 정치리더십이 성공하기 위해서는 적어도 다음 세 가지 기본요건이 필요하다(Tsurutani, 1973: 91~95).

첫째, 근대화 정치지도자들은 근대적 이상을 성취하고자 하는 의지와 정열이 있어야 한다. 정치지도자가 아무리 강력하게 지배하고 있고 아무리 좋은 기술을 가지고 있다 하더라도, 스스로 근대화 발전을 성취하고자 하는 진지한 의지를 가지고 있지 않다면 성공할 수 없다. 그러나 정치지도자가 일본 메이지시대의 정치지도자들처럼 국가를 근대화시키고자 하는 의지를 가지고 적극적으로 일하고, 여러 약점과 장애를 솜씨 있게 극복할 수만 있다면 근대화에 성공할 수 있다. 군나르 뮈르달(Gunnar Myrdal, 1968)에 의하면, 근대화를 추구하는 정치지도자는 합리성, 생산성 향상, 생활수준의 향상, 사회경제적 차원의 평등, 제도와 의식의 개선, 그리고 국민통합 같은 이상의 실현에 넘치는 정열과 의욕을 가지고 있다. 근대화 초기단계에 정치지도자가 이러한 근대적 이상을 추구하면 이에 익숙하지 못한 대중들로부터 거부와 반대에 직면하게 된다. 그러므로 근대화를 추구하는 정치리더십은 자신이 소속된 계층의 이해관계나 파당적 이해관계에 초연해야 하고, 대중들의 태도와 이해관계에 대해서도 냉정하고 단호하게 독자적 입장을 견지해야 한다.

둘째, 근대화 정치지도자는 정치적 안목과 기술이 있어야 한다. 이것은 마키아벨리가 말하는 여우의 지혜에 해당되는 것으로 정치지도자의 창조능력, 예견능력, 그리고 조작능력 등을 두루 포함하는 개념이지만, 그 의미와 내용이 상황에 따라 달라지기 때문에 하나의 분석적 범주로 개념화하기가 쉽지 않다. 안목이란 일반적으로 말해서 인간본성에 대한 지식과 이해, 사회의 특정한 성향에 대한 이해, 그리고 축적된 사회적 지식 등과 관련이 있으며, 또한 사회의 물적·인적 자원 및 장애물 혹은 기존 가치관이나 제도에 대한 규범적, 비판적 식견을 포함한다. 즉, 정치적 안목이란 근대적 목적의 성취에 필요한 수단과 방법에 대한 지식과 이를 제대로 평가할 수 있는 능력이며, 기술이란 국민들의 지지를 늘리고 반대를 줄임으로써 그러한 안목을 구체적 행동프로그램으로 전환시키는 능력이다. 일찍이 마키아벨리가 《군주론》 제6장에서 "새로운 제도를 만드는 것보다 더 어렵고 위험하며 성공하기 힘든 일은 없다"라고 쓴 것처럼, 발전도상국가의 정치리더십 역할은 훨씬 더 복잡하고 위험부담이 큰 것이어서, 안정된 선진국의 정치리더십에서 요구되는 것보다 더 다양하고 높은 수준의 정치적 안목과 기술을 필요로 한다.

셋째, 근대화 정치지도자들은 국내의 엘리트들을 장악해야 한다. 즉, 발전도상국의 정치리더십은 여타 엘리트들과의 관계에서 가치관 및 태도의 독자성뿐 아니라 정치적·행정적 우위를 확립해야 한다. 발전도상국의 근대화 정치리더십은 행동방식과 정책의 수립과 집행에서 근대화를 방해하는 계급의 이해관계로부터 독자성을 유지해야 하고, 국내의 여타 엘리트들의 영향력으로부터 자유로워야 한다. 정치리더십의 엘리트에 대한 지배와 장악이 이미 확보되었거나 운 좋게 주어졌을 때, 이러한 우위가 제대로 지속될 것이냐의 문제는 전적으로 정치리더십의 안목과 기술에 달려 있다. 그리고 발전도상국가에서는 엘리트에 대한 장악이 전체주의 국가에서처럼 절대적일 필요는 없다. 그러나 근대화 정치리더십이 적어도 여타 엘리트들의 조직적 저항이나 체제전복의 위협을 받지 않는 가운데 근대화 프로그램을 수립하고 집행할 수 있는 정도의 여지를 가질 만큼의 지배력은 확보해야만 한다. 이러한 지배력은 마치 마키아벨리가 말한 군주의 행운과 같은 것으로, 정치리더십의 행동과 정책이 시작되는 출발점이라 할 수 있다.

그리고 이상 세 가지, 즉 근대적 이상의 추구의지, 정치적 안목과 기술, 그리고 정치적 장악력을 어느 정도 구비하고 있는가(또는 어떠한 요소를 결핍하고 있는가)에 따라 근대화 정치리더십의 유형은 다음과 같은 여덟 가지로 구분된다.

① 효율적 리더십. 이러한 정치리더십은 국가의 안정을 유지하는 가운데 변화를 추구하며 근대화 정책을 수행한다. 이러한 정치리더십은 근대적 이상의 실천의지, 정치적 안목과 기술, 그리고 정치적 장악력이 높기 때문에 높은 수준의 규제능력, 자원추출능력, 자원배분능력을 보유한다.[3] 이러한 리더십의 사례는 1877년 이후 메이지시대의 일본, 1945년 이후의 소련, 1949년 이후 12년간의 중국, 1958

년 이후의 이란 등에서 관찰된다. 효율적 근대화 정치리더십의 범주에 속하는 사례는 다시 그 통치방법과 이데올로기에 따라 재분류될 수 있다.

② 유약한 리더십. 세 가지 요소 중 정치적 장악력이 없는 경우이다. 그리하여 유약한 정치리더십은 강력한 저항세력으로부터 공개적·비공개적으로 도전을 받으며, 정치엘리트들의 방해공작에 자주 시달린다. 어떤 경우 집권정당 내부에서도 이러한 도전은 일어나며, 심한 경우 국내 엘리트집단은 외세와 연합해 근대화 노선에 저항한다. 이 경우 근대화로의 진행이 아주 더디고 비효율적이며, 국가는 군나르 뮈르달이 말하는 연성국가가 된다. 이에 해당되는 사례로는 각 지방 정치지도자들의 신디케이트조직에 의해 체제전복의 위협에 시달린 인도의 네루(Nehru) 수상과 왕당파와 지주, 외국 석유회사, 그리고 미국 CIA에 의해 붕괴된 이란의 모사데크(Mosadeq), 지주 출신의 과두정 지배자들과 의회 내 추종자들에 의해 전복당한 필리핀의 막사이사이(Magsaysay) 대통령을 꼽을 수 있다.

③ 미숙한 근대화 리더십. 3요소 중 근대적 가치들과 관련된 정치적 안목과 기술이 결핍된 경우이다. 그래서 미숙한 근대화 리더십은 국가의 장래에 나쁜 영향을 주는 중대한 실책을 범한다. 이러한 예로는 파키스탄의 아유브 칸(Ayub Khan) 대통령이 있다. 그는 외견상 근대화 추진의지가 강했던 것 같고, 재임 중 정치엘리트에 대한 장악력도 상당했다. 그러나 그는 가부장적 카리스마로 근대화를 추진하는 동안 향상되는 물질적 가치분배에 따라 점증하는 참여확대 요구와 욕구상승에 부응하는 근대적 조치를 취하지 못했다. 그 결과 각계 엘리트들

---

3) 쓰루타니는 이 세 가지를 정부능력(*governmental capability*)을 구성하는 기본요소로 파악하고, 이것을 정치리더십의 성격을 평가하는 기준으로 삼았다 (Tsurutani, 1973: 40~75).

이 연합해 아유브 칸의 정치리더십을 위협했던 것이다. 아드난 멘데레스(Adnan Menderes), 은크루마(Nkruma) 대통령, 1930년대의 스탈린(Stalin), 그리고 한국의 이승만 대통령이 이 경우에 해당되는 지도자들이다.

④ 꿈꾸는 리더십. 근대화를 향해 개혁적이거나 혁명적인 노선을 취하기는 하지만 이에 필요한 정치적·행정적 장악력과 발전정책을 실천할 만한 안목과 기술을 갖추지 못한 리더십이다. 이러한 리더십은 정치적 자기 정당화 기술도 약하고 도전세력에 대한 대응방법도 미숙하다. 정치적으로는 순진하고 이데올로기적으로는 이상주의적이다. 여러 차원의 자원을 합리적으로 동원하지 못하고 개발프로그램의 시행과정상 착오가 많다. 이런 리더십은 조만간 시대적 흐름에 합당한 안목과 기술, 그리고 높은 장악력과 실천력을 지닌 리더십에 의해 대체되는 것이 보통이다. 중국의 쑨원〔孫文〕과 브라질의 굴라르(Joao Goulart)가 이 경우에 해당된다.

⑤ 안정된 보수적 리더십. 근대화를 추진하려는 의지가 결여된 보수주의 국가에서 발견되는 리더십이다. 대체로 잘 다스려지는 안정된 군주제 국가들이나 이와 비슷한 체제를 지닌 국가들에서 볼 수 있다. 그러나 근대화와 관련해서 발전속도가 느리고, 경제성장은 되고 있지만 분배는 이루어지지 않는다. 1960년대의 태국, 사우디아라비아, 에티오피아 등이 이러한 예에 속한다.

⑥ 정체된 리더십. 나름의 통치수단과 식견은 지니고 있지만 근대화 추구의지나 정치적 장악력이 결여된 리더십이다. 그래서 정치적 리더십의 자리는 지키나 주변 엘리트들에 의해 주어진 한계 내에서 위태하게 움직이며, 근대화를 적극 추진하기보다 현재 위치의 유지에 만족한다. 도쿠가와 바쿠후 이전의 일본과 1966년 쿠데타 이전의 나이지리아가 여기에 해당된다.

⑦ 착취적 리더십. 무모한 강제력으로 탄압하면서 체제를 유지할 뿐 근대화와 관련된 의지나 정치적 안목이 전혀 없는 리더십이다. 사회의 전반적 근대화나 복지증진을 희생하고 개인의 권력을 유지하거나 직계가족 및 소수의 귀족 혹은 집권정당 구성원들에게 특혜를 베푸는 리더십이다. 남아프리카공화국과 나이지리아의 백인우월주의 정권, 이븐 사우드(Ivn Saud)가 지배하던 사우디아라비아, 파루크(Farouk)의 이집트, 바티스타(Batista)의 쿠바, 트루히요(Trujillo)의 도미니카 등이 이에 해당된다.

⑧ 회전문 리더십. 이러한 리더십이 존재하는 사회는 무질서, 개인과 집단의 일탈행위, 그리고 일관성 없는 법과 정책의 집행이 특징이다. 그리고 리더십 집단 구성원이 수시로 바뀌고 공공정책 집행상 일관성이 없다. 프랑스 제3, 4공화국 시기 중 정치적 혼란기, 디엠(Diem) 정권 이후 끼(Ky) 수상이 등장하기 전까지의 월남, 가스페리(Gasperi)가 죽은 이후의 이탈리아 등이 여기에 해당된다.

이상 소개한 여덟 가지 유형의 정치리더십은 모두 분석목적에서 고안된 이상형이다. 현실적으로 이 중 어느 한 가지의 유형만으로 완벽하게 규정될 수 있는 정치리더십은 찾아보기 힘들다. 그럼에도 불구하고 이러한 유형화는 주어진 정치리더십이 대체로 그 지향이 무엇이며 어떠한 방식과 속도로 발전을 추진하는지, 그리고 어떠한 특징을 지녔는지를 파악하고 평가하는 것에 유용한 기준을 제공한다. 또 근대화 정치리더십에 대한 이러한 개념적 유형화를 사용하면, 전환기 사회에서 관찰되는 특정한 발전적 현상들이 어떻게 해서 발생했는지 보다 쉽게 이해할 수 있다.

4. 근대화 리더십의 보상적 동원전략

근대화 발전의 과제에는 하나의 국가를 근대적으로 발전시키는 것뿐 아니라, 그것에 필요한 여건을 조성하는 것도 포함된다. 사회과학자들이 연구실에서 바람직한 이상형을 준거로 여러 형태의 발전정책들을 생산하기는 쉽지만, 그 정책을 구체적으로 실행하는 것은 매우 어려운 일일 뿐 아니라 대개는 불가능하다. 그런데 발전정책 수행이 어렵거나 불가능한 까닭은 그것 자체가 원래부터 결함을 안고 있기 때문이라기보다 주변환경이 발전정책을 거스르기 때문이다. 따라서 정치리더십이 수행해야 할 가장 중요하고도 어려운 임무는 이러한 부정적이고 모순적인 환경을 발전정책에 조응하도록 만들거나, 적어도 발전정책이 수행되는 것에 방해가 되지 않도록 하는 일이다.

　이러한 환경조성과 관련된 정치리더십의 기능이 바로 보상적 동원이다. 이것은 "발전정책의 수행에 반대하는 정치적, 심리적, 경제적 저항을 완화시키거나 제거하는 행위"로서 "어떤 행위에 대한 수용적 태도와 입장을 유도하거나, 나아가 적극적 행동으로 전환시키는 수단과 방법들"로 구성된다. 다만 이러한 동원은 개발에 부적합하고 부정적인 요소와 환경에 대해 보상해주는 것을 일차적 목적으로 삼고 있기 때문에 보상적 동원이라고 한다. 예컨대, 발전도상국가에서 근대화 리더십이 수행하는 정책에는 크게 개발정책과 유화정책이 있는데, 보상적 동원은 후자에 해당한다. 개발정책이란 본격적 근대화 정책으로 새로운 정치·사회·경제제도의 수립에 따르는 신사회건설 프로젝트이다. 반면 유화정책이란 말 그대로 모순적이고 부정적인 상황을 개발에 유리한 상황으로 전환시키는 분위기 조성정책으로, 이러한 유화정책의 유형에는 다음과 같은 것이 있다(Tsurutani, 1973: 115~131).

① 카리스마의 창출과 활용. 발전도상국에서 대중의 지지를 받는 카리스마적 개인이나 조직이 있을 경우 효율적 근대화가 추진된다. 카리스마적 지도자였던 네루 수상이 죽은 뒤 인도는 정치적 안정이 깨지고 분열되었다. 파키스탄에서는 권위 있는 카리스마의 아유브 칸 사령관이 정치를 장악할 때(1958~1968), 파키스탄은 안정을 이루었고 경제성장에서 큰 성과를 이루었다. 그러나 칸이 대중의 지지를 잃자 파키스탄은 정치적 혼란에 빠지고 지역갈등이 심화되었다. 중국의 경우, 창건 이래 문화대혁명 이전까지는 중국공산당이 조직 차원의 카리스마를 유지하며 통합과 안정을 이루었고, 문화대혁명 이후에는 마오쩌둥 개인의 카리스마가 지배했다. 많은 나라에서 카리스마적 지도자가 출현하는 것은 그들의 개인적 권력욕이나 명예욕 때문이라기보다 국가적 상황이 그러한 인물을 필요로 하는 특수한 상황이었기 때문이라고 이해할 수도 있다.

② 위기의 조성과 활용. 위기를 꾸며내거나 현존하는 위기를 적절히 활용하면 국내적 지지와 안정을 신속하게 구축할 수 있다. 위기는 국내 차원이나 대외적 차원의 것이 있을 수 있고 양자 혼합일 경우도 있다. 예컨대, 아랍국가들은 만약 이스라엘과의 계속적 투쟁이 없었더라면 국내적 폭동이나 소요를 겪었을 것이다. 인도네시아 수카르노 대통령의 리더십은 반미·반말레이시아적 대외정책이 아니었다면 오래 지속되지 못했을 것이다. 각종 음모와 함께 위기의 조작은 혁명정부나 부패한 반동정권에 의해 촉발되는 것이 보통이나, 미국의 매카시즘에서 보는 바와 같이 미국과 같은 선진국이라 해서 이러한 음모와 조작에서 자유로운 것은 아니다. 위기의 조작 및 활용과 국내적 불화와 불안정 사이에는 어느 정도의 비례관계가 있다.

③ 희생양의 활용에 의한 탄압. 위기조작과 유사하지만 그 대상이 국내의 특정 집단이다. 가장 두드러진 예가 나치독일의 유대인 학살

이며, 과거 오트만 제국이 아르메니아인과 비이슬람 집단에 대해 온갖 종류의 차별·억제정책을 편 것이다. 수카르노 역시 인도네시아 내 네덜란드인의 재산을 몰수하고 추방했다. 1950년대 중반 중국에서 지주는 인민의 적으로 간주되었고, 쿨라크(kulak)라 불리던 러시아의 부농들은 스탈린 치하에서 탄압받았다. 새 정권이 들어설 때 구정권시대의 비리와 관련된 인사들에 대한 사법처리가 뒤따르는 것도 같은 맥락이다. 정치지도자들은 희생양에 대한 억압을 통해 정부를 중심으로 하는 단결을 도모하고자 하는 것이다.

④ 이데올로기와 신화의 활용. 이것은 유화정책으로 가장 알려진 방법으로서, 정치지도자는 이로써 추구하는 목표를 제시하며 동시에 열광적 지지를 얻는다. 이데올로기와 신화가 정치적으로 유효한 것은 현실과 기대 사이의 격차 때문이기도 하지만, 다른 이유도 있다. 어떠한 경우든 정치지도자는 사회를 일체화시키는 능력이 있어야 하는데, 이데올로기가 그 역할을 한다. 발전도상국들에서 이데올로기는 지도자와 추종자들의 헌신을 유도하고 특정 방향으로의 사회발전을 지향하는 행동을 동기화한다. 대중적 정서와 정치리더십에 대한 지지를 불러일으키는 이데올로기와 신화가 없다면, 사회는 발전정책과 프로그램의 수행에 필요한 단합을 성취할 수 없다.

⑤ 선별적 뇌물제공. 근대화 과정에서 구엘리트와 추방된 엘리트를 처리하는 방법에는 숙청과 통합이 있는데, 뇌물은 통합의 방법이다. 구지배계급은 권력자원을 풍부하게 소유하고 있을 뿐더러 근대화에 유용한 재능과 기술도 보유하고 있어 일거에 제거하기는 거의 불가능하다. 장기적으로는 일정 기간의 사회화 과정을 거쳐 나름의 역할을 부여하는 것이 좋지만, 현실적으로는 당장 그들의 지지가 필요하기 때문에 그들에 대한 선택적 뇌물공여가 필요하다. 대표적 사례는 일본의 근대화 리더십이 다이묘(大名)와 사무라이(武士)들을

적절하게 대우했던 일이다. 다이묘들에게는 재정적 보상과 함께 귀족의 지위가 부여되었고, 그들의 가신이었던 사무라이들에게는 연금과 함께 많은 특혜를 제공했다. 이러한 선택적 뇌물제공은 선진국가들에서도 얼마든지 발견되는 정책으로, 예컨대 미국의 대통령도 자신이 제안한 법률안의 통과를 위해 특권이 있는 국책사업에 야당 지도자들이나 그 지지자들을 참여시킨다든지 야당 지도자를 과장해서 추켜세워 야당의원들을 회유하는 것이다.

⑥ 전통적 상징과 가치의 활용. 어떤 경우든 정치적 상징의 효과가 클수록 정치체제는 안정적이다. 그리고 신생국가들이 불안정한 것은 강제수단이 없어서라기보다 정치체제를 정당화하고 합리화하는 것에 필요한 효과적 상징이 부족하기 때문인 경우가 많다. 그러한 신생국가들의 경우 비록 근대적 가치를 지향한다 해도 현실적으로 대중들의 선호와 가치는 전통에 사로잡혀 있다. 따라서 근대화 리더십은 전통을 활용해 대중들이 일체감, 안정감, 그리고 편안함을 느낄 수 있는 가치와 상징을 개발해야 한다. 예컨대 메이지시대 일본의 정치지도자들은 일본인들에 낯선 부르주아혁명, 평등, 합리주의, 개인주의 등과 같은 서구적 개념들을 이용하지 않는 대신, 일본의 독특한 전통적 문화와 가치관이 배어 있는 상징과 가치를 이용함으로써 정치리더십이 추구하는 근대화를 효과적으로 수행할 수 있었다. 이와는 대조적으로 메이지 정부에 반대하던 자유민권 운동가들은 현명하지 못하게 서구 의회민주주의, 인민주권 등과 같은 낯선 개념들을 사용해 국민들의 지지를 얻는 것에 실패했다.

한편 이러한 유화정책은 국민들이 전통적 문화와 가치뿐 아니라 근대적 가치와 문화에 대해서도 호감을 갖도록 하는, 이른바 "선호대상의 다원적 개발"과 신흥엘리트와 구엘리트 사이에 "실질적 이익의 공유"를 가능케 하는 정책과 병행될 때, 보상적 동원을 통한 지지확대와 개발환경의 조성, 그리고 개발정책의 본격적 실천이라는 본래의 목표를 달성하는 것에 기여할 수 있는 것이다(Tsurutani, 1973: 131~143).

5. 맺음말

앞에서 간단히 소개한 쓰루타니의 근대국가 발전에 대한 정치리더십적 접근은 그간 우리나라 정치학계에 정식으로 소개된 적이 없다. 이는 아마도 그간의 우리 정치학이 우리의 정치상황과 문화적 특징, 그리고 우리의 필요와 문제에 대한 성찰을 통해 분석개념이나 모델, 이론을 창출하기보다 주로 구미의 정치적 경험과 문제의식에서 개발되고 다듬어진 정치학 지식의 습득과 그것의 한국정치에 대한 실험적 적용에 그쳤던 사례가 더 많았기 때문이라고 생각된다(정윤재, 1999: 3~38). 그러나 근대화 발전에 대한 쓰루타니의 정치리더십 접근은 정치지도자의 영향력이 큰 발전도상국가들의 현실에 부합하며 동시에 일본의 근대화 경험을 바탕으로 생성된 것이기에, 기존에 우리가 알아온 어떤 접근방법보다 한국의 정치적 경험을 설명, 평가하는 것에 적실하고 유용하다고 생각한다. 특히 다음과 같은 부분에서 높이 평가할 만하다.

　첫째, 쓰루타니의 정치리더십적 접근은 무엇보다도 정치를 객관적 관찰과 이론형성의 대상으로 보거나 혹은 이미 형성된 사회적 가치들의 권위적 배분과정으로 보기보다는 정치지도자들의 적극적 문제해결 및 가치창출 과정으로 본다. 그렇게 봄으로써 정치, 특히 정치지도자들의 역할과 영향력이 큰 비중을 차지하는 발전도상국가의 정치를 보다 적실성 있게 분석하고 평가할 수 있는 계기를 제공한다.

　둘째, 정치지도자가 권력을 획득하는 것뿐 아니라 그 이후에 발전을 위해 해야 할 일, 즉 획득된 권력을 어떻게, 그리고 어떠한 목적에 활용하느냐에 따라 그의 리더십에 대한 질적 평가가 달라질 수 있음을 보여준다. 일찍이 제임스 번즈와 로버트 터커 교수는 그동안 미국중심의 현대정치학은 지나치게 권력중심적이어서 그 투쟁과 투쟁과정에 대해서만 관심이 있었을 뿐 실제로 정치와 정치지도자가 무엇을 하는지에 대해서는 까막눈이었다고 비판하고, 이제부터는 정치를 리더십 과정으로 간주하고 분석하는 것이 중요하다고 주장했다(Burns, 1978; Tucker, 1981).

셋째, 근대화 발전을 추구하는 대부분의 제3세계 정치지도자들의 경우 근대화에 대한 열정과 의지가 많고, 국가 내의 엘리트에 대한 장악력이 뛰어난, 이른바 개발독재자가 대부분인 상황에서, 쓰루타니 교수가 제안한 "정치지도자의 안목과 기술"은 일정 기간의 개발독재시기 중에 이룩된 그들의 업적의 질적 차이를 설명할 수 있는 중요한 단초가 된다. 이것은 쓰루타니의 선구적 업적에 해당될 수 있을 것이다.

마지막으로, 민주주의 제도화의 중요성과 정치에서 비폭력의 중요성을 특히 강조함으로써, 근대화 발전에 대한 정치리더십적 접근이 결코 발전도상국가들에 무모한 권위주의 독재체제를 무조건 옹호하는 연구방법이 아님을 보여준다. 그는 일찍이 발전도상의 정치는 "얄팍한 도덕적 얌전빼기나 무모한 권력남용이 되어서는 안 된다"(Tsurutani, 1973: 331)고 주장했을 뿐 아니라 특정 국가 안에 "폭력이 존재한다는 것은 궁극적으로 리더십의 무능함을 나타내는 것"이라고 지적함으로써(Tsurutani, 1973: 178), 발전도상국가의 정치를 적정한 현실감각이 있는 눈으로 바라볼 것을 강조했다.

요컨대, 쓰루타니 교수는 근대화 정치리더십의 핵심기능이 권력의 획득과 유지라는 현실적 목표와 긴밀하게 관련되면서도, 근대적 정부능력의 증대, 민주주의의 제도화 및 폭력의 최소화라는 질적 변화

를 추구하는 것에 있음을 강조함으로써 근대화 발전과정에 대한 정치
리더십적 접근의 유용성을 높였다. 이는 또한 어떠한 경우든 정치란
현실과 이상, 혹은 상황과 목표라는 서로 길항(拮抗)하면서도 긴밀하
게 연관될 수밖에 없는 요소들을 종합적으로 고려하면서 분석·평가
해야 한다는 의미 있는 시사점을 제공했다.

제 3 장　　제 3세계 발전에 대한 정치리더십 접근

1. 머리말: 문제제기

이 글의 목적은 제 3세계 국가의 발전문제를 연구하는 새로운 시도로
서 "정치리더십 접근"[1]에 관한 시론을 쓰는 것이다. 제 2차 세계대전
이후부터 시작된 제 3세계 국가의 발전연구는 그동안 근대화 이론, 종
속이론, 세계체제론, 역사주의적 접근방법, 그리고 경영적 접근방법

---

1) 정치분석에서 "접근"은 "모델"이나 "이론"과 달리 "정치세계에서 설명되어야 할
　가장 중요한 대상이 무엇인지를 규정하는 하나의 총체적 정향"이다. 그러므로
　정치세계에 대한 여러 접근들은 서로 분석기법상의 차이를 보이기보다는 대부
　분 각 연구자가 정치세계를 이해하는 데 유익하다거나 흥미롭다고 판단하는
　바에 따라 그 분석의 대상을 달리한다. 필자가 시도하는 "정치리더십 접근"도,
　제 3세계 발전과정에서 정치지도자들의 리더십 현상이 가장 중요한 요인이기
　때문에 그것에 대한 분석적 관심이 제고될 필요가 있다고 본다. 따라서 이
　연구는 기존의 정치분석에 대한 비판과 함께 제 3세계 국가들의 정치, 경제,
　사회적 발전과정을 정치리더십을 중심으로 해명하고자 하는 시도의 하나이다.
　연구방법으로서의 "접근"에 대해서는 Phillip L. Gianos, *Political Behavior*:
　Metaphors and Models of American Politics (Pacific Palisades: Palisades
　Publishers, 1982), pp. 25~35를 참조하라.

등 여러 가지 연구방법에 의해 시도되었다. 그러나 제 3세계 국가들의 발전과정을 체계적으로 정리하고 이론적 통일성을 가지고 설명할 수 있는, 그럼으로써 확신감 있고 내적 축적이 있는 연구를 지속적으로 수행하게 하는 "하나의 강력한 패러다임"은 아직 갖고 있지 못하다. 물론 상기한 연구방법들은 각기 나름대로의 이론적 전제와 강조점에 따라 제 3세계 국가들의 발전과정을 분석하고 평가하는 장점들을 지니고는 있지만, 무엇보다도 제 3세계 국가들 자체가 현실적으로 다양한 발전양태들을 보이고 있고, 또 관련학자들 사이에서는 기존 연구방법들이 예외 없이 서구중심적이거나 지나치게 이론중심적이라는 인식이 확산되면서, 오늘날 제 3세계 연구 또는 신생국가 연구는 "하나의 위기상태"에 처한 것으로까지 평가되기도 한다. 2)

한편 지금까지의 정치발전 연구는 대부분 미국의 국제정치상 전략적 필요성에 기인한 것이었을 뿐 아니라 제 3세계 국가들과는 국가적 상황이나 역사적 배경, 그리고 정치 · 문화적 특성이 다른 구미국가들의 경험을 바탕으로 만들어진 이론이나 개념들에 의해 주도되었기 때문에 제 3세계 국가에서 일어나는 실제의 정치현상을 실증적으로 분석하거나 적실성 있게 평가하는 점에서 적지 않은 약점이 있었다고 할 수 있다. 3) 근대화론에 입각했던 초기 정치발전론이나 이에 대한

2) 이러한 평가와 여러 가지 연구방법에 대한 소개 및 비판에 대해서는 Elbaki Hermassi, "Changing Patterns in Research on the Third World," *The Third World Reassessed* Ch. 2 (Berkeley: University of California Press, 1980), pp. 16~40을 참조하라.

3) 정치발전에 관한 다양한 접근방법들에 대한 비판적 논의에 관해서는 유세희, "비교정치연구의 현황과 문제점," 한국사회과학연구소 편, 《현대사회과학방법론》(민음사, 1977), pp. 130~150; 이상구, 《한국정치발전론》(중앙출판, 1981); 이범준 · 신승권, 《수정판 정치학》(박영사, 1985), 8장 "정치발전론"을 참조하라.

비판적 대응으로 제시된 구조기능주의 접근법은 비록 정도의 차이는 있으나 "근대화가 성취되면 반드시 정치발전도 성취된다"는 서구중심적 낙관적 가설을 전제로 하고 있었기 때문에, 이러한 연구방법을 무비판적으로 채용한 지금까지의 많은 학자들은 제3세계 국가 정치과정의 실상을 "과학"과 "경험적 분석"의 이름으로 서구의 이론이나 가설의 검증대상으로 전락시키거나 서구적 평가기준에 준거하는 비판적 또는 처방적 연구만을 대량생산했다고 해도 과언이 아니다. 4)

특히 제3세계 국가들은 예외적인 경우도 있을 수 있겠지만 대부분 "위로부터의 혁명"5)에 의한 발전을 경험했거나 현재도 그러한 변화과정에 있기 때문에 이들 국가에서의 발전과정은 무엇보다도 정치지도자들의 이니셔티브와 정책선택의 영향을 크게 받는다. 6) 그럼에도 불

---

4) 예컨대, 한국정치학의 경우, 그것은 출발 당시부터 미국정치학의 압도적 영향을 받아 한국의 자주적 정치사회관과는 유리된 채 발전되었으며, 1960~1970년대에는 행태주의적 방법론과 함께 전래된 근대화 이론이 풍미하여 한국 정치현실에 대한 경험적 연구보다 외래이론에 의존하여 그것에 들어맞는 "사실들"만을 모아 한국정치를 논하는 폐단을 초래했다. 그 결과 한국정치학의 이론체계와 한국 정치현실은 서로 겉도는 관계에 머물렀고, 구미학계의 동향이나 정치적 변화에는 민감하나 한국의 정치·사회적 현실과 변동에는 적절한 처방을 제시하지 못하는 "일종의 자아불감증"에 빠지기도 했다. 이러한 비판에 대해서는 안청시, "한국정치학의 발전과제와 방향모색," 한국정치학회 편, 《현대한국정치론》(법문사, 1987), pp. 479~484를 참조하라.

5) 이러한 개념은 트림버거가 일본, 터키, 이집트, 그리고 페루의 발전과정을 연구한 데서 비롯된 것이다. 이에 관해서는 Ellen K. Trimberger, *Revolutions from Above: Military Bureaucrats and Development in Japan, Turkey, Egypt, and Peru*(N. J. : Transaction Books, 1978) ; 강희경, "트림버거의 '위로부터의 혁명'," 한국사회사연구회, 《서구사회사이론의 조류》(문학과 지성사: 1987), pp. 63~86을 참조하라.

6) 이러한 관점에서 김호진 교수는 개도국에서의 정치적 독재화현상이 통치엘리트들의 비민주적 속성에 기인한다고 보고 이들의 의식전환이 정치발전의 관건이라고 보았다. 김호진, "개도국의 정치발전과 엘리트 결정이론," 〈한

구하고 이제까지의 제3세계 발전연구는 정치지도자들의 리더십적 특성들(예컨대, 국가상황에 대한 문제의식, 문제해결에의 사명감, 이데올로기적 특성, 정책선택과 집행과정상의 특이성, 문화적 배경, 국민과의 관계, 정치·사회적 엘리트와의 관계 등)을 중요한 연구대상으로 고려하지 않았다.[7] 그 결과 기존의 제3세계 발전연구는 무엇보다도 정치지도자에 의해 주요 발전정책이 채택되고 집행되는 과정을 적실성 있게 기록하고 분석하는 것에 소홀했으며, 오히려 서구적 정치경험과 가치기준을 준거하여 제3세계 국가 정치에 대한 "초사실적 일반화"[8]나 "타아준거적"[9] 비판을 일반화시켰다고도 보인다. 특히, 정치에 대한 서구적 모델이나 평가기준에 경도된 제3세계 발전에 대한 연구들은 제3세계 국가의 발전과정에서 독립변수적 영향을 미치는 정치리더십의 존재를 "정치체제" 혹은 "국가" 개념에 편입시킴으로써 정치리더십 현상의 제3세계적 특성을 부각시키지 못했을 뿐 아니라 제3세계의 정치·문화적 특성을 부정적으로만 인식하게 했다고 생각된다.

_____

국정치학회보〉제12집(1982), pp. 137~155를 참조하라.

7) 최근 국가능력이론에 입각하여 제3세계의 발전문제를 접근하는 연구가 활발하게 이루어져 국가능력에 영향을 주는 변수로 세계체제, 사회계급, 국가 자체의 기구 등이 고려되고 있다. 그런데 필자는 여기에 정치지도자의 리더십도 하나의 변수로 추가한다면 보다 설득력 있는 연구성과를 기대할 수 있을 것으로 생각한다. 국가능력이론에 의한 제3세계 발전연구에 대해 접할 수 있는 자료로는 김석준, "제3세계 발전과 국가능력," 〈한국정치학회보〉 제24집 1호(1990), pp. 201~244가 있다.

8) 안청시, 앞의 글(1987), pp. 481~482.

9) 이 용어는 문승익 교수의 "자아준거" 개념에 반대된다. 문 교수의 "자아준거적 연구"란 간단히 말해서 "자신의 상황과 필요성에 대한 주체적으로 조응하는 연구"라고 말할 수 있는데, 이에 대한 자세한 설명은 문승익, "자아준거적 정치학," 〈국제정치논총〉 제13집(1974), pp. 111~118; 문승익, 《주체이론》(아인각, 1970)을 참조하라.

이러한 문제의식에 기초해서 필자는 최근 구미의 정치학자들에 의해서 연구되기 시작한 정치리더십에 대한 결과물에 유의하면서 제3세계 발전과정을 연구하는 새로운 실험의 하나로서 "정치리더십 접근"을 탐색하고자 한다. 우선 제3세계 발전연구에 큰 영향을 끼쳤던 현대(미국) 비교정치학에서의 정치엘리트 연구, 정치지도자에 대한 심리학적 연구, 그리고 제3세계 국가 및 정치에 대한 세계체제, 종속론적 이해 등에 대한 비판적 고찰을 요약하고, 필자가 생각한 제3세계 국가 발전에 대한 정치리더십 접근의 기본전제들과 연구상 착안점들을 소개한 다음, 정치리더십 접근의 유용성을 논하고자 한다.

2. 리더십에 주목하지 못한 현대정치학

미국의 정치학자 메리엄은 일찍이 리더십 현상은 "정치적·사회적 행위에서 가장 생생한 현상 중의 하나"[10] 라고 주장했다. 에딘저는 리더십을 경제적 불안정, 전쟁, 그리고 빠른 기술적 변화 등으로부터 발생하는 필요성과 함께 20세기의 주요한 정치현상 중의 하나로 간주했다.[11] 특히 제2차 세계대전 이후 독립한 제3세계 국가들 대부분은 정치적 독립, 경제발전, 그리고 사회통합의 과제를 안고 있어서 이 지역의 다양한 정치리더십 현상은 정치학의 일차적 연구과제가 될 만했다.

그러나 현대정치학에서 정치리더십은 학문적 연구의 주류에서 제

---

10) Charles E. Merriam, *Systematic Politics* (Chicago: University of Chicago Press, 1966), p. 107.

11) Lewis J. Edinger, "Political Science and Political Biography (Ⅰ): Reflections on the Study of Leadership," *Journal of Politics* 26-2 (May 1964), p. 423.

외되었다.[12] 특히 제 2차 세계대전 이후 현대정치학을 대표하는 미국의 정치학자들은 그들의 지적 전통과 정치적 경험에 따라 정치리더십에 대한 정당한 관심을 주지 않고 '과학적 정치학'을 발전시켰다. 그 결과 1906년과 1963년 사이에 〈미국정치학회보〉에 실린 약 2천 5백여 개의 논문들 중 그 제목에 "leaders"나 "leadership"이란 단어가 출현하는 것은 17번에 불과하며,[13] 1964년부터 1987년 사이에는 열한 편의 논문만 그 같은 단어를 포함했다.[14] 미국의 페이지 교수는 미국정치학의 정치리더십에 대한 이러한 무관심은 진화론적, 심리적, 그리고 경제적 결정론과 같은 유럽의 지적 전통에 큰 영향을 받은 결과라고 설명했으며,[15] 터커 교수는 현대정치학이 권력중심적 연구에 몰두했기 때문에 정치엘리트를 "권력에 굶주린 비정상적 인격의 소유자"로 간주하고, 따라서 정치나 정치지도자들을 하나같이 부정적으로만 바라보게 했다고 비판했다. 또한 그는 독재자의 절대적 영향하에 있던 소련정치사회를 연구하는 데서도 독재자 개인과 그의 영향력의 전개과정에 대한 분석적 연구는 놀랄 정도로 빈곤하다고 비판하기도 했다.[16] 결과적으로 현재 정치리더십을 집중적으로 연구하

---

12) Barbara Kellerman, *Leadership: Multidisciplinary Perspectives* (Englewood Cliffs: Prentice-Hall, 1984), p. ix.

13) Glenn D. Paige, *The Scientific Study of Political Leadership* (New York: The Free Press, 1977), p. 11.

14) Yoon-Jae Chung, "A Medical Approach to Political Leadership: An Chae-Hong and a Healthy Korea" (Doctoral Dissertation, University of Hawaii, 1988), p. 3.

15) Paige, 앞의 책 (1977), p. 39.

16) Robert C. Tucker, *Politics as Leadership* (Columbia: Univ. of Missouri Press, 1981), p. 15, 이 책은 안청시 교수와 손봉숙 박사에 의해 《리더십과 정치》(까치, 1984)로 번역되었다. 또한 소련정치사회 연구에 대한 그의 비판적 견해에 대해서는 그의 "The Dictator and Totalitarianism," *World*

는 미국의 정치학자 번즈의 표현을 빌면, "리더십은 지상에서 가장 많이 관찰되는 현상이면서도 그에 대한 사람들의 이해가 가장 부족한 현상"17) 으로 앞으로 보다 열띤 연구가 기대되는 분야이다.

1) 소홀히 다루어진 정치리더십

현대정치학에서 이 같은 리더십 연구의 소홀 현상은 그간 제3세계 국가의 정치연구에 지대한 영향을 주었던 대표적 저서들에서 발견되는데, 예를 들면 다음과 같다.

현대정치연구에 대한 구조기능주의적 접근법을 개발한 알몬드 교수는 개발도상지역의 국가들을 비교연구하기 위한 목적에서 미국과 같이 이미 형성되고 정착된 정치체제 내부의 기능들과 관련된 주요 분석개념들을 제시하였지만, 정치지도자의 교체와 정치체제의 변동이 잦은 제3세계 국가들에서 정치지도자들에 의해서 수행되는 "정치체계를 향한 다양한 기능들"에 대한 분석적 노력은 기울이지 않았다. 그리하여 알몬드 교수와 그가 주관했던 사회과학연구평의회의 비교정치위원회에 참여했던 학자들은 정치지도자의 영향력이 어느 지역보다 강했던 개발도상국가의 정치를 연구하는 가운데 정치지도자와 정치리더십의 중요성을 간과하였다. 그리하여 동위원회가 개도국 연구시리즈 중 최초로 출간했던 《개발도상국가들의 정치》에는 "리더"나 "리더십"이 색인에 나타나지 않았는데, 18) 이것은 그들이 제3세계 국

Politics 17, No. 4 (July 1965), pp. 565~573을 참조하라.

17) James MacGregor Burns, _Leadership_ (New York: Harper & Row, 1978), p. 2.

18) Gabriel A. Almond & James S. Coleman (eds.), _The Politics of Developing Areas_ (Princeton: Princeton University Press, 1960). 주류 비교정치학에서의 리더십 현상에 대한 무관심한 논의는 Paige, 앞의 책

가들의 현실보다는 미국적 경험과 "편견"에 따라 개발된 개념과 비교연구방법으로 제 3세계의 정치를 분석하려 했기 때문에 비롯된 결과라고 생각된다.

또한 이스턴 교수 역시 체계접근법으로써 안정된 정치사회의 과학적 연구를 시도했지만 "정치적 권위의 담당주체들"을 국민적 지지의 수동적 "대상"으로만 다루었지, 정치적 지지의 능동적 "창조자들"로서의 정치지도자들에 대한 관심은 갖지 않았다. 즉, 그는 정치체계에 관한 일반이론의 완성에 몰두한 나머지 제 3세계 국가들처럼 변동이 잦은 사회에서 정치지도자들에 의해 권력과 정치체계가 어떻게 새로이 창조되는가에 대한 문제에는 관심이 없었다. 19) 또한 이스턴은 정치체계를 "투입", "산출", 그리고 "환류" 등으로 개념화하는 가운데 정치지도자들의 영향력이 강하게 작용할 수밖에 없는 정책결정과정을 "전환"과정으로 간단하게 처리함으로써 정치에 대한 균형 있는 이해를 도모하는 데 실패했다. 20) 그럼에도 불구하고 이스턴의 체계접근법은 제 3세계 국가의 정치현상에 대한 "과학적" 분석이라는 측면에서 그에 대한 방법론적 비판이 거의 생략된 채 원용되었다.

요컨대, 미국을 중심으로 하여 발전한 비교정치학 분야에서 정치

———
(1977), pp. 24~30을 참조하라.

19) David Easton, *A System Analysis of Political Life* (New York: John Wiley & Sons, 1965), pp. 211~219; *The Political System* (New York: Alfred A. Knopf, 1953), p. 146.

20) 제 3세계 발전연구에서 기존의 구조기능주의 접근법과 체계접근법이 지니는 한계에 대해서는 많은 학자들이 지적하였다. 예컨대, Lucian W. Pye, *Politics, Personality, and Nation Building: Burma's Search for Identity* (New Haven: Yale University Press, 1962), pp. 42~43; L. J. Sharpe and K. Newton, *Does Politics Matter?: The Determinants of Public Policy* (New York: Oxford University Press, 1984); 구영록 외, 《정치학개론》 (박영사, 1986), pp. 174~176 등이 있다.

학자들은 "정치발전에 대한 결정적 영향력이 개개의 정치지도자들에게서보다는 사회·경제적 세력에서 비롯된다고 간주하는 하나의 편향적 경향"[21]을 가지고 제3세계의 정치를 비교분석하려 했기 때문에 제3세계 국가들에서의 정치리더십의 역할을 적실하게 분석하고 평가하지 못했던 것으로 생각된다.

2) 편향적 정치엘리트 개념과 심리학적 연구

다른 한편, 현대정치학에서 정치지도자들은 "개인의 이익"에 집착한 "권력추구자들" 혹은 그들이 속한 "계급적 이익"이나 추구하는 존재들로 개념화되어 제3세계 정치지도자들의 국가건설 내지 사회통합 및 경제건설을 위한 의식적 노력과 합리적 정책집행의 정치적 중요성을 제대로 考慮하지 못했다고 생각된다.

예컨대, 다운스는 정치인(정당인)들이 오로지 자신의 수입, 위신, 권력의 획득을 위한 목적에서 행동한다고 가정하는 이른바 "개인이익의 공리"에 따라 민주주의에 대한 경제학적 모델을 제시하였는데[22] 이러한 모델에 의한 정치연구는 자연히 공공정책이나 이데올로기는 기껏해야 개인들의 이익증진에서나 의미를 가진다는 건전하지 못한 진술과 평가만을 생산할 수밖에 없는 것이다. 또한 퍼트넘이나 덤호프 같은 학자들은 "권력엘리트는 기본적으로 상층계급에 속해 있으며, 그 상층계급에 속한 사람들의 이익을 위해 봉사한다"는 입론에서 정책결정자로서 정치엘리트의 계급적 한계성을 이론화함으로써[23] 제

---

21) Edinger, 앞의 글(1964), p. 430.

22) Anthony Downs, *An Economic Theory of Democracy* (New York: Harpers & Brothers, 1957).

23) Robert D. Putnam, *The Comparative Study of Political Elites* (Englewood

3세계 정치지도자들의 대중주의 노선이나 민족주의적 성향, 또는 국가적 "위기상황"의 극복을 위한 다양한 처방들에 대한 정당한 학문적 관심을 경시하게 하는 결과를 초래했다고 생각된다. 덧붙여 현대정치학에서의 이러한 지배엘리트 중심적 연구경향은 제3세계 국가 내의 야당이나 재야운동세력들의 정치적 영향력에 대해 연구자들로 하여금 무관심하게 만들었다고도 볼 수 있다.

그리고 정치심리학을 개척했던 라스웰의 경우, 그가 심리학자 알프레트 아들러 (Alfred Adler)의 "열등/우월 콤플렉스이론"을 원용하여 개념화했던 "정치적 인간"은 "자신에 대한 저평가"를 극복하기 위한 목적에서 권력을 획득하고 증진시키려는 한계적 인간이었다. 즉, 라스웰은 자신의 성장과정에서 심리적 박탈을 보상받기 위해서 권력을 추구하는 존재가 바로 "정치적 인간"이라고 일반화했는데, 24) 이것은 특히 정치적 행위의 역사적·사회적 결정요인에 대한 무감각한 분석을 초래할 뿐 아니라 불합리하고 잠재의식적이면서, 억압된 심리적 갈등요인에 의해 정치에의 참여나 권력추구가 추발된다고 일반화함으로써 현대정치학자들로 하여금 "어떠한 정치행위도 의식적이고, '합리적' 사고에 의해서 동기화될 필요가 없다"25) 고 생각하게 만들었다. 또 지금까지의 정치지도자에 대한 연구는 대체로 "정신분석이론"과 "성격이론"을 적용하는 심리학적 분석이 대종을 이루고 있고 비록

Cliffs: Prentice-Hall, 1976), p. 41; G. William Domhoff, *Who Rules America?* (Englewood Cliffs, Prentice-Hall, 1967), p. 144.

24) Harold D. Lasswell, *Psychopathology and Politics* (Chicago: University of Chicago Press, 1930), p. 7; Fred I. Greenstein, "Personality and Politics: Problems of Evidence, Inference, and Conceptualization," *The American Behavioral Scientists* 11-2 (November, December 1967), p. 41.

25) Robert A. Dahl, *Modern Political Analysis*, 3rd ed. (Englewood Cliffs: Prentice-Hall, 1976), p. 115.

나름대로 평가할 만한 연구업적들이 일단의 역사학자와 정치학자들에 의해 축적된 것이 사실이지만, 26) "대부분의 현존하는 심리학적 이론들은 집단현상보다 개인적 생활사를 다루는 데 적합한 것"이었기 때문에 자연히 이 같은 연구들은 정치지도자와 일반국민 사이의 동태적 관계, 즉 "지도자와 지도받는 사람들 사이의 관계"에 거의 관심을 갖지 못했다. 27)

그러나 그런 와중에도 일부 역사학자와 정치학자들은 정치지도자 개인에 대한 심리적 분석을 넘어서 정치리더십과 일반국민 사이의 관계를 다루었으며, 28) 정치엘리트에 대한 라스웰식의 일반화에 대한 하

---

26) 예컨대, 다음과 같은 것들을 들 수 있다. Alexander L. George & Juliette L. George, *Woodrow Wilson and Colonel House: A Personality Study* (N. Y. : Dover, 1964) ; James D. Barber, *The Presidential Character: Predicting Performance in the White House*, 3rd ed. (Englewood Cliffs, N. J.: Prentice-Hall, 1985) ; Bruce Mazlish, *In Search of Nixon* (N. Y. : Basic Book, 1972) ; A. A. Rogow, *James Forrestal: A Study of Personality, Politics and Policy* (New York: Macmillan, 1963) ; E. V. Wolfenstein, *The Revolutionary Personality* (Princeton: Princeton Univ. Press, 1967) ; Eric H. Erickson, *Young Man Luther* (N. Y. : Norton, 1958) ; Eric H. Erickson, *Gandhi's Truth* (N. Y. : Norton, 1969).

27) 정치리더십의 심리학적 연구에 대해서는 다음 자료들을 참조했다. Bruce Mazlish, "History, Psychology, and Leadership," in Barbara Kellerman (ed.), *Leadership: Multidisciplinary Perspectives* (Englewood Cliffs, N. J. : Prentice-Hall, 1984), pp. 5~19; Margaret Hermann (ed.), *A Psychological Analysis of Political Leaders* (New York: Free Press, 1977).

28) 예컨대, Richard Hofstadter, *The Paranoid Style in American Politics and Other Essays* (New York: Vantage Books, Random House, 1964) ; James M. Burns, *Leadership* (New York: Harper & Row, 1978) ; Bruce Mazlish, "Leader and Led: Individual and Group," *The Psycho-historic Review*, Vol. 9, No. 3 (Spring 1981) 이 있다.

나의 비판적 대안으로 정치학자 울퍼트는 에이브러햄 매슬로(Abraham Maslow)의 "인간주의 심리학"을 바탕으로 인간은 개인적 이익을 추구할 뿐 아니라 정치적 혹은 공동체적 이익을 다 같이 추구하는 존재라는 전제에서 "자아실현의 정치이론"을 제시하기도 했다. 29)

요컨대, 필자는 현대정치학에서 이 같은 정치엘리트에 대한 편향된 개념화와 풍미했던 심리학적 분석은 결과적으로 정치학자들로 하여금 정치를 "결정적 힘을 갖고 있고 또 거대하기까지 한" 구조적 결정요인과는 멀리 떨어진 "왜소한 존재"로 형상화하게 했고, 정치지도자들을 겨우 "사회경제적 압력에 대한 수동적 존재 혹은 전체 정치체계의 매우 무의미한 부분"으로 이해하도록 하는 데 기여했다고 생각된다. 30) 또 그간의 정치지도자에 대한 심리학적 연구는 개인의 성격과 심리분석에 치우쳤기 때문에 특히 제 3세계 사회에서 관찰되는 정치지도자들의 다차원적 영향력과 서구사회에서의 엘리트-대중관계와는 다를 수 있는 제 3세계 국가에서의 지도자-국민관계의 동태적 측면에 대해 마땅한 학문적 관심을 갖는 것을 저해하였다고 생각된다.

3) 제 3세계 정치에 대한 세계체제 — 종속구조적 이해의 한계

최근까지 사회과학자들 사이에 유행하는 세계체제-종속론적 제 3세계 정치분석은 이론적으로 주로 프랭크와 카르도주의 종속이론, 월러스타인의 세계체제론, 그리고 오도널의 관료적 권위주의 이론에 의존하고 있다. 31) 종속이론과 세계체제론의 주장자들은32) 세계체제를 중

---

29) Stephen Woolpert, "A Comparison of Rational Choice and Self-Actualization Theories of Politics," *Journal of Humanistic Psychology* 22-3 (Summer 1982), pp. 55~67.
30) Chung, 앞의 글(1988), pp. 6~7을 참조하라.

심-주변 또는 중심-준주변-주변으로 나누고 이 관계를 지배-종속관계로 상정하며 선진공업국을 중심국으로 후진개도국을 주변 또는 준주변국으로 규정한다. 이의 주장자들은 세계체제 내의 국가들은 계급적 지배-종속관계를 반영하기 때문에 중심국은 강력한 착취계급의 성격을, 주변국은 종속적 피착취계급의 성격을, 준주변국가는 중간계급적 성격을 띠며, 주변부국가로 갈수록 국가가 약해지고 종속적 경향이 있다는 이론적 전망을 제시했다. 종속이론과 세계체제론이 제3세계 정치변화에 대해 제시하는 기본명제는 특정 국가의 정치발전문제가 세계체제 내의 위상에 의해 좌우된다는 것이다. 즉, 중심국은 민주주의적 국가지향성이 강한 반면, 주변국에 갈수록 구조적 제약 때문에 권위주의적 체제를 채택하지 않을 수 없다는 것이다. [33]

---

31) Andre G. Frank, "The Development of Underdevelopment," *Monthly Review* XVII (September 1966), pp. 17~31; Andre G. Frank, *Capitalism and Underdevelopment in Latin America: Historical Studies of Chile and Brazil*; Ferdinando H. Cardoso, "Dependency and Development in Latin America," *New Left Review* 74 (July-August 1972), pp. 83~95; Ferdinando H. Cardoso, "Associated-Dependent Development: Theoretical and Practical Implications," Alfred Stepan (ed.), *Authoritarian Brazil: Origins, Policies, and Future* (New Haven: Yale University Press, 1973), pp. 142~176; Immanuel Wallerstein, *The Capitalist World Economy* (Cambridge: Cambridge University Press, 1979); *The Politics of The World-Economy* (Cambridge: Cambridge University Press, 1984); G. A. O'Donnell, *Modernization and Bureaucratic Authoritarianism: Studies in South America Politics* (Berkeley: University of California Press, 1973).

32) 종속이론과 세계체제론은 구체적인 면에서 각기 논점이 다르지만, 선진국의 발전과 개도국의 저발전을 분석, 설명하는 시각과 기본명제는 본질적으로 유사하기 때문에 일반적으로 동일한 패러다임으로 간주되고 있다. 김호진, 《한국정치체제론》, 전정판(박영사, 1991), p. 182를 참조하라.

33) 김호진, 앞의 책(1991), pp. 181~195를 참조하라.

한편 오도널은 종속경제의 모순을 설명변수의 하나로 상정하여 제 3세계 국가에서의 권위주의 정권의 출현을 분석, 설명하였다. 그는 1950~1960년대의 라틴국가들이 직면했던 경제적 위기가 원천적으로 수입대체산업에 수반되는 종속경제의 구조적 모순에 기인했다고 보았고, 이 위기를 극복하기 위해 국가는 고도의 경제팽창정책을 도모할 필요성에 직면, 그 대응책으로 채택된 것이 바로 "관료적 권위주의"체제라고 설명했다. 그에 의하면, 관료적 권위주의체제는 종속경제의 심화단계에서 정치체제가 세계체제에 구조적으로 적응하는 과정 중에 등장하는 것으로 정치에서 민중부문의 배제와 통제를 특징으로 하고 있다. 34)

그러나 이러한 이론적 전망에 의한 제 3세계 국가와 정치변화에 대한 이해는 다음과 같은 약점이 있다. 첫째, 국가를 세계체제의 종속변수로 간주함으로써 제 3세계 국가의 자율성을 원천적으로 무시하였기 때문에 사회경제적 구조가 정치권력에 의해 생성되고 변화되는 제 3세계적 특징을 분석하는 데 기본적 한계가 있다. 둘째, 지나치게 세계적 차원의 경제결정론적 분석에 의존함으로써 제 3세계 국가 성격과 정치과정에 영향을 주는 역사적 전통이나 문화적 요인을 경시하였다. 35) 셋째, 따라서 세계체제-종속론적 정치분석은 제 3세계 정치지도자들의 경제적 후진성 및 종속상태로부터의 탈피를 위한 제반 노력과 이에 대한 국민들의 태도를 정당하게 고려하는 연구에 별다른 도움이 되지 못했다.

다른 한편, 많은 학자들이 과거에 주변부 자본주의 국가를 지배계급의 도구로 간주하는 마르크스주의적 분석36)에 경도됐지만, 여러

---

34) 오도널의 관료적 권위주의에 대한 국내 주요 문헌으로는 한상진 편역, 《제 3세계 정치체제와 관료적 권위주의》(한울, 1989).

35) 김호진, 앞의 책(1991), p. 195를 참조하라.

연구자들이 이미 그러한 계급결정론적 분석논리가 더 이상 설득력이 없음을 지적했다.[37] 토머스는 주변부사회 국가의 자율성이 강화되는 사회경제적, 이념적, 정치적, 국제적 요인들을 상세하게 논했다.[38] 또한 파키스탄과 방글라데시를 연구한 알라비는 탈식민지사회의 지배계급은 선진국의 그것보다 다원적이고 이질적이기 때문에 국가의 개입 내지 자율성이 강화된다고 보았고, 이어서 탈식민지사회의 국가기구는 사회적 토대와 비교할 때 필요 이상으로 과잉성장된 과대성장국가로서의 특징을 지닌다고 주장하였다.[39]

그러나 이러한 연구들은 모두 제3세계 지역 국가의 자율성 그 자체를 관련요인으로 동원하여 논리적으로 규명하는 것에 주력하기 때문에 이른바 정치적 독재현상을 분석적으로 기술하고 설명함에는 유익하나 제3세계 국가를 새로 세우고, 강하게 만드는 데에 주요한 역할을 하는 정치지도자들의 리더십 과정을 소홀히 다룬다. 따라서 실제로 권위주의적 독재자에 의해 그 사회·경제적 성격이 형성되고 정치과정이 운용되는 제3세계 국가의 정치적 특성을 고려한 적실성 있는 분석을 해내는 데에는 한계가 있다. 또 수많은 제3세계 국가들이 거

36) Roger Benjamin & Raymond D. Duvall, "The Capitalist State in Context," in Roger Benjamin & Stephen L. Elkin(ed.) *The Democratic State*(University Press of Kansas, 1985).

37) Nora Hamilton, *The Limit of State Autonomy*(New Jersey: Princeton University Press, 1982).

38) Clive Y. Thomas, *The Rise of Authoritarian State in Peripheral Societies* (New York: Monthly Review, 1984), pp. 119~124.

39) Hamza Alavi, "The State in Post-Colonial Societies: Pakistan & Bangladesh," *New Left Review* 74(July-August), pp. 59~82. 그러나 이 같은 논리는 설득력이 약하다. 왜냐하면 반대로 계급구조의 다원성과 이질성 때문에 오히려 국가의 자율성이 약화된다고도 볼 수 있기 때문이다. 김호진, 앞의 책(1991), p. 175를 참조하라.

의 동일한 국제적 상황하에서 정치적 독재 혹은 장기집권에 의해 근대
화를 추진했으면서도 발전의 정치, 경제, 사회적 성취 면에서 서로 다
른 결과를 보이는 것이 사실인데, 국가의 자율성 개념에 입각한 제3
세계 정치연구는 이와 같은 경험적 사실들을 제대로 분석·설명하지
못하고 있다.

3. 제3세계 발전에 대한 정치리더십 접근

여기에서는 앞서 제기한 현대정치학의 정치엘리트 및 정치리더십 연
구, 그리고 제3세계 국가 연구에 대한 하나의 비판적 논의와 그것의
제3세계 국가 발전연구에서의 한계에 대한 검토를 바탕으로 제3세계
발전을 연구하는 하나의 새로운 시도로 정치리더십 접근의 기본가정
들과 정치리더십 접근에 도움이 될 수 있다고 생각되는 몇 가지 착안
사항들을 소개하겠다.

1) 세 가지의 기본가정들

필자가 생각하기에 제3세계 국가 발전에 대한 정치리더십 접근은 다
음과 같은 세 가지의 이론적 가정들을 전제로 하는 것이 유익하다.

(1) 정치란 정치지도자와 국민 간의 상호작용을 통한 문제해결 과정이다.
이제까지 주류 정치학은 정치를 지나치게 권력투쟁이란 측면에서만
개념화하여, 특히 정치현상에 내포된 문제해결적 측면이나 정치권력
의 지도적 역할을 도외시하도록 유도했다. [40] 그리고 대부분의 정치
학자들은 물리력, 지위, 경제적 부, 천부적 카리스마, 기술, 또는 지

식 등과 같은 각종 사회적 자원들을 소유하거나 통제할 수 있는 능력을 정치권력의 원천으로 간주하고, 41) 이러한 자원들을 비교적 많이 소유한 엘리트들의 정치행태를 분석하는 데 보다 많은 관심을 가졌다. 따라서 그동안 정치학자들은 엘리트와 리더를 개념적으로 구분하지 않고 상호 교환적으로 사용했거나 또 경우에 따라서 의식적으로 구분하여 사용하는 경우라도 용어선택상의 분명한 객관적 기준설정이나 양자를 구분하는 명확한 개념규정에 유의하지 않았다. 42) 그러나 정치리더십 접근에서는 정치란 무엇보다도 정치지도자와 국민 간의 상호작용 과정을 통한 문제해결 과정으로 정의하고, 엘리트 혹은 엘리트적 속성과 리더 혹은 리더십을 개념적으로 구분한다. 즉, 폴란드의 사회학자 위아츨이 잘 설명했듯이 엘리트는 개인적 또는 집단적으로 정치적, 정부적 차원의 서열구조 내에서의 우위성으로 여타 사회구성원들과는 구분되는 존재이다. 43) 따라서 엘리트적 속성은 대중과의 연계 여부와 관계없이 개인적으로 차지하는 사회구조 내의 서열적 지위에 의해서 발생되는 것이다. 한편 리더는 "병졸이 없는 장군은 리더가 아니다"라는 격언이 잘 시사하듯이, 그 스스로 엘리트로서 특정 지위를 가지고 있느냐와 관계없이 그를 지지하고 따라주는 집단

40) Tucker, 앞의 책(1981), pp. 1~9.
41) James F. Barns, Marshall Carter, & Max J. Skidmore, *The World of Politics: A Concise Introduction*, 2nd ed. (New York: St. Martin's Press, 1984), pp. 52~56.
42) William A. Welsh, *Leaders and Elites*(New York: Holt, Rinehart and Winston, 1979), p. 17.
43) 위의 책, pp. 17~18 및 Jerzy J. Wiatr, "Political Elites and Political Leadership: Conceptual Problems and Selected Hypotheses for Comparative Research," *Indian Journal of Politics*(December 1973)를 참조하라.

성원이 있는 사람이다. 이와 같은 맥락에서 정치학자 번즈는 리더십을 집단성원과 지도자가 각기 또는 공동으로 갖고 있는 어떤 목표들을 성취하기 위해 각종 동기와 경쟁, 갈등이 교차되는 가운데 상호적으로 동원되는 과정으로 파악하였다.[44]

요컨대, 엘리트 혹은 엘리트적 속성은 사회적 서열구조상의 지위를 중심으로 하는 "지위중심적 개념"이지만, 리더 혹은 리더십은 일정한 집단의 구성원 내지 서로 관계를 유지하는 사람들 사이에 존재하는 어떤 일치성 내지 상호관계성을 중심으로 하는 "상호관계적 개념"이다. 따라서 정치리더십 접근은 자연히 정치적 엘리트의 개인적 또는 구조적 특성보다 어떤 사람(들)은 이끌고 어떤 사람들은 따라가는 현상이 존재하는 집단이나 조직 내에서 지도자와 집단성원들 사이에 형성되어 있는 다양한 형태의 연계관계들에 대해 이론적, 경험적 관심을 갖는다.

(2) 정치리더십은 하나의 권력현상이다.

그러나 정치리더십 현상을 연구할 때에는 그것이 단순히 지도자와 집단성원 사이에 존재하는 "문제해결적 상호관계"라고 규정하는 것만으로는 이론적으로 불충분하다. 정치적 상호관계는 현실적으로 지배-피지배라는 권력관계를 포함하며, 다양하고 광범위한 차원의 각종 사회적 가치의 배분문제와 긴밀하게 연결되기 때문이다. 따라서 필자는 "지도자는 권력보유자의 한 유형이며, 권력과 마찬가지로 리더십은 관계적이고 집단적이며, 목적적이다"[45]라는 번즈 교수의 견해를 빌려 정치리더십을 "상호작용적 권력현상의 하나"로 간주한다.

---

44) Burns, 앞의 책(1978), p. 425.
45) 위의 책, p. 18.

흔히 정치리더십을 말하면, 그것을 현실적으로는 기대하기 어려운 "이상적 지배유형"46)으로만 생각하고 따라서 이른바 경험적 분석의 대상이 될 수 없다고 단정할 수 있는데 사실은 그렇지 않다. 예컨대, 아리스토텔레스는 정치체제를 지배자의 수와 함께 그 지배자가 개인적 또는 파당적 이익을 추구하느냐 혹은 공동체적 이익을 추구하느냐 하는 이원적 기준으로 분류하여 여섯 가지 형태의 지배유형47)을 제시함으로써 정치리더십에 대한 경험적 관찰의 대상이 다양하고 광범위함을 시사했다. 막스 베버도 정당성 있는 정치적 지배의 이념형을 전통적 지배, 카리스마적 지배, 법적-합리적 지배로 분류함으로써48) 우리가 정치리더십을 생각할 때는 반드시 오늘날 서양의 근대적 형태만을 고려할 필요가 없음을 알게 했다. 또 터커 교수는 정치란 권력을 행사하면서 공동체 구성원들을 위해서 일하는 적극적 기능임을 강조했던 플라톤의 정치사상을 재평가하면서 이제 정치는 오로지 권력 그 자체만을 위한 권력의 휘두름도 아니고 온갖 수사로 사람들을 현혹하는 환상적 정치가의 행위도 아니라고 지적하고, 현실적 정치과정을 면밀하게 살펴보면 정치리더십은 사실적으로 발견되는 현상이기 때문에 정치리더십 현상도 하나의 가치중립적 현상으로서 경험적 분석의 대상이 된다고 주장했다. 49)

---

46) Tucker, 앞의 책(1981), p. 3.
47) Aristotle, *The Politics of Aristotle*, trans. Ernest Barker(Oxford: Clarendon Press, 1946), Book Ⅲ~Ⅳ.
48) Max Weber, *The Theory of Social and Economic Organization*, trans. A. M. Henderson & Talcott Parsons, ed. , Talcott Parsons(New York: The Free Press, 1947). 특히 Ch. 3 "The Types of Authority and Imperative Co-ordination", pp. 328~334, 341~342, 359~363; Robert A. Dahl, *Modern Political Analysis*(Englewood Cliffs, N. J. : Prentice-Hall, 1963), pp. 26~30을 참조하라.

요컨대, 정치리더십 접근에서는 정치를 집단성원들의 필요를 충족시키고 목표를 성취하는 상호작용적 권력현상으로 간주하며, 동시에 정치리더십 현상이 이상적 권력행사 행위가 아니라 현실적 정치과정에서 흔히 발견되는, 도처에 편재한 현상이라고 단정한다. 즉, 정치리더십은 현실정치 속에서 하나의 힘 있는 원인적 실체이며 다양한 형태와 방법으로 정치·사회적 환경에 영향을 주는 것이다.

(3) 정치리더십은 사회변동의 주요 변수 중의 하나이다.
정치적 연구에서 칼라일의 영웅사관이나 지도자의 역할을 지나치게 과소평가하는 스펜서의 사회진화론과 같은 극단적 입장50) 은 원용될 수 없다. 이러한 양극단론을 회피하고 환경과의 상호관계에서 지도자의 역할을 분석하기 위한 목적으로 사회학자 시드니 후크는 지도자의 유형을 "대세편승형 인간"과 "대세주도형 인간"으로 구분하였는데, 전자는 "객관적 상황보다 덜 중요한 사람"이며 그가 이룩한 커다란 업적은 선행하는 어떤 사건들에 의해 이미 만들어졌던 어떤 가능성에서 비롯된 것이다. 후자는 "역사진행상의 분기점을 발견하고 또 그것을 창조하는 데 일조하는 사람"이다. 51) 정치사회현상을 연구하는 한 방법으로서의 정치리더십 접근법은 이와 같은 후크의 개념화에 유의하여 정치지도자의 개인적 특성이나 영향력을 지나치게 배타적으로 중시하는 경향에는 동의하지 않는다.

다만 정치리더십 접근은 정치리더십을 정치변동에 중요한, 어떤 경우에는 결정적 영향을 주는 요인 중의 하나로 단정한다. 정치학자

---

49) Tucker, 앞의 책 (1981), pp. 1~3.

50) 이에 관해서는 Kellerman, 앞의 책 (1986), 제 1장과 제 2장을 참조하라.

51) Sidney Hook, *The Hero In History* (Atlantic Highlands, N. J. : Humanities Press, 1943), pp. 151~170.

발레리 번스는 《새로운 지도자는 변화를 초래하는가?》란 책에서 "다스리는 사람"(Who Governs)은 공공정책의 내용이나 정치체계를 중심으로 일어나는 제 변화나 사건들에 중요한 영향을 준다고 주장하고, 실제로 미국과 같은 자본주의체제와 소련과 같은 공산주의체제에서 최고권력자의 자리바꿈이 초래하는 여러 가지의 변화양상들을 상세하게 분석하였다. 52) 정치에서의 리더십 행위에 대한 분석적 연구를 시도했던 페이지 교수는 정치리더십에 의해 성취되는 변화의 폭과 정도에 따라 그 형태를 "소폭변화 리더십", "중간변화 리더십", 그리고 "대폭변화 리더십"으로 분류하였는데, 이것들은 각각 보수적, 개혁적, 혁명적 정치변화에 대한 리더십적 표현인 것이다. 53)

2) 정치리더십 접근의 몇 가지 명제들

여기서 소개되는 명제들은 제3세계 국가 정치지도자의 행위 자체를 분석하고 평가하거나, 자본주의 국가의 자율성, 경제발전, 정치적 민주화 등 제3세계 국가의 발전과정과 관련되는 문제들을 정치리더십적 전망에서 연구하는 데 유용하다고 보이는 분석상의 착안점들이다.

(1) 제3세계 정치지도자들은 국가적 상황을 진단하고, 처방하며,
    그에 따른 정책을 집행하면서 대중적 지지를 동원한다.
터커는 분석적 연구를 위하여 정치리더십의 기능을 3측면으로 나누었다. ① 정치지도자는 우선 집단상황을 진단하고, ② 진단과정에서 발

---

52) Valerie Bunce, *Do New Leaders Make a Difference?*: *Executive Succession and Public Policy under Capitalism and Socialism* (Princeton: Princeton University press, 1981).
53) Paige, 앞의 책 (1977), p. 98.

견된(인식된) 제 문제들을 해결하거나 약화시키기 위한 목적에서 집단적 행동양식을 처방한다. ③ 정치지도자는 앞의 진단과 처방을 국민 앞에 제시하고 처방된 정책들을 집행하면서 이것에 대한 국민들의 지지를 동원한다. 간단히 말해 정치리더십의 기능은 진단, 정책결정, 그리고 정책집행으로 대별될 수 있다.[54] 이러한 정치리더십의 기능들과 관련하여 사회학자 허마시는 신생국가들의 발전과정을 연구하는 효과적 방법은 그 과정을 실제로 책임지는 지도자들을 집중적으로 분석하는 것이라고 주장하고, 그 스스로《리더십과 북아프리카 국가들의 발전》이라는 저서에서 북아프리카 국가들의 발전과정을 역사적 배경, 시대적 상황, 그리고 정치지도자들의 문제해결 과정 등을 중심으로 설명하는 독자적 모델을 제시하기도 했다.[55]

지금까지 대부분의 사회과학자들은 "누가 지배하는가?"라는 질문에 따라 정치적 지배자들이 어떤 사람들이며, 어떤 사회적 배경을 가졌으며, 실제로 그들이 충원되는 과정은 어떠한가 등을 실증적으로 해명하는 것에 주력했지만, 정치리더십 접근은 현재 권력을 행사하는 정치지도자들이 어떠한 목표와 문제의식을 가지고 어떠한 정책을 채택, 실천하는가 라는 측면에서 제3세계 국가들에서 실제로 행해지는 모습을 보다 생생하게 밝히는 것에 초점을 맞춘다. 이 같은 관점에서 제3세계 발전에 대한 정치리더십 접근은 군부독재나 관료적 권위주의 개념을 평면적으로 적용하여 제3세계 국가 정치체제의 비민주성을 과학적으로 설명하기보다[56] 그 같은 정치체제를 실제로 통제하는

54) Tucker, 앞의 책 (1981), pp. 18~19.

55) Elbaki Hermassi, *Leadership and National Development in North Africa*: *A Comparative Study* (Berkeley and Los Angeles: University of California Press, 1972).

56) 이에 관한 자료로는 Lucian W. Pye, "Armies in the Process of Political

정치적 지배자의 전기한 바와 같은 리더십적 기능들을 분석함으로써 정치지배자들이 권력을 이용하여 발전정책을 구체적으로 실천하는 과정을 비교, 분석하는 것에 더 큰 관심을 둔다. 이 같은 명제를 중심으로 한 제3세계 정치에 대한 비교연구는 동일한 정치적 독재 혹은 비민주적 정치상황에서도 발전내용이나 결과에서 많은 차이를 보이는 제3세계 국가들의 현실을 서구적 편견 없이 일별하는 데 도움이 될 것으로 생각된다.

(2) 제3세계 국가의 자율성은 정치리더십의 정책선택 및
   집행능력에 의해 결정된다.

블록은 네오마르크스주의자들의 자본주의 국가의 상대적 자율성 논의에 대해, 그것은 첫째, 상대적 자율성의 범위 내지 한계에 대한 설명이 미진하며, 둘째, 국가권력이 오로지 계급관계의 산물이라는 환원주의를 떨쳐버리지 못한다고 비판하고, 국가권력은 그 자체로서 계급권력으로 환원·축소될 수 없는 것이라고 주장했다. 또 그는 설령 사회계급 구조적 영향과 제한을 받는다 하더라도 그것은 절대적이 아니고 상황에 따라 변화할 수 있는 것이라고 주장했다.[57] 이러한 블록의 견해는, 결국 실제로 정치지도자들(대부분 독재자 혹은 장기집

Modernization," In John J. Johnson (ed.), *The Role of the Military in Underdeveloped Countries* (Princeton: Princeton University Press, 1967); Morris Janowitz, *The Military in the Political Development if New Nations* (Chicago: The University of Chicago Press, 1974); Eric A. Nordlinger, *Soldiers in Politics, Military Coups and Government* (New York: Prentice-Hall, 1977); Amos Perlmutter, *Political Roles and Military Rulers* (London: Frank Cass, 1981) 등이 있다.

57) Fred Block, *Revising State Theory: Essays in Politics and Postindu-strialism* (Philadelphia: Temple University Press, 1987), pp. 81~86.

권자들)에 의해 발전이 추진되는 제3세계에서 국가의 자율성 문제는, 세계체제 및 사회계급과 관련한 국가의 구조적 성격을 구명한다는 차원에서 논의되기보다 국가 자체를 발전과정상의 독립변수로 간주하고 국가가 구체적으로 내외적 상황조건들에 대해 어떻게 대응하며 기능하고 있는가에 분석의 초점을 모으는 것이 보다 적실성 있는 제3세계 국가 연구의 첩경일 수 있음을 시사한다. 이와 같은 맥락에서 그간 빈번하게 논의되었던 국가이론의 한국적 적실성을 연구한 강민 교수는 오도널의 관료적 권위주의 국가이론이 파행적 절충주의를 극복하지 못했고, 경제결정론이며 계급론적이어서 국가이론을 구체적으로 체계화하지 못했음을 지적한 다음, 이러한 관료적 권위주의 국가이론의 파행성은 국가를 독립변수로 보는 접근방법과 매개변수로 취하는 입장에 의해서 극복될 수 있다고 주장했다. 58)

노들링거는《민주국가의 자율성》에서 현대정치경제학의 일반적 경향과는 달리 민주주의 국가는 특히 시민사회의 여러 힘 있는 집단들에 의해 제시되는 정책적 선호들을 물리치고 스스로 택한 기준들에 따라 정책을 결정하고, 그것을 실제로 집행한다는 점에서 상당히 자율적이라고 지적하였다. 그리고 이러한 맥락에서 다원주의, 신다원주의, 사회적 코포라티즘, 그리고 마르크스주의 등과 같은 현대의 다양한 경험적 민주주의 이론들은 국가에 대한 "사회적 제한을 전제하는 가정들"에 입각하여 국가의 역할을 설명한다고 비판하고, 공공정책을 담당하는 공무담임자들의 의식적 선택이란 맥락에서 국가의 자율성은 사실상 "정치리더십의 창조적 발휘"라고 규정하였다. 59)

---

58) 강민, "국가이론의 한국적 적실성," 최상룡 외,《현대한국정치와 국가》(법문사, 1987), pp. 151~185.

59) Eric A. Nordlinger, *On the Autonomy of the Democratic State* (Cambridge: Harvard University Press, 1981), pp. 1~6, p. 203.

한편 제3세계 국가의 성격과 관련하여 데트먼 교수는 실제로 대부분의 제3세계 발전과정이 특정 정치지도자들의 이니셔티브와 정책집행으로 진행되고 있으며, 구조적 변동이 잦고 대단한 사회변화를 경험하고 있음에도 불구하고, 대부분의 제3세계 국가 정치연구는 이러한 현실을 도외시한 채, 구조적 분석의 한계를 벗어나지 못하고 있음을 지적하였다. 그리고 스스로 인도, 케냐, 탄자니아, 가나, 미얀마, 인도네시아의 발전과정을 사회구조적 배경상의 특징과 함께 각 정치지도자의 개인적 리더십이 행사되는 과정을 중심으로 명쾌하게 분석했다. 60) 그리고 중화학공업정책을 중심으로 한국의 국가성격을 검토한 근래의 한 연구에서는, 주변부자본주의 사회에서의 국가는 이미 정착된 자본의 논리에 기초하지 않고 오히려 자본축적을 선도하고 개별자본들을 강제적으로 동원시켜 역으로 자본의 논리를 만들어간다는 점, 그리고 대부분의 계급대립은 국가를 매개로 전개된다는 점, 그렇기 때문에 제3세계 국가에서는 "계급투쟁의 장"61) 으로서의 국가라는 표현이 타당성을 갖지 못하는 점 등을 지적한다. 또한 "한국과 같은 주변부자본주의 사회에서는 국가-자본관계에만 집착한 설명보다는, 국가정책의 차원을 보다 다양하게 시각화하여 그것에 영향을 미치는 구조변수들을 함께 고려할 수 있는 분석이 필요하다"고 주장했다. 62)

이상과 같은 연구들을 고려할 때, 한국을 포함한 제3세계 국가들의 자율성 문제는 경제영역에 대한 정치구조의 상대적 자율성이나 국

---

60) Paul R. Dettman, "Leaders and Structures in 'Third World' Politics : Contrasting Approaches to Legitimacy," *Comparative Politics* (January 1974), pp. 245~269.

61) Nicos Poulantzas, *State, Power, Socialism* (London : New Left Books, 1978), p. 125.

62) 정관용, "중화학공업을 통해 본 한국의 국가성격," 한국산업사회연구회 편, 《오늘의 한국자본주의와 국가》(한길사, 1988), pp. 90~129를 참조하라.

가가(자본과 임금노동 사이의 생산관계에만 존재하는) 잉여가치의 추출 과정에 직접 개입되지 않았다는 입장에서 자본주의 국가의 성격을 논한 풀랑저스의 견해[63]에 따라 연구하기보다 어떤 종류의 변동이든 그것이 사회 전체에 의미 있는 영향을 미칠 만한 것이라면 한번은 정치적 선택을 거치게 된다는 김경동 교수의 "정치적 선택의 원리"[64]에 주목하여 살피는 것이 훨씬 유효할 것이다. 왜냐하면 이 경우 정치적 선택을 하는 정치지도자의 목적과 의지는 곧 제3세계 국가관리자의 정책논리로 대입시킬 수 있는 것이며, 김 교수의 정치적 선택의 원리는 바로 구조적 결정조건 속에서 차지하는 제3세계 국가의 자율성을 지적한 것이라고 볼 수 있기 때문이다.[65]

(3) 제3세계 국가의 발전과정은 정치리더십의 성격에 크게 영향받는다.

근대화 이론의 주요 주장자들 중 한 사람인 로스토 교수는《경제성장의 제 단계》에서 후진국가가 경제적 도약을 하기 위한 비경제적 선행조건으로 새로운 정치리더십이 등장하여 근대적 공업사회의 건설에 착수할 수 있는 전망과 근대화가 윤리적 선이거나 현실적으로 이익이라는 가치판단을 확립해야 한다고 주장하였다.[66] 블랙은《근대화의 동태》에서 정치적 근대화의 중심과제는 전통적 정치리더십이 어떻게 근대화를 선호하는 정치리더십으로 교체되느냐에 있다고 보고, 또 "힘 있는 대체리더십"이 등장하면 근대화 과정에서 흔하게 목도되는 폭력

---

63) 이에 대해서는 박상섭, 《자본주의 국가론》(한울, 1987), pp. 81~94를 참조하라.
64) 김경동, 《발전의 사회학》(민음사, 1979), pp. 66~68을 참조하라.
65) 정관용, 앞의 글(1988), p. 117의 주 4를 참조하라.
66) W. W. Rostow, 이상구·강명규 공역, 《경제발전의 제 단계: 반맑스주의 사관》재판(법문사, 1964), pp. 55~56을 참조하라.

적 정치는 방지될 수 있다고 주장했다. 67) 그리고 페이지 교수는 제 2 차 세계대전 이후 분단된 국가들(한국·북한, 중공·대만, 월남·월맹) 의 경우, 각각의 정치지도자들의 사상과 정책적 선택으로 서로 아주 상이한 사회로 발전했음을 지적하였다. 또한 그는 경제적 정의의 실천, 비폭력적 사회의 건설, 각종 문제들의 해결 등과 같은 정치적 창조성이 모두 정치지도자들의 의지와 선택으로 현실화됨을 강조하면서 정치리더십에 대한 앞으로의 연구가 집중해야 할 연구과제 중의 하나는 "정치지도자들이 창조적 잠재성의 한 원천이다"라는 명제를 검증하는 것이라고까지 말했다. 68)

한편 제 3세계 발전에 대한 자유주의 모델에 충실했던 정치학자들은 경제적 발전 내지 근대화를 이룩한 국가들이 그들의 기대대로 민주주의, 안정, 구조적 분화, 성과적 분화, 국민통합 등과 같은 정치발전을 실제로는 이룩하지 못하는 현실을 목도하였는데, 그 결과 제 3세계 국가들에게 권위주의적 정부형태가 하나의 해결책일 수 있다는 절망적 결론에 이르렀다. 그래서 헌팅턴은 제 3세계 국가들에서의 상기한 바와 같은 기대를 포기하고 대신 제 3세계 국가에서의 정치발전을 "제도적 질서와 안정" 내지 "제도화"로 규정하고, "사회적 동원의 축소"와 "권력의 집중"을 정치·사회적 불안을 방지하는 하나의 해독제로 제시함으로써 정치리더십의 제 3세계적 중요성을 시사하였다. 69)

제 3세계 정치현실에 대한 이런 인식상 변화는, 곧 제 3세계의 정

---

67) C. B. Black, *The Dynamics of Modernization: A Study in Comparative History* (New York: Harper & Row, 1966).

68) Paige, 앞의 책 (1977), pp. 4~6을 참조하라.

69) Samuel P. Huntington, "Political Development and Political Decay," *World Politics* 17 (1965), pp. 386~430; Hermassi, 앞의 책 (1980), pp. 24~27을 참조하라.

치발전에 대한 과학적이고 적실한 분석은, 구미중심 개념의 제3세계 국가로의 일률적용보다 오히려 제3세계 국가들의 정권을 담당하는 정치지도자들이 민주주의 내지 정치발전이란 과제와 관련하여 국가적 상황을 어떻게 이해, 판단하며, 어떠한 정책을 채택하고, 국민들의 민주주의적 요구에 대해 어떻게 대응하는가를 살펴보는 연구가 더 중요함을 시사하는 것일 수 있다. 동시에 필자는 이론적으로 국민 내지 사회집단의 민주화 요구와 이를 위한 참여는 그 자체로서 정치발전의 한 측면으로 보기보다[70] 정치지도자가 근대화를 추진하는 과정에서 나타나는 사회동태적 변화의 한 양상으로 이해하고 다만 이러한 요구와 참여에 대해 정치리더십이 어떻게 반응하느냐를 정치발전의 주요한 변수로 채택하는 것이 보다 합리적이라고 생각한다.

(4) 제3세계 국가의 정치리더십에 대한 분석평가는 문제해결적 측면과
    그에 대한 해당 국민들의 태도를 고려하는 것이 바람직하다.

지금까지 제3세계 국가들의 정치지도자들은 구미의 비교정치학적 시각에서 개발독재자 혹은 전체주의 독재자로 규정됨으로써 그들이 자국 내에서 취한 모든 정치적 이니셔티브들이 모두 자신의 권력욕구를 충족시키거나 권력의 연장 또는 강화를 위한 목적에서 비롯되었다는 일방적이고 부정 일변도의 평가를 바탕으로 연구되었다. 물론 이러한 분석과 평가가 이론적 근거가 없다거나 무의미하다는 것이 아니

---

70) 예컨대 다음과 같은 연구들은 대중적 동원과 참여를 정치발전의 중요한 측면으로 보고 있다. Clifford Geertz(ed.), *Old Societies and New States* (N.Y.: Free Press of Glencoe, 1963); Ruper Emerson, *From Empire to Nation*(Cambridge: Harvard University Press, 1960); Bert F. Hoselitz (ed.), *The Progress of Underdeveloped Areas*(Chicago: University of Chicago Press, 1952); S. N. Eisenstadt, "Breakdown of Modernization," *Economic Development and Cultural Change*(July 1964).

다. 다만 구미제국과는 국가적 환경이나 역사 문화적 배경이 너무나 판이한 제3세계 국가들의 정치와 정치리더십을 구미적 전통에서 개발된 이론이나 권력중심적 분석에 지나치게 의존하여 평가할 경우, 제3세계 정치지도자들이 국가적으로 당면한 각종 문제들을 해결하기 위한 목적에서 취한 이념적, 정책적 조치들과 이에 대한 국민들의 태도 등이 아주 무시될 수 있다. 또한 비교적 동일한 국제적 여건하에서도 서로 다른 발전성과를 보여주는 제3세계 국가들의 현실을 제대로 설명할 수 없게 될 것이다.

정치학자 블롱델은 앞으로 정치리더십 연구는 권력의 기원이나 권력행사의 도구뿐만 아니라 정치지도자가 초래한 환경상의 변화들도 함께 연구대상에 포함시켜야 한다고 주장했는데,[71] 이러한 블롱델의 견해는 정치리더십의 권력적 측면뿐 아니라 환경변화 또는 문제해결적 기능을 고려한 데서 비롯된 것이라 할 수 있다. 그는 권력의 개인적 원천, 제도적 도구, 그리고 지도자 개인의 행동과 그것이 이루어지는 환경상의 특징들이 동시에 연구될 필요가 있다고 강조했다. 또 그는 정치지도자들의 행동범위는 그들이 처한 환경에 의해서도 영향받기 때문에 전통적 관행, 이데올로기, 다양한 법적 장치들, 또는 기존의 관료체제나 전임 지도자들, 그리고 일반시민들이 남겨 놓은 관례들도 정치리더십 연구에 포함되어야 한다고 지적했다.[72]

이러한 주장들은 결국 발전과정에 있는 제3세계 국가들의 정치지도자에 대한 평가는 정치지도자 개인의 문제해결적 기능과 그가 취한 다양한 발전전략의 내용 및 결과, 그리고 이에 대한 국민들의 태도를 고려하여 이루어져야 할 필요가 있음을 시사하는 것이다.

---

71) Jean Blondel, *Political Leadership : Toward a General Analysis*(London : Sage Publications, 1987), pp. 4~5.
72) 위의 책, pp. 7~8.

4. 맺음말: 하나의 평가

이상에서 정리한 제3세계 발전에 대한 정치리더십 접근은 대체로 다음과 같은 유용성이 있다고 생각된다.

첫째, 정치리더십은 이끄는 지도자와 따라가는 집단성원 사이의 상호관계에서 발생하는 권력현상이므로 이 개념에 입각한 제3세계 발전과정의 연구는 정치지도자와 국민 사이에 존재하는 다양한 상호관계적 동태를 분석하는 데 유용하다. 이 경우 정치리더십의 행위를 진단, 처방(정책선택), 국민지지의 동원(정책집행)으로 나누어 분석한다면, 이 연구는 "국가와 사회의 상호관계를 조정하고 영향력, 아이디어 및 자원들을 선택적으로 쌍방에 전달해주는 박막(*membrane*)"73) 의 역할을 명료하게 부각시킬 수 있으며 이때의 박막은 곧 정책의 선택과 집행을 실천하는 정치지도자의 리더십 행위로 간주할 수 있다. 74)

둘째, 정치리더십 접근은 제3세계 국가들의 비민주적이고 독재적인 근대화 정치과정을 생생하게 분석하고 체계적으로 설명할 수 있는 하나의 계기를 제공할 수 있다. 제2차 세계대전 이후 대부분의 신생국가 정치지도자들은 변동하는 국제상황에서 정치적 독립, 경제적 종속 또는 후진성으로부터의 탈피, 사회적 통합의 성취 등과 같은 당면문제들을 해결하기 위해 다양한 이데올로기들과 정치전략을 동원하고, 수입대체산업의 육성 또는 기회포착의 전략 등을 채택했다. 이

---

73) Block, 앞의 책(1987), p. 22.
74) 강민 교수는 "국가정책"이 곧 "박막"에 해당된다고 했으나, 필자는 국가와 사회 사이에서 "조정"하고, "선택"하며, 또 "전달"해주는 동태적 역할을 정치리더십의 행위로 보는 것이 오히려 더 현실적이라고 생각한다. 강민, "한국국가이론의 재조명: 국가정책의 이론적 위상," 〈한국정치학회보〉 제23집 2호 (1989), p. 26을 참조하라.

러한 제3세계적 문제해결 과정은 대부분 독재자나 권위주의적 관료
체제의 최고권력자에 의해 추진되었기 때문에, 정치지도자들의 국가
적 상황인식, 사상적 경향, 정책의 선택, 정책집행 과정 등에 대한
관심을 집중하는 정치리더십 접근은 제3세계 발전에 대한 적실성 있
는 연구에 일정한 공헌을 할 것이다. 더불어 정치리더십 접근은 제3
세계 발전에 대한 기존의 "경영적 접근방법"75) 이나 "역사주의적 접근
방법"76) 에 따른 제3세계 발전연구를 구체적으로 보완하는 것에 유용

75) "경영적 접근법"은 주로 정치학자나 정치적으로 정향된 경제학자들에 의해 제
    기된 것으로 제3세계의 발전과정은 무엇보다도 정책(policy)을 수동적인 환
    경적 소산이 아니라 발전의 독립변수로 간주하고, 그에 따른 국가의 경영방
    식이나 문제해결적 기능을 중심으로 연구한다. 주요 문헌으로는 Mancur
    Olson, "Economic Development as a Destabilizing Force," *Journal of
    Economic History* 27(1963), pp. 529~552; Gunar Myrdal, *Asian Drama*
    (London: Allen Lane, The Penguin Press, 1968); Samuel P. Huntington
    & Joan M. Nelson, *No Easy Choice: Political Participation in Developing
    Countries*(Cambridge, Mass.: Harvard University Press, 1976); S. M.
    Lipset, *Political Man*(Garden City, N.Y.: Doubleday, 1960); Gabriel
    A. Almond, *Political Development, Essays in Heuristic Theory*(Boston:
    Little, Brown & Co., 1970), pp. 197~216; Howard W. Wriggins, *The
    Ruler's Imperative*(New York: Columbia University Press, 1969); Raymond
    F. Hopkins, "Securing Authority: The View from the Top," *World Politics*
    24(1972), pp. 271~292.
76) "역사주의적 접근방법"은 제3세계 국가들의 역사적 특수성이나 인류문화적
    차이에 착안하여 개별 국가 사이의 발전이 동일한 과정이나 양태를 보일 것
    이라는 자유주의 모델의 견해와는 대조적 입장을 취하며, 제3세계 국가가
    선진국가들에게서 배울 것은 거의 없다는 주장을 편다. 주요 문헌으로는
    Alexander Gerschenkron, *Economic Backwardness in Historical Perspec-
    tive*(New York: Praeger, 1962); Barrington Moore, Jr., *Social Ori-
    gins of Dictatorship and Democracy: Lord and Peasant in the Making of
    the Modern World*(Boston: Beacon Press, 1966); Milton Singer, *When
    a Great Tradition Modernizes: An Anthropological Approach to Indian*

하게 기여할 것으로 생각된다.

셋째, 지금까지 대부분의 제3세계 발전연구는 이미 확연히 다른 국가적, 역사적 상황에서 선진사회를 구가하는 서구제국들을 비교대상으로 삼아 언제나 서구적 정치문화나 제도 또는 사회구조의 미비를 "탓하기만" 하는 분석과 평가를 제시하는 경우가 많았다. 그러나 정치리더십 접근은 정치지도자 개인의 권력행위뿐 아니라 그의 사상과 세계관, 그리고 정치리더십의 필연적 환경으로서의 역사적, 문화적, 국민적 특성도 함께 고려하기 때문에, 이에 의한 제3세계 발전연구는 개발독재라는 기존의 비교정치학적 명명에 의해 소외될 수 있는 제3세계 국가의 현실, 정치적 특성과 비서구적 정치문화의 정치사회적 기능을 재조명하고,[77] 이로써 제3세계 정치과정에 대한 자아준

Civilization(New York: Praeger, 1972) 등이 있다.

[77] 예컨대 최근에 발표된 한 논문은 서양역사에서도 자본주의적 산업화와 자유주의정치로 요약될 수 있는 "근대화" 이전에 "절대주의국가" 혹은 "규제된 사회"가 선행했다는 사실을 지적하면서, 동양의 유교문화와 그것에 의한 고도의 중앙집권적 정치제도가 한국과 같은 아시아국가들의 근대화 과정에 필수적 조건이었음을 지적했다. 이광요 전 싱가포르 수상은 최근 *TIME*지와의 인터뷰에서 "중국이 현재의 산업화 과정을 성공적으로 이끌기 위해서는 덩샤오핑이 그의 사후에도 중국의 엘리트와 일반국민들을 효과적으로 지휘할 수 있는 강력한 인물을 등용해야 한다"고 말하고, "유교는 첫째, 국민들 사이에서 개인의 차원을 넘어 국가나 사회적 필요를 우선시할 수 있는 자발적 의지를 갖게 했고, 둘째, 언제나 국민적 합의를 중요시하게 했다"는 점에서 여타 개발도상국들에게 교훈적이라고 말했다. 함재봉, "Neo-Confucianism, Liberalism and Discipline: Towards a New Understanding of Confucian Modernity," 제2회 한국정치세계학술대회(1991. 7) 발표논문; Bun Woong Kim & David S. Bell, Jr., "Bureaucratic Eliticism and Democratic Development in Korea?" In Bun Woong Kim, David S. Bell, Jr., & Chong Bum Lee(eds.), *Administrative Dynamics and Development: The Korean Experience*(Seoul: Kyobo Publishing, Inc., 1985), pp. 12~19; Interview with former Prime Minister Lee Kuan Yew, "Advice to the Re-

거적 연구의 진작을 기대할 수 있다. 이러한 접근에 의한 한국의 발전경험에 대한 연구의 축적은 결국 한국의 "정치학의 개념과 이론을 한국사회가 추구하는 정치적 규범과 한국인이 체험한 정치적 현상을 내면화하는 방식으로 정립"[78] 하는 데 공헌할 것이다.

그러나 이상과 같은 정치리더십 접근은 분석적 차원에서 제 3세계 국가의 발전과정에 영향을 주고 있다고 여겨지는 다양한 사회적, 경제적, 구조적 요인들을 무시하거나 소홀히 취급할 수 있다는 비판을 받을 수 있다. 또한 정치권력을 둘러싼 현실적 갈등관계를 다소 "순진하게" 바라볼 수 있다는 한계가 있다는 지적도 가능하다. 그렇지만 이러한 비판들은 대개 한 연구방법이 완전한 것이기를 기대하는 것에서 비롯된다고 생각한다. 그렇다고 이러한 비판의 중요성을 전혀 무시하는 것은 아니다. 하지만 어떠한 연구방법도(그것이 이론이든, 모델이든, 또는 접근이든 간에) 모든 현실을 완전하게 설명할 수는 없으며 특정 부분에 대한 강조를 전제로 할 수밖에 없음을 인식한다면, 이러한 비판 때문에 정치리더십 접근이 가질 수 있는 유용성을 폐기할 필요는 없다고 본다. 다만 앞으로 이 연구방법에 의한 많은 경험적 연구와 사례연구가 축적되면서 그 유용성이 드러날 것이다.

---

formers," *TIME*, November 4, 1991, p. 46~47을 보라.
78) 안청시, 앞의 글(1987), p. 486.

제4장　　정치리더십에 대한 메디컬 모델*

1. 정치와 의술

리더십은 흔히 관찰되는 현상임에도 불구하고 그에 대한 이해가 부족하다는 번즈(James M. Burns)의 지적처럼 리더십을 규정하고 이해하는 것은 결코 쉬운 일이 아니다. 이런 이유로 리더십의 실체를 더욱 쉽고 명확하게 파악하기 위해 학문적으로 몇 가지 방법이 시도되어 왔다. 비유(metaphor)를 통해 정치와 리더십을 설명하거나, 주목할 만한 특징을 중심으로 리더십에 대해 구별되는 어떤 이미지를 부여하는 방법 등이 꾸준히 개발되어 왔다. 그리고 현실에서 관찰되는 여러 사례를 선택된 기준에 따라 분류(classification)하여 유형화를 시도하는 방법도 활용되고 있다.

　먼저 비유를 통한 리더십의 이해는 매우 오랜 역사를 지니는데, 그 대표적 사례로 플라톤의 비유를 들 수 있다. 플라톤은 그의 저서 《정

---

* 이 장은 저자의 정치학박사 학위논문(1988, 미국 하와이대) *A Medical Approach to Political Leadership*: *An Chae-Hong and a Healthy Korea* 중 제2장을 번역하고 수정·보완한 것임.

치가》(*Statesman*)에서 정치가의 활동을 이해하기 위한 쉽고 단순한 방법으로 정치가를 "방직공"(紡織工, *weaver*)에 비유했다. 그리고 정치란 망토 제작을 위해 날줄과 씨줄을 엮어 짜서 직조(織造)하는 기술과 같다고 했다. 1) 그래서 플라톤은 "방직공과 같은 리더"(*weaver-leader*)는 직조기술과 같은 통치술로 국가 내 다양한 사람의 능력과 역할을 통합시키는 능력을 발휘한다고 보았다. 2)

정치리더십에 관한 가장 유명한 비유는 니콜로 마키아벨리(Niccolò Machiavelli)에 의하여 시도되었다. 그는 정치가는 "여우와 사자"의 능력을 가져야 한다고 했다. 그는 《군주론》에서, 군주는 모름지기 경멸받지 않기 위해 그리고 절대 침해되어서는 안 되는 그의 위엄을 보존하기 위해, 덫을 빨리 알아차리는 여우의 지혜(智慧)와 늑대를 떨게 하는 사자의 용기(勇氣)를 지녀야 한다고 주문했다. 3) 그는 정치를 "어떤 수단을 쓰든 권력과 위엄을 능숙하게 유지하는 일"로 규정하고 이를 여우와 사자의 리더십으로 묘사했다. 그 결과, "기만과 속임수"가 통치와 권력유지를 위한 일상적인 방법으로 부각된 반면, 힘은 기만과 속임수를 쓰기 힘든 경우를 대비한 보완적 수단으로 간주된다.

리더십을 이해하고 설명하는 두 번째 방법은 특성화 전략으로, 현장에서 관찰되는 리더십의 주요한 특성이나 기능을 부각해 다른 리더십과 구별되는 이미지를 부여하는 것이다. 한 예로 다운스(Anthony Downs)는 그의 저서 《민주정치의 경제이론》에서 정치인의 "사적 이

---

1) Plato, *The Sophist & The Statesman*, ed., R. Klibansky & E. Anscombe, trans., A. E. Taylor (London: Thomas Nelson and Sons, 1961), pp. 289~196.

2) Plato, *Statesman*, ed., M. Oswald, trans., J. B. Skemp (Indianapolis: Bobbs-Merrill, 1957), p. 56.

3) 니콜로 마키아벨리, 《군주론》, 강정인·문지영 역 (까치, 2003), 특히 16, 17, 18, 19장.

익 추구경향"을 강조하여 정치리더십에 "사업가"(*businessman*)의 이미
지를 부여했다. 그는 정치리더십을 "유권자가 자신의 의지를 대변하
는 특정 견해를 채택하도록 유권자에게 영향을 미치는 능력"으로 정
의하고,4) 모든 정치리더가 마치 시장에서 사적 이익을 추구하는 사
업가처럼 자신의 사회적 지위를 향상하려는 욕망에 그 행동의 동기가
작동된다고 가정했다. "사업가적 정치리더"(*businessman-leader*)는 유
권자들의 지지투표를 극대화하기 위해 이데올로기와 공공정책을 선
택적으로 활용한다.5) 이밖에도 그린리프(Robert K. Greenleaf)의 섬
김의 리더십(*servant leadership*)6)이나 번즈의 변혁적 리더십(*transfor-
mational leadership*)7)과 같은 개념도 현장의 리더가 보여 주는 주요한
특징들을 드러냄으로써 리더십에 대한 이해를 돕거나 평가의 기준을
제공한다.

리더십의 이해와 설명을 위한 세 번째 방법인 유형화는 선택된 분
류기준에 따라 현실에 존재하는 다양한 리더십 사례를 명쾌하게 이해
하도록 도와준다. 예를 들어 역사학자 시드니 후크(Sidney Hook)는
역사와 인간과의 관계라는 맥락에서 "역사적 흐름에 대한 리더의 대
응방식"에 따라 리더를 "대세 주도형"(*event-making man*)과 대세의 흐
름을 거스르지 않고 적응하는 데 익숙한 "대세 순응형"(*eventful man*)
으로 분류했다. 또 정치심리학자인 해럴드 라스웰(Harold Lasswell)은
정치엘리트가 정치적으로 어떠한 심리적 만족을 추구하느냐에 따라,

---

4) Anthony Downs, *An Economic Theory of Democracy*(New York: Harper
   & Row, 1957), p. 87.

5) 위의 책, p. 96.

6) 로버트 K. 그린리프, 《서번트 리더십 원전: 리더는 머슴이다》, 강주헌 역
   (서울: 참솔, 2006).

7) 제임스 M. 번즈, 《역사를 바꾸는 리더십: 변혁의 정치 리더십 연구》, 조중
   빈 역(서울: 지식의날개, 2006).

대중의 지지와 환호를 추구하는 "선동가형"과 자신의 역할을 행정적 관리와 조정에 국한하는 "행정가형", 그리고 무엇보다 이론적 완결성을 중시하는 "이론가형"으로 분류했다. 한편, 제임스 바버(James D. Barber)는 정치리더의 자질과 관련하여 대통령의 "활동력"(energy)과 "직무에 대한 태도 및 정서"라는 2가지 기준을 사용해 대통령의 리더십적 특성(character)을 "적극-긍정형", "적극-부정형", "소극-긍정형", "소극-부정형"이라는 4가지 유형으로 분류했다. 8)

정치리더십을 이렇게 일정한 분류기준에 따라 유형화하는 경우와 달리, 아서 벤틀리(Arther F. Bentley, 1870~1957)는 현대 미국정치에서 실제로 존재한 정치인의 성향을 기준으로 3가지 리더십 유형을 제시했다. 첫째는 "보스형"(boss)이다. 보스형 정치인은 촘촘하게 짜인 정당조직(tightly knit machine)을 막후에서 조종함으로써 선도적인 역할을 수행한다. 둘째는 "선동가형"(demagogue)인데, 이런 정치인은 편향된 추론이나 당파적 담론전략으로 정치사회적 감성에 호소하여 광범위한 대중적 지지나 전략적 정치연합(coalition)을 이끌어 내고자 한다. 셋째는 "브로커형"(broker-mediator)으로 다툼을 벌이는 정당이나 정파의 갈등을 완화시켜 상호 수용 가능한 대안을 찾도록 도와준다. 9) 벤틀리의 이 같은 설명은 정치인이 사적인 권력 추구를 위해 사용하는 기술을 잘 보여 줄 수는 있지만, 권력추구의 공적 영역을 설명하는 데는 한계가 있다.

이제부터 필자가 시도하는 정치리더십에 관한 메디컬 모델(medical model)은 앞에서 살펴본 첫 번째의 비유적 설명에 바탕을 둔 것이다.

---

8) James D. Barber, *The Presidential Character*: *Predicting Performance in the White House*(Englewood Cliffs, N. J.: Prentice-Hall, 1977).

9) Arther F. Bentley, *The Process of Government*(Bloomington: Principia, 1949), pp. 231~235.

실제로 의학적 관점에서 정치에 접근했던 선구적 시도는 역사적으로 많이 있었다. 먼저, 정치를 "의학적 치료"로 이해했던 정치학자 스프리전스 2세(Thomas A. Spragens, Jr.)에 의하면, 많은 정치이론가에 의해 제공되는 지식은 공동체 내 정치사회적 질병을 처리하는 "치료의 의도"(therapeutic intent)를 포함한다. 스프리전스 2세는 이러한 관점에서 "질병의 인식"(perception of disorder), "진단"(diagnosis), "주관적으로 선택된 질서"(order imagined), "처방"(prescription)과 같은 의학적 개념을 활용하여 서양의 주요 정치이론을 분석했다. 10)

또 프랑스의 정치학자 장 블롱델(Jean Blondel) 또한 의학적 용어를 통해 정치이론에 대한 "문제해결적"(problem-solving) 접근을 시도했다. 그에 따르면, 로크, 루소, 해밀턴 모두 전제정치(tyranny)나 무정부상태(anarchy)를 일종의 질병으로 간주하여 적절한 약을 통해 치료할 수 있는 것으로 보았다. 따라서 이들은 정부에 대한 해부학적·생리학적 연구를 통해 적절한 치료를 고안할 수 있으며, 감염된 장기(germ carriers)를 더 건강한 새로운 장기로 대체할 수 있다고 믿었다. 11) 미국의 정치학자 터커(Robert C. Tucker) 역시 의학적 관점에서 정치를 바라보았다. 터커는 미소(美蘇) 냉전의 맥락에서 세계적 위기를 적절하게 진단하고, 그 문제해결을 위해 인류를 구원할 실효성 있는 처방을 제시할 수 있는 "의사"와 같은 정치지도자가 필요함을 강조했다. 12)

---

10) Thomas A. Spragens, Jr., *Understanding Political Theory* (New York: St. Martin's Press, 1976), pp. 1~4.

11) Jean Blondel, "Government," in Norman Mackenzie (ed.), *A Guide to the Social Sciences* (New York: The New American Library, 1966), pp. 116~117.

12) Robert C. Tucker, *Politics as Leadership* (Columbia: University of Missouri Press, 1995).

필자가 여기서 제시하고자 하는 정치리더십에 대한 "메디컬 모델"도 이러한 학문적 전통에 근거해 있다. 그러나 이것은 단순히 리더십에 대한 이해의 편의를 도모하기 위한 것만은 아니다. 이는 오히려 정치 분석 및 평가에 있어 문제해결을 위한 정치리더의 창의적 이니셔티브(initiatives)와 실제 문제해결 과정, 그리고 그들과 국민 사이의 상호 의존적 관계를 강조하는 하나의 리더십 모델을 정립하고자 하는 것이다. 정치, 특히 정치리더십 행동에 대한 과학적 분석을 위해 의술 대신 기업, 군대, 종교 등과 같은 여타 직업분야와 관련한 비유를 활용할 수도 있겠으나 정치와 의술과의 유사성이 더 많아 보인다.

예컨대, 비즈니스 분야에서 경영자와 피고용인은 경제적 보상관계에 있으며, 서로 경제적 이해를 중심으로 하는 상업적 협상으로 관계를 유지한다. 경영자는 상품 또는 서비스를 팔아 최대 이윤을 얻기 위해 회사를 운영하지만, 피고용인은 대개 경제적 보상을 대가로 받을 것을 기대하여 경영자가 부과한 업무를 수행하고 회사의 지시사항에 따를 것을 강요받는다.

다음으로 군(軍)에서는 장군이 규율과 강압을 통해 병사에 대해 일방적인 지배력을 확보·유지한다. 장군은 명령하고, 병사는 의사결정 과정에서 배제된 채 그 명령에 복종하게 되어 있다. 또 종교단체의 경우, 고위 지도자는 도덕적 우월성이나 높은 영성(靈性)을 바탕으로 자신의 권위와 힘을 유지하지만, 그들을 신봉하는 신도는 종교지도자가 어느 정도의 도덕적 또는 종교적 감화력만 있어도 그들에게 복종한다. 즉, 도덕적, 영적 권위의 차이가 둘 사이의 경직된 수직적 위계관계 형성의 바탕이다.

그러나 정치에 있어 리더와 추종자의 관계는 다른 직업적 관계에서보다도 "건강문제를 해결하기 위해 상호작용"하는 의사와 환자의 관계와 유사성이 더 많아 보인다. 의학의 세계에서 리더와 추종자의 관계는 위에서 살펴본 기업, 군, 종교에서의 관계와는 다르다. 먼저 의사는 환자의 질병을 예방하고 치료하기 위해 직업적 소명을 다한다. 반면 환자는 자신의 질병이 적절하게 치료되기를 요구한다. 의사는 환자를 회복시키거나 환자의 전반적인 건강상태를 지키기 위해 치료과정을 주도하지만, 환자가 의사의 치료에 불만을 가질 때 환자는 효과적인 치료를 위해 의사가 더욱 혁신적인 태도를 취할 것을 요구할 수 있다. 건강유지와 증진이라는 공동목표를 두고 의사와 환자가 보여주는 이 같은 이미지와 모습은 건강한 공동체를 만들기 위해 리더와 추종자가 상호작용하는 "문제해결적 정치"의 이미지와 부합된다. 그 결과, 우리는 다음과 같은 가정 위에서 정치에 대한 메디컬 모델을 구상해 보고자 한다. 첫째, 리더와 추종자는 공동체의 건전한 발전을 저해하는 문제를 해결하기 위해 상호작용한다. 둘째, 리더는 문제해결적 과정을 주도한다. 셋째, 추종자는 문제가 해결되거나 예방되기를 요구한다.

2. 정치리더십에 대한 메디컬 명제들

이 절에서는 앞에서 살펴 본 정치와 리더십에 대한 메디컬 비유와 그에 따른 이론적 논의를 바탕으로 정치리더십에 대한 메디컬 모델의 성격을 드러내는 6가지의 명제를 소개하고자 한다.

첫째, 정치는 리더와 추종자가 문제해결을 시도하는 창의적이고 의도적인 활동이다. 오늘날 모든 국가는 인구 문제, 핵전쟁, 자원고갈, 환경파괴, 새로운 질병의 확산, 무역 불균형과 같은 국제적 차원의 문제뿐 아니라 정치적 탄압, 불평등, 실업, 인종차별, 빈곤과 같은 국내 문제에 직면하고 있다. 그러나 구조주의적 분석이나 체계 중심적 접근에 익숙한 정치학자들은 이들 문제의 해결에 있어 리더와 추종자가 발휘하는 정치적 이니셔티브(*political initiatives*)의 중요성을 평가절하해 왔다. 그 결과, 그러한 정치학자들은 심리적 또는 구조적 설명의 틀 속에서 인간의 능동적인 행동요인이나 그러한 행동을 경시하는, 결정론적 성향(*deterministic bias*)을 수용하는 연구관행을 형성했다. 대부분의 정치학자는 정치리더와 추종자를 자연적·사회적 환경의 산물로 보려 했고, 그 결과 정치적 행위는 사회라는 심해(深海)의 표면 위에 떠있는 거품과 같은 존재로 간주되곤 했다. 우리는 종종 '가능성의 예술'(*art of the possible*)이란 표현으로 정치를 설명하곤 했지만, 대개의 경우 그 가능성의 범위란 상당히 협소한 것으로 이해되어 왔다. 13)

이와 달리, 정치리더십에 대한 메디컬 모델은 결정론적 관점의 한계를 인지하고 정치현실을 관찰하고자 한다. 왜냐하면 결정론적 관점에서는 리더와 추종자를 공동체 발전을 위해 국내외적 문제를 주도적으로 해결하려는 성숙한 인간으로 간주하지 않기 때문이다. 결정론적 관점에서 정치를 볼 때, 리더와 추종자는 그들이 통제할 수 없는 거대구조나 조직의 복잡한 전략적 행위(*maneuvers*) 속에 매몰됨으로써 "전체 시스템의 수동적인 일부분"으로 간주될 뿐이다. 결국 결정론적 정치관은 절망과 냉소에 찬 정치적 담론만을 생산해낼 뿐이다. 그러나 메디컬 모델은 다양한 국내외적 문제의 해결에 있어 구조나 체계적 요인보다 그 속의 "인간들의 정치"(*humane politics*)에 분석적 관심을 갖는다. "인간들의 정치"란 정치공동체 구성원의 최대한의

---

13) Glenn D. Paige, "Rediscovery of Politics," in John D. Montgomery and William J. Siffin(eds.), *Approaches to Development: Politics, Administration, and Change*(New York: Macgraw-Hill, 1966), pp. 49~58.

발전을 도모하고 촉진하는 정치이며 동시에 리더와 추종자에게 자신의 운명을 결정할 자율권을 부여하는 정치이다.[14)

둘째, 정치리더와 추종자는 한 정치공동체의 전일적인 건강(holistic health)을 달성하고자 노력한다. 동양의학은 전체의 시각에서 바라보아야 한다는 전일적(全一的) 인식론을 견지한다. 즉, 인간을 하나의 완전한 '소우주'(小宇宙)로 바라보아서, 한 개인의 질병도 고립된 사안이 아니라 전체 우주의 원리와 연관 지어 설명한다. 구체적으로는 우주의 에너지인 음양(陰陽)의 균형 여부를 건강과 질병의 원인으로 보고, 치료에 있어서도 깨어진 음양의 불균형을 정상적으로 회복시키기 위해 환자의 심신과 생활 방식 모두를 고려하는 총체적 처방을 구한다.[15)

그런데 서양의학은 오랫동안 전일적 원리(holistic principle)를 간과해 왔다. 지금도 서양의학의 주류는 사람을 포함한 모든 사물을 보다 개별적 요소로 분리할 때 의미 있는 분석이 가능하다는 원자론적 인식론에 기초하고 있다. 그러나 최근에는 기존의 분석의학적 관행에서 벗어나 "발병한 이후의 치료보다 예방"이 중요하다는 인식이 일상화되었다. 사람의 건강은 "몸과 마음의 적절한 기능"에 달려 있으며, 질병의 상태는 "전일적 치료"에 의해 개선될 수 있다는 믿음이 점차 확산되고 있다.[16) 임상의학에서의 철학적 문제를 연구하는 리더먼(E. K. Ledermann)에 의하면 통합적 접근(integrative approaches)을 경시하는

---

14) George Beam & Dick Simpson, *Political Action: The Key to Under-standing Politics*(Chicago: Swallow Press, 1984), pp. 3~4를 참고할 것.

15) Wong K. Chimin & Wu Lien-Teh, *History of Chinese Medicine*(Tientsin: Tientsin Press, 1932); Stephan Palos, *The Chinese Art of Healing*(New York: Herder & Herder, 1971), p. 24.

16) E. K. Ledermann, *Philosophy and Medicine*, revised ed. (Brookfield: Gower Publishing Co., 1986), p. 26.

의사의 과도한 전문화(*overspecialization*)와 사람의 정신과 신체를 완전히 분리된 실체로 파악하는 데카르트적 이원론(*Cartesian dualism*)에 종속된 오늘날의 과학관은 환자에게 커다란 위험이 되고 있다. 전쟁, 테러, 사회적 불안, 알코올 중독, 심리적 불만과 같은 문제를 지닌 서구 사회를 치유하기 위해 리더먼이 제시한 처방, 쿠자누스(Cusanus), 코메니우스(Comenius), 라이프니츠(Leibnitz)에 의해 대변되는 정신적-전일론적 관점을 현대 임상의학에 재도입하는 것이다. [17)]

비록 서양의학을 전공했지만 동양의학에도 많은 관심을 지닌 박석련은 동양의 철학과 의학에서 말하는 음양론으로 나타내는 사람의 특성은 서양의학에서 말하는 인간의 자율신경계의 기능패턴과 일치한다고 주장한다. 그에 의하면, 음양의 체질분류이론은 자율신경 분류이론(*neurovegetative classification theory*)에 부합하며, 동양의학에서 말하는 희노애락애오욕(喜怒哀樂愛惡慾)이라는 감정적 병원(病原) 개념은 서양의학의 사이코조매틱(*psychosomatic*)[18)]의 개념에 해당한다. 따라서 그는 환자에게 보다 나은 의료서비스를 제공하기 위해 현대의학자가 동양의학과 서양의학이 지닌 가치 있는 개념들을 신중하게 종합함으로써 새로운 "전일적 의학"(*holistic medicine*)을 개발해야 한다고 주장한다. [19)]

이 같은 전일적 의학의 관점에서, 필자는 '한 국가의 정치적 건강 또는 건강 상태'를 자유, 평등, 우애(*fraternity*)라는 인간적 가치가

---

17) Jan Kryspin, "A New Theory of World Health," *International Journal of World Peace*, 4(3) (July-September, 1987), pp. 49~63.

18) 정신과 신체의 상호연관 관계와 관련된 것으로, 대개 신체적 요인인 것처럼 보이지만 부분적 또는 전적으로 심리적 요인과 관련된 개인의 증상을 말한다. 이철수, 《사회복지학사전》(고양: 혜민북스, 2009).

19) 박석련, 《전체성 의학의 시대: 동서의학통합원리》(서울: 신흥출판사, 1979), pp. 111~113.

균형 있게 실현된 통합적 상태로 정의하고자 한다. 따라서 정치리더와 추종자가 개인적, 계급적, 또는 인종적 측면에서 편파적인 이익을 유지하거나 증진하려 할 때, 건전하지 못한 정치적 갈등이나 권력투쟁이 발생한다고 볼 수 있다.

셋째, 정치리더는 자신의 사적 이익뿐만 아니라 국리민복과 같은 공적 이익의 실현을 위해 노력한다. 의학윤리를 가르치는 앨버트 존슨(Albert R. Jonsen)에 따르면 사업가(entrepreneur)로서의 의사와 봉사자(servant)로서의 의사 사이에는 명백한 긴장이 존재한다. 이러한 긴장은 의술을 "매우 희귀해서 좋은 값에 팔 수 있는 하나의 기술"로 보았던 히포크라테스의 관점과 "이타주의와 의료는 도덕적 약속(moral covenant)으로부터 자유로울 수 없다"는 중세의 금욕주의적 이상 사이에서 명확하게 드러난다. 20) 사익 추구와 이타주의 사이의 끝없는 갈등 속에서 이 같은 역설이 의학 내에 자리하고 있는 것이다.

이와 유사하게 아리스토텔레스는 자신의 저서 《정치학》(Politics)에서 정부를 "공익에 부합하는 통치"와 "개인적 또는 계급적 사리(私利)에 의해 유발되는 통치"로 구분했다. 21) 플라톤 또한 국가 지도자가 언제나 백성의 이익만을 위해 통치하지는 않는다는 사실을 잘 알고 있었지만, 그의 저서 《국가》(The Republic)에서는 진정한 정치가(statesman)란 영혼을 돌보는 의사(physician of souls)이며, 어떠한 지도자도 자기 이익을 위한 정치를 모색하거나 그러한 정치에 동참하지 않는다고 단언했다. 22)

---

20) Albert R. Jonsen, "Watching the Doctor," *The New England Journal of Medicine*, 303(25) (June 23, 1983), pp. 1531~1535.

21) Aristotle, *Politics*, ed. and trans. , Ernest Barker(London: Oxford University Press, 1945), pp. 110~153.

지금까지 살펴본 것처럼 의술에는 이기성과 이타성이라는 갈등적 성격이 공존하며, 이는 정치에 있어서도 마찬가지다. 하지만 메디컬 모델은 어느 한편에 치우치기보다는 통합적 관점에서 둘 모두 조화롭게 추구될 수 있다고 단정한다. 즉, "시민으로 하여금 자신의 선호를 추구하거나, 공통 목적을 달성하도록 격려하는 사회에서는 개인적 행복(well-being)과 공동체적 행복이 함께 추구된다"는 울퍼트(Stephen Woolpert)의 인본주의적 주장에 공감을 표하는 것이다. 23)

넷째, 정치리더는 혁신적인 문제해결책을 통해 추종자의 기대와 요구에 부응하려고 노력한다. 기본적으로 의사는 환자의 질병을 치료하거나 자연적인 치유 과정을 돕기 위해 적절한 진단과 처방을 제공하지만 전통적인 관점에서 볼 때 치료 과정의 주도적 역할은 의사의 몫이었다. 하지만 최근에는 병에 걸린 환자가 주된 치료자(curer)이며, 의사가 할 수 있는 일이란 환자에게 필요한 의학적 도움을 제공하는 것에 불과하다는 주장이 대두하고 있다. 즉, 환자 자신이 의사가 제시한 치료 방법을 능동적으로 수용한다는 것이다. 24) 많은 건강 전문가들(health practitioners)은 병의 근원(locus of disease)이 개인의 태도나 마음가짐에서 비롯되는 것처럼 치료의 근원 역시 마찬가지라고 주장한다. 25) 이러한 맥락에서 은폐된 의학적 폐해(medical mayhem)를

---

22) Plato, *The Republic*, trans., F. M. Conford(London: Oxford University Press, 1945), pp. 22~24.

23) 울퍼트는 매슬로(Maslow)의 '인본주의 심리학'(humanistic psychology)에 기반을 두어 자신의 "자아실현의 정치이론"을 전개한다. 개인과 공동체의 행복이 함께 추구된다는 이 주장은 그의 명제 중 하나이다. 이와 관련된 내용은 Stephen Woolpert, "A Comparison of Rational Choice and Self-Actualization Theories of Politics," *Journal of Humanistic Psychology*, 22(3)(Summer, 1982), pp. 52~53을 참고할 것.

24) 최상묵, "환자와 함께하는 치료,"《정경 문화》(1985. 4), pp. 52~53.

폭로한 양심적인 의사, 내쉬(David T. Nash)는 환자가 자기 건강과 관련된 의사결정에 필요한 충분한 정보를 제공받아야 한다고 주장한다. 의료행위에 의해 유발되는 장애나 질병, 즉 의원성(醫原性, iatro-genesis) 질병이 환자의 생각보다 더 빈번하게 발생하기 때문이다. 그에 따르면 많은 사람이 질병과 치료에 대해 집요하게 캐묻는 자세로 의사와 소통하여 진정한 협력자가 될 때, 의사와 환자 모두 더 많은 이익을 취할 수 있다. 26)

따라서 좋은 의사라면 마땅히 인간적이면서도 전문적인 지속적 혁신을 통해 환자의 요구에 적절히 반응함으로써 환자의 자발적 참여와 협력을 이끌어 낼 수 있어야 한다. 마찬가지로 정치리더는 주요한 국내외 문제에 대해 시민에게 충분한 정보를 제공해야 하며, 시민 또한 정치리더에게 그 문제에 대한 자신의 입장과 견해를 충분히 전달해야만 한다. 27)

다섯째, 정치리더는 문제해결에 있어 치유뿐만 아니라 예방의 역할도 수행한다. 20세기 후반에 들어서면서 전염병이 지닌 치명성과 그로 인한 사망률은 감소했지만, 반대로 퇴행성 만성질환이 확산되면서 예방의학이 모든 의료진의 중대한 관심사로 떠올랐다. 그리고

---

25) Loretta Bermosk & Sarah E. Porter, "Holistic Health as Human Wholeness," *Women's Health and Human Wholeness*(New York: AppletonCentury-Crofts, 1979), pp. 11~12.

26) David T. Nash, *Medical Mayhem*(New York: Walker, 1985).

27) 이러한 주장은 의료에서의 고지된 합의(*informed consensus*)의 개념이 반핵(反核)의 정치에도 직접 적용되어야 함을 주장하는 평화운동가 다이애나 헐(Diana Hull)에 의해 강조되어 왔다. 자세한 내용은 *Informed Consent: From the Body to Body-Politic in the Nuclear Age*(Santa Barbara: Nuclear Age Peace Foundation, 1987), Waging Peace Series, Booklet 14를 참고할 것.

"예방은 공중보건의료진이 맡고, 치료는 민간의료진이 담당한다"는 전통적인 역할 구분이 점차 사라지고 있다.[28] 많은 의사에 따르면, 질병예방에 대한 지식과 관련 기술의 체계적이고 지속적인 응용 때문에 많은 사람이 그 혜택을 누릴 수 있다고 한다. 따라서 회복 가능한 질병의 진행단계를 알아내고 질병의 진행 과정을 역추적하여 예방의 중요성을 부각하는 의사의 역할이 더욱 중요해졌다.[29]

그럼에도 예방의학의 시행은 결코 쉬운 일이 아니다. 의료서비스의 조직화와 재원조달의 문제로 인해 질병예방적 조치를 실제 임상 실무에 도입하기란 결코 쉽지 않은 일이다. 그동안 의료현장에서 흔히 접해 왔던 병증 치료(episodic care)를 강조하는 의료관행과 의료 전문화 현상으로 인해 예방의학의 중요성이 부각되기 어려웠다.[30]

그래서 산업사회의 건강문제에 관심을 두는 정치학자들은 의사가 공중보건(public health)에 대한 자신의 사회적 책임을 통감해야 한다고 지적하면서, 질병에 대한 편향된 환원주의적 치료(reductionistic treatment)가 건강이나 질병에 대한 개인적 책임을 강조하는 전통을 만들어 냈다고 비판한다. 더 나아가 한 개인의 건강 상태와 건강 잠재력(health potential) 모두 사회적·물리적 환경의 산물이라고 주장한다. 현대인의 건강 문제에 대한 예방의학적 접근으로써 정치학자들은 의사가 자신의 역할을 각 환자에 대한 개인적 치료에 국한하기보다는 질병의 사회적 원천과 건강에 대한 구조적 장애물을 제거하는,

28) Robert Lewy, *Preventive Primary Medicine*: *Reducing the Major Causes of Mortality*(Boston: Little, Brown and Co., 1980), pp. 1~3.

29) Herman E. Hilleboe & Granville W. Larimore(eds.), *Preventive Medicine*: *Principles of Prevention in the Occurrence and Progression of Disease* (Philadelphia: W. B. Saunders Co., 1965), p. 6.

30) Robert Lewy, op. cit., p. 3.

사회정치적 차원으로 확장해 나가야 한다고 주장한다. 31)

여섯째, 정치리더는 추종자인 시민의 문화적 전통에 어울리는 정치 제도와 이데올로기를 창출 또는 유지함으로써 문제해결을 시도한다. 동양의 전통의학에서는 환자의 독특한 생리적 특성을 고려한 적절한 치료가 제공된다면 질병을 효과적으로 치유할 수 있다는 일반적인 믿음이 존재해 왔다. 좋은 치료란 환자의 감정, 체질, 성격 및 신체적 구성에 대한 타당한 생리학적 정의에서 비롯된다는 것이다.

이러한 관점에서 조선 말기 의학자인 이제마(李濟馬, 1837~1899)는 먼저 인간을 태양, 소양, 태음, 소음이라는 네 가지 "정상적이고 건강한" 유형으로 분류하였다. 그리고 질병을 치료하기 위해서는 의사가 제일 먼저 환자가 이러한 분류유형 중 어디에 해당하는지를 알아낸 다음, 그에 알맞은 합리적인 처방과 적절한 치료가 이루어져야 한다고 주장했다. 32)

동양의학과는 전혀 다른 전통과 지식체계를 지닌 서양의학에서도 생리적 특성에 근거한 인간의 분류와 의학적 접근이 존재한다. 한 예로 질리언(L. A. Gillian)은 인간의 자율신경계(autonomic nervous system) 상태를 기준으로 인간(환자)을 분류한다. 구체적으로 교감(sympathetic)신경계에 문제가 있는 사람, 미주(pneumogastric: 폐와 위)신경계에 문제가 있는 사람, 그리고 두 가지 자율신경계 모두가 문제인 사람 등 세 가지 유형을 제시한다. 그에 의하면 사람은 이 유형에 따라 똑같은 약물치료에 대해 서로 다른 임상 반응을 보였다고 한다. 33)

---

31) Deane Neubauer & Richard Pratt, "The Second Public Health Revolution: A Critical Appraisal," *Journal of Health Politics, Policy, and Law*, 6(2) (Summer 1982), pp. 205~227.

32) 이제마, 《동의수세보원》, 이가원 역(서울: 서문당, 1975)을 참조.

동양의학이든 서양의학이든 오늘날 환자 치료에 있어 생리적 특성과 주거환경 등의 외부적 요인을 연관해 바라보는 접근법은 새롭지 않다. 이는 사회과학에서도 마찬가지다. 프랑스의 정치사상가 몽테스키외(Charles De Montesquieu)도 일찍이 문화적 전통과 역사적 경험을 중심으로 국가와 사회를 이해하고자 했다. 그는 사회·문화 시스템과 정치 시스템 사이의 밀접한 관계를 강조하는 정치이론을 제시했다. 그에 의하면, 국가(nation)는 선대 이래 오랫동안 작용해 온 물리적 원인과 도덕적 원인 모두에 의해 형성되는 한 사회의 "보편정신"(general spirit)을 반영하는 정치구조를 지닌다. 그는 물리적 원인으로 기후, 지역적 특성, 인구밀집도, 한 사회의 영토범위 등을 꼽았고, 도덕적 원인으로 종교, 격언(maxims), 관례, 관습, 풍습(mores), 사고방식(style of thought) 등을 들었다. 몽테스키외는 정치구조 또는 제도를 사회의 파생적 부분 기능(derivative function)으로 간주하지 않고 정치·사회 시스템이 상호작용하는 복잡한 여러 방식들을 자세하게 파악하기를 원했다. 34) 이러한 그의 시도는 전 세계적으로 "민주주의" 또는 입헌정치(constitutional government)의 많은 변형이 존재하는 이유를 이해하는 데 많은 도움을 주었다. 결론적으로 메디컬 모델에서 바라보는 훌륭한 정치리더란 건강한 정치공동체를 형성하기 위해 역사적 경험, 문화적·지적 전통, 지리적 환경 모두를 고려해 "시민의 정체성"을 파악하고 그것에 합당한 정책을 수행하는 사람이다.

---

33) L. A. Gillian, *Clinical Aspects of the Autonomic Nervous System* (New York: Little, Brown & Co., 1954)를 참고할 것.

34) Melvin Richter, "Montesquieu," in David Sills (ed.), *International Encyclopedia of the Social Sciences*, 10 (New York: The Macmillan Co. and The free Press, 1968), pp. 467~476.

3. 정치리더십에 대한 메디컬 분석과 평가

정치리더십에 대한 메디컬 모델에서 정치리더는 일정한 목표를 가지고 환자의 질병을 진단하고, 처방하며, 치료하는 의사와 같은 존재로 간주된다. 따라서 정치리더도 의사와 같이 국가나 사회를 위해 상황을 진단하고 그 해결책을 처방하며, 문제를 해결하기 위해 행동한다고 가정할 수 있다. 그러나 리더십의 문제해결 과정에 대한 과학적 연구 중 하나인 메디컬 모델의 활용가능성을 높이기 위해서는 리더십 행동 패턴에 영향을 미치는 개인적·상황적 요인을 고려하는 분석방법이 필요하다.

포드와 어번(Ford & Urban)은《심리치료의 시스템》(1963)에서 현대 심리치료의 열 가지 이론을 비교하면서 그 치료 과정을 다음과 같은 세 가지 단계로 구분했다. 35) 첫째, 치료사(*therapist*)는 자신의 치료 과정과 연관된 '인간행동의 정상적 발달'에 대해 자신의 이론 혹은 건강에 대한 개념 등을 가지고 있어야 한다. 실제 치료사의 치료는 대개 교육적, 인종적, 철학적, 종교적 요인 외에도 과거 경험과 관련된 여러 요인을 포함한 개인적 배경 및 가치판단에 의해 영향을 받는다. 둘째, 치료사는 비정상적인 행동(*disordered behavior*)의 습득에 대한 이론을 가지고 있어야만 한다. 치료사는 이러한 이론을 통해 비정

---

35) Donald H. Ford & Hugh B. Urban, *Systems of Psychotherapy: A Comparative Study*(New York: John Wiley & Sons, 1963), pp. 591~662. 두 저자는 프로이트의 심리분석, 자아 분석, 달러드(Dollard)와 밀러(Miller)의 학습이론 심리치료, 울프(Wolfe)의 상호 억제 심리치료, 아들러(Adler)의 개인 심리치료, 오토 랑크(Otto Rank)의 의지 요법, 칼 로저스(Carl Rogers)의 고객 중심 요법, 실존 요법, 카렌 호나이(Karen Horney)의 캐릭터 분석, 설리번(Sullivan)의 대인관계 분석이론 등, 총 열 가지 심리치료 이론의 유사점과 차이점을 체계적으로 검토했다.

상적인 행동의 진행 과정과 원인을 명확하게 제시할 수 있는 것이다. 만일 우리가 정상적인 행동의 전개 과정을 모른다면 환자의 비정상적인 행동의 발생과 진행에 대한 판단을 내리지 못해 결국 필요한 처방도 제시하지 못하게 된다. 셋째, 치료사는 자신의 처방을 향상시키며, 더 나은 임상 원칙과 방법을 적용해 비정상적인 행동을 치료한다. 이 처방은 바람직하지 않은 행동을 제거하고 새로운 행동을 개발하기 위해 비정상적인 행동을 수정하고 통제할 것이다. 치료방법의 선택은 질병의 본질에 대한 치료사의 관점에 따라 결정된다. 정치리더십에 대한 메디컬 모델은 이 같은 포드와 어번의 비정상적인 행동의 단계적인 치료방법을 활용하고 확충하여 정치리더십의 단계적 기능을 "비전", "진단", "처방", 그리고 "치료" 등 4가지로 구분하여 개념화하고 이를 정치리더십 분석방법으로 채용하고자 한다.

첫째, "비전"(vision)이란 한 국가의 바람직한 상태에 대한 정치적 청사진이다. 정치리더는 역사의식을 포함한 자신의 가치관에 그가 속한 정치공동체의 이상적인 모습을 상상하며, 그에 따른 비전의 제시는 정치리더의 가장 중요한 기능이다. 이 비전은 이어지는 진단이나 처방 그리고 치료의 전 과정에 영향을 미친다. 이 비전은 정치리더의 종교, 이데올로기, 개인적 특수경험 등에 영향을 받으며 정치현장에서의 국정지표나 특정 정책의 목표와 깊이 연관된다.[36] 일찍이 공자

---

36) "진단-처방-치료"와 같은 의학적 행위나 과정과는 달리, '비전의 제시'에 대응하는 의학적 행위가 쉽게 연상되지 않는다는 점에서 비전의 제시가 과연 '메디컬 모델'에 해당하는 개념인지에 관한 의문이 제기될 수 있다. 하지만 실제 의사가 환자를 대면하기 이전에, "좋은 의사란 무엇인가?", "나는 어떤 의사가 될 것인가?", "나의 의술과 현재의 의학 수준은 내가 다루는 질병을 어느 수준까지 치료할 수 있을까?"와 같은 근본적인 질문과 이에 대한 답을 찾는 노력은 의술 수련 과정에서 모든 의사에게 요구되는 것으로, 표면적인 치료 과정에서 드러나진 않지만 이러한 비전과 목표의 설정은 이미 의학적

는 정치에 있어 제일 먼저 할 일은 정치를 하는 "올바른 이유와 명분 (名分)", 즉 비전을 확립하는 것이고, 그렇지 못하면 소통이 잘 안 되고 나랏일도 되는 게 없으며(言不順 事不成) 문화가 발달하지 못하고 형벌이 제대로 집행되지 못한다(禮樂不興 刑罰不中)고 역설했다. 37)

둘째, "진단"(diagnosis)은 한 국가(polity)의 당면 문제를 인식하고 (perception) 설명하는(explanation) 것이다. 정치리더는 공동체 구성원의 충족되지 못한 욕구가 무엇인지를 알아내고 그러한 욕구와 관련된 국내적 · 국제적 환경을 판단한다. 리더가 문제를 인지하고 그 원인을 설명하는 이 진단 과정은 문제해결의 정치적 과정에서 매우 중대한 단계이다. 38) 정치리더의 '진단'은 추종자의 요구와 기대뿐만 아니라 리더 자신의 장기적 목표와 비전에 의해 영향을 받는다.

셋째, "처방"(prescription)은 정치리더가 구성원의 충족되지 못한 욕구와 그로 인한 문제점을 해결하기 위해 제시하는 각종 결정이나 정책을 의미한다. 정치리더는 여러 형태의 문제를 해결하기 위한 정치적 역할을 수행하기 때문에 그가 이미 제시했던 비전이나 진단내용이 이 처방의 내용에 영향을 미칠 수 있다.

마지막으로 "치료"(treatment)는 현실 정치영역에서의 과업 달성을 위해 정치리더가 취하는 공식적 · 비공식적 조치와 행동이다. 정치리더는 의도적이며 계획적인 활동을 통해 높은 수준의 인간개발을 추구하는 정책과 프로그램을 추진하고자 여러 방법과 전략을 동원한다. 이상과 같은 정치리더십의 4가지 기능을 그림으로 나타내면 다음 〈그림 1〉과 같다.

치료 과정의 당연한 출발점으로서 내포된 단계로 볼 수 있다.

37) 《논어》, 〈자로〉.

38) Daniel Patrick Moynihan, *Coping: Essays on the Practice of Government* (New York: Random House, 1973), p. 12를 참고할 것.

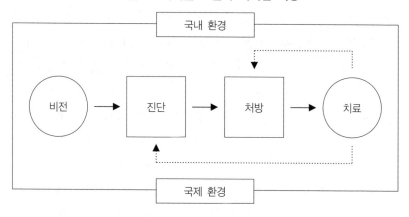

다음으로 정치리더십에 대한 메디컬 모델에서 리더십 행동을 평가하기 위해 의료행위에 대한 관찰과 비유에 기반을 둔 평가적 주장이 제기될 수 있다. 건강회복에 최선을 다한 환자는 어떤 치료를 받았는가에 상관없이 더 높은 회복 가능성을 갖는다. 반면에 질병치료에 대한 믿음이 부족한 환자는 최고의 치료에도 불구하고 회복되기 힘들수 있다. 시글러(Miriam Siegler)와 오즈먼드(Humphrey Osmond)는 환자가 의료진으로부터 최상의 도움을 받기를 희망하면서 《환자성: 책임감 있는 환자가 되는 기술》을 저술했다. 이들은 이 책에서 나쁜 환자를 능숙하고 영리한 환자로 변화시키는 데 필요한 3가지 조언을 해주고 있다.[39] 첫째, 환자는 자신이 아프다는 사실을 인지하고, 이를 드러내고, 강하게 표현해야만 한다. 그런 다음 환자는 그 질병의 심각성, 전염가능성, 회복가능성 등을 가늠해 보아야 한다. 둘째,

---

[39] Miriam Siegler & Humprey Osmond, *Patienthood*: *The Art of Being a Responsible Patient* (New York: Macmillan Publishing Co., 1979), pp. 57~62.

환자는 자신의 의사가 신뢰할 만한지를 판단해야 한다. 만일 의사가 믿을 만하다면, 환자는 한동안 자신의 치료에 대한 모든 것을 그 의사에게 전적으로 맡기는 것이 낫다. 반대로 의사의 치료가 만족스럽지 못하다면, 환자는 자신의 불만을 의사에게 직접적으로 말해야만 한다. 이때 의사의 대응이 만족스럽지 못하거나 더 이상 의사를 신뢰하기 어렵다면, 그 이유가 어찌됐든 간에 환자는 또 다른 의사를 찾아봐야만 한다. 마지막으로 의사의 치료가 별다른 효과가 없어 보인다면, 환자는 망설이지 말고 의사에게 그 질병에 다르게 접근하는 새롭고 혁신적인 치료법의 시도를 원한다고 말해야만 한다.

질병치료를 위해서는 좋은 환자가 되는 것 못지않게 좋은 의사를 판별할 줄 아는 것이 중요하다. 좋은 의사란 도덕적으로 괜찮은, 즉 정직하고 성실하며 환자의 치료에 최선을 다하는 의사를 말한다. 예를 들어, 환자가 의사를 찾아가 자신의 증상과 고통을 호소하지만 의사가 질병으로 생각할 만한 별다른 증거나 징후를 찾아내지 못할 경우, 만약 그가 훌륭한 의사라면 환자에게 "나는 당신이 아프다는 것을 알지만 당신의 병이 무엇인지는 잘 모르겠습니다. 여기 당신에게 도움이 될 만한 의사의 명단이 있습니다"라고 말할 것이다.[40] 또 좋은 의사는 개인적, 물질적 이익을 희생해서라도 환자의 회복을 위해 전문가의 권위 또는 의학적 권위를 사용하려고 노력할 것이다. 시글러와 오즈먼드는 의술의 신 아스클레피오스(Aesculapius)가 의사에게 부여한 의학적 권위란 돈을 벌거나 환자를 유혹하거나 신의 행세를 하거나 도덕적 판단을 내리거나 또는 타인의 심리를 조사하기 위한 것이 아니라, 생명을 보존하고 환자의 고통을 덜어주기 위한 것이었다고 강조한다.[41]

---

40) 위의 책, pp. 76~77.

좋은 의사의 또 다른 요건으로 "주의 깊게 환자의 말을 들어주기"를 들 수 있다. 의학저술가이자 심리치료사인 이부영에 따르면, 환자가 치료를 위해 입원한 이후 의사의 가장 중요한 임무는 환자와의 대화에서 화자(話者)가 아닌 신중한 청자(聽者)가 되는 것이다. 그에 따르면 의사는 환자와 충분히 대화할 준비가 되어 있어야 하며, 진단에 있어 과학적 실험의 결과나 전문적 편견에 의존해서는 안 된다. 또 의사는 다양한 의사소통 기술을 활용해 환자에게 질병을 설명하는 방법을 알아야만 한다. 42)

좋은 의사의 마지막 요건으로 "가능한 모든 혁신적 치료를 시도할 수 있는 적극적 의지"를 들 수 있다. 오늘날 중국의 의사는 전통적인 중의학(中醫學)의 범위를 넘어서는 서양의학의 가치와 의학적 기여를 알기에 서양의학의 중요성을 인정한다. 그들은 침술과 서양의 새로운 진단기술을 결합하여 신의학(new medicine)이라 불리는 하나의 카테고리 정립을 시도하고 있다. 이와 유사한 통합적 관점에서, 미국의 의사인 램(Anthony K. S. Lam)은 동양의 침술치료를 통해 그의 동료의사들이 포기했던 환자를 도울 수 있었다고 진술한다. 그는 동양의 침술이 유용하며, 그것이 서양의학의 영역에서도 수용될 만한 여지가 있다고 주장한다. 43) 이처럼 더 나은 치료를 위해서라면 새로운 시도를 두려워하지 않고 적극적으로 도전하는 의료인의 자세야말로 좋은 의사의 마지막 요건일 것이다.

---

41) 위의 책, p. 79.
42) 이부영, 《잃어버린 그림자》(서울: 정우사, 1977), p. 215.
43) Anthony K. S. Lam, "Traditional Chinese Medicine and Western Medical Practice: Personal Observation," in Martin S. Straum and Donald E. Larsen(eds.), *Doctors, Patient, and Society: Power and Authority in Medical Care*(Waterloo, Canada: Wilfrid Laurier University Press, 1981), pp. 148~150.

이상에서 살펴본 주장을 고려하여 메디컬 모델을 통해 정치리더를 평가하고자 할 때, 우리는 그들의 리더십 행동과 관련하여 다음과 같은 질문을 제기하는 것이 필요할 것이다.

(1) 문제와 관련해 리더와 추종자가 접한 정보는 얼마나 정확한가?

(2) 추종자는 문제해결을 위해 얼마나 잘 준비되어 있는가?

(3) 추종자는 얼마나 집요하게 문제의 예방과 해결을 주장하는가?

(4) 추종자는 자신의 요구가 충족되지 않을 때, 기존 리더에 대한 자신의 지지를 다른 리더에게로 전환할 수 있는가?

(5) 리더는 추종자의 욕구와 기대에 반응하는 데 있어 얼마나 혁신적인가?

(6) 리더는 추종자의 참여와 지지를 어떻게 동원하는가?

(7) 리더의 진단과 처방은 얼마나 정확한가?

(8) 문제는 해결되었는가, 더 악화되었는가? 혹은 전과 똑같은 상태로 남아 있는가?

(9) 리더와 추종자는 문제해결 과정의 각 단계에서 얼마나 만족하는가?

(10) 문제해결 과정에서 정치리더는 특정 대안이 사회 전반의 행복 (*well-being*)에 기여할 수 있도록 진지한 노력을 기울였는가?

4. 현대정치학과 메디컬 모델: 평가와 기대

무엇보다도 메디컬 모델은 리더와 추종자의 실질적인 또는 잠재적인 창의성을 고려하면서 정치현상을 과학적으로 분석하고 평가하는 데 유용할 것으로 생각된다. 메디컬 모델은 구조적·환경적 요인뿐만

아니라 가치, 이데올로기, 목표, 개성, 과업과 같은 인적 요인을 강
조한다. 따라서 정치연구에 있어 메디컬 모델은 널리 만연해 있는 정
치와 정치리더에 대한 결정론적 해석(*deterministic conceptions*)을 극복
하는 데 기여할 수 있을 것이다. 특히, 주로 역사학자나 전문 작가에
의해 수행되는 전기적 연구(*biographical studies*)에 정치학자가 4가지
기능(비전, 진단, 처방, 치료)의 메디컬 모델을 적용한다면, 앞서 제
시된 평가적 질문을 통해 문제해결의 목표, 과정, 성과를 평가함으로
써 정치리더의 아이디어와 업적에 대한 과학적 분석을 제공할 수 있
을 것이다.

　다음으로, 메디컬 모델은 발전도상국가의 발전 과정에 대한 비교
분석연구에 활용될 수도 있다. 메디컬 모델은 "강력한" 정치리더가
등장해 세계 자본주의 시스템에서 자국의 "주변부적 지위"(*peripheral
status*)를 적어도 "준 - 주변부적(*semi-peripheral status*) 지위"까지 끌어
올리려고 노력하는 일부 제3세계 국가의 상이한 발전 과정을 분석하
는 데 유용할 수 있다. 이들 정치지도자는 "권력의 집중화"와 "동원의
감속"(*slowdown of mobilization*)을 통해 정치적 질서와 안정을 유지한
다음, 44) "기회포착(*seizing chances*) 전략"이나 "해외 투자 유치를 통한
발전(*promotion by invitation*) 전략" 그리고 "자력갱생(*selfreliance*) 전
략"과 같은 산업정책을 추진하곤 한다. 45) 따라서 허마시(Elbaki
Hermassi)와 같은 사회학자는 국가발전 과정을 연구하는 새로운 생

---

44)　Samuel P. Huntington, "Political Development and Political Decay,"
　　　World Politics, 17(1965), pp. 386~430. 발전에 대한 다양한 접근은 Elbaki
　　　Hermassi, *The Third World Reassessed* (Berkeley: University of California
　　　Press, 1980), pp. 19~35에 잘 요약되어 있다.
45)　Immanuel Wallerstein, *The Capitalist World-Economy* (Cambridge: Cam-
　　　bridger University Press, 1979), pp. 76~77.

산적인 방법으로 그 발전 과정의 형성에 가장 큰 책임을 지닌 사람, 즉 리더에게 연구의 초점을 맞출 것을 제안하고 있다. 46)

국가발전 과정에 대한 메디컬 모델에 있어, 앞서 언급한 정치·경제 전략은 부분적으로는 정치리더가 내리는 처방으로 간주될 수 있다. 다음과 같이 가정해 보자. 정치리더는 불건전한 주변부적 퇴보(backwardness) 현상을 치유가 필요한 국가적 문제로 규정하고, 이러한 진단결과에 따라 알맞은 정책적 처방을 내린다. 정치리더는 처방된 정책의 시행과 추종자인 시민 사이에서의 정치적 동원을 통해 그 문제를 처리할 것이다. 이처럼 한 국가의 발전 과정에서 그것을 이끌어 가는 정치리더십의 비전, 진단, 처방, 그리고 치료 과정을 분석함으로써 다양한 "발전의 정치"(politics of development)가 목표와 성과뿐만 아니라 과정의 측면에서도 체계적으로 비교·평가될 수 있을 것이다.

마지막으로, 메디컬 모델은 자본주의 국가의 상대적 자율성 문제의 연구와 관련해 활용될 수 있다. 질병 치유라는 공통의 목표를 지니지만 그 치료방법에 있어서는 이견이 존재할 수 있는 의사와 환자의 관계처럼, 한 국가의 정치지도자와 시민이 국가발전이라는 공통의 목표는 공유하지만 서로 상이한 정책수단을 주장할 수 있다. 이런 경우 자본주의 국가가 사회계급과 관련해 어떻게 자신의 상대적인 자율성을 유지하는지 또는 실패하는지를 설명하는 데 메디컬 모델이 활용될 수 있다. 47) 풀랑저스(Nicos Poulantzas)에 따르면 자본주의 사

---

46) Elbaki Hermassi, *Leadership and National Development in North Africa*: *A Comparative Study*(Berkeley: University of California Press, 1972), pp. 1~7, pp. 216~219.

47) Peter B. Evans, Dietrich Reuschemeyer, & Theda Skocpol(eds.), *Bringing the State Back In*(Cambridge: Cambridge University Press, 1985), pp. 44~168.

회의 통치구조(*government structure*)는 불가피하게 자본가 계급에게
이로울지라도, 국가는 직접적인 자본주의의 통제로부터 어느 정도의
자율성을 유지하려고 노력한다. 48) 따라서 테르보른(Goran Therbon)
의 주장처럼, 국가를 자본주의 사회로부터 유리된 특정 제도나 자본
가 계급의 도구로 간주해서는 안 된다. 49) 유사한 맥락에서 스코치폴
(Theda Skocpol)도 국가의 상대적 자율성을 주장한다. 그에 따르면
국가와 지배 계급은 어떤 공통의 이해를 가질지라도 국가는 지배 계
급의 이해와는 타협 불가능한 독자적인 이해를 갖는다고 주장한
다. 50) 이러한 주장을 살펴보는 데 있어 메디컬 모델을 활용한다면
계급 이익에서 벗어난 정치리더의 진단과 처방의 자율성 여부를 확인
할 수 있다. 그 결과, 한 국가의 정치리더의 국정운영에 대한 전반적
인 평가 역시 가능할 것이다.

---

48) Nicos Poulantzas, "The Problem of the Capitalist State," *New Left Review*,
    58 (1969) , p. 245; Nicos Poulantzas, *State, Power, and Socialism*
    (London: New Left Books, 1978) , p. 30.
49) Goran Therborn, *What Does the Ruling Class Do When It Rules?* (London:
    New Left Books, 1978) , p. 34.
50) Theda Skocpol, *State and Social Revolution* (Cambridge: Cambridge Uni-
    versity Press, 1979) , p. 30.

제 2 부

한국현대사와 정치리더십 (I)

제 5 장

김규식의 합리적 리더십 재검토*

1. 머리말: 문제제기와 연구방법

우사(尤史) 김규식(金奎植, 1881~1950)에 대한 지금까지의 연구는
크게 두 가지로 구분할 수 있다. 하나는 필자 나름대로의 기준이나
체험을 바탕으로 김규식의 인간적 면모나 정치지도자로서의 특징을
묘사하고 서술하는 소평전(小評傳)이다.[1] 그리고 다른 하나는 가능
한 한 많은 자료를 충실하게 활용하여 김규식의 생애를 시대별로 재
구성하는 한편, 그에 대한 종합적 이해와 평가를 도모하는 역사적 전

---

 * 이 글은 한국정신문화연구원의 연구비를 지급받아 수행한 연구과제 결과물
   을 수정·가필한 것임.
 1) 이에 해당하는 대표적 연구는 다음과 같다. 류근일, 《이성의 한국인 김규
    식》(동서문화사, 1981); 양기선(Key S. Ryang), "Kim Kyusik as a
    Common Man and a Political Leader," *Korea Observer* VIII-1 (Spring 1982),
    pp. 36~54; 송남헌, "우사 김규식," 한국사학회 편, 《한국현대인물론 II》
    (을유문화사, 1987); 이철순, "우사 김규식의 삶과 정치활동," 〈한국인물사
    연구〉 제 16호(2011), pp. 221~259. 류근일의 책은 이하에서 《한국인》으로
    인용함.

기(傳記)이다. 2)

이러한 기존의 연구들은 김규식에 대한 자료가 빈약한 가운데에서도 그의 행적과 사상을 기록하고 평가하는 점에서 모두 귀중한 연구성과라 할 수 있다. 그러나 두 가지 형태의 기존연구는 다음과 같은 점에서 유사하다. 첫째, 이들은 연구방법상 대상인물에 대한 전기적 연구라는 점에서 동일한 서술적 연구들이다. 이러한 전기적 연구는 대상인물에 대한 역사적, 체험적 기술을 통해 그와 그가 살았던 시대에 대한 이해와 평가를 도모하는 데 나름대로 유용하다. 둘째, 이러한 기존의 연구들은 동원한 사료의 질과 양, 그리고 범위의 면에서 다소의 차이가 있기는 하지만 우사 김규식이 합리적이고 이성적인 학자형 정치지도자로서 해방 이후에 전개된 냉전정치에 의해 희생당했다고 평가하는 점에서 서로 일치한다.

그러나 기존의 전기적 연구들은 다음 몇 가지 사항에서 비판적 검토를 필요로 한다. 먼저 대상인물인 김규식의 지도자로서의 특징을 정치리더십 이론 차원에서 분석, 평가하지 못하고 있다. 그 결과 김규식의 합리성이 현실적으로 어떠한 방식과 형태로 전개되었는지에 대한 구체적 분석이나 논리적 설명이 미흡하다. 또 합리적이란 개념 자체가 모호하고 다양하기 때문에 합리적이라 일컬어지는 김규식의 정치지도자로서의 이미지가 뚜렷하지 못할 뿐 아니라 그에 대한 오해의 여지도 제공하고 있다. 그리고 통일민주국가의 건설이라는 시대적 과제를 안고 있던 해방정국의 특수성과 그가 이의 해결을 위해 나름대로 최선을 다했던 정치지도자들 중 한 사람이었음을 감안할 때, 그가 권모술수에 익숙하지 못해 정치적으로 희생당했다는 정도의 설명만으로는 그에 대한 충분한 평가가 되지 못한다. 이상의 이유 때문에

---

2) 이정식, 《김규식의 생애》(신구문화사, 1974). 이하 《생애》로 인용함.

정치리더십 이론과 해방정국의 시대적 특수성을 고려하여 김규식의 합리적 정치리더십의 구체적 성격을 새롭게 재검토할 필요가 있다.

이러한 문제의식에서, 필자는 김규식에 대한 기존연구들의 한계를 부분적으로나마 극복하기 위한 목적에서, 그의 인간적 면모와 정치활동을 재검토하려고 한다. 이를 위해서 필자는 정치지도자의 내면적 특성과 외적 행동상의 특성을 함께 고려함으로써 그들에 대한 분석적 유형화를 시도했던 미국의 정치학자 제임스 바버(James D. Barber)의 견해를 원용할 것이다. 바버는 정치지도자 리더십의 특징은 "성품", "세계관", "스타일" 등 세 가지 요인들에 대한 검토를 통해 밝혀질 수 있다고 보았다.[3] 그에 의하면, 먼저 성품이란 정치지도자가 "삶에 대해 가지는 일반적 정향이며, 여러 가지 정치적 상황과 경험들에 임하는 자신의 감정적 태도이다."[4] 그런데 성품은 대체로 성장기 동안의 경험과 교육의 영향을 받으며 형성되는 것이다. 그러므로 김규식의 성품은 그의 성장기와 대학, 청년시절에 대한 분석을 통해 밝혀질 것이다. 이러한 검토는 제2절에서 시도될 것이다. 또한 이를 통해 우리는 김규식의 '합리적' 리더십이 김규식 당사자의 어떠한 심정적 특성을 배경으로 하는 것인지를 잘 이해할 수 있을 것이다.

다음으로 바버가 말하는 세계관이란 "사회적 인과관계, 인간본성,

---

3) James David Barber, *The Presidential Character*: *Predicting Performance in the White House*, 3rd ed. (Englewood Cliffs, N. J.: Prentice-Hall, 1985), pp. 1~11을 참조하라. 이 책에서 바버는 이러한 세 가지 차원에 대한 분석을 바탕으로 하고, 또한 대통령이 '자신의 업무에 대해 느끼는 심정적 태도'(*positive-negative*)와 '업무를 수행하는 적극성의 정도'(*activity-passivity*)를 고려하여 대통령의 리더십 유형을 '긍정-적극형'(루스벨트, 케네디, 카터), '긍정-소극형'(태프트, 하딩, 레이건), '부정-적극형'(윌슨, 존슨, 닉슨), '부정-소극형'(쿨리지, 아이젠하워)의 네 가지로 분류하였다.

4) 위의 책, p. 5.

그리고 도덕적 가치관으로 구성되는 정치적 신념으로서, 한마디로 정치지도자가 현상을 바라보고 판단하는 방식이다."5) 즉, 세계관은 개인의 가치관이나 의지 등이 어우러져 형성되는 하나의 신념체계로서 대체로 청장년기의 정치·사회적 환경과 관련된 개인적 체험들에 의해 영향받고, 형성되며, 진화하는 것이다. 이 글에서 김규식의 세계관은 주로 제3절에서 그가 해외에서 항일독립활동을 전개하던 시절의 사회·정치적 활동을 분석하는 가운데 드러날 것이다. 이러한 분석은 김규식이 이승만과 유사한 미국의 현대식 교육을 정상적으로 받았던 지식인이었음에도 불구하고, 어떠한 이유에 기초하여 이승만 과는, 특히 정치노선 면에서 대조적 정치활동을 보였느냐에 대한 설득력 있는 하나의 설명을 제공할 것이다.

마지막으로 스타일이란 정치지도자가 "언어를 통해 자신의 의사를 개진하고, 인간관계를 맺으며, 일상적 업무를 수행하는 습관적 방식으로, 한마디로 일하고 행동하는 방식이다."6) 김규식의 리더십 스타일은 그의 해외 항일독립활동과 해방정국에서의 정치적 활동에 대한 분석을 통해 그 특징이 잘 나타난다. 이 글에서는 주로 해방정국에서의 정치활동을 다루는 제4절에서 분석될 것이나, 그의 스타일은 해방 이전의 해외 항일운동 과정에서도 간간이 나타나고 있기 때문에 이에 대한 검토는 부분적으로 제2절과 제3절에서도 시도될 것이다.

맺음말에서는 이상의 분석틀에 의해 검토된 김규식의 합리적 리더십에 대한 분석을 요약하고, 정리함으로써, 그가 바버의 분류기준 및 후크(Sidney Hook)의 분류기준7) 상으로 어떠한 유형에 해당하는 정

---

5) 위의 책.
6) 위의 책.
7) 후크는 미국의 사회학자로서 정치지도자를 '대세주도형 인물'과 '대세편승형'으로 대별하였다. 전자는 자신의 의지, 지적 능력, 판단력, 역사에 대한 통

치인이었는지를 살펴볼 것이다. 그런 연후에 김규식에 대한 종합적
재평가를 시도할 것이다.

2. 성실하고 유능한 엘리트

1) 불행을 극복한 소년

김규식은 1881년 1월 27일 태어났다. 이즈음 조선은 미국과 통상조약
을 체결하여 서양문물을 본격적으로 받아들이기 시작했고, 청나라는
원세개(袁世凱)를 조선에 파견하여 대원군을 납치해 가는 등 내정간
섭을 노골화함으로써 정국은 걷잡을 수 없는 소용돌이 속으로 끌려 들
어가고 있었다. 어린 규식은 이처럼 국가적 혼란이 중첩되는 가운데
태어났을 뿐 아니라 개인적으로도 불행한 환경에서 성장했다. 그의
부친 김지성(金智性)은 동래부사 밑의 관리였는데, 일본과 비밀리에
거래하는 동래부 관리들의 행태를 문제 삼는 상소를 올린 것이 화근이
되어 유배당했고, 그의 모친은 규식이 여섯 살 되던 해에 사망했다.
이후 어린 규식은 미국인 선교사 언더우드(Horace H. Underwood, 元
漢慶) 목사의 보호를 받으며 자랐고, 그의 학당에서 기독교 신앙과 함
께 근대학문을 공부했다.[8] 당시 언더우드의 학당에는 25명가량의 학

찰력 등에 따라 상황을 주도적으로 이끌어가는 지도자이며, 후자는 자신의
주관적 의지나 능력보다는 자신이 처한 상황에 효율적으로 적응하는 방식으
로 역사발전에 공헌하는 지도자이다. Sidney Hook, *The Hero in History*
(Atlantic Highlands, N. J. : Humanities Press, 1943), 9장, pp. 151~170
을 참조하라.

8) 《생애》, pp. 9~15를 참조. 이정식 교수는 우사의 어린 시절을 주로 그의
둘째 부인 김순애 여사와 둘째 아들 김진세 씨와의 면담을 통해 얻은 정보

생들이 있었고, 단체생활의 규율이 엄격했고 교과내용도 충실한 편이었다. 학생들은 시간표에 따라 새벽 3시에 일어나 각자 방을 정리하고 8시까지 한문공부를 했고, 외국인이 인도하는 기도를 한 다음 아침식사를 했다. 오전에는 영어와 성경을 공부했고, 오후에는 오락과 습자시간이 있었다. 9)

1891년에 야소교학당(耶蘇敎學堂)이라 개칭했던 이 학당의 교육목표는 한국인들에게 "진리를 간증하게 할 전도사와 교사를 양성"하는 것이었다. 규식은 이러한 학당생활을 통해 기독교 신앙을 갖게 되었고 근대식 교양과 지식을 쌓을 수 있었다. 이 학당에서 규식은 영어를 뛰어나게 빨리 배웠고, 성실하게 공부했기 때문에 귀여움을 받고 자랐다. 그래서 규식은 언더우드 내외가 항상 남에게 예를 들어 인용하는 자랑거리였다. 그러나 어린 규식의 생활이 행복했다고 보기는 어려웠다. 언더우드 내외가 어린 규식을 귀엽게 여기며 보살펴주었다 해도 부모는 아니었다. 또 다른 아이들과 달리 고아처럼 외국인의 보호 속에 자랐던 규식에 대한 동네 소년들이나 무정한 어른들의 멸시와 차별이 규식을 서럽게 했을 것이다. 그래서 어린 규식은 때때로 학당을 뛰쳐나와 아버지를 찾는다고 서울 시내를 헤매기도 했다. 또

를 중심으로 기술하면서 어린 시절의 규식은 언더우드 목사가 운영하는 고아원에서 자랐다고 했다. 그러나 우사와 어린 시절을 함께 보낸 사촌동생 김메리의 회고에 의하면, 어린 규식이 10세 때 평안도 감사였던 아버지가 돌아가시고 그 어머니가 재가하자 김메리의 어머니는 규식을 자기 집에 데려와 함께 지내도록 했고 그후 언더우드 박사의 학교에서 공부했다고 한다. 따라서 김메리와 필자와 면담했던 우사의 오촌동생 그레이스 김(김혜영)은 규식이 고아원에서 자랐다는 것은 터무니없다고 주장하고 있다. 김메리, 《학교종이 땡땡땡》(현대미학사, 1996), p.190을 참조하라. 그레이스 김은 합동통신 기자였으며, 필자와는 1997년 9월 20일에 인터뷰했다.
9) 《한국인》, pp.17~19.

우연히 귀양에서 돌아온 아버지를 시내에서 만나 언더우드 가족에게 아무 말도 하지 않고 아버지를 따라 홍천까지 간 적도 있다.[10] 규식은 어려서 가족적, 사회적 귀속이 없는 고절감과 좌절감을 체험했는데, 성년이 된 후에 그가 다정하지 못하고 냉정한 인간이라는 평을 받았던 것도[11] 어린 시절의 이 같은 불행한 경험 때문일 것이다.

그러나 17세가 되던 1897년 가을 규식은 미국으로 유학하여 버지니아주에 있는 로녹대학(Roanoke College)에 입학했다. 불행한 유소년시절을 극복하고 전혀 새로운 인생을 개척하는 길에 들어선 것이다.[12] 로녹대학은 미국의 전형적 문과대학으로, 김규식을 포함하여 5명의 한국학생이 유학했고, 서재필 박사와 갑신정변 때의 여러 동지들도 이 대학과 밀접한 관계를 맺고 있었다. 규식은 예과 1년을 준우등생으로 마치고 1898년 가을학기부터 1학년에 입학하였다. 그는 학비를 벌기 위해 워싱턴까지 나가기도 했으며, 그의 전공에 대한 기록은 없으나, 그는 라틴어 · 불어 · 독일어 등 외국어에 능하다는 평을 받았다. 동물학 외에는 모든 학과목의 점수가 평균 90점 이상이었던 사실로 보아 그의 대학생활은 근면하고 성실했던 것 같다.

청년 규식은 과외활동도 열심히 했다. 당시 로녹대학은 소규모의

---

10) 그 후 우사가 아홉 살 되던 해, 우사의 아버지마저 세상을 떠나고 만다. 송남헌, "우사 김규식에의 인간기행,"《정경문화》, 1983. 10, p. 159. 이후 "인간기행"으로 인용함.

11)《생애》, pp. 15~18.

12) 유학을 가게 된 배경에 대해서는 확실한 자료가 없다. 다만 이정식에 의하면, 언더우드가 주선하거나 도왔다기보다, 당시 독립협회운동에 관여하면서 청년들에게 유학을 권했던 서재필의 영향을 받은 것 같다. 우사는 미국에 가기 전 잠시 서재필이 운영하던 〈독립신문〉에 관계하면서 그의 지도를 받았다. "인간기행," p. 159, 그리고 미국유학시절에 대해서는《생애》, pp. 17 ~30을 참조하라.

대학이었기에 몇 가지 기초과목들 외에는 강의하지 않았다. 그리고 미국정치학 자체도 독립적 학문으로 정립되지 않아서 규식은 정치와 경제에 관한 과목을 두 학기밖에 수강하지 못했다. 그러나 그는 교내 웅변토론클럽인 데모스데미언 문학회(Demosthemean Literary Society)의 활동을 통해 사회과학적 지식과 견문을 습득했다. 이 클럽은 매주 토픽별 찬반토론시간을 가졌고, 이러한 활동에는 교수들뿐 아니라 근처의 정치인 및 유지들도 모여 성황을 이루곤 했다. 당시 토론의 제목은 "대통령 예산은 중앙정부가 관리하여야 한다", "영·미 동맹은 미국에 유리할 것이다", "흑인교육은 미국남부에 유리하다", "영국정부제도는 미국정부제도보다 더욱 우월하다", "미국은 군비를 강화해야 한다" 등과 같은 것이었다. 규식은 이러한 주제들에 대해 찬성 혹은 반대의 입장을 취하며 토론에 적극 참여함으로써 자신의 정치적 식견을 형성하고 국제적 현실감각을 익혔던 것이다. 13)

규식은 상급학년이 되어 이 클럽의 회장으로 피선되기도 했다. 또 연설에도 능해 1900년 6월에 있었던 강연대회에서 1등상을 받았다. 다음해 5월에 있었던 또 다른 강연시합에서 규식은 데모스데미언 문학회의 대표로 "인류문화의 비밀-낙관주의"란 제목의 연설을 하여 많은 찬사를 받았으나 1등은 미국학생이 차지했다. 또 규식은 파이·베타·감마라는 학생친교단체에 가입하여 몇몇 친구들과 깊은 우정도 나누었다. 한편 규식은 로녹의 교지(1900.5)에 "한국어"란 제목의 장문을 통해 외국인들에게 한국어를 소개했으며, 1902년 2월호에 발표한 "동방의 서광"이란 글을 통해, 조선을 암흑에 가두는 쇠사슬은 곧 끊어지고야 말 것이라고 주장했다. 그는 또 졸업하는 해인 1903년 같은 잡지 5월호에 발표한 "러시아와 한국문제"란 정치평론을 통해, 러

---

13) Ryang, 앞의 글(1982), p. 38.

시아와 일본 사이의 갈등을 분석한 다음, 양국간에 불원간 전쟁이 일어날 것이고 한국은 전승국의 지배하에 들어갈 것으로 예측했다. 그리고 당시 한국정부는 타락했고 무능하며 만약 나라가 망한다면 그 책임은 나라를 다스리던 지배자들이 질 수밖에 없다고 주장했다.

한편, 규식이 미국의 로녹대학을 다니면서 기독교와 어떠한 관계를 유지하며 생활했는지에 대해서는 아직 알려진 바가 없다.[14] 다만 그가 가입해서 열심히 활동하던 데모스데미언 문학회의 한 토론회에서 "비스마르크는 글래드스턴보다 더 위대한 정치가이다"라는 주제에 대해 이 명제를 반대하는 팀의 토론자로 글래드스턴을 더 위대한 정치가로 주장했던 것으로 보아,[15] 그가 청교도적 가치와 도덕으로 부패한 영국정치를 개혁하는 데 카리스마적 영향력을 발휘했던 글래드스턴을 마음속으로 존경했을 것이라 짐작된다. 그리고 도미유학을 마치고 귀국하여 언더우드 목사를 도와 선교사업에 투신한 것으로 보아 그가 대학시절을 기독교적 분위기에서 비교적 깔끔하게 보냈으리라 추측할 수 있다.

그는 전체 학생 중 3등으로 졸업했고 졸업기념연설자 중 한 명으로 뽑혀 다시 러시아와 극동정세 전망에 대해 연설했고, 이 연설문은 *New York Sun* 6월 14일자에 전문이 게재되었다. 또 워싱턴의 주미 조선대표부에서는 민희조 공사일행을 보내 규식의 졸업과 장도를 축하했다.[16] 규식의 대학생활은 성공적인 자기 훈련기간이었던 것 같

---

14) 규식의 대학시절에 대해서는 이정식의 《생애》에 가장 잘 소개가 되었지만, 기독교와 관련된 언급은 없다.

15) 《생애》, pp. 23~24.

16) 이들 일행은 기차의 연착으로 졸업식장에 늦게 나타나 규식의 졸업연설은 듣지 못했다고 대학잡지는 상세하게 보도했는데, 이것으로 볼 때, 규식은 로녹대학에서 그의 능력과 자질을 충분히 인정받았음을 알 수 있다. 그리고 우사는 미국에서 대학원을 다니지 않았기 때문에 공식적 석사학위나 박사학

다. 그는 학과목 공부와 연설과 문필활동 위주의 과외활동에서 우수한 인재로 인정받는 가운데 활발한 교우관계를 통해 자신의 잠재력과 의지를 충분히 발휘하면서 정상적인 인격형성의 기회를 넉넉하게 가졌다. 6년간의 근면하고 활기찬 로녹대학 생활은 규식에게 어린 시절의 고독과 비애, 절망감과 열등감을 씻어내는 정신요법적 효과가 있었을 것이다.[17] 그는 1946년 말 혼란했던 국내정치 상황 속에서도 1천 달러라는 거액을 로녹대학 발전을 위해 기부할 정도로 그에게 로녹대학 시절은 매우 의미 있고 생산적이며, 보람 있는 것이었다.

2) 봉사하는 기독청년, 그리고 '망명'

청년 우사는 대학을 졸업하고 1년을 뉴욕에서 보낸 뒤, 24세가 되던 해인 1904년 봄 귀국했다. 그가 고국에 돌아온 직후 러·일 전쟁이 일어났고 국내에는 구미 각국의 상사들이 진출했다. 당시 구미의 상사들이나 은행, 또는 광산업자들은 우사와 같이 미국에서 훈련된 젊고 유능한 인재가 필요했기 때문에, 그들은 우사에게 좋은 조건으로 입사를 제의했다. 그렇지만 우사는 당시의 국내외 정세의 추이에 더 많은 관심과 흥미가 있었다.[18] 상황은 긴박하게 전개되어, 불행하게도 러·일 전쟁에서 이긴 일본의 국내영향력과 간섭이 점점 심해지기 시

위가 없다. 다만 후에 파리에서의 수행한 두드러진 그의 외교활동을 높이 평가했던 그의 모교 로녹대학이 1923년 그에게 명예박사학위를 주었기 때문에 우사는 박사로 불리게 되었다. 《생애》, p. 27, pp. 43~44를 참조하라.

17) 《생애》, p. 28.

18) 그래서 그는 로녹대학 잡지에 "근대의 세바스토폴리의 함락"이란 평론을 투고하거나 미국 포츠머스에서 개최예정이던 러·일 강화회의에 참석하려고 출국하기도 했다. 그러나 그가 상하이에 도착했을 때 이미 강화조약이 맺어져 미국까지 가지는 않았다. 《생애》, p. 31을 참조하라.

작했고, 1905년 11월 17일에는 '을사보호조약'이 체결되어 조선의 외교권이 박탈되었다. 이 막막한 지경에서 우사는 뉴욕대학교의 대학원에 진학하고자 했다. 하지만 외교권을 장악한 일제 통감부가 우사의 여권신청을 거부해 우사의 2차 도미유학은 좌절되었다.

이때 우사는 외국상사들로부터 다시 입사제의를 받았지만 자기를 길러주었던 언더우드 목사의 조수로 일하기로 했다. 언더우드 부인에 의하면, 당시 그는 "봉급이나 물질보다도 더 중대한 사명감이 있었고 그는 무엇보다도 민족을 향상시키고 계몽해야 한다는 굳은 목적의식과 사람은 빵만으로 살 수 없다는 숭고한 신앙심도 가지고 있었다."[19] 그 당시 기독교는 한국사회에 정치와 사회의 개혁방향을 제시하는 사회적 복음으로 다가왔으며, 사실상 한국사회 개화에 커다란 역할을 했다. 우사는 어려서부터 기독교적 덕성에 익숙했고, 기독교적 전통이 강한 미국에서 공부하는 동안 한국사회와 정치의 부패와 불합리에 대해 심각한 문제의식을 가지고 있었기 때문에, 그가 다른 제의들을 물리치고 기독교 선교사업을 선택한 것은 어쩌면 자연스러운 일이었는지 모른다. 당시 민족의 개화를 필수적으로 느꼈던 일부 지도층에서는 개화운동을 정치운동의 지상사명으로 여겼고, 따라서 기독교 선교 교육사업과 정치운동도 역시 같은 것으로 간주하는 경향이 있었는데, 우사의 선택도 이러한 경향에 따라 생각하고 행동한 결과였을 것이다.[20]

청년 우사는 언더우드 목사를 돕는 한편, 모교인 로녹대학의 잡지에 계속 글을 썼으며, 새문안교회 집사, 장로, 주일학교 교장 등으로 선교사업에 참여했다. 그리고 다시 경신학교 교사 겸 교감, YMCA

---

19) 언더우드의 부인의 말. 《생애》, pp. 33~34.
20) 《생애》, pp. 33~34.

학생부 담당 간사 겸 교사, 배재전문학교의 영어강사로서 교육계몽에도 정력을 쏟았다. 당시 배재학교의 학생들은 우사의 수사학 강의를 가장 인기 있는 과목으로 쳤다.[21] 한편, 우사는 경신학교 학감으로서의 일도 열심히 했다. 그는 특히 실업(實業)을 중시하여 당시 쟁쟁한 기술자들을 교사로 많이 초빙했고, 자신이 직접 설계하여 교사를 신축했으며, 수세식 변소도 설치했다. 또 체육도 중시하여 경신학교 운동장을 일반에 공개하기도 했다.[22]

우사는 1909년쯤에 한국어 문법에 대한 교과서도 써서 출판했다. 그리고 그는 "영어 잘하고 어질고 친절하며 퍽 자상한 선생님"이란 호평을 받았으며,[23] 또 "무척 꼼꼼하고 용의주도하며 빈틈이 없는 사람이었다."[24] 한때 경신학교 학생들이 미국인 교장이 일본어 과목을 신설한 데 대해 일제히 반발하여 동맹퇴교를 단행한 적이 있었는데, 청년 우사는 학감의 위치에서 학교를 유지해야 한다는 사명 때문에 이도저도 못하는 처지에서 심한 좌절감도 체험했다.[25] 그 사이 우사는 어느덧 불행했던 어린 시절을 극복한 "한 사람의 어엿한 지도적 인물로 성숙하여 민족의 봉사자요 교사로서"[26] 활동하고 있었다. 다른 한편, 우사가 특히 정성을 쏟은 것은 새문안교회의 예배당 건립이었다. 이 공사는 1904년에 시작하여 1910년 5월에 준공했는데, 당시의 〈조선 선교회지〉(*The Korean Mission Field*)는 예배당 건립에 집사였던 우사의 공로가 가장 컸다고 보도했다. 우사는 준공기념예배에서 불린

---

21) 《한국인》, p. 39.
22) 《한국인》, pp. 38~39.
23) 여운홍의 말. 《생애》, p. 35.
24) 이인영의 말. 《한국인》, p. 46.
25) 《한국인》, pp. 40~41.
26) 《한국인》, p. 29.

찬송가를 작사하기도 했다.[27] 예배당 준공식이 있은 지 몇 달 후인 1910년 12월 18일, 우사는 새문안교회의 두 번째 장로로 장립됐다. 또 경기·충청노회의 서기, 전국주일학교연합회 집행위원회 부위원장(위원장은 미국선교사), 북한산성 전국 학생하기대회 주무 등으로 활약했다. 또 1912년 9월 1일에는 조선예수교 장로회 총회가 처음으로 평양에서 열렸는데 이 총회의 영문보고를 우사가 맡았다. 그는 기독교의 육성과 교육에 헌신하며 맡은 바 책임을 성실하게 수행했고, 그러한 봉사활동에서 보람과 기쁨을 느꼈던 것이다.[28]

기독교 청년지도자로서 우사는 신앙활동에 열심이었고, 그 결과 기독교신자가 늘어난다는 사실에 만족했겠지만, 꼿꼿하게 살아있던 그의 민족의식과 우국충정은 충족되지 못했다. 그러던 중, 1910년 11월의 105인사건으로 심해진 일제의 기독교탄압과 집요한 회유공작은 우사로 하여금 중국행[29]을 선택하고 결행하게 하였다. 교육을 통해 청년들에게 민족의식과 기능을 함양케 하여 그 힘으로 잃어버린 조국을 되찾으려던 우사의 꿈은 결국 일제의 마수로 꺾여버린 것이다.[30] 당시(1911년) 쑨원의 신해혁명이 성공하여 중화민국을 세웠다는 소식이 전해져 적지 않은 조선청년들을 자극했는데, 청년 우사도 예외가 아니었다. 이러한 몇 가지의 이유가 없었다면 아마도 우사는 언더우드의 오른팔로 비운에 처한 조국에 남아 복음전파를 필생의 과

---

27) 《생애》, p. 37.
28) 《생애》, pp. 38~39.
29) 이정식 교수는 《생애》, p. 43에서 이러한 우사의 중국행을 "망명"이라고 쓰고 있으나 이것은 좀 과장된 표현으로 보인다. 왜냐하면 당시 우사는 나름대로 인생의 "새로운 앞길을 개척하기 위한 목적에서" 중국행을 결행했지, 중국에 가서 뚜렷하게 독립운동에 헌신하겠다는 등 정치적 의지는 없었기 때문이다.
30) 《한국인》, p. 42.

업으로 삼아 종교인으로 남았을지도 모른다. 31) 그러나 희망을 잃게 된 우사는 "모든 것을 집어치우고 새로운 길을 개척"32) 하지 않을 수 없었다. 그는 '망명객'처럼 중국으로 떠난 것이다.

이상 우사의 성장과정에 대한 검토를 통해 밝혀진 우사의 성품과 관련된 개인적 특징을 정리하면 다음과 같다.

첫째, 우사는 불우한 어린 시절을 보냈지만 언더우드 목사를 만나 그의 보호와 근대식 교육 속에서 성장했고, 마침내 미국유학까지 갔다 와서 유능한 엘리트로서 자기 성취에 성공했다. 그는 학과공부와 과외활동에서 두각을 나타냈을 뿐 아니라 조선정세와 미국의 대외정책에 대해 꾸준히 관심을 가지며 독립을 위해 노력하는 청년으로 성장했다. 그는 자신의 능력과 업적에 의존하여 자신의 앞길을 개척해야만 했던 당대의 "대표적인 근대적이고 자율적인 개인"33)이었다.

둘째, 우사는 기독교 신앙이 그의 인격형성과 사상에 적지 않은 비중을 차지했던 근대적 지식인이었다. 그는 아주 어려서부터 기독교적 생활훈련을 받았고 기독교적 전통이 강한 미국에서 유학생활을 했으며, 귀국해서도 언더우드 목사를 도와 선교사업에 종사하였다. 또 그는 근면하고 실용주의적인 태도를 지녔고, 자신의 이익이나 주장을 내세우지 않으면서도 일단 자신에게 주어진 임무에 대해서는 책임감을 가지고 성실하게 임했다. 이것은 아마도 그가 프로테스탄트 윤리에 입각한 소명의식을 갖고 있었기 때문일 것이다.

---

31) 《생애》, p. 40.
32) 우사가 정확하게 무슨 동기로 중국에 가게 되었는지는 알 수 없지만, 정치적 동기는 매우 미약했다. Ryang, 앞의 글(1982), p. 42; 《생애》, p. 43.
33) Ryang, 앞의 글(1982), p. 42.

3. 크리스천 지식인의 정치체험

1) 외교활동과 자주독립노선의 각성

조국을 떠난 우사는 1913년 4월, 몽골과 화북을 거쳐 같은 해 11월 상하이에 도착했다. 여기서 우사는 신채호, 홍명희, 조소앙, 문일평, 이광수 등과 만났다. 이듬해 가을부터 우사는 몽골, 화북, 상하이 등지를 다니면서 서양사람들과 접촉하며 가죽, 성경, 발동기 등을 팔았다. 1916년에는 앤더슨 마이어사에 입사했고, 북경 서북방의 조그마한 도시 장가구(張家口)에서 2년간 가족과 함께 살았다. 그러던 중 1918년 3월 앤더슨 마이어사는 외몽골의 수도인 고린(庫倫, 지금의 울란바토르)에 지점을 내고 우사를 지점장으로 파견했다. 우사는 고린에서 장기간 머물면서 목장사업을 구상하기도 했다.[34]

그러나 그는 더 이상 몽골에 머물 수 없었다. 1919년 봄의 파리강화회의에의 참가를 주도적으로 준비하던 여운형이 업무상 톈진에 와 있던 차에 우사를 이 회의의 대표로 선택했다.[35] 그래서 그는 1919년 4월 신한청년당 대표로 단신 도불(渡佛)하여, 그곳에서 대표단에 합류한 스위스 유학생 이관용, 미군을 제대한 황기환, 조소앙, 여운홍 등과 함께 파리강화회의를 준비했다. 우사는 파리 시내 어느 시인 부부의 집에 사무실을 차리고 타이피스트와 통역을 구하여 한국공보

---

34) 《생애》, pp. 46~48을 참조하라.
35) 이즈음 2월 1일 우사는 김순애와 재혼했고, 김순애는 결혼 직후 곧장 국내에 잠입하여 우사의 파리행을 요인들에게 알렸다. "인간기행," p. 162; 파리 회의 참가준비와 관련하여 여운형은 당초 코민테른 대표와의 접촉은 물론 대표 선정문제, 그리고 장덕수와 상의하여 국내에서 여비를 마련하는 등 모든 과정을 주도했다. Ryang, 앞의 글(1982), p. 44를 참조하라.

국을 설치하였다. 여기서 우사는 일제의 한국독립 유린 사실과 한국 임시정부의 존재를 알리는 내용의 탄원서와 〈한국민족의 주장〉이란 홍보문서를 작성하여 우드로 윌슨, 로이드 조지, 클레망소와 같은 유력 정치지도자들에게 보냈다.[36] 우사의 논리적 정세판단과 능숙한 영어실력으로 작성된 그의 글은 사람들로 하여금 그가 주장하는 바를 믿도록 했고, 따라서 그의 홍보활동은 한국에 대한 동정과 관심을 불러일으키는 데 큰 역할을 했다.[37]

우사는 또한 《한국의 독립과 평화》라는 35쪽으로 된 인쇄물을 발간하여, 한국이 개항하여 이미 구미 각국과 외교관계를 수립했음을 환기시키고 일제의 침략과 탄압의 부당함을 비판했다. 그리고 우사는 취재차 파리에 온 각국 신문기자들과 외교사절단들, 그리고 프랑스 국회의원 등과 교분을 쌓고, 1919년 8월 6일, 외신기자클럽에서 연회를 열어 한국독립의 정당성을 대대적으로 홍보하였다. 우사는 연회 인사말을 통해 한국을 소개하고 한국에는 평화가 없으며, 한국민들은 독립을 원한다고 말하였다. 우사에 이어 중국, 러시아, 미국, 프랑스 등의 대표들과 미국의 〈뉴욕타임스〉 기자가 한국 측 주장의 정당성을 지지하는 발언을 했다. 연회 끝에는 한국독립선언서와 뒤크록(George Ducrocq)이 쓴 《가난하지만 아름다운 한국》이란 책자와 조그마한 한국 깃발이 기념품으로 증정되었다.

한국대표단이 주최한 연회는 매우 성공적이었다. 이 모두가 조국의 독립을 희구하던 우사의 책임감과 정열, 탁월한 능력, 그리고 헌신적 노력의 소산이었다 해도 결코 지나치지 않는다.[38] 대표단 일행은 4

---

36) 우사는 주요 내용을 요약하는 글도 첨부해서 보냈는데, 이것 역시 명문이다. 윌슨에게 보냈던 서한은 *Korea Review*, 1919. 7, pp. 9~10에 등재되었다. 《생애》, pp. 61~62를 참조하라.
37) 《생애》, p. 61.

개월 동안 전력투구했다. 그들이 묵었던 집에는 전등도 없어 촛불을 켜고 밤새워 일해야 했고, 각처와의 연락과 교신, 그리고 문서작성과 토론으로 한국정보국의 요원들은 눈코 뜰 사이 없이 분주했다. 39)

파리강화회의에서 활동을 마친 우사는 여운홍 등과 함께 미국으로 향했다. 파리를 떠나기 이틀 전에는 파리 외신기자클럽에서 우사를 위한 송별연이 있었다. 여기에는 프랑스 하원 부의장과 중국의 이석증 박사 그리고 신문기자 등 유명인사 10여 명이 참석했다. 여기서 그는 일장의 보고연설을 통해 한국의 독립을 다시 한 번 고창했다. 40) 미국으로 가는 배 안에서 우사는 파리활동보고서 작성을 위해 항상 타이프를 쳤는데, 41) 이는 그가 항상 근면하고 책임감이 강했던 지식인이었음을 말해주는 일면이다. 미국에서 우사는 당시 임시정부 대통령의 직함으로 활동하던 이승만에 의해 설치된 구미위원부의 위원장에 임명되어 서재필 박사가 주관하던 한국홍보국과 한국친우동맹, 그리고 샌프란시스코의 국민회와 연합하여 여러 가지 활동을 했다. 42)

그러나 우사의 이 같은 적극적 홍보와 외교활동에 대한 유럽국가들과 미국의 반응은 아주 냉담하고 보잘것없었다. 우사는 파시즘에 대한 국제적 공동대처의 차원에서 한민족문제 해결의 실마리를 찾고자 했지만, 당시 자유민주 진영과 파시스트 진영 사이의 갈등은 긴박하게 표면화되지 않았을 뿐 아니라, 영국·미국·프랑스 등과 같은 자

---

38) 《생애》, pp. 62~63.
39) 여운홍, "나의 파리시절," 《삼천리》, 1932. 1, pp. 31~32; 《생애》, pp. 63~64.
40) 《한국인》, p. 86.
41) 여운홍, 앞의 글(1932); 《생애》, p. 65.
42) 그러나 이승만과의 성격차이와 의견대립으로 구미위원장으로서의 활동은 특별할 게 없이 끝났다. 이승만은 자기주장을 따르지 않는 사람들을 무조건 정적시했고, 당시 지도자들의 일은 주로 교포들을 상대로 하는 계몽과 모금 활동이었기 때문에 갈등의 소지도 많았다. 《생애》, p. 73을 참조하라.

유민주국가들은 파시스트 국가들의 팽창주의를 저지할 만한 충분한 능력도 없었고 관심도 부족했다. 미국의 윌슨 대통령이 선언했던 민족자결주의 원칙도 어디까지나 패전국인 독일 식민지들의 처리에 대한 조치였을 뿐이다. 파리평화회담도 유럽의 전쟁 당사국들간의 전후처리문제를 논의하기 위해 열렸던 것이지 한국을 포함한 아시아지역 문제는 아예 고려되지도 않았던 터였다. 43) 이러한 국제정치적 상황에서 미국이나 유럽열강들이 아무런 이해관계도 없는 한국문제에 적극적으로 개입해 주길 바란다는 것은 연목구어(緣木求魚)나 다름없는 일이었다. 44) 그후 미국 하딩 대통령의 주도로 워싱턴에서 열렸던 태평양지역 군사력회의 역시 파리회의와 마찬가지로 식민지 한국이나 약소국들에게는 아무런 보상을 해주지 못한 회담이었다. 워싱턴회의에서는 "마치 한국이 지구상에 존재하지 않는 것같이 … 한국이란 단어가 언급조차 되지 않았던 것이다."45) 우사와 당시 독립운동을 하던 지사들은 서방열강의 "자유주의와 인도주의"에 실망을 느끼지 않을 수 없었다. 46)

미국과 유럽열강들의 무관심에 실망한 한국의 독립운동자들은 자연스럽게 1922년 소련 모스크바에서 열린 극동노력자회의에 큰 기대를 걸고 참가했다. 우사도 여기에 참가했는데, 이즈음 그는 몽양과 함께 이동휘의 이르쿠츠크파 공산당의 당원으로 등록되어 있었고, 어느덧 진보적 민족주의자로 변신해 있었다. 독립쟁취를 위한 전략상의 변화를 과감하게 시도한 것이라 할 수 있을 것이다. 동 대회에는 소련, 중국, 몽골, 일본, 인도, 자바 대표 등 144명의 정식대표

---

43) 《한국인》, p. 82; 《생애》, p. 69.
44) 《생애》, p. 69.
45) 《생애》, p. 83.
46) 《한국인》, pp. 105~106.

가 참가하였는데, 한국대표 수는 52명으로 그 중 제일 많았다. 47) 한국대표들은 소련이 언젠가는 한민족을 도와 일제의 침략을 물리쳐 주리라는 소망을 가지고 1월 21일 밤 크렘린 내의 극장에서 열린 회의에 참석했고, 2월 2일까지 계속된 회의에서 김규식과 여운형은 의장단에 뽑혔다. 당시 "독실한 기독교 신자인 김규식 박사"는 "공산당의 유물론에 동조할 리는 없었지만, 소련당국자들이 내세운 반식민지 정책에 동조"할 가능성은 얼마든지 있었다. 48)

　모스크바에 머무는 동안 우사는 모스크바에서 발간되는 〈공산주의 평론〉(Communist Review) 이란 영문잡지의 1922년 7월호에 "아시아의 혁명운동과 제국주의"란 글을 발표하여, 한국의 독립투쟁에는 소련과 중국의 원조 및 일본의 근로대중의 협조가 있어야 한다고 주장했다. 또한 우사는 극동의 각 민족은 때가 오면 협조하겠다고 말만 할 것이 아니라 지금 당장 장래에 대한 계획의 수립에 서로 협조해야 한다고 강조했다. 49) 당초 미국이나 서구 자유주의 국가들에 대한 외교를 통해 독립의 희망을 가꾸고자 했지만, 아무런 소득이 없었던 터였다. 그러므로 우사의 솔직한 심정은 소련의 반식민지 계급혁명 노선에 따라 세계정세와 극동정세를 조망하며 그러한 시각과 정세를 한국독립에 연결시켜 일말의 가능성과 희망이라도 찾고 싶었던 것이다. "당시 모스크바는 한국 독립운동자들에게 최후의 소망으로 보였다." 50)

───────
47) 《생애》, p. 77. 이들은 실제로 공산주의자였다기보다 주최 측의 환심을 사기 위한 임시방편상의 조치였을 것이다.
48) 《생애》, p. 84.
49) 《생애》, pp. 85~86.
50) 《생애》, p. 87. 파리회의와 워싱턴회의에서 크게 실망했던 한인 독립운동자들은 모스크바에 와서 극동노력자대회에 참가한 각국 대표들과 소련 측 지도자들로부터 받은, 전에 없는 열렬한 환영과 격려에 매우 만족했다. 더 자세한 내용은 Dae-sook Suh, *The Korean Communist Movement, 1918~*

그러나 모스크바의 '극동노력자회의' 역시 한국과 같은 피압박민족들에게는 아무런 희망을 주지 못하는 국제행사였다. 그것이 피압박민족의 혁명과 관련한 전략전술을 토의한 회의였다고는 하지만 그 자체가 소련의 민족주의적 이익수호라는 동기에 집착했을 뿐 아니라 구미 각국 사이의 미묘한 이해관계로 회의 분위기가 수시로 바뀌어 피압박민족의 독립문제는 오히려 뒷전으로 밀려나는 경우가 흔했다. [51] 그리고 몽양의 회고에 의하면, 동 회의의 한국에 대한 결론은 한국혁명은 임시정부를 지원하고 개혁함으로써 수행되어야 한다. 그리고 한국은 공산주의에 대한 지식이 없는 농업국이기 때문에 민족주의를 강조해야 하며, 일차적 목표를 농민에 두어야 한다는 것이었다. [52] 또 회의기간 중 레닌은 한국에서는 공산혁명보다 반식민주의 운동을 먼저 수행해야 한다고 충고했는데, [53] 이 모두 원론적이고 이론적인 차원의 발언들이었다. 회의 토론과정에서 우사는 보다 실질적 내용이 토의되길 기대하면서 "조선의 독립은 러시아의 원조로 틀림없이 성취될 것이다"라고 주장하기도 했다. [54] 그러나 반응은 없었다. 모스크바회의가 피압박민족의 혁명과 관련된 전략전술을 토의하는 것이 목적이었던 만큼, 그것에 충실한 토론과 권고들이 있었을 뿐이지 한민족의 독립방안에 대한 구체적 논의는 있을 수 없었다.

회의가 끝난 후 한국대표들은 레닌과 트로츠키를 포함, 러시아 공산당의 주요 간부들을 면접했지만 마찬가지였다. [55] 당장 독립을 원

1948 (Princeton: Princeton University Press, 1967), p. 37을 보라.

51) 《한국인》, p. 116.

52) 스칼라피노·이정식, 한홍구 역, 《한국공산주의운동사 1: 식민지시대 편》(돌베개, 1986), pp. 86~87을 참조하라.

53) 《한국인》, p. 117.

54) 정병준, 《몽양 여운형평전》(한울, 1995), p. 46.

55) 《생애》, p. 83.

하고 독립투쟁에서의 실질적 협력을 기대했던 우사를 포함한 한인대표자들은 크게 실망했다.

당시 우사의 심정을 알 수 있는 직접적 자료는 없지만, 1948년 4월 3일 통일독립운동자협의회 결성식상에서 "소련은 약소민족의 독립이니 해방이니 하며 외몽고를 그 외방에 흡수하였고 … "[56] 라고 말한 적이 있는 것으로 보아, 우사는 공산주의자와 공산국가들 역시 냉혹한 민족적 실리의 입장에서 국제관계를 유지하고 있음을 체험적으로 깨달았던 것 같다. 중국으로 돌아온 우사는 임시정부의 개혁과 관련한 국민대표대회의 개최가 무산되자, 우사가 속해 있던 창조파는 블라디보스토크에 중앙총부를 설치하고 이곳을 새로운 독립운동의 중심지로 만들 계획으로 대거 블라디보스토크로 이주했다.[57] 우사는 원세훈과 함께 1924년 블라디보스토크로 갔고, 1925년 정월 초하루에는 이청천, 윤해, 신숙 등과 만나 통음하며 서로 울분을 토로했다. 그후 우사는 러시아령 시베리아 지역에 머물렀으나, 소련 외상 카라한과 일본 외상 요시자와가 한국민족주의자들의 축출 또는 체포를 비밀리에 협약한 소·일 밀약이 체결되자, 즉시 축출되었다.[58]

이로써 김규식을 포함한 한국독립운동자들은 모두 소련과 공산주의의 해방투쟁이 허울뿐임을 절실하게 깨달았고, 그에 대해 "최대의 증오심"까지 품게 되었다.[59] 이 일이 있은 후, 우사는 "그동안의 자신의 처신을 후회하고 그 후로는 공산주의자와 소련에 대해 철저한 불신감과 혐오감을 가지게 되었다."[60] 우사는 해외 각 지역에서의 독

---

56) 〈새한민보〉, 1948. 4. 하순호, p. 9.
57) 《한국인》, p. 136, p. 139.
58) 《생애》, p. 87, p. 93.
59) 《생애》, p. 93.
60) 《한국인》, p. 139.

립운동 체험을 통해 미국과 소련 등 모든 외국세력에 의존하지 말고 자신의 능력과 힘을 길러 독립을 쟁취해야 한다는 자각을 할 수 있었고, 이러한 우사의 해외 강대국들에 대한 직접 체험과 자각은 해방 후 그의 정치노선에 주요한 영향을 주었다. 61) 해방 후 우사는 측근들에게 1905년경부터 한국에 대해 취해온 미국의 정책을 회고하며, "미국을 믿어서는 안 된다"고 말하였거니와, 62) 미국이나 서구 각국의 미온적이고 부정적인 태도에 실망한 것은 우사뿐만 아니었다. 적어도 1923년 봄부터 우사는 어떤 외국세력에게도 일방적으로 기대지 않는 독자적 민족자주 노선을 택하기 시작한 것이다.

중국 상하이로 돌아온 이후, 우사는 자신의 전공에 따라 상하이에 남화학원(南華學院)을 설립, 중국에 오는 한국 청년들에게 영어를 가르치기 시작했다. 여기에는 그의 동서 서병호와 중국인 친지 몇 명이 협조하였다. 63) 1923년부터 우사는 다시 상하이 복단대학(復旦大學)에서 영문학 강의를 시작했고, 이 해에 로녹대학으로부터 명예박사 학위를 수여받았다. 그리고 1927년부터 1929년까지 톈진 북양대학(北洋大學)에서 다시 교수생활을 시작했고, 1932년에는 잠시 난징의 중앙정치학원에서 강의했다. 또 1936년부터는 쓰촨성의 사천대학(四川大學)에서 영문학을 강의했으며, 영문법과 영문학 분야의 저서도 출판했다. 64) 또 우사는 32년간 중국에서 지내는 동안 양자강을 몇 차례 오르내리면서 그때마다 떠올랐던 시상들을 묶어 전부 5장 6백여

61) 《생애》, p. 89.
62) 강원룡 씨의 말, 《생애》, p. 76.
63) 《생애》, pp. 72~74를 참조하라. 그러나 남화학원(南華學院)은 재정이 어려웠고, 또 우사가 1921년 말에 모스크바 극동노력자대회에 참석하기 위해 상하이를 떠나게 됨에 따라 중단될 수밖에 없었다.
64) 《생애》, pp. 228~229의 연보를 참조했다.

절의 장시, "양자강의 유혹"을 쓰기도 했다. [65)

이상 우사가 중국에 체류하는 동안 체험했던 내용들을 중심으로 그의 행적들을 종합 평가하면 다음과 같다.

첫째, 우사는 중국에 체류하는 동안 교수로서 가르치면서 몇 권의 저서도 낼 만큼 나름대로 성공적인 지식인이었다. [66) 그리고 우사는 항일독립외교 활동과정에서 정당과 같은 조직이 없이 대부분 개인 차원에서 위촉되거나, 임명받거나, 추대되면 이를 기꺼이 받아들였고, 일단 맡은 바 소임을 열성적으로 완수하고자 했다. 그는 소년시절의 불행을 비교적 성공적으로 극복하고 미국에서 제대로 교육받은 유능한 지식인, 그리고 교육자로서 자신에 대한 긍정적 평가와 자부심을 가졌던 엘리트였다.

둘째, 그러나 정치에 대한 그의 인식, 혹은 정치인으로서의 자신에 대한 이미지는 결코 긍정적이지 않았던 것 같다. 또 우사에게 "모든 정치적 원의(願意)와 충동은 근원적인 윤리적 동기로 귀일하는 것이며, 정치라 해서 윤리적 규범을 초월하는 것일 수 없었다."[67) 그래서 우사의 경우, 현실정치와 관련된 어떤 야망을 품거나 정치적 경쟁에 적극적으로 개입한 예를 찾아보기 힘들다. 요컨대, 우사에게는 정치와 같은 공적 활동이 "항상 무거운 짐이 되었을 뿐이고 만족감을 주지는 못하였기"[68) 때문에, 본인이 즐겁고 즐기는 마음으로 정치적

---

65) 이는 1945년 10월 10일에 완성했다.
66) 그의 주요 저서는 다음과 같다. 《엘리자베스시대의 연극입문》(국립사천대학교, 1940);《英譯 婉容詞》(주간 성도영어, 1943);《실용영작문법》(중화서적, 1944);《실용영어》(국립사천대학교, 1945); *The Lure of the Yangtze*(1949). 《생애》, p. 229와 김규식, 《양자유경》(우사연구회, 1992), p. xiv을 참조했다.
67) 《한국인》, p. 173.
68) 《생애》, p. 114.

혹은 공적 지위나 활동을 적극적으로 추구하지 못하고, 대신 형편상 주어지는 소임에 대해서 크리스천 지식인으로서의 양식에 따라 최선을 다하는 성품의 인간이었다. 우사에 대한 이러한 관찰들은, 바버의 유형론으로 볼 때, 그가 부정-소극형에 해당할 가능성이 많은 인물임을 시사하는 것이다.

셋째, 우사는 중국, 파리, 미국, 소련 등 세계 각지를 다니며 항일 독립외교를 전개하는 동안, 힘의 논리와 민족주의적 실리가 우선하는 국제정치의 현실을 직접 체험하였고, 그 결과 이데올로기 논쟁보다는 민족 차원의 대동단결과 어느 특정 세력에 의존하지 않는 자주 독립의 쟁취가 무엇보다도 중요함을 자각했다. 이것이 우사의 정치사상을 포함한 세계관과 향후 중국 및 해방정국에서의 정치활동에 적지 않은 영향을 끼쳤다고 볼 수 있다.

2) 통합적 항일민족운동의 추진

한편 우사는 중국 상하이에서 임정요인으로 있는 동안 통합적 항일민족운동을 시도했다. 그 대표적인 경우가 국민대표회의와 대일전선통일동맹과 관련된 것이다. 우사는 모스크바회의에 참여하기 전부터 상하이 임정의 대체기관 건설을 목표로 국민대표대회의 성사를 위해 노력했었다. 1921년 당시 한인독립운동자들은 임정고수파, 개조파, 창조파, 북경파 등 크게 넷으로 나뉘었는데, 임정고수파는 김구가 주도인물이었고, 창조파에는 김규식이, 개조파에는 안창호, 북경파에는 박용만, 신채호, 박건수 등이 속해 있었다. 당시 논쟁과 갈등의 요인은 이승만의 미국에 대한 위임통치 요구설이었다. 북경의 박용만 등 일부 급진인사들은 상하이 임정을 대신할 새로운 통치기관의 건설과 군사행동의 조직화를 주장했고, 상하이 임정 내부는 임정고수파, 전면 개혁을 주장하는 창조파, 일부 개혁을 주장하는 개조파로 갈라져 심각한 내홍에 휩싸이고 있었다.

이런 상황에서 창조파에 속했던 우사는 1921년 5월 19일 상하이에서 조직된 국민대표회의 기성회의 20명 조직위원 중 한 명으로 선출되어, 국민대표회의의 개최로 당시 분열되었던 독립운동자들을 통합시키는 일을 추진하였다. 이 과정에는 여운형, 원세훈, 서병호 등이 참여했고, 우사는 북경의 박용만과 상하이의 안창호와 함께 새로운 독립운동체의 탄생을 위해 노력했다. 그리고 상황이 불리해짐을 직감했던 이승만이 비밀리에 미국으로 갔고, 우사는 북경으로 가서 박용만 등 북경파 인사들과 상호협조방안을 논의했다. 이때 김규식과 박용만 두 사람은 상하이의 안창호를 북경으로 끌어들이는 데 성공함으로써 이른바, "한국정치사상 최초의 야당연합"을 성사시키기도 했다.[69] 그러나 북경파와 상하이파는 서로 테러를 주고받을 수 있던 상황까지 갈 정도로 상호갈등이 심했는데, 상하이고수파 쪽에서는 여운형을 공산당이라 몰며 구타하고, 위임통치를 주장한 것은 원래 안창호가 처음 제안한 것이라고 몰아붙였다. 원래 국민대표회의의 통합적 개최를 주장했던 우사를 비롯한 관련인사들은 당시 이승만이 주도하던 상하이 임정을 부정하고 3·1운동 직후 33인 중심으로 선포되었던 한성정부(漢城政府)로 다시 복귀시키자고 주장했다.[70] 그러나 기대했던 천도교 측과 소련공산당으로부터의 자금지원이 여의치 않아 국민대표회의의 소집과 개최는 지연될 수밖에 없었다. 그리고 창조파와 개조파 사이의 갈등은 양파가 각각 함경, 경상, 러시아 지역 출신과 평안, 서간도 출신으로 구분되면서 지역간 대립으로 악

---

69) 그러나 안창호는 곧 활동을 중단하였는데, 아마도 북경파와의 견해차를 극복하지 못했기 때문인 것으로 추정된다. 《한국인》, pp. 126~127.

70) 《한국인》, pp. 127~128.

화되었다. 이는 양파 사이에 상호 주도권 경쟁으로 비화되었기 때문에 국민대표회의의 개최는 결국 무산되었다. 71)

이후 독립운동은 잠시 개점휴업 상태에 들어가고 상하이에는 홍진을 국무령으로 하는 임정이 간신히 명맥을 유지하는 가운데 여전히 지연에 얽힌 파벌다툼이 끊이지 않았다. 이즈음(1925년경) 우사는 답답한 심정에서 상하이에 들어온 미국인 관광단의 숙소로 가서 그들에게 한국의 사정을 알리거나, 〈연합보〉란 신문에 글을 기고하여 당시 아시아 민족운동에 대한 영국의 비우호적 태도를 비판하기도 했다. 또 우사는 일경의 감시와 추적을 피하기 위해 김중문(金仲文) 혹은 여일민(余一民)이란 가명을 쓰고 다녔고, 1926년에는 '혁명청년사'란 신문사에 관여하기도 했다. 72)

이후 1931년 9월 18일 만주사변이 일어나고 일제의 중국대륙침략이 노골화되자, 중국인들의 반일감정이 고조되면서 한국인들의 항일민족운동도 활기를 띠기 시작했는데, 북양대학 교수로 있던 우사는 이러한 상황을 최대한 이용하여 내부적으로 한국 민족운동을 단합시키고 대외적으로는 한·중 두 민족의 공동전선을 성사시키고자 바쁘게 움직였다. 우사는 상하이로, 북경으로, 심지어는 미주에까지 동분서주하기 시작했다. 그는 우선 북경의 조성환, 이천민 등과 연락하여 북경항일의용군을 조직하고 상하이의 김구와도 연계해서 한인청년 20여 명을 중국 군관학교에 입학시켰다. 73) 이러한 활동을 통해

---

71) 《한국인》, pp. 133~134.
72) 이 시기 상하이에서의 우사는 매우 암담한 시절을 보냈다. 동방대학에서 영어를 가르쳤지만, 생계는 여전히 김순애 여사의 와이셔츠 공장 사업에 의존했다. 우사는 스스로 중국 군복을 만들어 입고 중국 군벌을 찾아다니며 군관학교에서 자리를 구하려고 애쓰기도 했는데, 결국 북양대학의 교수 자리를 얻어 거기서 4년 동안 비교적 안정된 생활을 할 수 있었을 뿐이다. 《한국인》, pp. 144~145.

그는 민족 내부적으로는 대일전선 통일동맹의 결성을 추진하는 한편, 대외적으로는 중·한 민중 대동맹의 결성을 도모했다.

이러한 목적에서, 우사는 상하이의 한국독립당을 비롯하여 각 단체와 접촉했고, 그 결과 대일전선 통일동맹에는 한국독립당, 조선혁명당, 한국혁명당, 조선의열단, 광복단, 신한독립당(항주), 한국동지회(톈진), 광복동지회(난징), 대한인동지회(하와이), 미국독립당(샌프란시스코), 대한인국민회총회(하와이), 뉴욕대한인교민회 등이 속속 가담했다. 그래서 1933년부터는 미국의 각 단체로부터 정기적으로 회비가 우송되었고 3월 1일을 기해서는 난징에서 제2차 대표회의가 열리기도 했다. 이 과정에서 우사는 중앙집행위원회의 5인 상무위원 중 1인으로 민족통합운동에 힘을 기울였다.[74] 그리고 전반적으로 각 단체의 개별성보다는 통일조직으로서의 성격이 더 강조되기도 했지만, 신한독립당과 의열단의 주장으로 상하이 임정폐지론이 제기되어 채택되었다.[75]

대일전선 통일동맹과 중·한 민중 대동맹이 결성된 후, 우사는 1933년 1월 하순 미국으로 건너가 재미교포들과 만나 강연하면서 모금운동을 벌였다. 또 화교로부터도 환영을 받아 약 7천 달러의 기부금을 받아 대일전선 통일동맹의 사업과 이청천의 군관양성사업에 투

---

73) 《한국인》, pp. 145~146.

74) 이 통일동맹의 상무위원은 김규식, 최동오, 김두봉, 신익희, 이진선 등이었다. 강만길, 《조선민족혁명당과 통일전선》(화평사, 1991), p. 48.

75) 그래서 이 통일동맹은 김원봉의 의열단이 김구의 상하이 임정을 약화시키고 중국지역 항일운동의 주도권을 장악하고자 시도된 것으로 평가받았다. 하지만 그것은 1920년대 신간회운동, 민족유일당 운동을 뒤이은 성공적 통일전선운동이었다. 의열단이 코민테른과 연결되었던 좌경단체였으나, 중국 내 우익민족운동단체들이 참가한 것, 그리고 우리 민족 자체의 필요와 노력으로 성사됐다는 점은 평가할 만하다. 위의 책, pp. 52~54를 참조하라.

입했다. 미국에서의 그의 활동상은 성공적이어서 교포신문 〈신한민보〉에 크게 소개되기도 했다.[76]

대체로 성공적이었던 미국에서의 홍보 및 모금활동에 고무된 우사는 중국으로 귀환 직후 대일전선 통일동맹의 본부를 난징으로 옮기고 중국의 항일운동과 제휴하여 보다 적극적인 운동을 펼쳤다. 이곳에서 우사는 중국국민당 중앙위원 백운제의 소개로 중앙정치학교 훈육 부주임으로 근무하면서 김구 등 임정고수파와 협력해서 한국청년들의 무장훈련을 돕기도 했다. 우사가 중심적 역할을 하여 개최되었던 1934년 3월 1일의 난징 제2차 대표대회에서는 대동단결조성 방침안이 발표되어 항일운동 각 단체의 일대 통합운동이 제창되기도 했다. 그리고 새로운 통일조직의 주의와 강령도 입안되었는데, 그 내용은 민족주의, 민주공화제, 토지와 대기업의 국유제 등으로 자유주의적 민주공화제와 함께 서구적 사회주의 경제정책을 표방하고 나선 것이다. 그리고 항일독립운동의 방책으로 "무력행동과 대중투쟁을 병행한다", "일본 내부의 혁명과 동란을 촉성한다", "세계 각국의 혁명노력과 연합전선을 구성한다", "일제타도를 위해서는 각국의 여하한 세력과도 연락한다" 등과 같은 주장을 펴기도 했다.[77]

이러한 민족통합운동은 같은 해 6월 말과 7월 초 사이에 개최된 3차 대표회의를 통해 조선민족혁명당의 창당으로 이어졌다. 김규식과 조소앙 등은 창당준비회의 추진책임자로 일했다. 민족혁명당은 당시

---

76) 《한국인》, pp. 150~151.
77) 그러나 애초부터 통합운동의 순수성을 의심했던 김구는 자신을 찾아온 의열단장 김원봉에게 "참가하는 단체들 사이에 목적이 각기 다른 통일운동에는 참가하길 원치 않는다"고 말했으며, 우사가 의열단 계열에게 현혹되어 이용당하고 있다며 애석해했다고 한다. 김구, 《백범일지》(나남, 2002), p. 364; 《한국인》, p. 156을 참조하라.

좌우 모든 항일조직들이 이념이나 사상에 관계없이 무력투쟁의 필요성에 동조하는 상황을 반영하여 "혁명적 수단에 의해 구적(仇敵) 일본의 침략을 박멸한다"는 당의를 선언했다. 민족혁명당의 창당을 주역의 한 명으로 참여했던 우사는 처음엔 주석의 자리에 있었으나 상징적 역할에 그쳤다. 차후 우사는 선전부장에 선임되었고, 당의 실권은 주로 의열단 계열이 차지했다. 그러나 갈수록 의열단의 전횡이 심해져 마침내 조소앙, 박창세와 같은 한독당 계열인사들이 탈퇴했다. 이후에는 의열단계와 이청천계 사이의 알력이 심했다. 오랜 산고 끝에 탄생한 민족혁명당도 단 한 차례 해프닝으로 끝난 것이다. [78]

이상에서 본 것처럼, 우사는 민족대표대회의 소집과 대일통일전선동맹의 결성과정에 참여하면서 좌우 항일민족운동의 통합과 민족대단결을 시도했다. 이 점은 이승만과 김구의 극우노선과 분명히 구별되는 점이며, 무장투쟁을 지지했던 의열단과도 협력했지만, 우사는 의열단과 분명히 구별되는 정치행동을 보였다. 한마디로 우사는 이념적으로 자유주의적 민족주의자이면서도 항일투쟁·독립성취라는 민족공동과제의 해결을 위해서는 좌파진영과 언제든지 협력하고자 노력했던 지도자였다. 그러나 그는 "선의와 순수성 그리고 선비와 같은 양심 하나만 가지고" 항일민족운동의 통합에 나섰던 기독교인 독립운동가로서 공산주의와는 이념적으로 동조할 수 없었다. [79]

요약하면, 우사는 독립운동과정에서 모든 파벌을 통합시켜 임정을 새로이 보강하여 강력한 단일조직에 의해 독립운동을 벌이려고 했다. [80] 그는 "이승만적인 정통 보수인사는 아니었고, 안창호식의 장

---

78) 민족혁명당의 내분과 분열에 대해서는 강만길, 앞의 책(1991), pp. 120~143; 《한국인》, pp. 161~162를 참조하라.
79) 《한국인》, p. 157.
80) 《한국인》, p. 117.

기적 점진주의자도 아니었다. 또 김구 유의 전투적 우익인사도 아니었다. "[81] 이 세 사람은 모두 자신의 입장과 지지세력을 줄기차게 밀어나가는 데 솜씨를 보였지만, 타협과 조정에는 이렇다 할 솜씨를 발휘하지 못했다. 그러나 우사는 자신의 주의주장을 배타적으로 고수하거나 자기 세력을 부식시키려 하기보다 항일과 독립이라는 공동의 목표를 위해 조직과 조직들이 서로 협력하고 타협하는 민족통합노선을 추구했던 지식인 엘리트였다. 또 그는 성격상 가능하면 파당적 갈등과 대립을 피하고자 했던 인물이었다.[82] 그의 이러한 통합적 항일운동에의 참여와 민족자주노선에의 자각은 그로 하여금 차후의 정치과정에 계속 관여하게 했던 대의명분의 근거였던 것 같다.

4. 해방 이후 상황적응적 정치활동들 (I)

이상 2·3절에서 필자는 우사의 성장과정과 해외독립운동 참여기간을 중심으로 그의 성품 및 세계관과 함께 그 리더십의 특징을 검토하였는데, 정치인으로서의 우사는 한마디로 부정-소극형에 가까운 엘리트였다고 평가할 수 있다. 그는 평범하지만 실력 있는 교수생활을 통하여 심신의 안정과 보람을 느꼈을 가능성이 많은 유형이다. 그는 능동적으로 자신의 정치적 포부를 실현시키기 위한 기회를 적극적으로 만들지 않았고, 주변의 간곡한 부탁이 있을 때나 민족적 사명감과 의무감에서 독립운동을 포함한 정치활동에 투신하곤 했다.[83] 그래서

---

81) 《한국인》, pp. 113~115.
82) Ryang, 앞의 글(1982), p. 51.
83) 이러한 점은 모든 생활을 정치적 가치와 결부시켰던 이승만이나 김구, 그리고 대중 앞에 나서기를 즐겼던 여운형과 비교된다. 《생애》, p. 114를 참조

우사의 정치활동과 업적은 대부분 타인이나 주변환경에 의해 주어진 역할과 조직상의 한계를 넘어서지 못하는 소극성을 띠었다. 그는 평온한 시대를 만나지 못해 속마음과 달리 수시로 정치일선에 나서지 않으면 안 되었기 때문에 자신과 그의 가족을 위해서는 불행한 삶을 살았다. 그러나 그는 일단 맡겨진 임무에 대해서만큼은 정성을 다해 일하는 성실한 지식인 활동가였다. 해방 이후 3년간의 정치과정에서도 우사의 이러한 행동 특징들은 쉽게 관찰할 수 있다.

1) 해방정국에의 '조용한' 접근

해방을 맞아 국내로 귀환할 즈음, 우사는 상하이 임정의 부주석이었다. 당시 상하이 임정은 중국국민당의 설득과 요청으로 성립된 김구의 한국독립당과 김원봉의 민족혁명당 사이의 좌우합작정부였다. 우사는 사천대학의 교수직을 그만두고 1942년 10월 장건상과 함께 임정 국무위원으로 보임되어 합작형태의 상하이 임정에 가담했다. 그는 동시에 선전부장으로 일했고, 1944년 2월에 임정의 헌법개정과 함께 부주석이 되었다. 그러나 좌우합작 형태였던 이 시기의 상하이 임정은 좌우 간의 갈등과 대립으로 분열상태였고 그의 민족혁명당 내에서의 역할과 위치도 분명치 않았기 때문에 우사는 실권 없는 부주석일 뿐이었다. [84] 그래도 해방을 맞은 임정은 우사를 미국에 보내 미국정

하라.

84) 이러한 사실은 그가 미국 로녹대학 동창인 그린랜드에게 보낸 편지에 잘 나타나 있다. 그는 편지에서 "나는 지금 임시정부의 부주석으로 있는데, 이 자리는 투표권도 없는 투명치 않은 자리요, 그래서 나는 대체로 선전사업에 주력하고 있고 늘 군사, 외교, 기타 사업의 계획을 세우는 데 주력하고 있소"라고 썼다. 《생애》, p. 118을 참조하라.

부, 이승만, 그 밖에 다른 지도자 그리고 교포들과 협의하여 공동보조를 취하고자 했지만, 임정 내의 복잡한 사정 때문에 이러한 계획은 좌절되고 말았다. 85)

1945년 11월 23일 우사는 김구 등과 함께 상하이 임정의 귀국선발대로 서울에 돌아왔다. 상하이 임정요인들은 상하이 임정이 미군정에 의해 정부로서 인정받지 못했기 때문에 개인자격으로 귀국할 수밖에 없었다. 그래서 해방된 조국에 돌아왔으면서도 그들은 이전에 "전연 느끼지 못하던 피로가 폭포처럼 안으로 소리를 내면서 쏟아지는"86) 가운데 절망하고 좌절할 수밖에 없었다. 그들이 찾아온 조국은 안식처가 아니라 다시 고역스러운 또 하나의 "가시밭"이었다. 87)

이렇게 황량하고 허전한 해방정국에서 우사는 먼저 기독교인으로서 교회와 정치권의 대통합과 민족단결을 염원했다. 그가 믿는 하나님에게 매달려 민족대단결을 이루고 전진할 것을 호소했다. 해방정국의 세 영수 중 한 사람이었던 그는 대중연설보다 주로 교회에서 발언하기를 택했다. 그는 11월 25일 새문안교회에서 "과거 조선의 혁명운동에는 신교신자의 공헌이 많았다"고 언급한 뒤 교회의 통일로 건국혁명운동을 도와야 한다는 요지의 인사말을 했다. 88)

그리고 11월 28일 정동교회에서 열린 조선기독교 남부대회 겸 임시정부 요인 환영회에서 우사는 연설을 통해 기독교 신앙심에 바탕을 둔 자신의 현실인식을 그대로 보여주었다. 즉, 그는 과거 영국에서 빅토리아 여왕이 즉위할 때, 신문들이 여러 축하인사 대신 "오직 하나님이 허락하셔야만"이란 한마디만 게재했던 일을 언급하면서, 해방

---

85) 《생애》, p. 119.
86) 장준하, 《돌베개》(세계사, 1992), p. 404.
87) 《생애》, p. 126.
88) 장시화 편, 《건국훈화》, pp. 30~31; 《생애》, pp. 126~127.

조선에서도 어느 특정 지도자가 아니라 오직 "하나님이 허락하셔야만" 독립국가를 건설할 수 있다고 주장했다. 이어서 우사는 자신을 포함한 모든 정치지도자들이 "자기 자신을 정복하는" 희생정신으로 전체 이익을 위해 매진해야 하며, 외국군의 철수시기도 우리가 하기에 달렸다고 언명하면서 연설을 마쳤다.[89] 그는 기독신앙인의 자세로 "하나님의 허락이 있어야만" 독립건설이 가능하고 이를 위해 모두가 "자기를 극복하여야만" 한다는 희생정신에 따라 단결해야 한다고 생각했던 것이다.

중국 망명 시절의 우사는 여러 사정으로 예배당에 정상적으로 출석하지 못했으며 그렇게 독실한 생활을 하지도 않았다. 그러나 해방을 맞이한 우사는 종전보다 더 강한 신앙심을 가지고 신의 섭리를 믿었던 것 같다. 비기독교인이 볼 때, 그에게 광신적인 면이 있었다고도 전해진다.[90] 이러한 우사의 생각과 발언은 일면 독실하고 일관된 신앙심의 결과라고 볼 수 있지만, 반면 정치인 우사의 입장에서는 과거 기독교 활동을 통해 이미 확보되어 있는 국내기반을 최대한 활용하여야겠다는 뜻에서 비롯된 것으로도 볼 수 있다. 우사는 이렇게 그의 기독교 신앙과 연결된 교회중심의 세력기반을 조용히 다지면서, 상하이 임정계 정치인으로서 해방정국의 각종 정치활동에 참여하기 시작했다.

한편, 1945년 12월 모스크바 3상회의의 결의에 따라 해방조선에 국제신탁통치가 실시될 것으로 국내에 알려지자, 임정계를 중심으로 즉각 탁치반대 국민총동원위원회가 결성되어 탁치반대운동이 전개되었다. 이때 우사도 다른 지도자들과 함께 탁치반대의 선두에 나섰다.

---

89) 《생애》, p. 128.

90) 《생애》, p. 129.

12월 29일 임정숙소인 경교장에서 소집된 각 정당 대표자회의에서, 우사는 흥분한 어조로 "내 하지란 놈을 오늘 가 만나서 미국 놈 내쫓아야 한다"는 발언을 하였고 이 회의는 우사를 대표로 지명하여 하지 사령관에게 한민족의 결연한 반탁의지를 전달하도록 했다. 91) 그러나 3상회의의 자세한 내용이 전해지면서 격앙되었던 여론이 가라앉기 시작했다. 3상회의의 합의문에는 일단 남북한을 합친 임시정부를 설립한 다음, 신탁 여부를 결정하게 되어 있는 만큼, 신탁 여부는 3상회의의 합의에 따라 통일임시정부가 설립된 후에 결정해도 될 사안이라는 여론이 일었던 것이다. 92) 우사도 반탁 극한투쟁보다는 현실적 대책을 강구하는 방향으로 생각했다. 즉, 그는 탁치반대는 3상회의의 결정사항 중 제 1항에 제시된 "임시정부의 수립"이 성사된 후에, 미소공위에서 민족자결주의 원칙에 의해서 해결하면 된다고 본 것이다. 93)

그러나 이러한 우사의 주장이나 견해는 대중에게 알려지지 않았다. 그가 이러한 전략적 계산을 언제 했는지, 어느 잡지나 신문에 게재했는지 알려진 바 없다. 당시의 여러 신문이나 잡지를 찾아보아도 우사의 이 같은 의견을 담은 글이 발표된 흔적을 찾을 수 없다. 94) 그는

---

91) 《생애》, p. 132를 참조. 그리고 우사에게는 이미 군정당국에 자신의 의사를 전달할 수 있는 채널이 있었다. 우사의 아주 가까운 친구였던 언더우드 박사 (Dr. Horace H. Underwood)는 과거 우사를 길러준 언더우드 목사의 아들로서 당시 미군정의 정치고문이었다. Ryang, 앞의 글(1982), p. 49.

92) 예를 들자면, 안재홍, "미소회담에 기함,"《민세 안재홍선집 2》(지식산업사, 1983), pp. 104~111; 송남헌, 《해방삼년사 I》(까치, 1990), p. 257의 네 정당 공동성명.

93) 이동현, 《한국신탁통치연구》(평민사, 1990), p. 107; 서중석, 《한국현대민족운동연구》(역사비평사, 1992), p. 304.

94) 《생애》, p. 133. 이 점은 스스로 책자를 출판하고 신문과 방송을 통해 적극적으로 자신의 주장을 폈던 민세 안재홍(民世 安在鴻, 1891~1965)과 대조된다.

그의 견해를 측근들에게나 말할 뿐 대중연설이나 언론을 통해 적극적으로 역설하지는 않았던 것이다. 건강이 좋지 않아 그럴 수도 있었겠지만,[95] 기본적으로 그는 자기주장을 공개적으로 피력하여 타인을 적극적으로 설득하기보다 사랑방이나 작은 회의실에서 차근차근 이치를 따지거나 재치와 유머를 즐기는 "선비형 인텔리"[96]였다. 그는 "정세는 빨리 판단하면서도 행동에는 미온적인"[97] 인물이었다. 그래서 그는 사태수습을 위해 자신의 의견을 글이나 말로써 적극적으로 펼치거나 문제해결을 위한 행동에 과감하게 나서지 못했던 것이다.

모스크바 3상회의의 합의사항에 대한 국내여론의 방향이 찬탁과 반탁으로 나뉘어서 정국이 어지럽고 심각한 분열과 대립을 거듭할 때, 우사는 "묵묵히 침묵을 지키며"[98] 사태를 관망하다가, 1946년 2월 "한국의 과도정부 수립을 준비"[99]하고자 했던 미군정 최고사령관 하지 장군의 자문기관으로 설립된 남조선민주의원(南朝鮮民主議院)의 부의장으로 정계에 다시 등장했다. 당초 임정 측에서는 비상국민회의를 소집하고 우사를 포함하여 모두 28명의 최고정무위원을 선출하였는데, 미군정 측은 우익지도자들을 포섭하기 위해 이들에게 남조선민주의원 의원이란 직함을 부여했던 것이다. 그러나 이 민주의원은 미군정청의 법령으로도 규정되지 않은 비정규적 조직이었다.[100]

모스크바 3상회의의 결정대로 미국과 소련의 주둔군사령부는 1월 16일부터 2월 5일까지 예비회담을 가졌고, 3월 20일부터 덕수궁에서

---

95) 우사는 소화불량, 뇌수술로 인한 간질증세, 두통 등으로 건강이 안 좋은 편이었다. 《생애》, pp. 70~71을 참조하라.
96) 《생애》, p. 134.
97) 그의 측근이었던 이명하(李明河)의 말. 《생애》, p. 134.
98) 《생애》, p. 134.
99) 김규식 부의장이 낭독한 선언문, 〈동아일보〉, 1946. 2. 15.
100) 《생애》, pp. 134~135를 참조하라.

미소공동위원회를 정식으로 개최하였다. 그리고 미군정 측은 공산당 및 소련과의 관계가 극도로 악화되기 시작하자, 3월 19일 당시 민주 의원 의장이던 이승만을 퇴진시키고, 우사를 의장대리로 임명하였 다. 당초 이승만을 가장 중요한 인물로 상대하던 미군정 측이 이즈음 부터 우사를 '정계의 제1인자'로 취급하기 시작한 것이다. [101] 이와 같이 기독교신앙과 교회단체에 의지하며, 조용히 사태를 관망하던 우사가 국내정치의 한복판으로 부상하고 곧이어 좌우합작운동의 주 역이 되었는데, 이는 무엇보다도 그가 당시 하지 중장의 정치고문이 던 버취 중위의 배후공작으로 정치적 힘을 받고 있었고, 자신에게 유 리하게 전개되는 정국을 최대한 활용하여 가능한 한 빠른 시일에 임 시정부의 수립을 의도했기 때문이다.

2) 좌우합작위원회 우익 수석대표

기대했던 미·소 공동위원회가 결렬되고 국내 정파간의 분열대립이 심화되자 미군정 당국은 남한 내에서의 좌우합작운동을 추진했다. 이 좌우합작운동은 버취 중위를 중심으로 추진되었는데, 이때 그가 특히 주목했던 인물이 바로 우사 김규식이었다. 버취는 민주의원으 로서 활동하던 우사를 관찰하면서 우사의 민주주의적 성향, 온후한 포용력, 식견, 그리고 탁월한 영어능력을 높게 평가했다. [102] 우사는 정치적 지위를 탐내 이를 쟁취하기 위해 집요한 야망을 불태운 것이

---

101) 1946년 7월 17일에 한국여론협회가 서울의 중심지역 통행인 6,671명에게 "제1대 대통령은 누구인가?"라는 설문을 통해 여론을 조사한 결과, 이승 만 29%, 김구 11%, 김규식과 여운형이 각각 10%, 모르겠다가 37%이 었다. 〈동아일보〉, 1946. 7. 23.

102) 《생애》, p. 137.

아니며 스스로도 그러한 일에 적합하지 않다고 여겨 좌우합작에의 참여를 거부했지만, 버취의 공작과 이승만의 종용으로 자신을 희생할 각오와 함께 그 같은 제의를 받아들인 것이다.

미군정이 미·소 공위의 결렬 이후, 좌우합작을 추진하였지만, 이것의 성사가능성을 부정적으로 본 이승만은 김규식을 찾아가 합작추진을 제의하며, 활동비조로 50만 원 상당의 돈을 내놓았다.

이에 우사는 장죽담뱃대로 연신 담배를 피우면서 "형님은 대통령을 하시오. 나는 대통이나 즐기겠소. 지금 당신이 나를 시켜 놓고 뒤에는 또 떨어뜨릴 것인데 내가 왜 하느냐"고 따지고,[103] "나는 능력도 없고 자신도 없으며, 또 되지 않을 것도 알고 있다"면서 거절했다. 이에 이승만은 끈덕지게 붙들며, "이 일이 하지 개인의 의견이라면 모르지만, 미국 국무성의 정책이요. 우리가 이 정책을 실행해 보지도 않고 어떻게 거절할 것인가? 아우님이 한번 해 보라"고 간청했다. "독립을 위하여 미국 사람이 해 보라는 것을, 하여튼 해 봐야 안 된다는 것이 증명될 것 아니냐"는 것이 이승만의 의견이었다.

이러한 끈덕진 종용에 우사는 한참을 생각하다 결국 받아들였다. 그는 "이것은 독립을 위한 일 단계이요, 이 단계를 밟지 않으면 둘째 계단인 독립을 할 수 없다면 내가 희생하겠다"며 승낙했다. 그리고 이어서 말하기를 "내가 나무에 올라선 다음에는 당신이 나무를 흔들어 나를 떨어뜨릴 것도 안다. 또 떨어진 다음에는 나를 짓밟을 것이라는 것도 안다. 그러나 나는 독립정부를 세우기 위해서 나의 존재와 경력과 모든 것을 희생하겠소. 내가 희생한 다음에 그 위의 제2계단에 당신이 올라서시오"라고 말했다.[104]

---

103) 《생애》, p. 140.
104) 김순애 여사의 말, 1970. 3. 18. 《생애》, pp. 140~141에서 재인용; 강원룡, 《빈들에서: 나의 삶, 한국현대사의 소용돌이 1》(열린문화, 1993), p. 206.

그러므로 우사가 좌우합작에 가담한 것은 그 가능성을 기대하기보다 이승만의 집요한 설득에 의해 민족독립을 위한, 즉 "애국심과 희생심"[105]으로 자신의 결단을 정당화한 결과로 볼 수 있다. 1946년 늦봄, 미·소 공위가 깨지고 국내외적 냉전이 자리 잡아 가던 차에 국내 좌우정파 간의 합작을 성사시킨다는 것은 "무지개의 끝을 찾아가 보물단지를 찾겠다는 것보다 더 허황한 꿈이었다."[106] 그야말로 "하나님이 허락하셔야만" 가능한 것이라, 그는 내심 그러한 기도 속에서 진정한 독립을 위해 희생하는 마음으로 임했을 수도 있다. 물론 이는 주위의 강력한 권유와 권력실체인 미군정의 분위기 조성으로 가능했지 처음부터 자신의 독자적 문제의식과 의지, 상황판단에 의해서 시작된 것이 아니다.

그리고 우사로 하여금 계속해서 좌우합작에 가담하게 한 것은 다름 아닌 버취의 부추김과 이에 대한 우사의 순응이었다. 이것은 좌우합작이 별 성과 없이 지지부진한 가운데에서도 계속 추진되던 1946년 10월 18일 미국기자 마크 게인이 버취와 함께 우사를 면담했던 일을 전하는 가운데 잘 나타나 있다. 게인에 의하면, 우사를 처음 대면했을 때, 그의 괴이한 신체와 아름다운 회색가운을 입은 모습을 보고, 여성적 분위기를 느꼈고, 교양 있고 부드러운 말씨에 매력을 느꼈다.[107] 그러나 버취는 우사를 소개하면서 "김 박사의 위대한 장래를 흥분된 어조로 역설"했고, 그의 흥분된 어조는 "김 박사에게 현저하게 결핍된 박력과 흥분을 보충하려는 것 같아" 보였다. 그는 "김 박사를 예언자와 같이 취급하였고, 또 자기는 그 예언자의 제자인 듯 떠들어 댔기" 때문에 게인 기자는 우사와 버취 사이의 인간관계가 범상치 않

---

105) 《생애》, p. 140.
106) 《생애》, p. 141.
107) 마크 게인, 《해방과 미군정 1946. 10~11》(까치, 1986), p. 29.

은 특별한 것으로 생각했다. 그래서 게인은 이때 버취가 마치 유능한 책사(策士)로서 "김 박사를 배후에서 조정하는 듯" 보였다고 전했다.

또 게인은 버취와 우사가 서로 "자기들의 목적을 위하여 서로 이용하고 있다"고 보았다. 즉, 우사는 영리하고 야심적인 인간이어서 내심 버취가 자신을 한국의 대통령으로 밀어주기를 바라는 것 같았고,[108] 버취는 미군정하에서 무엇이든지 자신이 요리하는 대로 될 수 있다는 권력자의 위치를 즐기면서 언젠가 김 박사가 한국의 대통령이 되면 자신은 그의 정치고문이 될 것을 꿈꾸고 있는 듯이 보였다는 것이다.[109]

요컨대, 좌우합작이 시작되는 단계에서 우사는 소극적이었으며 피동적이었다. 그러나 버취가 배후에서 공작·지원하고 미군정 당국 역시 좌우합작위원회를 "실질적 자문기관"으로 활용하겠다는 방침을 가시화한 후에는 우사의 태도도 긍정적으로 변했다. 물론 우사에게 권력획득을 위해 수단방법을 가리지 않는 권력추구형의 모습이 조금도 없다는 것은 아니지만, 그는 주변에서 그의 능력이나 제반 정황을 참작하여 그를 추대하거나 등용시켰을 때, 그리고 주어진 역할이 민족주의적 차원에서 대의명분이 있다고 판단될 때, "물불을 가리지 않고 매진하는 인간"이었다.[110]

---

108) 이정식은 이러한 게인 기자의 평가를 "혹평"에 지나지 않는다고 했으나 (《생애》, p. 139), 게인의 견해가 전혀 틀린 것으로 단정할 수는 없다. 오히려 소극적인 우사가 버취와 미군정이란 권력을 배후로 하여 정신적으로 안정된 상태에서 미래를 꿈꾸었을 가능성도 있었던 것으로 보는 것이 타당할 것이다. 즉, 우사는 스스로 이니셔티브를 잡으면서 대사를 도모하지는 못하는 성격의 소유자지만, 그를 적극적으로 권유하고, 이끌어주는 존재가 있을 땐 대의명분과 함께 나섰기 때문이다.

109) 마크 게인, 앞의 책, pp. 30~31.

110) 《생애》, p. 163.

그래서 그는 입법의원의 의장으로서 당시의 좌우 양진영으로부터 협공을 당하면서도 소임을 적극적으로 감당했던 것이다. 그러나 그의 이러한 '적극성'은 언제나 자신의 주관적 의지나 목표의 적극적 실천이란 차원의 것이 아니라 주어진 여건과 기대에 충실하게 부응한다는 범주를 벗어나지 못하는 소극성에 다름 아니었다. 그리고 우사가 좌우합작을 긍정적으로 받아들인 데에는 그가 중국에서 이미 유사한 합작을 경험했었다는 사실도 하나의 요인으로 작용했을 것이다.

5. 해방 이후 상황적응적 정치활동들 (Ⅱ)

1) 입법의원 의장 취임

좌우합작이 별 성과 없이 진행되는 가운데에서도 미군정 당국은 좌우합작위원회와 김규식에 대해 힘 실어주기를 계속했다. 특히 여운형이 공산계열의 정파와 노선을 분명히 하면서 좌익의 대표성이 약화되고, 1946년 12월 4일에 이르러 좌우합작위원회 등 정계일선에서 물러날 것을 표명한 이후, 우사의 위치는 더 부각되었다. 더욱이 한민당의 대표격으로 좌우합작위원회와 민주의원에 나섰던 원세훈, 박명환, 송남헌, 이순탁 등 중앙위원 16명과 중견당원 270여 명이 탈당하여 김규식 측에 가담했던 것은 한민당 중심의 우익이 분열하는 것을 의미했고, 우사를 중심으로 하는 중간세력의 집결을 뜻하는 것이었다. 111)

한편, 미군정 당국도 1946년 가을부터는 한민당에 대한 기대와 신

---

111) 《생애》, pp. 153~154를 참조하라.

뢰를 점차 김규식 측으로 옮기기 시작했다. 미군정은 우선 "임시 조선민주정부의 수립을 기하며 정치적, 경제적 및 사회적 개혁의 기초로 사용될 법령초안을 작성하여 군정장관에게 제출할" 과도입법의원의 설립에 대한 자문을 김규식에게 구했다. 과도입법의원의 설치는 안재홍의 민정장관 임명과 함께 장차 한국인에게 정권을 이양하기 위한 준비로 취해진 이른바 군정의 "한국화" 조치였다.[112] 그리고 이것은 미국과 소련과의 관계가 계속 악화되는 가운데 이북에서는 이미 1946년 2월에 북조선인민위원회를 설치하여 인민의 참정이 제도적으로 실현되고 있었던 정황에 대응해서 취해진 전략적 조치였다.

그리고 한국에 대한 아무런 예비지식도 없이 진주했던 미군정 측이 한민당계 고문들과 각 부장들 및 통역들을 통해 남한을 '적당히' 통치해 보려던 당초의 계획이 성과가 없었다는 자체 판단에 따라 취한 정치적 조치이기도 했다.[113] 그리고 10월 23일부터는 당시 좌익이 주도했던 소요사태와 관련하여 군정장관 러치와 미소공위 미국대표 브라운 소장은 좌우합작위원회 대표들과 덕수궁에서 회합을 갖기 시작했는데, 항간에서는 이를 "한·미 공동회담"이라고 불렀다. 이 회담에서는 당시의 소요사태에 대한 대응책과 함께 군정시책 전반에 대한 토의와 결정이 이루어졌다.[114]

입법의원을 구성하는 과정에서 우사는 상당한 역할을 했다. 그래서 모두 90명의 입법의원은 민선의원 45명, 관선의원 45명으로 구성되었는데, 그 중 관선의원들은 거의 다 좌우합작위원회에서 추천한 인사들로 각계각층이 망라되어 충원되었다. 공산당계는 물론 이승

---

112) 러치 군정장관이 행정권을 한국인에게 이양하고 입법기관을 설치하겠다고 한 성명은 〈조선일보〉, 〈동아일보〉, 1946. 9. 12를 참조하라.
113) 《생애》, pp. 160~161.
114) 《생애》, p. 155를 참조하라.

만, 김구계의 인사도 포함되지 않았다. 관선의원으로 추천된 여운형과 장건상은 이를 거부했다. 이로써 우사와 그를 추대하는 중간파 세력들은 국내정치에서 고립되는 추세에 휘말리게 되었다. 우사 역시 이승만의 극우세력에 대해 불쾌하게 생각하고 있었다. 그리고 1946년 11월 4일, 우사는 하지 장군에게 서한을 보내, "친일파로 지목된 자가 다수 피선된 것은 이 입법기구에 대하여 전 민중에게 실망을 주었고, 충분한 민의를 반영시키지 못한 반민주적 선거라는 것을 국민대중에게 인식하게 하여 진정한 입법기구가 아니라는 인상을 주게 되었다"[115]고 지적했다. 정치적 전략전술을 고려하기보다 "원칙을 따지는 형"[116]인 우사는 친일인사들의 당선, 비민주적 절차 등을 지적하며 비판했다.

그는 권력정치적 술수로 친일파의 정치권 등장을 방조하고 이용했던 이승만뿐 아니라 자신의 권고를 무시한 군정장관에 대해서도 비판과 불만을 토로했다. 우사는 좌우에서 협공을 받으면서 암살의 위협도 받았다. 건강이 좋지 않아 "김규식 클리"라는 빈정댐도 받아, 울분의 시간을 보낼 수밖에 없었다. 일단 맡은 바 소임에는 자신의 의지와 목표를 세워 열심히 일했던 우사의 스타일이 그대로 드러났기 때문이다. 입법의원이 설치되는 과정에서 이렇게 불만스러워하던 우사였기 때문에, 미군정이 그를 입법의원 의장으로 임명하기까지에는 끈덕진 설득이 필요했다.

미군정이 의도하는 바는 민세 안재홍을 민정장관으로 하고 우사를 입법의원 의장으로 앉힘으로써 "정권이양을 위한 하나의 세력을 육성토록 하려 한 것"[117]이었다. 우사는 이의 가능성을 믿지 않고 계속

---

115) 〈조선일보〉(1946. 11. 5), 〈동아일보〉(1946. 11. 6)를 참조하라.
116) 《생애》, p. 162.
117) 《생애》, p. 164.

사양했다. 안재홍도 처음에는 의아심을 품고 사양했으나 "우리가 군정을 이용하여 정권수립을 해야 할 것" 아니냐는 생각을 하게 되어 우사를 찾아가 의장후보 출마를 설득했다. 그러나 우사는 막무가내였다. 마침내 하지 장군이 "정부쇄신, 경찰문제, 식량문제, 부일협력자 문제 등을 양심적으로 해결할 것"을 공식언명하며, 이것이야말로 "조선독립정부에 달하는 길"이라는 내용의 친서를 전하면서 우사의 동의를 받아냈다. 118)

이렇게 해서 우사는 그 창설과정에서 자신이 중요한 역할을 했던 입법의원의 의장에 취임했다. 12월 12일 12시에 행한 그의 취임연설에서 그가 왜 좌우협공, 성공가능성의 불확실성 등과 같은 악조건을 무릅쓰고 의장직을 수락했는지에 대한 자신의 견해를 공개적으로 밝혔다. 즉, 우사는 군정을 단축하고 "우리가 우리 손으로 우리의 일을 해결하겠다"는 자주정신에 따라 독립국가를 건설하기 위한 목적에서 당장 필요한 인사 및 민생문제의 시급한 해결을 기하기 위해 의장에 취임했다고 선언했다. 119) 우사의 자주독립에의 소망과 의지는 이후에도 몇 차례 공개적으로 표명되기도 했다. 예컨대, 1947년 11월 3일 중앙청 광장에서 있었던 제 3대 군정장관 딘 소장의 환영식장에서도 우사는 위트와 재치를 섞어가며, "될 수 있는 대로 단시일 내에 군정장관의 자리에서 물러나 제 1대 미국대사나 특별대사의 자격으로 오랫동안 우리와 함께 있기를 원한다"120)는 환영사를 했다.

한편 입법의원 의장으로서의 우사는 정치인이라기보다는 대학교수 또는 학교선생 같았다. 121) 그는 민주주의의 기본이라 할 수 있는 회

---

118) 안재홍, "기로에 선 조선민족 - 민정장관을 사임하고," 〈신천지〉 1948. 7.
119) 〈과도입법의원 속기록〉(1946. 12. 12) ; 《생애》, p. 165를 참조하라.
120) 〈조선일보〉, 1947. 11. 4.
121) 송남헌, "우사 김규식," 한국사학회 편, 《한국현대인물론 II》(을유문화사,

의진행법을 스스로 잘 알고 있었기 때문에 입법의원의 회의 도중 수시로 진행요령에 대해 주의를 환기시키기도 했다. 또한 성탄절과 신년을 맞이하여 입법의원을 2주일 정도 휴회하자는 동의가 들어왔을때, 과거 중국에서 독립운동하던 시절의 체험을 말하면서 입법의원들은 민족의 일을 위해 희생할 수 있어야 한다고 설득하여 결국 성탄절 다음 날부터 30일까지 계속 개원하여 정사를 돌보게 하였다.[122] 우사의 이러한 점은 그가 일단 책임 있는 위치에서 일할 때는 주위의 인기나 이해관계에 얽매이지 않고 자신의 소신과 주견을 민주적 절차에 합당하게 펴고 설득함으로써 독립쟁취와 민주주의 정착을 위한 도덕적 리더십을 십분 발휘했던 예로 평가할 수 있다.

그러나 우사의 이러한 사명감과 도덕적 리더십에 바탕을 둔 정치적 노력은 무위로 끝나고 말았다. 입법의원은 1946년 12월 12일부터 1948년 5월 20일까지 219회에 걸친 회합을 가졌지만, 1947년 1월 13일부터 동년 11월 20일까지 반탁결의안을 44 대 1로 통과시킨 것, 공창(公娼)폐지를 제정한 것, 5·10선거를 위한 선거법을 제정한 것 외에는 의미 있는 의안을 제정, 처리하지 못했다. 군정 내의 기본적 인사·경찰·식량·친일파 문제에 대해서도 토의는 했지만 실제로 영향을 주지는 못했다. 그리고 당초 미군정의 민정이양 약속도 가능한 지역에서의 총선거라는 정책으로 전환됨에 따라 수포로 돌아가, 결국 입법의원 의장으로 일했던 우사는 정치적으로 "희생만 당했다"는 평가를 받는 처지로 내몰리게 되었다.

요컨대, 미·소 냉전이 강화되던 당시의 국제정세와 좌우대립이 국토분단과 함께 첨예하게 대두됐던 국내상황에서 우사와 같이 독립에

1987), p.133.
122) 이에 대한 구체적 사례에 대해서는 《생애》, pp.168~169를 참조하라.

의 사명감과 도덕적 리더십은 있으나 주관적인 정치적 야심과 의지는 결핍된 정치지도자가 당초의 의지와 목표를 성공적으로 관찰시킬 수 있다고 기대하기는 애초부터 불가능했던 것으로 봐야 할 것이다. 우사는 무엇보다도 주어진 상황과 여건에 충실하거나 그것을 최대한 이용하고자 했던 대세편승형 인간[123] 이었기 때문에 필연적 결과였다고도 볼 수 있다. 즉, 해방정국의 시대적 상황이 우사가 그의 주관적 목표를 성취하기 위해서 이용할 대상이었다기보다 그 자신의 리더십적 성향이 미군정이 주도했던 당시의 정치적 상황에 의해 이용되기에 적합한 유형이었다고 볼 수 있다. 따라서 좌우합작과 마찬가지로 입법의원도 우사가 처음부터 자의로 주창해서 설립된 기관이 아니고, 그 자신 내키지 않으면서 의장직에 취임한 것이기에 그에게 모든 책임을 전가할 수 없다는 객관적 평가[124] 가 가능하지만, 우사 개인으로는 최선을 다했지만 역부족이었다고 보는 것이 적절하다.

2) 민족자주연맹의 결성

우사가 입법의원 의장으로 재임하는 동안 그의 주변에는 많은 인사들이 모여들었고, 그를 중심으로 여당격의 새로운 정치세력의 규합이 필요하다는 여론이 일고 있었다. 이미 1946년 12월에 원세훈과 김약수를 중심으로 결성된 민중동맹(民衆同盟)에서는 우사를 영수로 하는 정당의 설립을 요구하였다. 그리고 김성수를 중심으로 한 한민당(韓民黨)에서도 우사를 자당의 영수로 추대하고자 많은 노력을 기울였다. 당시 이승만은 독립촉성국민회와 민족통일총본부를 근간으로

---

123) 이 글의 주 7을 참조하라.
124) 이러한 평가는 《생애》, p. 171을 참조하라.

자신의 세력기반을 각처에 부식하고 있었고, 김구는 1930년 상하이에서 조직한 한국독립당을 중심으로 나름대로의 정치조직을 유지하고 있었기 때문에 우사에게 호의를 가지고 있던 정치인들과 단체들이 우사에게 그들의 정치적 입장을 대변할 강력한 정당의 조직을 원했던 것은 당연한 일이었다.

그러나 우사의 생각은 달랐다. 물론 그도 좌우합작위원회를 대신하여 이른바 중간세력들이 회합할 수 있는 조직적 틀의 필요성을 느끼고 있었지만, 이승만이나 김구처럼 개인적 영향력의 유지·확대를 위한 조직이나 정당결성에 대해서는 강한 거부감을 가지고 있었다. 그래서 우사는 민중동맹이나 한민당의 요구를 받아들이지 않았다.[125] 결국 중간파 정치인들과 단체들은 우사를 중심으로 하는 정당설립의 기회를 놓치고, 좌우합작위원회, 민주주의 독립전선, 미소공위대책협의회, 시국대책협의회, 민족통일재편성주비회 등을 거쳐 민족자주연맹이라는 협의체로 결집될 수밖에 없었다.

우사의 측근 중에 대중조직의 필요성을 역설한 사람이 없진 않았지만, 이러한 주장은 "무관심과 정당불필요론에 의해 압도"되어 묵살당하곤 했다.[126] 중간세력의 정치적 결집으로서 우사를 영수로 하는 정당의 결성이 성사되지 못한 것은 다분히 우사나 측근들의 정치 및 정당에 대한 부정적 태도에서 비롯되었다. 우사와 그 측근들은 민족자주연맹의 주석으로 추대된 우사의 "우리는 우리의 손으로 우리 민족을 위하여 우리의 정부를 수립하자"는 요지의 개회사에 나타난 바와 같이 자신들의 통합적 이념이나 노선을 과신하여 대중정당조직의 필요성을 경시했을 수도 있다. 또 우사 자신은 그간의 성향과 행태로

---

125) 이상의 내용은 《생애》, p. 171을 참조하라.
126) 이명하(李明河) 씨의 말, 1970. 4. 5. 《생애》, p. 174.

보아, 현실정치란 "더러운 것"이어서 정당결성을 통해 정쟁에 가담한다는 것이 자신의 인격에 손상을 입히는 일이라 생각했을 가능성도 있다. [127]

한편, 해방 이후 줄곧 국내 정치세력들의 범민족적 협력을 통해 미·소 양 대국의 틈바구니에서 한국의 독립을 성취하고자 했던 우사는 이즈음 단선단정 문제와 남북협상회의에의 참석 여부 등으로 고심하고 있었다. 이제까지 미소 간의 현안으로 취급되었던 한국문제는 1947년 9월을 기점으로 유엔으로 이관되었다. 당시 미국의 영향력이 지배적이었던 유엔 총회는 1947년 11월 11일 한반도 전역에서의 총선거 실시와 이의 관리·감독을 위하여 9개국 대표로 구성되는 유엔한국위원회의 설치를 주요 내용으로 하는 미국 측의 제안을 채택하였다. 그러나 소련 주둔군사령부는 38선 이북으로 유엔한국위원회의 입북을 허가하지 않았기 때문에 미국은 즉시 유엔 소총회를 소집하여 가능한 지역에서 총선거를 실시할 것을 결의하고 이의 실행을 1948년 2월 26일 유엔한국위원회에 지시하였다.

이렇게 국토분단의 고정화 조짐이 점점 뚜렷해지고, 유엔을 통한 한반도 문제의 국제정치적 해결을 위한 절차가 속속 진행되고 있을 때, 우사는 다시 주변에 전개되는 국내외 상황에 적응하는 가운데 문제의 해결을 시도하는 것이 보다 현실적이라고 생각했던 것 같다. 예컨대, 이미 1946년 5월 12일에 우사는 우익진영이 서울운동장에서 소집한 독립전취국민대회에서 "미·소 공위가 재개되어 통일정부를 세우지 못하면 우리 손으로 정부를 세워야 한다", 그리고 "제주도 한 구석에라도 독립정부가 세워진다면 주권을 되찾는 것"[128] 등의 요지

---

127) 《생애》, p. 174를 참조하라.

128) 《생애》, p. 178.

로 연설했는데, 이 같은 우사의 발언은 주권회복이 당장 전체 한반도에 성취되지 않아도 크게 문제 삼을 필요가 없다는 자신의 의중이 표명된 것이거나 그러한 방향으로 여론이 형성되기를 의도했기 때문에 가능했던 것으로 해석할 수 있다. 129)

또 1947년 10월 민족자주연맹의 주석 취임인사를 통해 우사는 "먼저 우리 민족이 단결해야만 국제공약도 실행되어 우리 독립이 가능하다"130) 고 말했고, 1948년 1월 27일 유엔한국위원회의 입북이 불가능하게 된 상황에서 "지금 유엔총회에서 한국 독립문제나 자유획득문제를 책임지고 있으므로 이 38선의 제거도 유엔총회에서 요구해야 할 것"131) 이라고 지적했는데, 이것은 그가 분단이 고착되는 과정에서 한국문제가 유엔으로 이관된 상황을 일단 인정하는 가운데서 문제해결의 실마리를 찾고자 했기 때문에 가능했던 발언으로 볼 수 있다.

그리고 우사는 남한만의 단독선거와 그를 통한 남한만의 정부수립이 결국은 남한까지 소련의 위성국화를 초래할 것이라면서 단선단정론을 원칙적으로 배격했지만, 이북과의 통합방도가 세워진다면 남한에서의 단독선거문제를 고려할 수도 있다는 견해를 밝히기도 했다. 즉, 우사는 "북조선까지 합칠 고려가 있어 3분의 2 이상의 인구를 가진 남한에 유엔에서 승인한 중앙정부로서 통합방도가 있다면(단독선거 문제는) 재론할 문제다"132) 라고 표명했던 것이다.

이상의 검토를 통해 우사에 대해 알 수 있는 것은 세 가지이다. 첫

---

129) 그래서 최근 도진순 박사는, 사실상 김규식이 남한 단선의 필요성과 가능성을 이승만보다 먼저 공론화했다고 썼다. 도진순, 《한국민족주의와 남북관계》(서울대 출판부, 1997), pp. 84~87을 참조하라.

130) 《생애》, p. 172.

131) 《생애》, p. 179.

132) 〈새한민보〉, 1948. 2. 중순호, p. 6; 《생애》, p. 180, p. 183을 참조하라.

째, 기본적으로 한국문제의 유엔 이관이라는 국제정치적 현실을 인정했다. 그리고 그러한 전제에서 우사는 가능한 한 남북한 통합을 위한 정책적 조치가 전제된다면 일단 남한만의 단선도 수용할 수 있다고 판단했다. 둘째, 남북한 통합의 조치가 성사된다 해도 통합의 중심은 서울이어야 한다. 셋째, 우사는 가능하면 정치적 모험을 피하고 국내외적으로 주어진 상황을 거스르지 않으면서 당면과제를 풀어가길 바랬다. 그는 이러한 정치적 입장을 실천하기 위한 적극적 수단으로서 중간세력 중심의 정당결성을 싫어했다. 결국 민족자주연맹은 우사와 정치노선을 같이하는 관련단체들이 참여하는 협의체밖에 될 수 없었다. 이것은 중심적 정치지도자의 성격과 리더십 스타일에 따라 제도와 조직의 성격이 크게 달라질 수 있다는 표본적 예이다.

3) 내키지 않았던 평양행

그러나 우사의 이러한 희망과 달리 남북통합에 대한 아무런 대책이 없이 남한 내에서의 총선거 방침이 유엔 소총회에서 확정되었다. 이에 우사는 크게 실망하고 민족자주연맹 주석자리에서 물러나 정계은퇴를 선언하기도 했다.[133] 하지만 그는 정계에서 은퇴하지는 못하고, 당시 앞장서 단선반대를 주창하던 김구 중심의 임정계 인사들과 보조를 함께 하기 시작했다. 1948년 3월 12일에 임정계의 김구, 조소앙, 조완구, 조성환 등과 민주독립당의 홍명희, 유림 대표 김창숙, 그리고 우사는 이른바 7거두 성명을 발표하여 단독선거 반대의 기치를 들었다. 이 성명은 남북한에 각각 별도의 정부가 들어선다는 것은 미국이나 소련에 의해 우리의 운명이 좌우되는 것이라고 단정하고,

---

133) 〈동아일보〉, 1948.2.29;《생애》, p.83.

이처럼 남북이 갈라진다는 것은 "우리 형제자매가 미·소 전초전을 개시하여 총검으로 서로 대할 것이 명약관화한 일"이라 개탄했다. 그리고 미국이나 소련, 유엔도 한국문제를 해결하지 못하는 형국이니 "이제 우리 민족으로 자결(自決)하게 하는 길밖에 없을 것"이라고 결론지었다. 또한 이 7명의 민족지도자들은 남한 단독선거에 참가하지 않고 "통일독립을 달성하기 위하여 여생을 바칠 것을 동포 앞에 굳게 맹세한다"고 밝혔다. 134)

그러나 사실상 남북협상안은 이미 우사에 의해 제기된 바였고, 김구와도 합의된 사안이었을 뿐더러 '7거두 성명' 이전인 1948년 2월 16일 서울의 김구와 김규식은 벌써 평양의 김일성과 김두봉에게 의사타진을 위한 서신을 보냈던 터였다. 우사가 남북협상을 처음 언급한 것은 1946년 12월 2일, 과도입법의원이 개원하던 날이었다. 135) 당시 정이형(鄭伊衡) 의원이 입법의원에서 북조선 인민위원회에 편지를 보내자는 동의를 제청했을 때, 우사는 "임시정부를 산출하는 데 남북통일이 안 되어서는 할 수 없다. 불일내(不日內) 좌우합작위원으로서 대표 한두 사람을 북에 파견해서 그쪽의 책임 있는 인사들과 소통해서 인민위원 같은 기관들을 접수할 일도 있다"는 내용의 발언을 했다. 이후 사회민주당이나 건민회에서 누차 남북요인회담을 주장했으나 아무런 성과가 없었다. 136) 그러던 중 남북협상이 다시 이슈로 등장한 때가 바로 1948년 초 유엔에 의한 남북총선이 불가능해지고 남

---

134) 〈동아일보〉, 〈조선일보〉, 1948. 3. 3 및 〈새한민보〉, 1948. 4. 초순호;《생애》, pp. 183~184를 참조하라.

135) 우사는 사전에 특사를 평양에 보내기(4월 7일~10일) 전인 1948년 4월 3일 한 모임에서 "남북회담은 내가 먼저 말을 꺼낸 것이다"라고 말하였다. 《생애》, p. 187.

136) 〈입법의원 속기록〉 제3호 p. 12;《생애》, p. 181.

한만의 단독선거가 결정된 시점이었다. 이때 우사는 기자회견을 통해 "북행이나 남한총선거 감시 여부를 불문하고, 소련의 주장이 한인 문제는 남북 한인이 모여 자율적으로 결정하게 하였으니, 이에 근거하여 남북 요인회담을 알선할 수 있을 것이다. 그리고 이 회담은 남한에서 하는 것이 좋을 것이다"[137] 라는 요지의 말을 했다.

그래서 남북 요인회담문제는 민족자주연맹의 상임위원회에서 적극적으로 논의되었고, 우사와 김구도 이에 찬동했다. 양김은 좌우합작과 입법의원 문제로 소원한 관계에 있다가 남북협상으로 다시 손을 잡게 된 것이었다.[138] 특사가 평양에 다녀오고 평양방송을 통해 평양에서 연석회의를 갖자는 북측의 제의가 공식화되자, 국내에서는 여기에의 참석문제를 두고 의견이 분분했다. 김구는 특사들의 보고를 듣는 즉시 북행을 결심하고, 4월 19일 평양에 도착했다. 그러나 우사는 그리 쉽게 결정하지 못했다. 그 이유는 첫째, 그는 남북협상을 찬성하지만 평소 서울개최를 선호했다. 둘째, 자신의 현재와 미래에 국내에서의 정치적 위치를 고려하여 측근 및 미군정 측의 반대가 강렬했다.[139] 셋째, 회의의 형태가 요인회담이 아니라 연석회의였다는 등으로 요약할 수 있다. 그래서 우사는 가능하면 평양에 가지 않을 생각[140] 으로 "독재를 배격하고 사유재산제도를 인정하는 진정한 민주주의 국가의 건립과 전국적 총선거를 통한 중앙정부의 수립"과 같이 북측이 수용하기 어려운 내용이 포함된 5원칙을 제시했다.

그러나 북측은 우사의 5원칙을 무조건 접수한다는 반응을 보냄으

---

137) 〈새한민보〉, 1948. 2. 중순호, p. 9.
138) 송남헌 씨의 말, 1966년 12월 7일, 《생애》, pp. 182~183을 참조하라.
139) 《생애》, p. 189.
140) 그래서 우사는 평양에 재차 가는 권태양, 배성룡에게 가급적이면 가고 싶지 않다는 자신의 심경을 토로했다. 《생애》, p. 190을 참조하라.

로써 우사의 처지가 곤란해졌다. 내심 가고 싶지 않으면서도 대의명분에 따라 남북협상이 성사되는 쪽으로 말하고 행동했기 때문에 내적 갈등이 심했을 것이다. 그 자신이 이런저런 표면적 이유를 대기도 하고, 5원칙과 같은 트릭도 써 보았지만 사태는 자신의 생각과 기대와 상반되게 전개되었다. 우사는 타인이나 주변환경이 자신을 강력하게 요구할 때 이에 적극적으로 반응하는 경향이 있는 인물인데, 이제는 주변환경이 자신을 적극적으로 북행을 말리고 있는 터였기에, 자신도 가능한 한 북행을 면해보고자 했던 것이다.

그런데 이렇게 상황적 요인에 기대어 가능하면 북행을 면해보려고 했던 우사로 하여금 북행을 결심하게 한 것은, 1948년 4월 18일 108명의 문화계 인사들이 연서하여 발표한 남북협상 지지성명과 그로 인해 형성된 통일열기라는 새로운 상황이었다. 이 지지성명은 "조국은 지금 독립의 길이냐, 예속의 길이냐, 통일의 길이냐, 분열의 길이냐 하는 분수령의 절정에 서 있다"면서 "우리의 지표와 우리의 진로는 가능, 불가능의 문제가 아니라 가위, 불가위의 당위론인 것이니 올바른 길일진대 사력을 다하여 진군할 뿐이다 … 선진의 남북 지도자여! 후군의 육속을 믿고 오직 전진하시라! … 이 길은 오직 남북협상에 있다! 남북통일을 지상적 과제로 한 정치적 합작에 있다. 남북상조의 수정과 양보로써 건설되는 통일체의 재발족에 있다"[141]로 끝나는 호소력 있는 명문장이었다.

이때, 우사는 민족주의적 대의명분으로 가득한 이 성명과 그로 인해 형성된 통일분위기에 자신을 실어 북행을 결심했다. 우사는 4월 21일 평양으로 떠나면서 강원룡 목사에게 기도를 청했다. 그리고 출발성명을 통해 과도한 기대도 비관적 우려도 모두 불필요하다고 말하

---

141) 〈새한민보〉, 1948. 4. 중순호, pp. 14~15; 《생애》, p. 191을 참조하라.

고는 "나는 오직 남북의 지도자가 한 자리에 앉아서 성의껏 상토하는 것만이 통일단결의 기본공작이라는 신념에서 북행을 결정하였다"[142] 고 말했다.

내키지 않는 본심을 따르지 않고 일단 평양에 갔던 우사는 이미 북측 마음대로 진행되던 남북한 연석회에 흥미가 있을 리가 없었으며, 또 자신에게 호의적인 상황적 여건도 없는 상태에서 그는 아무런 일도 할 수 없었다. 당시 민족자주연맹 소속으로 남측대표 중 한 사람이었던 김성규(金性奎)는 일방적으로 진행되던 회의에 울분을 참지 못해 회의 도중 발언권을 신청했으나 묵살당하자 자기 좌석에서 벌떡 일어나 큰 소리로 발언하여 밖으로 끌려나가기도 했다. 그러나 우사에게는 김성규처럼 가슴속에서 나오는 울분·정열·의지 같은 것이 결핍되어 있었다. 자연히 그는 현상타개를 위한 아무런 이니셔티브도 취하지 못하고 시간만 보낼 수밖에 없었다. 우사는 남으로 귀환하기 바로 전에야 겨우 성사된 이른바 4김 회담에서의 몇 가지 합의사항을 가지고 서울에 돌아옴으로써 북행의 성과가 결코 없지 않았다는 체면치레를 할 수 있었다. [143]

---

142) 〈새한민보〉, 1948. 5. 중순호, p. 8; 〈조선일보〉, 1948. 4. 22. 그리고 이정식은 《생애》 p. 192에서 우사의 이러한 북행이 "민족적 의무감"과 "지도자로서 책임을 완수하기 위해 자신의 정치생명을 희생하기로 한 결심"에서 비롯된 것이라고 평가하고 있다. 하지만 우사의 리더십 스타일이 주관적 의지나 목표에 따르는 대세주도형이라기보다는 상황대응적 대세편승형에 가깝고, 실제로 그렇게 행동한 경우가 바로 이 경우인 점을 감안할 때, 이정식의 이러한 평가는 과장이라고 볼 수밖에 없다.

143) 김일성은 김구와 김규식에게 수풍발전소의 전기를 계속 공급하고 연백평야에 대한 수리조합도 개방하겠다고 약속했으나 그들이 돌아와 이를 발표한 며칠 만에 전기 및 농업용수 공급이 끊겼다. 송남헌, 앞의 글, p. 155.

6. 맺음말: 몇 가지 새로운 평가들

이상에서 필자는 우사의 일생을 그의 성품, 세계관, 그리고 스타일을 중심으로 분석함으로써 그의 합리적 리더십에 대한 재검토를 시도하였는데, 이제 이를 종합하고 평가하면 다음과 같다.

첫째, 우사는 정치를 도덕과 윤리의 연장으로 생각하는 규범적 입장을 견지하고, 정치적 자리다툼이나 권력투쟁과 같은 현실정치에 대해 부정적 태도를 가졌던 인물이다. 그래서 그의 공적 활동에의 참여와 행동에의 착수과정이 대체로 소극적이고 수동적이었다. 그리고 그는 교육받은 엘리트 기독교인으로서의 양식과 책임감, 독립과 통일에의 민족적 사명감으로 주어진 공적 소임에 일단 성실하게 임했지만, 이를 통한 그의 성취와 업적은 언제나 주어진 여건과 상황의 한계를 벗어나지 못했다. 요컨대, 그는 정치적 직위에 대한 노골적 야심이 별로 없던, 따라서 라스웰 유의 권력추구형 정치적 인간과는 거리가 있는 정치인이었으며, 바버의 분류로 볼 때는 "부정-소극형"에 해당하는 정치지도자였다.

둘째, 이러한 특성과 관련해서, 대체로 우사는 주변의 다른 주도적인 정치지도자의 추천이나 요구가 있을 때 혹은 미군정과 같은 권력실체의 지원이 보장되었을 때, 공적 활동에 임하는 경향이 많았던 정치지도자였다. 그는 스스로 기회를 적극적으로 창출하고 활용함으로써 역사적 전기를 만들고 문제해결의 실마리를 찾아내는 의지나 추진력이 결여되어 있었고, 개인의 의지나 선호와는 무관하게 주어지는 상황조건들에 대해 적절하게 반응함으로써 사태전개에 공헌하여 자신의 목표와 이상을 추구하는 인물이었다. 이것은 그가 후크의 분류로는 대세편승형의 정치인이었음을 말해주는 것이다.

셋째, 웰시에 의하면, 리더십은 관계중심적 개념이고 엘리트는 지위중심적 개념이다. 144) 이것은 지도자란 그를 따르는 추종자와 조직들이 있어 이들과의 상호작용 속에서 리더십을 발휘하지만 엘리트는 추종집단과의 관계형성이 아니라 정치체계 내 특정 지위의 소유에 의해 기능을 수행함을 의미한다. 이러한 이론적 맥락에서 볼 때, 우사는 항일외교활동과 해방정국에서의 정치활동에서 언제나 지도자로서보다는 능력 있고 존경받는 엘리트로서의 성향이 두드러졌던 인물이었다고 평가할 수 있다. 그의 공적 활동은 대부분 조직적 기반을 결하거나 그것을 경시하는 차원에서 이루어졌고, 다른 정치지도자나 권력기관에 의해 특정 지위가 주어졌을 때에나 가능했다.

넷째, 그러나 우사에 대한 이해가 이 같은 분석적 유형화만으로 충분하다고 볼 수는 없다. 그가 비록 유형적 분류에서 나타난 바와 같은 개인적 한계가 있고, 현실적 성취도도 빈약했지만, 그가 해외독립운동 과정과 해방정국에서 민족의 정치적 독립과 통일을 위해 지속적으로 추구했던 일관된 민족통합노선과 민족주의적 대의명분에의 희생적 헌신은, 민족통일과 민주화라는 한국 현대사의 과제가 아직도 숙제로 남아 있는 현실을 고려할 때, 높이 평가받아 마땅한 부분이다. 그리고 그의 현실주의적 국제정치 감각과 실용주의적 문제해결방식과 어우러졌던 이러한 노력과 헌신은 오늘날과 같이 국제정치적 영향력이 더 강화되는 세계화시대에 한국의 정치지도자들에게 절실하게 요구되는 덕목이라 해도 과언이 아니다.

다섯째, 이상과 같은 분석과 평가를 전제로 할 때, 그가 합리적 리더십의 소유자였다는 종래의 평가는 아마도 그의 학력이나 경력, 그리고 정치적 야심이 미약했지만 주어진 소임에 성실하게 임했던 그의

---

144) William A. Welsh, *Leaders and Elites* (New York: Holt, Rinehart and Winston, 1978), pp. 1~21을 참조하라.

행동상의 특징으로 미루어 다소 미화해서 표현한 피상적 규정으로 보는 것이 합당하다. 그리고 그의 이러한 개인적 특성과 자기희생적 도덕성을 살려 그를 차라리 "봉사자 리더"에 가까운 지도자였다고 규정하는 것이 더 적절할 것 같다. "봉사자 리더"란 특정 집단에서 먼저 봉사자로서 욕심 없이 궂은일을 도맡아 하면서 구성원들에게 큰 실제적, 정신적 이로움을 제공하다가 나중에는 형식적 지위와 상관없이 "사람들에게 길을 밝혀주는 영혼"으로서 "위대하고 품격 있는 지도자"로 인정받는 사람이다. 145) 이같이 우사는 정치적 야심을 노골적으로 드러내지 않고 기회 닿는 대로 민족의 독립과 통일, 그리고 민주주의 발전에 보탬이 되고자 내심으로는 달갑지 않았던 일들을 마다하지 않고 대의명분에 따라 성심성의껏 처리하고자 노력했던 지도자였다. 정치인 우사는 개인 차원의 심리적 만족도나 정치적 성취도에서 결코 행복하지 못한 정치인생을 살았던 엘리트로서 무엇보다도 봉사적 리더십을 통해 민족과 국가차원의 문제해결에 나름대로 진력했던 인물이었다고 할 수 있다.

---

145) Robert K. Greenleaf, *Servant Leadership: A Journey into the Nature of Legitimate Power and Greatness* (New York: Paulist Press, 1977), pp. 7~48을 참조하라. 이러한 '봉사자 리더' 개념은 주로 교육자, 종교지도자, 문화단체 등에서 발견되는 지도자들에 대한 관찰을 바탕으로 한 것이며, 이론상 정치리더십의 범주에 포함되기는 어렵다.

제 6 장

이승만 대통령의 카리스마적 권위
그 성격과 한계

1. 머리말

한 국가의 발전과정에서 정치지도자와 엘리트의 영향력은 결정적이다. 한국 역시 해방 이후 집권한 대통령들의 의지와 목표, 그리고 정책집행 스타일에 의해 크게 영향받으면서 50여 년의 정치사를 이어왔다. 그렇기 때문에 이러한 발전과정의 한 부분인 제 1공화국 시기의 한국정치를 이승만 대통령(이하 이승만)의 정치리더십을 중심으로 고찰하는 것은 적실성 있는 분석과 평가를 위해 긴요하다. 더욱이 이때는 국가권력이 전체사회에 군림했고, 카리스마적 권위를 지닌 이승만의 일인독재로 특징되는 시기이기 때문에(한승주, 1981: 29) 당시 정치를 이승만의 정치리더십적 특징과 전개과정을 중심으로 살펴보는 것이 자연스럽다.

이승만에 대한 기존연구 중에는 전기물이나 이승만을 다른 정치지도자와 비교, 분석한 저술 등이 있다.[1] 어느 정치학자는 라스웰이

---

1) 대표적인 것으로 손세일, 《이승만과 김구》(일조각, 1970)가 있다.

제시했던 정치가 유형을 적용하여 그의 리더십을 선동가형으로 규정하기도 했다. 2) 이들은 물론 나름의 문제의식에 따라 산출됐지만, 대체로 이승만을 일방적으로 미화하거나 매도하는 전기적 연구이거나, 심리학적 이론을 원용하여 그의 "권력지향적 속성"을 부각시킨다. 3)

한 시대의 정치과정에 대한 리더십 접근이란 단순히 정치지도자 개인에 대한 심리학적 유형화를 시도하거나 그의 일대기를 기술하는 것만이 아니다. 터커의 지적대로(Tucker, 1965) 한 정치지도자의 개인적 특성이 구체적 정치과정에서 어떻게 전개되었는가를 검토하는 것이 정치에 대한 리더십적 접근의 주요한 부분이다. 우리나라 정치학자들은 그간 주로 정치에 대한 제도 및 구조주의적 접근과 정치사상 연구에 집중했기 때문에 우리 정치에 대한 리더십 접근은 자연히 경시되었다. 이제 특정 지도자에 대한 개념적 유형화나 정치심리학적 분석을 넘어서 정치지도자 개인의 리더십적 특성이 무엇이며 그것이 구체적인 정치과정에서 어떻게 전개되고 영향력을 발휘했는지를 검토해야 한다.

이 장에서는 집권전기(執權前期) 이승만의 정치리더십이 현실적으로 어떠한 개인적, 사상적 특징을 지녔으며, 또 어떠한 행동으로 전개되었는지를 검토하고, 이를 한국정치의 권위주의적 특성과 관련하여 평가하는 것을 목적으로 한다. 이를 위해 필자는 "이승만이 당시의 정치를 주도했던 지도자로서 정치환경과 어떠한 '상호작용'4)을 하

---

2) 한승조, 《리더십 이론에서 본 한국정치의 지도자들》(대정진, 1992), pp. 95~101.

3) 손봉숙 교수는 이승만의 리더십도 고려하면서 자유당시대의 정당정치를 연구하였다. 손봉숙, "한국 자유당의 정당정치 연구, 〈한국정치학회보〉 제 19집(1985), 특히 pp. 179~182를 참조하라.

4) 정치리더십을 연구하는 사회과학자들은 리더나 리더십은 '지위중심적'인 '엘리트' 개념과 달리 국민과의 상호작용을 핵심으로 하는 '관계중심적'인 개념임을 강조하고 있다. 이에 대해서는 William A. Welsh, *Leaders and Elites*

였는가?"라는 질문에 따라 그가 국회 및 정당의 정치엘리트들과의 갈등과정에서 어떻게 행동했는지를 살필 것이다. 지면의 제약 때문에 연구의 범위를 제 1공화국 시기의 전반기에 해당되는 제 1대 제헌국회와 제 2대 국회로 국한하여 이 시기 그가 국회와의 정치적 관계5) 에서 보여준 행동으로 한정하겠다.

2. 이승만 대통령의 정치적 성향: 카리스마적 권위

먼저 여기에서는 대한민국 초대 대통령이었던 이승만을 개인차원의 목적에 따라 권력만 추구하는 존재로서가 아니라 "나름대로의 의식과 목표를 가지고 민족적 차원의 문제해결을 위해 노력했던 여러 정치지도자들 중의 한 사람"으로 간주하여, 6) 카리스마적 지도자로서 그가

(New York: Holt, Rinehart and Winston, 1979), pp. 17~21 및 James M. Burns, *Leadership* (New York: Harper & Row, 1979), pp. 18~23을 참조하라.

5) 제 1공화국 시기의 행정부와 국회와의 관계에 대한 연구로는 백영철, "제 1공화국의 의회정치에 관한 연구: 의회와 행정부관계를 중심으로," 〈한국정치학회보〉 제 25집 1호(1991), pp. 133~158이 있다.

6) 이것은 그가 풍미했던 정치심리학적 또는 라스웰식 일반화(*Lasswellian generalizations*)가 정치에서 정치가들의 '의식적이고, 합리적인' 사고의 기능을 경시하거나 역사·사회적 결정요소들을 소홀하게 취급하는 경향을 초래했다는 많은 학자들의 지적과, 앞으로의 정치연구는 정치철학(목표), 정치분석(상황과 조건), 그리고 정치행동(전략) 등 세 가지 차원을 종합적으로 고려하는 방향으로 진행되는 것이 바람직하다는 견해를 바탕으로 시도된 것이다. 이러한 견해를 뒷받침하는 연구로는 Fred I. Greenstein, "Personality and Politics: Problems of Evidence, Inference, and Conceptualization," *The American Behavioral Scientists* II-2 (November-December 1967), p. 41; Robert A. Dahl, *Modern Political Analysis*, 3rd

지녔던 개인적 특징과 가치관 및 이념적 지향을 살피고자 한다.

1) '압도적' 경력의 독립운동 지도자

1945년 8월 15일 이후의 해방정국은 사상의 백화제방기라고 부를 만큼 다양한 정치이데올로기들이 난무하던 시기였다. 미국과 소련이 38선을 중심으로 한반도를 분단, 점령함으로써 한민족의 입장에서 볼 때, 남한은 미국의 자본적 민주주의의 영향을 받으며, 북한은 소련의 프롤레타리아 민주주의의 영향을 받으며 각기 새로운 통일민족국가의 건설을 기도했다(안재홍, 1983: 342~343). 이러한 국토의 분단은 해방 이전의 민족운동이 좌우로 분열되었던 사실과 함께 민족의 장래에 매우 무거운 정치적 부담이었다.

이러한 상황에서 이승만 박사가 귀국했다. 그는 미국에 망명해서 오랜 기간 동안 독립운동 지도자로서 활동했다. 따라서 민족지도자로서 이미 확고한 위치를 차지했고, 해방 후 미군정청의 반대로 일개인의 자격으로 환국했으나 해방정국에 등장한 많은 정치가들을 단연 압도할 만한 명성과 경력을 갖춘 존재였다(한배호, 1994: 44). 이승만은 독립협회를 이끌었던 주요 인물 중 한 명으로서 만민공동회에서 감동적이고 애국적인 연설로 조국의 독립을 계몽했다. 또한 그 이유로 6년간의 옥고를 치렀던 청년 지도자였다. 그는 옥중에서 《독립정신》을 저술했고, 풀려난 직후 곧장 도미 유학하여 프린스턴대학에서 정치학 박사학위를 받았다.[7] 1910년 귀국하여 YMCA에서 일했

---

ed. (Englewood Cliffs: Prentice-Hall, 1976), p. 115; George Beam and Dick Simpson, *Political Action: The Key to Understanding Politics* (Chicago: Swallow Press, 1984), pp. 3~56 등이 있다.

7) 그의 학위논문 "Neutrality As Influenced by the United States"는 1911년

고, 〈협성회보〉 논설위원, 〈매일신문〉 사장, 그리고 〈제국신문〉 편집인으로 활동하며 민주계몽을 통한 개화자강운동에 크게 공헌했다 (이달순, 1992: 89).

그가 대중 앞에 나타나 활동한 기간은 불과 4년뿐이었다. 그러나 독립과 개화를 계몽했던 지도자로서 이승만의 이러한 경력과 명성은 3·1독립운동 이후 나타난 6개의 임시정부로 하여금 그를 실권자로 추대하게 만들었다. 5개의 임시정부에서 국무총리로 추대되었고, 일부에서는 부통령을 겸하기도 했다. 또 상하이 임시정부에서는 대통령이 없는 내각수반으로서 총리였고, 한성 임시정부에서는 집정관총재로 추대되었다. 그는 임시정부가 구성되었던 노령이나 상하이나 서울, 그리고 기호지방이나 평안지방에 있지 않았고 그를 추종하는 조직적 세력도 없었다. 이 같은 이승만의 명성과 위세는 혼란스러웠던 해방정국에서도 역시 마찬가지였다.

1945년 10월, 이승만이 귀국하자 남한의 정치지도자들은 모두 그를 찾아와 자기 정당의 지도자가 되어 줄 것을 희망했다. 여운형이 주도하던 조선인민공화국은 그의 귀국을 환영하는 담화를 발표하고 환영회를 준비한다고 했다. 조선공산당 당수 박헌영도 이승만을 방문하여 공산당을 이끌어 달라고 요청했다. 그러나 이승만은 초당파적 입장을 견지하여 이들 중 어느 편의 요구도 들어주지 않고 있다가 귀국한 지 일주일 만인 10월 23일 조선공산당을 포함한 각 정당사회

6월 그가 속해 있던 Department of History, Politics and Economics에서 통과되었으며, 한국인 최초로 정치학박사 학위를 받았다. 흔히 Doctor of Philosophy(Ph. D)를 직역해서 그가 철학박사를 받았다고 했으나, 오늘날 표현으로는 정치학박사가 정확하다. 김학준, 《한말의 서양정치학 수용 연구: 유길준 안국선 이승만을 중심으로》(서울대 출판부, 2000), p.185를 참조하라.

단체 대표 2백여 명을 조선호텔에 모아 놓고 독립촉성중앙협의회를 결성하기로 결의하였다(이달순, 1992: 91~92). 이럴 정도로 해방정국에서 이승만이 누렸던 위세는 대단한 것이었다. 이것은 물론 이승만에 대한 당시 국민들의 기대와 지지를 의미하는 것으로, 3년 후 남한만의 단독정부가 그의 주도하에 수립되어 대한민국 제1공화국이 출범했을 때에도 이승만은 '국부'와 같은 존재로서 타의 추종을 불허하는 카리스마적 영향력을 지니고 있었다.

2) 행동을 앞세웠던 반공주의자

그러나 이승만이 비록 명성과 위세를 누렸던 정치지도자였지만, 개인적 성격은 늘 "느낌과 감정이 앞서고 행동하기에 바쁜"(한승조, 1992: 91) 인물이었다. 또 이승만은 모든 민족구성원들이 단결해서 새 나라를 세우자는 주장 외에 민족적 정체감을 깊이 있게 밝혀주고 일깨워 줄 수 있는 논리를 제대로 제시한 바도 없다. 다시 말해서, 그가 현실감각이 뛰어난 비상한 지능의 소유자이었지만, 사상적 깊이와 감정적 넓이가 남다른 지도자로서의 풍모를 충분히 지니지는 못했던 것 같다. 말하자면 그는 사상가적 기질보다 다분히 행동가적 기질이 더 강했던 정치지도자였던 것 같다. 이승만이 1945년 10월 귀국해서 행한 다음과 같은 연설은 이 같은 그의 성향을 잘 보여준다.

나에게는 아무런 정견도 없다. 다만 국내의 여러분과 합동하여 우리의 손으로 우리의 일을 할 수 있는 우리 국가를 하루빨리 세워야겠다는 것밖에 없다. 우리가 잘 단결하면 내일이라도 우리의 국가를 세워 산적한 모든 문제를 의논할 수 있다고 믿는다. 8월 15일 후 우리 국내에 50이 넘는 정당이 난립하였다는 소식을 듣고 한심하게 생각했다. 우리가 당면한 문제 중 가장 긴급한 문제는 완전한 독립이 아니 겠는가. 그러자면 우리 국가를 찾자면 하루빨리 뭉쳐 총선거를 단행 하여 새 국가를 세워야 할 것이다. 그런 후 인민의 총의에 의하여 어 떻게든지 해결할 수 있다고 생각하면, 연합군도 인민의 총의에 의하 여 결정되면 우리를 무시할 수 없을 것이다(한승인, 1984: 125).

그가 "나에게는 아무런 정견도 없다"라고 말한 것은 자신을 겸손하 게 낮추거나 이데올로기적으로 혼미했던 당시의 국내정국을 염려한 결과에서 비롯된 표현일 수도 있다. 그러나 "합동"과 "단결"을 말하면 서 아무런 원칙도 제시하지 않았으며, "새 국가"의 건설을 주장했지만 그것이 어떠한 성격의 나라인지를 자세하게 설명하지 못하였다. 이러 한 그의 발언은 이런저런 사상적 논의가 필요 없이 바로 자기 자신이 민족단결과 새 국가의 중심임을 말하려 했음을 보여주는 예라 할 수 도 있다. 즉, 이념이나 사상을 따지면서 어떤 나라가 좋으니 나쁘니 하기보다, 하루빨리 자신을 중심으로 뭉쳐서 나라를 세우는 것이 급 선무이니 서둘러 행동하는 것이 무엇보다 중요함을 주장한 것이다.
　동시에 그는 아주 단호하고도 적극적인 반공주의자였다. 그는 독 립운동지도자로서 대단한 반일감정의 소유자였지만 그의 반공의식은 더 철저했다.[8] 그리고 그의 반공의식은 해방 후의 정치투쟁에서 생 겨난 것이 아니라 망명시절부터 이미 굳어진 가치관이었다. 그는 제 2차 세계대전이 끝나기 전인 1945년 초 미국의 어느 신문에 발표했던 기고문에서 "공산주의자들은 어디에나 있는 것 같다. 그들은 아주 강

---

8) 그의 반일감정으로 미루어 보아 부일 및 친일세력에 대한 불신과 반감도 컸 을 것으로 짐작되지만 공산주의자들에 비한다면 이들은 주적이 아니라 차적 이었다고 할 수 있고, 이후 이승만과 친일세력과의 협력관계도 이러한 관점 에서 설명될 수 있을 것이다(한배호, 1994: 45).

압적이고 사납게 선전공작을 벌인다. 그들은 가난한 대중 속에서 선동하고 혁명을 선동할 풍부한 자금을 가지고 있다. 그들은 게릴라전을 전개할 무기도 갖고 있다. 그들은 정권을 차지할 때까지 선동을 계속한다'라고 썼다. 이어서 그는 각국에서 준동하는 공산주의자들은 소련으로부터 정신적, 물질적 지원을 받고 있다고 경계하고, 일반적으로 어느 나라라도 각 단체들이 자신들의 문제를 스스로 해결하도록 하고 자기들의 정부를 세우도록 방치하면 전체의 염원을 대표하는 다수가 소수의 문제도 해결해 나갈 수 있는데, 불행하게도 공산주의자들 때문에 그렇지 못하다고 비판하면서 공산주의자들과의 타협가능성에 대해 부정적 견해를 피력하였다(한배호, 1994: 44~45).

그러나 해방 직후 이승만은 미국정부와 미군정 당국, 그리고 한국민에게 폭넓은 지지와 존경을 받고 있었기에 갓 귀국했을 때는 반소, 반공적 표현을 의식적으로 자제했다(손세일, 1970: 171). 1945년 10월 21일, 그는 서울 중앙방송을 통해 "나는 공산주의에 대해 호감을 가지고 있으며, 한국의 경제대책도 이에서 취택할 점이 많으나 극렬한 분자가 농민의 추수를 방해하고 동맹파업을 선동하는 등의 행위는 지양되어야 할 것이다"(송남헌, 1990: 231)라며, 공산주의에 대해 선택적 입장을 취하기도 했다. 하지만 11월 7일 인공주석 취임 거부 후 임정세력과 공산당 사이의 협력문제가 결렬되자, 12월 17일 방송을 통해 극렬한 반공연설을 했다. 여기서 그는 "공산주의를 반대하는 것이 아니라 노국(露國)을 조국이라 부르고 동족을 팔며 군기(軍器)를 사용하여 재산을 약탈하는 공산당 극렬파의 파괴주의를 원치 않는다"면서 "자신의 합동공작을 거절하는 공산당과 타협은커녕 애국자면 누구나 목숨을 내놓고 싸워야 한다"(손세일, 1970: 194~197)고 주장했다. 9)

———
9) 이 같은 이승만의 극렬한 반공노선은 이후의 정치과정에서 좌우협력의 가능성을 해소시키는 결과를 초래했던 것이다. 신병식, "분단국가의 수립과 이

이승만이 이토록 강렬한 반공주의를 채택한 것은 그가 미국에 유학하고 거기서 여러 활동을 하는 동안 공산주의에 대해 각별한 관심을 갖고 공부할 기회를 갖지 못했다는 점과 강대국들 사이의 역학관계의 성격에 따라 국제정치를 조망하는 가운데 미국의 대한정책을 가능한 한 한국과 자신에게 유리하게 만들려던 데에서 연유했을 가능성이 높다(진덕규, 1981: 14~18). 그는 반공의 기치를 높이 들며 제1공화국의 정부를 수립하는 데 성공했고, 1948년 4월의 제주도 '4·3 폭동', 같은 해 10월의 '여순 반란사건', 6·25 남침 등으로 반공무드가 확산되면서, 그의 반공노선은 평가받기 시작했다. 이러한 배경 때문에 이승만시대의 자유민주주의는 "반일, 반공노선을 정당화 또는 미화하기 위한 명분을 넘어서지 못했으며"(한승조, 1992: 89) 그가 비록 자유민주주의를 말했다고 했지만, 실제로 그는 민주보다 반공에서 그 정치적 정통성의 근거를 찾고자 했다(차기벽, 1980: 53).

3) 지도자의 역할을 강조한 미국 민주주의 옹호자

이승만은 명문가의 6대 독자로서 원래 유교철학으로 매우 보수적인 교육을 받고 자란 전통적 양반 엘리트의 일원이었다(이정식, 1983: 324). 그러나 그가 배재학당에서 공부하면서, 그리고 선배 서재필 등과 함께 협성회, 독립협회, 만민공동회 등의 활동을 하면서 미국식 자유민주주의의 이론과 실제에 대한 이야기를 듣고 많은 감명을 받았다.[10] 그는 잠시 감옥에 갇혀있을 때도 죄수들에게 서양의 민주주의

승만 노선," 이수인 편, 《한국현대정치사 1: 미군점령시대의 정치사》(실천문학사, 1989), pp. 327~328을 참조하라.
[10] 예컨대, 서재필은 "미국에서 인민의 권리라는 것을 대단히 존경합니다. 각 도 고을에서 백성들이 각기 자기들 마음에 맞는 훌륭한 인물을 선거해서 정

를 강의하기도 했고, 옥중에서 쓴 《독립정신》이란 책에서 국가는 의회와 같은 것이라고 언급하면서 "국민은 모두 의회의 의원이다", "국민의 원조 없이는 관리는 권리가 없다", "국민이 주의하지 않으면 악이 좀먹게 된다"(이원순, 1988: 69~70) 등의 내용을 중심으로 서양민주주의를 소개했다.

또 이승만은 *Japan Inside Out*이란 책을 통해 "정부의 민주주의 원칙을 믿는 사람은 근본적으로 개인주의자", "정부의 권력은 시민권으로부터 나온다", "민주주의는 국민이 정부에 절대 복종해야 한다는 전체주의적 이데올로기와 달라서 국민의 권리는 정부의 강압가능성에 대해서도 보호되어야 한다", 그리고 "행정, 입법, 사법부는 권력행사면에서 서로가 견제 또는 상호협조를 하게 되어 있다"는 등 그가 미국에서 보고 배운 자유민주주정치의 기본적 내용들도 서술했다.[11] 또한 그는 "미국 민주주의는 전체주의의 바다 가운데 있는 단 하나의 섬"과 같이 당시 세계의 대부분을 지배하던 일본, 러시아, 독일, 이탈리아 등 전체주의 세력에 의해 위협받는 것과 이에 대한 미국 국민들의 무관심을 안타까워하였다. 그는 민주주의에 익숙한, 영향력 있는 많은 미국인들이 미국과 외국의 분쟁상태에서 서슴없이 외국정부에 유리하게 발언하는 것을 비판했으며, 미국민들이 "국민의, 국민에 의한, 국민을 위한 정부는 멸망하지 않는다"는 링컨의 말과 "우리는 민주주의를 위하여 세계를 안전하게 만들고자 투쟁하고 있다"는 윌슨

부에 보내면 정부는 의회를 조직하고, 그들이 정하는 대로 온갖 정치를 운영합니다. 법도 그렇게 해서 정합니다. 그러니 미국에서는 정부가 하는 일에 백성이 불평을 갖는 일이 없습니다"라고 말하여 이승만을 흥분케 했다고 한다. 이원순, 《인간 이승만》(신태양사, 1988), p. 29, p. 33, p. 36 참조.
11) 이 책은 이종익 교수에 의해 《일본제국주의 군상》(나남, 1987)으로 번역되었음. 이 책의 제 15장은 "민주주의 대 전체주의"로 여기에 인용된 부분은 pp. 241~242에 나와 있다.

의 말을 망각한 것 같다고 지적했다. 나아가 그는 미국이 쿠바, 필리핀, 중국 등에 다양한 지원을 제공하고 있음을 예로 들면서 "미국만이 인류의 향상을 위하여 큰 희생을 지불할 수 있다"는 것을 강조하고, 미국은 "합법적 방법으로 모든 사람을 위한 자유와 공정의 민주주의 원칙을 실천할 것을 여타 국가들에 장려함으로써 새로운 세계질서를 구축할 수 있을 것이라고 강변했다(이종익, 1987: 242~245).

그러나 여기에서 이승만이 미국식 민주주의를 해방 당시의 한국에 그대로 적용하는 것에 부정적이었다는 점을 필히 지적해야겠다. 그는 이미 1947년에 공개적으로 "미국식 민주정치는 한국문제의 해결에 도움이 되지 못한다"고 말했다(McDonald, 1989: 4). 즉, 수백 개의 원자화된 정당들과 정치집단들이 난립하여 파당적 이해관계에 집착하는 현실과 자유주의 전통과 자체적인 정치적 규율이 부재하는 토양은 자유민주주의의 발전에 저해요인이라는 것이다.[12] 이는 그가 이미 당시 한국인의 정치의식 수준이나 행동양식을 미국의 그것과 비교할 때 한국에서 민주정치가 쉽게 정착되기를 기대할 수 없다고 판단했음을 말해준다. 잘 알려진 것처럼, 당시 한국은 기본적으로 농업사회로서, 시민계층도 형성되지 못한 계급적 미분화상태에 있었고, 대다수 국민들도 근대시민적 훈련이나 경험이 거의 전무했다.[13]

이승만은 1951년 8월 25일, 신당조직에 관한 담화에서 해방 이후 당시까지의 한국상황에서 정당조직은 아직 이르다고 주장한 적이 있

---

12) 〈동아일보〉, 1948. 5. 22.
13) 한 사회학자에 의하면, 1955년 현재 한국사회는 자본가 계급이 0.3%, 신중간계층이 8.1%, 농어민층이 70.6%, 산업노동자가 5.9%, 기타 노동자(사무직 포함)가 3.3%, 주변 무산자층이 8.3%의 계급구성을 나타내고 있었다. 서관모, "한국사회의 계급구조," 김진균·조희연 편,《한국사회론: 현대한국사회의 구조와 역사적 변동》(한울, 1990), p. 122.

다. 그는 "우리나라에 사색편당(四色偏黨)의 역사와 그 습관성이 있어서 정당이란 것이 그러한 성질대로 구성된다면 우리 민국(民國)에 대단한 위험을 주게 된다"(한정일, 1987: 230~231)고 판단하고, 이미 민주주의 국가에서 정당들이 상호협조 및 견제의 원칙하에 존재하지만, 그렇다고 해서 언제나 "국민 전체를 위한다는 공동목표를 가지고 일치되는 활동"을 하지는 않는다고 지적했다. 그는 미국의 상황을 염두에 두고 "정당들은 그대로 방치하면 민주주의를 전복하고 독재권을 형성할지도 모르는 집단권력이나 혹은 주(州)의 권력을 약화하기 위하여 반대목적으로 작용하게 되어 있다"고 덧붙이고, 이런 정당활동은 "극도의 개인주의 발전과정과 보조를 같이 하여 여론을 통일하기보다는 오히려 분할하는 경향"이 있으며, "정부를 희생시키면서라도 자신의 자유와 권리를 주장한다"고 비판했다(이종익, 1987: 241~244).

한편, 이승만은 이러한 논의의 연장에서 제2차 세계대전을 전후한 시기의 유럽과 아시아 각국이 정치적 혼란과 무정부 상태에 처해 있음을 지적하고, 그 원인을 의회나 정당과 같은 민주적 정치제도의 유무보다 "현명한 통솔력의 결핍"에서 찾았다. 그는 "인간사회는 평화와 질서를 위하여 통솔력을 필요로 한다"면서 국가도 가족단위가 확장된 것일 뿐이므로 일정한 리더십 행위가 필요하다고 주장했다. 또 전체주의 국가가 독재 없이는 성립이 불가능하듯이 "민주주의적 사회도 행정적 지도자 없이는 역시 성립 불가능하다"고 했다(이종익, 1987: 244). 또한 이와 관련하여 "만일 국가의 규모가 작고 크고 간에 또는 정체(政體)가 민주주의적이든 전체주의적이든 그 국가의 안녕을 위하여 통솔력이 필요한 것이라면, 그것은 국가결합체의 안녕을 위해서도 똑같이 필요한 것이다"라면서 만일 국가사회가 "인간사회와 마찬가지로 구성분자의 전체적 안녕을 위하여 모든 일을 지휘할 통솔력을 갖지 못할 때는 타격을 받을 것이 명백하다"(이종익, 1987: 245)고 지적한 바도 있다.

요컨대, 이승만의 카리스마적 권위는 적어도 이상 세 가지 개인적 특성들(해외독립운동 지도자로서의 압도적 경력, 현실적 판단과 행동을 앞세운 반공주의, 그리고 혼란했던 해방정국에서 미국의 민주주의를 선호하면서도 강력한 리더십의 현실적 필요성을 인정했던 통찰력)을 내용으로 하는 것이었다. 그리고 당대에서 정치적 능력이나 학식, 그리고 경력 면에서 이승만을 능가할 인물을 찾기 어려웠고, 시간이 흐를수록 공산주의자들에 대한 불신이 커졌고, 자유민주주의를 대표하는 미국의 국내적 영향력이 점점 커졌기 때문에, 이승만의 카리스마는 더 부각되었다. 그렇다면 이승만이 지녔던 이러한 카리스마적 권위는 적어도 그의 집권 초기에 어떻게 전개되었나? 이러한 질문과 관련하여 다음의 절들에서 필자는 그의 집권전기 동안 전개되었던 이승만 대통령과 국회와의 관계를 집중 분석할 것이다.

3. 이승만 대통령과 국회와의 정치적 관계 (I): 제헌국회 시기

1) 대통령중심제 헌법과 국회의 '양보'

5·10 총선거를 통해 대한민국의 제1대 제헌국회가 구성되었다. 그러나 5·10 총선에는 좌익과 김구 및 김규식을 따르는 민족진영인사들이 대거 불참했기 때문에 당초 제헌국회는 한국민주당과 독촉계열에 의해 독점될 것으로 예상되었다. 그러나 결과는 예상외였다. 한민당은 91개 선거구에서 29명만이 당선되는 이변이 일어났고, 후에 독촉과 무소속으로 출마해서 당선된 의원들을 교섭하여 80여 명을 결속시킬 수 있었다. 이러한 한민당은 가능한 한 빨리 제헌국회를 소집,

헌법을 제정하고 강력한 중앙정부를 수립함으로써 머지않아 출범할 대한민국정부의 지배권을 장악하고자 하였다(심지연, 1987: 194). 즉, 한민당은 내각책임제 헌법을 성립시켜 이승만을 초대 대통령으로 추대하고 내각을 실질적으로 장악하기를 바랐다.

이러한 배경에서 국회는 정부형태를 규정짓는 헌법을 제정하기 위하여 산하에 30명의 의원으로 구성되는 헌법기초위원회를 설치하였다. 이때 헌법기초위원 30명 중 한민당 관련자가 14명이었고 10명의 전문위원에도 권승렬, 노진설, 유진오 등 3명이 포함되었기 때문에 한민당은 어떠한 형태로든 헌법기초과정에 그들의 영향력을 행사할 수 있었다. 이 당시 "이승만 박사는 곧 한민당의 영수이며 한민당은 곧 남한정부"라는 것이 일반적 관측이었고, 한민당 측 역시 정부수립 이후에도 이승만과의 우호적 제휴관계가 지속되리라는 전망을 전제로 내각제 헌법안을 선호하고 있었다. 그리하여 헌법기초위원회는 40여 일간의 노력 끝에 내각책임제 헌법안을 마련하여 본회의에 상정할 준비를 마쳤던 것이다(심지연, 1987: 192~194).

그러나 제헌국회의 초대의장[14]으로 당선된 이승만은 개식사를 통하여 새로 수립될 정부는 3·1운동 직후 자기를 집정관총재로 선출했던 한성정부를 계승하는 정부라고 함으로써 자신은 집정관총재, 즉 대통령중심제 정부의 집권자가 되겠다는 뜻을 밝혔다(이달순, 1990: 90). 또 그는 한민당이 내각책임제를 통하여 정치권력을 장악하고자 기도하고 있음을 간파하고 실권 없는 대통령에 취임하기를 거부했다. 그리하여 이승만은 "내각책임제 헌법초안이 그대로 통과되면 그러한

---

14) 제헌국회의 초대의장으로서 이승만은 민주적 의사진행원칙을 소개하고 실천함으로써 한국의 국회사에서 의회 내 리더십의 하나의 전형을 보여주었다. 백영철, 《제1공화국과 한국민주주의: 의회정치를 중심으로》(나남, 1995), pp. 120~122를 참조하라.

헌법 아래서는 어떠한 지위에도 취임하지 않겠다는 뜻을 한민당에 통고하고 고칠 것을 요구"했고(심지연, 1987: 194), 헌법기초위원회에도 출석하여 분개한 어조로 내각책임제를 대통령중심제로 번의해 줄 것을 은근히 협박하였다(이호진·강인섭, 1988: 61). 그로서는 건국 초기 자신이 대통령이 '될 수밖에 없게 된 상황에서' 자신에게 권력이 집중되어 자신의 정치적 리더십을 충분히 발휘할 수 있는 정부형태를 선호했던 것이다.

이리하여 순탄하게 진행되던 국회와 한민당의 헌법기초과정은 난관에 부딪쳤다. 그러나 당시 한민당 당수 김성수는 이승만의 이러한 요구에 저항하지 않고 순응적으로 반응했다. 김성수는 즉시 당간부와 헌법기초위원들을 모아 놓고 대통령중심제로 고칠 것을 역설했다. 이승만을 대통령으로 하지 않으면 독립이 늦어질 것이고 그러면 혼란이 올 것이기에 한민당이 양보해야 한다는 논리였다(심지연, 1987: 194).

결국 국회는 이승만의 반대의사를 받아들여 당초의 내각책임제안을 철회하고 미국의 대통령제와 영국의 의회제를 혼합한 대통령중심제 헌법을 다시 마련하였다. 이에 따르면, 대통령은 국회에서 선출하도록 되어 있었다. 대통령은 행정부를 대표하고, 동시에 국무총리와 대법원장에 대한 임면권(任免權)을 갖는다. 국회는 대통령 선출권과 국무총리와 대법원장의 승인권을 얻는다. 행정부는 국회해산권이 없고, 국회도 마찬가지로 행정부에 대한 불신임결의권이 없다. 국회의 헌법기초위원회는 이러한 헌법초안을 6월 23일 제16차 국회본회의에 상정했다. 국회에서는 이에 맞서 대통령중심제에 반대하는 내용 등을 비롯한 백여 건의 수정안이 제기되었으나 이것들이 "철회되지 않으면 다른 의도를 가진 것으로 볼 수밖에 없다"는 이승만의 엄포로 모두 철회되고 상정된 대통령중심제 헌법초안의 심의를 서둘렀다. 결국 이 법안은 상정된 지 2주일 만인 7월 12일 국회본회의에서 만장

일치로 통과되었다.

요컨대, 제헌국회의 벽두에 한민당을 중심으로 국회에서 추진되던 내각책임제 헌법초안은 이승만의 "언질에 충격을 받아"(심지연, 1987: 195) 대통령중심제로 바뀐 것이다. 즉, 이승만과 한민당 사이의 권력장악을 둘러싼 갈등과정에서 이승만은 자신의 카리스마를 최대한 활용하여 자신의 능력과 영향력을 마음껏 발휘할 수 있는 대통령제 정부를 원했고, 이에 대해 당시 국회 내의 핵심세력이었던 한민당은 "이분이 대통령 후보를 사퇴하면 정부는 수립될 수 없을 것이고 따라서 우리의 독립도 성취될 수 없을 것"15)이기 때문이라는 이유로 그의 요구에 응했던 것이다.

따라서 제헌국회 초기의 이 같은 정치과정을 이승만의 권력욕에서 비롯된 결과로만 평가하기보다는 그것과 함께 건국초기의 혼란상태에서 내각책임제보다는 대통령의 확고한 리더십에 의한 능률적 국정운용이 더 중요하다고 여겼던 그의 카리스마적 영향력과 그에 대한 당시 엘리트들을 포함한 일반국민들의 용인과 기대가 현실화된 결과로 보는 것이 타당할 것이다. 16)

---

15) 이러한 한민당이 후에 이승만 정부하에서 권력적으로 소외당하자 즉각, "시시비비주의"를 선언, 반기를 들었고, 정부수립 당일인 8월 15일에는 대통령이 독재를 하더라도 국회는 4년간 꼼짝할 수 없는 경우가 예상되기 때문에 다시 헌법개정을 주장하는 것이라고 변명하면서 자신들이 급작스레 뜯어고친 헌법을 또다시 고치자고 요구하기도 했다. 이 시기 한민당의 리더십 빈곤은 한국정치사상 정부형태와 권력구조가 통치자 1인의 의사에 따라 좌우되는 선례를 만들어 놓았을 뿐이다(심지연, 1987: 195).

16) 그의 권위가 국민과 국회의원들에 의해 수용될 수 있었던 배경에는 당시의 정치문화가 '시민적 정치문화'로 성숙되지 못한 상태에서 '준봉적'(遵奉的)이었다는 점도 지적되어야 한다. 이에 관해서는 윤천주, 《한국정치체계》(서울대 출판부, 1978), pp. 161~176; 손봉숙, "제 1공화국과 자유당," 한국정치학회 편, 《현대한국정치론》(법문사, 1987), p. 163; 김영명, "이승만 정권의

2) 국회 반민특위를 무력화시킨 대통령

5·10 총선에 의해 대한민국정부가 수립되자, 국민들은 미군정 3년 동안 미루어 오던 친일파 숙청을 요구하기 시작했다. 그리하여 1948년 5월 31일 개원한 제헌국회는 이러한 국민적 요구를 받아들여 친일반민족행위자들을 응징하기 위한 특별법의 제정, 이것을 실제로 담당할 특별위원회 구성을 준비하였다. 즉, 제헌국회는 헌법 101조에 "8·15 이전의 악질적 민족반역행위를 처벌할 수 있다"는 조항을 설치하고, 이에 근거하여 9월 7일 '반민족행위 특별처리법'을 제정했다. 또 8월 5일 김웅진 의원은 "민족반역자를 처벌함으로써 그들의 새 국가건설에 참여할 기회를 박탈해야 한다"고 주장하고 특별법 기초위원회의 구성을 긴급동의하여 반민특위가 구성되기에 이르렀다.[17] 당시 국회의 이러한 움직임은 여론의 적극적 지지를 받았다. 예컨대, 〈경향신문〉의 한 논설은 "오늘날까지 왜정에 아부하여 조국을 팔아먹고 동포를 괴롭혔던 악질적 친일파, 민족반역자를 처단하라는 국민의 부르짖음은 무시된 채, 관리로서 미군정 아래 구석구석 파고들어 앉았으며, 주요한 사업부문에 뿌리박고 들어가 조금도 양심의 가책을 받음이 없이 뻔뻔스럽게 활개치고 있다"고 지적한 다음, 과거 입법의원에서도 친일파, 민족반역자 처단법을 만들기는 했지만 실행에 옮기지 못했는데, 이제 "우리 손으로 뽑아 내세운 대변자 국회의원들이 문제를 들고 나선 것을 쌍수를 들고 환영하며" 그것이 단지 형식에 그치지 않고 반드시 실행되어야 함을 강조하였다.[18]

흥망과 그 정치사적 의미, 〈한국정치학회보〉제 25집 1호(1991), p. 115 등을 참조하라.

17) 반민특위의 결성 배경에 대해서는 이호진·강인섭, 《이것이 국회다》(삼성출판사, 1988), pp. 67~78에 상세하게 나와 있다.

또한 국회는 이승만이 신정부에 임명한 국무위원들과 기타 고위직에 보임된 인사들 중에 친일행동자가 있다고 판단하여 8월 16일 김인식(金仁湜) 의원 등 12명의 제안으로 "정부 내 친일파 숙청에 관한 건의안"을 가결했다. 이 건의안에서 국회의원들은 "신국가를 건설하여 신정부를 조직함에, 정부는 모름지기 친일적 색채가 없는 고결무후(高潔無后)한 인사를 선택하여 국무위원과 정부고관을 임명함으로써 민족정기를 앙양하여 민심을 일신케 함이 당연히 취할 방침임에도 불구하고, 근일 정부가 국무위원과 기타 고관을 임명함에 부일(附日)협력자를 기용함은 신국가 건설의 정신을 몰각한 부당한 조치라 규정하지 않을 수 없다"고 이승만의 내각을 비판했다. 반민법의 제정과 시행에 앞서 국회의원들이 신정부 내 친일파 인사로 국회가 지목했던 사람들은, 대동아문학자대회에 조선대표로 참석하고 친일 문필활동을 했던 유진오(兪鎭午), 조선어과목 폐지를 반대하는 학부모를 고발한 교동초등학교사건의 당사자였던 교통부장관 민희식(閔熙植), 체신부장관 윤석구(尹錫九) 등이었다. 19)

국회는 이 친일파 숙청 건의안을 낸 후 반민족행위자 특별처벌법안을 심의하기 시작했다. 이 특별법에 반대하는 의원들과 찬성하는 의원들 사이에 치열한 공방전이 벌어지는 사이에, 밖에서는 친일세력들의 조직적 방해공작과 공갈협박이 계속되었다. 어떤 친일행동단체는 국회의원들에게 반민족행위자 처단을 주장하는 자는 "공산당의 주구(走狗)"이며, "민족의 신성(神聖)"인 대통령에 절대 순응하라는 내용의 협박장을 보냈다. 그러나 국회는 친일세력들의 집요한 방해와

---

18) 〈경향신문〉, 1948. 8. 7.

19) 그러나 후에 윤석구는 친일인사가 아니었음이 밝혀졌다. 이상의 반민특위 및 친일파 숙청에 관한 대정부 건의안에 대해서는 김대상, 《해방직전사의 재조명》(해성, 1990), pp. 283~285.

협박에도 불구하고 9월 7일 전문 32조로 된 반민족행위 특별처벌법을 재석 141명 중 찬성 103표, 반대 6표의 압도적 표 차로 통과시키고 당일로 정부에 넘겼다(윤대상, 1990: 283~290).

그러나 그간 친일세력들로부터 많은 정치적, 경제적 지원을 받았던 이승만은 친일행위자 처벌에 대한 국민적 기대와 국회의 합법적이고 정당한 요구를 처음부터 무시하였다. 그는 국회에서 반민법 초안이 작성되고 친일세력들의 방해책동이 난무하던 때인 9월 3일, "지금 국회에서 친일파 문제로 많은 사람들이 선동되고 있는데, 이런 문제로 민심을 이산시킬 때가 아니다. … 무한한 언론으로 인신공격을 일삼지 말고 친일파 처리는 민심이 복종할 만한 경우를 마련해 조용하고 신속히 판결할 수 있는 제도를 마련해야 할 것이다"(윤대상, 1990: 290)라는 담화를 발표, 마치 대다수 국민이 친일파 처단을 반대하는 것처럼 말하면서 친일파 문제의 처리가 국민적 분열을 조장하는 비애국적 선동행위인 양 왜곡하였다. 또 그는 반민법이 국회를 통과하여 정부로 이송되자 "친일파 처단보다 나라의 토대를 튼튼히 하는 일이 더욱 중요하다"면서 친일파 처단의사가 없음을 분명히 했다. 그는 반민법을 거부하고 싶었지만 그럴 경우 정부가 국회에 제안해 놓은 양곡매수관계법안을 국회가 부결할 것을 예상하여 일단 받아 공포하였다.

이후 반민특위는 1949년 1월부터 이미 공포된 반민법에 따라 노덕술 등 반민족행위자들의 체포에 본격적으로 나섰다. 그리고 당시의 반민특위 활동은 국민들의 폭넓은 지지를 받았다. 언론들은 반민족행위자에 대한 처벌이 이승만과 친일세력들의 방해로 지연될 것을 염려하여 "민족정기가 살아 있느냐! 죽었느냐를 의심했으나 과연 민족정기는 죽지 않았다. 보라! 눈부신 특위활동을! 우리는 기대한다"[20] 면서

---

20) 〈서울신문〉, 1949. 2. 2.

반민특위를 크게 격려했다. 국회 반민특위는 2월 27일, 반민법을 방해하는 대통령 담화를 반박함이란 강경한 성명을 통해 "대통령은 항상 반민법 운영과 치안의 책임을 특위에 전가시키려는 듯하나 국민은 속지 않는다. 내 자식, 내 민족의 원수를 최고형으로 단죄하여 달라는 피눈물 섞인 호소를 대통령은 듣고 있는가. 대통령은 권력으로 정의를 억압하려고 하는데, 우리에게는 신성한 법과 삼천만의 의지가 있다"고 통렬하게 이승만을 공격했다(김대상, 1990: 292~293).

그러나 이승만은 두 차례의 대국민 담화(1949년 1월 19일, 2월 2일)와 한 차례의 대국회 담화(1949년 2월 15일)를 발표하여 국회의 반민특위 활동을 간섭, 방해, 협박하였다. 그렇지만 국회의 반민특위는 이승만의 그 같은 간섭과 방해에도 불구하고 계속해서 반민족행위자의 체포에 나섰다. 이승만은 하는 수없이 2월 22일 반민족행위자에 대한 처벌내용을 대폭 완화하고 반민특위를 대통령 산하에 두는 것을 골자로 하는 반민법 개정안을 국회에 제출하여 상황을 타개하고자 하였다. 이것은 사실상 반민족행위자에 대한 처벌을 결행하지 않겠다는 의도를 그대로 보여주는 정략적 포석이었다. 이승만은 신익희(申翼熙) 국회의장과 김병로(金炳魯) 대법원장을 불러 개정안의 국회통과를 종용하기도 했다. 그러나 2월 24일 국회 본회의는 이 개정안을 폐기했고 언론들은 "민족정기는 드디어 승리하다", "박수와 환성으로 뒤덮인 의사당" 등으로 보도하며 국회의 반민특위활동을 격려, 지지했다. 3월 28일부터 특별재판부에서는 반민족행위자들에 대한 재판을 시작하였다(김대상, 1990: 293~294).

사태가 이렇게 진전되자 이승만은 국회와 정상적 교섭 대신 경찰을 포함한 친일 고위관료 및 추종세력들을 동원, 폭력적이고 국회 외적인 방법들을 통해 반민특위의 활동을 방해하기 시작했다. 첫째, 이른바 '국회 프락치 사건'을 조작하여 반민특위에서 활약하는 주요 의원

들을 두 차례에 걸쳐 국가보안법 위반으로 대량 구속하였다(1949년 5
월 17일, 6월 21일). 둘째, 5월 31일에 탑골공원에서 국민계몽협회라
는 단체의 민중대회를 열게 하여 국회 프락치사건으로 구속된 의원들
의 석방결의안에 찬성한 88명의 의원들을 공산당원으로 매도하였다.
셋째, 서울시경 산하 440여 명의 사찰경찰들이 반민특위에 구속된
일제고등경찰 출신 경찰간부 2명의 석방을 요구하며 집단사임 등으
로 협박하고, 내무차관 장경근, 치안국장 이호, 시경국장 김태선 등
이 반민특위에 대해 구속경찰을 석방하지 않으면 실력행사를 하겠다
고 협박하는 처사를 방관 내지 이면 조종하였다. 넷째, 이승만은 무
장경찰을 동원하여 반민특위의 직원 35명을 체포, 구금하였다. 이렇
게 이승만은 동원할 수 있는 행정력과 경찰력을 최대로 활용하여 국
회 반민특위의 무력화를 기도하였다(오익환, 1979).

이승만의 이러한 반민특위 와해공작에 맞서 국회의 강경파 의원들
은 그의 영향력을 약화시키고자 내각책임제 개헌론을 들고나서기도 했
다. 이때 이승만은 철저하게 무시하던 국회에 출석하여(6월 13일) 국
회의 협조를 당부한다는 의례적 담화를 발표하여 국회의 체면을 세워
주는 제스처를 써 반민특위 피습사건은 흐지부지되었다. 더욱이 반민
특위 활동의 정신적 지주였던 김구가 안두희에 의해 암살되면서 특위
의 활동과 기세가 크게 위축되었다. 이런 분위기에서 국회는 7월 6일,
친이승만계 의원들에 의해 제안된 공소시효기일 단축개정안을 통과시
켰다. 그 결과 1950년 6월 20일까지로 된 반민법 공소시한이 1949년
8월 31일로 단축되었고, 반민특위활동은 사실상 한 사람의 친일행위
자도 처단하지 못한 채 끝나고 만 것이다(김대상, 1990: 296~297).

이승만은 국민적 성원하에 시도된 국회 반민특위의 활동을 초기에
는 국회와의 정상적 교섭을 통해, 그리고 후기에는 폭력적이고 비민
주적인 가용수단을 모두 동원하여 무력화시켰다. 그는 이 과정에서

대통령의 입장에서 국회 반민특위의 활동이 왜 허용되어서는 안 되는지에 대한 나름대로의 입장을 국회의원과 국민에게 민주적 방법으로 설득시켜 보려는 지도자적 노력을 보여주지도 못했다. 그는 국회의 요구를 들어주는 것이 자신의 권력기반 유지와 리더십 확립에 방해가 된다는 현실적 판단에 따라 반민특위의 활동을 억제하고 무력화시켰던 것으로 보인다(백운선, 1988: 186~197).

또한 반민특위의 활동이 폭넓은 국민적 지지를 받았지만 이승만이 이를 폭력적, 비합법적 수단을 동원하여 무산시킨 것은 그가 국민의 기대와 요구에 귀를 기울이고 이에 적절하게 반응하는 지도자의 자기혁신이 부족했기 때문이다. 이는 물론 그가 일제강점기 이후의 건국 과정에서 식민잔재가 청산됨으로써 정치적으로 민족정기가 올곧게 확립되어야 참다운 국민통합이 이룩되고 민주정치가 건강하게 뿌리 내릴 수 있다는 한국적 현실에 대한 자기성찰이 상대적으로 부족했고, 반일의식보다 철저한 반공의식을 지녔던 대통령이었다는 점과 깊이 연관된다. 이것은 다른 한편 이승만이 아직까지는 카리스마적 권위를 지닌 대통령이었음에도 불구하고 그것을 최대한 활용하여 국민적 기대에 부응하는 개혁정치를 적극적으로 실천하지 못하고 겨우 자신의 권력과 권위의 유지에 급급했음을 보여준 예라고도 해석할 수 있다. 요컨대, 건국초기 이래 '막강했던' 이승만의 카리스마적 권위는 반민특위의 활동을 자의적으로 무산시킨 이후부터 그 정치적 영향력을 점차 상실하기 시작했던 것으로 보인다.

4. 이승만 대통령과 국회와의 정치적 관계 (Ⅱ): 제 2대 국회시기

1) 묵살당한 대통령의 거부권

1950년 5 · 30 총선에 의해 구성된 제 2대 국회는 총의석수 210석의 3분의 2에 육박하는 126석을 무소속이 차지함으로써 제 1대 제헌국회와는 매우 다른 양상으로 출범하였다. 이것은 대통령제하의 이승만 정부와 기성 정당정치에 대한 국민들의 불만이 표출되고, 김구와 김규식을 따르던 민족진영 인사들이 대거 선거에 출마하여 국민들의 지지를 받았던 때문에 나타난 결과였다. 그러나 2대 국회는 개원한 지 6일 만에 6 · 25가 발발하여 6월 27일 새벽의 긴급 임시회의를 끝으로 수도 서울을 떠나 대전과 부산에서 회의를 가질 수밖에 없었던 피란 국회였다. 더욱이 많은 수의 의원들이 행방불명되거나 북한에 납치되어 정상적 국회운영이 어려웠다.

이승만 정부는 북한공산군의 불법남침으로 국가가 비상사태에 처하자, 대통령 긴급명령권, 계엄선포권 등을 발동하여 비상사태 수습을 위한 긴급조치를 취하였다. 다시 말해서, 전쟁발발 당일에 대통령 긴급명령 제 1호로 "비상사태하의 범죄처리에 관한 특별조치령"을 공포 · 시행하고, 7월 26일에는 대통령 긴급명령 제 4호로 비상사태하에서 계엄선포 지역 내에서의 군사재판의 소송절차를 간략하게 하여 반민족적, 비인도적 범죄사건의 신속처리를 기하기 위한 목적에서 "계엄하 군사재판에 관한 특별조치령"을 공포 · 시행하였다. 그러나 이같은 정부의 비상조치에 의하여 본의 아니게 북에 의해 부역하게 된 민간인이 처단되거나, 사설단체에서 사형(私刑)을 자행하는 경우가 많이 발생하였다. 비록 전쟁 중이라고는 하지만 국민의 기본권이 침해당하는 사례가 빈번하게 발생했다.

이러한 인권침해 사태에 당면하여 국회는 부산과 서울을 오가며 회의를 여는 와중에서도 이를 방지하고 국민의 인권을 보호하기 위해 인권과 관계된 3개 법안을 마련키로 하였다. 첫째, 1950년 9월 17일 국회법사위원회는 "사형(私刑) 금지법안"을 만들어 전시에 역도(逆徒) 또는 부역행위자에 대한 처벌을 이유로 임의로 타인의 생명, 자유, 신체, 재산에 침해를 방지하고자 했으며, 둘째, 국회법사위원회는 "부역행위 특별처리법안"을 만들어 반역행위가 경미한 자는 처벌하기보다 포섭하는 동시에 억울한 처벌을 받지 않게 예방하고자 했으며, 셋째, 압력단체였던 서울변호사회의 건의에 따라 마련된 11월 15일의 "비상사태하의 범죄처벌에 관한 임시조치령 중 개정안"은 위증과 직권남용으로 사실을 날조한 자는 사형 등 중형에 처한다는 규정을 완화하고 중형에 처해진 자에게 재심청구의 기회를 부여하도록 하였다. 요컨대, 이상의 3개 법안들은 모두 6·25라는 비상사태를 빙자하여 자행되기 쉬운 국민기본권 침해와 권력기관의 직권남용을 예방하기 위해서, 바꾸어 말하면 전시 중에 범하기 쉬운 행정부의 독주와 이승만의 독선적 경향을 제동하기 위해서 제출된 것이다. 이 3개 법안들은 본회의의 축조심의를 거쳐 각각, 9월 19일, 9월 29일, 그리고 11월 23일에 가결, 공포되었다(한정일, 1987: 211~218).

그러나 이승만은 이상의 3개 법안에 대해 거부권을 행사하였다. 그는 각각의 법안에 대해 이의서를 첨부하여 국회에 환부함으로써 국회에 대해 재의(再議)를 요구하였는데, 그 이유는 대략 다음과 같은 것들이었다. 첫째, 사형(私刑) 금지법안은 군인과 경찰의 사기에 중대한 영향을 미칠 뿐 아니라, 현행법으로라도 더 중하게 처벌할 수 있으므로 동일 내용의 법을 이중으로 만들 필요가 없다. 둘째, 부역행위처리에서 피의자에 대한 심판을 위해 심사위원회를 조직한다는 것은 부적절하다. 셋째, 사건의 수가 많아 판사가 심히 부족한 상태에서 현재의 상태로는 재심할 시간적 여유가 없다.

이 같은 거부권의 행사는 물론 제헌국회 때부터 지속된 국회와 이승만 행정부 사이의 갈등관계가 표면화된 것이다. 3개 인권법안에 대한 이승만의 거부권 행사로 이를 재심의하게 된 당시의 국회는 총 210명 중 전쟁으로 인한 피랍 및 행방불명된 의원 27명, 사망한 의원 8명, 도합 35명의 의원들이 결원된 상태여서 다소 어수선한 분위기를 유지했으나, 국군과 유엔군이 서울을 수복하고 북진을 계속하는 동안 다시 활기 있는 원내활동을 했다. 이 3개 인권법안을 처리하게 될 제8회 임시국회의 원내세력분포를 보면, 민국당 40, 친정부적 민정동지회(民政同志會) 40, 국민구락부 20, 무소속구락부 50, 무소속 20여 명 등으로 이승만을 지지할 수 있는 의원은 최대 40명이었다. 그러나 신익희가 국회의장이던 제8회 임시국회는 서울과 부산에서 열렸던 본회의를 통해 3개 법안을 모두 압도적 찬표로 통과시켰다. 1950년 12월 20일경, 서울에서 열린 국회 본회의는 "사형금지법안"을 재석 144명 중 찬성 134표, 반대 1표로, "부역행위 처리법안"을 재석 144명 중 찬 128, 반 2표로 각각 원안대로 통과시켰고, 1951년 1월 18일 부산에서 열린 본회의는 "범죄처벌에 관한 개정안"을 재석 124명 중 찬 115, 반 1표로 역시 원안대로 통과시켰다. 이 대통령의 거부권행사에도 불구하고 3개 인권법안은 국회에서 재의결되어 법률로서 확정된 것이다(한정일, 1987: 215~217).

더구나 여당 의석수가 40명이나 되었음에도 불구하고 반대 한두 표로 3개 인권법안이 국회의 재의결과정을 거쳐 법으로 확정된 것은, 당시 카리스마적 권위를 지녔던 이승만이 국회나 국회의원들보다 "국민들이 최선의 상태로 발육하고 성장해 갈 수 있는 조건들"[21] 을 만들

---

21) 이것은 미국의 조직형태 이론가 베니스(Warren G. Bennis)가 시도한 지도자에 대한 '농부적 비유'(agricultural metaphor)에서 나온 것으로 그에 의하

어 주는 것에 소극적이었던 지도자였음을 보여주는 대표적 사례라 하겠다. 오히려 그는 전시상태임을 이용하여 자신의 권력기반 구축과 정치적 목적달성에 방해되는 세력을 제거하는 데 더 많은 노력을 기울였던 것 같다. 이승만은 한 국가의 지도자로서 일부 식견 없는 관료들처럼 법적 규정을 들먹이거나 정치적 이해타산에 얽매인 처신을 함으로써, 스스로 카리스마적 권위를 지닌 지도자로서 자신의 이미지를 크게 훼손시켰던 것이다.

2) 원외자유당을 택한 대통령

3개 인권법안의 국회통과로 이승만의 정치적 권위가 크게 타격을 받은 상태에서 이번에는 국민방위군사건과 거창 양민학살사건이 발생하여 전란 중인 1951년 초의 한국의 정계는 일대 파문에 휩싸였다. 이 두 사건의 진상이 국회차원에서 규명되는 동안 이승만과 행정부의 고의적 간섭, 압력, 협박이 자행되었고, 비록 일련의 법적 조치로 관련자들이 사법처리를 받았으나 국민방위군사건의 진상은 끝내 밝혀지지 않았고, 거창 양민학살사건으로 복역 중이던 군인들은 이승만의 명령에 의해 1년이 겨우 지난 뒤 석방되어 현직에 복귀했다.

이 같은 이승만의 실정(失政)에 대한 정치적 대응으로 정계에는 책임정치 구현론이 대두되었고, 특히 야당인 민국당의 김성수(金性洙)

면 리더십이란 "an active method for producing conditions where people and ideas and resources can be seeded, cultivated, and integrated to optimum effectiveness and growth"이다. Warren G. Bennis, "Post-Bureaucratic Leadership," *Trans-Action* 6-9(July-August 1969), p. 51; Glenn. D. Paige, *The Scientific Study of Political Leadership*(New York: The Free Press, 1977), p. 80을 참조하라.

가 부통령으로 당선되자, 국회에는 제헌국회 말기에 좌절되었던 내각책임제 개헌 움직임이 일어나기 시작했다. 1951년 7월 7일, 비판적인 국회의원들은 정헌주, 서민호, 권중돈, 윤길중 등을 중심으로 7·7 구락부를 결성하여 내각제 개헌운동을 추진했고, 이승만의 지지세력이었던 공화민정회는 5월 29일 원내교섭단체로 발족한 이래 야당인 민국당에 대항하기 위해 신당운동을 적극 추진했다. 당시 공화민정회는 재적 과반수를 상회하는 94명의 의석을 확보했으면서도 정당이 아니었기 때문에 민국당과의 원내투쟁에서 조직적 통일성을 보여주지 못하고 있었다(한정일, 1987: 228).

사태가 이렇게 진전되자, 이승만은 국회에서 간접선거를 통해 자신이 재선될 가능성이 희박해져간다고 느끼고 대통령직선제 개헌의 필요성을 절감했다. 동시에 그는 이러한 정치적 목적을 효율적으로 달성하기 위해 정당의 필요성을 인정하기에 이른다. "환국 이래 초당적 입장에서 정당정치를 경시, 외면해온 이 대통령은 초대 내각구성을 계기로 시작된 한민당과의 대립과 그 후신인 민국당과의 지속적 불화에 대처하고 정국의 안정을 위해 국회 내에 안정세력을 유지할 뿐 아니라 이승만 자신의 장기집권 포석을 위해서도 신당조직의 현실적 필요성을 절감하지 않을 수 없었다"(한정일, 1987: 230).

그리하여 임기종료 1년을 앞둔 이승만은 이 해 광복절 기념사에서 "그러나 지금은 시기가 와서 전국에 큰 정당을 조직해서 농민과 노동자를 토대로 삼아 일반국민이 나라의 복리와 자기들의 공공복리를 보호하기 위해서 정당한 정당을 만들 때가 왔다는 것입니다"[22] 라면서 정당결성의 의지를 공개적으로 밝혔다. 또 원내외를 망라하여 국내 각계각층의 대표들을 대통령 임시관저로 불러 "국리민복을 위하고 노

---

22) 〈서울신문〉, 1951. 8. 15.

동자, 농민 등 서민들의 복지향상을 위하는 참신한 신당을 만들어 달라"고 당부하였다(한정일, 1987: 230).

또 이승만은 이렇게 "국리민복"을 위한 목적에서 신당결성이 필요하다고 역설하는 한편, 신당결성은 자신이 필요해서라기보다 많은 국회의원과 민간지도자들의 자발적 요청에 자신이 부응해서 시도하며, 동시에 자신은 이러한 국민들의 기대와 요청을 후원하는 입장에 서서 신당을 추진하는 것임을 강조하였다. 8월 25일에 발표한 "신당조직에 관한 담화"에서 그는 "본 당의 조직은 국회의원 동지와 민간지도자들이 내게 요청하여 그 필요를 느껴 내가 후원해주기를 허락한 것이며, 상세한 규례와 조직 등에 대해서는 원칙적 의표(意表)를 같이 하는 여러 동지들이 수시로 협의, 작성해서 진행할 것이며, 각 지방조직이 상당히 이루어진 후에는 지방대표들을 소집해서 민의에 따라 간부를 선정, 조직할 것이며, 여기에 나는 별로 간섭치 않고 뒤에서 도와줄 것이나 세부진행 등에 관하여는 나는 책임이 없는 바이며 … "[23] 라면서 자신이 신당조직과 "초연한" 입장에 있는 것처럼 말했다.

그런데 이 신당결성 운동은 국회의 원내 이승만 지지세력과 원외 지지세력에 의해 두 갈래로 진행되었다. 양우정과 이재형 등의 원내세력은 12월 3일 자유당의 이름 아래 발당준비위원회를 구성하고, 23일에는 이승만을 중앙위원회 의장, 이갑성, 김동성을 부의장으로 선출하였다. 곧이어 이갑성, 이재학, 오위영 등은 국회에서 결당대회를 개최하여 정식으로 자유당을 발족시켰다. 이와는 별도로 원외에서는 당수에 이승만, 부당수에 이범석을 추대하여 12월 17일 부산 동아극장에서 발기인대회를 개최, 원래 의도하였던 통일노농당을 자유당으로 하여 강령, 당헌 등을 채택한 뒤 원내와 합당공작을 추진한

---

23) 〈서울신문〉, 1951. 8. 25.

다는 조건으로 결당식을 갖는다고 합의했다. 그러나 합당공작은 실패하였고, 원외 측은 나름대로 23일 동아극장에서 결당식을 개최, 또 하나의 자유당이 생긴 것이다.

이렇게 자유당이 두 갈래로 생기게 된 데에는 대통령직선제 개헌안에 대한 정치적 이해관계가 첨예하게 대립했기 때문이다. 원외자유당은 족청계가 중심이 되어 한청, 국민회, 노총, 부인회 등의 친여단체를 발판으로 삼았으며, 이승만을 절대시하며 그를 국민직선으로 대통령에 당선시킨 뒤 이범석을 부통령으로 앉혀 실권을 장악하려 했으며, 반면 원내자유당은 확보된 93석을 바탕으로 내각책임제 개헌을 성사시킴으로써 이승만을 상징적 국가원수가 되게 하고 대신 당시 국무총리였던 장면을 내각제하의 국무총리로 옹립, 실권을 장악하려는 속셈이었다(한정일, 1987: 231~233). 이리하여 2개의 자유당은 도저히 타협할 수 없는 상황에서 암투를 계속하였다.

그러나 자유당 결성을 둘러싼 이러한 갈등상황은 처음부터 이승만의 뜻에 따라 신당이 조직되었던 만큼 "이 대통령 자신이 원하기만 하면 … 얼마든지 막을 수도" 있는 것이었다. 그러나 이승만은 원래 자신의 재집권을 위해 "대통령직선제로의 헌법개정을 지지해 줄 자신의 정치적 기반을 확보하기 위해" 신당결성을 추진했었기 때문에, 스스로 원외자유당에 참가하고 그 결당식에 선언문을 보내 "오늘 자유당 결성은 나의 반백 년 몽상의 성취를 보게 된 것"이라고 치하, 자신의 권력기반을 원외자유당에 두고자 했다(손봉숙, 1987b: 242~243). 한편, 원내자유당은 1952년 1월 18일, 정부가 제출한 대통령직선제 개헌안을 부결시키는 데 대거 합세하여 이 대통령과 정치적으로 결별하는 수순을 밟아 나갔다. 그리고 원외자유당은 현직 대통령의 지원을 등에 업고 기존 사회단체를 대거 흡수하여 1952년 3월 20일의 제1차 전당대회에서 당원이 260만 명이라고 발표하는 등 한국정치사상 최초의 관제정당인 자유당으로 자리 잡아 나가기 시작했다.

요컨대, 이승만은 미국식 자유민주주의를 이상으로 하는 정치가였음에도 불구하고 자신의 정치적 목적에 따라 자유민주주의의 핵심제도인 국회와 국회의원을 철저히 무시했다. 그리고 이때까지도 자신을 '국민적 영웅'으로 인식한 모양인지 스스로의 필요에 따라 신당을 만드는 과정에서도 그로서는 '거추장스러운 존재'인 정당의 조직이 자신의 의지와는 관계없이 '국민적 열망'에 의해 만들어지는 것이며 자신은 단지 그러한 국민들의 뜻을 가상하게 여겨 수용하는 듯한 태도를 보였다. 이승만은 자유당 창당과정에서 자신의 권력유지를 위해 국민대중과 사회단체를 정치적으로 동원하고 국회와 국회의원을 자신의 정치적 도구로 간주함으로써,[24] 자신을 따르던 국회의원들마저도 그의 카리스마적 권위를 부정하기 시작한 것으로 보인다.

3) 발췌개헌안의 폭력적 국회통과

이승만은 자신의 재집권을 위해 자신을 지지해 줄 정당의 결성을 추진하는 한편으로 정부로 하여금 대통령직선제 개헌안을 국회에 제출케 하고 대대적 국민운동을 벌여 국회에 압력을 가함으로써 소기의 목적을 달성코자 했다. 그러나 이러한 그의 기도는 당시 허정 국무총리에 의해 일차 제동이 걸렸다. 대통령의 개헌안 준비지시를 받은 허정 총리는 첫째, 전쟁 중에 개헌파동으로 정치적 혼란을 야기해서는

---

24) 이러한 이승만의 정치행태는 일시적인 과도기적 조처였다기보다 그의 리더십 스타일로 보아야 한다는 견해가 제기된 적이 있다. Chong-Sik Lee, "The Personality of Four Korean Political Leaders: Syngman Rhee, Kim Ku, Kim Kyu-Sik and Yo Un-Hyong," 김준엽 박사 화갑기념위원회, 《한국과 아세아》(고려대 아세아문제연구소, 1984), pp. 181~226을 참조하라.

안 되며, 둘째, 당시 국회 내 세력분포로 보아 개헌안 통과가 무망 (無望)함을 지적하면서 이승만의 지시에 반대의사를 표명했다. 그는 "개헌으로 평지풍파를 일으키는 것보다는 오히려 국회에서 원만하게 재선되시도록 국회의원들의 등을 좀 두들겨 주십시오. 그 사람들도 선량이라는 자부심이 있는데 그동안 선생님이 그들을 너무 무시하지 않았습니까?"라고 진언했다(허정, 1979: 179~182).

그러나 이승만은 허정에게 개헌추진을 지시하였고 허정은 할 수 없이 곧장 국회와 타협에 나섰다. 당시 대부분의 국회의원들은 이승만의 독선적 정국운영에 불만을 품고 그를 견제하기 위한 방법으로 내각책임제 개헌을 의도하고 있었지만, 그렇다고 이승만을 대통령직에서 물러나게 할 생각은 없었던 것 같다. 예컨대, 이재학은 그의 회고록에서 "당시 야당지도자들도 이 박사를 대통령직에서 물러나게 할 생각은 없었다. 단지 내각책임제로 고쳐 국회에 책임질 수 있는 국무총리에게 행정권을 맡기고 이 박사를 대통령으로 선출한 후 그와 협의하여 전쟁을 수행하고자 했다"(손봉숙, 1987b: 247)고 썼다. 이로 미루어본다면 당시 이승만이 국회와 타협하여 정국을 이끌어 가는 것이 바람직한 정치적 대안이 될 수도 있었다. 그러나 당시의 국회와 야당(민국당)의 분위기는 설령 내각책임제 개헌을 성사시켜 이승만을 대통령으로 다시 뽑을 수는 있지만 당시 그가 추진하던 대통령직선제 개헌안의 국회통과를 절대 허용해서는 안 된다는 방향으로 정리되고 있었다. 따라서 허정의 대국회 타협노력은 성공할 수 없었고, 결국 1952년 1월 18일에 있었던 국회 본회의는 정부가 제출한 대통령직선제 개헌안을 재석의원 163명 중 찬성 19표, 반대 142표, 기권 1표로 부결시켜버렸다. 이때 원내자유당에 소속되었던 대부분의 국회의원들도 이승만의 직선제 개헌에 반대하였다(손봉숙, 1987c: 243).

국회의 반대를 확인한 후, 이승만은 원외자유당 및 산하 사회단체들을 동원하여 국회의원들을 규탄하는 관제데모 및 국회의원 소환운동의 전개, 지방의회의 구성을 통한 민의조작, 그리고 계엄령 선포등의 비합법적, 폭력적 수단을 총동원하여 직선제 개헌을 추진하기시작했다. 원외자유당은 한청, 국민회, 노총 등 18개 사회단체를 규합하여 개헌안 부결 반대 민중대회를 개최하는 한편 "민의를 배반한국회의원을 소환하라"는 이른바 헌법에도 없는 국회의원 소환운동을전국적으로 벌였다. 또 이승만은 건국과정에서 강력한 리더십의 확립이 필요하다는 이유로 그 실시를 유보했던 지방자치제의 실시를 서둘러 1952년 4월 25일에는 시·읍·면의회 선거를, 5월 10일에는 도의원 선거를 각각 실시하여 뜻하지 않은 지방의회를 구성하였다. 이로써 중앙정치무대인 국회에서 지지세력 구축에 실패한 이승만은 "자신의 입장을 지지해줄 민중적 세력기반을 지금까지 미루어 오던 지방의회에서 구하기에 이른다"(손봉숙, 1987b: 248).

이때부터 자유당 소속 지방의회의원들과 시, 군 단위의 청년단체들은 원외자유당 총본부의 지령에 따라 지역구 출신 국회의원 환영국민대회라는 이름하의 대중집회를 열고 내각제개헌안에 서명한 국회의원들을 공개적으로 성토했다. 또 지방선거 독려 차 순천에 갔던 서민호 의원이 국군대위 서창선을 권총으로 살해한 사건이 발생한 이후에는 임시수도 부산에서는 연일 데모가 일어났고, '백골단', '땃벌레'등 각종 정체불명의 단체 명의로 '살인국회 해산하라'는 구호와 전단이 거리에 넘쳤다(손봉숙, 1987b: 249). 이승만과 원외자유당이 조종한 이른바 부산정치파동이 서서히 절정에 이르기 시작한 것이다.

한편, 정부 측의 직선제 개헌안을 부결시키는 데 성공한 국회는 여세를 몰아 내각책임제 개헌을 성사시킬 계획을 세웠다. 야당인 민국당은 내각제 개헌만이 당을 중흥시키는 길이라고 믿고 이를 위해 정치자금까지 조달했다. 1951년 민국당의 사무총장이었던 조병옥에 의하면 민국당은 이 해 9월부터 이듬해인 1952년 4월까지 민국당 의원들의 생활보조는 물론 무소속구락부와 민우회의 활동자금까지 보조하면서 야권의 결속을 다졌다고 한다(조병옥, 1986: 296~297). 그리하여 이들은 1952년 4월 17일 개헌선을 1명 초과하는 123명의 연서로 내각책임제 개헌안을 정식으로 국회에 제출하였다. 이즈음 원내자유당은 개헌문제에 대한 이렇다 할 원칙을 세우지 못하고, 다만 5월 25일 비밀투표를 실시하여 행동통일을 기하기로 하고 있었다(손봉숙, 1987b: 247).

그런데 이승만은 이미 5월 14일자로 직선제와 양원제를 골자로 하는 개헌을 다시 제출하고 이의 통과를 위한 제반 조치를 강구하기 시작했다. 우선 4월 20일자로 당시 대통령 추대설로 자신과의 사이가 벌어진 장면 총리의 사표를 수리하고 국회부의장이던 장택상을 총리로 지명했다. 그리고 원내자유당의 부당수인 이범석을 5월 24일자로 내무장관에 임명하고 원내자유당이 비밀투표로 의견을 결정하려고 했던 바로 5월 25일 경남, 전북일대의 공비소탕을 명목으로 계엄령을 선포하고 영남지구 계엄사령관에 원용덕을 임명하였다. 이로써 이승만은 당시의 정국을 집권자 자의대로 요리할 수 있는 상황으로 만들었다.

다음 날 26일부터 야당의원들이 검거되기 시작했다. 이른 새벽에는 정헌주, 이석기, 서민호, 이용설, 곽상훈, 권중돈, 선우종원 등이 국제공산당과 관련되었다는 혐의로 구속되었다. 아침에는 50여 명의 국회의원들이 탄 출근버스가 기중기에 들려 헌병대에 끌려갔다.[25] 정부의 발표는 장면의 비서인 선우종원이 간첩과 접선하여 그

---

25) 부산정치파동에 대해서는 이호진·강인섭, 앞의 책(1988), pp. 118~145에 자세히 나와 있다. 그리고 당시 국무총리 장택상은 집무실에서 이 광경을 지켜보고 "오늘이 바로 대한민국이 장송곡을 부르는 날"이라고 한탄했다. 장

가 추대하는 자를 대통령으로 지지하는 것에 간첩의 동의를 얻고 이를 위해 막대한 정치자금을 받았다는 것이었다.[26]

이러한 이승만과 그 하수인들의 폭거에 대항하여 국회는 5월 28일 비상계엄령 해제요구에 관한 결의안을, 이어 5월 30일에는 구속 국회의원의 석방요구에 관한 결의안을 채택하며 사표를 제출했다. 또 미국에서 유엔한국위원단, 클라크 유엔군총사령관, 밴 플리트 미 8군 사령관 등이 속속 내한하였고, 6월 3일에는 미국 트루먼 대통령이 미국은 "한국에서 민주주의를 수호하기 위해서 군·경 원조를 하고 있다"고 경고하였다. 사태가 이 지경에 이르자, 민국당을 포함한 재야 세력은 총집결하여 6월 20일 반독재호헌구국선언대회를 열기로 했다.

그러나 이승만은 폭도들을 동원하여 이 대회를 무산시켰으며, 동시에 유진산, 김동명, 주요한 등 야당의원들을 체포하였다. 엎친 데 덮친 격으로 6월 25일에는 유시태와 김시현이 이승만 저격사건에 개입되었다며 수사망을 정계로 확대하여 정치파동은 갈수록 심각해졌다.

이러한 와중에서 유엔한국위원회의 사무총장인 메뉴의 제의를 수용한 장택상 총리는 정부의 개헌안과 국회의 개헌안을 절충한 발췌개헌안을 준비하여, 이를 국회에 제안했다.[27] 그래서 국회는 이 안을 심의하기로 하였으나 워낙 많은 수의 국회의원이 체포되었고 신변의 위협을 느낀 의원들이 피신해 있던 터라 본회의 개회를 위한 정족수

병혜·장병초 편, 《창랑 장택상 자서전: 대한민국 건국과 나》(창랑 장택상 기념사업회, 1992), p. 111.

26) 이에 따라 국회는 이진수, 김익로 의원 등 10명으로 국제공산당 관련 피의 사건 특별조사위원회까지 구성했다고 하나 후일 자체 해산되었다는 기록 외에 그 활동에 대해서는 아무런 기록이 없다(손봉숙, 1987: 250).

27) 이 배경에 대해서는 허정, 《허정회고록: 내일을 위한 증언》(샘터사, 1979), pp. 184~185; 라종일, "1952년의 정치파동: 행정부, 의회, 군부, 외국의 상호작용," 〈한국정치학회보〉 제 22집 2호(1988), pp. 211~214를 참조.

가 많이 모자란 형편이었다. 사태가 이렇게 되자 이 발췌개헌안으로 정치적 목적을 달성하고자 했던 이승만 지지자들은 이범석 내무장관과 협의하여 구금된 의원들을 석방조치하는 한편, 피신한 의원들을 찾아서라도 의결정족수를 채우고자 했다. 그리하여 곽상훈, 이용설, 권중돈 등 10명의 의원들이 석방되었다.

그러나 이때 야당의원들은 국회에 연행당해 이틀씩 연금되었다. 이러한 강압적 상태에서 7월 4일 밤 9시 30분 국회는 대통령직선과 양원제를 골자로 하는 발췌개헌안을 심의하고 표결에 들어갔다. 표결방법은 비민주적 기립투표였고 헌병들이 감시하는 험악한 분위기에서 누구나 반항할 수 없는 상황에서 진행되었다. 결국 발췌개헌안은 출석의원 166명 중 163명이 찬성하고 3명이 기권한 가운데 통과되었다. 이로써 이승만과 자유당은 국회를 폭력적으로 운용하는 선례를 남기며 정치적 '승리'를 거둔 것이다.

발췌개헌안의 국회통과와 부산정치파동은 이승만이 더 이상 '카리스마적' 권위가 있는 존경받는 정치지도자가 아니라 폭력으로라도 권력을 유지하려는 독재자로 전락했음을 보여주는 예였다. 그는 자신의 이러한 폭거를 전시에 처한 국민들을 위한 불가피한 조치였다고 변명할 수 있겠지만, 그러한 변명은 설득력이 없다. 왜냐하면 그는 자유민주주의의 신봉자이면서 국민의 대표기관인 국회의 권능을 도무지 고려하지 않은 채 정부 내 비판적 인사들의 권고를 철저하게 무시했고, 국회의원과 국민들을 적극적으로 설득해보려는 시도도 거의 하지 않았기 때문이다. 또한 그는 대통령의 권한으로 할 수 있는 모든 종류의 대중적 협박 및 폭력수단을 자의적으로 이용하거나 그러한 정치행태를 적극적으로 방조했기 때문이다.

5. 맺음말: 허비된 카리스마적 권위

이상 집권 초기 이승만의 정치리더십적 특징과 전개과정에 대한 분석결과를 요약, 평가하면 다음과 같다. 첫째, 명망 있는 독립운동지도자, 행동을 앞세운 반공주의자, 미국의 민주주의를 옹호하면서도 해방정국에서 리더십의 필요성을 인정했던 통찰력 있는 정치인으로서의 이승만이 유지했던 카리스마적 권위는 해방정국과 건국초기를 거치는 동안 그로 하여금 권력을 획득하고, 대통령제를 채택하는 일련의 과정에서 정치적 성공을 거두게 하는 데 공헌했던 것으로 평가할 수 있다. 이러한 세 가지의 특성은 남북분단과 정당난립 및 이데올로기적 냉전으로 혼란했던 국내 정치상황과 맞물려 이승만으로 하여금 정치적으로 유리한 위치를 확보케 하는 데 일정하게 기여했던 것으로 볼 수 있다.

둘째, 그러나 이승만이 전 국민적 관심과 기대 속에서 추진되었던 반민특위의 활동을 폭력적으로 방해하고 무산시키면서부터, 그의 카리스마적 권위는 도전받기 시작했으며, 특히 3개의 인권법안이 이승만의 거부권 행사에도 불구하고 국회에서 재통과되고, 원외자유당을 동원하여 대통령직선제 개헌을 추진하면서부터 그의 카리스마는 자신을 지지하던 정당과 국회의원들로부터도 인정받지 못하게 되었다. 그러나 이때까지만 해도 이승만과 국회와의 관계는 비록 권력투쟁 차원의 갈등과 대립이 첨예하게 존재했지만, 대체로 제도적 차원의 거래와 협상이 나름대로는 합리적으로 진행되었다고 평가할 수 있다. 28)

---

28) 백영철 교수는 "적어도 제헌국회는 현대적 민주정치의 경험이 거의 없던 상태에서 이승만 박사의 절대적 영향력을 배경으로 출범한 국회였지만, 국회와 행정부는 서로 정해진 절차를 지키면서 합리적 견제와 균형의 관계를 유지했다"고 주장했다(백영철, 1995: 147).

셋째, 그러나 군과 경찰과 폭력조직을 동원하여 야당의원들을 불법감금하거나 위협을 가한 상태에서 이른바 발췌개헌안을 통과시켰던 부산정치파동을 계기로 이승만의 카리스마적 권위는 사실상 종말을 고했고, 이후부터 그는 문자 그대로 권위주의적 독재자로 변했다. 다시 말해서, 일련의 정치과정을 통해서 국회와의 대립과 갈등이 계속되고, 동시에 자신의 건국 대통령으로서의 카리스마적 권위가 정치적으로 더 이상 효용성이 없게 되자, 이승만은 당시가 전쟁 중이란 "안보적 상황"을 최대한 활용하고 비합법적 수단과 폭력을 사용하여 정치엘리트들을 탄압하고 직접 대중을 동원하여 자신의 "초당파적" (백영철, 1995: 115~116) 지배와 통제를 계속 유지하고자 했다. 이러한 사실은 한국정치사상 권위주의 지배체제의 출현이 계급갈등의 결과라는 논리보다 이승만 개인의 카리스마적 권위의 약화와 이에 대한 비합법적, 폭력적 대응이라는 리더십 스타일의 변화의 결과라는 논리로 더 잘 설명될 수 있음을 시사하는 것이다.[29]

넷째, 민주주의의 제도화를 위해서는 정치지도자가 그것을 성취하고자 하는 의지를 가지고 주어진 권력을 활용하며, 채택된 정치제도들이 지속적으로 기능하고 정착되도록 정치과정을 이끌어 주어야 한다(Tsurutani, 1973; 정윤재, 2000a). 그러나 이승만은 자신의 권력유지 목적에 따라 권력구조 및 최고지도자 선출방법을 수시로 바꾸었고, 정당을 자의적으로 운용하는 한편, 직선을 통한 대통령 당선을 위해 전시임에도 불구하고 지방자치제까지 도입했다. 이것은 물론 민주정치에서 지도자의 중요성을 인식했던 이승만의 현실주의적 선

---

[29] 한배호 교수도 "한국의 권위주의 정권의 등장을 논하는 데 빼놓을 수 없는 존재는 이승만이다. 한국의 권위주의 지배의 시작은 이승만이라는 하나의 뚜렷한 정치적 개성의 소유자의 역할과 밀접하게 연관된 것이라고 할 수 있다"고 주장했다. 한배호, 《한국정치변동》(법문사, 1994), pp. 43~44.

택에서 비롯된 것으로 볼 수 있으나, 다른 한편으로는 민주주의의 제도화에 대한 그의 의지나 안목이 충분치 못했기 때문에 빚어진 결과로 볼 수 있다.

결과적으로, 집권전기의 이승만은 자신이 지녔던 카리스마적 권위와 권력을 활용하여 국민적 합의를 창출하고 국민들의 성장을 최적상태로 도모하는 데 실패했다고 평가할 수 있다. 즉, 이승만은 처음부터 자신에게 주어진 카리스마적 권위와 권력을 활용하여 건강한 국민통합과 민주정치의 제도화를 성취하지 못하고 결국 권위주의적 지배체제를 강화하는 방향으로 나갔던 것이다. 만약 그가 초기부터 누렸던 카리스마적 권위를 허비하지 않고 잘 활용해서 국민통합과 과거청산에 필요한 개혁조치들을 과감하게 실천하고 부산정치파동과 같은 폭력적이고 무리한 국회운용을 자제했더라면, 서울 한복판에 세워졌던 그의 동상은 아직도 그대로 남아 있었을 것이며, 이후의 한국정치는 더 건강하게 발전했을 것이다.

제7장　　**신익희의 민주적 정치리더십 분석**
　　　　　원칙과 관용, 그리고 행동

1. 머리말

해공(海公) 신익희(申翼熙, 1894~1956)는 현대 한국정치사에서 폭넓게 존경받던 주요 지도자들 중 한 사람이다. 그는 일본유학을 끝내고 귀국하여 교수로 봉직하다가 중국에서의 항일독립운동에 적극 가담하여 청년시절을 보냈고 해방 이후에는 반탁, 반공, 건국운동에 매진했다. 또 정부수립 이후 그는 국회의장으로서 우리나라 민주정치의 제도화에 심혈을 기울였고, 야당이던 민주당의 대통령후보로 반독재 민주화투쟁의 선봉에 섬으로써 온 국민의 존경과 지지를 한 몸에 받았던 정치지도자였다. 그래서 오늘까지 전해지는 그의 역할과 정치사적 위치에 대한 평가는 대부분 독립운동과 민주주의 발전과 관련된 것들이다. 예컨대, 해공은 한국 현대정치사상 "만인의 가슴에 남아 있는 거목"(김학준, 2000) 혹은 "민주완성의 정치교본"(유치송, 1986)으로 평가되었다. 제1공화국 시기에 해공과 함께 정치활동을 했고, 호남선 열차 안에서 그의 죽음을 안타깝게 지켜보았던 장면 박사에 의하면, 해공은 우리나라 "민주주의의 희망과 상징"으로서 "민주발전의 거대한 족적"을 남겼던 "불멸의 귀감"이었다(신창현, 1979).

그러나 기존의 해공 연구는 많지 않다. 다만 해공 자신이 쓴 소자서전1)과 전기, 2) 그리고 인물론이나 소평전류의 논문3)이 대종을 이루고 있다. 그리고 이들 대부분은 정치인으로서 해공이 보여준 헌신적 봉사, 민주주의에 대한 신념과 그에 따른 행동, 그리고 여러 일화에 나타난 그의 인격적 풍모를 주로 강조하여 소개한다. 이 글에서 필자는 현대 한국정치사에서 대표적인 민주적 정치지도자들 중 하나인 해공의 정치적 생애를 더 자세하게 이해하기 위한 목적에서, 첫째 그는 사상가와 행동가 중 어떠한 유형의 인물이었는가? 둘째, 그의 리더십 행동상의 특징은 무엇이었는가? 셋째, 그의 민주주의에 대한 이해와

1) 신익희, 《나의 小傳》(시사시보사, 1959); 신익희, 《증보 나의 길》(동아출판사, 1967).

2) 신문학회 편, 《신익희-해공선생 전기》(1956); 신창현, 《해공 신익희》(태극출판사, 1979); 김석영 편, 《신익희 선생 일대기》(와세다대학동창회 출판부, 1956).

3) 김학준, "만인의 가슴에 남아 있는 거목의 생애: 해공 신익희 선생 재조명," 〈국회보 403〉(2000. 5), pp. 30~34; 배성동, "한국정치의 민주적 발전과제: 그 첫째-한 민주적 지도자의 정치적 생애, 해공 신익희," 〈명지대 사회과학논총〉 14-1(1998. 12), pp. 143~161; 장을병, "해공신익희론," 《민족공동체연구 3》(1990. 3), pp. 15~26; 한국전통문화사상연구소, "해공 신익희의 생애와 사상 상/하," 《전통과 시론 6/7》(1990. 7. 8), pp. 112~125, pp. 178~192; 민족공동체연구회, "해공 신익희 선생 일대기," 《민족공동체연구 4》(1991. 5), pp. 28~35; 유치송, "신익희: 민주완성의 산 정치교본," 《민족지성 6》(1986), pp. 214~222; "해공 신익희: 한국사의 민주주의 증인," 〈월간 정치〉 제 10호(1990. 7), pp. 52~55; 조동걸, "해공 신익희의 임시정부 활동," 국민대 한국학연구소, 〈한국학논총〉 제 18집(1995. 12), pp. 101~129; 오유석, "이승만 대 조봉암·신익희" 계간 〈역사비평〉 17호(1992 여름), pp. 143~157; 남광규, "해방 이후 신익희의 정치활동과 정치노선," 〈평화연구〉 가을호(2010), pp. 85~109; 이현희·정경환·오영섭, 《해공 신익희 연구》(삼화출판사, 2007).

식견은 어느 정도였으며 민주주의와 관련한 행동은 무엇이었나? 등의 분석적 질문들에 따라 그의 사상과 정치활동을 함께 살펴볼 것이다. 이를 위해 필자는 그의 자서전과 전기, 그리고 기존연구들을 활용할 것이다.

2. 명분과 원칙이 분명했던 행동가

해공은 경기도 광주에서 판서 신단(申檀)의 다섯 아들 중 막내로 태어났다. 그리고 그의 10대조는 임진왜란 때 충주 탄금대에서 왜군과 싸우다 순절한 충장공 신립(申砬)이다. 그는 양반집의 자제로 일찍부터 《사서삼경》과 《삼국지》, 《수호지》 등을 읽으며 자랐다. 또 글씨도 잘 썼기 때문에 칭찬을 많이 받으며 자랐을 뿐 아니라 동네싸움에서도 결코 지는 일이 없던 투지만만한 소년이었다. 해공은 남한산성 근처의 보통학교를 마쳤고 16세 때 한성관립외국어학교 영어과를 졸업한 다음, 20세가 되어서는 일본으로 건너가 와세다대학 정경학부에서 공부했고 이를 계기로 정치에 뜻을 품게 된다. 그런데 소년 해공이 공부하고 자라던 시기는 국운이 기울고 나라가 일제에 의해 병탄되어 가던 때라서 이 시기에 정치에 입지했다는 것은 오늘날 흔히 회자되듯 "개인의 이익을 극대화하기 위한 목적에서 권력을 쟁취하고자 하는 행위"와는 거리가 먼 것이었다. 따라서 국운이 쇠한 상태에서 청년 해공이 정치에 입지를 했다는 것은 한마디로 민족 차원의 불행을 극복하기 위한 개인 차원의 도전이요 투쟁이었다고 보는 것이 타당할 것이다.

게다가 해공은 청년시절부터 풍류(風流)와 주량이 상당했고 대의(大義)에 어긋나는 경우를 보면 그대로 행동을 통해 자신의 의지를 보여주는 타입의 인물이었다. 그가 와세다대학을 졸업하기 1년 전 일시 귀국했을 때 그는 고향에 광동의숙(廣東義塾)을 차리고 일본에서 보고들은 바를 전했다.4) 또 일본으로 돌아가는 길에 서울 왕십리에서 전차를 탔을 때, 일단의 일본인 학생들이 안하무인으로 담배를 피우고 방자한 소리로 노래를 불렀다. 이에 대부분의 조선인 승객들은 눈살을 찌푸렸으나, 아무도 말하지 못한 채 외면하고 있었다. 이때 청년 해공은 솟구치는 분노를 참지 않고 꾸짖었다. 급기야는 난투극이 벌어졌고, 속앓이만 하던 전차 내의 조선인들은 속이 시원해졌다. 일인경찰들이 일하던 파출소에 가서도 해공은 논리적으로 도의와 공중도덕을 논하여 일인경찰로 하여금 되레 일인학생들을 나무라게 했다(신창현, 1979: 76~77). 이 예에서 보듯, 그는 사색형 혹은 사상가적 인물이 결코 아니었다. 그리고 그는 와세다대학을 다니는 동안 총장으로부터 칭찬을 받기도 했던 우수한 정경학부 학생이었지만, 학문적 면에서 자신의 부족함을 일찍이 알아차렸던 것 같다(신창현, 1979: 66~67, 73).

또 해공은 조직적 수완을 발휘하여 안재홍, 송진우, 문일평, 정세윤 등과 협력하여 동경 내 전 조선유학생을 포괄하는 학우회를 조직하여 총무 및 회장 일을 맡기도 했고 〈학지광〉(學之光)이란 학우회 기관지도 발간했다. 또 해공은 백남훈, 이광수, 김도연, 전영택, 정노식, 김철수, 장덕수, 윤홍섭 등과 비밀결사인 조선학회(朝鮮學會)를 조직하였는데 서로 손가락의 피를 내 물에 타 나누어 마시고 조국 광복을 위해 목숨을 바치기로 맹서하기도 했다.5) 그리고 1916년 유

4) "해공 신익희의 생애와 사상(상)," 〈월간 전통과 시론 6〉, 1990.7, p.118. 이하에서는 "생애와 사상(상)"으로 인용한다.
5) 이 '조선학회' 회원들은 해공이 유학을 마치고 귀국한 뒤 동경에서 있었던 2·8독립선언을 주도했으며, 3·1운동 당시에도 이 결사의 회원들이 작지 않은

학을 마치고 귀국한 이후에도 그는 줄곧 행동가다운 면모를 많이 보였다.

귀국하자 그는 고향 광주에 동명강습소를 개설하여 신문화를 가르치고 개화사상을 고취했다. 또 중동학교를 거쳐 1917년부터는 보성법률상업학교(고려대 전신)의 교수로 헌법, 재정학, 국제공법 등을 강의했다. 그러나 해공은 교수직에 만족하지 않았던 것 같다. 당시로서 보성법률상업학교 교수라면 식민지하의 한국인으로서 가장 좋은 직장이었는데 이를 마다하고 달리 자신의 뜻을 펼칠 곳을 찾아 만주와 상하이 등지를 여행하며 해외 독립운동자들과 접촉하기 시작했다(조동걸, 1995: 2). 1917년 겨울 해공은 임규, 김시학 등과 의논하여 제1차 세계대전이 독일의 승리로 끝나면 독일 수뇌부에 한국의 독립을 청원하기로 하고 송진우, 이상재, 김윤식, 한규설, 박영효, 윤치호 등과 밀의를 진행하였지만, 이 계획은 독일이 전쟁에서 패배하는 바람에 수포로 끝났다. 또 해공은 미국 윌슨 대통령의 민족자결주의 선언 이후 1918년 6월부터 항일운동에 본격 가담했는데, 1919년의 3·1 만세시위를 위해 주로 해외 지도자들과의 연락을 맡았다.[6] 곧이어 해공은 보성법률상업학교 시절 그에게서 배운 제자 강기덕 등을 지도하여 1919년 3월 5일 남대문에서 시작된 제2차 시위운동을 일으켰는데, 이는 독립선언과 만세시위를 파상적으로 계속해야 한다는 해공의 생각이 현실화된 것이었다.

역할을 했다. "생애와 사상(상)," p. 117, p. 120을 참조하라. 그리고 이 비밀결사에 대해 함께 참여했던 김철수도 증언하였다. 한국정신문화연구원 현대사연구소 편, 《遲耘 金錣洙》(1998), p. 7.

6) "생애와 사상(상)," p. 121. 3·1운동의 준비과정에 적극 가담했던 인물 중 최남선과 신익희가 민족대표로 서명하지는 못했는데, 최남선은 역사가로서의 임무가 있고, 신익희는 해외와의 연락을 책임지기로 하여 서명이 보류되었던 것이다. 신문학회 편, 《신익희-해공선생전기》(1956), p. 28을 참조하라.

이후 해공은 윤홍섭으로부터 운동자금을 지원받고 곧장 상하이로 탈출하여 27년의 해외망명생활을 시작했다.[7] 보성법률상업학교의 교수로 지내면 먹고사는 것을 걱정하지 않고 얼마든지 편히 살 수 있음에도 불구하고 식민지 상태에서 민족갱생과 독립이라는 시대적 요청에 따라 궁핍과 고난 속에서 행동하는 길을 택했던 것이다. 그에게는 교실에서 지식을 연마하고 가르치는 것보다 현장에서 뛰면서 일하고 사람들을 만나는 것이 더 어울렸던 것 같다.

그는 상하이 임정에서 맨 먼저 내무차장의 일을 맡았는데, 이때에 그는 국무총리 대리 안창호 대신 거류민단의 조직과 연통부의 설치운용을 실제로 주선하고 담당했다(조동걸, 1995: 4). 이후 그는 의정원의원, 임시헌장 기초위원, 국무원비서장, 외무부장 대리, 문교부장 등을 역임하였다. 또 동경유학 시절 한때 의기투합했던 중국인 장군 호경익(胡景翼)을 만나 그로부터 파격적 예우를 받으며 중국군 육군 중장으로 보임되었고, 이후 그는 일본경찰의 눈을 속이기 위해 왕해공(王海公)이라는 중국식 이름으로 중국 각지를 방문하며 동지규합과 청년군사교육에 힘썼다. 또한 중국 국민당 정부의 지원을 받아 분용대(奮勇隊)라는 일종의 항일 유격대를 운용하며 한반도 진입을 꾀하기도 했다. 이때, 해공은 무기를 조달하기 위해 중국 군벌에게 원조를 요청한 적이 있는데, 어느 군벌의 수령은 해공의 약점을 간파하고 자신의 성내에 있는 아편을 맡길 터이니 그것을 팔아 무기를 사라고 했다. 그러나 해공은 "나라를 위하는 독립전쟁이 아무리 급하여도 사람의 피를 말리는 아편중개를 하라는 것은 한국의 혁명가를 모독하는 것이"라고 일갈하며 술잔으로 그 장군의 면상을 내려 갈기고 자리를 박차고 일어났다. 정의로움은 항상 정의에서 출발하여야 한다는

---

7) "생애와 사상(상)," pp. 124~125를 참조하라.

그의 소신에 따른 것이다.[8] 1945년 12월 1일, 해공은 임정 내무부장의 자격으로 전북 군산비행장에 내림으로써 26년 3개월의 망명생활을 마쳤다.

귀국한 이후 분단조국에서 해공의 활동도 마찬가지였다. 그는 임정 제2진으로 조소앙 등과 함께 12월 2일 저녁 서울에 오자마자 임시정부의 하부조직으로 정치공작대와 행정연구반을 조직했고, 그 의결기관으로 정치위원회도 설치했다. 해공은 이 정치공작대의 중앙본부장으로 전국 각도별로 지방정치위원과 공작원을 임명하여 임정의 지방조직을 만들었다(조동걸, 1995: 113~115).[9] 12월 말에는 임정간부로서 당시 거족적으로 일어났던 반탁운동에 적극 개입하는 한편, 또 1946년 1월 1일 이후에는 반공전선에 가담하여 활약했다. 이 해 봄 해공은 대한반공연맹을 조직해 이사장에 취임하고 곧장 전국을 순회하며 지부를 결성하는 동시에 반공이론 전파에 힘썼다. 반탁 파업령과 함께 혼란했던 8월의 정국에서 그는 이승만 진영에 합류하여 반공노선에 의한 건국에 뜻을 두고, 그가 이끄는 대한독립촉성회의 부위원장이 되었다. 후에는 '남한 단독정부 수립론'도 받아들였다. 왜냐하면 당시 '남북통일정부의 수립은 현실적으로 거의 불가능했으며 더구나 그 당시 자유주의와 공산주의의 이념적 갈등과 대립이 칼날 같은 정황에서 처음부터 하나의 정부를 기대하기는 지극히 어려웠기 때문이었다(김학준, 2000: 32~33). 이때부터 해공은 조국독립을 꿈꾸던

---

8) "생애와 사상(하)," pp. 181~182를 참조하라.
9) 신익희의 지휘 아래 정치공작대가 신속하게 활동하면서 임정은 중앙과 지방에 조직을 갖추게 되었는데, 이것이 신익희의 전권장악을 위한 기도라는 설이 돌아, 결국 임정은 신익희의 부상을 두려워하여 정치공작대의 해산을 의결했다. 그리고 이에 충격을 받은 신익희는 한독당을 탈퇴했다(신창현, 1979: 293; 배성동, 1998: 145).

혁명가에서 현실적 문제의 해결에 뛰어드는 정치가로 변신한 것이다.

이어서 해공은 김규식의 후임으로 남조선 과도입법의원 의장에 피임되었고, 1948년, 1950년, 그리고 1955년에 걸쳐 국회의원에 당선되었으며, 제헌국회부터 제2대 국회까지 국회의장을 계속 역임했다. 해공은 또 개인 차원의 우정이나 의리 같은 윤리에 충실했던 정치인이었지만, 국가 차원의 그것과는 명확하게 분리해서 행동하는 위인이었다. 예컨대, 1948년 3월경, 해공은 남북협상 차 북행하려던 조소앙을 그의 사랑방으로 찾아가 그의 북행을 적극 만류했다. 해공은 "우리가 중국에 있을 때부터 공산당이 어떠한 존재인가를 똑똑하게 보았는데 왜 민심을 혼란시켜 가면서까지 이북에 가겠다는 것이냐"고 따졌다. 그러자 소앙은 해공에게 "정치적으로 동지적 의리"로 "나와 함께 북에 갑시다"고 되받자, 해공은 그를 나무라듯 말했다. "뭐라구, 정치적 의리? 그거 좋은 말이군! 그래 그 의리 때문에 남한의 민심을 온통 교란시켜가면서 삼천만의 분열을 조장하는 책임은 누가 질거야"라면서 개인 차원의 의리보다는 대의에 입각한 남북협상불가론을 폈던 것이다(신창현, 1979: 270~271).

그리고 해공은 1948년 8월 국회에 상정된 반민법을 찬성하고, 악질적 친일분자는 반드시 처단해야지 어름어름 구렁이 담 넘어가듯 하면 안 된다고 주장했다(신창현, 1979: 280).

그런가 하면 해공은 1951년 일본을 방문 중 당시 일본에 살던 영친왕과 만나기로 약속되었으나, 접견장소가 마침 어느 친일파 재일교포가 경영하는 범대장(帆台莊)이란 곳으로 정해져 있었음을 알고 즉시 접견을 취소했다. 아무리 왕자를 접견하는 일이라 해도 국회의장으로서 그런 장소에서 행사를 갖는다는 것은 대의에 어긋난다고 판단했던 것이다. 물론 차후 그는 영친왕에게 약속을 지키지 못한 결례에 대해서만큼은 정중하게 사과했다(신창현, 1979: 333~334).

또 이승만 대통령이 이른바 사사오입 개헌을 밀어붙임으로써 정치파동이 일자, 해공은 즉시 민국당, 무소속동지회, 순무소속 의원 60여 명과 함께 호헌동지회를 결성하고 반이승만 투쟁에 나섰다. 그리고 해공은 1956년 "신언서판으로 보아 해공이야말로 당대의 최고인물"이라는 김성수의 강력한 추천을 기화로(신창현, 1979: 363), 민주당의 대통령 후보로 지명되어 이승만 독재정권의 퇴진을 목표로 한 선거투쟁의 선봉에 나서게 되었다. 그러나 그는 호남지역 유세를 떠나는 기차간에서 급서했다. 건국사업과 민주화투쟁의 길에서 명분과 원칙이 있는 정치행로를 걷다가 큰 보람도 없이 유명을 달리했던 것이다.

해공의 이러한 행동가적 면모는 높은 이상의 실현을 지향한 것이 아니라 구체적 상황이 허용하는 여러 가지 가능성들에 대한 열린 자세에서 문제해결을 추구하는 현실주의적 선택인 경우가 대부분이었다. 다시 말해서, 당시 해공은 우리의 민족혼을 지키고 우리의 것을 탐구하고자 했던 주시경(周時經)과 같은 학자들의 극세주의(克世主義) 경향과 현실상황에 대한 깊은 이해를 바탕으로 그 속에서 문제해결을 추구하는 현실주의 등 두 가지 흐름 중 현실주의를 따르는 행동가였다(이정식, 1979: 264; 신창현, 1979: 61). 해공은 추상적 사상논쟁보다는 "호랑이를 잡으려면 호랑이 굴에 들어가야 한다"는 현실중심적 차원에서의 행동을 통해 자신의 정치적 경륜을 펴보고자 했던 당대의 대표적 양반출신 엘리트였다. 그리고 그는 망명 이후 환국, 그리고 건국과정 및 국회의원 생활을 거치면서 자신의 지도자적 경력을 꽤 성공적으로 관리했던 인물이었는데, 이것은 아마도 다음 절들에서 보는 바와 같이 그가 겸양과 보살핌의 리더십 그리고 민주적 신념과 절도 있는 행동을 두루 갖추었던 정치인이었기 때문이리라.

3. 겸양과 보살핌의 리더십

앞에서 살펴본 대로 해공의 행동가적 일면은 그의 존재와 위세가 뚜렷하게 부각되는 차원의 것이 아니었다. 대부분의 경우 자신의 의견이나 입장을 논쟁적으로 고집스럽게 내세우기보다 자신이 양보하는 겸양의 예를 취했고, 자신의 공이 크게 드러나지 않는 가운데 그때그때마다 다른 사람을 배려하며 중요한 일들을 손수 챙기고 보살피는 식이었다.

청년 해공이 와세다대학에 재학 중 일시 귀국하여 광주 집에 들렀을 때, 맏형 규희 씨는 유산으로 받아 두었던 해공 몫의 땅을 전해주고자 하였다. 그러나 해공은 자신은 공부해서 자력으로 살아갈 수 있으니 연로하신 큰 형님과 살기 어려운 다른 형님들에게 나누어 줄 것을 고집하고 끝내 자기 몫의 유산을 받지 않았다(신창현, 1979: 74~75). 일본유학시절 동안 해공은 주변의 친구들과 언제나 부드럽고 친근한 가운데 대화를 많이 나누었다. 다만 그는 대체로 입을 굳게 다물고 경청하는 태도를 보이면서도 일단 입을 열면 격정적 열변을 쏟았다고 한다. 그래서 그는 동경유학 시절 "메기입"이라는 별명도 얻었다. 이렇듯 청년 해공은 열정이 있고 강직했지만, 항상 상대방 친구들을 배려하는 자세로 임했기 때문에 그는 타인들은 성심껏 배려할 줄 아는 도량이 넓은 청년으로 인식되었다(신창현, 1979: 72).

그래서 어떤 인연이 닿는 곳에 갈 때마다 그는 많은 친구들을 사귈수 있었다. 동경유학시에 재일유학생 통합학우회를 결성하면서, 송진우, 안재홍, 정세봉, 문일평 등과 같은 친우들을 얻었고, 대학동창으로 얻은 동지로는 최두선, 현상윤, 장덕수가 있었으며, 국내에 들어와 조직한 축구단을 통해서는 윤현진, 윤홍섭, 이유필, 강태동, 이상완 씨 등 초기 항일운동 동지들을 얻었다(이정식, 1979: 264~265).

그런가 하면, 해공은 맡은 바 임무를 묵묵하게 감당하는 실천적 성실함이 돋보였던 지도자였다. 상하이 임정 기간 동안 그는 주요 직책을 두루 돌아가면서 살림에 충실하는 자세로 일관했다. 일본패망 소식이 전해졌지만 해공은 귀국을 일단 미루고 먼저 장강과 연안지역에 있는 교포들을 위문하고, 분산되어 있던 교포들을 모으기 위해 중경에서 상하이로 날아갔다. 10) 또 그는 조국광복과 함께 환국할 당시까지도 내무부장으로서 조국광복을 보지 못하고 유명을 달리했던 안중근 의사의 어머니, 백범 김구의 어머니, 그리고 해공 자신의 어머니 등 "상하이 임정 3여걸"로 불렸던 분들의 시신을 상하이에서 화장하여 장강에 띄우는 뒤치다꺼리 일을 다 마무리하고 귀국했다. 또 해공은 임정 제2진으로 귀국하기 전에 "첫째, 우리는 귀국한 후에는 모든 일에 일본의 학대 아래 살던 국내동포의 의견을 중시할 것, 둘째, 우리의 환영을 받기 전에 을사 이래 모든 선열들의 추념대회를 열어야 한다"(신문학회, 1956: 67)는 입장을 표명함으로써 임정요인으로서 국민과 선열들을 생각하고 배려하는 치밀함을 보였다.

해공은 귀국 즉시 임정의 내무부장으로서 정치공작대와 행정연구반 등을 조직하여 실무적 일을 맡으면서 해방정국에 뛰어들었다. 정치공작대 산하에는 백의사(白衣社)라는 비밀결사대를 두어 북한에 투입시켜 김일성 암살을 기도하였다. 또 신탁통치반대운동에도 앞장서 임정 내무부장의 이름으로 "미군정 산하의 모든 한인 직원들은 임정의 지휘를 받을 것"과 "모든 국민들은 임정의 지휘를 받아 반탁운동에 참여할 것"을 고하는 임정포고문을 발표하기도 했다(이정식, 1979: 265; 김학준, 2000: 31). 그는 입법의원 혹은 입법의원 의장, 대한독립촉성회 부의장, 국회부의장 등의 자리를 맡아 정치활동을 하면서

10) "생애와 사상(하)," p. 187을 참조하라.

도 국민대학을 창설하여 초대학장으로 일하기도 했고[11] 자유신문사 사장에 취임하기도 했으며, 대한체육회 회장직을 맡기도 했다. 또 기획과 조직에 수완이 있던 그는 1946년 8월 29일 이승만 등 우익들이 중심이 되어 미군정을 반대, 타도하기 위해 시도했다는 우익쿠데타의 실질적 "기획자"로도 알려져 있었다(강준식, 1990: 262~231).

1948년 8월 4일, 해공이 이승만의 뒤를 이어 국회의장이 되었을 때, 그는 건국사업이 한두 사람의 노력으로 되지 않는 것이기 때문에 모든 의원동지들에게 긴밀한 협조를 당부하는 취임사를 하면서, 앞으로 자기 자신은 "여러분의 뒤를 따를 때도 있을 것이고, 여러분 옆에 있을 때도 있을 것이고, 여러분 앞에 있을 때도 있을 것이고"(신창현, 1979: 278)라면서 자신의 역할을 전방위적으로 묘사했다. 그는 또 귀국당시 구성했던 행정연구반의 요원들 가운데 법률전문가들을 뽑아 헌법기초위원회를 구성하여 활동케 하면서 유진오 교수 등을 초빙하여 헌법초안을 마련하는 계기를 만들었다(김학준, 2000: 33). 여기서 해공은 이른바 "앞이마가 넓은 사람"으로, 이론적 논쟁이나 사색보다 여러 가지 구체적 활동에 관여하여 일함으로써 자신의 경력을 관리하고 나름대로의 영역을 구축해 나가는 일에 강점을 지닌 사람이었음이 드러난다. 그는 비교적 성공적인 "팔방미인"[12]이었던 것이다.

---

11) 1946년 미군정청은 경성제국대학을 중심으로 식민지시대의 전문학교와 실업계 고등학교를 합쳐 새로운 국립종합대학을 만들 계획이었다. 그러나 국민대학은 이미 '민족대학' 설립의 필요성을 느낀 김구, 김규식, 조소앙, 신익희 등이 참여했던 국민대학기성회에 의해 설립이 추진되었다. 이 기성회가 발족되자 〈동아일보〉, 〈조선일보〉, 〈독립신보〉 등은 좌우파를 망라하여 대서특필하였고, 〈동아일보〉는 이 국민대학이야말로 국립대학이라고 보도하였다. 이러한 과정을 거쳐 국민대학은 1946년 9월 1일 개교하였다(학장 신익희). 서울대(학장 헤리 엔스테드 대위)도 같은 날에 개교했지만, 미군정청에 의한 국민대학의 설립인가는 12월 18일에 나왔다(조동걸, 1995, pp. 24~25).

건국 이후의 정치과정에서도 신익희는 "해공"13)이라는 그의 아호처럼 관대한 성품의 정치인이었다. 그는 처지가 다른 사람들을 배려하며 보살피는 일에 적극적이었으나 그러면서도 언제나 명분과 원칙에 충실했다. 1948년 정부가 수립된 이후, 해공은 당시 5·10 선거에 불참하여 정치적으로 완전히 고립무원의 상태에 있던 김구와 김규식의 처지를 생각하여 이승만 대통령에게 찾아가 두 김씨도 건국의 기초를 마련하는 데 함께 참여할 수 있도록 하는 것이 대의명분에 맞는 것이 아니겠냐고 품의했다. 그러나 이승만은 몹시 불쾌한 표정을 지으면서 정치란 냉정한 것이라면서 그들에 대한 정치적 반목을 풀지 않았다. 그런가 하면 해공은 실무적이고 전략적인 고려에서 이북의 각도에도 도지사와 이북5도청을 설치할 것을 건의하여 응낙을 받기도 했다(신창현, 1979: 278~279). 또 1949년 6월 이른바 "국회 프락치 사건"으로 김약수, 노일환, 이문원 등 10여 명의 의원들이 구속되자, 경무대로 이승만 대통령을 찾아가 사건을 더 확대하지 않을 것을 건의하고, 헌병사령부를 방문하여 구속된 의원들의 침식상태를 둘러보고 동료애로써 그들을 위로하기도 했다. 그는 구속된 의원들에 대한 인간적 동정을 숨기지 않으면서 "만사는 사필귀정으로 이들의 죄과는

---

12) 민족공동체연구소, "해공 신익희 선생 일대기,"《민족공동체연구 4》, 1991. 5, p. 34.

13) 해공이란 그의 아호는 그가 동경유학할 때부터 쓰기 시작했던 것으로 "해자 심야 공자아야"라는 자신의 풀이대로 아마도 "바다와 같이 넓은 마음을 가진 자가 바로 나니라"란 뜻이었던 것 같다. 그리고 그가 중국에 있을 때 썼던 중국식 이름도 왕해공이었다. 또 그가 국회의장 시절 장개석 대만총통과 환담하는 자리에서 신 의장보다는 왕의장이라고 불리는 게 좋다면서 그 이유를 "사방이 막힌 신자에서 벽을 모두 트면 왕자가 되지 않소?"라고 대답했는데 이는 그가 언제나 벽을 부수고 싶어했던 그의 성격을 잘 보여주는 예이다(신창현, 1979: 72; 유치송, 1986: 219).

법에 의해 판정할 것이니 정치적 탄압은 하지 말아 달라"고 정부에
요청하기도 했다(신창현, 1979: 284~285).

해공은 또 9·28 수복으로 서울에 다시 올라와서, 잠시나마 수도를
함락당한 채 적의 치하에서 고생한 국민들의 마음을 배려하고 보살피
는 일에도 적극적이었다. 하루는 의장공관으로 마라토너 손기정이 찾
아와 "지금 정부에서는 미처 피난하지 못한 저 같은 사람들을 잔류파
로 몰아 공산당에 부역했는지 심사한다는데, 미처 피난도 못 가고 지
하생활을 하며 견뎠는데 이런 억울한 일이 어디 있느냐?"고 따졌다.
그러자 해공은 그의 하소연을 다 들은 후, 어깨를 다정하게 두드리며
"이거 정말 미안하게 되었네. 우리의 국보적 존재를 곤욕치르게 하다
니. 대통령께서 오히려 사과해야 하고 나도 물론 국민들에게 사과해
야지. 미안하구먼" 하며 손기정을 다독거렸다(신창현, 1979: 327).

손기정을 보내고 난 해공은 곧장 이승만 대통령을 찾아가 "지금은
민주주의시대이고 민주주의는 책임정치 아닙니까? 옛날 황제도 국난
을 당하면 용상에서 내려와 사죄하는 마음으로 교서를 내려 민심을
수습했지 않습니까?" 하며 하루속히 대국민 사과성명을 낼 것을 건의
했다. 그러나 이승만 대통령은 오히려 "내가 뭐 잘못한 게 있느냐?"면
서 해공의 진언을 못마땅하게 여겼다. 이에 해공은 이어 열린 국회에
서 즉시 의장직 사퇴서를 제출하고 대국민 사과 발언을 했다. 그의
사표는 출석의원 전원의 결의로 반려되었다. 그러나 해공은 국회의장
및 국회의원 일동의 명의로 사과담화문을 포스터로 제작하여 시내 곳
곳에 붙임으로써, 잠시나마 적 치하에서 고난당했던 일반민중들의 마
음을 위로하고 달래는 데 성의를 다했다(신창현, 1979: 327~328).

그런가 하면, 1953년 해공이 민국당 대표로 있을 때, 영국 엘리자
베스 2세 여왕의 대관식에 참석한 후 귀국 길에 인도 뉴델리에서 북
한에 납북되었던 조소앙과 밀회했다는 이른바 뉴델리 회담설을 유포

시켰던 민국당의 정책위원회 부위원장 함태영에 대한 징계론이 대두되자, 그는 "초석(함씨의 호)이 나를 버리려 했으나 나야 어찌 당의 책임을 맡은 몸으로서 초석을 버릴 수 있겠는가? 그러니 이 문제는 논의 않기를 바란다"면서 오히려 함태영을 감싸주었다. 그러나 결국 민국당 징계위원회에서는 함씨를 제명하기로 결정했는데, 이때 해공은 혼자서 끝까지 반대했고 다른 징계위원들은 모두 제명에 찬성했다(신창현, 1979: 354~355).

또 1955년 7월, 민국당에서는 나용균, 이정래, 조한백, 곽상훈 등이 해공의 대통령 입후보를 강력하게 추진하였으나, 스스로 이를 받아들이지 않고, 대신 독립운동의 선배인 이시영과 민국당 사무총장 조병옥을 각각 정·부통령 후보로 밀었다(신창현, 1979: 340). 그러나 결국 다음 해인 1956년에 해공은 통합야당인 민주당의 대통령 후보로 공천을 받았는데, 이때 그는 수락연설을 통해 "나라를 아끼는 동포들의 숙원과 이 뜻에 의해서 민주당이 지명한 민주명령에 복종할 것입니다. 또한 그 명령에 복종함으로써 국민을 위하여 봉사할 것을 다짐하는 바입니다"(신창현, 1979: 371)라고 밝혔다. 그는 대통령을 "하인"과 동의어로 파악했고, 따라서 그 주인인 국민이 대통령의 잘못을 인정하면 아무런 부담 없이 그를 내치는 것이 당연하다는 입장을 펴며 유세에 나섰다(유치송, 1986: 217). 독재와 전횡으로 군림했던 이승만 대통령에 싫증난 국민들이 그를 열렬히 환영하고 지지했던 것은 자연스럽고 당연한 귀결이었다.

그러면서도 해공은 자신이 반독재의 선봉에 선 대통령 후보로서 인기 정상에 있을 때에도 신중하고 겸허한 마음으로 자신의 능력 없음과 점점 민심에서 멀어져 가던 이승만 대통령의 처지를 살폈다. 그는 유세에서 "각하의 뒤를 따르다가는 다시 일제치하에서처럼 자유를 박탈당하게 될 것"이라며 노골적으로 이 대통령을 비난했던 조병옥과 달리, "내가 대통령으로 당선된다 하면 우리 전 국민이 주인이 되는 우리 전 국민 동포동지들의 심부름꾼으로 충실하게 일할 작정입니다. 결코 '내가 잘 났어', '내가 이렇게 하니 우리 국민들은 따라 오라'는 죄스러운 생각이나 죄스러운 말을 하지 않겠다"(유치송, 1986: 218)고 말하면서, 스스로 솔선수범하여 겸허하게 민주주의를 실천하는 입장을 강조했다.

그는 또 측근들에게 늘 묻기를 "공명선거가 제대로 실시되어 내가 대통령의 대임을 맡는다고 하자. 그러면 과연 내가 국민이 바라는 대로 이 나라 정치를 제대로 해나갈 수 있을까?"하며 당선된 이후의 국정운영을 걱정했다(유치송, 1986: 221). 이는 국가경영의 대업을 목전에 둔 책임 있는 정치지도자의 양심적 반성에 바탕한 자기 다짐의 하나였을 것이다. 또 한강유세를 성공리에 끝낸 직후 효자동 자택에 돌아온 해공은 기뻐하기보다 침통한 표정으로 "이렇게 민심이 민주당에 쏠린 것을 생각하니 어깨가 더 무겁다. 우남은 독립운동의 대선배이자 건국의 원훈으로 모든 국민의 상징적 존재였는데, 집권 8년 만에 이 모양이 되었으니 … "하며 눈시울을 붉혔다(유치송, 1986: 222). 이러한 해공의 태도는 독재타도와 민주주의 건설은 이미 이승만 개인 차원을 떠난 역사적 과제였기에 그 속에서 부대끼는 이승만 개인에 대한 연민이었으리라.

독재타도와 민주수호의 선봉장인 민주당 대통령 후보 해공 신익희는 그의 건강을 걱정하는 주변의 만류에도 불구하고 "내 몸은 당에 맡긴 몸이니 당명에 순종하겠다"면서 호남유세를 떠났고 그것이 그의 마지막 가는 길이었다. 이승만의 전횡과 독선에 싫증이 난 국민들은 "못살겠다 갈아보자"는 해공의 구호에 적극 호응했었다. 그가 향년 62세로 세상을 뜬 뒤였음에도 불구하고 못내 아쉽고 분했던 국민들은 그에게 180여 만이나 되는 추모표를 던져 마음을 달랬다. 이는 겸손하게 주변을 배려하는 그의 덕스러운 인품과 순전한 충심으로 민의에 복종하고자 했던 그의 복무자세에 감동한 민심이 그대로 표출된 것이었다. 정치지도자 해공 신익희는 분명히 이승만 대통령과는 대조되는 면모를 보였던 거목이었다.

요컨대, 해공은 겸양의 미덕과 다른 사람들을 배려하는 자세가 몸에 밴 지도자의 모습을 보여주었다. 말하자면, 그는 엄격하게 군림하는 아버지형이라기보다 자상하고 부지런하게 일하는 어머니형에 가까운 리더십의 소유자였던 것 같다. 그래서 그는 1954년 제3대 민의원 선거 이후 "둥근 원"과 같은 "원만한 인품"으로 범야집결의 추진력이 될 수 있었고, 두루두루 배려하고 보살피는 인간미와 함께 부드럽고 세찬 "봄바람 같은 매력"을 풍기며 영도력을 발휘할 수 있었던 것이다.[14] 그러나 이런 그에게 다음 절에서 보는 바와 같은 민주적 신념과 절도 있는 행동이 없었다면 그는 그저 평범한 무골호인에 불과했을 것이다.

4. 민주적 신념과 절도 있는 행동의 지도자

해공은 막내로 성장해서 그런지 어릴 적에는 고집스럽고 늘 욕구불만인 모습을 자주 보였다.[15] 또 자신이 "나보다 큰 아이와 싸워도 기어이 항복을 받고야 마는 남에게 지지 않는 승벽이 있었고, 또 상대편이 조롱하거나 놀릴 때에는 격분하여 방망이나 도끼나 손에 잡히는 대로 들고 때리는 버릇이 있어 동무들이 무서워했다"(이정식, 1979:

---

14) 박순천, "나의 교우반세기," 〈신동아〉, 1972. 2.
15) 심리학자들에 의하면 이것은 막내의 특징적 모습이라고 한다. Kevin Leman, *The Birth Order Book*(New York: Dell Publishing, 1965), Ch. 7 참조.

264) 고 스스로 쓸 정도로 격하고 승부에 집착하는 성격의 소유자였다. 또 전술한 바와 같이, 일본유학 시절에는 장덕수 등과 어울려 구국의 다짐을 하면서 손가락에서 피를 내 서로 나누어 마실 정도로 결단력 있는 성격을 지니고 있었다.

그런 그가 훗날 주위로부터 "성격청고하고 관인후덕하며 용의심숙하여 그 앞에 이르러서는 비록 막역 붕우일지라도 일언반구의 농담을 하는 사람이 없었다"(이정식, 1979: 264)는 평가를 듣는 "과묵한 지도자"로 성장했는데, 이는 그가 나름대로의 자기 훈련과 성찰, 그리고 교육을 통하여 절제의 미덕과 절차를 중시하는 민주주의적 가치들을 몸소 체화하여 소유하고 있었음을 뜻한다. 그는 와세다대학 정경학부에서 서양의 민주주의와 정치사를 공부했던 엘리트 학생이었다. 그는 민주주의를 알고 있었고 또 실제로 자신이 그것을 실천하는 일에도 적극적이었다.

이러한 해공의 민주주의 실천은 상하이 임정시절부터 시작되었다. 1919년 4월 10일에 소집된 상하이 임정 의정원에 그는 경기도 의원으로 참여했고, 조소앙, 이광수 등과 함께 임시헌장 10개조(헌법)의 기초위원으로 활약하면서 헌장 제1조 "대한민국은 민주공화제로 한다"는 역사적 선택을 하였다. 또 그는 임시의정원법 기초위원으로도 선임되었다.[16] 또 동년 4월 22일에는 임정의 조직을 강화하기 위하여 차장제를 없애고 각부 위원제를 채택하였는데, 해공은 윤현진, 서병호, 김구, 최근우 등과 함께 내무부 위원에 선임되었고 자신은 수석위원이었다. 후에는 외무위원장과 의정원 부의장으로 피선되어 임시정부의 요직을 두루 거치면서 민주정치 훈련을 쌓아갔다. 그뿐 아니라 해공은 임시정부 통합의 한가운데에서 일했다. 즉, 3·1운동

---

16) 국회도서관, 《대한민국임시정부 의정원문서》(1974), pp. 41~42. 조동걸, 1995, pp. 103~104에서 재인용.

이후에 수립된 임시정부는 모두 7개였고, 그 중 실체를 확인할 수 있었던 것은 한성정부인 대조선공화국, 노령의 국민의회, 상하이의 대한민국임시정부였다. 이 중에서 충분하지는 않아도 그나마 국민적 절차를 밟았던 한성정부를 정통으로 하여 노령과 상하이의 임시정부를 통합하는 헌법개정이 추진되어 마침내 9월 6일 정부통합을 위한 개정헌법이 통과되었다. 이 개정헌법의 초안은 법무차장이던 해공이 작성한 것이기 때문에 의정원 회의과정에서 의원들은 해공에게 많은 질문을 쏟아부었고, 그때마다 해공은 필요한 법이론을 설명하며 쉴 새 없이 답변하기도 했다. 대한민국 상하이 임시정부 초기에 해공은 핵심적 역할을 담당했던 것이며, 그래서 그런지 그는 25세의 청년에 어울리지 않게 대통령 대리를 선출할 때, 안창호, 손정도와 함께 후보로 천거되기도 했다. 또 나중에 대통령으로 선출된 미국의 이승만이 상하이 임정을 소홀하고 독립운동자금을 적법절차 없이 사용하는 일이 발생하자, 1920년 3월 22일 해공은 다른 의원들과 함께 대통령 내도촉구안을 제안하여 통과시켰고, 1922년 6월 17일에는 해공의 동의로 대통령 불신임안을 통과시켰다(조동걸, 1995: 104~107). 이러한 해공의 이니셔티브는 아마도 그가 적법한 절차를 엄격하게 밟음으로써 상하이 임정의 틀과 모양새를 제대로 만들어 보고자 했던 그의 의도에서 비롯된 것이리라.

다른 한편, 해공의 민주주의에 대한 소신은 1948년 8월의 정부수립 이후에도 일관되게 피력되었다. 이는 그가 이승만 대통령의 독선을 비판하고 의회민주주의에 대한 소망을 펴는 과정에서 여실히 나타났다. 이승만이 대통령에 취임하자, 해공은 그를 찾아가 당선을 축하한 뒤, 그가 대통령으로서 독선적으로 정치를 해나갈 것을 걱정하여 다음과 같이 충언하였다:

우남장! 우리가 40, 50년 동안 영토도 국민도 없이 해외로 돌아다니며 독립운동을 하다가 이제는 정부와 국민과 영토가 있으니 버젓한 주권국가가 되었습니다. 우남장께서도 과거에는 몇 사람 되지 않는 사회에서 백 가지를 친재통찰하셨으나 이제는 3천만이나 되는 크나큰 일이니 만큼 마음에 드시는 능력 있는 간부장관만 총괄하시고 그 아래는 또 그 사람으로 하여금 조직하게 하여 총괄하도록 하셔야지, 연만(年滿) 하신 처지시며 사람의 능력은 유한한데, 전에 상하이나 미주에 계실 때처럼 하셔서는 아니 됩니다(신창현, 1979: 276).[17]

또 해공은 5·10선거 1주년을 맞이하여 국회의장으로서 행한 축사를 통해, 민주주의란 과거의 군주정치나 전제정치와 달리 국민들이 뽑은 대표들이 서로 갑론을박하는 가운데 국사를 처리하는 것이어서 때로는 굼뜨고 비효율적인 것처럼 보일지 몰라도 그렇게 하는 것이 가장 옳은 길이라고 주장했다(신창현, 1979: 288). 그는 "드문드문 디디어도 황소걸음"으로 충분히 논의하면서 국사를 담당해 나가는 것이 현대민주주의의 거역할 수 없는 큰 흐름이라고 말했다. 그리고 1949년 7월 17일, 대한민국 헌법 발표 1주년 기념일에 〈삼천만 동포에게 고함〉이라는 담화에서, "우리 헌법에 구현된 자유, 평등사상은 결코 손 싸매고 앉아서 일조일석(一朝一夕)에 얻어진 것이 아니며 자유가 없는 곳에서는 압박과 암흑정치"만 남을 뿐이라고 외쳤다. 그리고 다음을 강조했다.

---

17) 그러나 이러한 충언에 이 대통령은 건국의 다난한 시기에 대통령이 모든 것을 몰라서는 안 되고 믿을 수 있는 사람이 적어서 친재하지 않으면 안 된다고 대답하며 오히려 해공의 말대로 한다면 국가의 앞날이 걱정된다고 대답했다(신창현, 1979: 277). 그리고 이 대통령은 스스로 자유민주주의를 이상적으로 생각하기는 했지만 해방과 건국의 혼란기에서는 "행정적 리더십"이 절실하다고 생각했다.

인류의 역사는 영원한 싸움의 기록이요, 따라서 우리도 이 나라를 부강하게 하고 전 국민이 자유와 행복 속에서 살자면 싸워야 합니다. 국내로는 이 민주헌법을 지키지 않는 분자와 싸워야 하고, 국제로는 우리의 헌법과 같이 자유를 존중하는 나라와 연결하여 자유를 거세하고 … 국민이 원치 않는 정치제도를 강요하는 나라와 투쟁하여야 합니다(신창현, 1979: 291).

그는 이어서 정부수립 1주년에 발표한 〈삼천만 국민에게 고함〉이라는 담화에서 우리가 폭정을 방지하고 자유민주주의를 뿌리내리게 하기 위해서는 "첫째 민족적 대단결, 둘째, 민주주의적 훈련과 동원, 셋째, 각 개인의 책임완수"가 절실하게 필요함을 힘주어 강조했다. 이 대통령의 부산 정치파동 같은 폭정을 "국헌을 전복하고 주권을 빼앗는 반란적 쿠데타"로 규탄한 김성수 부통령이 사퇴하자, 국회의장이던 해공도 즉시 이승만 대통령을 찾아가 "반민주적 행위를 즉각 중지시켜 줄 것"을 강력하게 요청했다(신창현, 1979: 340). 그는 "우리 민족의 완전해방과 민주주의와는 불가분의 관계에 있다"(유치송, 1986: 219)고 확신했다. 1953년에 발표한 그의 신년사에서도 그는 민주주의만이 우리 민족의 살 길이라고 주장했다.

대개 민주주의는 전 인류가 몇 세기를 통하여 개성의 존엄과 자유와 평등을 보장하기 위하여 피로 싸워 얻은 정경대도의 진리입니다. 역사상 모든 치란과 흥망이 있었지만, 승리는 항상 참된 민주주의 편으로 돌아갔습니다. 우리는 종으로 인류사의 진리를 파악하기 위하여 민주주의의 길로 나아가야 할 뿐 아니라, 횡으로 우리나라가 당면하는 현실과 환경으로 보아서도 우리의 유일한 살 길이 민주주의입니다. 만일 우리의 정치적, 경제적 어느 면에서든지 비민주적이요, 권력의 남용이 있다면, 그것은 곧 국제적 여론이 반영되어 그 해를 입는 것으로 어떤 개인이나 어떤 기관뿐 아니라 전 국가와 전 국민이 해를 입게 되는 것입니다(유치송, 1986: 215에서 재인용).

해공은 이렇게 민주주의와 관련된 자신의 견해와 소신을 계속 피력하는 한편, 민주주의가 제대로 작동하기 위해 필요한 솔선수범적 행동을 실천하는 데 앞장섰다. 1946년 해공은 국가동량의 육성을 위해 국민대학을 창설하고 학장직에 취임하여 향후 10년간 학교발전을 위해 심혈을 기울였으나 "단 한 푼의 보수도 받지 않았다"(신창현, 1979: 264)고 한다. 또 1951년 5월 제2대 국회 후반기 의장선거가 있을 때였다. 간부 두 사람이 해공을 찾아와 "이번에는 의장 경쟁자들이 많으므로 의원들을 포섭하여 투표공작을 하지 않으면 재선될 희망이 없습니다"라면서 액면 20만 환짜리 수표를 내놓았다. 이에 해공은 정색을 하며, "10만 선량의 대표격인 국회의장은 신망과 덕망으로 공천되어야 하거늘 이렇게 온당치 않은 방법으로 설사 당선되었다 해도 양심에 거리껴 어떻게 의장 직무를 수행할 수 있단 말이오" 하고 그 수표를 그 자리에서 불살라버렸다. 해공은 국회의장 재임시 의장 몫의 특별판공비를 2인의 부의장과 함께 똑같이 분배했고, 그 가운데 의장 배당액 70만 환도 외국 귀빈접대비로 단지 20만 환을 지불했을 뿐 나머지 50만 환은 국고에 반납하였다(신창현, 1979: 330~331). 해공은 제3대 국회가 개원되면서 이기붕 씨에게 의장자리를 넘겨줄 때까지 자기 소유의 집이 한 채도 없어서 의장공관을 비워주고는 사글세 집을 전전할 수밖에 없을 정도로 청렴함을 지켰던 정치지도자였다.[18]
그리고 해공은 "민주주의를 위하여 자신이 집권하고자 했던" 정치인이 아니고, 기회가 주어지는 대로 스스로 민주주의 원칙에 따른 실

18) 민족공동체연구소, "해공 신익회 선생 일대기," 《민족공동체연구 4》, 1991. 5, p. 35.

천을 행동으로 보여준 정치지도자였다. 특히 그는 이승만이 통치했던 제1공화국시기 국회의장으로서 입법부의 자주성과 독립성 정립에 큰 기여를 했다. 국회의장 신익희의 입장에서 국회가 정부의 부속기관 노릇을 하는 일은 상상할 수가 없었고, 따라서 입법부의 수장으로서 이승만 행정부에 반기를 드는 사례가 한두 번이 아니었다. 6·25 전쟁 전 국회가 통과시킨 지방자치법에 대해, 그리고 치안 우선 확보를 내세웠던 정부에 의해 폐기를 통고하는 의안이 본회의에 상정되자, 해공은 즉시 의장으로서의 사회를 부의장에게 양보하고 스스로 발언권을 얻어 그 부당성을 신랄하게 비판했다. 그는 지방자치가 실시되지 않으면 "이름만 민주국가이지 실상에서는 전제국가가 될 것이다"고 발언했고 이에 대한 국회의원들과 일반국민들의 지지도 열렬했다(유치송, 1986: 216; 신창현, 1979: 289~290).[19]

또 해공은 이승만의 직선을 가능케 한 이른바 발췌개헌안을 통과시켰던 국회본회의의 사회를 보았다. 그는 당시 이승만이 전시임을 핑계로 국회 자체를 해산시켜버릴 것을 우려하여 "대국민적 파탄을 극소화하고 위기국면을 수습하자는 충정"에서 그리했지만, 어찌되었든 악법을 통과시킨 것에 대해서는 "국민들의 용서와 양해를 바라마지 않는다"고 발언함으로써 언제나 국민을 의식하는 자세를 잃지 않았다(배성동, 1998: 154)

요컨대, 해공은 민주주의와 법에 대한 지식을 갖추었던 지식인으로서 상하이 임정에서는 물론 해방 직후부터 줄곧 정치적 실무를 맡아 일하면서 자신의 정치수업을 지속했던 인물이었다. 그리고 이 과정에서 해공은 민주적 제도와 절차를 챙길 뿐 아니라 스스로 솔선수

---

19) 결국 이 지방자치법은 이승만의 불통고집과 여당이던 국민회 소속 국회의원들의 동조를 받아 도지사와 서울특별시장만은 임명제로 하자는 절충안으로 국회를 통과 동년 7월 5일에 공포되었다(신창현, 1979: 289~290).

범하여 자신의 도덕적 리더십을 확립하는 데 일정한 성공을 거두었던 정치지도자였다. 그래서 그는 이승만 대통령의 독선과 전횡을 당당하게 비판할 수 있었으며, 동시에 국민들과 주변 동료들의 신뢰를 받을 수 있었다. 뿐만 아니라 해공은 지도자는 국민들의 머슴이라는 봉사적 정치관을 가지고 언제나 국민들 편에서 생각하고 그들의 마음과 형편을 헤아리는 자세를 잃지 않음으로써 현대 한국정치사에서 민주적 정치지도자의 전범을 보여주었다.

5. 맺음말

이상에서 분석한 해공 신익희의 민주적 정치리더십을 요약하고 평가하면 다음과 같다.

첫째, 해공은 사상가보다 행동가적 기질이 더 강했던 인물로서 그의 정치적 행동은 대체로 특정한 이상을 외곬으로 추구하는 차원이 아니라, 현실적 조건과 환경 속에서 문제해결의 실마리를 찾기 위한 현실주의적 선택의 차원에서 구체화되는 것이었다. 그러한 동시에 해공의 정치적 행동들은 대체로 시대적 요구와 민족적 대의에 부응하는 차원에서 명분과 원칙이 있었던 것들이었다.

둘째, 해공은 겸양의 미덕과 주변을 두루 꼼꼼하게 보살피는 덕성을 소유했던 지도자로서 조직과 기획에 능력을 보였다. 그는 자기 집안에서 주는 유산도 받지 않고 가난한 형제들에게 나누어주었을 정도로 대범했고, 자신을 정치적으로 모함했던 사람까지도 감쌀 줄 아는 포용력이 있는 정치인이었다. 그러면서도 그는 언제나 겸손했고, 정치적 과오를 시인하는 데 주저하지 않았다. 그리고 이러한 해공의 관대하고 후덕한 인격은 앞서 말한 "원칙과 명분이 있는 행동"과 다음에서 설명하는 "민주신념"과 결합됐기 때문에 천박하거나 원칙 없는 관용으로 나타나지 않았다.

셋째, 해공은 민주주의와 법에 대한 지식을 갖추었던 지식인으로서 상하이 임정에서는 물론 해방 직후부터 줄곧 민주적 신념을 가지고 정치적 실무를 맡아 일하면서 자신의 정치수업을 지속했다. 그리고 이러한 과정에서 해공은 민주적 제도와 절차를 밟을 뿐 아니라 스스로 솔선수범하여 자신의 도덕적 리더십을 확립하는 데 일정한 성공을 거두었던 정치지도자였다. 그래서 그는 이승만 대통령의 독선과 전횡을 당당하게 비판할 수 있었으며, 동시에 국민들과 주변 동료들의 신뢰를 받을 수 있었다. 해공은 지도자는 국민들의 머슴이라는 봉사적 정치관을 가지고 언제나 국민들 편에서 생각하고 그들의 마음과 형편을 헤아리는 자세를 잃지 않았던 민주적 지도자였다.

요컨대, 해공은 민주주의 구현이라는 "목적가치"를 지속적으로 일관되게 추구했을 뿐 아니라 정직함이나 관대함과 같은 보편적 덕목으로서의 "행동양식가치"의 실천에도 큰 노력을 기울였던 정치지도자였다.[20] 이것이 가능했던 것은 자신이 절제할 수 있는 인격을 도야했기 때문일 것이다. 그럼에도 불구하고 그가 대통령이 되어서 우리나라의 정치를 이끌어 올바른 민주주의 정치문화가 정착될 수 있는 기회가 무산된 것은 현대 한국정치사의 커다란 손실이 아닐 수 없다. 해공은 민주주의 지도자로서 "덕풍과 신념"(신창현, 1979: 389)을 지녔을 뿐 아니라 행동가적 실천력도 구비하고 있었다. 그러나 만약 그가 민주주의에 대한 확고한 신념과 대의명분과 정도를 따르는 실천이 없었다

---

20) "목적가치"에는 자유, 정의, 평화, 민주주의 등이 해당되고, "행동양식가치"에는 정직함, 근면함, 예의 바름, 준법, 너그러움 등과 같은 것이 포함된다. 이에 대해서는 James M. Burns, 한국리더십연구회 역, 《리더십 강의》(생각의 나무, 2000), pp. 93~97, pp. 143~145를 참조하라.

면 그의 관대함과 덕스러움 그리고 겸손함과 배려의 행동은 아무 설
득력 없는 정치인의 단순한 처세술에 불과했을 것이다. 그가 지금도
"덕치의 화신으로 추앙받는 것은 언제나 정경대도만 일관되게 걷고자
했기 때문이리라"(유치송, 1986: 215).

제8장 장면 총리의 정치리더십과 제2공화국의 붕괴*

1. 머리말: 문제제기

4·19 혁명 이후 한국 정치권은 큰 숙제를 떠 안고 있었다. 그것은 다름 아니라 이승만 독재정권이 학생과 시민들의 저항과 투쟁으로 타도된 이후 우리의 정치에 자유민주주의를 정착시키기 위한 대대적 변혁을 실천하는 것이었다. 허정 과도정부가 물러나고 7·29 총선에 의해 출범한 제2공화국 정부는 사회의 민주화와 경제건설이라는 국가목표를 채택했고, 그 정치적 과제는 4·19 혁명정신을 구현하고 경제건설의 마스터플랜을 마련하는 것이었다(유영준, 1980: 55~56).

그러나 이러한 혁명과제를 실천함에 성공했어야 할 제2공화국의 장면 정부는 약 9개월 만에 박정희 장군이 주도한 5·16 군사정변에 의해 힘없이 무너졌다. 진작부터 한국에서 민주주의를 기대하는 것은 쓰레기 더미 속에서 장미꽃을 기대하는 꼴이라는 냉소가 번지고 있었다. 그리고 이승만 대통령의 하야를 전후한 시기에 만약 정당정

---

* 이 글은 한국정신문화연구원의 연구비를 지급받아 수행한 연구과제 결과물을 수정·가필한 것임.

치가 파벌간의 갈등과 대립으로 실패하면 "언젠가 한 번은 군사지배가 출현할 것이 확실하다"라는 이른바 〈콜론 보고서〉의 내용과 함께 쿠데타와 관련된 소문들이 계속 떠돌고 있었다. 1)

장면 정부가 붕괴한 원인에 대한 설명은 다음 네 가지로 요약된다. 2) 첫째, 군부 음모론이다. 장면 정권은 실책이 별로 없었지만, 정치적으로 야심이 있던 소수 장교들의 음모 때문에 무너졌으며, 따라서 시간만 더 주어졌더라면 4·19 혁명의 과제는 완성될 수 있었을 것이라는 견해다. 둘째, 권력구조 결함론이다. 의원내각제였던 당시의 권력구조 아래에서 행정부가 이기적이고 신조 없는 정당정치인들에 의해 좌지우지되었기 때문에, 당초 기대되었던 혁명적 조치들이 실행되지 못하고 결국 군부에 의해 기회를 빼앗겼다는 것이다. 셋째, 장면 총리(이하 장면)의 정치지도력 부족론이다. 당시 실질적 최고지도자였던 장면의 성격이 우유부단하고 용기가 부족해서 격변기의 정치지도자로서는 부적합했기 때문에 4·19 혁명이 부과했던 혁명과업이 성사되지 못했다는 것이다. 넷째, 한국사회 능력 부재론이다. 당시의 한국사회가 구미국가들처럼 다원적이지 못하고 중앙집권화되었으며, 국민들도 자율적 민주시민으로서의 정치문화를 갖추지 못했기

---

1) 〈콜론보고서〉는 당시 〈사상계〉, 1960. 1. pp. 122~129에 "콜론 어소시에이츠 보고서: 미국의 대아시아 정책"이란 제목으로 게재되어 국내 정국에 큰 반향을 일으켰다. 이후 군부의 동요와 관련된 정보들이 정부 관계자들과 미국에 의해 감지되어 1960년 10월 말에는 박병권과 박정희를 예편시켜야 한다는 제안까지 나왔으며, 1961년 4월 초순에는 박정희와 김종필의 거사계획과 인맥이 거의 다 노출되어 정부 측 인사들이 대책이 필요하다고 건의하기도 했다. 주돈식, "장면 정권의 붕괴전야," 〈월간조선〉, 1982. 4, pp. 95~97을 참조하라.

2) 이것은 한승주, 《제2공화국과 한국의 민주주의》(종로서적, 1983), pp. 5~7에 나와 있는 내용을 바탕으로 새로 정리한 것이다.

때문에, 한국사회는 서구적 민주주의 정부를 유지할 만한 능력이 없었다는 것이다.

그런데 필자가 볼 때, 첫 번째의 군부 음모론과 네 번째의 능력 부재론은 그리 경청할 만한 설명이 아닌 것 같다. 당시 장면 정부를 포함한 정치권에 대한 국민들의 불만은 일반적이었으며, 더욱이 이념적 갈등이 첨예해져 안보적 차원의 불안이 고조되고 있었다(차기벽, 1983: 157). 따라서 5·16 군사정변이라는 불법적이고 폭력적인 거사 자체가 전면적으로 정당화되기는 어렵지만, 그것이 당시 정부와 정치권이 그 원인을 제공했던 국민적 불만과 불안이 표출된 하나의 예라는 사실만은 부인할 수 없다. 그리고 군부의 거사가능성에 대한 정보가 공공연히 나돌았음에도 불구하고 장면 정부가 이에 대한 정당한 대응조치를 취하지 않은 것도 국가경영상 중대한 잘못이었다. 그런 점에서 군부 음모론은 장면 정부 관계자들의 '무책임한' 자기변명일 수 있다.

그리고 한국사회 전반의 능력 부재론은 한마디로 우리 사회가 미국을 비롯한 서구국가들에서 보는 바와 같은 민주주의 사회의 제 조건을 갖추지 못했다는 것이다. 일견 그럴듯해 보이지만, 이것은 "자아준거적"이지 못하고 타아준거적 발상에서 비롯된 것이다. 즉, 장면 정권 붕괴의 원인을 미국인의 경험과 이론에 비추어 규명한 것이지, 우리의 상황과 필요를 주체적으로 고려한 설명과는 거리가 먼 것이다. 또한 이것은 해방 이후 민주주의의 정착을 위해 나름대로 노력하던 우리의 정치사를 한꺼번에 부정하는 방관자적 관찰과 평가의 결과일 수 있다.

따라서 필자가 장면 정부 붕괴에 대한 의미 있는 설명으로 여기는 것은 권력구조론과 정치지도력 부재론이다. 양자는 사실상 서로 긴밀하게 연계되었으며, 다만 각각 다른 면을 강조한 것으로 이해할 수 있다. 그간 시행되었던 대부분의 연구들이 비록 이론적 맥락은 조금씩 달리했지만, 기본적으로는 권력구조 차원의 모순 혹은 체계기능의 한계라는 맥락에서 그 원인을 규명하는 것이었다(최장집, 1996; 손호철·정해구, 1996; 이국영, 1996). 그러나 이러한 구조중심적 분석은 정치에서 지도자들의 상황인식이나 문제해결의 의지 및 능력, 그리고 목표 등과 같은 인적 요소의 비중을 상대적으로 과소평가하는 경향이 있다. 그리고 정치지도력 부재론과 관련된 연구는 정치리더십 이론에 비추어 장면의 리더십 행동을 체계적으로 분석한 것이라기보다 그의 성격적 한계를 지적하고 평가하는 수준의 것이었다.[3] 따라서 제2공화국 붕괴원인에 대한 정치리더십적 설명은 부분적이었거나 구조중심적 설명의 보조적 차원에 머물렀다.

그래서 필자는 이 글에서 보다 분명한 정치리더십의 이론적 전망에서 그의 정치행동을 분석함으로써 제2공화국 붕괴에 대한 기존의 설명을 보완하고자 한다. 리더십은 특정 체제의 생존이나 문제해결에서 종속변수일 수도 있고 독립변수일 수도 있다. 그러나 특히 체제의 형성과 공고화와 같은 불안정한 유동국면에서의 리더십[4]은 독립변수로서의 역할이 더 크다(백영철, 1996: 152). 흔히 4·19혁명은 결과적으로 '주인 없는 혁명'이었다고 말하고 있다. 이러한 표현은 학생과 시민들의 봉기로 이승만 대통령이 물러났으나, 정작 이후의 정치과

---

3) 이정희 교수는 권력구조상 힘의 공백과 도덕적 정치가에 대한 요구라는 상황과 장면 개인의 성격이 상호작용하는 가운데 제2공화국이 붕괴했다고 보았고, 김호진 교수는 개인적 요인 때문에 제2공화국이 실패했다고 보았다(이정희, 1995: 244; 김호진, 1995: 405~419).

4) 이때의 리더십은 정치지도자 개인의 지도자적 역량이라는 뜻이다. 그러나 정치리더십 이론의 측면에서는 뒤에 설명하는 바와 같이 리더십은 지도자 개인과 환경 사이의 상호작용의 결과로 나타나는 집단적(collective) 현상이다(Burns, 1978; Elgie, 1995). 그러나 보통 일상적으로 사용되는 경우에는 리더와 리더십이 구분되지 않고 있음을 독자들께서는 양해하기 바란다.

정에서 혁명과업을 수행해야 할 주체는 그들이 아니라 민주당의 장면 정부였기 때문에 나온 것이다. 그러나 이것은 당시 내각제하의 총리였던 장면이 제2공화국 시기의 정치과정을 담당했던 실질적 최고지도자였음을 부인하는 말이 아니다.[5]

이상과 같은 관찰과 문제의식에서, 필자는 일본계 미국인 정치학자로서 일찍이 근대화 정치에 대한 정치리더십 접근을 시도한 쓰루타니 다케쓰구 교수(Tsurutani, 1973)의 견해를 원용하여 장면의 리더십 행동을 분석하고자 한다. 쓰루타니 교수는 예술가들이 창작을 위해 여러 재료들을 활용하듯, 정치리더십도 정치과정상의 여러 요인과 구성원들을 활용하고 동원함으로써 주어진 상황에서 무엇인가를 만들어 낸다고 주장하고, "한 국가의 성공적 발전의 궁극적 결정요인은 바로 정치리더십"이라고 강조했다. 그리고 그는 근대화를 추진하는 정치리더십의 요건으로 근대화 추진의지, 정치적 안목과 기술, 그리고 엘리트 장악력을 제시했다. 그리고 이 세 가지 요건의 구비 여부와 정도에 따라 근대화 리더십을 효율적 리더십, 유약한 리더십, 미숙한 리더십, 꿈꾸는 리더십, 안정된 보수적 리더십, 무능한 리더십, 착취적 리더십, 회전문 리더십 등 여덟 가지의 유형으로 분류했다. 그래서 필자는 쓰루타니가 제시한 근대화 리더십의 세 가지 요건을 준거로 다음과 같은 분석적 질문을 연구의 가이드라인으로 삼는다.

첫째, 1960년대 초 이전 그의 성장과정과 정치적 경험은 어떠했으며, 근대화와 민주주의에 대한 그의 태도와 의지는 어떠했고, 어느 정도였는가? 둘째, 정치적으로 안정되지 못했던 제2공화국 시기에

---

5) 더구나 최근에는 민주당 국회의원들이 4·19혁명이 나기 전인 4월 6일 서울시내에서 반정부시위를 주도한 사실을 들어, 민주당이 4·19혁명의 견인 역할을 했음을 강조하면서 그간의 민주당 '무임승차론'에 대한 수정을 시도하고 있다(이용원, 1999; 정대철, 1997).

최고 정치지도자였던 그의 정치적 안목과 기술은 어떠했는가? 즉, 주어진 문제상황에서 그것에 대처하는 장면 총리의 비전과 판단, 그리고 선택은 어떠한 것이었는가? 셋째, 특히 제2공화국의 실세 총리로 재임하는 동안 그는 정당인, 관료, 군인, 경찰 등 하부엘리트들을 어떻게, 그리고 어느 정도로 장악했는가?

장면은 정치를 "이 나라의 백성이 … 다 같이 평등하게 나라의 보호를 받고, 다 같이 하나님께 받은 기본권, 즉 자유를 자연스럽게 아무 거침없이 쓸 수 있도록 국민을 인도하고, 보호하는 것"(장면, 1967: 175)으로 생각했다. 그래서 이 글은 우선 그가 어떠한 성격이었는지를 검토한 다음, 그의 말대로 그가 국무총리로서 나름대로 "국민들을 어떻게 인도했는지"를 살펴보는 것을 목적으로 한다. 다시 말해서 이러한 연구작업은 정치적으로 무능했지만 민주적이었던, 그리고 험난한 한국정치에 "초대되었던 영원한 손님"으로 평가되는(김호진, 1995; 송원영, 1990; 이상우, 1984: 118; 박찬욱 외, 1997; 김정원, 1984: 60~94; 김일영, 1995) 장면의 정치리더십이 어떻게 전개되었는지를 분석, 평가하는 작업이다. 이것은 궁극적으로 그의 정치리더십이 어떠한 유형이었는지를 알게 할 것이며, 나아가 장면 정부 붕괴원인에 대한 정치리더십적 설명을 보충할 것이다.

2. 타고난 선생의 가톨릭 신앙과 정계진출

장면의 생애는 4기로 구분해서 검토할 수 있지만,[6] 여기서는 우선
장면의 성장 및 교육배경과 제2공화국 초대 총리가 되기 이전까지의
사회활동 및 정치경험을 중심으로 그의 근대화 및 민주주의와 관련된
가치관과 비전, 그리고 개인적 특성을 살펴볼 것이다.

1) 가톨릭 집안 출신의 엘리트 교육자

장면은 1899년 8월 28일 서울 종로구 적선동 외가에서 7남매의 맏이
로 태어났다. 그의 아버지 장기빈(張基彬)은 원래 평남 출신이었지
만 16살 때 인천으로 이사 왔고, 서울의 관립학교에서 영어를 익힌
다음 대한제국의 탁지부(度支部)에 들어가 인천해관에 발령받았다.
그는 대단히 성실했고 자제심이 강했으며 두뇌가 명석해 일본어, 중
국어, 러시아어에 능통했으며, 특히 영어실력이 탁월했다고 한다.
일제 강점기에는 해관직을 그만두고 외국인회사에 잠시 들어갔다가
직접 자신이 회사를 차렸다. 해방 후에는 부산세관장을 하다가 1950
년 은퇴했다.

장면의 어머니 황루시아는 듬직한 체구에 활달한 성격의 다정다감
한 여인이었다. 장면의 부모는 모두 가톨릭 집안이었다. 아버지는 2
대째 신자였고, 외가는 대대로 가톨릭 집안이라 장면은 나면서부터
가톨릭 신자였다. 그는 소년 때부터 부모님께 절대 복종하며 사는 가

---

6) 즉, 출생 이후 해방 이전까지 주로 교육자로 활동하던 시기, 해방 이후 정
계에 진출해 유엔한국대표단 수석대표·주미대사·총리를 역임하던 시기,
통합야당인 민주당에서 신파의 리더로 있으면서 부통령에 재임하던 시기,
제2공화국 국무총리 재임 이후 시기 등 4시기로 구분할 수 있다.

운데[7] 성실하게 앞길을 개척하는 생활자세를 익힐 수 있었다.

장면은 인천성당 소속인 박문학교(博文學校)를 마친 뒤 15살 때 수원농대(서울농대 전신)에 입학했다. 그리고 1916년 5월 장면은 평생의 반려 김옥윤(金玉允)과 혼인했다. 수원농대를 마치면 관리로 취직하는 것이 관례였는데, 장면은 이를 마다하고 서울중앙기독교청년학관의 영어과에 진학했다. 다른 한편, 그는 용산천주교신학교 강사로 부임했고, 학관 공부는 야간으로 옮겼다. 이 신학교에서 장면은 교사로서 나중에 대주교가 된 학생 노기남(盧基南)을 만났다.

그는 이 신학교에서 신학문에 대해 모르는 것이 없을 만큼 만능 교사였고, 키가 크고 호리호리한 미남이라서 인기가 좋았다. 그는 "지적이고 강의능력이 뛰어나며 인간에의 애정을 깊이 간직한 타고난 선생이었다"(이용원, 1999: 71). 그는 이 신학교에서 역사과목을 가르치며 학생들에게 국내외 정세와 함께 신앙과 관련해서 민족문제에 대한 많은 얘기를 했다. 그의 논지는 "왜놈들이 총칼로 이 나라를 지배하는데, 그들에게 맨손으로 저항하면 성공하기 어렵다. 그러나 천주에의 믿음이야말로 가장 큰 힘이므로 이 민족에게 당장 필요한 것은 무기가 아니라 힘의 원천인 신앙을 갖게 하는 일이다"는 것이었다. 또 "3·1운동은 천주님이 민족의 얼을 다시 찾게끔 다시 한 번 기회를 주신 것이며, 의로운 죽음이 없이는 독립쟁취가 어렵다"고 강조했다. 이때 그는 우리 민족에게 지도자가 필요하지만, "가장 위대한 지도자는 천주님"이라고 생각하는 신앙인이었다.[8] 그는 당시 천주교와

---

7) 그는 후일 총리가 되고서도 어머님께 무릎 꿇고 용서를 빌 정도로 복종이 몸에 뱄다. 이 글에서 장면의 생애와 활동에 대해서는 "제2공화국의 공과를 모두 객관적으로 다루고자 노력했다는 평가를 받을 만하다"는 이용원, 《제2공화국과 장면》(범우사, 1999)을 주로 참조하겠다. 위의 사실은 이 책의 p. 8, p. 68을 참조하라.

신학교의 방침에 따라 만세운동에 전혀 참여하지 않았기 때문에 여느 민족지도자들과는 달리 3·1운동 시기에 뚜렷한 족적을 남기지 못했다. 그러한 탓에 1920년 서울기독교중앙청년학관 영어과를 수석 졸업하고 미국 맨해튼대학에 입학한 이후(장면, 1967: 27) 그는 신학과 교육학을 공부하는 동안 당시의 독립운동 지도자들과 전혀 만나지 않았으며, 또 그런 모임에 참여하지도 않았다.[9] 아무래도 그는 천성적으로 나서서 정치·사회적 활동을 하기보다는 신앙생활을 하며 가르치는 일에 적합한 인물이었던 것 같다.

맨해튼대학을 졸업한 이후 귀국하는 길에 장면은 로마에서 열린 한국순교자 시복식(諡福式)에 한국천주교청년회 대표로 참석했다. 그는 교황 비오 11세를 알현하고 교황 집전 미사에도 참례하는 등 가톨릭 수뇌부와 직접 접촉했다. 1925년 귀국한 장면은 이후 6년 동안 가톨릭 평양교구에서 어학교수, 교회사무, 청년회장 등 다양한 일을 맡아하면서 《영한 교회용어집》과 《구도자의 길》 등의 저술, 번역작업도 했다. 1931년에는 같은 가톨릭계인 서울동성상업학교 교사로 부임해 1936년에 교장이 되었다. 곧이어 혜화유치원 원장, 계성초등학교 교장직도 겸임해 서울시내 가톨릭계 학교를 도맡다시피 했다.

한편 신학교에서 장면에게 강의를 들으며 그를 스승으로 따르던 노

---

8) 이상 장면의 신학교 교사시절에 대해서는 박도원, 《한국 천주교의 대부 노기남 대주교》(한국교회사연구소, 1985), pp. 123~126을 참조하라.

9) 김일영 교수는 이것을 성격적 이유보다 당시 천주교가 선교활동의 자유를 보장받기 위해 조선에 대한 일제의 지배를 인정했고, 동시에 조선인 신자들의 해방운동 참여를 반대하고 단죄했던 것과 관련해서, 신앙심 깊은 장면이 이에 복종했기 때문에 외국에서나 국내에서나 독립운동에 소극적이었던 것으로 해석하고 있다(김일영, 1995: 256~257). 그리고 일제하 천주교의 교리와 활동에 대해서는 박문수, "일제하 천주교단의 친일활동," 〈역사비평〉(1993, 겨울), pp. 142~145를 참조하라.

기남은 한인 최초로 서울교구장이 되었고 주교 서품도 받았다. 노주교는 일제 총독부와 교섭할 일이 있으면 늘 장면을 대동했고, 교회 내 복잡한 일도 장면과 상의했다. 장면은 천주교와 일반사회를 연결하는 창구역할을 했다. 그리고 노주교가 동성상업학교 학생들에게 "천황은 신이 아니다. 절대 신은 천주님뿐이다"고 강의했다는 혐의로 구속되었을 때 장면이 나서서 해결해 주기도 했다.

요컨대, 일제 강점기를 통해 장면은 독실한 지식인 가톨릭 신자로서 교회활동에 열심히 참여하면서 교육자로서 맡은 바 소임에 충실했다. 그는 이른바 정치적 성향이 미미한 인물이었고, 또 독립운동과 같은 일에 적극적이지도 않았다. 그렇기 때문에 그가 다마오카 쓰도무〔玉岡勉〕로 창씨개명하고 친일단체에서 가톨릭계 대표로 참여했다고 해서 훗날 시빗거리가 되긴 했어도, 그를 친일파로 단정하는 경우는 드물다. 10)

2) 정계진출과 외교활동 (해방~6·25)

해방 당시 장면은 동성상업학교 교장이었다. 1945년 9월 9일 하지 중장이 이끄는 미군이 서울에 입성했고, 그 다음 날에는 미국인 최초의 추기경인 스펠만 뉴욕 대주교가 명동성당에서 미사를 집전했다. 스펠만은 미국의 가톨릭을 대표하는 인물이었고, 제2차 세계대전 기간 동안 미군의 종군목사와 신부를 총지휘했기 때문에 참전군인들의

---

10) 그러나 김일영 교수는, 장면이 천주교에 복명하는 차원에서 당시의 일본 식민지통치에 순응했다손 치더라도 말년에 천주교가 신사참배 등과 같은 반교회적, 반그리스도인적 행위를 용인하고 그 자신도 이에 가담한 것에 대해 문제를 제기하지 않고 복종했다는 것은 그리스도인으로서도 심각한 문제가 아닐 수 없다고 지적했다(김일영, 1995: 254~258).

정신적 지주역할을 했다. 그런 스펠만이었기 때문에 해방정국시 서울에 들러 잠시 활동한 것은 한국 가톨릭계에 큰 힘이 되었다. 이때 한국 가톨릭계에서는 노기남 주교가 대표적 인물이었고, 그는 미군사령관의 정치고문인 나이스터 준장의 초청을 받고 미군정청에서 함께 일할 한국의 지도자들을 추천해 달라는 부탁을 받았다. 이때 신앙적으로나 인간적으로 노 주교와 가까이 지내던 장면은 그의 상의대상이었고, 그는 자연스럽게 노 주교가 추천한 60명의 한국인 지도자들 중 한 사람이 되었다. 노 주교는 미군정청 고위인사들과 빈번한 접촉을 갖는 한편, 11월 5일에는 이승만의 초청을 받아 돈암장을 방문했고, 12월 8일에는 김구 등을 초빙한 임정요인 귀국 환영식을 명동성당에서 대대적으로 열었는데, 그때마다 노 주교 곁에는 언제나 장면이 있었다(이용원, 1999: 75).

이때 노 주교는 천주교가 한국에 전래된 이후 수많은 탄압을 받았던 사실을 인식하고, "가톨릭을 대변하는 인물이 정계에도 있어야 한다고 생각했다". 그래서 그는 장면에게 "정계 투신을 권유했다". 그러나 장면은 "펄쩍 뛰며 일언지하에 거절했다. … 그는 평생 육영사업에만 전념하겠다는 뜻을 분명하게 밝히면서, 자기는 정치에 어울리지 않는 사람이라고 못박아서 말했다". 그러나 장면을 한국 천주교회의 보배처럼 아끼던 노 주교는 포기하지 않고 김규식 박사를 두 차례나 찾아가 장면을 설득해 달라고 부탁했다. 이러한 노력이 효과가 있었던지 장면은 얼마 후 주교관으로 노 주교를 직접 찾아가 입법의원에 나설 뜻을 비쳤다(박도원, 1985: 299). 결국 장면은 교육자의 길을 포기하고 정치에 나선 것이다.

이때 그는 "해방된 우리 민족의 최대 당면과업은 우선 정치면에서 조국을 완전 독립국가로 재건하고, 경제의 자주자립을 확립하며, 문화, 교육의 정책과 체계를 재편성 강화해야 한다"(장면, 1967: 29)고 생각해서 정계에 투신했다고 회고했다. 11) 이러한 배경에서 장면은 1946년 2월 가톨릭계 몫의 민주의원(民主議院) 의원이 되었고, 나중에는 입법의원이 되었다. 그리고 1948년 5·10 제헌의회 선거에서 종로을구에 무소속으로 출마하였다. 이때에 노 주교는 선거운동 본부 장격으로 가톨릭 신자들과 가톨릭이 운영하던 〈경향잡지〉 및 〈경향신문〉을 동원해 적극 지원했다. 결국 장면은 이 선거에서 당선되어 본격적으로 정치활동에 나섰다. 이때 그의 나이 49세 였다.

그러나 그의 의원생활은 길지 않았다. 이승만 대통령은 그를 발탁해 1948년 12월 파리에서 열리는 제 3차 유엔총회 한국대표단의 수석 대표로 임명하고, 대한민국이 한반도의 유일한 합법 정부임을 승인 받으라는 임무를 맡겼던 것이다. 장면은 파리로 출발하기에 앞서 바티칸의 교황사절로 국내에 파견되어 있던 패트릭 번 신부를 찾아가 도움을 요청했고, 그는 파리주재 교황대사와 유럽 및 중남미의 가톨릭국가 대표들에게 보내는 소개장 10여 장을 건네주었다. 아울러 교황 비오 12세에게도 "유엔총회에 참석하는 한국대표 장면을 적극 도와달라"는 편지를 보냈다. 이러한 장면의 노력과 천주교의 배경은 파

---

11) 노기남 대주교는 김규식의 설득이 효과를 보았을 것이라고 추측하고 있고, 최근 장면 연구서를 낸 이용원 기자는 평소 나이 어린 신부에게도 사제로서 깍듯이 대하던 그였으므로, 노 주교의 간곡한 제의를 평신도 입장에서 거절할 수 없었던 것으로 해석하고 있다(이용원, 1999: 77). 이렇게 신중한 과정을 거쳐 장면이 정계진출을 결행했다면, 떠밀렸다기보다 스스로 오랜 생각 끝에 적극적으로 결심하고 선택한 것으로 이해할 수도 있다. 그러나 그 자신의 회고록에는 이 부분에 대해 별도의 각별한 언급이 없다. 따라서 이때의 '결심'을 제 3자가 나름대로 과장할 필요는 없을 것 같다. 다만 그는 "일제 탄압이라는 정치적 현상마저 종교(즉, 천주에 대한 의뢰와 기도)에 의해 수렴될 수 있다는 비정치적 신념"(이상우, 1984: 121)을 가졌던 신앙인이었기 때문에 신앙적 차원에서는 '적극적 결단'이었을지라도, 정치와 관련해서 외부에 드러나는 그의 행동은 수동적이고 소극적이었다.

리에서 큰 효력을 발휘했다. 한국이 어디에 있는지도 모르던 당시에 소개장을 받은 외국 대표들은 장면을 적극 도왔다.

또 당시 유엔총회 의장이던 에버트 호주 외무장관을 만나고 도움을 받을 수 있었던 것도 그의 최선을 다하는 성실성과 천주교의 지원이 접목된 결과였다. 또한 미국대표 존 포스터 덜레스도 장면과 매일 만나다시피하면서 대한민국 승인을 위해 노력했다. 한국대표단의 장기영, 김활란, 전규홍, 조병옥, 정일형, 김우평, 김준구, 모윤숙 등과 함께 일했던 그는 쉬는 시간에도 혼자서 한국 승인문제를 위해 천주교인을 만나러 다닐 정도로 맡은 바 임무를 완성하기 위해 분주하게 일했다. 또 나중에는 과로로 입원 요양하던 중 주사를 잘못 맞아 간염 바이러스에 감염되는 고생도 치렀다(이용원, 1999: 77~81).[12]

그 결과 1948년 12월 12일 유엔총회는 찬성 44표, 반대 6표, 기권 1표라는 절대적 지지로 한국을 승인했다. 그는 임무를 완수하고 귀국하는 길에 대통령 특사자격으로 로마에 가서 교황 비오 12세를 40여 분 동안 단독 면담하고 "신생 대한민국에 정신적 지원을 해달라"고 요청했다. 그리고 12월 27일 뉴욕에 도착해 모교인 맨해튼대학에서 명예 법학박사 학위를 받았다. 1949년 새해 첫날 미국의 트루먼 대통령은 한국을 승인한다고 발표했고, 귀국을 서두르던 장면은 1월 5일 뜻밖에도 그를 초대 주미대사로 임명한다는 정부의 훈령을 받았다. 본국으로 짐을 모두 부친 뒤였기 때문에 매우 당황했지만, 장면은 묵묵히 대통령과 정부의 결정에 따랐고 즉시 일등 서기관 한표욱, 참사관 김세선과 함께 대사관 개설작업에 임했다(한표욱, 1996: 43~81).

---

12) 그러나 다른 기록에 의하면 당시 장면은 파리 도착 직후 황달에 걸려 실제로는 조병옥 박사가 주로 활동했다고 한다. 〈조선일보〉, 1960. 2. 19(모윤숙의 글) ; 1995. 10. 11(양동칠 대사의 글) ; 한표욱, 《이승만과 한국외교》(중앙일보사, 1996), pp. 46~47을 참조하라.

당시 이 대통령이 주미대사관에 내린 지침은 주로 통일과 안보에 관한 것이었다. 한국이 전체인구의 2/3를 차지하고 있고 한반도 내 유일한 합법정부임을 전제로 해서 한국은 통일에 대비해 국회의석 100석을 비워 놓았고, 평화통일을 원하며 경제 및 무기원조가 절실하다는 사실을 미국 정계와 관계에 꾸준히 주지시키라는 것이었다. 그래서 장면 대사는 국무부 관계자는 물론 트루먼 대통령까지 만나면서 한국군에게 군장비 및 무기의 원조를 호소했지만 반응이 없었다. 당시 38선의 경계상황은 무기도 별로 없는 병사들이 천막 몇 개 쳐놓고, 더러는 파수를 보고 더러는 우두커니 앉아 있는 무방비의 상태였고 박격포 연습도 실탄 없는 발사연습에 불과했다(장면, 1967: 96).

1950년 1월 애치슨라인이 발표됨으로써 한국이 미국의 방위선에서 제외되자 장면은 즉시 국무부로 달려가 애치슨에게 해명을 요구했지만 소용이 없었다. 장 대사는 그해 4월 나토 조인식에 초청받아 참석한 적이 있는데, 유럽국가들이 미국과 함께 공산침략에 적극 대응하는 모습을 보고 평소 미국의 한반도정책에 불안을 느꼈던 그는 태평양 연안의 자유국가들도 나토와 같은 집단방위체제를 결성해 공산침략에 대처해야 한다는 생각을 하게 되었다. 그는 곧장 대통령 특사자격으로 필리핀, 뉴질랜드, 호주 등 3국을 순방해 의사를 타진했고, 장면은 귀국해 이 대통령에게 이것을 보고했다(장면, 1967: 96). 그러나 곧장 6·25가 발발해 태평양지역 집단방위체제에 대한 그의 순발력 있는 아이디어는 실현되지 못하고 말았다.

6·25가 발발해 이승만과 임병직 외무장관의 긴급전화를 받은 장면은 한표욱과 함께 미 국무부로 달려갔다. 장면과 극동담당차관보였던 딘 러스크는 한국사태를 유엔안보리에 회부하기로 했고, 트루먼 대통령과 애치슨 국무장관으로부터 전화로 허가를 받았다. 그들은 동시에 트리그브 리 유엔사무총장을 깨워 사태를 설명하고 25일에

안보리 긴급이사회를 열어달라고 부탁했다. 국무부에서 밤을 보낸 장면은 일단 관저로 돌아와 짐을 챙긴 뒤 뉴욕의 유엔본부로 날아갔다. 오후 2시 안보리 이사회에서 장면은 "북괴의 공격은 인도와 민심을 거스르는 죄악이자 국제평화와 안보에 대한 명백한 위협"이라고 연설했고, 안보리는 미국이 제안한 결의안을 표결에 붙여 9 대 0으로 통과시켰다. 이 결의안은 북한을 침략국으로 규정하고 즉각 38선 이북으로 철수할 것과 유엔회원국은 북한을 일체 원조하지 말 것 등을 규정했다.

다음 날 장면은 트루먼 대통령을 만났다. 그는 너무도 황급해서 "국가원수에 대한 예모도 차릴 겨를이 없이"(장면, 1967: 104) 그에게 "6개월 전에 요청한 무기원조를 왜 해주지 않았느냐. 이제 우리나라의 운명이 당신의 손에 달렸으니 어떻게 하겠느냐"고 항변했다. 트루먼은 이를 여유 있게 받아넘겼고, 27일 미국은 해군과 공군을 한국에 파병한다고 발표했다. 30일에는 미육군이 한반도로 출동했다. 장면과 주미대사관은 한국의 긴급사태 대처에 일단 성공한 것이다.

당시 장면은 공산침략에 처한 한국을 구하기 위해 본국으로부터의 지시도 없고 의논할 사람도 없는 가운데서 혼자 고군분투했다. 결국 그의 진심과 적극적 노력은 열매를 맺었다. 그는 교육자의 길을 접고 정계로 진출한 이래 처음으로 시작한 외교활동에서 1948년 유엔의 한국승인을 성공적으로 얻어냈고, 6·25전쟁 발발시에는 주미대사로서 미국과 유엔의 군사적 지원을 즉각 이끌어내는 데 결정적 공헌을 한 것이다(이용원, 1999: 88).

개전 초기의 급한 불을 끈 다음 장면은 계속해서 전시외교 활동을 폈다. 〈미국의 소리〉 방송에 나가 조국의 동포들에게 위로와 용기를 주는 활동을 했는데, 혹시 북괴군 치하에 있더라도 북괴군에게 협조하지 말고 조금만 참고 기다려 달라는 내용의 위무(慰撫) 방송이었다.

또 전쟁난민 구호를 위해 유엔 경제사회이사회, 미국 정부, 뉴욕 대주교인 스펠만 추기경 등을 부지런히 찾아다녔다.

그리고 소련의 말릭 외상은 1950년 8월 한 달 동안 안보리 의장이 되면서 6·25는 미국과 한국군의 북침이며 소련은 북한에 소총 한 자루도 보내지 않았으며 그간의 한국사태에 관한 유엔의 결의안은 모두 무효라고 주장했다. 이때 장면은 한국전에서 노획한 소련제 소총 한 자루를 꺼내 보이며 성공적으로 말릭의 말을 반박했다. 9월 영국이 의장국이 되면서 발언권을 얻은 장면은, 이승만 괴뢰도당이라는 말을 써 가며 한국을 비난하던 말릭의 발언을 정면으로 받아 "나는 합법적으로 당선된 대통령의 임명을 받아 대한민국 정부를 대표해 이 자리에 의장의 초청으로 참석했다"고 말하고 40여 분 동안 소련을 맹비난했다. 이 모습은 당시 TV를 통해 세계우방에 방송되어 격찬을 받았고, 장면으로서도 "생애를 통해 가장 잊지 못할 후련한 연설"(장면, 1967: 108~109) 이었다.

3) 국무총리와 부통령 시절의 정치활동(6·25~4·19)

이런 가운데 본국에서는 이승만 대통령이 장면을 국무총리로 임명했다. 초대총리 이범석(李範奭)이 1950년 4월 사임한 뒤 이윤영, 이성모가 잇달아 지명되었지만 국회 인준을 받지 못하던 터였다. 그리고 그 해 11월 23일에 국회의 인준투표는 찬성 148표, 반대 6표의 압도적 표차로 장면을 총리로 인준했다. 그래서 장면 대사는 1951년 1월 28일 귀국해서 2월 3일 총리에 취임했다. 장면이 총리로서 일하던 시기는 전시였던 관계로 두드러진 업적을 쌓기는 어려운 상황이었다. 다만 국민방위군사건과 거창 양민학살사건이 잇달아 터지면서 심각했던 이승만 대통령과 국회 간의 갈등대립을 융화시키고 조절하는 역할 정도를 했을 뿐이다(이용원, 1999: 96).

장면이 비록 국회의 압도적 지지로 임명된 총리였지만, 이승만 아래서 그 권한을 행사하는 것에는 한계가 있었다. 그러나 그의 정치적 위상은 한층 높아져 야당과 원내자유당은 이승만 대신 그를 대통령으로 추대하는 데 합의했고, 이것은 내각책임제 개헌추진과 맞물리게 되었다. 장면은 빛나는 외교업적으로 어느새 이범석, 김성수, 신익희 등과 어깨를 나란히 하는 정치권의 한 축이 된 것이다.[13]

그러나 이승만과 여당은 대통령직선제 개헌안을 발의했고, 국회는 이를 부결시켰다. 대신 국회에서는 1951년 6월 2일 제2대 대통령에 장면을 선출하고 내각제 개헌도 성사시키기로 했다. 그래서 장면은 4월에 총리직을 사임했고, 이승만 대통령은 이른바 부산 정치파동을 일으켜 국회를 포위한 상태에서 발췌개헌안을 통과시켜 대통령직선 개헌을 관철했다. 이때 장면은 총리직을 사임한 상태에서 고질병인 간염이 도져 병원에 입원해 있었고, 차후에는 〈경향신문〉의 고문으로 일하면서 약 3년 5개월 동안 정치에는 일체 간여하지 않았다.

이후 1955년 9월 통합야당인 민주당이 창당되면서 장면은 정치활동을 재개했다. 그는 조병옥, 곽상훈, 백남훈과 함께 민주당(대표최고위원 신익희)의 최고위원으로 뽑혀, 창당 후 전국을 순회하며 민주당의 각 도, 시, 군의 조직결성에 참여했다. 대중정치인으로서의 경험을 어느 정도 쌓아 갈 수 있었다. 이때 그는 '온화한 학자 타입'의 정치신인이었지만, 그의 대중연설은 "아주 논리적이고 힘이 있었으며 뭔가 사람을 끄는 묘한 매력이 있었고 신뢰감도 주었다."[14] 그리고

---

13) 이것은 물론 장면이 이승만을 대신할 정도로 국민적 지지를 받게 되었다는 것이 아니라, 내각제 개헌을 염두에 두고 장면을 대통령으로 '모신다'는 정략이 바탕에 깔린 계산에서 나온 것이었다(이용원, 1999: 97).
14) 정헌주의 증언(이용원, 1999: 100).

1956년 민주당 후보 지명대회에서 대통령 후보 신익희의 러닝메이트로 민주당의 부통령 후보가 되었다. 그리고 신익희가 급서한 뒤 치러진 5월 15일의 선거에서 여당의 이기붕 후보를 20만 표 차이로 따돌리고 부통령에 당선되었다. 대통령은 물론 이승만이었다.

그런데 부통령 장면은 이승만 대통령으로부터 노골적인 정치적 핍박을 받았고 민주당 구파도 은근히 그를 견제했기 때문에, 4년 동안의 부통령 재임기간은 그가 스스로 "죄 없는 죄인"(장면, 1967: 46)이었다고 표현할 만큼 험난한 것이었다. 하지만 그는 부통령의 자리를 계속 지켰다. 왜냐하면 대통령제하에서 부통령은 실권은 없지만 당시 이승만 대통령이 81세의 고령이었기 때문에 언제라도 유고가 되면 대통령 자리를 자연스럽게 승계할 수 있었고, 이것은 곧 민주당의 집권을 의미하는 것이었기 때문이다. 1956년 8월 15일의 정·부통령 취임식에서 이승만은 내외 귀빈을 모두 소개하면서도 정작 공동의 주인공인 장면만은 제외했다. 또 남산 국회의사당 기공식에 다른 초청객의 자리는 준비하고도 부통령의 좌석은 마련하지 않아 장면은 그냥 돌아설 수밖에 없었다. 그뿐 아니라 1957년 9월 18일 월남의 딘 디엠 대통령이 방한했을 때 이승만 정부는 장면에게 그의 방한사실조차 알리지 않았다. 그렇지만 장면과 디엠은 이미 천주교를 매개로 서로 잘 아는 사이였던 터라 디엠이 먼저 노기남 대주교를 통해 장면과의 만남을 청해 명동성당 노 대주교의 방에서 몰래 만나 우정을 확인할 수 있었다. 차후 이 일 때문에 장면을 감시하던 경찰관 몇 명이 쫓겨나기도 했다.

그리고 부통령 취임 한 달여 만인 9월 29일 서울 명동 시공관에서 열린 민주당 전당대회에서 격려연설을 마치고 내려오다가 당시 치안국장과 내무부장관이 배후로 알려졌던 김상붕에 의해 저격을 당했다. 그러나 다행히 총알이 왼손 옆면을 관통하고 지나가는 바람에 장면은 무사했다. 이승만 정권의 하부조직에서는 김으로 하여금 "조병옥 만세"를 외치게 해 이 사건을 민주당 내의 신·구파 대립에서 비롯된 결과로 조작하려 했으나, 세인의 웃음거리만 되었을 뿐이다.

당시 민주당 최고위원이던 박순천 여사의 회고에 의하면 이때 "장박사의 모습은 태연자약했고 너무도 의연했다"고 한다(이용원, 1999: 105). 장면 자신은 침착하게 대응하면서 오히려 주위 사람들을 진정시키기에 바빴다.

이철승의 회고에 의하면, 장면 부통령은 순화동 공관에서 창살 없는 감옥생활을 하면서 "참으로 견디기 어려운 세월이었지만, 민주 염원의 상징으로서 끝까지 자리를 지켰다." 진정으로 외유내강한 분이었다(이용원, 1999: 107). 그리고 장면 부통령은 자신에 대한 저격사건으로 사형선고를 받은 3인 중 하나인 최훈에게 털스웨터를 넣어주고 편지를 주고받으며 전도에 힘썼으며, 나중에는 감형조치를 취해 사형을 면하게 해주었다. 또 그를 직접 저격했던 김상붕도 복역을 마치고 나와 목사가 되어 장면의 셋째 아들인 장익 주교와 만나 "위대한 인격자 장면"을 회고했다고 한다(이용원, 1999: 109~110).

장면은 1960년의 3·15선거에서 다시 부통령 후보로 출마해서 이기붕과 겨루었으나, 선거결과를 조작한 정부와 자유당 측의 음모로 무려 7백여만 표차로 낙선했다. 그러자 4·19 학생혁명이 시작되어 이승만의 하야를 요구하는 여론이 들끓었다. 3·15 마산시위가 있은 이후 4월 6일 민주당은 공명선거추진위원회 등 사회단체와 공동으로 서울 중심가에서 대규모 시위를 벌였다. 4월 11일 마산에서 김주열 군의 시체가 바다에서 발견되어 제2차 마산시위가 일어나고 4·18 고대생 시위가 있었다. 19일에는 전국적 봉기가 있었고, 4월 25일에는 대학 교수단의 시위가 있었다.

제3대 부통령의 임기를 남겨두고 있던 상황에서 장면은 4월 23일

기자회견을 갖고 부통령직을 사퇴했다. 그는 3·15 부정선거에 대한 국민들의 분노가 절정에 달했음을 지적하고, 청소년들이 총탄에 맞아 쓰러지는 것을 보고 "하루라도 자리에 머무를 수 없는 비통한 심정"임을 토로했다. 그리고 "이 대통령은 3·15 선거의 불법과 무효를 솔직히 시인하고 또 12년간 누적된 비정(秕政)에 대하여 책임지고 물러나야 할 것"이라고 요구했다. 그는 필요할 때 결단을 내려 행동하는 지식인의 모습을 그대로 보이면서 스스로도 도의적 책임을 지는 마음에서 부통령직에서 물러났던 것이다. 이러한 행동은 동시에 이승만의 대통령직 사퇴를 압박하는 것이었다(장면, 1967: 57~58).

그러나 장면이 자신의 부통령직 사임이 어떤 정치적 효과가 있을지, 또는 사임하는 것이 좋을지 등 거취문제를 놓고 사전에 민주당을 포함한 주위의 관련인사들과 긴밀하게 논의하는 과정 없이 자신의 도의적 책임감에만 의존해서[15] 사임한 것은 최고 정치지도자로서 마땅히 갖추어야 할 전략적 사고가 부족한 행동이었다고 볼 수 있다.

이상의 분석을 통해 밝혀진 장면의 성장 및 교육배경, 그리고 정치적 경험에서 나타난 가치관과 개인적 특성을 요약하면 다음과 같다.

첫째, 장면의 인격형성과 행동에 큰 영향을 주었던 것은 가톨릭 신앙이었고 그의 정계진출과 정치적 성공도 가톨릭과 깊은 관련이 있었다. 그의 가톨릭 신앙은 매우 돈독해서 사람들에게 그는 기도드리는 총리(이상우, 1984: 143)로 여겨졌고, 또한 "가톨릭은 그에게 개인적으로나 사회적으로나 지표요 울타리가 되어주었다"(이용원, 1990: 69).

---

15) 차후 그는 회고록에서 부통령직을 사임하게 된 이유로, 첫째로 이승만 대통령의 하야 압박, 둘째로 부도덕한 이승만 정권하의 부통령에 연연할 수 없다는 도의적 판단, 셋째로 이 대통령의 하야라는 불행으로 자신이 대통령이 되고자 하는 야심을 가진 부도덕한 존재가 아님을 보여주려는 것이었음 등을 열거했다(장면, 1967: 57~59).

둘째, 그는 '타고난' 교육자였다. 동시에 정계진출 이후 유엔총회 수석대표, 주미대사, 총리, 부통령 등의 소임을 성공적으로 완수한 유능한 엘리트였다. 그는 스스로 민주적 원칙과 생활방식에 익숙하며, 필요할 경우 자리에서 물러나는 책임감 있는 정치인이었다. 적어도 제2공화국 이전의 시기에 장면이 낮게 평가받을 수 있는 일은 식민지시대에 적극적 항일운동을 하지 못했다거나 이승만만큼 정치적 수완이 뛰어나지는 못했다는 것 외에는 없는 것 같다.

셋째, 그러나 장면은 정계입문 초입부터 당시 이승만 대통령에 의해 발탁되어 해외에서 외교관으로 활동하게 되었다. 따라서 정치 초년생으로서 대중적 국내 현실정치를 제대로 체험할 기회를 갖지 못했고, 더구나 총리와 부통령직은 모두 임명직이어서 정치지도자로서는 조직을 제대로 만들고 유지함에 유리할 것이 없었다. 더욱이 본인 스스로가 그러한 방면에 대한 관심이 별로 없었던 터라, 이른바 전국적 대중정치인으로서 국내 정치상황에서 성공할 수 있는 정치적 훈련을 처음부터 충분히 쌓지 못했다.

마지막으로 엘리트 지식인으로서 장면은 누구보다도 자유민주주의를 마음에 두었던 인물로서 성실함과 정직함, 그리고 공평함과 같은 행동양식 가치(Burns, 1978: 75~76, 429~430)를 갖춘 정치지도자였다. 그리고 장면은 성장과정과 정계입문 이후 한국의 현실에 대한 심각한 문제의식이나 한국을 근대화시키고 민주주의 국가로 만들어야겠다는 강렬한 정열을 보여준 적은 드물었지만, 스스로 민주주의를 포함한 근대적 가치를 체화된 상태로 구비하고 그러한 가치들이 한국에서도 실현되기를 추구한 인물이었다.

3. 비혁명적 상황인식과 체제정당화 능력의 빈곤

이상에서 필자는 제2공화국 이전 시기의 장면의 행동에 대한 분석을 통해 그의 개인적 특성과 민주주의와 근대화와 관련한 그의 가치관을 살펴보았다. 그런데 민주주의 공고화 과정에서 체제의 정당성은 리더십의 반응능력, 정책수행 능력, 그리고 적절한 억압수단의 사용에 의해 극대화된다(Rustow, 1967; Lintz, 1978; 백영철 편, 1996: 152~153). 따라서 이 절에서는 그의 상황인식과 비전, 국민들의 요구나 기대에 대한 반응능력과 정책수행 능력, 그리고 체제 도전적 세력과 운동에 대한 규제능력 등과 관련된 그의 정책과 대처내용을 검토함으로써 그의 "정치적 안목과 기술"을 평가할 것이다.

1) 비혁명적 상황인식과 비전

집권여당 없이 야당끼리 승부를 가리는 선거로 치러진 1960년 7·29 총선은 몇몇 불상사가 있었지만, 관권의 개입 없이 대체로 자유롭고 공정하게 진행되었다. 또 그것은 민·참의원 양원선거였으며 내각책임제하에서 시행된 첫 번째 선거였다. 민주당의 신파와 구파, 4월 혁명의 진정한 계승자임을 자처했던 혁신계, 그리고 자유당 및 무소속 후보들이 저마다 경쟁한 7·29 총선은 결국 민주당의 압승으로 끝났다. 민의원 219석 가운데 민주당은 172석을 차지했고, 참의원은 58석 중 31석을 차지했다. 야심만만하게 도전했던 혁신계는 민의원 5명, 참의원 2명이 당선되는 것에 그쳤다. 장면은 용산갑구에서 출마해 당선되었다.

선거결과 5대 국회가 8월 8일 개원되었고 12일에 윤보선을 대통령으로 선출했다. 그리고 김도연에 대한 총리인준이 부결된 후 19일에 장면이 국회에서 총리로 인준되어 제2공화국이 출범했다. 장면은 내각제하의 국무총리로서 사실상 국가 최고지도자가 된 것이다. 그리고 집권에 성공한 민주당이 주도했던 제2공화국의 정치적 임무는 한마디로 혁명의 완성이었다. 16)

그러나 당시 국정 최고책임자였던 장면의 상황인식과 문제의식에는 그러한 혁명적 진단이 포착되지 않는다. 즉, 4·19혁명에 의해 세워진 정부라는 점에서 스스로 혁명실천의 수임자라는 의식이 강했어야 했는데 오히려 미약했다. 국회에서 총리인준을 받고 나서 장면이 발표한 성명은 평상시의 그것처럼 밋밋하고 맥 빠진 듯한 내용뿐이었고, "… 라고 본다" 혹은 "… 라고 생각한다"는 식으로 말함으로써 자기 의사를 직접적으로 표현하지 않았다. 어디에서도 혁명과업의 완수라든지 부정선거 원흉의 처단 혹은 부정부패의 척결이란 선언을 찾아볼 수 없었다. 17) 또 장면 자신의 회고록에도 그나마 총리인준시의 성명이나 당시 자신의 각오에 대한 언급이 전혀 없는 것을 보면, 스스로 그러한 혁명의식이 빈곤했던 것으로 추측할 수밖에 없다. 민주당 역시 4월 혁명의 완수를 선거공약의 첫째 사항으로 내걸었지만, 부정선거 원흉처단이나 부정축재자의 재산환수 등과 같은 구체

---

16) 〈동아일보〉, 1960. 10. 11.

17) 그의 발언을 일부 소개하면 다음과 같다. "앞으로 해야 할 새 정부의 주요 과업으로서는 민주당의 선거공약을 실천하는 것인데, 특히 경제건설의 새 출발이 시급하다고 본다. 이를 달성하기 위해서 구정권하에서 발생되었던 여러 가지 독소를 깨끗이 제거하고 모든 국민이 장기 건설계획의 테두리 안에서 최대의 창발력을 발휘할 수 있는 건전한 환경을 만드는 것이 정부의 임무로 생각한다"(김진배, 1986: 214). 김수진 교수는 이에 대해 시민사회의 혁명적 요구들을 정치사회가 들어주지 않았을 뿐 아니라 기성 정치권이 시민사회의 의사와 대표성을 인정하지 않은 채 정치공간을 시민사회에 개방하지 않았기 때문에 4·19혁명 이후에 "비혁명적 민주이행"이 이루어졌다고 설명한다(김수진, 1996: 165~170).

적 조치는 외면했고, 이와 관련한 헌법개정안의 심의에서도 이러한 문제를 제기한 의원은 한두 사람뿐이었다(김진배, 1986: 235).

4·19는 자유민주주의를 향한 봉기였다고 할 수도 있으나, 오히려 독재와 부패에 반대한 봉기였다고 하는 편이 더 진실에 가깝다(김영명, 1999: 132). 그러나 장면 정부는 과거청산과 관련된 국민들의 기대와 요구에 부응하는 적정한 조치를 과단성 있게 취하기보다 "순수한 자유민주주의 이념에 따른 제도의 추진만이 혁명정신에 부응하는 것"이라고 인식했다(이상우, 1984: 152~153). 한마디로 장면 총리는 혁명적 상황을 비혁명적으로 인식했던 것이다.

한편 이러한 비혁명적 상황인식과 함께 장면 총리와 민주당 정부는 국민들에게 그토록 열망하던 "완전한 자유를 한 번 줘보자"는 낙관적인 자유주의적 이념과 경제제일주의 정책을 통한 빈곤으로부터의 해방을 정치적 비전으로 제시했다. 장 총리는 내각으로부터 사회적 무질서와 이념적 혼돈을 해결하기 위해 강경한 수단을 동원할 것을 수차례 건의 받았으나, 그때마다 "민주화 열기로 인한 일시적 혼란을 무력을 동원하여 억눌러서는 안 된다는 철학"을 가지고 군사적 비상조치를 끝까지 반대했다. 그는 총검에 의한 외형적 질서보다는 '자유 바탕 위의 질서'를 선택했던 것이다. 장 총리와 민주당 정부는 최악의 경우 비상조치를 취한다 하더라도 "철권(鐵拳)으로 억압하는 대신 시간으로 다스리고자 했다." 그리고 장면 정부는 정권을 세워준 국민들에게 보답하기 위해 국민경제의 비약적 성장을 기도함으로써 빈곤문제의 해결에 매진하고자 했다.18)

이것으로 보아 장면의 민주당 정부는 비록 민주주의를 추구하고는

18) 이상 비전에 대한 내용은 주로 당시 재무부차관이던 김재순 씨와 국무원 사무처장 정헌주 씨의 증언을 바탕으로 한 것이다(김용삼, 1999: 212~213, 218~219).

있었지만, 4월 혁명의 다양하고 역동적인 다이내미즘을 수렴할 만한 창조적 이념이나 지도자의 영도력을 결여하고 있었다고 볼 수 있다 (이상우, 1984: 154). 장면의 이러한 상황인식은 당대의 요구와 기대에 미흡한 것일 뿐 아니라, 완전한 민주주의와 경제발전을 동시에 추구하고자 했던 그의 비전도 매우 이상주의적이었다. 장면 나름대로는 성의와 능력을 다해 총리직에 임했겠지만, 국가적 상황 및 국민들의 요구와 기대에 적절하게 반응하며 상호작용하는 가운데 효율적 리더십이 생성되고 성공적으로 발휘된다는 것을 고려한다면, 그의 상황인식과 비전은 출발부터 한계가 있었다고 봐야 할 것이다.

2) 소극적 과거청산과 인사정책

먼저 장면은 과거청산과 관련된 정책을 시행하는 데 일관성을 잃어 혼선을 빚었다(백영철, 1996: 151). 이승만 정권 시기의 정치 및 경제비리와 관련된 피고인들에 대한 혁명재판의 결과가 발표되자 전국적으로 시위가 벌어지고 4·19 부상자들이 민의원에 난입하는 사건이 터졌다. 과거 비리관련 피고들에 대한 선고형량이 너무 가볍다 하여 소급입법을 해서라도 피고인들을 다시 엄중 처벌하라는 여론이 불길처럼 일어난 것이다. 온유하기로 유명하던 장면 총리도 "그것이 법조문에 의한 공정한 판결이었는지는 모르나 국민감정에 미치는 영향도 참작했어야"(장면, 1967; 이용원 1999: 196) 했다면서 형량이 너무 가볍다고 크게 화를 냈다.

그러나 막상 반민주행위자 처벌을 위한 소급입법이 국회에서 논의될 때, 일반 예상과 달리 장면 총리는 소급입법에 반대했다. 장면은 만일 "끝내 보복을 위한 소급입법을 고집한다면, 스스로 당을 떠날지도 모르겠다"고까지 말했다. 그러나 소급입법 문제에 대해서는 이미

민의원 의장과 수습위원들이 데모대 대표에게 언질을 준 바도 있고, 국민적 여론이 고조되어 다시 입법에 착수할 수밖에 없었다. 그리고 다른 한편으로는 많은 사람들이 전화로나 혹은 직접적으로 자유당의 숙청 혹은 정치적 보복을 강요했다. 그러나 장면 정부로서는 피동적 입장에서 견딜 수 없는 고역을 겪는 사이에 소급입법은 통과되었다 (장면, 1967: 69~70). 당시의 분위기로 보아서는 장면 정부가 앞장서서 과거청산을 시도해야 마땅한 것이었는데, 오히려 여론에 밀려할 수 없이 따라가는 형국이어서 혁명에 적극 참여한 사람들로서는 안심할 수가 없었던 것이다. 이것은 앞서 논의했던 상황에 대한 비혁명적 인식과도 관련된 것이지만, 그렇다고 장면은 혁명적 조치가 왜 불가한지에 대한 자신의 소견을 적극적으로 펴지도 못했다.

그리고 부정축재 문제를 처리하는 과정에서 탈세 기업인들에 대한 징계조치가 지나치게 관대했다. 즉, 그들의 기업활동에 불리한 효과를 주어서는 안 된다는 방침에 따라 해당 기업인들을 형사 입건하기보다 추징금 부과 같은 재정적 방법으로 징벌하고자 했다. 장면 정부는 집권하자마자 지난 5년간 탈세한 금액을 상환하고 탈세액의 4~5배에 해당되는 금액을 벌금으로 내도록 탈세자들에게 공문을 발송했지만, 국회 내에서는 상환조건이 너무 관대하다는 비판이 강했다. 특히 민주당 구파의원들은 탈세 외의 불법경제행위가 처벌되지 않고 있다는 사실, 탈세자들이 다양한 방법으로 범법을 했는데도 일률적 방법으로 처리되고 있다는 사실을 들어 별도의 특별법 제정을 촉구했지만 장면 정부는 이에 반대했다. 그러자 항간에는 장면 정부가 탈세기업들로부터 재정지원을 받고 있다는 소문이 퍼져 장면 총리로서는 진퇴양난의 매우 곤혹스러운 처지에 놓일 수밖에 없었다(한승주, 1983: 160~161).

다음으로 3차례의 조각(組閣)을 거듭하는 가운데 행해졌던 장면의 수동적이고 방어적인 인사정책은 자신과 그의 정부가 주요 정파와 국민들로부터 신뢰받기 어렵게 만들었다. 그렇지 않아도 장면은 자신의 신앙적 태도와 성격적 한계 때문에 주변 정치인들을 자신의 지지세력으로 만드는 기술이 약했고, 또 민주당 구파와 권력경쟁이라는 구조적 대립상황에 있었다.[19] 더구나 민주당 내의 소장파들도 별도의 목소리를 내며 장면에게 많은 요구를 하던 상황이었다. 한마디로 정부출범 이후 종료시까지 장면 정부는 국회 내에서 믿을 만한 다수(한승주, 1983: 134)를 가져 보지 못했다. 내각제하에서 이러한 상황은 비상시나 다름이 없었고, 따라서 고도의 정치적 결단에 따른 연립형태의 거국내각 출범이 필요했다.

그러나 장면은 지나치게 방어적 자세로 주로 업무지향적인 동료들에게 의존하며 일했다. 그는 첫 내각의 명단을 발표하면서 "이 내각은 잠정적인 것이며 언제든지 거국내각을 짜겠다"고 말할 정도로(이용원, 1999: 140) 자기 자신의 결정과 행동에 대해 자신감과 단호함을 결여되었다. 그리고 장면은 "그에게 말썽만 충분히 일으키면 직위를 제공하는"[20] 그런 나약한 총리로 비치고 있었다. 그래서 그는 "그의 가까운 동료들만으로 이루어지는 배타적 내각과 충분한 외부인사들이 포함되는 연립내각 사이에서 머뭇머뭇"(신상초, 1960: 49; 한승주, 1983: 135~136) 했다.

그리고 종국에는 내각구성에서나 도지사 임명에서 신파 일색이라는 비판이 나올 정도로 자파 인사들만 기용했기 때문에 그는 인사정책을 통한 국면타개에 실패했다(정수산, 1992: 145). 결국 당내 구파와 소장파에 대해서는 "양보가 항상 너무 적었고 또 너무 늦었기 때

---

19) 장면은 신파에 속해 있었다. 신파는 주로 이승만 정부하에서 관료층에서 탈락한 인사들로 구성되어 있었고, 구파는 미군정하에서 득세하던 한민당 계열의 인사들로 구성되어 있었다(심지연, 1990).

20) "전직 정치인들의 토로," 〈사상계〉, 1961. 10, pp. 142~159를 보라.

문에" 그들로부터 적극적 지지와 협조를 얻을 수 없었다. 장면 스스로는 "어떻게 해서든 협력해서 정치를 해보려는 나의 의도는 좀처럼 이해해 주지 않았다"(장면, 1967: 67)고 했지만, 자신이 대국적 차원에서 사태를 파악하고 주변의 같은 정치인들과 국민들이 믿고 따라오게 할 수 있는 적절한 이니셔티브를 먼저 적극적으로 취하는 결단을 내리지 못했다.

　당시 상황은 법조문에 얽매이거나 자질구레한 계산에서 줄 것은 주고받을 것은 받는 식의 일상의 거래적 리더십보다는 최고지도자가 엘리트 및 일반국민들과 목적과 가치에서 서로 합일하고 그 바탕에서 공동노력하는 변혁적 리더십[21]이 더 필요한 혁명적 시기였지만, 장면 총리는 전자의 수준에 머문 채 시간을 끌고 그가 믿는 천주에게 기도하면서 사태를 진전시켜 보려고만 했다. 결국 장면 총리는 내내 막연한 자유주의적 태도를 견지하면서 화합과 포용의 정치력도 발휘하지 않았고 대중의 욕구도 적극 반영하지 못했던 것이다.

3) 경제위기 상황에 대한 자유주의적 접근

장면이 집권하던 기간에는 정치권의 갈등과 분열이 끝없이 지속되었다. 국회의석의 약 80%를 차지한 민주당은 외부의 적이 없었던 대신 당내 파벌싸움이 심했다. 정권을 장악하는 것에 실패한 구파는 사사건건 정부의 정책을 물고 늘어지다가 결국 신민당(新民黨)으로 갈라져 나갔고, 신파 내의 신풍회(新風會)도 당내 당을 형성해 마치 야당처럼 움직였다(이용원, 1999: 269).

---

21) 거래적 리더십과 변혁적 리더십에 대해서는 James M. Burns, 한국리더십연구회 역, 《리더십 강의》(미래인력연구센터·생각의 나무, 2000), pp. 23~31을 참조하라.

그러나 장면은 인내했고, 4월 혁명 이후 각종 데모와 함께 각계의 욕구가 터져 나오는 것을 하나의 과정으로 보고 시간이 지나면 정상화되리라 믿었다. 다른 한편으로 장면은 경제개발의 청사진을 그려 나갔다. 1961년 봄이 되면서 정국과 사회는 전반적으로 안정의 기미를 보였고, 장면 정부는 경제제일주의 정책으로 농어촌 고리채 정리, 환율 현실화, 경제개발 5개년 계획의 구상을 진행시켰으며, 실업자 구제를 위해 대대적 국토개발사업을 전국적으로 일제히 시작했다.

이렇게 장면 총리는 당시의 경제위기에 대처해 다양한 정책적 처방을 제시하고 시행하고자 했다. 그러나 그는 기본적으로 "경제위기의 극복을 시장기구의 메커니즘에 맡겨버리는" 자유주의 원칙을 기조로 삼았기 때문에(이국영, 1996: 434) 시작부터 난조를 보였다. 한마디로 정치·경제적으로 자유민주주의와 시장경제가 정상적으로 제도화되지도 못한 처지에서, 그리고 비리척결 등과 관련된 각종 조치들이 혁명적으로 취해지지도 못한 상태에서, 장면과 그의 정부는 완전한 자유를 주면서 경제정책을 추진하고자 했다(이상우, 1984: 156~157; 장면, 1967: 184; 김진배, 1986: 243~246).

그러나 집권 9개월 만에 장면 정부의 경제정책은 사실상 이미 전면적으로 실패하고 있었다.[22] 실제로 환율과 금리인상 및 공공요금 인상으로 물가가 상승했고, 일반서민들의 생활은 악화되었다(이국영, 1996: 434). 경제성장률이 1957년 8.7%, 1959년 5.2%에서 1960년에는 2.1%로 크게 떨어졌고, 물가는 민주당 집권기간에 38%나 올랐고 생산량은 9.8%가 감소했다. 더욱이 실업률은 23.7%이었다.[23] 당시 경제활동인구의 3분의 1이 넘던 실업문제를 해결하기 위해 수행

---

22) "사설: 안정제일도 아니고 확대균형도 아닌 얼치기 경제정책의 후환," 〈한국일보〉, 1961.5.1(이국영, 1996: 435에서 재인용).

23) 〈동아일보〉, 1961.3.14, 5.7.

되던 국토건설사업도 공사자 선택에 정실과 정치압력이 개재되어 실패했다는 비판도 있었다. 또 저곡가 정책을 지속하고 농업생산비를 가중시키는 조치를 취함으로써 농민들의 기대를 외면했다(정수산, 1992: 160). 그리고 당시 시행된 각종 정책들은 사실상 "독점과 특혜를 지속시킨 현상유지적 경제조종"이었을 뿐이다(윤근식, 1989: 341).

장면과 그의 정부는 오랜 기다림 끝에 경제건설을 위한 정책들을 마련하고 시행하기 시작했지만, 개인과 사회 전반에 '완전한 자유'를 허용하는 자유주의적 기조로 접근해 생활고와 실업에 시달리던 국민과 엘리트들에게 비전과 믿음을 줄 수 있는 소기의 성과를 거두지는 못했다.[24] 즉, 장면 정부는 국민들의 기대부응에서의 효과성과 정책수행 과정에서의 효율성 양면에서 일정한 성과를 나타내지 못하고 있었다. 당시의 정치・경제적 형편은 각 부문이 제도적으로나 기능적으로 정상화되지 못한 상태에서 총체적 난맥상을 보였기 때문에, 모든 부문이 정상적으로 기능하는 상태를 전제로 하는 자유주의적 처방과 접근으로는 성공적 사태해결을 기대할 수 없었던 것이다.

---

24) 나중에 내각 사무처장을 지냈던 정헌주 씨는 "제2공화국의 경제제일주의는 완전한 민주화의 바탕 위에서 경제자립을 모색하는 것이란 점에서 박 정권의 경제제일주의와는 완전히 구별돼야 한다"(〈신동아〉, 1985. 4: 269)고 말했다. 그러나 필자가 지적하고자 하는 것은 '완전한 민주화의 바탕 위에서'란 말은 당시의 희망을 현실로 착각한 결과일 뿐이라는 것이다. 즉, 정헌주 씨의 이 말은 국민과 엘리트들에게 일단 완전한 민주주의적 자유를 준 상태에서 경제발전을 시도한다는 뜻으로 이해되는데, 필자는 바로 이것이 정책적 실수라고 보는 것이다. 왜냐하면 당시 경제적으로 쪼들릴 뿐 아니라 민주주의적 시민생활에 대한 규범과 경험이 매우 빈곤한 실정에서 완전한 자유는 곧 무질서로 흐를 가능성이 많았기 때문이다. 이 시기에 정치지도자는 국가적 상황과 국민적 능력을 헤아리고 국민들을 적극적으로 설득하는 정치적 안목과 능력이 있어야 했다. 하지만 그렇다고 해서 이후의 박정희가 그러한 안목과 능력이 충분했다는 말은 결코 아니다.

4) 급진적 요구에 대한 관대한 대응

허정 과도정부 때부터 시작된 각종 시위와 반정부운동은 장면 정부가 출범한 이후에도 수그러들 줄 몰랐다. 1960년 후반부터 1961년 초반에 이르는 기간에는 각종 위기설과 함께 정치적 불안이 더욱 고조되었다. 노총대회에서의 난투극, 박태선 교도들의 신문사 난입사건, 빗발치는 혁명입법 요구, 부정축재자 처벌 요구, 혁신계의 횃불데모, 일부 학생들의 판문점 행진 등으로 불안은 가속화되었다. 이러한 불만과 요구의 폭발은 4·19의 당연한 결과였지만, 다른 한편으로는 장면 정부의 자유민주주의 정신에 입각한 관대하고 신중한 대응이 그 원인이 되기도 했다. 고조된 위기 속에서 강경책을 쓰자는 측근에 대해 장면은 "4·19 학생의 피가 마르기도 전에 정권을 연장하겠다고 계엄령을 펴거나 독재적 방법을 쓸 수 없다"고 잘라 말하고는 차라리 자신이 물러나면 물러났지 그렇게는 못하겠다고 했다(이상우, 1984: 153).

장면 총리의 집권기간 중 정치적 혼돈을 초래했던 진보주의 운동은 혁신정당의 반정부운동, 교원노조운동, 대학생 중심의 민족통일연맹이 선두에 섰던 통일운동 등 세 가지로 대별할 수 있다(김학준, 1983: 214~219). 이승만 정권 시절 강력한 반공캠페인 때문에 활동을 못하던 혁신계 정치인과 정당들은 7·26 총선에서 비록 참패했지만, 이후엔 활동이 매우 활발해졌다. 특히 혁신계 정당들은 통일운동을 전개함으로써 정치적 돌파구를 찾으려고 했다. 그리고 이들은 비정치적 교류를 통한 남북협동과 통일의 추진을 주장했다. 장면 정부는 선건설 후통일이었지만, 이들은 선통일 후건설을 내세우며 통일지상주의적 입장을 표방했다. 또 서울대의 민족통일연맹을 선두로 한 급진학생들은 남북교류나 중립화 통일에 대해 논쟁 차원을 지나 1961년 4·

19혁명 1주년 기념일을 맞아 시국선언문을 통해 "통일을 기피하고 민족통일 세력을 탄압하는 현 정권은 피를 보기 전에 물러나라"(이용원, 1999: 220)는 도발까지 서슴지 않았다. 그리고는 남북 문화교류의 전제로 남북 학생모임을 갖자고 제의했다. 그들은 "가자 북으로, 오라 남으로!"라는 구호와 함께 급진적인 통일운동을 부추겼다.

한편 이승만 정권 시절 교원들을 정치에 이용하던 대한교련의 해체를 주장하며 조직된 전국교원노조연맹은 정부에 대해 유일한 전국교원조직으로 승인할 것을 세차게 요구했는데, 이들이 데모하면서 "김일성 만세"를 외치고 적기가를 불렀다는 소문이 계속 퍼졌다. 교원들의 사회경제적 지위향상을 내세우면서도 학생들의 판문점 회담을 강력하게 지지함으로써 교원노조도 정치적 목적을 지닌 조직임이 드러났다(한승주, 1983: 187).

이렇게 3집단을 중심으로 전개된 급진적 정치·사회운동은 적법과 위법 구분의 차원이 아니라 이미 이념적 차원의 판단과 결단이 요구되는 사안으로 발전했다. 그러나 이러한 급진적 운동에 대한 장면 정부의 대응은 책임 있고 명확한 판단을 유보한 채 인내하면서, "어디까지나 국민의 자유를 최대한으로 허용하는 범위 내에서 법으로 다스리고자"(장면, 1967: 77) 했다.

그러던 장면 정부는 마침내 1961년 3월 19일에 와서야 심각해진 좌경 급진운동을 규제하기 위해 시위규제법과 반공특별법 제정을 결의했다. 그러자 혁신계는 물론 야당인 신민당, 그리고 민주당 내 소장파들까지 격렬한 반대투쟁을 전개했다. 처음 대구에서 횃불데모가 일어났고 22일에는 서울 중심가에서도 야간 횃불데모가 벌어졌다. 대구의 조재천 장관 집이 습격당하고 서울의 명륜동 장면 총리 집에도 데모대가 난입하려 했다(이상우, 1984: 153). 이렇게 심각한 폭력 사태가 벌어졌음에도 장면 정부는 보다 적극적으로 입법을 추진하지 못했다. 또 그는 가타부타 정국과 관련한 자신의 의도와 방침을 국민들에게 적극적으로 알리며 질서회복을 위해 국민의 협조를 당부하는 이니셔티브를 취하지 않았다. 장면 총리는 국가의 최고지도자로서 보다 단호한 대국민 설득을 시도하면서 계엄령 발동을 포함한 적법한 통치력 행사로 여론을 이끌고 입법을 추진하지 못했다. 후에는 야당인 신민당도 시위규제법과 반공특별법의 필요성을 인정하고 국회통과를 약속했다.

그러나 장면 정부는 겉으로 드러난 반대여론에 신경을 쓰고 그것에 끌려 다니다가 결국 필요한 입법기회를 놓치고 말았다(이상우, 1984: 153~154). 결국은 무질서와 이념적 혼돈을 참지 못하던 군부의 거사로 장면 정부는 붕괴되었는데, 이것은 위너(Myron Weiner) 교수의 말처럼 "피동적으로 조금씩 양보하다가 자기 패배의 결과를 초래한 것이다"(Weiner, 1962: 216~240). 이에 대해 후에 장면 총리는 "조금만 더 국민 스스로가 자중하기를 기대했고, 그래도 국민 스스로가 자숙하지 못하면 최후단계의 강경책을 발동할 생각이었다"(장면, 1967: 77)고 했다. 그러나 이것은 회고록을 쓸 때의 변명일 가능성이 많다. 이런 점에서 장 총리는 나름대로 능력 있는 민주적 엘리트였으나, 필요할 때 국민들에게 나아갈 방향을 적극적으로 제시함으로써 국민들이 행동해야 할 바를 알게 해주는 지도자의 역할을 제대로 수행하지 못한 정치인이었다고 할 수 있다.

4. 미약했던 포용력과 조직력, 그리고 정보력

장면은 독실한 천주교 신자로서 그것이 배경이 되어 정계에 입문했고, 또 대외적으로는 한국의 대표적 천주교 평신도로서 천주교의 국제적 네트워크를 활용할 수 있는 위치에 있었기 때문에 당장의 외교 활동에서 적지 않은 성과를 낼 수 있었다. 이승만 대통령이 자신과의 인연이 더 깊었던 조병옥 대신 장면을 파리 유엔총회의 한국대표단 수석대표로 임명한 것도 이러한 전략적 계산에서였다(이용원, 1999: 78~79). 그러나 국내정치에서 장면의 천주교 네트워크는 자신의 정치적 성공에 기여한 측면보다 장애물이 된 측면이 더 많았던 것으로 보인다.

다시 말해서 이미 제3절에서 살펴보았듯이 장면 총리는 당면문제에 대해서 인간의 판단과 선택에 의한 행동보다는 천주의 섭리에 의지하고 그것의 작용을 기다리는 자유주의적 행동으로 그 해결을 시도했기 때문에 시기를 놓치거나 우유부단하다는 평가를 면치 못했다. 그런가 하면 이승만 대통령은 4·19혁명이 발발하자 매카너기 주한 미대사에게 "이 모든 사태는 장 부통령과 노 대주교가 정치적 목적을 달성하려고 가톨릭 세력을 선동해서 일어난 것"이라고 주장하기도 했는데(이용원, 1999: 115~116), 이것은 이승만이 장면의 천주교 네트워크에 대해 계속해서 경계했다는 반증으로 볼 수 있다. 또 국내정치에서 장면의 천주교 신앙과 네트워크는 그로 하여금 인간적 포용력과 정치적 조직력, 그리고 장악력의 신장에 긍정적 영향을 주지 못했던 것 같다. 이를 자세히 살펴보면 다음과 같다.

1) 포용력과 조직력의 빈곤

당대의 대표적 야당 정치지도자로 우리는 신익희(申翼熙)와 조병옥 (趙炳玉)을 꼽을 수 있다. 장면은 양인을 대통령 후보로 하고 자신을 부통령 후보로 해서 함께 선거에 출마했다. 그런데 행동 스타일로 보아 양인은 각기 개성을 지니면서 그래도 한국적 정치풍토에 어울릴 수 있는 인격의 소유자였다. 신익희는 장면만큼이나 몸가짐이 단정했으나 "겸허하고 호방스러운 서민 정치가"로서 봄바람과 같은 매력의 소유자였다. 그리고 조병옥은 장면처럼 미국유학을 한 지식인이면서도 "굵은 인간성과 강유를 겸한 수완 좋은 정치가"였다(이상우, 1984: 150).

그러나 장면은 이 두 사람과는 대조적 성격과 스타일을 지녔다. 그는 성실, 정직, 신심, 근검, 선의, 합리주의, 민주주의의 장래에 대한 낙관적 확신 등과 같은 플러스적 특징과 함께 무기력, 소심함, 소극성, 비대중성, 비권위성 등과 같은 마이너스적 특징도 지닌 인물이었다. 그리고 불행하게도 이러한 마이너스적 특징이 더 두드러져 보이는 곳이 바로 한국의 정치세계였다. 그는 독실한 천주교 신자로서 깊은 신앙심과 자신에 대한 엄격한 자제력을 소유했던 인물로 항상 단정한 차림으로 자세를 흩트리지 않은 신사였다. 또 선거유세 중 여러 사람과 함께 투숙한 여관의 이불이 불결하다 해서 혼자서만 덮지 않고 잤으며, 시골 주막집에서 때가 낀 더러운 표주박으로 떠 주는 막걸리를 받아 마시지 못하고 거절했다. 그러나 이는 한국 정치인으로는 치명적 약점이었다(이상우, 1984: 150).

더구나 5·16이 일어난 직후 갈멜 수녀원에 은신하고 있으면서 자신의 부하로서 가까이 지내던 정일형 외무장관, 최경록 참모총장, 그리고 김흥한 비서실장을 모반의 공모자로 의심할 정도로[25] 대인관계 의식이 유약하고 순진했다.

---

25) 정대철, 1997, p. 292. 정대철 의원은 장면 내각에서 외무부장관을 지낸 정일형 박사의 아들로 5·16 당시 고등학교 3학년이었으며, 어릴 때부터 장 박사를 봤고 후에 대학 4학년 때는 장 박사와 함께 성모병원에 입원해서 자주 그와 얘기를 나누었다. 그리고 장 박사가 왜 수녀원에서 나오지 않고 은거했는지 직접 내막을 듣고 이른바 '3인방 음모설'을 중심으로 이 책을 썼다.

이로 볼 때, 비록 장면이 온유하고 정중한 인격의 소유자였는지는 몰라도, 한국적 정서에 어울리는 인간적 매력은 상당히 부족했던 것으로 보인다. 이는 그가 최고지도자로서의 포용력과 그로 인한 인간적 유대로 다지는 정치적 조직력이 빈곤한 지도자였음을 의미한다. 그래서 그는 제2공화국 최고지도자로서 같은 당의 구파를 제대로 거두지 못했고, 분당 후에도 당내에서 원활한 통합조정 기능을 발휘하지 못했다. 그리고 그는 혼란기에 자기 세력을 양성하는 것의 중요성을 확실하게 인식하지 못한 정치인이었다(한승주, 1983: 86). 따라서 그는 독자적인 정치적 기반과 힘을 가져 보지 못했으며(송원영, 1990), 따라서 그에게는 자신을 진심으로 따라 주는 정치인이 많지 않았다. 요컨대 그는 주위의 엘리트들과 의기투합하거나 팀워크를 유지하는 테크닉이 부족했기 때문에 정치인으로서 효율적 조직관리에 한계가 있었다.

2) 미흡했던 경찰과 군에 대한 통제

주지하다시피, 내각제하의 제2공화국 장면 정부는 내내 민주당 내의 파벌간 갈등과 대립으로 편안할 수가 없었다. 민주당 구파가 신민당으로 분당하면서 그들은 장면 정부의 도각(倒閣)을 위해 내각의 자파 장관들을 소환하기까지 했다. 그러나 정치적 불안이 심각해도 최고지도자가 군 및 경찰을 포함한 행정기관을 정상적으로 장악했다면, 적어도 일반국민들은 크게 불안해하지 않고 정부를 신뢰하며 살 수 있었을 것이다. 그리고 어차피 의원내각제하의 최고지도자인 장면 총리는 더욱더 적극적으로 의회 및 정당정치를 장악하고 활용하는 차원에서 문제상황의 해결을 시도함으로써(백영철 편, 1996: 151) 상황타개의 실마리를 마련했어야 했다. 그런데 이때 장면 총리는 정치적 타결을 모색하지도 못한 채 각 단위의 권력기구와 그 구성원들에 대해 최고지도자로서 관심을 기울이며 챙기지 않고 자유주의적으로 방치함으로써 스스로 정권 자체의 붕괴를 재촉하는 결과를 초래했다.

장면 총리는 집권 초기 자유당시대의 선거부정과 관련된 경찰 4천 5백 명을 처벌했는데, 이때 경감, 경장, 경사 등 실무 수준의 직업상 유능한 경찰관들이 대거 해직되어 경찰 본래의 수사기능이 크게 약화되었다. 게다가 정부가 새로 출범한 이후 첫 3개월 만에 내무장관이 3번이나 바뀌었기 때문에 경찰들의 복무 분위기는 매우 흐트러졌을 뿐더러 새 정부가 들어선 이후 승진한 고위직 경찰들과 승진하지 못하거나 경찰 외부에서 신규채용된 상관 밑에서 일하게 된 경찰들 사이에 알력과 내홍(內訌)이 번져 경찰의 사기는 크게 저하되어 있었다.

경찰은 각종 개혁을 추진해야 하는 정부의 손발이 되는 기관이다. 그래서 장면 정부는 경찰들에게 권유하고 독촉하며 복무자세의 확립과 효율적인 기관운영을 요구했다. 그러나 피의자처럼 조사대상으로 전락한 처지에 있는 경찰관과 그 동료들에게 무조건적 충성을 요구한다는 것은 보통 무리가 아니었다. 장면 정부는 이에 대해 공식적이고 합법적인 대책으로 임했다. 즉, 경찰관들에게 쉴 새 없이 직무태만에 대한 경고장을 보냈고, 여차하면 경고 외의 다른 방법으로 처벌받을 것임을 경고했다. 뿐만 아니라 조직 전체의 분위기 쇄신과 경각심 고취를 위한 목적에서 토요일과 일요일에도 근무하도록 명령을 내렸지만, 이러한 조치는 경찰들의 사기를 저하시키고 정부에 대한 공공연한 적개심을 불러일으켰을 뿐이다(한승주, 1983: 152~157).

경찰은 미군정하에서 조병옥 경무부장의 비호로, 제1공화국 시대에는 이승만 대통령의 후원으로 그 조직을 지탱했다. 그러나 장면 정부 시절에는 그렇지 못했다. 장면 정부는 생리적으로 권력에 붙게 되어 있는 경찰조직에 대한 징계를 적정수준에서 마무리하고, 그들의 사기진작을 위한 조치를 취하면서 국가에 충성하는 조직으로 다시 받아들여 활용해야 했다. 그러나 장면 정부는 경찰을 적극적으로 챙겨주지 않고 법적으로 주어진 역할을 해주기만을 독촉했다. 정부로부터 기대한 만큼의 보호를 받지 못하자 경찰은 사보타주를 했다. 학생들이 파출소나 경찰서에 난입해도 무방비였고, 시위가 발생했을 때에도 경찰은 시위군중과 법과 질서를 위해 일해야 한다고 채근하는 상관 사이에서 기회주의적으로 처신했다. 주요 정치적 사안과 관련된 업무에 대해서도 적극 협조하지 않았다. 예컨대 부패비리 관련 관료의 처벌을 위해 소집되었던 민의원의 특별징계위원회가 지목한 820개의 소송건수 중 오직 31개만이 기소가능했는데, 그 근본적 원인은 경찰의 "비협조적이고 부정적인 태도" 때문이었다.[26] 이러한 상황에서 장면 정부는 경찰을 비롯한 행정기관의 적극적 협조를 받지 못했고 나라 안에는 새로운 위기가 도래했다거나 제2의 4·19가 머지않았다는 소문이 퍼지고 있었다(한승주, 1983: 158~159).

장면 총리는 군도 효과적으로 장악하지 못했다. 군은 진작부터 동요했다(김영명, 1999: 150). 군의 움직임에 대한 첩보가 계속 소문으로 나도는 가운데 박정희 소장 같은 이는 4·19시위로 죽은 학생들을 위한 위령제에서 "여러분이 못다 이룬 소원은 기필코 우리들이 성취하겠습니다"라고 하면서 공공연하게 불만을 토로하기도 했다(정윤재, 1995: 278~279). 그러나 장 총리는 취임하면서 경제제일주의에 비중을 두었고 또 군 작전권을 쥐고 있던 미국을 크게 믿었기 때문에, 한국군 자체의 봉기가능성에 대해서는 무심했다(이용원, 1999: 235). 그는 민의원에서의 취임연설을 통해 긴급과제 여섯 가지를 발표하면서 맨 마지막으로 감군과 군 내부의 개혁을 추진할 것임을 밝

---

26) 〈경향신문〉, 1961. 2. 12.

했다. 국가예산의 40%를 차지하는 국방비를 20% 수준으로 줄여 그 돈을 경제건설에 투입하겠다는 것이었고, 모자라는 병력은 미국의 지원을 받아 장비 현대화와 화력증강 등으로 보완할 생각이었다.

그러나 그의 이러한 포부와 계획은 사전에 한국군이나 미국 측과 긴밀한 내부조율을 통해 나온 것이 아니라 장 총리 개인의 희망사항이었다. 따라서 장 총리의 이러한 발표는 한국과 미국의 당사자들로부터 강력한 반발에 직면했다. 군 내부에서는 장면이 새로 임명한 최경록 육군참모총장부터 공개적으로 반대했고, 주한 유엔군사령부, 미 대사관, 미 국방부에서도 전투능력 상실을 이유로 반대했다. 또 육사 8기생들로 구성된 정군파 장교들은 인사 적체를 이유로 감군을 반대했다. 육사 1기생들은 입대 5년 만에 절반쯤이 장군이 되었지만, 8기들은 12년이 지나도록 장군 한 명이 없었다. 대령 승진자도 10%가 되지 않았다. 결국 사면초가가 된 장면 정부는 11월 초 권중돈 국방장관의 발표를 통해 슬그머니 감군정책을 포기했다. 문제는 반대에 부딪쳤을 때 감군의 정당성과 목표에 대한 적극적 홍보와 설득노력이 없었다는 것이다. 이것은 장 총리가 구체적 정책연구 없이 선언적으로 발표했다가 낭패를 보았음을 뜻하는 것이었다. 이것을 계기로 군에서의 불만은 고조되고 장면 총리의 위상은 하락했다.

그리고 장 총리가 군과 관련해서 또 한 가지 실수한 것은 국방부장관과 육군참모총장 임명과 관련된 인사정책 분야에서였다. 정부출범 당시 관계요로에서는 소장파 국방전문가로 알려졌던 이철승 의원 혹은 정치에 오염되지 않았을 뿐 아니라 군내에서 신망이 높았던 이종찬 장군을 추천했다. 27) 그러나 장 총리는 국방장관은 미국처럼 민간

27) 예컨대 과도정부 수반이었던 허정은 장면에게 재임시 제일 신경썼던 것이 군 문제였다고 강조하고, 누구보다도 이종찬 장군이 군의 정치적 중립을 몸소 실천했던 사람이고 군내에서 인품과 실력을 인정받는 인물임을 특히 지

출신이 해야 한다는 원칙을 가지고 군에 대해서는 전혀 식견이 없는 현석호(玄錫浩)를 임명했다. 다행히 참모총장에는 최경록을 임명해서 물의가 없었으나, 최 참모총장은 얼마 지나지 않아 감군 반대로 미국 측과 충돌하면서 물러났다. 그리고 다음 국방장관은 역시 민간 출신인 권중돈을 임명했고, 그 후 다시 현석호를 장관에 보임했다. 한편 최경록 총장의 후임에 장도영을 임명했는데, 그는 이미 기회주의적 인물로 군내 비리에 연루되어 비난의 표적이 되던 정치군인이었다. 28) 그는 이기붕의 양자라는 소문이 날 정도로 이기붕의 집을 자주 출입했기 때문에 민주당에서 특히 반대했다.

그러나 장 총리는 매그루더 유엔군사령관, 현석호 장관, 박순천 의원 등의 추천으로29) 당초 이한림 장군으로 내정했던 것을 번복하고 장도영을 임명했다. 이것은 미국에 의존한 당시의 장 총리와 권력실세들의 안이하고 무정견한 현실주의적 판단에서 비롯된 오류였다. 장도영은 5·16 쿠데타 발생 때에도 끝내 장면을 속이고 자기의 이익에 따라 기회주의적으로 움직였다. 장면 정부의 군정책이 이렇게 안이하고 일관성이 없었기 때문에(유병용, 1998: 110~111) 군부를 장악할 수 없었고, 예방할 수도 있던 쿠데타를 촉발했다. 30) 군을 어떻

───────

적하여, 설령 그가 사양하더라도 직접 권해서 국방장관에 기용할 것을 강력하게 권고했다(이경남, 1983: 55).

28) 그는 최경록 참모총장이 조사중이던 20여 명의 비리장성 중 한 명이었으며, 그래서 참모총장이 된 직후 즉시 이 작업을 중단시켰다(정대철, 1997: 113~114, 121~122).

29) 장 총리의 비서를 지냈던 박종률 의원에 의하면 다음과 같다. 당시 장 총리는 우회창 국방부 정무차관으로 하여금 매그루더 사령관의 의중을 살피라고 은밀하게 지시했다. 그리고 현석호 국방장관은 장도영의 장인과 경성제대 동기였으며, 장도영은 총장운동을 하면서 박순천 의원에게 '어머니'라고 하며 찾아다녔다(정대철, 1997: 117~122).

30) 후에 쿠데타를 일으킨 박정희는 이른바 혁명주체들과 사담을 나누는 자리에

게 다루느냐는 정치안정에 치명적 영향을 주지만, 이때의 정치인들은 군사문제에 대해 무관심했던 것이다(이철승, 1970: 32~36).

3) 정보력 부족과 대미의존

1961년 5월 제도상으로 볼 때 장면 정부는 마음껏 국정을 수행할 준비를 완수했었다. 4월 24일 민주당 전당대회에서 단일지도체제로 당헌을 개정해 총재직에 오른 장면은 5월 4일 마지막 개각을 단행, 당과 정부 양쪽에서 강력한 지도력을 발휘할 제도적 기틀을 마련했다(이용원, 1999: 266). 그러나 결과적으로 장면 총리가 정국을 제대로 장악하지 못하고 정상적으로 정책을 집행하지 못한 채 파국을 맞을 수밖에 없었던 하나의 원인은 장 총리가 정권안보 차원에서 필요하고 믿을 만한 정보를 획득할 수 있는 채널을 제도적으로 확보하지 못한 데 있다.

장면 정부가 들어서면서 이승만 시절에 군과 경찰조직을 통해 운용되던 각급 정보기관은 대부분 정리되었다. 따라서 장면 정부의 현실 파악 능력이나 정보관리 능력은 수준 이하였다. 게다가 경찰의 비협조로 정보획득이 난감했다(한승주, 1983: 158). 나중에 측근들이 정권안정을 위해 군경검(軍警檢) 3기관 합동 특별기구를 만들어 만일의 사태에 대비하자고 건의했다. 그러나 장 총리는 "자유당 때의 김창룡 특무대장이나 김종원을 닮을 수 없다"면서 한사코 반대했다(이상우, 1984: 154). 그래서 겨우 1961년 3월이 되어서야 시국정화운동본부라는 총리직속 정보기관이 설치되었지만 별다른 역할은 못했다.

서 "존경하는 선배인 이종찬 장군이 만일 장면 정권의 국방장관으로 계속 앉아 있었더라면, 우리가 과연 5·16궐기를 감행할 수 있었을까"라고 말한 적이 있다고 한다(이경남, 1983: 56).

1961년 봄부터 장 총리는 십여 차례나 쿠데타 정보를 보고 받거나 입수했다. 그러나 단 한 차례도 진지하게 대응책을 마련한 적이 없다. 정권 차원의 비상대책을 세우지도 않았고 용의자들에 대한 철저한 조사도 없었다. 당시 민주당 의원이던 김응주가 장 총리에게 박정희가 쿠데타를 음모한다고 하니 관련자들을 빨리 잡자고 하자, 장 총리는 "민주국가에서 의심된다고 잡아넣어서야 어떻게 하나?" 하면서, 증거도 없이 구속할 수 없다고 했다(김용삼, 1999: 216). 그리고 쿠데타 소문으로 나라가 뒤숭숭해지던 시기에 비서실장을 지냈던 선우종원 당시 조폐공사 사장이 장도영, 박정희, 김종필, 김동하 등의 쿠데타 음모에 관한 상세한 첩보를 입수하고 이에 대한 대책을 강구해야 한다고 장 총리에게 건의했으나, 장 총리가 이를 확인하는 과정에서 장도영 참모총장은 눈물을 흘리며 이것이 모두 "자신을 모함하기 위해 반대파에서 조작한 것"이라는 그의 말에 속아 아무런 방비도 하지 않았다. 이에 선우종원은 그렇다면 격화되어 가는 데모라도 저지하기 위해 계엄령을 펴서 시국을 수습해야 한다고 건의했으나, 장 총리는 "이 사람아, 민주주의 국가에서 데모가 있다고 계엄령을 어떻게 펴나"라고 하고는, "미군이 있는데 우리 군이 어떻게 쿠데타를 하겠소"라면서 선우종원의 건의를 다시 무시했다(주돈식, 1982: 97~98). 장 총리는 믿을 만한 정보기관도 없는 터에 주변으로부터 받는 비공식 정보 보고에도 정당하고 적절한 반응을 보이거나 필요한 조치를 취하지 않았던 것이다.

장 총리는 전적으로 장도영 육군참모총장의 말과 그 뒤에 있는 미군의 존재만 믿었다. 심지어 "유엔군이 건재하고 장도영이 건재하는 이상 절대로 걱정 없다"고 말할 정도였다(정대철, 1997: 172). 그리고 필요할 때는 언제나 한국 내 주요 미국인들의 조언과 정보에 편향적으로 의존했다. 장면 총리는 부통령 시절 미국 CIA 직원으로 장면을 지근거리에서 도왔던 웨데커를 총리 행정고문에 임명하고 총리실 바로 옆방에 사무실을 주어 총리 비서실장의 통제도 받지 않으면서 총리실에 드나들게 했다. CIA 한국지부장 드 실바와는 월 1회 이상 만났으며, 유엔군사령관의 특별보좌관으로서 군사부문의 자문에 충실하게 응했다(정대철, 1997: 330~331). 앞 절에서도 살폈듯이 최경록 참모총장을 경질한 이유도 그가 매그루더 유엔군사령관과 감군문제로 심각하게 대립했기 때문이며, 장도영을 참모총장에 임명한 것도 그가 미국의 천거와 지지를 우선했기 때문이다.

또 장 총리는 주미대사관 무관으로 있던 이후락을 중앙정보연구위원회 실장으로 임명할 때, 그 자신이 잘 모르고, 주변에서도 적임자가 아니라며 임명을 반대했지만, "미국이 좋다고" 하는 이유만으로 그를 예편시키면서까지 그 자리에 임명했다(정대철, 1997: 57~58). 또 경제개발을 위한 미국의 재정지원을 요청하는 공식 외교문서에서 단순히 원조를 요청하는 것에 그치지 않고 한국사회의 피폐한 실정과 자신의 구상과 의지 등 "최소한의 자존심마저"[31] 버리고 고해성사하듯이 세세하게 기록했다. 또 5·16이 발발하고 나서 제일 먼저 찾은 곳이 미 대사관과 CIA 숙소였으니, 아마도 장면에게 미국은 천주교의 교황청쯤에 해당되는 지상최고의 권위체였던 것 같다. 믿을 만한 정보기관이 없는 국정 최고책임자였던 장면 총리는 기도할 때 으레 천주를 찾듯, 정치할 때는 "미국이 있는데 설마 …"(정대철, 1997: 200) 하면서 습관적으로 미국과 미국인들을 찾았던 것이다.

---

31) 이기홍 당시 부흥부 기획국장의 증언(이용원, 1999: 40).

5. 맺음말: 요약과 평가, 그리고 교훈

이상에서 필자는 장면의 정치리더십을 성장 및 교육과정에 대한 개괄적 검토와 함께 근대적 가치추구에의 의지, 정치적 안목과 기술, 그리고 엘리트 장악력 등 세 측면을 중심으로 분석했다. 장면의 정치리더십 특징과 이에 대한 평가를 대략 정리하면 다음과 같다.

첫째, 타고난 선생이었던 장면은 가톨릭 신앙인으로서 정치세계까지도 종교적으로 접근하는 태도를 견지했다. 그리고 그는 정치적 열정에 휩싸이지 않고 언제나 냉정함을 유지하며 주어진 책무에 성실하게 임하는 스타일의 엘리트였다. 그는 정계에 투신한 자신에 대한 긍정적 태도를 가지고, 성실한 관료처럼 맡은 바 임무에 충실했다. 그러나 그의 온유하고 정직한 성품 때문인지 혹은 언제나 천주에게 의지하고 기도했던 종교적 습관 때문인지 정치지도자로서의 활동과 문제해결을 위한 업무수행 차원에서 그의 적극성과 능동성은 미미했다. 그리고 자신이 민주적 가치관과 이상을 품고는 있었지만, 그것을 현실상황에서 구현하기 위해 필요한 정책과 조치를 집행하는 면에서는 대체로 소극적이었다. 이로 보아 장면은 바버의 정치지도자 유형 중 긍정-소극형에 해당되는 인물이었다고 할 수 있다.[32]

둘째, 쓰루타니의 근대화 리더십에 대한 분류로 볼 때 장면은 자유민주주의의 이상을 꿈꾸는 리더십[33]에 해당되는 정치지도자였다. 장면은 비록 정열은 많지 않았지만 자유민주주의를 이상적인 근대적 가

---

32) 장면 총리의 이러한 특성을 지적해 김호진 교수는 '민주적 표류형'이라고 분류했다(김호진, 1995: 679~680).

33) 쓰루타니에 의하면 '꿈꾸는 리더십'은 근대적 이상과 가치들을 추구하고자 하는 의지는 있으되(+), 정치적 안목과 기술이 빈약하고(-) 엘리트 장악력이 미미한(-) 정치리더십이다(Tsurutani, 1973: 96~98).

치로 추구하고 또 한국이 그런 나라가 되기를 바랐던 유능한 엘리트였다. 또 그는 정치가란 "민중의 의사를 통합하고 총체로서 결론짓고 그것을 실천하기 위한 방안을 꾸미고 실천단계로 옮기는 일꾼"(허동현, 1999: 144)이라고 생각한 총리였다. 그러나 제 2공화국 총리 시절의 그는 그러한 정치인으로서의 안목과 기술이 불충분했고 군과 경찰의 통제에 성공적이지 못했으며, 또 정치지도자로서 포용력과 조직력이 빈약했기 때문에, 결국 그의 엘리트 장악력은 매우 미흡했다.[34] 그리고 상황인식이 시대적 요구에 불급했고, 체제유지와 체제정당화, 그리고 갈등관리 능력도 부족해 정국을 효율적으로 경영하지 못했다. 장면은 한국적 정치풍토에서 "50년쯤 시대에 앞서 있었다"[35]는 평도 들었지만, 이는 그가 당시의 한국 실정에 필요한 리더십을 제대로 발휘하지 못한 정치인이었음을 간접적으로 표현한 말로 이해하는 것이 타당할 것이다. 요컨대, 장면은 자유민주주의를 희망했지만 "정국을 책임지고 잘 장악해 안정을 유지하지 못한"[36] 결과, 4·19혁명의 정신과 목표를 구체적으로 실천하고 국민들의 적극적 지지를 동원·확보하는 것에 실패한 꿈꾸는 정치지도자였을 뿐이다.

셋째, 이렇게 볼 때 장면에게 좀더 시간이 주어졌더라면 우리 정치사는 달라졌을 것이라는 추측과 평가는 문제가 있다. 왜냐하면 적어도 국가의 근대화를 추진하는 과정에서 정치리더십은 먼저 적절한 "유화정책"[37]을 구사해 관료, 군, 경찰, 정치인 등과 같은 엘리트 집

---

34) 예컨대 부통령 사임시, 감군계획 발표시 등 중요한 결정을 내릴 때 주변 동료 또는 관련기관이나 국가와 긴밀한 의견조율을 거치지 않고 자기 판단에 따라 행동했다.

35) 미국 CIA 한국지부장 드 실바의 말이다(이용원, 1999: 268).

36) 장면 총리와 같은 신파였던 김대중 대통령의 평가이다(이용원, 1999: 294 ~295).

37) 이와 같은 맥락에서 최근의 한 연구도 장면 정권의 보수적 성향, 정책적 무

단과 국민대중을 안심시키고, 그들로 하여금 정부의 정책방향에 신뢰하고 동조하도록 만들었어야 했다. 그래서 전환기의 불안감과 불만감, 그리고 미래에 대한 막연한 좌절감 같은 부정적 심리를 제거했어야 했다. 그러나 장면은 그렇지 못했다. 장면 정부는 이미 유화정책 단계에서 국민들을 실망시키고 있었다. 국가의 주요 엘리트들도 불안감과 의구심을 가지고 장면 정부를 비판했고, 4월 혁명 이후 집권 9개월 동안 경제생활에도 진전이 없었다.[38] 만약 그의 유화정책이 성공을 거두어 당시의 엘리트 집단과 일반국민들이 장면 정부와 가치와 목적에서 합일을 충분히 이루었다면, 5·16 쿠데타 세력들은 거사 직후 커다란 국민적 저항에 부딪혔을 것이다.

자유민주주의가 하나의 정치체제로 정착되려면 그러한 이념과 정신에 입각한 법과 제도의 도입, 그리고 자유주의를 좋아하는 정치지도자들의 인내와 기다림만으로는 부족하며, 그러한 목표와 정책프로그램을 가지고 정치지도자들이 리드할 때, 엘리트와 시민들은 이에 적극 호응하고 참여하며 지도자를 따라가는 것이다. 정치지도자가 국민들이 공감할 수 있는 비전과 목표를 제시하고 하부엘리트를 적정

능, 통제능력의 상실, 팽배한 정치불신 등이 군부의 정치개입 명분을 제공했다고 설명했다(유병용, 1998: 117). 쓰루타니 교수에 의하면 근대화 리더십이 소기의 성과를 이루기 위해서는 적어도 먼저 적절한 보상이나 인사정책 등을 활용하는 "유화정책"을 통해 주변의 참여자나 적대자들을 모두 감싸 안고 편안하게 해주는 정책이 필요하고, 그로 인한 환경조성이 된 다음에 근대화와 관련된 제도의 도입과 운용, 경제발전 프로젝트의 실천, 신문화정책의 수립과 집행 등과 같은 "개발정책"(*curative policy*)을 집행하는 것이 유리하다고 했다(Tsurutani, 1973: 115~147).

38) 홍이섭 교수는 4월 혁명 1주년을 기념하면서, 학생들이 민권혁명을 이룩했다면 이제 기성인들은 "먹고 입을 수 있는 사회"를 성취해야 한다는 취지의 글을 씀으로써 당시 경제적 차원의 성과가 빈약했음을 간접적으로 표현했다(홍이섭, 1961: 54~59).

하게 장악하며, 탁월한 정치적 안목과 기술로 이끌어 가고, 국민들이 선출된 정치지도자의 국정운영 방향과 목적을 잘 인식하고 그를 추종하는 것은 어떠한 정치체제에서나 필요한 일이다. 다만 독재체제에서는 이 추종이 강제적으로 이루어지나, 안정된 민주주의체제에서는 그것이 자발적으로 이루어진다.

그러나 1960년대 초 한국과 같은 과도기에서는 국민들이 자발적으로 따라오게 하기 위한 정치리더십의 지혜와 능력이 더욱 각별하게 요구되었다. 그리고 참여폭발이 일상화되어 무질서가 지속되는 경우, 그래서 정치체계에 과부하가 실릴 때 정치지도자는 국가 차원의 정당한 강제력을 효율적으로 사용할 수 있는 안목과 기술이 있어야 했다. 과도기 사회의 이러한 요구와 필요성은 종종 개발독재자의 출현을 초래했지만, 그렇다고 해서 적정한 정치리더십의 필요성에 대한 논의를 기피할 이유는 없다. 민무신불립(民無信不立)이란 공자의 가르침을 국민의 힘이 강대하다는 것에 대한 경계로 볼 수도 있지만, 정치리더십적 측면에서는 "그러니까 국민들을 믿게 하는 정치지도자의 이니셔티브가 중요하다"는 말로 이해되는 것이다.

장면의 정치리더십은 우리에게 이러한 교훈을 전하고 있다. 4·19혁명을 통해 우리 국민들은 자유를 선택하고 획득했지만, "4·19혁명의 열광과 흥분에 도취한"(이철승, 1970: 33) 일부 시민과 엘리트들은 그 자유를 어떻게 써야 할지 몰랐다. 그리고 불행하게도 우리 국민들에게는 그 자유를 무질서와 폭력으로부터 지켜 줄 만한 힘과 능력을 갖춘 정치지도자가 없었다. 장면은 나름대로 근대화의 이상과 정책이 있었지만, 근대화 지도자로서 체제정당화 및 정권유지와 관련된 정치적 안목과 기술, 그리고 엘리트 장악력이 부족했기 때문에 5·16을 당했고, 그로 인해 제2공화국은 붕괴되었던 것이다.

제 9 장

박정희 대통령의 근대화 리더십
비전과 진단, 그리고 처방

1. 머리말: 문제제기와 연구방법

한국의 근대화 정치과정, 즉 박정희 대통령(이하 박정희)의 "개발독재"
는 대체로 다음 세 가지 접근방법들, 즉 정치심리학적 접근, 구조주의
적 접근(종속론, 관료적 권위주의론), 그리고 국가능력 접근에 의해 분
석될 수 있다. 첫째, 정치심리학적 접근은 개발독재가 박정희의 권력
욕의 소산이며 그의 조국근대화 노선은 권력을 잡고 유지하기 위한 도
구적 이데올로기에 불과했음을 강조한다.[1] 그러나 이러한 접근방법
은 역사적 상황에 대한 박정희의 문제의식과 근대화를 이룩하고자 하
는 의지와 행동 같은 의식적 행위들을 무시한다.[2] 둘째, 구조주의적

---

1) 이러한 유형의 분석자료로는 다음을 들 수 있다. 김호진, 《한국정치체제론》,
   (박영사, 1994), pp. 374~393; 백상창, "김영삼·노태우·전두환·박정희
   정신세계 정밀분석,"〈월간중앙〉, 1993. 6; 이상우, "박정희, 그 콤플렉스의
   정치학,"〈월간중앙〉, 1987. 10. 최근 길승흠 교수도 박정희의 장기 집권욕을
   강조하였다. "대토론-박정희 시대 18년 재평가,"〈월간중앙〉, 1994. 11.
2) Robert A. Dahl은 라스웰적 일반화에서 정치행위는 억압되고, 잠재의식적이
   며, 비합리적인 내면세계의 심리적 갈등에서 비롯되므로 "none of political

접근방법은 개발독재를 외세의존적 산업화의 강화요인 또는 종속적 발전의 구조결정론적 필연으로 파악한다.[3] 그러나 이것은 한국의 경우 사회계급들을 포함한 사회경제적 조건들이 오히려 상대적으로 자율성이 강했던 지배세력에 의해 만들어졌다는 사실[4]을 경시함으로써 원인과 결과를 혼동하는 오류를 범할 수 있다. 그리고 이른바 국가마다 종속적 발전의 정도와 내용이 상이한 사실을 제대로 설명하지 못한다. 셋째, 국가능력 접근은 "개발독재"를 관료제, 폭력독점기구, 경제개입, 재정지불능력 등을 수단으로 사회경제적 조건들을 독자적으로 관리하는 강력한 국가로 간주한다. 이것도 방법상의 한계가 있지만,[5] 한국의 경우에는 앞의 두 가지보다 비교적 많은 설득력이 있다. 왜냐하면 제3공화국 시대의 한국국가는 통치엘리트의 사회적 격리성, 병영국가적 사회통제, 산업자본의 확보 등의 요인들에 의해 경성국가 (硬性國家)의 성격을 띠었기 때문이다.[6]

---

behavior needs to be impelled by conscious, 'rational' thought"라고 지적함으로써 심리학적 분석의 한계가 무엇인지를 지적하였다(Prentice-Hall, 1976, p. 115).

3) 임휘철, "종속적 자본축적과 그 귀결," 박현채 편, 《청년을 위한 한국현대사, 1945~1991: 고난과 희망의 민족사》(소나무, 1994), pp. 241~261; 강민, "관료적 권위주의의 한국적 생성," 〈한국정치학회보〉 17집(1983); 한상진, "관료적 권위주의와 한국사회," 《이만갑회갑기념논총》(법문사, 1983).

4) 박광주, 《한국권위주의국가론》(인간사랑, 1992), pp. 373~405; 장달중, "제3공화국과 권위주의적 근대화," 한국정치학회 편, 《현대한국정치론》(법문사, 1987), pp. 225~248을 보라.

5) 김석준, "국가능력과 경제발전: 한국의 제1공화국~제5공화국," 한국정치학회 편, 《민족공동체와 국가발전》(1989), pp. 271~302를 참조하라.

6) 박광주, 앞의 책(1992), p. 381. Skocpol, Trimberger, Nordlinger, Stepan과 같은 네오베버리안들은 각각 "강제력과 설득, 그리고 행정기구를 장악하는 통치조직", "변화에 적극적으로 대처하는 동태적 자율성", "자생적 자율성", "도덕적 목적을 가진 건축가적 역할의 수행"을 강조하면

그러나 이러한 국가능력 접근은 특히 한국의 근대화 정치과정을 고려할 때, 적어도 다음과 같은 점에서 한계가 있음을 부인하기 어렵다. 즉, 국가능력 접근은 근대화 과정에서 국가 곧 "관료기구"의 기능과 역할을 중요시하지만, 한국의 근대화가 박정희의 일방적 주도와 그에 의해 창출되고, 그와는 수직적 관계에서 수동적으로 기능했던 관료조직에 의해 추진되었다는 사실을 부인할 수 없다. 따라서 국가 개념이 이 같은 한국적 발전과정의 현실을 대표하기에는 적실성이 약하다. 즉, 한국의 경우, 국가 또는 국가능력보다 박정희 자신의 정치리더십을 중심으로 발전과정을 해명하고 이해하는 것이 훨씬 더 적실성이 있다고 생각되는 것이다.[7]

그럼에도 불구하고, 이제까지 한국정치학의 한국 근대화 과정에 대한 연구는 대체로 다음과 같은 이유와 배경에 기인하여 박정희의 정치리더십을 중심으로 수행되지 못했다. 첫째, 아직도 그에 대한 정치적 평가가 "근대화의 영도자", "반민주적 독재자" 등으로 상반되고 있어 논란의 여지가 많다. 정치학자들이 이러한 정치적 논란에 개입

서 국가의 독자적 자율성을 논하였다. 김호진, 앞의 책(1994), pp. 189~192를 참조하라.

7) 이러한 견해를 뒷받침하는 연구는 다음과 같은 것들이 있다. Glenn D. Paige, "Toward a Theory of Korean Political Leadership Behavior," Dae-sook Suh and Chae-Jin Lee(eds.), *Political Leadership in Korea* (Seattle: University of Washington Press, 1976); David C. Cole and Princeton N. Lyman, *Korean Development: The Interplay of Politics and Economics*(Cambridge, Mass.: Harvard University Press, 1971); Milton J. Esman, "Politics of Development Administration," John D. Montgomery and Willian Siffin(eds.), *Approaches to Development: Politics, Administration and Change*(New York: McGraw-Hill, 1966); Taketsugu Tsurutani, *The Politics of National Development: Political Leadership in Transitional Societies*(San Francisco: Chandler, 1973).

하게 되는 것을 기피하는 것은 자연스런 반응이다. 둘째, 그동안 한국정치학이 미국 등 서양정치학의 연구방법들(예컨대, 체계이론, 구조기능주의론, 종속이론, 관료적 권위주의론 등)을 지나치게 편중되게 적용하는 데 그쳤기 때문에8) 한국의 근대화 과정에서 박정희 개인의 영향력이 독점적으로 발휘되었던 한국적 정치과정에 대한 분석적 관심이 자연히 소홀할 수밖에 없었다.9) 셋째, 민주정치와 독재정치라는 이분법에 경도되어 정치적 독재자는 정치리더십의 연구대상에서 처음부터 제외하거나 전체주의체제 연구에서 독재자의 정치지도자로서의 역할에 충분한 관심을 기울이지 않는10) 현대 서양정치학의 관행을 불식하지 못했다. 즉, 대부분의 정치학자들은 개발독재자였던 박정희의 정치리더십을 분석, 평가하면 반민주적 독재정치를 옹호한다는 비난을 받을 것이라고 판단해 이를 회피했던 것이다.

그렇다고 필자는 한국발전과정에 대한 이제까지의 많은 연구업적들이 학문적으로 모두 무시되어도 좋다고 생각하는 것은 결코 아니다. 각각의 기존연구들은 나름대로의 강조부분을 통해 한국의 발전과정을 이해, 평가, 그리고 비판하는 데 일정한 기여를 하고 있다고

---

8) 그래서 앞으로 "한국의 정치학은 한국적 문제성에서 출발하되 보편적 해답을 추구해야 하며, 보편적 기준을 통해 한국사회의 특수한 문제들이 재발견되고 더 잘 설명될 수 있도록 발전시켜야 할 것이다." 안청시, "한국정치학의 발전과제와 방향모색," 한국정치학회 편, 《현대한국정치론》(법문사, 1987), p. 468.

9) 졸고, "제3세계 발전에 대한 정치리더십 접근 시론: 한국의 발전경험에 대한 새로운 이해를 위하여," 〈한국정치학회보〉 25-2(1992), pp. 193~222.

10) Robert C. Tucker, "The Dictator and Totalitarianism," World Politics 17-4(July 1965), pp. 555~583. 그리고 페이지(Glenn D. Paige) 교수는 현대정치학이 민주주의 이론에서나 발전도상국가의 정치를 이해하는 데 리더십과 리더에 대해서 매우 소홀했음을 비판하였다. Glenn D. Paige, The Scientific Study of Political Leadership(N.Y.: Free Press, 1977), pp. 16~33.

봐야 할 것이다. 하지만 다른 한편으로 만약 우리가 한국의 발전과정은 무엇보다도 박정희의 개인적 리더십에 의해 크게 영향을 받았다는 단순한 역사적 사실을 경시하고, 이를 바탕으로 한 학문적 분석과 평가를 소홀한다면, 그것은 현대 한국정치사상 박정희의 역할과 그것의 한국상황에서의 유의미성을 너무 절하하거나 우리의 정치사를 스스로 비하(卑下)하는 결과를 초래할 것이다. 따라서 한국의 발전과정에 대한 기존의 연구방법들이 아무리 그럴듯하고, 그것에 의한 연구업적들이 아무리 날카로운 분석을 담고 있다 하더라도, 필자는 그것들이 현대한국의 발전경험을 적실성 있게 검토하고 평가하는 데 크게 도움이 되지 않을 수도 있다고 생각한다.

그래서 필자는 정치를 그간의 관행대로 "권력에 굶주린 자들의 권력투쟁 과정"으로만 보기보다는 공동체 내의 문제를 해결하고 주요 실천목표들을 성취하기 위해 노력하는 "하나의 의도적 창조행위"로 파악하는 것이 더 유익할 수 있다11)는 전제하에, 그리고 "박정희가 집권기간을 통하여 우리나라의 가장 시급한 과제 중 하나였던 가난을 극복하고 성공적 경제부흥을 성취했다"는 단순한 사실은 모두가 동의할 것이라는 전제하에, 박정희를 다른 무엇보다도 먼저 나름대로 국가 장래에 대한 확고한 비전을 가졌던 "문제 해결자"로 간주하고자 한다. 미국의 정치학자 로버트 터커(Robert C. Tucker)는 현대정치학이 지나치게 권력중심적 분석에 경도되었음을 비판하고, 대신 정치지도자들의 창조적 문제의식과 문제해결 과정을 중심으로 정치현상을 연구하는 리더십 접근법을 제시하였다. 그리고 그는 정치지도자는 상황을 진단하고 문제해결의 처방을 제시하며, 각종 정책과 전략을 집행하면서 국민들의 지지를 동원하고자 노력한다고 볼 것을 제의했

---

11) Thomas A. Spragens, Jr., *Understanding Political Theory*(New York: St. Mar-tin's Press, 1976), pp. 1~4.

다. 12) 그래서 필자는 박정희의 생애에 대한 필자의 관찰과 정치리더십에 대한 터커 교수의 견해를 바탕으로 다음과 같은 분석적 질문에 따라 박정희의 근대화 리더십의 개인적 성격과 전개과정상의 특징을 구명하고 이를 평가하고자 한다.

① 우선 문제해결의 주체로서 박정희가 5·16에 참여하게 된 개인적 배경은 무엇인가? ② 당시 박정희가 생각하고 성취하고자 했던 국가적 차원의 비전은 무엇이었는가? ③ 그가 해결해야 한다고 생각했던 문제들은 무엇이었고 그러한 문제들이 생겨난 원인을 무엇이라 설명했는가? ④ 그는 이러한 문제점들을 해결하기 위해서 어떠한 수단과 정책을 처방하였는가? ⑤ 그는 정책을 집행하는 과정에서 엘리트들 및 일반국민들과 어떠한 관계를 유지했으며, 어떠한 방법으로 지지를 동원하고자 하였는가? ⑥ 마지막으로, 이 같은 그의 근대화 리더십의 결과들을 어떻게 평가할 수 있는가?

이 연구를 위해 필자는 주로 박정희 자신의 저술들과 전기, 그리고 그의 측근으로 일했던 인사들의 회고록 내용을 분석할 것이다. 각각의 해당하는 시기의 정치·경제에 대한 국내 학자들의 연구성과들도 함께 참고할 것이다.

2. 박정희의 5·16 참여: 세 가지 요인

박정희가 5·16의 최고지도자로 참여하게 된 과정과 배경에 대해서는 다각적 차원에서 충분히 검토되어야 한다. 이러한 검토작업에서는 그의 정치참여가 "권력욕의 소산"에 불과했다는 식의 설명들이 절제되어

---

12) Robert C. Tucker, *Politics as Leadership* (Columbia: University of Missouri Press, 1981), p. 3, p. 7, p. 11, pp. 18~19.

야 할 필요가 있을 뿐 아니라 박정희 개인이나 그의 측근으로 활동했던 인사들에 의한 기록들을 모두 "쿠데타 합리화 수단"으로 배제해서도 안될 것이다. 왜냐하면 적어도 권력현상으로서의 정치과정은 그것에 참여하는 행동주체들의 "자기 해석과정"으로 파악하는 것도 정치에 대한 과학적 이해의 하나이며,[13] 모든 정치현상을 순전한 권력욕에서 비롯된 권력투쟁 이외에 아무것도 아니라는 식의 분석은 자칫 정치에 대한 냉소주의적 태도를 일반화하거나 따라서 정치학적 연구의 불필요성을 조장할 수 있는 것이기 때문이다. 이러한 반성적 이해를 전제로 필자는 박정희의 5·16 참여를 설명하는 데 가장 중요한 것으로 다음 세 가지 요인들에 주목할 필요가 있다고 생각한다.

첫째, 박정희의 가난체험과 그것을 극복하기 위한 의지이다. 빈농 중의 빈농 집안에서 태어난 박정희의 가난체험은 동시대 한국인들의 그것과 동일하다. 그는 모유가 없어 밥물에다 곶감을 넣어 끓인 물을 먹고 자랐고, 영양실조로 밤눈이 어두워지기도 했다. 그가 초등학생 시절, 추석 전날이라 일찍 집에 오는 길에 온 마을에 떡 치고 전 부치는 구수한 냄새가 진동했으나 정작 자기 집에 들어설 때는 음식장만하는 기미가 전혀 없고 냉랭할 뿐이어서 몹시 낙담하고 슬퍼했다. 그가 대구사범학교에 진학하고 다시 만주군관학교에 가게 된 것도 다른 이유도 있겠지만 가장 큰 이유는 경제적인 데 있었다. 그가 나중에 준장으로서 5사단장으로 일할 때도 그의 처 육영수는 방에 불도 못 때어 방바닥에 물이 줄줄 나는 문간방에 세 들어 살았다.[14]

---

13) 정치에 대한 "해석적 접근"은 종래 "과학적" 정치학의 가치중립적 연구경향을 거부하고 "사람은 자기 해석적 존재이며, 정치학도 몰가치적이 될 수 없다"고 주장한다. 이에 대해서는 Michael Gibbons, *Interpreting Politics* (New York: New York University Press, 1987), pp. 1~32.

14) 조갑제, 《박정희 1: 불만과 불운의 세월, 1917~1960》(까치, 1992),

그러나 박정희는 이러한 가난을 극복하는 의지가 남달랐고 일찍부터 자립하는 데 나름대로 성공했던 인물이었다. 초등학생 시절 먹지 못해 왜소해진 신체에도 불구하고 왕복 40리 길을 짚신 신고 다니면서도 출석과 성적이 완벽에 가까웠고, 줄곧 반장을 지냈다. 그는 스스로 나무를 팔아 학용품을 샀고, 용돈 대신 받은 계란을 문방구에 가서 학용품과 물물교환 했다. 15) 그가 대구사범학교와 만주군관학교에 진학한 것도 그의 가난 극복의지가 성공한 예로 볼 수 있으며, 그 이후 군생활은 그에게 자립의 의지를 더욱 강화시켰다고 볼 수 있다. 박정희의 가난에 관한 체험담이 전혀 미화된 것이 아니라고 단정할 수는 없다. 그러나 그러한 가능성이 다음과 같은 그의 술회의 진실성을 훼손할 수는 없을 것이다.

　　20년간의 군대생활, 그리고 소년시절에도 본인은 자립에 가까운 생활을 배웠다. 그만큼 가난했기 때문이다. 그것은 본인에게 큰 도움이 되었다. 그 환경이 본인에게 깨우쳐 준 바가 많았고, 결의를 굳게 해주기도 했다. 이 가난은 본인의 스승이자 은인이다. 그러므로 본인의 24시간은 이 스승, 이 은인과 더불어 관련 있는 일에서 떠날 수가 없는 것이다. 16)

　　이러한 유소년, 청년기의 가난체험과 극복사례는 이후 성년이 된 박정희의 의식에 가장 큰 비중으로 남아 있었고 이는 "시급한 민생고를 해결한다"는 그의 혁명공약과 조국근대화라는 국가 차원의 비전으

---

pp. 223~224; 이상우, 《박정희, 파멸의 정치공작》(동아일보사, 1993), pp. 16~17.
15) 조갑제, 앞의 책(1992), pp. 54~55.
16) 박정희, 《국가와 혁명과 나》, 김형준, "이승만·박정희·전두환의 콤플렉스와 정치퍼스낼리티,"〈현대공론〉1989. 3, p. 234에서 재인용.

로 나타났던 것이다.

둘째, 박정희는 일본의 2·26사건에 관심이 많았던 일본 육사출신 장교였다. 그는 식민지시대에 근대식 군사교육을 받았을 뿐 아니라 그가 23세부터 28세 때까지 5년간의 일본군 장교시절은 일본의 군국주의적 분위기가 무르익던 시기였다. 그 영향으로 그는 사무라이적 사생관이나 "일본정신", "군인정신" 같은 것을 내면화했던 것으로 추정할 수 있다. 더구나 그는 일본 육사생도 시절부터 일단의 열혈 청년장교들이 이른바 "쇼와 유신"〔昭和維新〕을 내걸고 쿠데타를 시도했던 1936년의 2·26사건에 큰 관심을 가졌고 그들을 "정신적 선배"로까지 생각했던 젊은 장교였다. 그는 이미 1950년대 초반 영관장교 시절부터 가까운 동료들과 당시의 정치·사회적 현실을 비판하고 일본의 2·26사건을 언급하며 우리나라에서도 가능하지 않겠느냐는 식의 발언을 했다.17) 그런 그에게 자신의 진급 및 보직에서의 불리한 형세, 그리고 자유당 및 민주당시대의 "정치화된 군 현실"과 그로 인한 부조리 현상은 그의 5·16 참여를 강화시켜준 상황요인이었다고 볼 수 있다.

박정희는 이른바 "여순 반란사건"과 관련하여 "관제 빨갱이"로 몰렸던 이유와 당시 정치적으로 연결되었던 군부 내 주요 파벌이던 북한파와 만주파 중 어느 편에도 가담하지 않았기 때문에 진급이 다른 동기들에 비해 늦었고, 보직도 핵심직위에는 접근도 못한 채, 11년 동안 25번이나 전보되었으며, 1961년 초에는 150여 명의 예편대상자 명단에 올라 있었다. 그로서는 군내의 최고계급인 대장으로의 진급은 아예 불가능하다고 단정할 만한 사정이었다. 더구나 그는 4·19 이후 군부개혁 차원에서 김종필을 비롯한 일단의 영관장교들이 시도했던 "정군운동"과 박정희 참모총장 추대운동에 적극적이었던 인물이

---

17) 이상우, 앞의 책(1993), pp. 23~26을 참조하라.

었다. 18)

그런데 당시의 군은 이승만 대통령 시대로부터 비롯된 이른바 "군의 정치화"의 영향으로 매우 부패한 상태였다. 이승만의 정치적 목적을 위해 군이 동원되기 시작하면서부터 군의 고급장교들은 정치세력과 결탁하여 진급운동, 보직운동을 공공연히 벌였고, 군수물자의 부정유출과 군 예산의 불법유용으로 정치자금을 마련하여 선이 닿는 유력인사에게 제공하는 부정부패가 극심했다. 그런데다 정치적으로 비협조적이었던 이종찬, 최경록 장군이 요직에서 해임되고 이승만 휘하의 국방부산하에 헌병총사령부가 새로이 설치되어 군의 정치적 이용을 용이하게 했다. 또한 장면 정권이 들어선 이후에도 군부는 장도영 참모총장의 서북파와 관북파의 대립, 군부와 입법부와의 대립, 계속되는 부정부패 현상의 만연 등으로 혼란한 지경이었다. 19)

이러한 혼란상황은 이미 자유당 시절부터 정치적으로 "비협조적"이었던 박정희와 "정군운동에 가담하던 일단의 영관장교들에게는 그들의 불만을 해소하기 위한 정치적 거사에의 명분을 제공하기에 충분한 조건이었다"고 보아도 결코 무리가 아닐 것이다. 20) 더구나 박정희는 일본의 홍성이 국수주의자들을 반대한 자유주의자들이 이룩한 것이라는 주장에 대해 완강히 반대하며 오히려 국수주의자들의 기백이 현대일본을 만들었다면서 한국은 기백을 배워야 한다고 강변했던

---

18) 김호진, 《한국정치체제론》, 전정4판(박영사, 1994), p. 376; 이상우, "박정희, 그 "콤플렉스의 정치학,"〈신동아〉 1987. 10, pp. 357~358; 김세진, "한국군부의 성장과 5·16," 김성환·김정원·허버트 빅스 외, 《1960년대》 (거름, 1984), p. 139; 이상우, 앞의 책(1993), pp. 29~31을 보라.

19) 이에 대한 자세한 논의는 김세진, 앞의 글(1984), pp. 122~135.

20) 그래서 만약 박정희와 그 추종자들이 정상적으로 진급했거나 박정희가 육군 참모총장이 됐더라면 5·16은 없었을 것이라는 분석도 있다. 이상우, 앞의 책(1993), p. 31.

인물이었다. [21] 1950년대 말까지 그는 아직 구체적 모의를 하고 다니지는 않았지만 군내 인맥을 계속 점검했는데, 마침 〈사상계〉 1960년 1월호에 "한국에서는 군부의 정치적 역할을 기대할 수 없다"는 내용의 〈콜론보고서〉가 실리면서 이에 모욕을 느꼈는지 박정희는 이때부터 본격적 모의에 돌입했던 것이다. [22]

셋째, 박정희는 "현실 비판적이고 혁명적 성향이 있는" 막내였다. 심리학자들의 연구에 의하면, 막내는 참을성이 많고 과묵하면서도 "두고 보자 언젠가는 무엇인가 보여주겠다"는 식의 성취의욕이 강하다. 그리고 현실에 대해 매우 비판적이며 막후조작과 혁명적인 일에 재능을 보인다. [23] 그래서 그런지 박정희의 면모를 살피면, 그의 이러한 막내의 성향이 자주 관찰되고 있어 그가 막내였다는 사실은 그의 정치관과 세계관에 적지 않은 영향을 끼친 것 같다. [24]

그는 5남 2녀 중 막내로 태어났다. 자라는 과정에서 그는 과묵하면서도 자기 할 일에 충실했다. 또 사관생도 시절이나 군생활 시절에도 사적으로는 정을 쏟고 눈물이 많은 다정다감한 행동을 보이면서도 다른 한편으로는 아주 냉정하고 투지만만한 행동을 보여주었다. 그래서 그는 "자상하고 무서운 사람"이었다. [25] 그런가 하면 술을 먹으면 현

21) 조갑제, 앞의 책 (1992), pp. 271~272.

22) 위의 책, pp. 246~247, pp. 258~259를 참조하라.

23) 이것은 다음과 같은 연구들에 의해 밝혀진 것이다. Kevin Leman, *The Birth Order Book* (New York, Dell Publishing, 1985), pp. 135ff; Louis H. Stewart, "Birth Order and Political Leadership," Margaret Herman, *A Psychological Examination of Political Leaders* (New York: Free Press, 1977), pp. 206ff; Sutton-Smith and B. G. Rosenberg & F. Landy, "Father-Absence Effects in Different Sibling Composition," *Child Development* 39 (1968), pp. 1213~1221.

24) 양성철, 《분단의 정치: 박정희와 김일성의 비교연구》 (한울, 1987), pp. 38~39를 참조.

실에 대한 불만을 서슴없이 토로했고 사상문제로 무기징역형까지 받았으면서도 체제비판적 언사를 자주했다. 그는 어떤 사태에 임해서는 아주 냉정하고 꼼꼼하게 관망하며 심사숙고하다가 일단 결심이 서면 "목숨을 거는 식"으로 담대하고 현실적으로 행동했다. 그는 침묵을 전략적으로 활용하는 데 능했다고 한다. 26) 그는 공적인 일이나 대사에 직면했을 때 과감하게 사적인 친분관계를 버리는 냉혹한 사람이었다. 27) 그는 자신의 아버지 박성빈이 "동학란"이 아니라 "동학혁명"에 참여했다가 죽은 것으로 기술했는데, 이것은 그가 혁명이란 단어에 거부감을 갖지 않았고 자신의 아버지에 대한 그러한 묘사로 자신의 심경을 간접적으로 표현하는 것으로 해석할 수 있는 부분이다. 28)

또 그는 휘하의 어느 하사관이 방첩부대의 오해로 구속됐다가 풀려난 뒤 김창룡을 고소하기로 결심하고 자신을 찾아와 의논하자, "야 이 사람아, 자네는 약자야. 아무 소리도 말게"라고 딱 두마디만 했다고 한다. 29) 이는 그의 "약자"(막내)로서의 자의식과 현실에 대처하는 태도를 상징적으로 잘 보여준다. 그런 박정희는 실제로 군장교 시절과 5 · 16 직전 시기에 현실 비판적이고 도전적인 언사를 자주 하면서도 "웅크린 맹수"와 같이 조용히 사태의 흐름을 관망하면서 "사람들을 깜

---

25) 윤필용의 말. 조갑제, 앞의 책(1992), p. 225.

26) 한병기의 말. 위의 책, p. 245.

27) 예컨대, 숙군(肅軍) 수사 때 남로당 조직원들의 명단을 털어놓은 일, 4 · 19 이후 개인적으로 원한이 없는 송요찬 육군참모총장의 퇴진을 요구한 일, 5 · 16 뒤 장도영 총장을 구속한 일, 그리고 일부 5 · 16 동지들을 제거한 일 등이다. 위의 책, p. 261.

28) 이것은 박정희가 쓴 "나의 소년시절"에 나옴. 일설에는 박성빈이 동학군을 토벌하다 죽었다는 견해도 있으나 그보다는 어떠한 방식으로든 가담했다고 보는 견해가 유력하다. 위의 책, p. 52를 참조하라.

29) 위의 책, p. 179.

짝 놀라게 할" 결정적 행동("군사혁명")을 용의주도하게 준비했다. 30)
그는 그와 긴밀하게 연락하며 지내던 김종필에 의해 거사준비가 완료
되자 민첩하고 냉정하게 "5·16 군사정변"을 주도했다.

　이상에서 분석한 세 가지 요인들은 모두 박정희 개인의 경험과 사
회화 과정에서 추출된 것들로 그의 5·16 참여를 가장 잘 설명해 줄
수 있다고 생각되어 필자가 임의로 선택한 것이다. 이들 중 어느 한
요인이 배타적으로 그의 5·16 참여를 동기화했다고 단정할 수는 없
다. 다만 적어도 이 세 가지 요인들이 동시에 5·16 직전의 박정희
개인의 상황인식과 5·16 이후 자신의 행동에 대한 합리화에 의미 있
게 작용했을 것으로 추정하는 것이 자연스러울 것이다.

3. 조국근대화에의 비전31)

박정희는 1961년 자신의 표현을 빌면 "반정"을32) 통해 집권한 이후
조국근대화를 국가의 최고목표로 설정하고 이것을 국가의 미래와 연

---

30) 위의 책, p. 215.
31) 여기서부터 분석하려는 박정희의 비전, 진단, 그리고 처방은 주로 박정희가
　　5·16을 성공적으로 마무리한 후 자신의 행동을 정당화하기 위해 발표한 연
　　설문과 저술을 기본으로 하고 있다. 필자는 이러한 비전과 진단, 처방이 설
　　령 단순한 권력합리화를 위한 도구로 제시되었다 하더라도 행동주체의 상황
　　에 대한 의식적 문제제기나 바람직한 국가상태에 대한 견해들과 매우 긴밀
　　한 관계에 있을 뿐 아니라 박정희의 집권기간 동안 가장 중요한 정치원칙으
　　로서 지속적으로 기능하였기 때문에, 이러한 분석틀에 의해 그의 "권력합리
　　화 내용"을 검토하는 것이 그의 근대화 리더십의 성격을 이해하는 데 유용하
　　다고 본다. 그런 점에서 비전, 진단, 처방은 박정희의 당시 한국상황에 대
　　한 "자기 해석"에 해당되는 것이다.
32) 이상우, 앞의 책(1984), p. 113.

결시키는 하나의 정치적 비전으로 삼았다. 박정희의 조국근대화에 대한 집념은 정치이념을 넘어선 "하나의 종교요 신앙이었다." 그로서는 국민들을 빈곤으로부터 해방시키고 부강한 국가를 건설하는 것이 "가슴속에 풀리지 않고 맺혀 있는 하나의 소원"이었다. 그래서 그는 국가 최고지도자가 되면서부터 국민들에게 "우리는 우리 세대에 우리의 조국이 반드시 근대화될 수 있다는 확신과 신앙을 가지고 있어야 한다"고 요구했으며, "근대화 신앙에 의해서 우리의 조국은 통일될 것이고 기필코 복지국가의 건설은 이룩되고야 말 것이다"라고 강조했다. 그는 또 우리의 후손들이 우리 세대에게 "조국을 위해 어떠한 일을 했느냐고 물었을 때 우리는 서슴지 않고 조국근대화의 신앙을 가지고 일하고 또 일했다고 떳떳하게 대답할 수 있게 합시다"라고 말했다.[33] 결국 박정희 자신에게 조국근대화는 권력의 유지, 강화에 동원되는 "지배이데올로기"[34]이었을 뿐더러 피폐한 국가현실을 직시했던 박정희의 적극적 문제의식과 책임감에서 비롯된 하나의 정책목표였고 국가 미래에 대한 여러 희망들의 종합이었다.

이러한 박정희의 조국근대화 비전은 다음 세 가지 차원의 구체적 내용으로 정리할 수 있다.

첫째, '경제부국의 건설'이다. 일찍부터 가난의 고통을 절감한 그는 6·25가 한참 진행될 때, "공산주의의 침투를 막으려면 빈곤을 없애는 길밖에 없다"고 하면서 빈곤퇴치야말로 중대한 당면과제라고 주장했다.[35] 그는 또 5·16 직후에 쓴 책에서 "가난은 본인의 스승이자 은인

---

33) 이상의 인용문은 정재경, 《박정희 사상서설: 휘호를 중심으로》(집문당, 1991), p. 107.
34) 임현진·송호근, "박정희체제의 지배이데올로기," 역사문제연구소 편, 《한국정치의 지배이데올로기와 대항이데올로기》(역사비평사, 1994), pp. 169~207.
35) 김용태, 《자서록》 제1권; 조갑제, 앞의 책(1992), p. 196에서 재인용.

이다"[36] 라고 말할 정도로 그의 가난에 대한 인식은 철저했고 따라서 이를 극복하려는 의지가 매우 강했다. 그는 항상 경제를 국정의 기본으로 간주하고 우선 나라가 경제적으로 부강해야 국민들이 잘 먹고 따뜻하게 살아 정치안정과 국방력도 기대할 수 있다고 생각했다.[37]

둘째, 그러나 박정희는 근대화가 곧 서구화라고 생각하지 않았다. 즉, 역사적, 문화적, 정치적으로 '줏대 있는 근대국가의 건설'을 염두에 두었다. 그는 서양국가들의 근대화가 나름대로 면면히 전해졌던 합리주의 사상이나 청교도 정신과 같은 정신적, 도덕적 전통을 배경으로 성취된 것임을 지적하고 그렇기 때문에 한국의 근대화도 특유의 전통적 가치관을 합리적으로 체계화해서 이를 정신적 지주로 하면서 고도의 과학과 기술을 동원하여 경제발전을 성취하는 방향으로 추진되어야 한다고 주장했다.[38] 요컨대, 근대화가 정신혁명과 기술혁명을 동시에 수반해야 하는 것인데, 박정희는 한국에서의 근대화는 서구화나 물량적 성장이 아니고 "한국적 의식화와 산업화"가 되어야 한다고 강조했다.[39]

셋째, 박정희는 이러한 근대화 노력은 궁극적으로 북한의 공산주의를 극복하는 '민주화통일'로 이어져야 한다고 생각했다. 그는 공산주의자들의 무력과 폭력에 의한 통일노선은 반드시 실패할 것이라고 확신했으며, 그것은 또한 동양전통에서 정치의 요체인 인(仁)의 사상이 내포한 자비와 포용의 정신에 정면으로 배치되기 때문에 공산화에 의한 통일은 "죽음으로 거부해야 한다"고 주장했다. 그는 우리의 적은

---

36) 박정희, 《국가와 혁명과 나》; 김형준, 앞의 글(1989), p. 234.
37) 김정렴, 《한국경제정책 30년사》(중앙일보사/중앙경제신문, 1993), p. 172 를 참조하라.
38) 서울대 졸업식 치사(1973. 2. 26).
39) 정재경, 앞의 책(1991), p. 90.

소수의 몇 안 되는 공산당원들이며, 남북대립은 자유민주주의와 공산주의와의 대립인 동시에 "남북한 5천만 민족과 국제공산당과의 대립"이라고 지적하고, "소련의 주구인 북한공산집단이 무너지고, 북한인민들의 민주역량이 성장하고, 우리도 자립경제를 성취하여 국력을 키웠을 때, '민주화통일'의 새 날은 밝아올 것이다"라고 강조했다.[40]

　박정희는 조국근대화가 당시의 대한민국으로서는 어떠한 정부가 들어서도, 민족의 미래를 위해서 반드시 실천되어야 할 민족적 과제임과 동시에 자신의 과제라고 확신했고, 이것을 구현하기 위해서는 모든 것을 희생할 각오임을 다짐함으로써[41] 국민들을 설득하고 그의 리더십에 적극 참여할 것을 요구하였던 것이다. 박정희는 조국근대화가 앱터(David Apter)가 말한 "정치지도자와 국민대중을 하나의 목표로 연결시켜주는 공감대"로서의 "정치적 종교"이기를 기대했음에 틀림없다.[42]

4. 실용주의자의 상황진단과 처방[43]

1) 정치사회적 무질서에 대한 진단: 리더십 빈곤과 경제적 후진성

4·19와 그 이후 민주당정권이 들어섰던 제2공화국 시기를 겪는 과정에서 박정희는 4·19를 일으켰던 학생들과 거의 같은 문제의식을

40) 박정희, 《우리민족의 나갈 길》(동아출판사, 1962), pp. 180~187, p. 211.
41) 과학기술처 장관을 지냈던 최형섭은 박정희 리더십의 핵심을 "자기희생, 추진력, 능력의 조직화" 등의 세 가지로 지적했다. 김성진 편, 《박정희 시대: 그것은 우리에게 무엇이었는가?》(조선일보사, 1994), pp. 33~34.
42) 구범모, "국가발전과 지도자의 역할," 〈세대〉 1978. 6, p. 115를 참조하라.
43) 조갑제, 앞의 책(1992), p. 276을 참조.

가지고 정치·사회적 현실을 매우 비판적으로 바라보고, "학생이면 데모를 해야지, 이왕 할 바엔 열심히 해야지"하며 울분을 토로했다. 그는 4·19 이전부터 스스로 모종의 거사를 계획하고 있다고 주위 사람들에게 말했고,[44] 군수기지사령관으로서 부산지구 계엄사령관이었던 박정희 소장은 시위로 죽은 학생들의 위령제에서, "젊은 학도여! 여러분의 애통한 희생은 바로 무능하고 무기력한 선배들의 책임인데, 나도 여러분 선배의 한 사람으로서 오늘 같은 비통한 순간을 맞아 뼈아픈 회한을 느끼는 바입니다. 로마는 하루아침에 이루어지지 않았습니다. 여러분이 흘린 고귀한 피는 결코 헛되지 않을 것입니다. 여러분이 못다 이룬 소원은 기필코 우리들이 성취하겠습니다"라는 내용의 조사를 했다. 박정희는 아직 이승만이 권좌에 있고 자신이 계엄사령관이면서, 또 비밀리에 쿠데타를 모의하는 가운데서 이처럼 노골적으로, 친(親)학생, 반정부적 발언을 서슴지 않았다.[45]

4·19 당시 "학생들의 염원은 곧 전 국민의 염원이었고 우리 민족사의 쓰라린 절규"라고 생각했던 박정희는 4·19 이후 들어선 민주당 정권하의 한국 정치현실에 대해서도 심각한 문제의식으로 일관했다. 정치적 무질서와 함께 부정, 부패, 무능이 계속되던 터였고, "못살겠다 갈아보자"던 민주당의 구호가 "갈아봤자 별 수 없다"라는 자유당의 구호로 대꾸되었는데 박정희는 이 말이야말로 민주당 정권하의 한국 정치사회의 현실을 신기하게도 그대로 반영한 것으로 생각했다. 그는 민주당 정권은 자유당 정권과 부패, 부정, 무능의 면에서 쌍둥이처럼 닮았고, 특히 민주당 정권은 학생들과 국민들의 커다란 기대에 대한 분열과 이권다툼, 그리고 정치적 미숙으로 "너무나도 가혹하고

---

44) 위의 책, pp. 266~269.
45) 위의 책, p. 278.

추잡한 꼴로 배은망덕하고 말았다"고 비판했다.[46]

  박정희는 민주당 정권하의 한국이 첫째, 용공망국병과 반국가적 기회주의의 난무, 둘째, 언론의 자유를 포함한 과잉한 정치적 자유로 정당난립과 무책임한 정치작태, 셋째, 외래문화의 무비판적 유입[47] 등으로 위기상황에 처했다고 파악했던 것이다.[48]

  그런데 박정희는 이 같은 위기가 무엇보다도 장면 정권의 지도력 빈곤으로 초래되었다고 진단했다. 그는 장면 정권의 실패와 당시의 정치·사회적 무질서와 혼란은 한마디로 '지도력의 빈곤'에 있었음을 지적하고 5·16 당시 많은 사람들이 장 내각의 붕괴를 목도하면서 그 것은 한국민주주의의 실패라고 말하면서도 그 실패가 지도력의 빈곤에서 비롯된 것을 통감하는 사람이 적었음을 강조했다. 그는 "대개 후진지역에서 민주주의가 성공하려면 '직수입'에 그치지 않고 그 지역의 양심적이고 혁신적인 엘리트들에 의한 지도력이 필요"하며, 서양의 고전적 민주주의가 역사적 경험이 다른 한국과 같은 사회에 그대로 적용되기를 바라는 것은 "하나의 망상에 불과"할 뿐 아니라 "민주주의적 자유를 마치 '지도자의 불요(不要)'로 오인하는 것은 도는 팽이에 축이 없다고 생각하는 것과 같은 것"이라고 보았다.[49]

---

46) 박정희, 앞의 책(1962), pp. 192~193.

47) 위의 책, p. 214.

48) 장을병 교수는 박정희의 이러한 상황인식이 "우리의 정치를 보다 민주화된 체제로 이끌어 가려는 의도에서가 아니라, 민간인들에 의해서 이루어지는 정치적 게임을 부패와 무질서로 간주해서, 그것을 쓸어버리겠다는 발상에서 비롯된 것이었다"고 주장하고, "한국의 군부는 민간인들에 의한 정치를 경멸하고 극단적 집단행동만이 나라를 개혁할 수 있다고 믿는 자기류의 구세주적 애국자들이었다"는 그레고리 핸더슨의 말을 인용했다. 장을병, "민주주의 외면한 근대화 정책," 〈월간조선〉, 1984. 5. 요컨대, 박정희는 후술하는 바와 같이 민주정치를 하려고 했던 것이 아니고, 민주주의의 기초로서 부패가 없으며 질서 있고 잘 사는 나라를 만들려고 했던 것이다.

그리고 박정희는 장면 총리가 ① 개인적 줏대와 신념의 부족, ② 구체적 실천을 통한 업적의 빈곤, ③ 지도자와 민중의 관계를 건전하게 정립하지 못하고 단순히 '표를 구걸하는 사람'과 '표를 시혜하는 사람'으로 일종의 거래관계에 불과했던 점, ④ 결단력과 용기의 부족 등의 이유로 지도력 형성과 발휘에 실패했다고 진단했다. 이러한 장면 박사와 그 내각의 지도력 빈곤은 결국 국가를 민주적으로 자립하는 데 필요한 정부와 국민 사이의 쌍방적 의무를 제대로 실천할 수 없게 했을 뿐 아니라 "정부가 국민들로 하여금 그들의 의무를 다하도록 적극적으로 "리드"하기는커녕 도리어 그들로 하여금 국가의식을 상실케 하였고 국민된 의무를 망각케 했기 때문에 우리의 사회적 위기는 보다 악질적으로 조성되고 말았다"[50]고 그는 인식했던 것이다.

다른 한편, 박정희는 당시 한국의 경제적 후진상태가 민주주의 발전의 가장 큰 장애요인 중 하나임을 강조하였다. 1960년대 초 한국은 전쟁이 끝난 지 불과 8년밖에 되지 않아 모두가 전후복구와 민생구호에 급급한 상황이었다. 미국의 경제원조가 유일한 호구책이었고, '저생산 - 저소득 - 저저축 - 저투자 - 저생산'으로 연결되는 빈곤의 악순환이 반복되는 전형적 극빈경제였다. 농수산업이 경제의 40%를 차지하고 제조업은 13% 수준에 머물러 있어 경제발전의 근원이 될 공업기반도 없었다. 겨우 760만의 노동인력이 2천 6백만 인구를 먹여 살리고 있었고, 실업률도 8%를 넘는 수준이었다. 자본도 기술도 없던 상태에서 움직이던 공업도 경공업이 4분의 3을 차지하는 저급한 상태였으며, 1인당 국민소득이 80여 달러로 북한보다도 못했던 처지였다.[51]

---

49) 박정희, 앞의 책(1962), p. 211.

50) 위의 책, pp. 211~213, p. 222를 참조하라.

51) 김정수, "비전 있는 '매질'로 수렁에 빠진 나라 건졌다," 〈월간중앙〉, 1994. 11, p. 129를 참조하라.

이렇게 피폐한 한국 경제현실을 직시한 박정희는 우리나라가 선진 서구민주주의 국가들과 비교할 때, 역사·사회·문화적 차이가 있음은 물론, 특히 경제적 측면에서 아직 민주주의가 풍요한 결실을 맺을 수 있는 "주체적 조건"을 스스로 구비하지 못했다고 보았다. 즉, 전반적인 국가의 산업화 정도가 낮아 "농촌의 방대한 문맹과 극도의 경제적 빈곤과 도시지역의 대량실업 상태"가 지속되는 상태에서는 민주정치의 올바른 성장을 기대하기는커녕 공산주의 세력의 도전에 직면할 수밖에 없다고 보았던 것이다. 그는 영국의 예를 들면서 영국의 대의민주정치는 산업혁명과 더불어 발전했으며 어느 의미에서는 오히려 산업혁명의 결과라고도 할 수 있다고 주장했다. 요컨대, 박정희는 한국을 포함한 "후진민주국의 대의정치는 그 국가가 완전한 산업화를 거치지 않고 단지 제도적인 면에서 서구의 민주주의의 외양만 모방했기 때문에 엄격한 의미에서 근대민족국가에 요청되는 근대적 정당제가 확립되기도 전에 이미 정당의 부패와 그 역기능이 전면에 드러났다"[52]고 진단했던 것이다.

2) 조국근대화를 위한 처방들

이상과 같은 조국근대화에의 비전과 1960년대 한국 상황에 대한 진단을 바탕으로 박정희는 당시의 정치적 무질서와 피폐했던 국민생활을 타개하기 위한 정책적 처방으로 ① 국가계획경제정책, ② 정치적 대안으로 "민족적 민주주의", ③ 반공정책을 제시하고 이를 강력하게 실행하고자 하였다.[53]

---

52) 위의 인용들은 박정희, 앞의 책(1962), pp. 220~221을 참조하라.
53) 임현진과 송호근은 이러한 처방들을 각각 성장주의, 권위주의, 반공주의로 이해하여 박정희의 주요한 지배이데올로기를 구성하고 있다고 보았다. 임현

제 2차 세계대전 이후 세계경제는 영미 신고전학파의 자유시장경제 이론을 신봉하는 세계은행과 국제통화기금이 주도했다. 그래서 영국과 미국의 주도로 체결된 브레튼우드 협정은 자유방임 시장경제체제와 자유경쟁, 그리고 국제 비교우위원칙에 따라 주요 선진국들이 각국간의 통상과 근대화정책을 이끄는 세계시장 경영전략의 요체였다.54) 그러나 박정희는 정치·경제적으로 낙후되고, 북한의 침략위협 속에서 많은 국방비를 부담해야 하는 국내 현실에서 그러한 자유방임주의에 의거해서는 성공적 국가발전을 할 수 없다고 보고, 대신 정부의 계획과 주도로 적절한 산업정책과 금융정책을 세우고, 이를 실천함으로써만 한국을 안정된 민주주의 국가로 발전시킬 수 있다고 믿었다.55)

그렇지만 박정희는 이러한 정부의 계획과 개입이 궁극적으로 국내 산업과 수출상품의 국제경쟁력 강화와 시장자유화가 이루어지도록 했으며,56) 특히 자신이 추진하는 국가 계획경제정책이 공산주의자들의 그것과 같을 수 없음을 강조하였다. 즉, 그는 "경제적 빈곤과 기아를 극복하기 위한 방책으로서 조직적인 계획경제의 간판을 내세운 것은 바로 공산주의적 좌익독재(정)권"이었으나, 국민대중들의 장기적 희생을 과도하게 요구하였고 축적된 자본을 무기구입과 제조에 대량 투자했기 때문에 국민들의 반발과 반대에 부딪치고 말았으며 따라서 그들은 국민들의 언론, 사상, 정치적 자유를 탄압할 수밖에 없었

진·송호근, 앞의 글(1994)을 참조하라.

54) 김성진, 《박정희 시대: 그는 우리에게 무엇이었는가》(조선일보사, 1994), p. 25를 참조하라.

55) 박정희, 앞의 책(1962), pp. 219~222를 참조하라.

56) 박정희는 실제로 장기영 부총리, 김정렴 상공부장관에게 시장자유화 정책과 수출지향 정책, 그리고 국제통화기금의 시장자유화 요구를 받아들여 이를 적극 추진하라고 하였다. 김정렴, 앞의 책(1993), pp. 110~113을 보라.

다고 비판했다. 그리하여 박정희는 "후진민주지역"에서의 경제개발계획은 무엇보다도 "국민 개개인의 소득이 증대되는 방향"에서 "어디까지나 민주주의를 재확립하기 위한 전제조건"으로서 추진되어야지 "결과적으로 국민대중을 새로운 빈곤으로 몰아넣는 강압적 조직과 계획"이 되어서는 안 된다고 강조하였다.[57]

박정희는 후진민주국가들에서 정부가 주도하는 경제개발계획이 "서구에서 물려받은 자유민주주의의 이념과 체제(비록 외양적인 것이라 하더라도) 하에서 종국적으로 국민 개개인의 소득을 높일 수 있는" 방향으로 어느 정도 성공하느냐는 것이 "한국뿐 아니라 아시아에서 진정한 민주주의의 성패와 장래를 결정할 유일한 관건"이라고 보았다.[58] 그는 이런 생각으로 수출지향적 공업화, 경제개발 5개년 계획, 농촌소득 증대사업, 해외자본과 기술의 도입, 사회간접자본시설의 개발, 기업에 대한 정부의 지급보증 등의 정책을 과감하게 밀어붙였다.

다음으로 정치적·이념적 차원에서 박정희는 "민족적 민주주의"[59]를 제시했다. 1959년의 〈콜론보고서〉 한국 편에서 "한국에는 민주주의의 껍질만 남은 것도 기적이다. 한국에는 민주주의가 부적당한 것

---

57) 박정희, 앞의 책(1962), pp. 226~227.

58) 위의 책, p. 227.

59) 박정희 시대의 정치이념은 초기의 '행정적 민주주의', 1967년의 '민족적 민주주의', 유신 때의 '한국적 민주주의'로 각각 표현되어 나타났지만 필자는 '민족적 민주주의'가 이 글의 주 연구대상 기간에 제시되었고, 또 그의 서양민주주의와 한국 상황에 대한 인식을 가장 잘 집약하고 있다고 생각한다. 그리고 박정희는 후진국 군부엘리트들의 공통된 특성인 민족주의적 경향이 매우 강했던 인물이었으므로 이 용어를 박정희의 정치적 견해를 대표하는 것으로 채택했다. 따라서 필자는 '행정적 민주주의'나 '한국적 민주주의'는 내용상 '민족적 민주주의'와 동일하며 다만 달라진 상황에 따라 수사적으로 달리 표현된 결과라고 본다. 세 가지 표현에 대한 상세한 논의는 한승조, 《한국정치의 지도이념》(향서각, 1977), pp. 108~121을 보라.

같다. 차라리 인자한 전제정치가 타당할는지 모른다"고 평가했다. 60) 그만큼 당시 한국정치에 대한 국제적 평가는 형편없었다. 그러나 박정희는 자유민주주의체제가 공산독재체제보다 훨씬 우월하고 능률적이라 여겼고, 또한61) "자유민주주의를 소극적으로 흠모하는 데 그치지 않고 적극적으로 쟁취하고자" 하는 결의를 행동으로 옮겼다. 62) "우리에게 지금 큰 애로는 '지도이념의 결핍'"63)이라는 생각을 품었던 그는, 한국이 경제적으로 낙후되고 서구 선진국가들과 역사·문화적 조건이 다르고 국가적 상황이 다름에 유의하여 "국가 없는 자유민주주의가 있을 수 없고 민족의 생존권이 보장되지 않는 곳에 개인의 자유도 향유될 수 없음"을 강조했다. 64) 따라서 그는 한국정치에서의 자유민주주의 토착화를 위한 "민족적 민주주의론"을 전개했다.

그가 총재인 민주공화당에서 발간한 《당원교본》에 "민주주의는 민족국가의 내적 발전단계의 하나인 근대화 과정에 그 기원을 두고 있으며, 민족주의는 서양문예부흥의 개인주의적, 자유주의적 사상이 국가적 차원에서 표현된 것이다. 서양의 민주주의도 이렇게 고유의 문화적 가치관과 이를 중심으로 형성된 사회질서 내에서 배태하고 성장한 것임을 옳게 인식하고 한국에서의 민주주의도 고유의 역사적, 문화적, 민족적 특성을 반영하는 방향에서 발전되어야 한다"고 쓰여 있는데, 65) 박정희도 이러한 생각을 했을 것으로 추정된다.

이런 배경에서 박정희가 그간 한국의 정치사에서 자유민주주의를

---

60) 정재경, 앞의 책(1991), p. 60에서 재인용.
61) 1967년 7월 1일 제 6대 대통령 취임사를 보라.
62) 정재경, 앞의 책(1991), p. 136을 보라.
63) 박정희, 《국가와 혁명과 나》; 이상우, 《비록 박정희 시대》(중원문화사, 1984), p. 137.
64) 박정희, 앞의 책(1962), p. 57을 참조하라.
65) 민주공화당 훈련부, 《당원교본》(1968), pp. 11~12를 참조하라.

꽃피워 보려고 그렇게 노력했지만 실패한 것은 "민주와 자유를 향한 민족적 이념"이 부재한 탓이라 설명하고, 66) "민족적 민주주의"를 공식 선언하는 연설에서 "민족적 민주주의의 제일차적 목표는 자립에 있다. 자립이야말로 민족주체성이 세워진 기반이며 민주주의가 기생 영착할 안주지인 것이다. 민족자립이 없이 거기에 자주나 무슨 주의가 있을 수 없으며 자립에 기반을 두지 않은 민족주체성이나 민주주의는 한갓 가식에 불과하다는 것이 나의 변함없는 신조이다"67) 라고 주장했다.

요컨대, 박정희는 자유민주주의가 정상적으로 발전하기 위한 준비로서 우선 민족적, 국가적 상황과 관련된 문화, 경제적 조건이 구비되어야 한다는 생각에서 정치적 자유는 유보될 수 있으며, 정치·행정적 안정 속에서 국가와 정부가 근대화 작업을 효율적으로 추진할 필요가 있다는 나름의 정치적 선택으로서 또한 그러한 정치과정을 정당화시키는 논리로서 "민족적 민주주의론"을 편 것으로 이해된다.

끝으로, 박정희는 반공정책을 내세웠다. 4·19 직후 약 1년간은 한국전쟁 이후 최초로 분단체제하에서 "민족적 자주와 자주적 통일론"이 제기된 시기였다. 국내외 각계각층과 정치활동이 허용된 혁신 정치세력들은 남북 학생회담 및 문화, 체육, 기자, 인사, 경제 등의 남북 교류론을 비롯하여 유엔감시하의 남북 총선거론, 중립국감시하의 남북 총선거론, 남북 연방제론, 중립화통일론 등을 제기하였고, 통일논의와 통일운동이 활성화되었다. 68)

---

66) 심융택, 《박정희 대통령 어록: 자립에의 의지》(한림출판사, 1972), p. 230, 1963년 9월 23일 중앙방송 선거연설.

67) 위의 책, pp. 230~231.

68) 강만길, 《고쳐쓴 한국현대사》(창비, 1994), p. 274; 한국역사연구회 현대사연구반, 《한국현대사 3》(풀빛, 1991), p. 289를 참조하라. 그러나 당시

그러나 이러한 상황에서 박정희는 군인으로서 "손에 땀을 쥐는 아슬아슬한 위기감"을 느꼈고, 각종 자주적 통일론이 제기되던 민주당 치하의 사회혼란을 "일대 아수라장"으로 단정했다. 69) 그는 학생들이 북한에 대해 무지한 채 "위험한 낙관주의"에 빠져 있고 혁신정치인들 중에 용공분자들이 적지 않다고 판단했다. 이들 모두 공산화 통일을 바라거나 용공분자라고 보지는 않았지만 6·25를 경험하고 북한과 대결하는 상황에서 이런 행동은 "공산당과의 타협의 시초"이고, 민주당 치하의 사회적 혼란 중의 남북통일 추진은 "자멸행위"이며, 학생들의 중립화 통일론은 "무혈 공산쿠데타의 실마리"를 주는 것뿐이라고 단정했다. 70)

그래서 박정희는 "반공을 국시의 제1의로 삼고 절망과 기아선상에서 허덕이는 민생고를 시급히 해결한다"는 혁명공약을 내세웠다. 이렇게 하여 채택된 그의 반공주의는 그의 집권기간 동안 근대화 리더십을 행사하는 데 가장 중요한 지배전략의 하나로 지속되었다.

5. 정책집행상의 특징분석: 방법과 스타일

박정희는 일단 국가 최고지도자로서 권력을 잡고 행동하는 데 주저하지 않고 자신의 의지와 판단을 밀고 나갔다. 그는 "다른 사람들에게

혁신세력은 1960년 7월의 총선에서 총투표의 7% 미만을 얻었고, 233개 선거구에서 4명만이 당선되었을 뿐이다. 그리하여 "좌익"은 거리로 나섰고, 장면 정부가 이를 완전히 규제하지 못했기 때문에 민주당 인사들까지 극단적 반공노선을 선호하는 분위기가 점점 고조되고 있었다. 한승주, 《전환기 한국의 선택》(한울, 1992), pp. 16~17을 참조하라.

69) 박정희, 앞의 책(1962), p. 209.
70) 위의 책, pp. 210~211을 참조하라.

흠 잡히지 않으려면 부지런히 열심히 일하지 않으면 안 된다"는 심리적 압박감을 느낀 듯,[71] 국가 차원에서 "가난으로부터의 해방"이란 스스로 설정한 과제를 해결하기 위해 여러 가지의 정책들을 과감하고 냉정하게, 그리고 용의주도하게 집행했다. 박정희는 "행정가형"[72] 정치리더십을 발휘하면서 각종 정책을 적극 개발, 추진, 감독하였는데, 그 방법과 스타일상의 특징을 살피면 다음과 같다.

1) 목표지향적 정책선택과 강력한 추진

박정희의 정책집행 스타일에서 가장 중요하게 지적될 수 있는 것은 분명한 성취목표에 따른 정책선택과 이의 강력한 추진이다. 그는 조국근대화의 구체적 주목표를 공업화를 통한 고도경제성장의 달성으로 정하고 이 목표에 따라 모든 종류의 정책들을 선택하고 집행했다. 분석적 차원에서는 당시 한국의 여건으로 보아 공업화보다 농수산위주 정책이, 또 성장위주보다는 안정위주 정책이 더 무난하지 않으냐 하는 논의도 있을 수 있으나, 박정희는 특유의 결단력으로 모든 위험을 무릅쓰고 공업 우선, 성장위주의 개발정책을 추구하였고, 또 대담한 외자도입과 수출주도정책을 폈다.

---

71) 박정희는 여러 종류의 콤플렉스를 지닐 만한 사람이었다. 가난한 농촌출신, 왜소한 체구, 막내, 비정상적 수단에 의해 권력을 잡은 군인 등이 그의 주요한 콤플렉스의 원인들로 지적될 수 있을 것이다. 그래서 그는 "강박적 성격"을 지닌 지도자로 간주되기도 한다. 그러나 필자는 박정희는 그러한 불리한 환경과 개인적 처지를 고려해 비교적 성공적으로 극복했던 사람이었다는 점도 주목해야 한다고 생각한다. 이상우, 앞의 글(1987), p. 364. 그리고 콤플렉스의 극복과 관련해서는 김대중, 《새로운 시작을 위하여》(김영사, 1993), pp. 203~212 참조.

72) 한승조, 《한국정치의 지도이념》(서향각, 1977), p. 155.

박정희는 어떤 정책이나 방침을 결정하기까지 상당히 고심하고 나름대로 깊이 연구하곤 했다. 그러나 일단 결단을 내리면 무서운 집념으로 이를 추진했다. 한일협정체결, 월남파병, 경부고속도로와 포항제철 건설 등 어려운 결단의 고비 때마다 수많은 반발과 비판이 있었지만 박정희는 일단 내려진 결정대로 강력하게 추진했다.[73] 이 같은 박정희의 과단성 있고 강력한 정책추진은 야당과 정치적 비판자들에 의해 "강권정치", "독재적 전횡" 등으로 비판 받았는데 박정희로서는 강권발동과 냉정한 추진에 대한 나름대로의 논리를 갖고 있었다. 그가 쓴 《지도자의 도》에 나오는 내용을 옮겨보면 다음과 같다.

강권발동과 자율은 지극히 예민하게 반비례되어야 한다. 피지도자가 자율정신이 강하여 마땅히 해야 할 것을 책임지고 자진하여 할 때에는 강권을 발동시킬 필요가 없다. 그러나 의식적이든 무의식적이든 자기 책임을 회피하거나 타인에게 전가시킬 때, 또는 법과 질서를 적극적으로 지키지 않는 등 자율정신이 결여될 때에는 최소한도의 질서유지를 위하여, 타율적 강권을 발동시키지 않을 수 없다. 다만 강권의 발동은 어디까지나 자율정신을 유도하는 자극제로서 사용되어야 하며 점차 자율정신이 커갈 때에는 반비례로 강권발동의 범위와 정도를 줄이도록 하는 것이 이상적이다. 의사가 환자 회복에 필요한 정도 이상의 고통을 주어서는 안 되는 것과 같이 강권발동이 피지도자의 공익과 질서유지에 필요한 양과 정도를 초과해서는 안될 것이며, 만약 다른 방도로도 목적을 효과적으로 달성할 수 있을 경우에는 피해야 할 것이다. 강권발동은 따라서 최후의 방법으로만 사용되어야 할 것이다.[74]

---

[73] 구범모, 앞의 글(1978), pp. 110~111 참조. 구범모 교수는 이러한 박정희의 추진력의 배경을 ① 불굴의 투지와 불퇴전의 용기, ② '사생일여'의 무사적 사생관이라고 보았다.

[74] 박정희, "지도자의 도 — 혁명과정에 처하여,"《박 대통령 선집》제 3집 (지

그런데 특기할 만한 사실은 박정희의 이 같은 강력한 정책추진과 목표지향적 리더십은 당시의 군인엘리트와 민간엘리트 사이에 존재했던 "가치일치"와 "공생적 동맹"에 의해 보다 효과적으로 유지될 수 있었다. 이 시기 군 및 민간엘리트들의 가치관과 정치적 태도를 연구한 많은 학자들에 의하면, 한국의 엘리트들은 군인출신이든 아니든 시민적 자유나 언론의 자유와 같은 민주적 규범보다는 국가안보나 경제성장을 더 중시했으며, 애국심과 과업성취의 필요성에 더 많이 동의했다. 또 관료들이나 국회의원, 그리고 교육수준이 비교적 높은 각 분야의 지식인들은 지방분권이나 하부조직의 자치에 대해 부정적으로 생각했으며, 다수결원칙과 소수권리 존중, 책임성, 융통성 등과 같은 민주주의적 가치들에 대한 인식도가 다 같이 낮았다. 75) 그리고 이러한 지식인들, 국회의원들, 관료들, 군인들 모두 박정희 정권의 동반자, 참여자였으며, 대부분의 재계, 언론계 지식인들과 함께 이들은 가치일치를 배경으로 일종의 공생적 동맹관계를 형성하고 있었다. 76) 특히 공무원들은 아주 적극적으로 박정희의 경제개발정책을 지지하고 성실하게 직무를 수행했다. 77)

문각, 1970), pp. 28~30.

75) Dong-suh Bark and Chae-jin Lee, "Bureaucratic Elites and Development Orientations," In Dae-sook Suh and Chae-jin Lee (eds.), *Political Leadership in Korea* (Seattle: University of Washington Press, 1976), pp. 91~133; Chong Lim Kim and Byong-Kyu Woo, "Legislative Leadership and Democratic Development," In Dae-sook Suh and Chae-jin Lee (eds), *op. cit.*, pp. 41~66; Joong-gun Chung and Sung-moun Pae, "Orientation of the Korean Bureaucrats Toward Democracy; A Study of Background and Institutional Characteristics," *Korea and World Affairs* (Summer 1977), pp. 219~236; 양성철, 《분단의 정치: 박정희와 김일성의 비교연구》(한울, 1987), p. 221.

76) 양성철, 앞의 책(1987), pp. 221~222.

결국 박정희는 이러한 목표지향적 정책선택과 그것의 강력한 추진으로 근대화 과정에서 "초점 있는 정책"을 펼 수 있었다. [78] 그러나 그것이 효과적으로 지속될 수 있었던 것은 당시의 엘리트들이 정치적 태도와 가치관에서 일치했고, 그에 따라 군인엘리트와 민간엘리트들은 상호공생적 관계에서 "협조"했기 때문이라고 봐야 할 것이다. 그러나 민주주의의 일반적 기준에서 볼 때, 박정희의 정책수행이 신속하고 능률적으로 진행되기는 했지만 그것은 "정책수행의 민주성, 대표성, 반응성 등을 희생"[79]한 바탕에서 이루어진 것이라 하겠다.

2) 현장지도 및 행정조직의 체계적 운용

박정희는 또한 스스로 중앙이나 지방관서, 그리고 민간기관과 사업장들을 가리지 않고 직접 방문하면서 정책추진 상황을 확인·점검하고 이를 바탕으로 새로운 처방을 구상하고 지시하는 등 새로운 스타일의 국가경영능력을 발휘하였다. 그는 해마다 연두기자회견-중앙관서 순시-각 도청 순시로 이어지는 연두행사를 통해 각종 국가정책들의 집행과정을 직접 관장했다. 그는 또 여러 가지의 경제개발사업을 촉진하기 위해 민간이나 국영기업의 큰 공장들을 자주 방문했으며, 서민생활의 실정을 밑바닥부터 파악하기 위해 농촌 산간벽지와 도시 변두리를 직접 시찰하였다. [80]

박정희는 항상 자신이 직접 경제개발 5개년 계획상의 공공 및 민간

---

77) 이에 대해서는 정정길, 《대통령의 경제리더십: 박정희·전두환·노태우 정부의 경제정책관리》(한국경제신문사, 1994), pp. 72~82 참조.
78) 김정수, "재조명: 박정희의 국가경영력," 〈월간중앙〉, 1994. 11, p. 137.
79) 박광주, 앞의 책(1992), p. 380 참조.
80) 구범모, 앞의 글(1978), p. 111 참조.

사업부문의 진도를 모두 점검하였다. 그는 월간 경제동향보고회의, 월별 수출진흥확대회의, 4분기별 국가주요사업 심사분석회의 등을 직접 주재하였는데, 이들 회의에는 목적에 따라 장관, 국회의원, 경제계 및 노동계 대표, 산업 업종별 대표 및 조합대표, 금융기관 대표, 운송·보험계 대표, 학자 등이 참석하여 필요한 건의를 하였다. 특히 박정희는 청와대의 서재 바로 옆방에 5개년 계획 진도 상황실을 마련하여 틈만 나면 사업별 진도를 하나하나 챙겼고, 관계공무원으로 하여금 모든 것이 계획대로 진행되도록 필요한 조치를 취했다.[81]

이렇게 박정희가 직접 나서서 각종 정책을 추진하였기 때문에 이 시기 각 부서들은 대통령의 지시와 방침에 따라 필요한 조치를 내리고 실행하는 데서 매우 긴밀하고 체계적인 협조관계를 유지할 수 있었다. 즉, 정부 각 부처는 박정희 대통령을 중심으로 하나의 유기적 시스템으로 운용되었다. 이러한 대표적 사례 중 하나가 1968년부터 1971년까지 추진되었던 농어민 소득증대사업이라 할 수 있다. 즉, 어떤 지역에 아직도 미개발된 넓은 야산이 있어 이를 양잠주산단지로 조성하는 것이 적합하다는 판단이 나왔다면 주산단지조성사업은 해당지역의 군수가 책임지고 개발하게 되었다. 군청직원은 우선 산림청으로부터 산지개간허가를 얻어야 했고, 야산개간을 위해서는 건설부 산하기관이 관장하는 중장비를 빌리는 절차를 밟아야 했다. 개간이 끝나면 누가 개간된 땅에서 양잠을 할 것인가를 결정해야 하고, 이에 따라 농지소유와 관련된 개간지 양잠농가들을 위한 중기성 자금도 알선해 주어야만 했다.

그러나 일선 지방행정기관에는 이러한 일들을 신속하게 해낼 수 있는 권한이 없었다. 그래서 박정희 대통령은 정부 내의 농림부, 내무

---

81) 김성진, 앞의 책(1994), p. 179 참조.

부, 상공부, 건설부, 재무부, 경제기획원이 지방행정기관들을 효율적으로 지원하게 하였다. 또 그는 전국에 있는 주산단지마다 일련번호를 매겨 청와대 비서실, 특히 새로 설치한 경제담당 특별보좌관으로 하여금 수시로 진척상황과 문제점을 파악하도록 했다.[82] 이같이 그는 주요 정책에 대한 지대한 관심을 가지고 지휘감독하였음은 물론 그것의 구체적 실천에 필요한 정치적, 행정적 조치들을 취함으로써 정책집행이 체계적이고 효율적으로 이루어질 수 있게 했다. 박정희는 제1차 경제개발 5개년 계획을 수립, 실행하면서부터 경제기획원을 신설하여 경제정책 전반을 책임지고 관장하도록 했는데, 경제기획원은 박정희의 이 같은 직접적 행정지휘를 뒷받침했던 가장 핵심적인 정부기관이었다.[83] 덧붙여서 박정희는 각 부처 장관들로 하여금 안정된 가운데 소관업무를 추진할 수 있도록 최소한 임기를 보장했거나 필요한 경우 그 이상의 기간도 복무할 수 있게 하여 행정의 안정화를 통한 일관성 있는 정책집행을 꾀했던 것이다.[84]

3) 능력과 능률본위의 인사정책

박정희의 인사정책은 충성심과 함께 개인능력과 국정수행의 효율성의 원칙을 바탕으로 집행되었다. 초기 군사혁명위원회의 내각이 구성될 때는 군부의 단결, 개인의 적성과 경험의 고려, 그리고 혁명주체세력에 대한 배려의 원칙이 주로 적용되었다. 그리하여 장도영 육군참모총장과 임시정부계의 김홍일 장군이 각각 총리와 외무장관으

---

82) 김정렴, 앞의 책(1993), p. 183.
83) 경제기획원의 역할과 기능에 대해서는 경제기획원 편,《개발연대의 경제정책: 경제기획원 30년사(1961~1980)》(미래사, 1994).
84) 한승조, 앞의 책(1977), p. 259 참조.

로 발탁되었고, 주요 군출신 각료들은 군에서의 보직과 병과에 따라 부처의 장관으로 임명되었다. 또 혁명주체세력에 해당되는 장교로 초대 내각에 보임된 사람은 장경순 농림장관뿐이었을 정도로 핵심 혁명주체들의 내각진출은 최소한에 그쳤다. 이들은 대부분 전문성이나 개인능력이 크게 필요하지 않은 국가재건최고회의의 의원으로 충원되었다.[85] 군사혁명 정부기간(1961~1963)의 각료 43명 중 29명 (67%)이 직업군인 출신이고, 11명(26%)이 은행가나 행정관료 출신이었으며, 그 중 8명(73%)이 경제재정 전문가였다. 또 43명 중 교수 출신이 3명(7%)밖에 되지 않았고 정당출신 인사는 한 사람도 없었다. 이것은 군사혁명정부 시절 박정희가 경제안정에 많은 관심을 두었고, 능률적 국정운영을 기도했음을 보여주는 예라 하겠다.[86]

제3공화국 시대에도 박정희는 능력과 능률위주의 인사정책을 지속했다. 초대 내각 때의 군부단결이나 혁명주체들에 대한 배려의 원칙이 많이 후퇴하는 대신 민간엘리트가 많이 입각하고 개개인의 적성과 경험이 비중 있게 고려되었다. 군사혁명정권하에서 내각관료는 압도적으로 군출신들에 의해 충원되었지만 제3공화국의 민주공화당 정권에서(1963년 12월~1970년 12월) 군출신 엘리트와 민간출신 엘리트 사이의 비율은 26명(29.2%) 대 63명(70.8%)으로 역전되었다. 그리고 민간출신 엘리트 각료들에는 행정관리, 경영엘리트가 제일 많았고, 다음이 군출신, 그 다음이 자유직업인이었다가 행정관리의 경력을 가졌던 사람들이었다. 그리고 제일 적은 출신은 지식인들이었고, 민주공화당 정권이었음에도 불구하고 정당엘리트는 한 사람도 등용되지 않았다. 이 같은 사실은 박 대통령이 국가경영에 개인 능력과 능률성

---

85) 위의 책, pp. 243~246 참조.
86) 위의 책, p. 249 참조.

을 얼마나 심각하게 고려했는지를 그대로 반영하는 것이다. [87]

박정희는 각료임명시 정치적 고려를 충분히 저울질하면서 개인들의 적성, 능력, 경험들을 면밀하게 평가한 다음 결정하였을 뿐 아니라, 임용 후에는 각자가 능력을 충분히 발휘할 수 있도록 배려했다. 그리고 행정능력과 충직성이 입증된 다음에는 매우 오랫동안 임용하고 그 다음에는 또 다른 부서에 다시 기용하곤 했다. 그 결과 각료들의 재임기간이 역대 어느 정권보다 길어 1971년 5월 현재로 각료들의 평균 재임기간은 20개월이었다. 이것은 이승만 정권하가 14.3개월, 허정 과도정부가 3.3개월, 장면 정권이 3.3개월, 군사혁명 정권이 7.6개월이었던 것에 비하면 엄청나게 긴 것이었다. [88] 그뿐만 아니라 경제적 전문지식과 경험이 필요한 부처인 경제기획원, 재무부, 상공부 등에는 전무가로 알려진 사람들을 장관으로 기용했고, 업무가 단순하고 집행적인 성격을 가진 건설부, 교통부, 체신부 등에만 군출신들을 기용했다. 이러한 인사정책은 1970년대에 들어서도 계속 유지되어 1970년대 건설·교통·체신장관은 73%가 군출신이었으나 경제기획원이나 재무부에는 군출신이 한 명도 없었다. [89]

요컨대, 박정희는 "일과 업적 성취중심"으로 각료를 임명하고 활용하였는데, 그는 이 같은 인사정책으로 "행정장"으로서의 리더십을 유감없이 발휘할 수 있었다. 그리고 각료들은 그의 조국근대화 비전을 자신의 소명으로 여기며 소신과 능력을 최대한 쏟으며 정책을 수행했던 것이다. [90]

---

87) 위의 책, pp. 252~257 참조.

88) 《동아연감》(동아출판사, 1968), pp. 289~294 참조. 1968년 현재로는 박 정권하 장관 평균 재임기간은 15개월이었다. 한승조, 앞의 책(1977), p. 259에서 재인용.

89) 정정길, 앞의 책(1994), pp. 87~89 참조.

그러나 이러한 인사정책이 긍정적 효과만 거둔 것은 아니었다. 당시로서 능력 있고 경험 있는 엘리트들은 대부분 전통 보수계열의 가문 출신으로 해방 이후 줄곧 한국정치의 역사적 부담으로 간주되었던 친일 관료세력과 연계해 있을 가능성이 많았기 때문에91) 이후 비판세력들에 의해 식민잔재 청산 미비라는 비판을 모면하기 어려웠다고 해야 할 것이다. 또한 박정희 개인의 이니셔티브가 강하게 작용되는 관료행정체제는 획일주의적이고 권위주의적으로 운용되었기 때문에 이것은 행정 각 부문과 관료들의 자율적이고 능동적인 업무수행 문화가 성장하는 데 매우 부정적 영향을 끼쳤다고 여겨진다. 즉, 행정의 민주적 제도화에 장애물이 되었던 것이다.

4) 냉혹한 용인술과 배후조정

집권 초기 박정희는 군인으로서 권모술수를 모르는 직선적 인물로 비쳤으며, 이 점은 권모술수의 화신으로 평가되던 이승만과 매우 대조를 이루는 박정희의 특징으로 이해되기도 했다. 그러나 박정희는 집권기간 동안 정치적 경험이 많은 정당인들까지 놀랄 정도로 능숙하고 냉혹한 술수를 행사했다. 군정기간 동안 그의 라이벌이 될 만한 쿠데타 동지들은 완전히 거세되었다. 제3공화국 초부터 3선 개헌에 이르는 동안 박정희는 민주공화당 내 주류·비주류의 두 세력을 배후에서 교묘히 조종하며 자신의 정치적 의지를 실현했다. 그는 권력주변에

---

90) 김종신, "행정장으로서의 박 대통령"; 이학수, "소박, 박력 있는 지도자"; 한승조, 앞의 책(1977), p. 259에서 재인용.

91) 민주공화당 정권에서 일했던 관료 47명 중 42명(89.5%)이 중류 또는 상류 가정 출신이었고, 5명(10.6%)만이 소농 또는 빈농출신이었는데, 이들 대부분이 적극적 또는 소극적 친일세력과 연계되었다고 보는 것이 그다지 큰 무리는 아닐 것이다. 한승조, 앞의 책(1977), p. 257 참조.

몰리는 인간의 심리를 꿰뚫어 보면서 "채찍과 당근"을 유효 적절하게 사용하며 주위 사람들을 부렸다. 92) 이러한 그의 마키아벨리적 술수는 다음 세 가지 형태로 나타난 것으로 요약된다.

첫째, 박정희는 반대세력 혹은 방해인물을 가차 없이 제거했다. 5·16 직후 참모총장 장도영을 최고회의 의장, 내각 수반, 국방부 장관 등을 겸직토록 했다가 방해인물로 인정되자 반혁명사건에 연루시켜 거세했다. 또 1963년 3월에는 '군 일부 쿠데타음모사건'과 결부시켜 박임항, 김동하 등 이른바 '혁명동지들' 중 해병대 출신 및 함경도세력을 제거했다.

둘째, 분할통치 혹은 이이제이(以夷制夷)의 전술을 사용하였다. 김종필 세력이 비대해지자 김형욱을 앞세워 1968년 국민복지회사건과 1969년의 4·8 항명파동의 책임을 물어 김종필을 제거했고, 김성곤 주축의 4일체제도 영향력이 커지자 김종필계의 오치성을 앞세워 견제했다. 이러한 전술의 한 방법으로 박정희는 대상인물들 사이의 횡적인 관계를 차단함으로써 그들로 하여금 최대의 충성을 바치도록 유도했고 동시에 비밀누설을 방지했다. 93)

셋째, 자신의 권위를 위협하는 제2인자의 출현을 배제했다. 94) 앞에서 예로 들었던 김종필의 경우가 대표적이며, 충복이었던 이후락과 김형욱도 자신의 권위를 위협하게 되자 가차 없이 축출했다. 수경사령관 윤필용도 야심을 드러내자 강창성 보안사령관을 통해 제거했으며, 정일권을 대통령으로 옹립하려는 모의가 진행되고 있다는 소문이 있자, 즉시 '국회의원 가혹행위 사건'을 빌미로 사전 봉쇄했다. 95)

---

92) 이상우, 앞의 글(1987), pp. 363~364 참조.
93) 이상우, 앞의 책(1993), p. 188 참조.
94) 박정희도 처음에는 중간보스를 두어 최대한 활용했으나, 3선 개헌 이후에는 중간보스를 없애버렸다. 위의 책(1993), pp. 36~37.

5) 일방적 대(對)국민관계: 정치적 동원과 탄압

박정희는 조국근대화를 위한 일련의 경제개발 5개년 계획을 어떠한 희생을 감수하고서라도 반드시 성공시키겠다는 확고한 의지를 가지고 있었다. 때문에 일반국민들은 여러 가지의 정치사회적 기본권이 제한된 상태에서 각종 운동과 정부가 주도하는 프로그램에 일방적으로 동원되는 한편, 정치적 비판세력과 야당은 탄압당하였다. 정치적 동원과 탄압으로 요약할 수 있는 대통령과 국민들 사이의 관계를 특성별로 분석해 보면 다음과 같다.

첫째, 5·16 이후 '군사혁명정부' 시기 박정희의 정치적 이니셔티브는 국민들로부터 상당한 호응을 받았다.[96] 이른바 쿠데타로 권력을 잡은 이후 박정희는 특수범죄처벌법, 반공법, 정당법, 국가보안법과 반공법의 개정, 정당활동정화법 등을 시행하여 정치활동을 대폭 규제하였지만 이러한 조치들에 대한 대규모의 조직적인 국민적 저항은 없었다. 이것은 당시의 국가적 상황에 대한 국민들의 불만을 박정희와 그의 세력이 해소해 줄 수 있을 것으로 기대했기 때문인 것으로 풀이할 수 있다.[97]

둘째, 야당인사, 비판적 지식인, 학생 등을 제외한 대부분 국민들은 각종 조직과 운동을 통해 박정희의 근대화 리더십에 동원되는 것에 큰 저항 없이 참여함으로써 경제부흥정책을 지지했다. 이것은 당

---

95) 이상의 설명은 김호진, 앞의 책(1994), pp. 177~178을 참조.

96) 강원룡, 《빈들에서 (하)》(열린문화, 1993), p. 148. 그는 "솔직히 말해서 나는 5·16이 터졌을 당시 군사혁명이 성공하기 바랐던 사람의 하나다"라고 적고 있다.

97) 5·16이 발생했을 때 한국국민들은 미국의 장면 정부 지지호소에 냉담하였고, 장면 정부는 물론 어느 세력도 상황에 대해 능동적으로 대처하려고 하지 않았다. 한배호, 《한국정치변동론》(법문사, 1994), pp. 128~133 참조.

시 대부분의 우리 국민들이 국가적 혼란과 유교적 권위주의의 영향으로 구미제국의 국민들과 같은 참여적 정치문화에 익숙하지 못하고 대신 이른바 신민적 정치문화에 익숙했기 때문에 그것의 연장으로 볼 수 있는 "권위주의적 성향"[98]에서 비롯된 것 같다.

셋째, 박정희는 일부 국민과 지식인들의 반대에도 불구하고 원래의 목표를 달성하기 위한 의도에서 그대로 밀어붙였다. 그는 어차피 국가안보와 경제부흥이 우선 달성되어야 우리 사회가 민주적으로 발전할 수 있다고 믿고 있었기 때문에 그러한 목적을 달성하여 국민들로 하여금 "발전의 혜택을 누리게" 하기 위한 "값비싼 대가"로서 반자유주의적 계획경제, 강제적 국민동원과 초법적 정치탄압, 그리고 이러한 반민주적 조치들의 종합으로서 10월 유신과 같은 정권연장을 "잔인하게 선택했던" 것이다. [99]

넷째, 박정희는 본래의 경제성장 목표들을 성공적으로 달성함으로써 정치기반을 효과적으로 강화하고 정치적 정통성을 보완할 수 있었다. 1969년의 GNP 성장률은 15.9%로 사상 최고였으며, 농가호당 소득이 전년도에 비해 21%나 증가하였다. 실업률은 4.8%로 하락했고, 소비자물가 상승률은 전년도 11.1%에 비해 9.2%를 기록함으로

---

98) 한배호·어수영, 《한국정치문화》(법문사, 1987), pp. 40~44; Chong Lim Kim, "The Korean Legislative Process," *Occasional Paper Series*, No. 16 (Comparative Legislative Research Center, The University of Iowa, March 1980), pp. 12~14; 어수영, 《민주주의와 한국정치》(법문사, 1994), pp. 148~153 참조. 또 한배호 교수는 제3공화국 시기의 정치적 반대세력을 분석하면서 권위주의 정권하에서는 국민 대부분이 정치적으로 무기력한 "방어적 신민층"과 권위주의 정권으로부터 혜택을 받기를 기대하는 "취득적 신민층"임을 지적하였다. 한배호, 1994, 앞의 책, pp. 236~237 참조.

99) "잔인한 선택"에 대해서는 Denis Goulet, *The Cruel Choice*(Cambridge, Mass: Center for the Study of Development and Social Change), pp. 326~330.

써 1962년 이래 최저를 기록했다. 1인당 국민소득은 1967년의 143.4 달러에서 1,980달러로 늘어났다.[100] 그리고 1967년의 대통령선거에서 박정희는 1963년의 46.65%에 비해 더 높은 51.4%(유효투표율)를 획득했고(윤보선은 45.10%에서 41%로 줄었음), 도시지역에서도 1963년의 37.7%보다 높은 50.4%의 지지를 받았으며, 농촌지역에서는 1963년의 50.3%보다 높은 52.2%의 지지를 받았다. 또 1969년의 3선 개헌안도 총투표의 65.1% 지지로 가결되었으며, 1971년의 대통령선거에서 김대중 후보의 거센 도전을 받았으나 박정희는 총유효투표의 53.2%의 지지를 얻어 당선되었다(김대중 45.3%).[101]

다섯째, 그러나 박정희는 집권기간 내내 야당은 물론 각 분야의 비판적 지식인들과 사회집단들의 격렬한 정치적 반대와 반독재투쟁으로 계속 도전받았다. 여기에는 주로 학생, 재야인사, 문화예술인, 노동자 등이 가담했는데,[102] 박정희는 이에 대한 철저한 물리적 탄압과 강경대책으로 대처했다. 그렇지만 국가정책에 대한 국민적 요구나 정치적 비판은 반드시 부정적 측면만 있는 것이 아니며, 오히려 성공적인 정치리더십 발휘에 유용하게 활용될 수 있는 참여행위일 수도 있는데, 박정희의 경우, 이러한 국민적 비판과 요구에 적절하게 반응하는 리더십적 자기혁신에 매우 미흡했다. 즉, 어느 정도 국민적 합의형성이 가능했던 근대화 목표를 구현하는 과정에서 박정희는 대화와 설득을 통한 지도자와 국민 사이의 상호작용을 통해 권력의 효

---

100) 《합동연감》1972년 판, pp.113~114, 169 ; 경제기획원 조사통계국. 〈한국경제특별보고〉(1970년 8월).

101) 김정원, 앞의 글(1984), pp.177, p.193, pp.204~205 참조. 그러나 이러한 선거에서의 승리는 부정선거가 공공연히 자행되는 가운데 얻어진 것임이 지적되어야 한다.

102) 이에 대한 개괄적 논의는 강만길, 앞의 책(1994), pp.236~237, p.277, pp.361~362, pp.379~382 참조.

율성과 정당성을 더욱 증대시킬 수도 있었는데, 국민들, 특히 비판세력들과의 관계형성에서는 자신의 성격적 한계와 군대적 사고방식을 극복할 수 있는 자아혁신에 성공적이지 못하였기 때문에 보다 유연하고 융통성 있는, 따라서 민주적 정책집행을 실천하지 못했다.

요컨대, 박정희의 대국민관계는 "일반국민들의 '신민적' 형태의 지지 및 참여, 그리고 일부 정치사회적 엘리트들의 적극적 저항," 그리고 "박정희의 정치적 반대자에 대한 철저한 물리적 탄압 및 배후조작"으로 정리할 수 있다. 그는 동의메커니즘보다는 억압메커니즘을 중시했으며, 민주주의의 기본원리인 동의와 설득보다는 무조건 따라오라는 식이었고, 따라오지 않는 자는 강제력으로 관리하는 대중지배 전략을 구사했다.[103] 그는 무엇보다도 군인이었고, 근대화 성취를 제1의 목표로 삼고 "작전"했기 때문에, 그가 민주정치는 국민과 지도자 사이의 유연하고 상호반응적인 다이내믹한 순화관계의 형성을 통해 이루어진다는 성숙한 정치의식을 보여줄 수 있는 가능성은 처음부터 없었던 것으로 봐야 할 것이다. 이것은 박정희 자신의 목표지향적 상황인식과 적과 동지를 엄격하게 가르는 군대적 사고방식에 바탕한 경직된 정치관을 극복하지 못한 자신의 리더십적 한계에서 비롯된 결과로 풀이될 수 있다.

6. 맺음말

이상에서 분석한 박정희의 근대화 리더십에 대한 필자의 평가는 다음과 같이 요약, 정리될 수 있다.

---

103) 김호진, 앞의 책(1994), p. 379 참조.

첫째, 박정희의 5·16 참여는 무엇보다도 그의 가난체험과 그것을 극복하려는 강력한 의지, "정치화된 군인"으로서의 문제의식, 그리고 "현실비판적이고 혁명적인 성향"의 막내적 특성에 의해 잘 설명될 수 있다. 즉, 이러한 개인적 요인들은 당시의 정치·사회·경제적 상황 요인들과 결부되어 박정희로 하여금 "5·16 군사정변"을 주도하게 했다고 볼 수 있다. 이것은 박정희가 단순히 권력보상을 기대하는 심리적 충동보다는 그의 정상적 의지와 문제의식에 따라 행동했다는 평가가 더 적절함을 시사한다.

둘째, 박정희는 경제부국, 줏대 있는 민주국가, 반공통일국가를 주요 내용으로 하는 조국근대화에의 비전을 자신의 '군사혁명'을 정당화하는 논리이자 국민들의 지지와 참여를 동원하기 위한 "하나의 정치적 종교"로 제시했으며, 이러한 그의 비전은 자신의 가난체험과 그것을 극복하려는 의지가 국가 차원으로 투영된 것으로 볼 수 있다. 그리고 그의 조국근대화에의 비전은 당시 대부분의 엘리트층과 일반국민들로부터 심정적으로 상당한 호응을 얻었기 때문에 대중들을 정치적으로 동원하는 데 유리하게 작용했다.

셋째, 박정희는 5·16 전후 한국사회의 "위기"의 원인을 경제적 후진성과 그것을 해결할 수 있는 정치리더십의 빈곤으로 파악하고 그 처방으로서 국가계획경제, 민족적 민주주의, 반공정책을 제시했는데, 이것은 그가 민주정치의 확립은 단순한 제도의 직수입보다는 그것을 위한 물적 기반확보와 정치적 의지의 실천으로 가능하다고 확신한 데서 비롯된 것이다. 특히 그가 정치리더십의 빈곤을 지적한 것은 오늘날에 와서 미국의 지식인들이 개발도상국가들에서는 무엇보다도 강력한 집권세력에 의한 국가경영이 선거나 의회제도의 도입보다 더 중요하다는 점을 강조하고 있음을 고려할 때,[104] 나름대로 줏대가 강한 상황판단이었다고 평가할 수 있다. 그러나 박정희의 이러한 상황진단에 의한 정치개입은 한국정치사상 부정적 군사문화를 이식하는 계기가 되었고 후에 12·12 및 5·17 사태와 같은 군의 정치개입을 정당화하는 토양을 만들어주었다는 점에서 법치와 절차민주주의의 정착에는 치명적 사건이었다.

넷째, 그의 계획경제정책은 괄목할 만한 경제성장을 성취함으로써 당초의 가난극복 목표를 달성하는 데는 효율적이었으나, 지역간 불균형성장, 재벌편중 및 소득불균형 현상, 환경파괴 등 산업화의 부작용 혹은 부산물을 사전에 고려하는 예방적 정책들이 미비했다. 민족적 민주주의는 그 발상이 "자아준거적"[105] 이었다는 점에서 평가할 만하나 실천적 차원에서는 권위주의적 정치통제 및 행정적 국민동원에 그쳤고, 또 경제성장에 따라 행정의 탈권위주의화와 시민사회의 자율성, 그리고 자발적 참여를 점진적으로 고양하는 데 성공적이지 못했기 때문에 정치적 수사에 불과했다는 비판을 면치 못했다. 그리고 그의 강력한 반공정책도 지나치게 절대화되어 건전한 통일운동과 민족주의 운동까지 전면적으로 탄압하는 방향으로 전개되었기 때문에 정권안보 차원의 지배수단에 불과했다는 비판을 면치 못했다.

다섯째, 박정희는 위민(爲民) 정치사상과 멸사봉공의 정신에 경도된 '고상한' 정치관을 지녔던 지도자로서 큰 거리낌 없이 '반정'(反正)

---

104) Strobe Talbott, "Why the People Cheer the Bad Guys in A Coup," *TIME*, May 4, 1992, p. 37 ; Joe Klein, "Why China Does It Better," *Newsweek*, April 12, 1993, p. 21 ; Joe Klein, "Elections Aren't Democracy," *Newsweek*, July 12, 1993, p. 44 ; Robert J. Barro, "Pushing Democracy is No Key to Prosperity," *The Wall Street Journal*, December 14, 1993.

105) 자아준거적이란 자신의 필요와 상황에 주체적으로 조응하는 것을 뜻한다. 이에 대해서는 문승익, "자아준거적 정치학,"〈국제정치논총〉제 13집 (1874), pp. 111~118 참조.

을 통해 권력을 잡은 이후 강력한 추진력, 효율적 행정, 능률·능력 위주의 인사정책과 냉정한 용인술, 그리고 반강제적 국민동원 등을 수단으로 경제개발계획을 "혁명적으로" 실천하였다. 이것은 박정희가 다원적 세력들을 규합하여 정치사회적 통합을 형성하는 데 필요한 "정치지도자로서의 자력(磁力)"을 갖지 못했던 것에106) 기인한 것으로 볼 수 있으며, 이러한 획일적 통치방식은 결과적으로 행정의 민주적 서비스화나 시민사회의 건전한 육성발전에 중대한 장애물이었다.

요컨대, 박정희는 조국근대화의 비전에 따라 1960년대 초 후진국가였던 당대 한국의 "전반적 국민생활과 구조"107)를 개조하고자 했다. 또 그것을 지속적으로 실천했던 "변혁적 지도자"108)였다고 평가할 수 있다. 그리고 이러한 그의 정치리더십은 대다수 엘리트들과의 가치일치와 일반국민들의 신민적·향리적 정치문화 경향과 결부되어 그가 의도했던 민주주의 반전조건으로서의 경제성장을 달성하는 데 성공적일 수 있었다. 이 과정에서 그는 다원적 민주주의와 자유시장 원리의 면에서 볼 때 의도적으로 국가계획경제와 정치적 통제라는 "잔인한 선택"을 시도했고, 그것을 실천하고 정치적으로 조직화하는 데 일정한 성공을 보여준 대표적 근대화 리더십이었다고 할 수 있다. 109)

---

106) 한배호, 앞의 책(1994), pp. 241~242 참조.

107) Jean Blondel, *Political Leadership* (London: Sage Publications, 1987), pp. 92~93.

108) James M. Burns, *Leadership* (New York: Free Press, 1978), pp. 19~21을 참조.

109) 최장집 교수는 6·25를 거치면서 우리나라의 소득분배가 어느 나라보다 평준화되어 있었고 양질의 노동력이 있었으며, 국민들의 능력과 교육수준이 높았기 때문에 "우리가 민주주의를 했을 때 그런 경제발전을 못한다는 반증을 발견할 수 없다"고 주장하고, 경제성장을 박정희의 공적으로만 간주하는 것은 문제가 있다고 지적했다. 이러한 주장은 논리적으로 타당

그러나 박정희가 스스로 민주주의를 위한 목적에서 경제성장을 시도했다고는 하지만, 그는 근대화 과정의 부산물과 부작용을 미리 고려하는 "예방적" 차원의 정책선택과 국민적 반대와 요구에 적절하게 반응하면서 관료집단과 시민사회의 자율성 제고를 위한 리더십적 자기혁신을 보여주지 못했던 지도자였다. 동시에 그의 근대화 리더십은 민족자주 차원에서도 경제부흥의 성취뿐 아니라 '종속적 발전', 남북대립, 반민주적 국민동원 등을 극복하기 위한 온전한 민족주의 원칙을 제시하고 실천하는 데 일정한 한계가 있었다. 이러한 점을 모두 고려할 때, 박정희는 거의 동일한 시대에 함께 "개발독재자"였던 싱가포르의 이광요보다는 못하지만 필리핀의 마르코스보다는 우수했던 한국의 근대화 지도자였다고 생각된다.

하다고 본다. 그러나 그렇다고 해서 이러한 분석적 차원의 논리가 "구슬이 서 말이라도 꿰어야 보배"라는 우리 속담이 담고 있는 실천적 지혜보다 결코 중요하다고는 생각하지는 않는다. "대토론: 박정희 시대를 평가한다," 〈월간중앙〉, 1989. 10, p. 249 참조.

제 3 부

한국현대사와 정치리더십 (Ⅱ)

제10장   전두환 대통령의 정치리더십

대세주도형의 밝음과 어두움

1. 머리말

전두환 대통령(이하 전두환)의 정치리더십에 대한 정치학자의 단독연구는 아직 없다.[1] 그것은 아마도 그가 10·26 이후 민주적이고 개방적인 정치를 향한 역사의 흐름을 되돌리려 했고, 그가 집권했던 7년 동안 우리의 정치는 전과 다를 바 없는 권위주의적 강압통치를 벗어나지 못했기 때문일 것이다. 특히 민주적 절차에 더 관심을 두는 대부분의 정치학자들은 5공 정권이 "정치적 정당성을 거의 완벽하게 결여하고"(김영명, 1993: 239) 있어서 그 핵심인 전두환 개인에 대한 연구는 결과적으로 그의 권위주의적 통치를 정당화시켜 줄 것으로 판단

---

1) 그러나 그동안 관심 있는 정치학자들은 역대 대통령들의 리더십적 특징을 비교하는 가운데 전두환 대통령의 경우를 검토했다. 이들 중 필자가 참고한 주요 연구는 다음과 같다. 한승조, 1992, pp. 103~110, pp. 135~136, pp. 155~160; 김호진, 1995, pp. 719~720; 김충남, 1998, pp. 101~129; 안병만, 1998, pp. 251~276. 그리고 이 책의 초판 이후 나온 논문으로 김승채, "전두환 대통령과 국가질서," 한국정치학회·관훈클럽 편,《한국의 대통령 리더십과 국가발전》(인간사랑, 2007), pp. 127~157이 있음.

하고 그의 정치리더십에 대한 연구를 회피했을 가능성이 많다.

그러나 이제 전두환의 정치리더십 검토를 미룰 필요가 없다. 이른바 "광주사태"는 이미 5 · 18 민주화운동으로 규정되었고, 신군부에 의한 정권창출 과정의 쿠데타적 성격과 5공 정권의 반동성에 대한 평가는 이미 일반화되었다(한배호, 1994: 399~447). 그리고 최근 정치학자들을 대상으로 한 어느 여론조사에 의하면, 그렇게 반민주적이던 전두환이 박정희 다음으로 선호도가 높은 정치지도자로 인식한다(안병만, 1998: 266). 이렇게 서로 상충되는 듯한 현상들은 관심 있는 학자들로 하여금 보다 적극적으로 그의 정치리더십을 검토할 필요성을 느끼게 한다. 더욱이 최근 정치리더십 연구가 정치를 적실하게 연구하는 새로운 접근방법의 하나로 등장하고, 이른바 대통령학에 대한 관심도 많아지는 최근의 학문적 추세(정윤재, 1992; Elgie, 1995; 박찬욱 외, 1997; 함성득, 1997)를 감안할 때, 전두환을 포함한 한국 대통령들의 정치리더십에 대한 사회과학적 연구는 점차 늘어날 것이다.

이러한 판단과 문제의식에서, 필자는 전두환의 정치리더십을 체계적으로 분석, 평가하고자 한다. 이를 위해 필자는 미국의 정치학자 제임스 바버(James D. Barber)가 미국 대통령들의 정치적 특징을 연구하는 데 사용했던 분석적 개념들을 활용하고자 한다.[2] 바버 교수에 의하면, 대통령의 정치적 특징은 "자아 이미지", "가치관", "스타일" 등 세 가지 요인들에 의해 형성된다. "자아 이미지"란, 정치지도자가

---

2) 바버의 이러한 분석 개념들이 완벽한 것은 아니다. 하지만, 과거 정치인들에 대한 심리학적 분석이 지나치게 환원주의적이었던 것에 비해, 바버는 이를 극복하기 위한 방법으로 가치관과 행동 스타일을 함께 검토하고자 했다는 점을 높이 인정해주어야 할 것이다. 바버의 유형분류의 단순함과 이론적 바탕의 취약성에 대해서는 이미 Alexander George(1974), Joseph Pika(1981), Terry Moe(1993) 등에 의해 지적되었고, 반면 Michael Nelson(1998), Erwin Hargrove(1993) 등은 긍정적으로 보고 있다.

"자신에 대해 가지고 있는 감정적 태도"로서 자기 존경심 또는 자신감이 어떠한 형태로 나타나는가와 관련된다. 이것은 성장과정에서의 다양한 경험들과 관련된 심리적 성향이다. "가치관"이란 정치지도자가 지닌 "역사 혹은 정치, 그리고 인간관계에 대한 견해"이다. 그래서 이가치관에는 평소의 사고경향과 정치적 문제들과 관련된 평가적 태도가 포함된다. "스타일"이란 정치지도자가 "자신의 역할을 수행하는 방법"이다. 달리 말하자면, 자신의 행동상에 나타나는 "패턴화된 특징"이다(Barber, 1985: 1~11; Taras & Weyant, 1988: 11).

필자는 다음에 이어지는 절들에서 전두환의 정치리더십적 특징을 이상의 세 가지 차원으로 나누어 분석하고, 민주적 정치발전과 관련하여 그의 정치리더십을 평가하고자 한다.

2. 출세욕을 통제하지 못한 군인엘리트

과거 많은 이들이 그랬던 것처럼, 전두환도 어린 시절을 불우하고 빈한하게 보냈다. 그는 일제치하인 1931년 경남 합천에서 태어났지만, 그가 여덟 살 때 그의 가족은 생활고로 만주로 이주했다가 거기서도 여의치 않아 1년 만에 대구로 돌아왔다. 그의 집안은 사회적 배경이나 경제적 기반이 없었고, 너무 가난해 그의 식구들은 1주일에 보리밥을 두 번 먹으면 다행이었고 점심 굶는 일도 많았다. 그래서 어린 두환은 신문배달, 약배달, 음식배달 등을 하며 생계비를 보태야 했고, 초등학교도 겨우 두 학년만 다녔다(김성익, 1993a: 144~146).

소년 두환은 운동을 아주 좋아했다. 대구 희도초등학교 시절부터 축구 골키퍼, 육상, 씨름선수였다. 그의 담임선생은 "친절하고 모든 일에 열의가 있고, 주의력과 기억력이 풍부하며, 책임감이 왕성한"

소년이라고 평했다. 대구공립공업중학에 다닐 때나 육사 생도시절에도 그는 골키퍼로 축구부 주장이었다. 비록 가난하고 불우한 가정에서 자랐지만, 그는 비교적 건강하고 적극적인 자세로 생활했던 것 같다. 특히 청년 두환이 1951년 12월 육사 생도모집에 합격한 것은 그의 일생에 있어 큰 전환기였다. 그는 이승만 대통령, 리지웨이 대장 등이 참석한 가운데 성대하게 치러진 입학식을 마치면서 당당한 정규 육사 11기 생도가 되었다. 그는 가난하고 아무 배경도 없는 시골소년에서 일약 육사라는 국립군사교육기관의 일원이 되었고, 또 여기서 평생을 함께 지낼 친구들을 많이 사귈 수 있었다. 그는 육사 재학시 세속적 출세욕과 함께 맥아더와 같은 5성 장군을 꿈꾸며 친한 동료들과 오성회(五星會)를 조직하여 친목을 도모했고, 5·16 이후에는 일부 육사출신 장교들의 군내 사조직인 하나회의 리더로서 특히 박정희 대통령의 후원을 받았다(노재현, 1993: 300). 또한 제1공수여단 특전대 교육장교 시절 이규동 장군의 딸로 이화여대 의대 2년생인 이순자와의 결혼으로(김성익, 1993a: 146~147), 일종의 "신분상승"도 경험했다.

이렇게 군대생활은 그에게 자부심 혹은 긍정적 이미지를 주었다. 더구나 그는 특유의 친화력과 추진력, 그리고 처세술로 승승장구했던 장교였다. 그가 대위로 중앙정보부 제7국 인사과장에 보임될 때, 그의 추천인은 장인 이규동 장군과 박정희 대통령의 경호실장 박종규였다(천금성, 1981: 236). 또 그는 1969년 수경사 30대대 대대장 시절(중령) 11기 이후의 장교들로 이루어진 육사동창회 북극성회의 회장에 선출되어 선두주자의 자리를 굳혔다. 더욱이 회장선거에서 실무파 장교였던 그는 학구파였던 김성진 중령을 누르고 만장일치로 회장에 추대되었다. 또 그는 동기들 중 첫 번째로 대령으로 진급하면서 곧장 참모총장실 수석부관에 기용됨으로써 명실공히 선두주자가 되었다. 그가 육사재학 시절 성적이 중간에도 못 미쳤던 축구선수에 불과했지만, 동창회장 전두환은 단순히 편의상의 연락책이 아닌 "실제로 모든 회원의 존경을 받는 모범적인 리더"였다(천금성, 1981: 239~249). 이로써 군인 전두환은 육사입학 이후 강렬해진 출세욕과 함께 자신에 대한 자긍심과 자부심이 커질 수밖에 없었을 것이다. 그리고 그는 자신을 지극 정성으로 챙기고 섬겨주는 아내 이순자를 두고 자신의 딸에게 "너도 커서 어머니처럼 훌륭한 사람이 되어야 한다"고 말하고, 또 그 딸은 "어머니는 이 세상에서 가장 훌륭한 분이야"라고 말할 수 있었던 가정환경을 유지했다(천금성, 1981: 247). 이 또한 군인엘리트로서 자신감을 갖게 하는 요인이었을 것이다.

그래서 전두환은 외부활동 면에서 자신이 "어느 누구에게도 꿀릴 것이 없다"는 식으로 생각하고 행동했던 것 같다. 박정희는 전역식에서 손수건을 꺼내 눈물을 닦으면서 "다시는 나 같은 불행한 군인이 없기를 바란다"고 했지만(김진배, 1988a: 293), 전두환은 그렇지 않았다. 그는 시종 자신감 있는 자세와 어조로 자신의 전역사를 읽었다. 그는 30년간의 군생활을 떠나는 것이 비록 섭섭하고 아쉽지만 "군생활을 통해 체득한 우국충정과 희생정신으로 국운개척의 험한 길을 결연히 헤쳐 나가겠다"고 다짐했다. 그는 육사생도 시절 이후 군장교로서 사회·정치적 혼란과 격변을 지켜보며 오직 "정직과 성실로써 맡은 바 책무를 다하여왔을 뿐"이라면서 앞으로는 국가지도자로서 "새역사·새 질서 창조에 신명을 바치겠다"고 선언했다. 또 전두환은 자신의 전역사에서 정규 육사생도들은 "완벽한 민주적 교육제도하에서 우리나라 어느 계층보다 민주적 생활규범과 윤리를 체험을 통해 체득하였다"고 강조하기도 했다(〈동아일보〉, 1980. 8. 22).

그러나 전두환이 지녔던 자아에 대한 이러한 긍정적 이미지와 자부심은 대통령으로 재직시 자기 수준에서 적절하게 통제되지 못하고 자만과 독단의 정치행태로 나타난 경우가 많았다. 그는 대통령 시절에, 보통사람과는 달리, 자신의 집 응접실에 "자신의 연설문이 쓰인 병풍"을 쳐놓았다(지해범, 1988: 144). 그는 대통령 재임시 회의할 때, 참석자들의 말을 일단 경청하는 태도를 취한 박정희와 달리, 주로 혼자서 자기 말을 많이 하는 경향이 있어 다른 참석자들의 의견이나 충고를 들을 시간이 많지 않았다. 또 그는 12·12 유혈쿠데타와 참담한 "광주 대학살"을 통해 권좌에 올랐으면서도 이에 대한 진지한 반성과 사과를 하지 않고 "이러한 불행한 일은 다시는 되풀이되어서는 안 된다"는 식으로 얼버무리고, 오히려 "자신이 대통령으로서 목숨을 걸고 노력해 나라를 구렁텅이에서 건졌다"고 말했다(김성익, 1993a: 151). 또한 그는 대통령으로 재임하는 동안 정치자금을 거두어들일 때도 "거리낌 없이 직접적이고 때로는 대담할 만큼 공공연했다". 기업인들을 청와대로 불러들여 거액을 할당하고 때로는 측근을 동원하여 직·간접적 협박도 했다. 이것은 박정희가 1960년대 후반부터 1970년대에 걸쳐 외자도입이나 정부면허 등과 관련된 리베이트의 수금형식으로 정치자금을 모았던 것과 특히 비교된다(이상우, 1989: 330).

그가 대통령이던 제5공화국은 장영자·이철희사건, 명성사건, 일해재단사건, 박종철 군 고문치사 사건, 새마을운동본부 비리문제, 범양사건, 부천 성고문사건 등 이른바 "7대 의혹사건"(이상현 외, 1988: 292~319)으로 얼룩지고, 각종 권력형 부정부패가 끊이지 않고 자행되던 시기였다(서병욱, 1988: 126~147). 그럼에도 그가 대통령직에서 퇴임한 후, 그의 막내아들이 5공 비리문제로 학교친구들과 싸우고 왔을 때 전두환은, "네가 좀더 크면 이 아버지가 얼마나 많은 누명을 쓰고 있는지를 알 것이다. … 그러나 어느 시점에 가면 아버지에 대한 역사적 평가가 달라질 것이고, 그때 가면 아버지를 자랑스럽게 여기게 될 것이다"라고 말했다(지해범, 1988: 140). 대통령이란 공직을 지낸 사람으로 자신에 대한 국민과 여론의 비판을 진지하고 겸허하게 받아들여야 하는데, 전두환은 "나는 잘했고 잘못한 게 없는데 지금 억울하게 당하고만 있다"는 식의 태도를 보인 것이다. 그는 "나는 나 자신의 결백에 대한 확신을 가지고 있다. 사리사욕을 챙긴 것은 결단코 없다. 오늘날 반민주의 상징처럼 되어버렸으나, 사실과 상반된 것은 언젠가는 밝혀질 것이고 10~20년 후면 역사로부터 올바른 평가를 받을 것이다"라고 자신을 변호했다(지해범, 1988: 148).

또 지난 1997년 말, 재임시의 엄청난 비리로 구속되었다 석방될 때에도 아무런 반성 없이 기자회견하며, 웃음 짓고 당당하게 얘기한 것도 그가 자신에 대해 가진 긍정적 이미지가 과도하게 넘친 결과로 볼 수 있다. 그는 역사의 심판과 평가에 대해 겸허한 자세를 취하기보다는 그것에 대해서까지도 자신의 개인적 판단과 확신을 앞세우며 무시했고 지금도 그런 것 같다. 이로 보아, 군인시절에 획득된 긍정적 자아상은 적절히 통제되지 못하고 정치적으로는 비민주적 독선과 완고한 자기변명의 형태로 나타난 것으로 해석할 수밖에 없다.

요컨대, 전두환은 언제나 출세한 군인엘리트로 "자신만만하게" 살았고 지금도 그러하겠지만, 이것이 그의 큰 특징이자 한계였다. 그가 비록 대통령직도 수행했지만, 그는 여전히 자부심 강한 "군인"이었다. 그래서 그런지 그는 아직도 "거만한" 대통령이었다는 이미지를 벗지 못하고 있다(안병만, 1998: 253). 이는 물론 다른 요인들로도 설명할 수 있겠지만, 일차적으로 그가 가진 출세욕과 자아에 대한 긍정적 이미지가 자기 수준에서 다른 민주적 가치관이나 도덕률에 의해 적절하게 통제되지 못했고, 또 그 스스로 민주주의적 가치관을 체화할 수 있는 기회를 충분히 갖지 못했던 "투박한 군인"에 불과했기 때문에 비롯된 것이라 할 수 있다.

3. 비전을 제시하지 못했던 현실주의자

전두환은 여러 가지 점에서 박정희를 닮은 점도 있고 차이점도 있다고들 말하는데, 그가 적어도 지도자로서의 박정희를 통치의 모델로 삼았던 흔적은 매우 짙다(이상우, 1989: 332). 두 사람 모두 가난을 체험했던 정치군인이었을 뿐 아니라 냉혹한 현실주의자들이었으며 강력한 추진력을 지닌 지도자들이었다. 그러나 전두환은 적어도 두 가지 점에서 박정희와 뚜렷이 구별되는 군인이었고, 대통령이었다. 첫째, 군대생활에서 박정희는 사상문제와 관련된 여러 우여곡절과 함께 보직과 진급에 언제나 뒤처지는 장교였다. 그가 군 내부의 "주변적 엘리트"였던 반면에, 전두환은 '제대로' 교육받은 육사 11기의 선두주자로서 보직과 진급에서 동기생들과 후배들이 부러워하고 존경할 정도로 순탄하고 성공적인 군생활을 했다. 즉, 그는 잘 나가는 "핵심 엘리트"였다.

둘째, 박정희는 군인이면서도 국가적 혼란상황을 걱정하면서 어떻게 하면 나라를 바로 잡을 수 있을지를 노심초사하던, 그리고 이승만 대통령 치하에서 군수기지사령관이란 직책에 있으면서도 4·19 혁명에 대한 공개적 지지발언도 서슴지 않았던 우국지사와 같은 면모가 있었다(조갑제, 1992: 254~257, 269). 그러나 전두환에게는 그러한 면모가 상대적으로 빈약했다. 그는 말 그대로 "운도 좋았던" 출세지향적 군인이었을 뿐이지 적어도 "근대화 혁명가"라고 불리는 박정희만큼의 고뇌와 문제의식을 지녔던 지도자는 아니었다. 다만 그는 적어도 표면적으로는 군인으로서 "깨끗하게 죽고자" 하는 사생관을 지녔고, 강한 승부욕과 함께 정치와 권력에 대해서는 패권주의적 태도를 견지했으며, 국가경영에서는 다른 무엇보다도 경제를 최우선으로 생각했는데, 어느 정도 주견이 확실했던 대통령이었다. 하지만 그는 단순한 가치관을 지녔던 현실주의자로서 국민들을 설득할 수 있는 비전은 제시하지 못했다.

1) 저돌적 사생관

무엇보다도 전두환은 "깨끗하게 죽는 것"을 명예로 삼았던 군인엘리트였고 대통령이었다. 그가 제1공수특전단 대대장으로 근무할 때, 낙하훈련(점프)이 있을 때면, 그는 언제나 패스포트를 집에 두고 나섰다. 혹시 사고라도 생겨 자신이 죽게 될 경우를 대비해 자신의 주변을 미리 정리해두는 다짐의 표현이었다. 그리고 그는 평소 집을 나설 때도 "나 갑니다"라고 할 뿐 보통 쓰는 인사말인 "다녀온다"는 말은 하지 않았다고 한다(한승조, 1990: 107). 또 월남전에 참전하여 백마부대의 일선 연대장으로 근무할 때, 그는 정보과장 장세동 소령에게 군인의 길이란 충성과 명예를 지키는 것이기도 하지만, 그것보다 더 소중한 것은 "깨끗하게 죽는 일"이라고 강조했다. 그러면서 군인은 죽음 앞에 초연하면서 언제라도 죽을 준비를 갖추지 않으면 안 된다고 말했다. 심지어 죽어 나자빠진 베트콩의 지저분한 모습을 예로 들면서 죽음이 언제 닥칠지 모르는 전장에서도 내의를 항상 깨끗하게 갈아입으라고 말할 정도로(천금성, 1981: 254~255), 그는 평소의 생활에서 죽음을 의식한 결연한 의지와 행동을 중요하게 생각했던 지휘관이었다.

전두환은 대통령이 된 이후에도 작가 이병주(李炳注)와의 대화에서 이러한 사생관의 일단을 피력한 적이 있다. 그는 자신이 대통령직에 임하는 자세를 말하는 가운데 "일개 병정도 자기가 맡은 땅을 지키기 위해서 목숨을 바치는 것을 영광으로 안다"고 말했다. 그리고는 "병사는 말발굽에 밟혀 죽는 것이 가장 불명예스러운 것이고, 적의

총탄에 목숨을 잃는 것이 영광스러운 일이다"라는 패튼 장군의 말도
인용했다. 이어서 그는 과거 군장교 시절에는 소대장, 대대장, 연대
장으로 목숨을 바칠 각오로 싸웠고, 이제는 대통령으로서 나라 전체
를 위해 언제든지 목숨을 버릴 수 있고 그것이야말로 영광스러운 일
이라고 결심하였다고 말했다(김성익, 1993b: 351~352). 그는 1980년
대 초반의 혼란기에 보안사령관과 합동수사본부장으로서 "몸을 던지
는" 모험과 강력한 의지로 상황을 장악할 수 있었다. 또 그는 5공 말
기에도 "단단한 의지"로 단임을 실천함으로써 한국현대사상 최초로
평화적 정권교체를 이루었다.3) 정권이 바뀐 이후 그는 너저분한 변
명 없이 깨끗하게 "백담사로의 유배생활"을 떠났고, 대통령 후보였던
노태우에게는 "나를 밟고 가라"면서 정치적 후배이자 육사동기인 노
태우 후보의 당선을 위해 노력했다(김성익, 1993a: 151).

그러나 군생활을 통해 형성된 그의 사생관은 비판적 검토를 필요로
한다. 진지한 자세로 전쟁에 임하고 대비하는 군장교와 고위장성이
가진 사생결단의 태도란 참으로 죽음을 각오한 자기 포기의 윤리일
수 있다. 그러나 군장교의 그것은 대체로 죽음의 가능성을 최소화할
수 있는 강제력과 지위라는 안전판이 있는, 효과적인 부하통솔 혹은
자기 방어의 기술에 불과할 수도 있다. 그리고 당장 전쟁을 치르지
않는 "평화시"에 그것은 자신들의 출세와 진급에 필요한, 업적의 축
적에 요긴한 지극히 현실적인 처세술의 발로일 경우도 흔하다. 그러

---

3) 전두환은 전역사를 통해서 이미 "평화적 정권교체의 전통을 기필코 달성하
  겠다"고 공언했고, 자신이 공식적으로 집권하기 이전에 측근들과 개헌문제
  를 논의할 때, 비록 단임제라고는 하지만 7년은 너무 긴 것이 아니냐는 한
  측근의 말에, "네가 무슨 말을 하려는지 안다. 내가 7년을 하고 또 7년 더
  할까봐 그러는 거지! 내가 또 해먹으려거든 네가 나를 쏘아버리면 될 거 아
  냐! 사나이답지 못하게 왜들 그래"라고 소리쳤다고 한다(〈동아일보〉,
  1980.8.22; 노재현, 1993: 318~319).

나 이에 비해 군사정권이 27년 동안이나 통치했던 우리의 현대정치사에서 민주주의와 인권신장을 위해 맨손으로 투쟁했던 야당지도자나 재야지도자들의 "목숨을 건 투쟁"은 말 그대로 결사투쟁이었다(김진배, 1988b: 436). 반면, 전두환과 같은 군장성들이 특히 정치적 사안과 관련하여 목숨을 건다는 것은 "총칼을 들고 총칼이 없는 사람들과 안전한 상태에서 겨룬다"는 뜻이다. 따라서 군장성들이 목숨을 건다는 것과 민간정치인이나 재야인사 및 학생들이 맨손과 비폭력의 입장에서 목숨을 건다는 것과는 분명히 구별해서 이해하고 평가해야 할 것이다.

그리고 또 하나 반드시 지적해야 할 것은 정치지도자로서 전두환의 이 같은 저돌적 사생관은 정치적 차원에서 민주주의를 제도화하는 데 필요한 도덕적 자기 절제심의 정치·사회적 전개로까지 진전되지는 못했다는 사실이다. 즉, 민주주의가 성장하기 위해서는 정치지도자가 먼저 "사즉생"(死卽生)의 원리에 따라 자신의 욕심을 절제하고 자신의 주변에 대한 관리를 철저히 함으로써 부정부패와 비리가 사전에 예방되도록 솔선수범해야 한다. 그러나 전두환은 정권탈취에는 목숨을 걸었으나 대통령으로서 부정비리의 예방과 처단에는 목숨을 걸지 않았다. 목숨을 걸고 권력을 얻는 것에는 성공하였지만, 다시 한 번 목숨을 걸고 권력의 도덕성을 지키는 것에는 실패한 것이다. 그의 처 삼촌 이규광이 1982년 이철희·장영자 부부의 금융사기사건에 연루되어 구속되면서부터 5공 정권의 도덕성이 실추되기 시작했다. 또 그가 불법적 정치자금을 공공연하게 모금하면서 정경유착과 부정부패가 초래되었다. 더욱이 5공이 끝난 직후에는 전두환의 친형, 친동생, 그리고 부인 이순자 씨의 친동생을 비롯하여 그의 친인척 15명이 줄줄이 구속되어 기소되기도 했다(정용석, 1989: 221).

다시 말해서, 그의 결단력 있는 사생관이 정경유착으로 인한 부정부패와 친인척들의 비리를 사전에 예방하는 것에는 적용되지 못함으로써 그가 내세웠던 "한국정치의 선진화"는 별다른 진전을 보지 못했다. 이것은 아마도 전두환 자신이 돈과 친족과 관련된 부조리하고 비합리적인 관행을 "쇄신할 만한 청교도적 도덕기준이나 결단력을 애당초 갖지 못했기"(조갑제, 1988: 202) 때문에 비롯된 결과일 것이다.

요컨대, 전두환은 오랜 군대생활을 통해 저돌적 사생관을 터득했고 이것은 자신이 성공적 군장성으로서 성장하는 데 요긴한 현실적 기능을 했던 것 같다. 그리고 그것은 10·26 이후의 격동기에 권력을 탈취하고 임기 말에 대통령 단임제를 고수하여 평화적 정권교체를 실천하는 것에서 볼 수 있듯이, 자신의 의지와 정책을 일방적으로, 권위주의적으로 집행하고 관철시키는 데에는 기여했다고 할 수 있다. 그러나 그의 "죽음을 각오하는" 저돌적 사생관은 정치발전에 긴요한 사회정치적 부조리와 부정부패의 예방에는 별달리 공헌한 바가 없다. 그가 주요한 정치적 고비마다 국민들의 비판과 요구와 기대에 부응하여 보다 겸손한 자세로 행동에 옮길 수 있는 경륜을 갖추었더라면, 그의 사생관은 우리나라 민주주의의 건전한 발전과 함께 정치적 도덕성의 회복에 기여할 수 있었을 것이다. 그러나 전두환은 그런 도덕성을 충분히 갖춘 대통령이 아니었다.

2) 정치와 권력에 대한 패권주의적 태도

한편, 전두환은 정치와 권력에 대해 패권주의적 태도를 지녔던 대통령이었다. 그가 대통령이 된 직후 출판된 그의 전기는 소년 전두환이 한문공부나 씨름에서 누구에게도 지고는 못 배기는 성격의 소유자였음을 기록하고 있다(천금성, 1981: 12~22). 그래서 그런지 그는 무엇보다도 현실적 승리의 가치를 매우 귀중하게 여겼던 군인이었다.

1966년 11월 1일 그는 중령에 진급하면서 "합천 산골 출신이 육군중령까지 진급했으면 더 바랄 것이 없지"라고 하면서 자신의 꿈은 "게임에 임해서는 필승, 군무에서는 선두주자"라고 밝힌 적이 있다(천금성, 1981: 238). 이러한 그의 말을 모두 액면 그대로 받아들이기는 어렵다. 그러나 무엇보다도 그가 쓴 "필승"이나 "선두주자"와 같은 말들은 공히 그가 현실세계에서 승리의 가치를 매우 중요하게 여겼던 사람임을 그대로 보여주는 예이다. 그도 나름대로는 남 못지않은 인정과 관대한 마음, 그리고 직관력을 가진 사람이었다고 한다. 그러나 전두환을 아는 많은 사람들은 "승리를 향한 끈질긴 집념을 그의 첫째 장점"으로 꼽는다. 그래서 그의 1등을 향한 집념은 대단했다고 전해진다. 참고 견디는 힘, 기어코 이기고야 말겠다는 옹고집이 그의 핏속에 넘쳐흐르고 있었다고 한다. 전투에 내일이 없듯이 시합도 승패간에 끝나면 그만이다. 패자의 변명은 필요 없다. 승자의 영광만이 군중을 기쁘게 한다. 그래서 그는 육사시절 축구 골키퍼를 하면서도 자신의 체력적 한계를 넘어서까지 연습했다. 그는 "우직하리만큼 강한 승부욕으로 가득 찬 인간"이었다(김진배, 1988a: 306).

그리고 이러한 그의 강한 승부근성은 정치와 권력에 대한 패권주의적 태도로 나타났다. 그는 군인출신 대통령답게 정치란 "불가능한 것을 가능하게 하는 것"(김성익, 1993b: 268)이라고 했다. 1987년 2월과 3월, 당시 박종철 군 고문치사사건 등으로 정부, 여당이 야당과 학생 재야세력의 공세에 밀리고 있을 때, 전두환 대통령은 정치란 "집권여당이 하고 싶은 대로 끌고 가는 것"(김성익, 1993b: 295), 혹은 "힘 가진 사람이 하고 싶은 대로 하는 게 원리"(김성익, 1993b: 306)라면서 시국을 걱정하던 당직자들과 비서관들을 격려했다. 또 당시의 정치상황을 전쟁으로 간주했는지 "전쟁에서 주도권을 잡아야 이기는 것처럼 국가를 통치하는 것도 마찬가지"라면서, 민주화를 주

장하는 사람들 중 70%는 "공산화를 민주화라고 하는 사람들"이라고
몰아붙였다(김성익, 1993b: 289). 정치에 대한 그의 패권주의적 태도
는 민주화를 요구하거나 자신의 정견에 비판, 저항하는 세력들을 적
으로 간주했다. 이 같은 맥락에서, 전두환은 민주주의에는 "다수결의
원리"[4]가 있음에도 불구하고, 야당이 여당과 정부에 복종하지 않고
계속적으로 정치공세를 취함으로써, 국회가 "깡패집단과 같이 저질화
되고 도떼기시장과 같이 무질서하게 운영되고 있다"고 인식했다. 그
리고 자신은 나름대로 대통령으로서 말없는 절대다수 국민들의 편에
서 일한다(김성익, 1993b: 288, 306~307)는 확신에 차 있었다.

　전두환의 이러한 패권주의적 정치관과 권력관은 그가 대통령직에
서 물러났을 때에도 여전했다. 그가 청와대를 나와 연희동 자택에 머
무는 동안 언론에서는 5공 비리를 폭로하고 그의 실정을 비판하는 기
사들을 게재하며 전 대통령에 대한 비판적 여론을 일으킬 때, 그를
찾아온 방문객들은 위로 차 "자리에 계실 때는 조용하더니 물러나니
까 벌집 쑤신 듯 들끓고 있다"며 세태를 비난했다. 그러자 전 대통령
은 "그런 소리 마라. 세상이란 다 그런 것이다. 정치권력이란 원래
주인이 바뀌면 전임자를 격하해야 입지가 굳어지는 것이다"라고 말했
다. 또 그를 찾은 다른 언론인에게는 "현직에서 물러나기 전부터 이
러한 사태를 예상하고 또 각오했다. 동기생이 대통령이 되었다고 해
서 나를 비호하는 것은 있을 수 없다. 일부에서는 그런 비판은 없을
것이라고 했지만, 그것은 권력의 속성을 모르고 하는 소리다. 우리
역사만 보더라도 형제 및 친척간에 치열한 권력다툼이 있었고, 스탈
린과 마오쩌둥의 경우를 봐도 알 수 있지 않은가"라고 말했다(지해범,

---

4) 그는 "100명 중 51명만 찬성해도 무조건 따라가야 하는데, 우리는 70 대 30
　이 되어도 그들 뜻에 맞지 않으면 드러눕고 해. 칼싸움을 계속해야 되는 그
　런 의식구조야"라고 했다(김성익, 1993b: 306~307).

1988: 148).

　이러한 발언은 그가 정치를 민주주의라는 시대적 이념에 따라 파악하지 않고 군인시절과 다름없이 여전히 패권적 투쟁과 대립이라는 입장에서, 정치란 권력을 가진 자가 마음대로 하는 것이며, 오로지 승리만이 가치가 있다고 강하게 인식했음을 시사한다. 그리고 그가 친위부대와 공수부대를 동원하여 12·12 쿠데타와 5·18 광주학살을 "감행"하고, 국가보위 비상대책위원회의 설치와 같은 "무리한" 조치로 정국주도의 기선을 잡았던 것도 이러한 그의 승부욕과 정치권력에 대한 패권주의적 집착이 다른 민주적 가치관들이나 도덕률에 의해 제어되지 못하고 그대로 표출된 결과이다. 또 그의 패권적 정치관은, 그가 재임하는 동안 갖가지 부정부패사건과 대형사고들이 연이어 터지는 상황에서 흔들리고 이반(離反)하는 민심과 비판세력들에 대항하여 그로 하여금 "전쟁하듯 버티며 대적하게" 만들었고, 각종 문제들을 전향적으로 해결하기 위한 아무런 근본대책도 세우지 못하게 했다. 그의 패권주의적 태도는 임기 말에 제기된 개헌문제와 관련하여 민주화운동이 거세게 일어났을 때에도 "4·13 호헌"과 같은 강경조치를 취하게 한 것이다. 5)

---

5) 물론 이 4·13 호헌조치는 나중에 노태우의 대통령직선제 수용을 골자로 하는 6·29 선언으로 자동 폐기되지만, 전두환은 이 같은 일련의 과정을 주도적으로 연출했다. 이 과정에서도 전두환은 자신의 퇴임 후를 대비하여 노태우를 대통령으로 세운다는 전략적 목표를 세운 다음, 자신의 호헌조치를 취소하고 직선제를 수용했던 것으로, 끝까지 "결코 지지 않는 게임"을 시도했던 것이다.

3) 경제제일주의

전두환은 국가경영 차원에서 정치와 경제와의 관계를 매우 중요하게 생각했다. 즉, 정치인이 훌륭해서 경제와 사회를 이끌면 이상적이지만, 그렇게 안 되는 나라가 어차피 자본주의를 유지하려면 기업가들이 경제성장을 통해 국민의 복지를 증진시키면서 정치를 끌고 갈 수밖에 없다고 생각한 것이다(김성익, 1993b: 248). 그런데 그는 당시의 한국을 "정치인이 훌륭해서 경제와 사회를 이끌어 가는" 이상적인 방식으로 국가가 운영되어야 한다고 생각했던 것 같다. 그래서 그는 재직 중 다른 무엇보다도 경제에 최우선 순위를 두고 이를 일관되고 강력하게 추진했다. 그는 "아무리 정치가 잘되어도 경제가 잘못되면 잘된 정치라고 할 수 없다"고 생각했다(김성익, 1993b: 289).

그가 대통령으로서 물려받은 지난 시대의 유산은 마이너스 4.8%의 경제성장, 42.3%의 도매물가 상승률, 44억 달러의 무역적자, 부도직전의 경제사정과 침체된 사회분위기, 그리고 집권과정의 정통성 논란 등으로 정치적으로나 경제적으로 매우 어려운 상황이었다. 그러나 전두환은 곧장 "국민 총생산 6백억 달러의 개발도상국에서 하루빨리 일본을 배우고 일본을 따라잡자"는 발상에서 경제를 인기 혹은 정치논리와 연계시키지 않고 경제발전을 위해 총력을 다했다. 그는 대통령에 취임하자마자 적어도 6개월 동안 마치 "경제학과 신입생처럼" 열심히 경제를 공부했다. 이른 아침이나 집무시간을 가리지 않고 경제학 교수, 경제실무자, 경제관료들을 불러 강의와 보고를 듣고 수시로 경제비서관들에게 자료를 재촉했다. 대통령의 경제공부는 주로 박봉환과 김재익이 맡았다(정정길, 1994: 149). 그가 무엇보다도 경제를 중시했다는 것은 여러 수석비서관 중 경제수석비서관을 가장 자주 만났고 그래서 경제수석의 위치가 가장 확고했다는 사실로 확인된다. 또 남덕우를 비롯하여 김만제, 서석준, 김재익, 사공일 등과 같이 우수하고 합리적인 민간 경제전문가들을 중용했다. 또 육사출신으로 과학기술분야 전문가였던 김성진, 오명 등도 각료로 기용했다(김성익, 1993a: 150; 김성익, 1993b: 351; 김충남, 1998: 112~113).

그리고 전두환은 국가경영자로서 경제를 단순하게 이해했다. 즉, 여러 경제이론이나 학설이 있지만, 경제를 가정살림에 비유해 그 이치대로 처리하면 된다는 생각을 가졌다. 그리고 대통령이 경제행정의 세부사항까지 다 알 필요는 없지만, "물가안정은 영원히 국가경영 성패의 기본"이므로 이것은 대통령이 직접 관심을 가져야 하는 문제라고 생각했다. 그리고 그는 대통령이 "인기를 의식하지 않을 수"는 없겠지만, 우선 "국민이 잘 먹고 잘 살아야" 하고, "돈이 있어야 국방도, 외교도, 문화와 체육도 되므로 무엇이든 근본은 경제"라고 생각했다.[6]

그래서 그는 경제안정화 정책을 밀고 나가면서 국회의원선거를 한 해 앞두었던 1984년, 정치적 인기에 민감했던 여당이 예산증액과 공무원 임금인상, 추곡수매가 인상을 요구했지만 이를 단호히 거부했다. 그리고 물가인상이나 예산증대를 건의할 경우에는 반드시 해당장관의 사표를 첨부케 함으로써 경제시책에서 정치논리를 철저히 배제했다(김성익, 1993a: 150; 김충남, 1998: 114). 그리고 대대적 경제교육을 추진하여 물가안정이 결국은 모든 사람들의 소득향상에 도움을

<hr>

6) "대통령 직무수행시 참고사항." 이 글은 전두환 대통령이 퇴임식 직후 후임인 노태우 대통령과의 회동에서 전달하려고 작성했던 육필원고였으나, 마지막 자리의 분위기가 안 좋아 전달하지 않고 그냥 두고 나온 것을 〈월간조선〉이 입수하여(1993. 1, pp. 118~123)에 게재한 것이다. 그리고 전두환에게 이러한 물가안정정책을 추진하게 한 사람은 당시 정부주도의 성장위주정책을 비판하고 경제안정화 및 자율화 개혁을 주도했던 김재익과 강경식이었다(정정길, 1994: 146~155).

주며, 안정화정책과 함께 정책금융의 폐지, 국방예산의 삭감 등과 같은 개혁적 조치들이 국가 전체 차원의 경제발전을 위해서는 불가피한 조치임을 설득했다. 경제교육은 물론 주로 부총리를 비롯한 경제관료들이 담당했고, 전 대통령도 기회 닿는 대로 이 같은 홍보와 교육활동을 계속했다. 그의 최대관심사였던 경제정책은 경제기획원이 아닌 청와대의 경제수석비서관(김재익, 사공일)이 실질적으로 주도하도록 했다(정정길, 1994: 152, 158~160; 이장규, 1991: 39~44).

이렇게 해서 1982년부터 물가는 한 자리 숫자로 잡히기 시작했고, 3저 현상이 왔을 때 한국의 경제는 안정기조에서 성장하기 시작했다. 1987년 말 경제성장률 12.8%, 도매물가상승률 0.5%, 무역흑자 114억 달러, 1인당 GNP 3,098 달러, 국민총생산 1,284억 달러 등 주요 경제지표가 거의 두 배씩 증가했다. 물론 이러한 결과가 대통령 혼자 이루어낸 것이 아니었음은 두말할 나위 없다. 그러나 전두환이 경제제일주의의 원칙과 그에 따른 안정화정책을 위해 효율적 리더십을 발휘하지 않았다면 이러한 결과는 기대하기 어려웠을지도 모른다. 즉, 그의 대통령 재임시 경제분야가 안정을 유지하는 가운데 성장을 지속했던 것은 여러 가지 상황적 요인들과 함께 당시 최고지도자였던 그의 노력과 이니셔티브도 주요한 역할을 했던 것이다.

4. 전투지휘관 스타일의 대통령

전두환은 "정치를 모르는 직업군인"(김충남, 1998: 106)이었다. 그는 육군대위로 서울대 문리과대학의 ROTC 교관으로 근무하던 시절, 박정희로부터 군복을 벗고 함께 일하자는 제의를 여러 번 받았으나 그때마다 거절했다고 한다.[7] 또 한때 전두환을 보좌했던 한 측근에 의하면, 그는 "대통령 시절에도 군인정신을 강조했고 항상 권위주의적 장군기질을 강하게"(지해범, 1988: 153) 지녔던 정치지도자였다. 그가 박정희와 함께 같은 군인출신 정치지도자였지만, 박정희가 "참모형 군인"으로 치밀한 성격을 가졌다면, 전두환은 "전투지휘관형"으로 복잡한 것도 단순하게 접근하는 성향을 지녔다. 그래서 이러한 전두환의 군지휘관적 개성은 그로 하여금 정치라는 복잡한 세계의 본질을 잘 간파하지 못하게 했고, 훗날 그를 어려움에 처하게 했을지도 모른다(김충남, 1998: 107).

그러나 필자는 이러한 전두환의 "전투지휘관" 스타일의 리더십적 특징은 적어도 그가 인간관계에서 보스기질이 강한 인격의 소유자였고, 군인과 대통령으로서 언제나 적극적 행동가이며, 심리전에 능한 군장교 출신이라는 사실과 함께 이해되어야 한다고 본다. 즉, 그가 지녔던 이 세 가지의 개인적 특징들은 그의 "전투지휘관적" 리더십 스타일을 더욱 강화하는 요인이었으며, 동시에 전투지휘관처럼 통치했던 그의 리더십 행동의 구체적 내용에 해당되는 것으로 볼 수 있다.

1) 보스기질의 소유자

전두환은 7남매 중 다섯째 아들로 태어났다. 그러나 그는 적어도 육사시절 이후 군인으로서 성장하고 활동하는 동안 동료들과 후배들 사이에서는 의리 있고 책임감 있는 "맏형과 같은 존재"였다.[8] 전두환

---

7) 그러나 전두환은 당시 군복만 안 벗었지 실제로는 이때부터 이미 "정치군인"으로서 비밀리에 움직였던 것은 사실이다. 5·16 이후 전두환은 친분 있는 동료, 후배들을 "혁명과정"에 끌어넣기 시작했고, 노태우도 그래서 방첩대로 자리를 옮기게 되었다(천금성, 1981: 232~233; 오경환, 1992; 송의섭, 1994).

의 맏형과 같은 보스기질은 그의 가족환경보다는 그가 성장한 이후 접한 사회적 환경에 적극적으로 적응하는 과정에서 자신의 의지와 노력에 의해 형성된 인격으로 생각된다. 우선 그는 다른 육사동기생들보다 나이가 한두 살 위였고,[9] 전통적인 한국적 인정과 함께 어려운 처지의 동료들을 도울 줄 알았으며, 성적은 비록 중(中)에도 못 미쳤지만, 스포츠 활동과 원칙주의적 행동을 통해 동료집단 내의 분위기를 잡는 데 익숙했던 생도였다. 또 육사졸업 후에는 실제로 영향력 있는 동창회 회장으로 활동했다(천금성, 1981: 144~177, 234~249).

그리고 전두환은 자기와 인간적 인연을 맺은 선배, 동료, 후배, 부하들을 잘 챙겼다. 군지휘관으로서도 그는 "인간미 있는 맏형"과 같았다. 공수장교 시절, 여의도 백사장에 점프했을 때, 한 부하가 낙하하다가 부상을 입었는데 그는 누구보다도 앞서 가서 손수 응급처치를 했다. 또 어느 야간훈련 때 강풍에 말린 병사 한 명이 한강에 빠졌을 때도 그는 직접 보트를 저어 병사를 구했다고 한다(천금성, 1981: 237~238). 그가 국군보안사령관 시절, 20사단장에 보임된 1년 후배 박준병 소장이 인사차 그를 찾았을 때, 그는 박 사단장에게 병사들과 함께 매일 아침 구보하는 것이 부대 단결에 좋다면서 "후배를 따뜻이 격려했다." 또 열흘 뒤 20사단에서 병사들이 심한 구보와 일사병으로 쓰러지자 곧장 박 소장에게 달려가 회식비조로 "얼마의 돈"을 건네주

---

8) 심리학자들은 정치리더십과 출생순서와의 관계를 검토하여 정치지도자의 리더십적 특징은 그가 집안에서 맏이, 버금, 혹은 막내였느냐에 따라 달리 나타난다는 가설을 제시한 적이 있다(Leman, 1985: 135ff; L. H. Stewart, 1977: 206ff). 그러나 이러한 가설의 타당성 여부는 아직 제대로 검증되지 못하고 있으며, 전두환의 경우, 그의 "맏이와 같은 보스기질"은 출생순서와 관련된 가족생활의 경험보다는 자신의 의지와 노력의 결과로 보는 것이 더 적절할 것 같다.

9) 예컨대, 전두환은 1931년생이지만 노태우는 1933년생이다.

며 걱정하지 말라고 위로했다(천금성, 1981: 332). 또 그는 동기 중 선두주자로서 청와대 경호실, 수경사, 보안사, 특전사, 서부전선부대 등과 같은 노른자위 보직을 끝내면 이를 "동생"과 같은 노태우, 정호용, 김복동 등 하나회 회원들에게 인계시켰다. 그리고 전두환은 정규육사 출신이 아니지만, 미국유학을 같이 한 차지철, 박종규 같은 선배들과는 넉살 좋은 친화력으로 가깝게 지냈다.

이같이 전두환은 맏형과 같은 보스기질이 강한 군인이었기 때문에 그는 이른바 인간관계가 좋은 군인이었고, 자신을 따르는 동료, 후배를 많이 거느릴 수 있었다. 그가 대통령이 된 후 출판된 것이라 객관적 검증이 필요하지만 그의 전기에는 학업성적이 우수했고 동창회장 선출시 라이벌이었던 김성진도 전두환의 "큰 그릇"에 감탄하고 그를 동료집단의 "진정한 리더"로 받들게 되었다고 한다(천금성, 1981: 273). 그는 군대시절 그의 부하였던 사람에 대해서는 승진, 보직 등에서 자기가 할 수 있는 방법을 다 동원하여 도와주려 했다(이상우, 1989: 329). 그는 인간을 능력보다는 인정과 의리를 중심으로 평가하고, 혈연이나 친소 등과 같은 "일차적 인간관계"에 따른 청탁을 거절하지 못했다(조갑제, 1988: 201). 그는 "나는 부하들에게 100% 충성한다. 그리고 나는 부하들이 50%만 충성하기를 기대한다"(천금성, 1981: 328)는 식의 태도로 군생활을 했다고 한다.

이렇게 보스로서 잘 다져 놓은 동료, 후배들과의 인간관계는 그가 12·12나 5·17과 같은 중대시기에 쿠데타를 계획하고 실천하는 데 주요한 자원이었을 것이다. 즉, 그는 12·12나 5·17에 대해 국가적 차원에서 나름대로 정당화할 수 있겠지만, 실제의 내용으로 보면, 그것은 전두환이 동료와 후배들의 보스로서 혼란한 시기에 "군개혁"과 "국가안정"을 명분으로 권력을 잡아 그들의 기득권을 철저하게 챙겨준다는 형제애적이고 일차적인 인간관계의 연장에서 비롯된 것이다.

이것은 당시 비육사출신 장성들로 이루어진 계엄군 계통을 무시하고, 맏형격이던 보스 전두환이 서울에서 실질적인 보안사령관으로서 정국을 장악하고 엄호하는 가운데 정호용, 노태우, 그리고 박준병과 같은 그의 육사출신 동료집단(이른바 12·12 세력그룹)이 기민하게 협조하고 행동한 것만으로도 확인할 수 있는 일이다. 또한 5공 말기에 자신의 육사동기생인 노태우 후보가 비록 정치적 이유로 자신을 불편하게 했음에도 불구하고, 그를 당선시키기 위해 자금과 조직을 대주고 심지어 노 후보가 자신의 친인척 비리와 권위주의적 통치를 공격하도록 했던 것도 그의 보스기질과 깊이 연관된 행동으로 보인다.

그런데 이 같은 전두환의 보스기질로 형성된 인간관계는 적어도 다음 두 가지의 특징을 지녔던 것으로 생각된다. 첫째, "박정희 세력"의 범위가 군 내외를 막론하고 상당히 광범위했던 것과 비교해서 "전두환 세력"은 그 범위가 육사동문이라는 지극히 일차적 범주에 제한되었다. 둘째, 물론 의리와 끈끈한 정으로 연결되었지만, 내용적으로는 "물질적 시혜"에 의해 뒷받침되었다. 예컨대, 그는 박정희 주변의 차지철, 박종규와 같은 선배들로부터 받은 "막대한 용돈"을 통 크게 쓰면서 자신의 주변을 조직적으로 관리할 수 있었던 것이다(이상우, 1989: 328~329).

전두환의 보스기질로 형성된 이 같은 인간관계는 한국적 인간관계의 한 예라 할 수 있다. 이러한 인간관계에 익숙한 그의 리더십적 특성은, 유사시 의리와 정을 바탕으로 "소단위 집단행동"을 기동력 있게 유도하거나 권력을 잡은 후 통치하는 데 효율성을 발휘했을 것이다. 그러나 그의 보스기질은 엄격한 기율과 상명하복의 인간관계를 중시하는 권위주의적 군사문화를 우리의 정치사회에 그대로 잔존케했다. 그리고 그의 보스기질과 그와 관련된 소집단주의와 권위주의적 군사문화는, 특히 민주발전에 긴요한 "공과 사를 구분하는 책임윤리"를 희박하게 만들었고, 일종의 네포티즘(nepotism, 동족중용)의 형태로 아주 "원시적 부패현상"[10]을 초래했다. 요컨대, 전두환의 한국적 인간관계에 충실한 보스기질이 유사시 군대를 동원하고 정권을 잡는 데는 유리했을지 몰라도, 적어도 민주주의의 안정된 제도화에 불가결한 건강한 공공시민문화의 형성에는 부정적 영향을 끼쳤다.

2) 적극적 행동가

전두환은 또한 상황판단과 행동에 기민해야 하는 군지휘관답게 결정적 시기에 자신에게 유리한 상황을 적극적으로 만드는 행동가였다. 이 점은 "정치는 시류를 타야 한다"고 했던 노태우 대통령의 "대세편승적"(정윤재, 1992) 혹은 소극적이고 상황적응적인 태도와는 뚜렷하게 구분된다. 전두환은 대구공업중학교 기계과에 재학시 좌익계열의 학생들이 전단을 뿌리며 수업거부를 선동할 때, 스스로 나서서 이들을 몰아내고 기계과만은 수업을 거부하지 못하게 했다(김성익, 1993a: 146). 그리고 육사재학 시절 이래 실제로 영향력 있는 축구부 주장이나 동창회장으로서 동료와 후배들 사이에서 언제나 주도적 역할을 했다. 또 결정적 시점에서 단호하고 현실감각 있는 상황판단에 기초해 자신의 의지대로 행동했는데, 5·16 당시 박정희와 깊은 인연을 맺으면서 이른바 "정치군인"이 된 것도 바로 이러한 그의 줏대 있고 적극적인 행동력 때문이었다고 할 수 있다.

전두환은 5·16 당시 그 "군사혁명"이 어떻게 될지 전혀 예측되지 않는 상황에서, 5월 17일 아침 일찍, 육본으로 박정희 소장과 담판을 위해 나섰다. 삼엄한 경계하에 있던 정문, 본관을 어렵사리 통과하고

---

10) 이것은 장달중 교수의 표현이다(조갑제, 1988: 201~202).

참모총장 부속실에서는 "못 만나고서는 절대로 돌아 갈 수 없다"고 큰 소리로 전속부관과 실랑이까지 벌인 끝에 박 소장과 만났던 것이다. 단단하고 적극적인 의지가 없고서는 못할 일이었다. 그는 박 소장과의 면담에서도 당돌하게 "박 장군이 자신을 납득시키지 못하면 반란으로 규정짓고 반혁명의 대열에 앞장서겠다"고까지 말했다. 결국 박 장군의 뜻에 감동한 전두환 대위는 "군사혁명"을 지지하기로 하고 육사 생도들을 시청 앞까지 지지행진하도록 했던 것이다(천금성, 1981: 220~233). 차후 그가 미국의 특수전학교에 유학하고 돌아와 육군 최정예부대인 공수부대를 지휘하고, 월남전선에서 전투경험을 쌓은 것은 그가 적극적이고 강력한 실천력과 추진력이 있는 지휘관의 면모를 가지게 하는 "강화"요인이었을 것이다.

또 전두환은 백마부대의 연대장으로 월남에서 복무하면서도 박정희에게 꾸준히 편지를 보내며 당시 최고권력자와의 사적 인간관계를 유지하는 것에도 적극적이었다. 더욱이 편지에서 그는 우리나라의 실정에 맞는 한국적 민주주의를 토착화시켜야 한다는 정치적 견해를 피력하기도 했다(천금성, 1981: 264). 국군보안사령관이던 그는 10·26 사건 훨씬 이전부터 비상사태하에서 보안사의 역할을 연구토록 하여 계엄령하에서 합동수사본부를 조직해 보안사가 상황을 주도하는 복안을 미리 준비했다. 그리고 정치군인이었던 그는 10·26 사건이 발생한 직후, 곧장 비서실장 허화평에게 5·16을 연구, 보고하도록 지시했다(조갑제, 1988: 206; 김기철, 1993: 309~324). 그래서 그는 1979년 10·26 이후의 상황을 간단하게 장악할 수 있었다. 그리고 정치적으로 "전면적 민주화"냐 아니면 "안정 속의 성장"이냐를 두고 서로 갈등하던 상황에서, 12·12 및 5·17 계엄확대조치와 같은 강경조치들을 취할 수 있었던 것도 그의 적극적 행동력 때문이었다. 또 그는 광주민주화운동을 폭력으로 진압한 후, 곧이어 자신이 실질적 권한을 행사하는 국가보위 비상대책위원회를 설치함으로써 스스로 군과 내각을 다 같이 통제하는 위치를 선점하는 데 성공했다(정용석, 1989: 224). 이러한 사실들은 그가 자신에게 유리한 상황이 전개되기를 기다리지 않고, 능동적으로 자신에게 유리한 조건들을 만들어 가는 적극적 행동가였다는 것을 보여주는 대표적 사례들이다.

그가 대통령이 된 후에도 이러한 면모는 마찬가지였다. 1983년 미얀마 사건을 당했을 때, 전두환은 이를 즉각 북한 공작요원들의 소행으로 지목하고 미얀마 측에 체포를 요청하여 사건의 명쾌하고 신속한 해결을 도모했다. 그는 또 특유의 건강과 기동성, 그리고 근면성으로 현장과 행정책임자들을 진두지휘하고 정책을 밀어붙이면서 국정을 수행했다. 그는 퇴임 후, 대통령 재임 8년 동안 밤 12시 이전에 잠자리에 든 일이 없고 아침 6시 이후에 일어나 본 적이 없다고 말했다. 그는 "전쟁을 수행하는 군인의 자세로 대통령직을 수행"(김성익, 1993a: 150)했던 것이다. 요컨대, 전두환 대통령은 "전투지휘관" 출신답게 적극적 행동가로서 상황을 주도적으로 이끄는 스타일의 리더십을 소유했던 정치지도자였다.

전두환의 이러한 "전투지휘관"과 같은 적극적인 행동가적 리더십 스타일을 전제로 할 때, 정권장악과 관련하여 그가 "상황과 정세의 바람이 불어 역사와 운명적으로 해후하게 되었다"(김성익, 1993a: 149)라고 한 것은 말 그대로 변명이고 설득력 없는 합리화에 불과하다. 그는 언제나 "선수를 쳐야 이긴다"(김성익, 1993b: 139)는 생각으로 살던 적극적 행동가이기 때문이다. 그리고 그가 법을 초월한 폭력과 강압조치를 통해 집권하고 대통령으로서 권위주의적으로 통치를 했던 것도 그가 바로 "전투지휘관"과 같은 적극적 행동가라는 사실과 깊은 관련이 있는 것이다. 그의 이 같은 리더십 스타일이 "위기의 신속한 수습과 효율적 정책집행"에는 유용했을지 모르지만, 사회 전반적으로 민

주적 절차와 규정, 그리고 상식적 도덕률에 충실한 시민정치문화가
정착되는 것을 지연시켰던 한 가지 원인일 수도 있다.

3) 심리전에 익숙한 장교출신

전두환 대통령은 또한 군지휘관 출신답게 심리전략을 구사할 줄 아는
정치지도자였다. 군장교라면 누구라도 다 습득해야 할 지휘통솔법에
는 병사들, 적군, 그리고 민간인들에 대한 심리전 전략이 들어 있는
데, 동기들 중 선두주자였고, 현실감각이 좋았던 "전투지휘관" 전두
환은 이 분야에 능했다. 그는 또 5·16 이후 국가재건최고회의 박정
희 의장의 민원수석비서관, 중앙정보부 제7국 인사과장과 같은 보직
을 맡으면서 나름대로 정치감각과 대중심리에 대한 대응방식을 익혔
을 것이다. 그뿐 아니라 전두환은 제1공수특전단에 근무하던 1959
년, 미국의 노스캐롤라이나에 있는 특수전 학교에 유학하여 별도로
심리전을 공부했던 "완벽한 공수특전장교"였다(천금성, 1981: 208).
그래서 그런지 그는 대통령이 된 뒤에도 평소 심리전이란 말을 자주
썼다. 그리고 그는 야당이나 국민들을 대할 때도 대결주의자적 입장
에서 대통령이 늘 심리적 주도권을 쥐어야 한다는 생각을 갖고 있었
다(〈월간조선〉, 1993. 1: 122).

　5공 초기 대통령에 취임한 그는 "근엄하고 무섭고 강직하다"는 인상
을 주었는데, 이는 "그가 갑자기 대통령이 되었기 때문에 무섭게 보이
지 않으면 안 된다"는 심리전술 차원의 고려에서 비롯된 것이다(김충
남, 1993: 107). 그는 대통령에 당선되기 이전부터 정국의 향방이 불
투명하고 국민들이 다소 불안해하는 상황에서, 전국의 소문난 역술가
들을 사전에 포섭하여 그들로 하여금 자신이 대통령이 되는 것은 "우
리나라의 명운"이라는 소문이 민간에 퍼지게 했다고 한다. 또 5·17

계엄확대 조치를 발표하면서 "북한이 남침할 것 같다"는 허위과장정보를 유포함으로써,[11] 국민들을 적당히 속이고, 특전사 군인들로 하여금 궐기하는 광주시민들을 "폭도"로 보게 했고, 특별한 죄의식 없이 "국가안보"라는 이유를 들어 그들을 학살하게 했다.

또한 1980년대 초 흉작으로 쌀값이 오르자 전 대통령은 수입쌀을 실은 트럭이 서울 시내를 통과하게 하고 그 장면을 텔레비전을 통해 방송되도록 함으로써 소비자들이 심리적으로 안정하게 만들었다고 한다. 그리고 집권 초기에 "정직, 질서, 창조"라는 구호를 내걸고 사회정화위원회를 설치하여 주요 "부패" 정치인들의 정치활동을 금지시키고 "흉악범들"을 대대적으로 잡아들이는 조치를 취함으로써 민심의 흐름을 잡고자 했다. 그러나 1982년 2월, 그에 대한 경호작전을 수행하기 위해 제주도로 가던 C-123 군수송기가 추락하자, 전두환 정부와 군당국은 이것이 대통령 경호작전상의 사고가 아니라 대간첩침투작전 수행 중에 난 사고라고 허위 발표했다(정용석, 1989: 228). 이는 군대식 발상을 못 벗어난 치졸한 대증요법적 심리전이다.

또 1986년 11월, 박종철 군 고문치사 사건이 발생한 이후, 국내정국이 크게 요동하고 민심이 흔들릴 때, 전두환은 의도적으로 비상조치설을 퍼뜨렸고, 이것은 나중에 김대중 씨가 조건부 대통령 불출마 선언을 하게 하는 데 일조했다고 한다(〈월간조선〉, 1993.1: 122). 과거 박정희는 필요한 경우 이런저런 말없이 계엄령, 위수령, 긴급조치를 수차 발동했으나, 전두환은 야당이나 반체제세력들에게 강력한 경고성 발언을 계속하면서도 군대를 한 번도 동원하지는 않았다(김충남,

---

11) 당시 신군부가 유포했던 북한의 남침위협에 대한 첩보는, 광주특위에 제출된 정부의 답변서(1989. 6. 19)의 다음과 같은 내용, 즉 "당시 북한의 남침징후가 없었으며 학생시위는 군대 없이 경찰력만으로 견제할 수 있었다"는 증언으로 허위임이 드러났다.

1998: 107). 이는 그가 군대동원을 자제하고 꺼린 탓도 있겠지만, 대중심리전략을 효과적으로 활용했다는 증거이기도 하다.

한편, 전두환의 이러한 심리전략은 역으로 그로 하여금 측근참모나 민간전문가들을 완전히 믿지 않고 냉정한 견제심리와 경계심을 갖고 대하게 만들었던 것 같다. 그는 대통령이 비서관이나 측근들에 의해 견제되거나 주요 국사가 그들에 의해 좌우되는 것을 경계하여 이러한 가능성을 차단시키는 여러 제도적 조치들을 강구하는, 이른바 "한국적 지도방식"을 선호했다(〈월간조선〉, 1993. 1; 120). 그래서 전두환은, 민간인 자문그룹을 대규모로 운용했던 박정희 대통령과 달리, 민간전문가들로 구성된 자문그룹을 매우 제한적으로 운용했다. 대신, 주요 정책의 입안과 집행에는 극소수의 심복들만을 활용했다(이상우, 1989: 328). 그는 또 대통령 비서실을 자신을 보좌하는 "참모기능"만 수행하게 했다. 특히 그는 박정희의 "측근정치"의 폐해를 타산지석으로 삼았는지, 중간보스를 인정하지 않는 것을 "권력운용의 대원칙" 중 첫째로 삼았다. 그 결과 비서실장이나 정무1수석 중 임기를 2년 넘긴 사람이 한 명도 없었고, 허화평, 허삼수와 같은 신군부의 대령급 "킹메이커"들이 위세를 떨치자 즉시 사퇴시켰다. 그리고 그는 장관들을 직접 장악하고 "최고사령관이 예하부대 사령관을 지휘"하듯 국정을 이끌었다(김충남, 1998: 112; 노재현, 1993: 317).

전두환이 심리전략에 능한 정치지도자였던 점은 김일성 사망설이 유포되었을 때에도 잘 확인되었다. 1986년 11월 17일 당시 국내외 언론들이 김일성 사망설을 보도한 이후 청와대에서 있었던 비상국무회의에서, 그는 먼저 그 사실이 북한의 우방국들인 소련이나 중국의 언론에는 보도되지 않은 점, 평양 시내가 초상집 같지 않고 평온하다는 점, 그리고 정작 평양방송은 조용한 가운데 국가원수의 유고라는 중대 사실을 휴전선의 군부대들이 일정한 시차를 두고 대남방송을 통해 "적국"인 남한에 알리고 조기까지 내걸었다는 점 등을 지적하였다. 그리고 이것이 "고도의 기만전술"이며 "대남 심리전"일 가능성이 크다고 판단하고, 군에 대해 북의 기습남침에 철저히 대비하도록 지시했다(김성익, 1993a: 228~232; 김성익, 1993b: 238). 그의 이러한 심리전략적 판단으로 당시 한국정부가 김일성 사망설로 인한 국내혼란을 큰 무리 없이 수습할 수 있었던 것이 사실이다.

요컨대, 전두환이 심리전략에 능했다는 사실은, 그가 마키아벨리의 주문대로 "사자의 폭력"과 함께 "여우의 계략"까지 효과적으로 동원할 수 있는 현실적 전략가였음을 말해준다. 그리고 그의 심리전략은 앞에서 검토한 것처럼 자신이 친정(親政)하거나 몇몇의 "위기"를 신속하게 수습하는 경우에도 효과를 보았다. 그러나 그의 심리전략은 병졸을 지휘하는 장교로서 그리고 독재정치시대의 정보관계기관에서 배우고 익힌 것이었기 때문에 국민들을 다만 적당한 허위정보와 보상으로 얼마든지 조작될 수 있는 "졸(卒) 같은 존재"로 보는 차원의 대중조작술적 성격이 강했던 것으로 보인다.[12] 그 결과, "여우의 계략"과도 같은 그의 심리전략은 불행하게도 국민들을 "주권과 정치권력의 원천" 혹은 "공직수행상 섬김의 대상"으로 충분히 인식하는, 그래서 그러한 국민들의 비판과 요구와 희망에 대해 그리고 "신중하게" 반응하는 차원에서는 아주 부정적인 방향으로 활용되었다.

---

12) 이러한 사실은 최근에 이른바 '북풍'수사에서 잘 드러났다.

5. 요약과 비판: 민주적 정치발전과 관련하여

이상의 분석을 통해 나타난 전두환의 정치리더십의 특징을 요약하고 평가하면 다음과 같다. 출세욕이 강했던 그는 성장기의 불행을 극복하고 육사에 입교한 이후 육사 11기 장교로 복무하는 동안 자아에 대한 긍정적 이미지를 형성하여 군인으로서나 대통령으로서 매사에 자긍심과 자부심을 가지고 임했다. 그리고 그는 현실주의자로서 죽음을 각오하는 사생관, 정치와 권력에 대한 패권주의적 태도, 그리고 경제제일주의로 요약될 수 있는 정도의 단순한 가치관을 지녔던 군인이고 대통령이었지만, 국민들을 통합시킬 비전을 제시하지는 못했던 지도자였다. 그리고 그는 전투지휘관 스타일의 리더십을 보여주었던 정치지도자였는데 그것은 그의 한국적 보스기질, 적극적 행동력, 그리고 능숙한 심리전략을 특징으로 하는 것이었다. 이러한 리더십적 특징들은 전두환이, 시드니 후크의 분류로는 "대세주도형 인물"에 해당되는 정치지도자이며, 바버의 분류로는, "적극-긍정형"에 해당되는 정치지도자였음을 확인하는 것이다. 이제 전두환의 이러한 "대세주도적이고", "적극-긍정형"의 정치리더십이 우리의 민주적 정치발전과 관련하여 어떠한 영향을 끼쳤는지를 평가해 보아야 한다.

첫째, 전두환의 자부심과 자긍심은 빈번하게 지나쳐서, 폭력적 정권탈취나 정치적 강압조치, 민의에 귀를 기울이는 겸손함이 결핍된 전횡 등으로 나타났다. 따라서 전두환의 5공 시대 정치의 민주주의를 제도화에 대한 기여도는 상대적으로 낮다.

둘째, 그의 저돌적 사생관과 정치와 권력에 대한 패권주의적 태도는 자신이 군인으로서 성공하고, 정치적 혼란기에 권력을 쟁취하며, 대통령으로서 일방적이고 권위주의적으로 통치함에 유용했다. 그러나 이러한 가치관은 그로 하여금 야당이나 학생 및 재야세력, 그리고 일반시민들의 비판과 요구, 그리고 기대에 대해 대부분 단호하고 강경하게 대응하게 함으로써, 제5공화국의 정치는 민주주의의 제도화 방향으로 전진할 수 없었다. 후발 산업화국가에서 민주주의란 권력을 가진 지도자와 국민들이 상호작용하는 가운데 제도화되는 것이며, 특히 정치권력을 가진 지도자가 의지를 가지고 이를 적극적으로 추진해야 가능한 것이지만, 5공 시대의 전두환은 이러한 면의 안목과 기술13)이 제한적인 정치지도자였다.

셋째, 5공 시대의 경제안정이 전적으로 전두환의 리더십 때문만은 아니나, 그의 경제제일주의에 입각한 일관된 정책추진과 성과는 긍정적으로 평가받을 수 있는 부분이다. 그는 경제에 관한 한, 겸손한 자세로 전문가와 실무자들로부터 열심히 배워 나름대로 경제분야에 대한 소양을 갖추었고, 각종 국가정책들을 경제안정에 초점을 맞추어 강력하게 추진했다. 그리고 구체적 경제정책은 경제전문가들에게 일임하거나 그들의 의견을 충분히 존중하면서 입안하고 집행했다. 그 결과, 5공 시기의 경제는 정상적 성장을 지속할 수 있었다.

넷째, 그의 전투지휘관 스타일의 정치리더십은 특유의 한국적 보스기질, 적극적 행동력, 그리고 심리전략 등을 내용으로 하는 것으로서 그 정치적 효용성은 양면적이었다. 그것은 우선 불법적 정권쟁취와 권위주의적 정책추진에 효과적이었다. 반면, 우리의 정치에 소집단 위주의 파벌주의, 한탕주의, 상명하복의 인간관계, 그리고 국민을 조작과 작전의 대상으로 간주하는 군사문화 등을 심각하게 조장함으로써 정치의 민주적 제도화와 성숙한 민주시민문화의 정착을 지연시켰다. 어떤 점에서, 그는 직·간접적으로 이러한 부정적 정치풍조

---

13) 일본계 미국인 정치학자 쓰루타니에 의하면, 발전과정을 성공적으로 이끌기 위해 정치리더십은 근대화 추진의지, 엘리트 장악능력, 그리고 안목과 기술을 갖추어야 한다고 했다(Tsurutani, 1973: 91~96).

들을 자신의 이익과 목적에 따라 이용하거나 방치, 혹은 조장했을 가능성도 충분히 있다.

다섯째, IMF 경제위기 속에서, 전두환이 "거만한" 정치지도자로 인식되면서도, 그가 박정희와 함께 선호도가 높은 정치지도자로 꼽히는 이유로 다음 두 가지를 꼽을 수 있다. 첫째, 그가 민주주의의 제도화와 관련해서는 여러 한계가 있는 대통령이었지만, 경제제일주의라는 단순한 정책을 일관되고 강력하게 추진하여 성공을 거두었기 때문이고, 둘째는 그가 전통적인 한국적 인간관계에 충실했던 하나의 모델이었고, 더욱이 사적 차원에서 의리 있고 책임감 있는 보스로서 그가 보여주었던 이미지가 아직도 그러한 사회적 관행에 익숙한 대부분의 우리 국민들 정서와 일치하기 때문일 것이다.

여섯째, 이상과 같은 분석과 평가를 전제로 할 때, 안병만 교수의 전두환의 정치리더십 유형에 대한 애매한 연구결과는 비판적 이해가 필요하다. 즉, 안 교수가 해당 인물의 심리적 정향이나 가치관, 그리고 행동스타일에 대한 경험적 자료를 검토하는 대신, 일부 정치행정 학자들이 그의 이미지에 대한 설문조사 결과만을 바탕으로 유형화를 시도한 것은 연구방법상 적실성의 문제가 제기될 수 있는 부분이다. 또 그 결과 전두환을 "적극-부정형"이라고 답한 사람이 52.6%, "적극-긍정형"이라고 답한 사람이 45.8%라고 밝혔는데(안병만, 1998: 259), 이러한 "여론조사"의 이중적 결과가 정치리더십의 분석적 유형화와 어떠한 관련이 있는지 의문이다. 반면, 김호진 교수가 주로 주관적 판단에 의존하여 전두환을 "저돌적 공격형"으로 규정한 것은 그의 리더십적 특성을 지나치게 단순화한 결과라고 생각한다.14)

---

14) 이와 관련하여, 이남영 교수도 전두환의 리더십 유형을 "단순히 저돌적 공격형으로만 규정하기 어렵다. 의리를 바탕으로 하는 탁월한 조직력과 주변인물과 화합할 수 있는 정치력, 그리고 판단을 실행으로 옮기는 추진력 등을

주지하다시피, 민주주의란 단순히 제도나 법을 들여놓는 것만으로 되지 않고 도덕성과 능력, 그리고 의지가 있는 정치지도자들이 민주주의의 제도화를 위해 헌신해야만 가능하다. "전투사령관" 같았던 전두환 대통령 이후, 보다 "민주적"이라던 노태우 대통령이 집권했고, 김영삼 대통령이 "문민정부"를 이끌었다. 그러나 우리의 정치는 아직도 사상적, 도덕적, 그리고 민주적 차원에서의 "리더십 빈곤"(정윤재, 1998)을 극복하지 못하고 있다. 그래서 우리의 정치는 아직도 여전히 애정 없는 비판과 불만, 그리고 냉소와 한탄의 대상으로 남아 있다.

이러한 상태를 극복하기 위해서, 이제 우리나라에도 도덕성과 안목과 역량이 탁월한 정치지도자와 엘리트들이 필요하다. 우리의 정치가 일류가 되기 위해서는 정치지도자들이 먼저 일류가 되어야 하기 때문이다. 리더십은 "모범을 보임으로써 영향력을 행사하는 것"이다. 간디의 말처럼, "사람들은 소수의 (지도적) 인물들이 하는 것을 따라하게 마련이다." 쿠바혁명의 지도자였던 체 게바라도 "중요한 것은 우리가 보다 혁명적일 뿐 아니라 민중들에게 모범을 제시하는 것이다"라고 주장했다(Paige, 1977: 65). 우리 사회에서 전통적 정치윤리인 "수기치인"(修己治人)이 아직도 자주 인용되는 이유도 바로 이 때문일 것이다.

따라서 정치지도자들이 "국민성"이니 "민도"니 하면서 자기들이 섬겨야 할 주인인 국민들을 이 핑계 저 핑계로 탓하거나 조작의 대상으로만 간주하는 것처럼 비도덕적이고 비민주적인 경우는 없다. 이제는 동학혁명시대처럼 국민을 참으로 "한울님"(정윤재, 1997: 283~288) 혹은 "주권자"로 섬기며 다 함께 자아실현을 추구하는 민주적 정치리더십이 필요하다. 안정된 민주주의적 정치발전은 민주화투쟁뿐

첨가하여야 할 것이다"라고 지적하였다(이남영, 1995: 326).

아니라 도덕적 자질과 능력 그리고 의지를 제대로 갖춘 "영웅"으로서의 정치지도자들이 민주주의의 제도화를 위해 필요한 이니셔티브를 취하고, 정책을 추진할 때, 비로소 가능한 것이다(박상익, 1997: 372~375; 이홍구: 1996, 255). 건국한 지 50여 년이 지난 오늘에 와서도 이러한 초보적 문제를 애기할 수밖에 없는 우리의 현실이 안타까울 뿐이다.

　　노태우 대통령의 정치리더십
대세편승형과 민주주의

1. 머리말

최근 우리 학계는 한국정치 혹은 제3세계 발전과정을 정치지도자를 중심으로 분석하고 평가하는 이른바 정치리더십 접근에 많은 관심을 가진 것 같다. 그간 주로 경영학과 군사학에서 논의되던 리더십 이론이 한국정치와 관련되어 소개되며, 정치지도자들에 대한 연구논문들도 많이 발표되고 있다.[1] 이 글도 이 같은 연구작업의 일환으로 특히 노태우 대통령의 정치리더십을 분석적으로 유형화하고 한국의 민주화

---

1) 유영준, "한국 역대정권의 국가목표 설정과 그 정치적 과제," 〈한국정치학회보〉 제14집(1980), pp. 47~66; 한승조, 《리더십 이론과 한국정치》(민족지성사, 1988); 한승조, 《리더십이론에서 본 한국정치의 지도자들》(대정진, 1992); 김호진, 《한국정치체제론》(박영사, 1991); 졸고, "제3세계 발전에 대한 정치리더십 접근 시론: 한국의 발전경험에 대한 새로운 이해를 위하여," 〈한국정치학회보〉 제25집 2호(1991), pp. 193~221. 그리고 한국행정학과 춘계학술심포지엄(1992) 〈대통령과 정책〉에서 발표된 정정길 교수의 "대통령의 정책관리 스타일"과 안병만 교수의 "역대통치자의 자질과 정책성향 연구" 등을 예로 들 수 있다.

와 관련하여 그에 대한 하나의 평가를 제시하고자 한다.

그간의 연구에서 노태우 대통령(이하 노태우)은 "문제해결을 기다리는 형",2) "수동적이면서도 성정은 긍정적 온건형",3) "신중하게 몸 사리는 지도자",4) "세련되었으나 우유부단한 대통령",5) 그리고 "항상 적절한 시기를 놓치는 상황적응형"6) 등으로 묘사되고 있다. 또 김호진 교수는 박정희, 전두환, 노태우, 세 사람의 군부출신 대통령들을 모두 "마키아벨리안"이라고 규정하고 노태우는 "전두환과 대조적으로 여우같은 지모는 있으나 사자다운 과감성과 결단력은 다소 부족한 방어적 상황적응형"7)에 해당된다고 하였으며, 어떤 일본 언론인은 노태우를 놀라운 인내심과 끈기를 갖췄다는 점에 도쿠가와 이에야스〔德川家康〕에 가까운 인물로 비유했다고 한다. 8)

그러나 많은 연구들은 노태우에 관한 규범적 평가와 사실적 관찰의 구분에 크게 괘념하지 않고 그에 대한 여러 사람들의 총괄적 인상을 정리했거나 비록 분석적 용어를 사용하여 성격을 규정하기도 했어도 여러 차원의 경험적 사실들로 충분히 뒷받침하지 못한 경우가 대부분이라서 그의 리더십 행위에 대한 정당하고 체계적 이해와 평가에는 상당히 미흡하다. 그래서 필자는 연구의 범위를 다소 좁혀서 제6공화국시기의 주요 사건이었던 6·29선언, 중간평가, 그리고 3당 통합의 전개과정에서 나타난 노태우의 태도와 역할을 집중 검토함으로써

---

2) 안병영, "노 대통령 지도력의 세 가지 특징," 〈신동아〉, 1991. 4, pp. 152~163.

3) 김호진, 앞의 책(1991), p. 284.

4) 한승조, 앞의 책(1992), p. 110.

5) 안병만, 앞의 글(1992) ; 안병만, "역대지도자 통치스타일," 〈한국일보〉, 1992. 6. 12.

6) 김용서, "노태우·전두환·박정희," 〈한국논단〉, 1992. 5, p. 77.

7) 김호진, 앞의 책(1991), p. 284.

8) 〈뉴스메이커〉, 1992. 6, p. 64.

그의 정치리더십적 성격을 규명고자 한다. 이를 위해 필자는 우선 정치지도자와 역사전개와의 관계에 대한 시드니 후크(Sidney Hook)의 견해를 간단히 요약, 소개한 다음, 여기서 제시된 분석적 틀에 유의하여 앞에서 언급한 세 가지 정치적 사건들의 전개과정에서 드러난 노태우의 정치리더십 행위를 검토하고 그에 대한 분석적 유형화를 시도할 것이다. 마지막으로 이러한 분석적 연구결과를 바탕으로 6공 시대 민주화 과정에서 노태우의 역할에 대한 나름대로의 평가를 덧붙이고자 한다.

2. 역사와 정치지도자: 대세편승형과 대세주도형

대개 일국의 대통령에 대한 평가를 시도할 때는 그의 지도자적 자질과 함께 주요 업적들을 소개하며 그 탁월함이나 위대성을 강조하기 마련이나, 이 같은 서술이나 주장에 대한 평가는 대개 "상황과 인물" 또는 "시대와 영웅" 사이의 관련에 대해 어떠한 태도를 취하느냐에 따라 달라진다. 즉, 허버트 스펜서(Herbert Spencer)의 사회진화론과 같이 시대나 상황의 결정적 중요성을 강조하면 아무리 훌륭한 지도자라 하더라도 그 업적에 대한 평가는 절하되는 것이며, 토머스 칼라일(Thomas Carlyle)의 영웅사관처럼 특정 인물의 자질을 우선시하면[9] 어떠한 경우라도 한 지도자의 행위를 과장하거나 미화하는 것을 문제시하지 않을 수 있는 것이다.

그러나 정치, 사회현상에 대한 리더십적 연구는 이러한 양극단의

---

9) 스펜서와 칼라일의 견해를 정치리더십적 입장에서 요약, 소개한 책은 Barbara Kellerman(ed.), *Political Leadership: A Source Book*(Pittsburgh: University of Pittsburgh Press, 1986), 특히 1부.

논리를 취할 수 없고, 리더십과 사회적 진화는 개인과 사회환경 사이의 접합점에서 발생한다는 윌리엄 제임스(William James)의 견해에서 출발해야 한다. 어떤 역사적 사건이나 업적이라도 개인적 차원의 아무런 선택이나 노력 없이 성사되지는 않으며 반대로 그러한 역사적 업적을 낼 수 있는 기회라는 것도 모든 사람에게 공평하게 주어지는 것이 아니기 때문이다. 제임스의 표현대로 인물과 환경 사이에는 항상 "적지 않은 부조화가 존재하며, 기막힌 천재라 할지라도 때로는 너무 일찍 나타나거나 너무 늦게 나타나는 것이다." 그는 또 스펜서의 사회진화론이 개인적 이니셔티브를 전면적으로 부인하고 있음을 지적하고 그것을 "매우 모호하고, 비과학적인 개념화"라고 비판했다. 10)

그런데 미국의 사회학자 시드니 후크는 제임스와 같은 입장에서 사회발전의 일반론을 수용하면서도 그러한 과정에서 이른바 "영웅들"이 취하는 리더십 행위에 대한 개념적 유형화를 시도하였는데, 이는 필자가 시도하려는 노태우의 정치리더십에 대한 유형화 작업에 매우 유용하다. 즉, 후크 교수는 영웅사관이나 사회진화론과 같은 극단론과 지도자에 대한 주관적이고 도덕적인 옳고 그름의 평가를 피하고 역사 전개과정에서 지도자들의 역할을 정당하게 인식하게 하기 위한 의도에서 지도자의 유형을 대세편승형과 대세주도형으로 구분하였다. 11)

후크 교수에 의하면, 이 두 가지 유형의 지도자는 모두 역사적 분기점에서 활동하고 "이들이 취하는 행동들의 가능성은 선행하는 여러

---

10) William James, *Selected Papers on Philosophy*(New York: E. P. Dutton, 1917), pp. 173~181; Kellerman, 앞의 책(1985), pp. 16~23을 참조.
11) Kellerman, 앞의 책(1985), p. 25를 참조하라. 따라서 이 두 가지 유형은 어느 쪽이 더 바람직하다든지 이상적이다라는 차원에서 비교될 수 없는 분석적 유형임을 강조할 필요가 있으며, 필자 역시 같은 생각이다. 다시 말해서 우리가 상식적으로 좋다 나쁘다 하는 지도자들은 이 두 유형 중 어느 쪽에서도 발견될 수 있다는 것이다.

사건들에 의해 주어지는 어떤 역사적 방향에 의해 준비된다"는 공통점을 가지고 있다. 또 이들은 공히 — 경제적, 민족적, 심리적 차원에 속하는 — 사회적, 집단적 이익들을 충족시키지 않고서는 역사적 사건의 전개과정에 영향력을 행사할 수 없다. 또한 이러한 영웅들은 이 과정에서 어떤 것을 증진시키고 어떤 것을 묵살하느냐를 선택하는 것에서 "상당한 정도의 자유"를 가지지만,[12] "대세편승형" 영웅과 "대세주도형" 영웅은 다음과 같은 점에서 뚜렷이 구분된다.

즉, 대세편승형은 언제나 "객관적 상황이나 환경보다 덜 중요한 사람"으로서 그가 설령 드라마틱한 행동을 하더라도 그것은 이미 선행하는 사건들과 그것으로 만들어지는 상황들의 제한적 범위를 벗어나지 못하는 사람이다. 그래서 이 유형의 지도자가 어떤 중대한 선택을 할 때 필요한 것은 선언, 명령, 그리고 상식적 결정 등의 "비교적 단순한 행위"들 뿐이다. 그는 때때로 그가 해야 할 역할을 "실수로 놓치기도 하며", 그것을 "다른 사람이 하도록 방치하기도" 한다. 그래서 그에 대한 평가는 그 자신의 판단 또는 결정이 아니라 그가 한 행위가 "결과적으로" 잘됐는지 못 됐는지에 따라서 유추되는 경우가 보통이다.[13] 또 대세편승형 지도자는 권력을 획득하는 과정에서 사회계급의 지지에 의존하는 경향이 많고, 따라서 설령 권력을 획득한 이후 자신의 결정에 따라 그 부여된 임무를 성공적으로 수행하더라도, 그를 지지해준 사회계급의 이익에 "봉사"하거나 이를 결정적으로 거스르지는 못하도록 되어 있다.[14]

후크 교수는 이러한 대세편승형의 예로 서양의 중세 초기의 콘스탄

---

12) 후크 교수의 이러한 견해는 Sidney Hook, *The Hero in History* (Atlantic Highland, N. J. : Humanity Press, 1943), Ch. 9, pp. 151~170.
13) Kellerman, 앞의 책 (1985), p. 4, p. 27을 참조하라.
14) 위의 책, p. 33을 참조하라.

티누스 대제를 들었다. 그는 자기 아들에게 누명을 뒤집어 씌워 죽일 정도로 기독교 신앙과는 관련이 없었지만 기독교가 왕성하게 전파되었던 당시의 사회적 흐름에 따라 로마제국의 황제로서 기독교를 공인하는 칙령을 발표하며 '위대한' 황제로 기록되고 있다. 또 미국의 후버 대통령과 러시아 혁명기의 케렌스키 수상도 이에 해당된다고 보았다. 로버트 터커(Robert Tucker) 교수는 독일 히틀러의 제국주의적 침략정책을 오판하여 그에 대한 유화정책을 펴 결과적으로 제2차 세계대전이 발발하는 데 영향을 미쳤던 영국의 네빌 체임벌린(Neville Chamberlain) 수상도 여기에 해당된다고 보았다. 15)

그러나 대세주도형은 역사적 상황이나 "그저 살다보니 차지하게 된 지위보다는 개인의 뛰어난 인텔리전스, 의지, 품성으로" 역사의 분기점을 발견하고, 이와 관련된 여러 사건들을 만들어 가는 사람이다. 그래서 이러한 유형의 지도자는 "스스로 간직한 어떤 예외적 특질로" 대안적 행동노선을 선택하고 실천함으로써 자신의 성취도를 높인다. 후크는 시저, 크롬웰, 나폴레옹 같은 사람들을 예로 든다. "대세편승형" 지도자들이 그저 "큰 연못에 손가락을 담그는 정도의 일"을 했다면, 대세주도형 지도자들은 의미 있는 자국을 역사에 남기는 특출한 리더십을 발휘했다. 16) 또 대세주도형 지도자는 사회계급이나 여타 집단들의 이익에 반하여 "기술적으로 행동함으로써" 주어진 기회들을 자유롭게 활용하며, 이러한 과정에서 자신만의 권력장치를 이용하여 자신의 사회계급들에 전적으로 종속되는 것을 회피한다. 17)

터커 교수는 레닌이 이 유형에 해당된다고 보았다. 그는 레닌이 혁

---

15) Robert C. Tucker, *Politics as Leadership*(Columbia: University of Missouri Press, 1981), pp. 21~23, p. 28, p. 30을 참조하라.
16) 위의 책, pp. 26~27을 참조하라.
17) 위의 책, pp. 33~34를 참조하라.

명에서 지도자의 역할보다 객관적 혁명상황의 성숙과 사적 유물론에 의해 혁명이 필연적으로 발발한다는 마르크스의 견해를 뒤엎고 특출한 리더십을 발휘해 볼셰비키혁명을 성공시켰음을 강조했다. 18)

요컨대, 필자는 역사전개와 지도자의 관계를 영웅사관이나 사회진화론과 같은 극단논리로 파악하지 않고, 사회발전은 개인과 환경 사이의 상호작용의 결과로 촉진된다는 입장을 수용하면서 후크 교수의 개념적 유형구분을 적용하여 정치지도자들의 리더십 행위를 분석, 평가하는 것이 보다 과학적이며 설득력이 있다고 생각한다. 그래서 필자는 이 같은 후크 교수의 개념화에 유의하여 다음 절에서부터 제 6공화국시기의 주요 사건들인 6·29 선언, 중간평가, 그리고 3당 통합 등과 관련된 일련의 정치과정에 나타난 노태우의 태도와 행동을 중점 검토함으로써 그의 정치리더십의 특징을 규명하고자 한다.

3. 보통사람의 6·29 선언

6·29 선언은 제 6공화국 정부가 그 정당성의 최대근거로 삼는 정치적 사건이다. 그리고 노태우 역시 이 선언과 그것의 정치사회적 영향에 힘입어 오늘에 이르렀다는 것을 부인할 사람은 없을 것이다. 6·29 선언 당시, 그는 집권 민정당의 대표위원이었지만 숱한 정치적 격변이 교차되는 한가운데에서도 뚜렷한 역할을 하지 못했고, 제 5공화국의 정치상황에서 언제나 제 2인자, 혹은 전두환의 그늘에서 좌고우면(左雇右眄)하는 실력자로 인식되었다.

그런데 전두환이 4·13 호헌선언으로 당시 국민여론을 등에 업고

---

18) 위의 책, p. 28 참조.

현안으로 등장했던 대통령직선제 개헌요구를 거부함으로써 정국이 크게 경색되던 상황에서 노태우 당시 민정당 대표위원은 직선제 개헌 요구의 수용과 김대중의 사면을 주요 내용으로 하는 6·29선언을 극적으로 발표하였다. 그는 이 선언에서 "국민은 나라의 주인이며 국민의 뜻은 모든 것에 우선한다"고 전제하고, 직선제 개헌을 포함한 한국정치의 민주화를 위한 제반 개혁조치를 실천할 것임을 천명함으로써 자신이 "민주화의 대장정에 첫걸음을 내딛는 개척자"임을 알렸다. 노태우는 선언 직후, 미국의 〈타임〉지와의 회견에서 "내가 6·29결정을 내리기 전에 대통령과 상의한 일이 없다. 대통령께서 나의 제안을 수락하리라고 확신했으나 그 결실의 과정은 매우 외로운 것이었다"라고 말함으로써 6·29선언이 자신의 독자적 작품임을 알렸다.19) 또 그는 6·29선언의 발표 직후, 국립묘지와 현충사를 방문해20) "구국의 결단을 내린 지도자"로서의 이미지 형성을 시도했다. 이것은 자신의 "2인자적" 이미지를 불식하고 자신이 국가의 최고지도자가 될 수 있는 인물임을 내외에 알리고, 자신을 권위주의적 5공과 차별화시키려는 전략적 의도에서 인위적으로 취한 행동양식이었다.

한편, 6·29선언 이후 시행된 대통령선거 과정에서 노태우가 전두환의 천거와 지명에 의해 대통령후보가 되었음에도 불구하고, 민정당 측은 집권여당의 프리미엄을 최대한으로 활용하고 심지어 《정감록》(鄭鑑錄) 등 도참설까지 동원하는 고도의 심리적 여론조작을 통해 6·29선언과 노태우의 역사적 필연성을 부각시켰다. 예컨대, 민정당은 우공자원봉사회란 단체에서 배포한 〈6·29선언과 태극도형〉이란 유인물을 통해 태극의 음양도형 안의 6과 9의 수리적 이치가 숨겨져

---

19) 〈동아일보〉, 1992. 3. 19.
20) 〈조선일보〉, 1987. 6. 30.

있어 "노 후보의 6·29 선언은 태극의 운세에 의해 필연적으로 공포되어야만 했던 역사적 사건이었다"고 선전했다. 또 노태우 측은 선거기간 중 민정당과 정부 각 부처의 사무실에 정다운 씨가 해설한 《정감록》을 배포하여 새 시대의 역사를 짊어질 "정도령"(正道令)이 노태우임을 암암리에 인식시키고, "두미출전"(頭尾出田, 이름의 양끝에 "田"자가 들어 있는) 한 자가 나타나 국가와 민족을 이끌어간다고 예언한 《정감록 남사고비결》(井堪錄南師古秘訣)을 유인물로 만들어 배포함으로써 노태우의 등장은 "시공은 초월한 하늘의 뜻"이라고 강조했다.[21] 또 그는 미국과 일본을 방문하여 레이건 대통령 및 나카소네 수상과 다리를 꼬고 마주앉아 자신의 6·29 선언을 설명하는 모습을 보여주어[22] 자신의 지도자적 이미지를 부각시키려고 했다.

그러나 근래에 소개되는 자료와 증언들은, 당시 노태우의 6·29 선언이 사실상 한국정치에 대한 그 자신의 문제의식이나 개혁의지에서 비롯된 독자적 정치행위였다기보다 5공의 최고실권자이자 그의 정치적 선배였던 전두환과 그의 측근들에 의해 "이미 조성된 당시 여권 내의 일반적 분위기에 노태우가 성공적으로 편승했던 결과"였을 가능성이 더 큼을 시사한다. 우선 그의 전임자이자 "정치적 선배"였던 전두환은 1989년 12월 31일 국회증언에서 "6·29 선언과 관련, 그 경위나 배경을 들춰내는 일은 결코 바람직하지 않다"고 직답을 회피하고 "정치이면의 얘기들은 뒷날 회고록을 통해 소상히 밝히겠다"고 말함으로써 6·29 선언이 노태우의 독자적 작품이라는 항간의 "정설"은 사실과 매우 다르다는 여운을 짙게 남겼다. 또 5, 6공 사이의 화해가 어려워지던 상황에서 전두환의 측근인사들은 "6·29 선언의 경위와

---

21) 박종열, 《노태우·전두환》(인본, 1992), pp. 26~27을 참조하라.
22) 백화종, "노태우의 6개 필승 시나리오," 〈신동아〉, 1987. 10, p. 268.

주체가 정확히 밝혀지면 노 대통령은 정치적으로 심각한 타격을 받을 것이다"라는 발언을 하기도 했다.[23] 또 당시 전두환의 민정수석비서 관이었던 김용갑 씨의 증언은 6·29 선언에 포함된 직선제 수용이나 김대중 사면 등이 결코 노태우의 독창적 상황타개책이 아니라 여권 내에서 상당한 정도로 교감이 있었던 내용이었음을 간접적으로 시사 한다.[24] 특히 5공 시절 전두환의 공보비서관으로 이른바 "통치기록 담당자"였던 김성익 씨가 지난 1월 발표한 "6·29 전야의 고백"은 당 시 노태우의 리더십 행위가 어떠한 성격이었으며 전두환과의 관계가 어떠했는가를 사실적으로 잘 보여준다.

우선 김성익 씨의 기록들은 적어도 노태우가 대통령후보로 되기까 지 그의 주요 경력은 전두환에 의해 거의 완벽하게 관리되었다는 사 실을 말해준다. 노태우는 1980년 12·12 사태의 주역 중 한 사람으 로 참여했던 제5공화국의 창업공신이었으며, 사단장, 수도경비사령 관, 보안사령관 등 군부의 핵심요직을 두루 거쳤다. 1981년 7월 육 군대장으로 전역한 이후, 그는 제2정무장관, 체육부장관, 내무부장 관, 올림픽조직위원장 등의 현직을 거친 후, 1985년 2·12 총선에서 전국구의원으로 국회에 진출한 뒤 민정당대표위원으로 임명되어 정 계의 전면에 부상했다.

그러나 노태우의 이러한 경력은 전두환의 후계자 구도에 따른 결과 였음이 확인되었다. 즉, 전두환은 1980년에 벌써 당시 노태우에게 "잘하면 다음에 대통령이 될 수 있도록 도와주겠다"는 언질을 주었 고, 그 뒤 대통령후보로 "키우기 위해" 필요하다고 생각되는 자리를 골고루 맡겨 "의식적으로 경험을 쌓게 했다". 그러다가 1987년 6월 2

23) 〈동아일보〉, 1992. 3. 19.
24) 김용갑, "전두환-노태우 정권교체, 6·29 전후의 청와대,"〈신동아〉, 1991. 12, pp. 256~283.

일 청와대에서 열린 민정당 중앙집행위원 만찬에서 당시 노태우를 대통령후보로 천거한 것이다. 물론 바로 이전인 3월 25일 청와대의 주요 당직자 만찬에서 전두환은 노태우를 후보로 천거했고, 이때 그는 "두려움으로 몸둘 바를 모르겠습니다. 각하, 끝까지 지도해주십시오"라고 답하고, 건배를 통해 "영광스런 자리를 마련해 주신 것"을 감사하고 "끝까지 모시고 중단 없는 전진, 각하와 모든 영광을 나누기를 다짐합니다"라는 충성서약을 했다.[25]

다음으로 노태우는 4·13 호헌선언과 6·29 선언이 전개되는 과정에서 개인의 독자적인 이니셔티브를 행사했다기보다 전두환과 그의 측근들에 의해 "이미 준비되었던 정세에 잘 적응했던 사람"이었음이 드러났다. 1987년 봄 전두환은 여야합의에 의한 개헌이 불가능하다고 판단하고, "정치란 힘 가진 사람이 하고 싶은 대로 하는 것"이라는 소신에 따라 당시 여권이 박종철 군사건, 부산 복지원사건 등으로 야권의 공세에 밀리고 있음을 지적, 여권이 밀리지만 말고 공세적으로 정국의 주도권을 잡아나가는 방향전환을 시도하라고 했다. 이때 노태우는 전두환의 지시를 그대로 인정하면서 "당에서도 바로 그대로 준비하고 있습니다"라고 답했다.[26] 그리고 노태우는 3월 6일, "합의개헌에 실패하면 중대결단이 불가피하다"고 말함으로써 자신이 모종의 강경조치를 취할 수 있음을 시사했지만, 이러한 그의 발언은 그의 독자적인 상황판단과 이니셔티브에서 나온 것이 아니라 이미 전두환 주위에서 4·13 호헌선언을 준비하는 등, 여권 내의 합의된 강성분위기를 여당의 대표로서 "반영"했을 뿐이다.[27]

그뿐 아니라, 6·29 선언과 관련된 주요 정치일정도 이미 여권핵심

---

25) 위의 글, pp. 330~333, p. 358을 참조.
26) 위의 글, pp. 307~313, p. 320을 참조.
27) 위의 글, p. 321을 참조.

부에서 준비되고 있었다. 전 대통령은 야권의 6월 항쟁 공세에 대응하여 군의 출동을 지시하였다가 결국 민심의 방향을 읽고 군의 출동을 자제했다.[28] 그리고 6·29 선언이 있기 2주 전에 전두환은 노태우에게 "필사즉생 필생즉사", "인간사회의 모든 원리가 백 보 전진을 위한 1, 2보 후퇴에 있다"는 등의 말을 하면서, 당시 국민들의 요구였던 "대통령직선제를 검토해 보라"고 말했다. 그후 노태우는 이 지시에 따라 정국운용방안을 연구하기 시작했고,[29] 이 사이에 전두환은 27일 저녁 노태우에게 전화를 걸어 '선언'을 29일에 하라는 "발표 날짜를 잡아주었다". 그리하여 노태우는 최종연구결과를 6월 28일 전두환에게 제출했던 것이고 선언 이후 주요 일정이 "29일 발표, 30일 노태우의 청와대 방문 건의, 7월 1일 혹은 2일 대통령 담화" 등으로 잡혔던 것이다. 전두환은 이 과정에서 직선제나 김대중 사면요구의 수용을 자신의 결단으로 하지 않음으로써 자신은 "여론도 모르는" 우둔한 대통령으로 남고, 대신 노태우가 정치적으로 "야당의 후보감을 누를 수 있는 경쟁력을 갖게" 되도록 배려했다.[30] 그러면서도 그는 "노 대표에게는 위험한 도박과도 같은 직선제를 하라고 직접 말하기가 인간적으로 미안하다"[31]는 생각을 할 정도로 노태우를 세심하게

---

28) 김성익, "전두환, 역사를 위한 육성증언 (3), 노태우와 나 사이엔," 〈월간조선〉, 1992. 8, pp. 375~380을 참조.

29) 이 과정에서 박철언 씨가 "관여"했던 것으로 보인다. 〈동아일보〉, 1992. 3. 19에 의하면, 박씨는 6·29 문제가 제기될 때마다 "6·29 선언문은 1987년 6월 국가적 위기상황에서 노 대통령의 지시에 의해 나와 나의 팀이 비밀리에 작성한 것"이라고 주장하며, 6·29의 주체에 관한 "노 대통령 단독작품 및 자신의 관여설"을 말했다.

30) 위의 글, pp. 389~396을 참조하라.

31) 이 말은 이만섭 국민당 총재가 전 대통령을 만나 기탄없이 대화를 나누며 직선제 수용을 건의하자 노 대표를 만나 얘기해 달라는 전 대통령의 모습에 대한 이 총재의 묘사부분이다. 위의 글, p. 380을 참조하라.

배려했디.

이러한 분석만으로 6·29 선언 전후과정에서 노태우의 역할을 명확히 규정한다는 것이 쉽지 않다. 왜냐하면 '6·29 선언'의 주체를 둘러싸고 공방할 때, 이에 대해 노태우 측은 "누가 처음 발상했느냐"보다 "그 같은 아이디어를 누가 실현했는지"가 더 중요하다는 논리로 대응할 뿐,[32] 노태우의 직접적 해명은 아직 없기 때문이다. 그러나 상기 분석에서 나타난 그의 역할에 대해서는 아래의 해석이 가능하다.

첫째, 노태우는 6·29 선언의 전후과정에서 전두환에 의해 그 정치경력이 관리됐으며, 전두환이 주도하는 정국운용 방식에 충실히 따랐고, 그로 인한 유리한 상황을 이용하는 데 성공한 지도자였다.

둘째, 그런 점에서 노태우는 설령 자신이 6·29 선언의 내용과 같은 정치적 변화가 필요하다는 주관적 판단을 했다 하더라도, 실제의 리더십 행위에서는 자신의 의지와 판단을 당당하게 내세우지는 못했다. 다만 노태우는 전두환이 그를 믿어준 상황에서 별다른 위험부담 없이 '위대한' 6·29 선언을 발표할 수 있었다.

셋째, 따라서 노태우가 6·29의 선언자였다는 사실만으로 대통령직선제, 김대중 사면, 기타 민주화를 위한 제반조치가 행해진 것을 그만의 업적으로 간주하고 선전하는 것은 지나친 과장이다. 다만 노태우는 6·29 선언이란 충격작전으로 자신의 정치적 이미지 제고에 성공했고 이로써 이후의 정치과정에 영향력을 행사할 수 있었다.

---

32) 〈동아일보〉, 1992. 3. 19.

4. 물 따라 흘러간 중간평가

1987년 대통령선거전이 치열하게 전개되고 있을 때, 노태우는 "중간 평가"라는 모험적 공약을 내걸었다. 즉, 노태우는 12월 12일 여의도 유세에서 "내가 대통령에 당선되면 올림픽을 치르고 난 후 적절한 시기에 중간평가를 받겠다"는 약속을 했던 것이다. 이 같은 중간평가 공약을 내세운 노태우의 의지는 5공 및 전두환과 정치적으로 단절한 후 실제 임기 4년의 명실상부한 '노태우 체제'를 출범시킴으로써 군사통치 질서를 종식시키고 문민정치시대를 열겠다는 것이었다. [33] 우리나라 대통령선거사상 이러한 공약은 전례 없는 일이었고, 노태우는 이 공약으로 일반국민과 유권자들에게 자신은 참신하고 믿을 수 있는 지도자라고 선전하는 데 어느 정도 성공했던 것으로 보인다.

동시에 노태우는 당시 국회의원이던 김학준 박사가 쓴 것으로 알려진 《위대한 보통사람들의 시대》[34]를 발간하여 새로운 민주공화국의 통치이념을 정립하고 "보통사람론"을 전개하여 자신의 "민주시민적 면모"를 적극 홍보함으로써 다수의 서민중산층을 자신의 지지세력으로 동원하려고 애썼다. 그는 중간평가 공약과 함께 유세를 하면서 "권위주의체제를 배제하고 보통사람들이 골고루 잘 사는 사회를 만들겠다"고 했고, 국민들을 향하여 "이 사람, 보통사람 노태우를 믿어주세요"라며 지지를 호소했다. [35]

이 같은 노태우의 선거전략이 주효했는지 그는 비록 야당후보들의

---

33) 김택환, "노태우 '정면돌파' 전략의 막전막후,"〈신동아〉, 1989.4, pp. 192~193.

34) 노태우, 《위대한 보통사람들의 시대: 90년대를 위한 설계와 실천》(을유문화사, 1987).

35) 박종열, 앞의 책(1992), pp. 28~29; 김대곤, "노태우 대통령의 말과 약속,"〈신동아〉, 1990.3, p. 212.

총득표수보다는 적었지만 37%의 득표율로 대통령에 당선되었다. 이후 88올림픽도 성황리에 끝났고 5공 특위의 활동도 마무리 단계에 들어서자 1989년 봄의 정국은 노태우가 공약했던 중간평가 문제로 달아올랐다. 평민당과 공화당은 원래 중간평가 실시를 원치 않았으나, 제2야당이던 민주당의 김영삼 총재가 "신임연계 중평실시"를 강력히 요구하며 바람을 일으키자 하는 수 없이 3월 4일 제2차 야권 3김 회담에서 세 야당 총재들은 "5공 청산과 민주화 개혁실시 후 신임투표 형식의 중간평가를 실시해야 한다"고 합의했다. 36)

노태우는 여권 내의 유력인사들로부터도 중간평가 실시를 건의받고 있었다. 이미 1988년 8월 13일 기자회견을 통해 그것이 대통령 공약사항인 이상 반드시 치러져야 한다고 주장했던 당시 김용갑 총무처장관은, 1989년 2월 10일 노태우와 단독으로 만나 "대통령께서는 유세당시 '이 사람 노태우를 밀어주면 정국을 안정시켜 국민이 안심하고 생활할 수 있게 하겠다'고 하셨습니다. 그러면서 중간평가를 공약했습니다. 이제 대통령께서 모든 걸 걸고 '내가 한 약속은 여하한 일이 있더라도 지킬 것이며 만일에 국민 여러분이 내게 권한을 주지 않는다면 나는 그날로 모든 권한을 포기하고 물러나겠다'고 하실 때가 되었습니다"라고 건의했다. 김 장관은 요식행사로 하지 말고 좌익척결을 포함한 서너 가지의 정책을 내걸고 정면돌파할 것을 주장했다. 37)

또 여소야대의 상황에서 5공 청산을 위한 특별위원회에서 활동했던 김윤환 총무 등 민정당의 특위관련 핵심위원들도 여야가 모두 특위로 매여 있는 정국 타개를 위해서는 "노 대통령에겐 부담스럽겠으나 역시 중간평가 조기실시밖에 없다"는 견해를 조심스럽게 청와대 측에 제의

---

36) 김충식, "'불신임'이냐, 3김씨의 타산," 〈신동아〉, 1989. 4를 참조.

37) 김용갑, "전두환-노태우 정권교체, 6·29 전후의 청와대," 〈신동아〉, 1991. 12.

하였다. 이러한 건의들에 대한 노태우의 반응은 분명치 않았다. 김용갑 장관의 말을 따르면 "대통령의 생각은 기본적으로 다른 듯싶었다. 결론은 유보된 채 시간은 흘러갔다."[38] 이로 보아 이 과정에서 노태우는 자신의 생각을 분명하게 제시하면서 상대방을 설득하려 하기보다 들어주는 태도만 취하면서 상황파악에 열중했던 것 같다.

한편 야3당은 앞서 신임투표식의 중간평가 실시에 합의했지만 속셈은 각기 달랐다. 제1야당이던 평민당은 4당 구조에 충격을 줄 수 있는 신임투표와 같은 중간평가는 백해무익하다고 판단했고, 김대중 총재는 3월 10일 노 대통령과의 회담에서 중간평가를 단순한 정책평가로 하자고 합의한 것처럼 보도되었다. 또 김종필 공화당 총재도 3월 7일 대통령과의 회담에서 "현상유지"를 바라는 마음에서 "평가할 대상도 내용도 없는 것을 요식행위로 중간평가한다는 것은 국민을 우롱하는 것"이라는 평소의 주장을 반복한 것으로 보도되었다. 그러나 5공 특위활동 과정에서 돋보였던 민주당 김영삼 총재는 중간평가를 최대한 활용하여 야권의 지도력을 회복하고 정국의 주도권을 장악하고자 '신임연계 중간평가'를 계속 주장했다. 그는 2월 11일 대통령과의 회담에서도 이러한 주장을 폈지만 회담결과는 불만족스럽다고 보도되었다. 이 과정에서도 노태우는 확실한 자신의 의견을 제시한 것 같지 않다.[39] 이에 대해서는 여러 가지 정당화가 가능하겠지만 필자는 대통령이기 때문에 섣불리 말해서는 안 된다는 직책상의 윤리가 자신의 주견이 없고 상황만 주시하는 듯한 노태우의 리더십 스타일이 결점으로 부각되는 것을 많이 덮어주었을 것이라고 추측한다.

그런데 노태우는 3월 초에 이르자 청와대 당정회의에서 중간평가를

---

38) 김충식, 앞의 글(1989), pp. 207~208을 참조하라.
39) 위의 글, pp. 206~211을 참조하라.

준비하라고 지시했다. 그리고 김대중과 회담한 바로 다음날인 3월 11 일, 중간평가대책본부를 청와대에 설치하고 위원들과 오찬을 하면서 승리를 당부했다. 이춘구 의원이 본부장이었고, 본부위원으로는 내 각에서 김용갑 총무처장관, 최병렬 문공부장관, 현홍주 법제처장이, 청와대 쪽에서는 홍성철 비서실장과 박철언 보좌관이 참여했다. 이 때 예정했던 실시시기는 4월 중순이었다.[40] 노태우가 이런 지시를 내린 진짜 의도는 아직 알려진 바 없다.

그러나 노태우는 열흘쯤 지나 이 같은 지시와는 상반되는 발표를 했다. 즉, 3월 20일 〈중간평가와 관련하여 국민 여러분께 드리는 말 씀〉이란 특별담화문을 발표, 중간평가 일단 유보를 선언했다. 그는 중간평가를 둘러싼 오늘의 현실은 "그 본래의 뜻과 달리" 새로 열린 민주질서의 정착을 위태롭게 하고 나라를 위기상황으로 몰아갈 위험 까지 드러내고 있다고 말하면서, "앞으로 중간평가문제는 그 시기와 방법 등을 신중히 재검토해 반드시 나라의 장래에 도움이 되는 방향 에서 결정하겠다"고 밝혔다.[41] 그렇지만 그는 이렇게 어정쩡한 수사 로 대충 넘기면서도 자신의 본래의 뜻을 국민에게 전달하기 위해 진 솔하게 노력하지는 않았다고 보는 것이 틀림없을 것이다.

다만, 노태우는 과거의 권위주의 정권이 그랬던 것과 크게 다르지 않게 유보결정 이유로 "정국이 대결과 격돌로 치닫고 있고", "좌익폭력 세력이 준동하고 있으며", "수출환경 및 경제여건이 악화되었으며", "민생치안과 사회기강이 해이해지고 있다"는 것을 들었다. 이 말을 따 르자면 앞서 중간평가를 준비하라고 지시했던 때는 위기가 아니었고, 불과 열흘 남짓한 기간에 국가는 위기로 치달았다는 말이 되는 것이

---

40) 김용갑, 앞의 글(1991), p. 280을 참조하라.
41) 〈동아일보〉, 1989. 3. 20.

다. 그는 변화하는 상황의 위기성을 언급했지만 설득력이 별로 없다. 오히려 그런 상황적 요인들을 나열하지 않고 "막상 대통령으로 일하다 보니 국가운영상 고려해야 할 사항이 한두 가지가 아닙니다. 중간평가 공약은 후보시절의 선거전략이었을 뿐입니다. 그 공약은 잘못된 것으로 취소하고자 합니다. 국민 여러분 죄송합니다"라고 솔직하게 국민과 대화했더라면 노태우는 민주화시대의 권위 있는 대통령이 되었을 것이다. 그러나 그는 주관적 의지나 판단보다는 상황적 요인으로 자신의 행위를 정당화하는 데 익숙한 지도자였던 것이다.

그는 또 자신의 중간평가는 "국민들과의 약속을 실천하는 문제"이고 "여야 다툼의 대상"이 되거나 "국민을 가르는 대결의 불씨가 될 수 없다"고 했으며, 이 해 6월 8일 국론분열과 사회혼란조성 우려를 이유로 중간평가계획 자체를 철회한다고 발표할 때 "당초 내가 중간평가를 받겠다고 한 것은 대통령으로서 국민의 뜻을 존중하여 국정을 성실히 수행하겠다는 데 참뜻이 있었다"고 말함으로써,[42] 자신이 국민들과 했던 약속을 지키지 못한 것에 대해 또 다시 국민의 이름으로 변명했다.

요컨대, 노태우는 분명히 자신의 의지와 전략적 계산에서 중간평가 공약을 내세웠으나, 이 공약을 일관되게 실천하려 하지 않고, 주변 참모들과 야당인사들의 태도변화 그리고 국민여론의 향배에 귀를 기울이며 자신의 의지를 슬며시 감출 수 있는 명분이 주어질 상황을 기다렸던 것으로 보인다. 그가 자신의 공약을 믿었던 '국민의 뜻'을 존중하여 원래의 공약대로 중간평가를 실시했더라면, 그는 그가 염려했던 사회혼란과 국론분열을 해결하고 힘 있고 권위 있는 대통령으로서 민주화 과정에 더 큰 공헌을 할 수 있었을 것이다.

---

42) 〈동아일보〉, 1989. 3. 20; 〈한국일보〉, 1989. 6. 9.

그러나 이상의 분석에서 드러난 바와 같이 그는 자신이 말이나 의지의 일관된 실천보다는 변화하는 상황에 요령 있게 적응하는 것이 더 합리적이라고 생각했을 가능성이 많은 지도자였다. 우리나라 정치사상 획기적인 대통령의 중간평가 공약이 유야무야된 이유는 바로 노태우 자신의 물 따라 흐르는 상황중심적 성향에서 찾을 수 있다. 43)

5. 결과적으로 나타난 3당 합당

1990년 1월 22일, 노태우와 김영삼, 김종필 3인은 장장 9시간에 걸친 청와대 회담을 끝내고 '새로운 역사창조를 위한 공동선언'을 발표, 민정·민주·공화 3당의 무조건적 통합에 합의하고, 민주자유당의 창당을 선언했다. 3인은 동시에 발표한 5개 합의사항에서 민주발전, 국민대화합, 민족통일이라는 시대적 과제를 앞에 두고 "오로지 역사와 국민 앞에 봉사한다는 일념으로" 새로운 정당을 창당한다고 밝혔다. 이 날 노태우는 청와대에서 열린 민정당 의원총회에서 3당 통합은 "구국적 결단"이라고 평가했고, 며칠 후 그레그 주한 미국대사는 민자당의 출범은 "불가피한 선택"이라고 논평했다. 44)

그러나 평민당은 즉각 '3당 보수연합'은 민주적 절차나 국민의 동의 없이 이루어진 "정치쿠데타"라고 비난했고, 전민련도 "제 2의 10월 유

---

43) 아니면 노 대통령은 "마키아벨리안"적 군인정치가로서 사병들의 의견이나 그들과 한 약속 정도는 어렵지 않게 무시하거나 파기할 수 있는 장군처럼 중간평가실시에 대한 그의 약속을 이러저러한 이유를 들어 이행하지 않았다고도 볼 수 있다.

44) 〈조선일보〉, 1990. 1. 23; 한동윤, "3당 통합, 노태우·김영삼·김종필의 밀약," 〈신동아〉, 1990. 3, pp. 153~154.

신을 위한 서곡"이라고 주장했다. 또 국내의 양식 있는 학자들이나 언론들은 노태우가 비록 제도적으로 안정된 통치기반을 마련했으나 평민당을 완전히 배제했기 때문에 앞으로 정국이 "호남 대 비호남"의 대결구도로 전개될 것을 염려했다. [45] 그러면 이 '구국적 결단' 혹은 '정치쿠데타'에서 노태우의 리더십 행위는 어떠했는가를 살펴보자.

우선 노태우는 정치적으로 성장하는 과정에서 민정당과는 큰 인연이 없었거나 부정적 경험이 더 많았던 이유로 권력기반으로서 민정당을 발전적으로 해체하는 데 크게 주저하지 않았던 것으로 보인다. 노태우는 5공 창업공신 중의 한 사람이지만, 처음부터 민정당과는 특별한 관계를 맺지 않고 정계에 입문했다. 5공 당시 권력의 핵심은 청와대나 보안사 등에 있었기 때문에 민정당은 권력유지의 액세서리 정도로 보던 것이 당시 여권 내부의 일반적 정서였다. 따라서 노태우를 포함한 대부분의 5공 주도세력들이 민정당에 들어가지 않았다.

또 노태우는 민정당의 대표위원, 총재, 대통령후보 등을 거치는 동안 5공권력 핵심부로부터 상당한 정치적 견제와 수모를 받아 고통과 울분의 나날을 보내기도 했다. 12대 총선 때, 전두환은 그에게 자신의 거주지인 서대문구에 출마할 것을 "요구"했고, 전두환 주변에서 자신을 "나무 위에 올려놓고 흔들려고" 한다고 판단한 그는 이를 고사했으나, 대신 출마한 윤길중 후보의 당선을 책임지라는 "지시"를 받아 애를 먹었다. 또 전국구 후보로 선거지원차 군 후배이자 5공실세 중 하나였던 권정달 의원의 안동지역구에 내려갔다가 사무실 밖에서 수십 분을 기다리는 "수모"를 당했고, 대표위원 시절에는 장세동 안기부장과 허문도 정무수석 등의 노골적 견제와 냉대를 감수해야 했다. 그럴 때마다 그는 한강변에 나가 울분을 삭이고 마음을 달랬다고 한다. [46]

---

45) 장을병·심지연 두 교수의 대담, "보수 대합당 진단과 전망,"〈한겨레〉, 1990. 1. 24.

그러나 노태우의 민정당에 대한 이 같은 부정적 추억과 정서를 민정당의 발전적 해체로 동기를 부여한 것은 자신의 의지나 문제의식이었다기보다 그의 보좌관이었던 박철언 장관의 판단과 건의였다고 해석된다. 물론 이러한 해석의 정당성을 위해서는 더 많은 실증자료와 노태우의 직접적 언급을 필요로 하지만 현재까지 밝혀진 바로는 무리없이 그렇게 볼 수 있다. 즉, 박 장관은 6공 출범에 앞서 민정당이라는 5공의 피조물을 발전적으로 해체해야 한다는 구상을 하고, 이를 노태우에게 건의, 대통령의 "의견수용"및 채택과정을 거친 후 이에 따른 정계개편의 뼈대를 세웠다는 것이 아직까지는 통설이다. 이를 부연하면, 박철언 장관은 전두환의 백담사 은둔과 5공 비리청산에 적극적 역할을 맡으면서 야당요구와 국민여론을 동력으로 전두환 문제와 그의 친척에 대한 조치들을 취하면서 5공 청산의 최종목표를 5공의 상징적 존재인 민정당의 해체에 두었다는 것이며, 나아가 당시의 야당지도자들의 정권참여장치 마련을 위해 신당창당까지 구상했다는 것이다. 47) 요컨대, 박 장관의 이러한 구상이 전술한 바와 같은 노태우의 "반민정당" 정서와 맞아 떨어져 노태우가 이를 받아들이기에 이르렀다는 설명이다.

마침내 노태우는, 4·26 총선 이후 나타난 '여소야대'의 정치상황에서, 그가 "수용한" 위와 같은 박철언의 구상에 따라 김영삼의 통일민주당을 파트너로 지목하고 정치적 연합이나 연정의 가능성을 타진했다. 1988년 9월 중순 노태우는 올림픽 공원에서 베풀어진 4당 대표 초청 올림픽 시설물 준공 축하모임에서 김영삼에게 다가가 "김 총재, 우리 함께 일합시다, 정치가 이래서는 곤란하지 않습니까? 큰 정치를

---

46) 이상 노 대표에 관한 내용은 한동윤, 앞의 글(1990), pp. 165~166을 보라.
47) 한동윤, 앞의 글(1990), p. 165를 참조하라.

위해 깊은 얘기를 합시다"라고 운을 떼었다. 그러나 김영삼은 "좀 두고 봅시다"라고만 대답했다. [48] 그 다음 노태우는 김재순 국회의장과 박준규 의원을 통해 양당이 제휴할 것을 여러 차례 제의했으나, 김영삼은 계속 노코멘트로 대응했다. 노태우는 이러한 김 총재를 설득하기 위해 신민주공화당의 김종필 총재까지 동원하기도 했고, 당시 동해 재선거시 공화당후보 매수사건과 문익환, 유원호의 밀입북사건 등으로 사면초가였던 김영삼의 약점을 최대한 활용하기도 했다. 이때 여권은 3공 시절 경제관료 출신인 통일민주당의 황병태 의원에게 김영삼의 설득을 당부했고, 황 의원과의 연락에는 홍성철 비서실장과 박철언 장관이 나섰다.

그러나 김영삼은 노태우의 연합제의가 정권유지에 자신감을 결여한 데서 비롯되었다고 판단, 이를 거부하고 오히려 중간평가 취소문제로 수세에 있던 여권에 강공정책을 폈다. [49] 이후 노태우와 여권은 정계개편 구상을 버리지 않고 계속 추구했던 것으로 보인다. 그러나 그것은 김영삼의 반대와 공세에 직면해서 보다 "주관적이고 적극적인 입장에서 정계개편을 추진하는 것"이 아닌 정계개편에 유리한 "여건 성숙을 기다리는 소극적 상황대응"의 연속이었다. 당시 노태우의 구상은 제1야당이던 평민당과 정책제휴하거나 공화당과 합당하여 원내 과반수를 확보하거나 통일민주당과 정당연합을 하는 것이었다. [50]

그러기를 1년여 후, 아이러니하게도 노태우와 여권이 구상중이었던 정계개편은 김영삼에 의해 3당 합당 추진으로 방향을 잡기 시작했다. 당시 여권 내에서 정계개편을 실무차원에서 주도하던 박철언은 민주당과의 정당연합을 제의했으나, 황병태를 통해 이 제의를 받은

48) 정순태, "합당은 YS구상이었다," 〈월간중앙〉, 1992. 9, p. 162.
49) 한동윤, 앞의 글(1990), p. 162를 참조하라.
50) 정순태, 앞의 글(1992), p. 171.

김영삼은 4 · 19 혁명 후 민주당 신파와 구파 사이의 연합내각을 예로 들면서 우리 정치풍토에서 정당연합은 맞지 않고, "한다면 합당이다"라고 단호하게 대답했다. 그는 개인적으로는 합당이 불리하지만 헌정 중단을 막기 위해서는 합당이 더 적합하다는 의견을 개진했다고 한다.[51] 당시 김 총재는 동해후보 매수사건과 유원호 씨 문제 등으로 정치적으로 불리한 입장에 있었을 뿐 아니라, 당시 설왕설래하던 민정 · 평민 연합의 가능성에 대한 우려, 4당 체제하에서 민정당과 평민당의 협공에서 그의 민주당이 살아남기 어렵다는 판단, 동해 재선거에서의 패배, 그리고 대권야망의 실현가능성 등을 심각하게 고려한 끝에 이 같은 결단을 내렸다. 김 총재는 1989년 초여름 소련 방문 전인 5월 30일, 여권의 핵심인사를 비밀리에 만나 다음 달로 예정된 노태우와의 청와대 단독회담에서 상의할 민정 · 민주연합 문제를 거론했고, 이에 대한 여권의 입장을 노태우를 통해 제시해 줄 것을 부탁했다고 한다. 또 김 총재는 이튿날 6월 1일의 청와대 회담[52]에서 양당연합, 나아가 합당용의까지 표명했다는 것이고, 대신 노태우의 임기 중 원내에서의 안정적 뒷받침과 노태우 퇴임 후 보장까지 약속한 것으로 알려졌다.[53]

그런데 이에 대해서 노태우는 자신의 정계개편 및 권력승계구도와 김영삼의 제안을 "신중하게" 대비하고, 검토한 뒤에 "상시 대화채널을 맺자"는 정도로 언급했다고 알려져 있다. 그 결과 양인 사이에는 박철언-김덕룡의 핫라인이 형성됐다. 김 총재가 소련을 방문하는 동안

---

51) 위의 글, pp. 172~173을 참조하라.
52) 이때의 언론은 이 회담으로 양당이 "대립에서 협조"의 관계로 발전하는 전기가 되었으며, 향후 정국에 큰 변수가 될 것으로 보도했으나 정계개편에 대한 구체적인 내용은 밝히지 못하고 있다. 〈조선일보〉, 1989. 6. 1.
53) 한동윤, 앞의 글(1990), pp. 160~161을 참조하라.

민정·민주 양 진영은 이 핫라인을 통해 물밑대화를 계속한 것으로 보인다. 그리고 6월 21일 노태우는 소련에서 돌아온 김 총재와 다시 한번 회담을 갖고,[54] 정계개편과 관련하여 공화당의 김종필 총재와의 교섭은 자신보다 김 총재가 맡는 것이 좋다며 그에게 위탁했다고 한다.[55] 이후부터 김영삼은 그동안 알려진 것과는 판이하게 정계개편 추진과정에서 수동적 위치에 있던 김종필에게 접근하여, 상호신뢰관계를 구축하기 시작했다. 그리고 이 과정에서 민주당의 황병태, 공화당의 김용환 의원이 대화의 채널로 동원됐다.

한편, 노태우는 같은 해 7월 10일 김종필과의 단독회담[56]에서 민정·공화 연립을 제의받았으나, 확답하지 않았다고 한다. 노태우로서는 이미 김영삼과 정계개편 추진을 약속한 터라 속마음을 털어놓을 수 없었다는 것이다. 또 민정·민주 연합이 성사되면 여기에 공화당도 당연히 포함될 것으로 여겼고 동시에 "민주화를 추진하는" 노태우로서는 '유신본당'인 공화당과 결합하여 이득보다는 손해가 많다는 판단도 작용했을 것이다. 노태우의 실질적 "거부"에 김종필은 매우 실망하여 한때 정계은퇴까지 고려했다고 한다.[57]

다른 한편, 노태우와 꾸준히 교감하던 김영삼은 "천부적인 승부사

---

54) 김영삼 총재가 두 번째의 청와대 회담을 끝낸 뒤 언론에서는 그가 "북방외교에서의 초당적 협조"를 말한 것은 곧 민정·민주 양당간 국내정치에서의 '정책제휴'의 가능성을 말하는 것이라고 해설하였다. 또 김 총재가 여당과의 협조를 강조한 것은 "여당과의 공존을 추구하는 구상의 일환"으로 볼 수도 있다고 지적했으며, 이 같은 분위기와 관련, 앞으로 민주당 내에서 보수파의 입장이 강화될 것으로 전망했다. 〈조선일보〉, 1989. 6. 21, 22를 참조하라.

55) 한동윤, 앞의 글(1990), p. 161, p. 163.

56) 이 회담에 대해 당시 언론은 김종필 총재가 '합리적 대동단결론'에 따른 정계개편을 제기했다고만 보도하였다. 〈조선일보〉, 1989. 7. 11.

57) 한동윤, 앞의 글(1990), p. 163.

답게" 낙담해 있는 김종필에게 접근하면서 담담하게 대화를 유지하다가 마침내 그로 하여금 9월 11일, 공화당 의원총회에서 "뭔가 나름대로 결심할 시기가 가까워 오는 것 같다"고 발언하게 하는 데 성공한다. 이때까지만 해도 두 총재들의 의중에는 "3당 합당"이 아니라 민주·공화 연합이 자리잡고 있었다고 한다.[58] 이후 둘은 10월 골프회동을 시발로 정계개편에 대한 본격적인 대화를 나눈 것으로 보인다.

이렇게 노태우와 김종필 사이에서 김영삼이 정계개편의 흐름을 나름대로 조정하고 정가에서는 5공 청산협상이 한창 진행 중일 때, 노태우는 1989년 11월 초 측근들에게 "3당 합당"을 추진할 것을 지시하고, 11월 18일 유럽 순방길에 올랐다. 그리고 노태우와 함께 출국했던 박철언 장관은 11월 22일 단독 귀국하여 활발한 접촉을 벌이기 시작했다. 그리고 노태우는 귀국한 이후 12월 15일 3야당 총재들과 5시간여에 걸친 회담을 진행하는 동안 5공 청산문제의 마무리를 위한 협상을 벌이는 한편, 김영삼과 후계구도 등 밀도 있는 대화를 나누었다고 한다.[59]

그런데 어떠한 의도에서였는지 노태우는 같은 해 12월 박철언-김원기 회담을 통해 평민당에 민정·평민 연정을 제안했는데,[60] 이것은 노태우가 정계개편의 결과가 어떠한 것이든 집권당으로서는 아무런 상관이 없다는 자신감의 결과였다고 볼 수 있고 기왕에 진행되는 민주당 및 공화당과의 정계개편 논의 사실을 숨기기 위한 연막작전일

58) 위의 글, p. 164.

59) 〈한겨레〉, 1990. 1. 23.

60) 평민당도 이러한 제안을 다각도로 검토해 볼 가치를 인정하여 여유를 두고 협상하려 했으나, 민정당 측은 '시간이 없다'는 이유로 이후 연락을 끊었고, 결국 김대중 총재는 청와대회담에서 이 제안을 거부하였다. 한동윤, 앞의 글(1990), pp. 168~169를 참조하라.

수도 있지만, 또한 문제의 "3당 연합"과 그 결과인 민주자유당은 그가 "처음부터 의도한 것이 아니다"는 해석을 가능케 한다.

또 노태우는 "보혁구도로의 정계개편과 민정당 해체가능성"을 공개 발언한 박준규 민정 대표의 말은 "얼토당토않은 얘기"라며 대노하여 그를 해임했고, 1990년 1월 초 연두회견에서 "인위적 정계개편은 불가하다"고 선언했다. 그리고 1월 11일 평민당 김대중 총재와의 단독회담에서도 노태우는 "박 대표의 발언이 사실이 아니다"면서 김 총재를 안심시켰던 것으로 전해진다. 이러한 일련의 과정 역시 "3당 합당"을 숨기는 연막작전의 일환으로 볼 수 있기는 하지만, 노태우의 "객관적" 발언과 "상호배반적" 행위들은 정계개편과 관련한 그의 정치리더십이 "상황이 허락해 그에 맞는 어떠한 형태와 정계개편을 하더라도 대통령 개인적으로는 책임질 일이 없는" 방향으로 행사됐다는 점도 시사하고 있다.

이상에서 정리해 본 "3당 합당"의 전개과정에서 나타난 노태우의 정치리더십은, 이에 대한 더 많은 자료들이 발굴되기 전까지는 잠정적으로 다음과 같이 해석될 수 있다.

첫째, 3당 합당은 당초부터 노태우 자신의 비전이나 의지에서 착상된 것이 아니라, 반민정당 정서를 지닌 노태우가 정계개편에 관한 박철언의 아이디어를 직책상 상급자로서 수용하여 집행하는 과정에서 결과적으로 얻어진 것이다.

둘째, 노태우가 일단 제의했던 민정·민주 연합이 김영삼의 반대로 무산되자, 그는 상황이 성숙하기를 기다리다가 김영삼이 3당 합당을 전격적으로 제의하자 다시 논의하기 시작했다.

셋째, 정계개편 과정에 김종필을 끌어들여 결과적으로 3당 합당이 된 과정에서는 실제적으로 노태우보다 김영삼의 역할이 더 컸다.

넷째, 노태우는 평민당에도 민정·평민 연합을 제의했는데 이것은 그가 처음부터 일관되게 3당 합당(민자당)을 염두에 두었던 것이 아님을 말해주는 하나의 예이다.

다섯째, 따라서 3당 합당은 여러 인물이 개입되고 정치·사회적 사건들이 전개되는 과정에서 결과적으로 나타난 것이지 노태우가 처음부터 그의 의지에 따라 일관되게 추구했던 목표는 아니었다.

여섯째, 노태우는 정계개편 과정의 거의 마무리 단계까지 일반국민과 평민당에 원칙적이고 객관적인 발언으로 그 실상을 숨김으로써[61] 어떠한 결과가 나타나든 그에 대한 책임을 최소화하려고 했다.

6. 맺음말: 요약 및 평가

상기 분석은 주로 신문보도와 관련된 분석기사들을 바탕으로 시도된 것이어서 연구방법상 약점이 있다. 따라서 필자는 이 연구가 앞으로 확보될 더 많은 1차 자료와 증언을 바탕으로 뒷받침되어야 함을 인정하며 추후 이를 보완할 것이다. 다만 이상의 분석만을 놓고 보았을 때, 노태우의 정치리더십 특징은 다음과 같이 요약될 수 있다.

첫째, 국민들의 끈질긴 민주화 요구로 이에 대해 집권층이 어떠한 방식으로든 적절하게 반응하지 않으면 안될 대세가 형성되었을 때, 노태우는 민주화의 대세를 따르고 전두환에 의해 만들어진 상황에 성공적으로 적응함으로써 이후의 정치과정에 일정한 영향력을 행사할 수 있었던 보통사람이었다. 그리고 이러한 노태우의 상황대응은 궁극적으로 한국민주주의의 전개과정상 일정한 기여를 한 것으로 평가받을 수 있을 것이다.

---

61) 국민들을 소외시킨 채 이루어진 3당 합당에 대한 비판적 글로는 박인제, "'구국의 결단인가', '밀실의 야합'인가," 〈신동아〉, 1990. 3이 있다.

둘째, 노태우는 후보시절 대세를 바꿀 수도 있었던 중간평가 정책을 공약하였으나, 막상 그것을 독자적으로 실천해야 할 단계에서는 이에 대한 국민적 요구가 거세지 않고 야당들도 실제로는 중간평가를 원치 않는다는 분위기로 대세가 잡혀가자, 이를 이유로 중간평가 실시에 대한 자신의 약속을 깨버렸다. 이것은 목적달성에 집착하는 군인정치가인 노태우가 새롭게 형성된 대세에 편승하여 공약을 지키지 않아도 좋을 상황이 조성되었으므로 공연히 정치적 위험부담이 큰 중간평가를 실시할 필요가 없다며 자신의 공약파기 행위를 합리화했던 결과로 해석된다. 노태우의 이러한 결정과 행동은 그와 그의 정부에 대한 국민들의 정치적 신뢰를 크게 약화시키는 것이었다.

셋째, 노태우가 처음부터 민주자유당(3당 합당의 결과)을 의도하지 않은 것만큼은 분명하다. 즉, 반민정당 정서를 지닌 노태우가 박철언의 정계개편 아이디어를 수용하여 정계개편을 시도하고 진행시켰지만, 이 과정에서 3당 합당에 대한 그의 의지와 주견이 명확하게 표현된 경우는 거의 없었다. 설령 표명된 경우라도 이것은 대개 정치적 협상의 파트너들에 의해 분위기가 조성된 다음이었다. 결국 3당 합당은 결과적으로 나타난 것이고, 이 과정에서 노태우도 다른 정치지도자들과 함께 일정한 영향력을 행사한 정치지도자들 중 한 사람이었다.

이상의 분석결과를 놓고 볼 때, 6·29선언, 중간평가 그리고 3당 합당이 전개되는 과정에서 나타난 노태우의 정치리더십은 후크 교수의 지도자 유형 중, 대세편승형에 해당되는 것으로 보인다. 62) 혹자는 이상의 세 가지 정치사건이 노태우 나름의 주도적 결정으로 비롯된 것이

---

62) 이러한 유형구분을 뒷받침하는 글로는 안병영, "노 대통령, 끝내 대세에만 편승할 것인가," 〈신동아〉, 1989. 6이 있다. 그러나 이 글에서 다루지 않은 다른 정치사건이나 정책집행 과정에서의 노 대통령의 정치리더십도 "대세편승형"일 것이냐의 문제는 별도 연구로 규명되어야 한다.

라고 주장할 수도 있겠지만, 그 정치사건들은 노태우 자신의 독자적인 안목과 의지보다는 자신의 상황적응력과 참모의견의 수용에 의해 비롯된 결과였다. 이러한 노태우의 대세편승적 정치리더십을 한국민주주의의 성숙과 관련지어 볼 때, 다음 세 가지를 말할 수 있다.

첫째, 노태우의 이 같은 대세편승적 정치리더십은 파레토(Vilfredo Pareto)의 엘리트 순환론에 비춰보았을 때, 권력의 분화기에 등장하는 여우형 엘리트에 해당한다.[63] 그런 점에서 노태우의 리더십 스타일이 시대적 요청에 부합[64]하는 것이라고도 평가할 수 있다. 그런 점에서 스스로 약하게 보이면서 국민들로 하여금 민주주의를 자율적으로 실습할 수 있는 기회를 적극적으로 제공했을 가능성도 있을 수 있다.[65]

둘째, 그러나 노태우의 이러한 대세편승적 리더십은 그간의 정치과정에서 자신을 국민들 사이에 얼마든지 믿고 따라갈 수 있는 합리적 지도자로 부각시키는 데는 장애물이었다고 평가해야 할 것이다. 그는 국민들에게 자신의 명확한 견해를 밝히지 않거나 또는 못함[66]

---

63) 파레토의 견해에 대해서는 Vilfredo Pareto, *The Mind and Society*, Vol. 3 (London: Jonathan Cape, 1935); T. B. Bottmore, *Elites and Society* (Hammondsworth, Middlesex: Penguin Books, 1964); 오명호, 《현대정치학이론》(법문사, 1990), pp. 323~329를 참조하라.

64) 한승조, 앞의 책(1992), p. 116.

65) 이와 관련하여 노 대통령의 측근에서는 노 대통령의 리더십이 가진 최대 강점은 "약하게 보이는 것"이고 그 스스로를 약하고 답답하게 보임으로써 국민들에게 민주주의의 자율실습을 시키는 "커다란 어리석음(泰愚)의 지혜"를 실천하고 있다고 주장한다. 이 부분에 대해서는 조갑제, "노 대통령은 과연 약한가,"〈월간조선〉, 1989. 7을 참조하라.

66) 그래서 조갑제는 노 대통령의 한 비서관의 말을 인용, 노 대통령의 아쉬운 점은 국민들의 양식, 정의감, 도덕성에 호소하는 "대중적 설득력"이 약한 것이며, 가장 부족한 점은 "우리 국민들의 가슴에서 잠자고 있는 신명을 불러일으키는 데 소홀"한 것이라고 썼다. 조갑제, 앞의 글(1989), p. 259.

으로써 그리고 자신의 공약을 변화된 상황을 이유로 유야무야시킴으로써 한국정치 민주화의 중요한 과제 중 하나인 정치인과 정치에 대한 불신의 문제를 해결하기보다 도리어 강화시켰다.

셋째, 노태우는 권위주의시대는 지나갔다든지 국민여론을 중시한다는 명분으로 상황전개를 관망하며 권력을 즐겼다고 볼 수 있다. 즉, 한국사회는 아직 민주화가 완료되지 못한 상태 혹은 민주주의가 아직은 공고하게 자리잡지 못한 처지에 있으므로 많은 국민들이 다양한 과도기적 문제들의 해결을 기대하며 요구하고 있음에도 불구하고 노태우 나름대로는 이미 민주주의가 성숙한 국가의 대통령처럼 "자유주의적으로 행동하며 권력을 누려왔다"[67] 고 평가할 수 있다.

---

67) 이런 진술은 앞서 소개한 김호진 교수의 견해처럼 노 대통령이 정치나 권력에 대해 '긍정적' 태도를 가지고 있음에 기인하기도 한다.

제12장

김영삼 대통령 정치리더십의 성격과 한계

집권 초기 개혁이니셔티브를 중심으로

1. 머리말

김영삼 정부 출범 이후 한국사회는 이른바 '변화와 개혁'을 경험하고 있다. 김영삼 정부는 역대 어느 정권보다도 높은 정치적 정당성을 배경으로 지난 1년 동안 정치, 경제, 사회, 군 등 각 부문에 걸쳐 과감한 인사이동 및 사정활동을 전개하고 금융실명제와 같은 획기적 경제조치를 단행하여 국민적 지지를 받고 있다. 사실상 변한 것이라면 지난번 대통령선거에서 승리한 김영삼 후보가 대통령에 취임한 것밖에 없다고도 볼 수 있겠지만 그것으로 촉발된 정치 및 사회 각 부문에서의 변화는 매우 크고 광범위한 것이다. 이러한 점에 비추어 김 대통령의 과감한 부정부패 척결정책과 각종 개혁조치들이 시행되었던 지난 1년간 한국정치는 한마디로 김 대통령의 독무대였다고 해도 과언은 아니다. 그래서 한동안 지나친 인치(人治)라는 비판도 받았고 '한국의 정당정치가 실종되었다'거나 정부관료들은 물론 국민의 대표인 국회의원들까지도 '청와대 눈치를 보고 있다'는 곱지 않은 여론이 일기도 했다.

그러나 분명한 것은 지난 1년간의 한국정치가 우리로 하여금 정치·사회적 변화과정에서 정치리더십이 차지하는 비중과 역할이 매우 크고 중요하다는 사실을 재인식하게 했다는 점이다. 해방 이후 오늘날까지 전개된 한국정치는 논자에 따라 여러 다른 시각과 접근법으로 평가될 수 있겠으나 무엇보다도 각 시대의 정치양상이 그때그때의 최고 정치지도자, 즉 대통령의 리더십 스타일에 따라 달리 나타났다[1]는 것에 특별한 이의를 제기할 사람은 많지 않을 것이다. 따라서 현대 한국정치에 주목하는 연구자라면 누구나 대통령의 리더십에 관심을 가지고 그것이 어떠한 성격이며 또 정치·사회적 변화에 어떻게 영향을 미쳤는가를 분석하고 평가하는 작업에 상당한 노력을 기울이는 것이 당연하게 보인다. 그러나 유감스럽게도 한국정치를 리더십중심으로 이해하려는 차원의 연구는 매우 빈약하며 다만 최근에 와서야 다소간 활기를 띠고 있을 뿐이다. [2]

---

1) 이러한 견해에 대해서는 다음을 참조하라. Glenn D. Paige, "The Rediscovery of Politics," in John D. Montgomery and William J. Siffin (eds.), *Approaches to Development: Politics, Administration, and Change* (New York: McGraw-Hill, 1966), pp. 49~58; 졸고, "제 3세계 발전과정에 대한 정치리더십 접근 시론," 〈한국정치학회보〉, 제25집 2호(1992), pp. 193~222.

　최근 정사협의 깨끗한 정치분과위원회가 이남영 교수 등 3명의 교수들에게 의뢰하여 여야 국회의원 각 50명을 대상으로 실시한 설문조사 결과에 의하면, "깨끗한 정치가 이루어지지 못한 원인 두 가지를 순서대로 꼽으라"는 물음에 대해 가장 많은 45%가 최고권력자의 의지 부족, 33%가 국민들의 의식 부족을 지적하였는데, 이것도 우리나라 정치에서 정치지도자의 영향력이 얼마나 큰지를 보여주는 좋은 예라 하겠다. 〈한겨레〉, 1993. 11. 8.

2) 이 분야의 연구로 눈에 띄는 것은 한승조, 《한국정치의 지도자들》(대정진, 1992)이 있으며 (한국)정치학 개설서로 정치리더십의 주제를 포함하고 있는 책으로는 이정식 편, 《정치학》(대왕사, 1993); 김호진, 《한국정치체제론》, 전정3판(박영사, 1993); 이범준·신승권, 《정치학》, 개정판(박영사, 1985) 등이 있다. 그리고 월간조선 편집부 편, 《비록, 한국의 대통령》(조

필자는 당초 김영삼 대통령(이하 김영삼)의 정치리더십에 대한 유형화를 시도하는 글을 요청받았다. 그러나 이 글에서 필자는 그의 권력지향적 특성이나 그가 보여준 특정한 정치적 테크닉을 부각시키는 차원의 유형화나 정신분석적 차원의 성격규정은 시도하지 않고,[3] 그간의 정치과정을 통해 나타난 김영삼의 개혁리더십의 정치적 성격을 적어도 다음 세 가지 차원에서 검토하고자 한다.

첫째, 취임 첫해 동안 김영삼은 주변 엘리트를 포함한 국민들과 어떠한 관계를 유지했는가? 즉, 그간의 정치과정에서 김영삼의 엘리트 및 일반국민들과의 관계는 어떠한 성격이었는가를 검토할 필요가 있다. 정치에 대한 리더십 접근은[4] 단순히 정치지도자 개인 차원의 특성만을 연구대상으로 다루는 것이 아니라 "지도자와 국민 사이에 형성되는 다양한 관계유형"이 어떠한가에도 분석적 관심을 갖는다.

둘째, 김영삼이 추구하는 변화의 폭은 어느 정도인가? 정치, 사회

선일보사, 1993)은 우리나라 전직 대통령들에 대한 기초자료를 모은 책으로 유익하다.

3) 한동안 김영삼 대통령과 함께 정치활동을 했던 정상구 박사는 김 대통령을 도덕적으로 결함이 많은 "대통령병 환자"라 했고, 최근 김호진 교수는 김 대통령을 도전적 자세로 국정을 장악하고 문제상황을 돌파하는 성격의 "승부사적 성취형"이라고 규정하였다. 또 정신분석 전문가인 백상창 박사는 김 대통령을 "큰 인물 콤플렉스" 때문에 자신의 직관적 판단과 신속한 행동을 과신할 위험이 있는 "직선적 행동파"라고 보았다. 정상구, 《대통령이 뭐길래》(인간시대, 1992), pp. 203~223; 김호진, 앞의 책(1993), pp. 655~656; 백상창, "김영삼·노태우·전두환·박정희 정신세계 정밀분석,"〈월간 중앙〉, 1993. 6, pp. 268~278;〈동아일보〉, 1993. 9. 1.

4) 이에 대해서는 Robert C. Tucker, *Politics as Leadership*(Columbia: University of Missourri Press, 1981); Jean Blondel, *Political Leadership*(London: Sage, 1987); Edward Feit et al., *Governments and Leaders: An Approach to Comparative Politics*(Boston: Houghton Mifflin, 1978)를 참조했다.

적 변화와 관련한 정치리더십의 유형은 그 폭에 따라 "최대변화 리더십", "온건변화 리더십", "최소변화 리더십" 등 세 가지가 있다. 5) 김영삼이 추구하는 변화는 어떠한 수준에 속하는지를 대통령 개인의 특성과 정치·사회적 환경요인들을 중심으로 가늠해 볼 것이다.

셋째, 김영삼의 개혁리더십은 한국민족주의의 현대적 전개과정이란 맥락에서 볼 때, 어떻게 평가될 수 있는가? 지금까지 한국민족주의의 정치적 과제는 민주주의의 정착과 자주적 평화통일로 요약된다. 필자는 이와 관련하여 김영삼의 개혁리더십이 한국민족주의의 맥락에서 어떠한 성격의 것인지를 검토할 것이다.

이상과 같은 분석적 질문에 의거하여 필자는 우선 김영삼 개혁리더십의 정치적 성격을 규명하고, 이것에 대한 비판적 평가와 필자 나름의 몇 가지 제안을 덧붙이고자 한다.

2. 계몽군주형의 지도자

정치를 지도자나 리더십을 중심으로 논할 때, 체계론적 접근이나 구조주의적 접근에 익숙한 사람들은 흔히 그것이 지도자의 일방적이고 독재적인 권력행사를 아무런 비판 없이 그대로 용인하거나 합리화하는 것으로 오해하는 경우가 많다. 그러나 정치에 대한 리더십 접근은, "리더십 현상은 어느 조직이나 집단에서든 생생한 현실이다"6) 라

---

5) Glenn D. Paige, *The Scientific Study of Political Leadership* (New York: Free Press, 1977), p. 98.
6) 일찍이 미국의 정치학자 메리엄도 이러한 사실을 지적하였다. Charles E. Merriam, *Systematic Politics* (Chicago: University of Chicago Press, 1966), p. 107.

436

는 점과 "지도자와 집단구성원은 어떠한 형태로든 상호작용한다"는 점을 전제로 현실적으로 존재하는 다양한 형태의 리더십 현상을 "가치중립적 현상"으로 간주하여 분석, 평가하고자 하는 새로운 연구분야이다. 7) 그리고 리더십 현상에 관심을 갖는 사회과학자들은 "리더십"은 "지위중심적 개념"인 "엘리트"와 달리 "관계중심적 개념"임을 강조한다. 8) 그리고 이러한 상호작용은 지도자가 정치과정을 이끌고 국민은 따라가는 과정에서 매우 다양한 형태로 나타나는데, 필자는 지도자와 국민 사이에 형성될 수 있는 관계유형에 따라 정치리더십은 "전제군주형", "계몽군주형", "자유주의자형" 등으로 분류될 수 있다고 생각한다. 9)

한 정치지도자의 리더십적 성격을 지도자 - 국민 간의 관계라는 측

---

7) 이 점에 대해서는 Tucker, 앞의 책(1981), p. 11을 참조하라.

8) William A. Welsh, *Leaders and Elites*(New York: Holt, Rinehart and Winston, 1979), pp. 17~20을 참조하라.

9) 이것은 필자가 임의로 상정한 이념형으로, "전제군주형" 지도자는 전횡적이며 국민의 참여형태는 소수자발적, 다수비자발적 복종의 형태이다. 합법적·비합법적 강제력을 모두 사용한다. 이 같은 지도자는 국민들과의 직접적인 커뮤니케이션을 거의 하지 않거나 지극히 의례적인 수준으로 수행할 뿐이다. "계몽군주형" 지도자는 많은 국민의 동의와 자발적인 지지를 바탕으로 일정한 가이드라인에 따라 이끌어 가며, 여러 차원의 협상도 가능하지만 중요한 사안의 경우에는 지도자의 방침이 관건이다. 합법적 강제력을 최대한 사용한다. 국민들의 다수가 자발적으로 참여하며, 소수의 불만이 따른다. 지도자의 국민들과의 커뮤니케이션이 제도적으로 개방적으로 되어 있으나 실제로는 제한되어 있는 경우가 많다. "자유주의자형" 지도자는 국민과 동등한 파트너와 같은 입장에서 다만 역할분담 차원에서 서로 의논하거나 협상, 타협 등을 일상적으로 행하며 합법적 강제력을 사용한다. 국민들과의 커뮤니케이션이 자유롭고 막힘이 없다. 그러나 주요 정책의 결정과정에서의 관건은 지도자와 국민에게 공통으로 적용되는 법과 제도일 경우가 많다. 그리고 이 세 가지 유형은 하나의 개념적 이상형으로서 어느 것이 우월하다든지 또는 어느 것이 항상 바람직하다든지 하는 차원의 분류가 아님을 명기한다.

면에서 규명하려면 먼저 "지도자 자신이 나름대로 제시한 상황진단과 처방을 현실정치 과정을 통해 실천하는 과정에서 국민적 지지와 참여를 유도하기 위해 어떠한 수단과 방법을 동원하고 있는가"와 이에 대해 "정치·사회적 엘리트들과 일반국민들은 어떻게 반응하는가?" 그리고 "이에 대한 지도자의 반응은 어떠한가?"[10] 를 검토해야 한다. 이러한 질문을 중심으로 그간 김영삼 대통령이 보인 태도와 행동들을 분석하면 다음과 같다.

김영삼은 우선 대통령 취임초기에 한국사회는 심각한 '한국병'에 걸렸다고 진단하고 이를 치료하기 위한 처방으로 공직사회 및 민간부문에 대한 강도 높은 부정부패 척결운동을 추진했다. 김영삼은 취임사를 통해 신한국 창조의 비전과 부정부패, 경제 활성화, 국가기강 확립의 3대 당면과제를 제시했다.[11] 그리고 그는 취임한 지 열흘 만에 먼저 자신과 가족의 재산을 공개하면서 윗물맑기운동을 시작했다.[12] 또한 첫 수석비서관회의에서 청와대 비서실이 개혁의 산실이 되어주기를 당부했고, 청와대가 모든 면에서 모범이 되어야 한다고 재삼 강조했다.[13] 그는 자신이 한국병을 치료하고 '신한국'을 창조하는 선봉장임을 자임하면서 자신이 앞서 뛸 테니 국민들도 함께 뛰어드는 식으로 변화와 개혁에 대한 국민적 지지와 참여를 요구했다.

그래서 김영삼은 첫 국무회의에서 국무위원들도 솔선하여 재산공개를 실천할 것을 당부하면서 "우리 자신이 자기 혁신을 하지 않고서는 국민들에게 변화와 개혁을 요구할 수 없습니다. 우리가 먼저 달라

---

10) 이에 대해서는 Robert C. Tucker, 앞의 책(1981), pp. 11~36을 보라.
11) 대통령 취임사(1993년 2월 25일)와 국회 대표연설문(1992년 10월 13일)을 참조하라.
12) 〈조선일보〉, 1993. 2. 28.
13) 〈동아일보〉, 1993. 9. 14.

져야 합니다. 우리가 먼저 깨끗해져야 합니다. 우리가 먼저 고통을 감당해야 합니다. 나는 대통령인 나 자신이 솔선해야 한다는 각오 아래 오늘 나의 재산을 공개한다"[14]고 말했다. 이후 김영삼은 깨끗한 정치의 실현을 위해 앞으로 5년 동안 기업이든 일반이든 어떠한 사람한테서도 돈을 받지 않겠다 라고 천명했다. 그리고 아주 가까운 측근이 입시부정과 관련하여 물의를 빚자 즉시 그를 민자당 사무총장직에서 물러나게 했으며, 한창 사정이 진행중인 과정에서 과다한 변호사 수임료를 받은 청와대 사정비서관을 즉시 해임했다.[15]

그의 이러한 솔선수범적 이니셔티브를 권력정치의 맥락에서 정치적 술수에 불과한 것으로 비판할 수도 있지만, 그보다는 이전의 권위주의적 대통령들이 보여줄 수 없었던 계몽적 리더십의 하나로 이해하는 것이 더 타당할 것이다.

김영삼은 이 같은 계몽적 이니셔티브를 실천하면서 이에 대한 국민들의 자율적 동참을 요구하였다. 우선 재야를 비롯한 자생 시민운동단체들의 비판과 참여를 촉구했다. 시민단체들의 반응은 비교적 적극적인 것으로 나타났다.[16] 그리고 공직자 재산공개 과정에서 정치인들의 자발적 참여가 미온적이자, 그는 "우리는 통한의 눈물로 지난날을 반성해야 합니다. 그러나 재산공개와 관련하여 진정으로 참회

---

14) 〈중앙일보〉, 1993. 2. 27.

15) 〈동아일보〉, 1993. 8. 18.

16) 예컨대, 현 정부는 "이제 시민운동은 감시자 역할에서 실천자 역할로 바뀌어야 한다"는 입장에서 자생적 시민단체들의 개혁과정의 연대적 참여를 원했고, 이에 대해 '정의로운 사회를 위한 시민운동협의회'(正社協)도 동의했다. 이 단체에는 경제정의실천시민연합, 한국노총, 흥사단, 한국부인회, 한국여성정치연구소, 한국기독교총연합회, 전국농민단체협의회 등 37개의 온건시민단체를 회원으로 가입하고 있다. 이주명, "개혁추진 정부-시민단체연대,"〈한겨레〉, 1993. 5. 24.

하는 사람을 보지 못했습니다. 우리의 도덕적 불감증은 이 지경에 이르렀습니다"라고 질타하였다. 17) 이어서 김영삼은 부정부패 척결을 실천하기 위해 감사원, 국세청, 각급 검찰기관을 동원하여 청산대상자들에 대한 법적 조치를 시행하였다. 18) 그로서는 부정부패 척결을 타협의 여지가 없는 소명으로 간주하고 이것을 나름대로 설정한 기준에 따라 완결짓고자 한 것으로 보인다. 그리고 이 같은 김영삼의 솔선수범적 이니셔티브는 그동안 강압적이고 권위주의적 통치방식에 염증을 느꼈던 많은 국민들의 공감을 얻는 데 일단 성공했다. 그래서 김영삼은 그의 과감한 조치들은 국민들로부터 최고 97% 수준까지 지지를 받았다. 19) 심지어 MBC가 실시한 대중인기스타 여론조사에서 탤런트 최진실과 농구선수 허재를 제치고 10대의 청소년들이 가장 좋아하는 "우상"으로까지 선정되었다. 20)

다른 한편, 김영삼의 개혁리더십은 정치·사회적 엘리트들로부터 대체로 긍정적으로 받아들여졌지만, "인치냐 법치냐" 또는 "혁명이냐 개혁이냐"21) 와 같은 논쟁을 일으키며 여러 형태의 비판도 받았다. 취임 초기에 이문조 교수는 "한국병에 관한 신정부의 인식론에는 공감

---

17) 1993년 4월 9일, 민자당 제 3차 상무위원회의에서의 발언.

18) 결국 민자당에서 비리에 관련된 의원들을 의원직 사퇴 3명, 탈당 2명, 출당 1명, 공개경고 5명, 비공개경고 6명, 총 17명을 조치하였다. 대통령비서실, "김영삼 대통령: 변화와 개혁의 100일"(1993), p. 19.

19) 취임 한 달째에 그의 지지도는 70.9%였고(한국갤럽), 100일이 지난 후에는 85%(〈시사저널〉), 95%(한국리서치)로 상승했다. 〈조선일보〉, 1993. 3. 25, 6. 2; 〈시사저널〉, 1993. 6. 3을 참조하라. 사실 취임 직후 김영삼 정부에 거는 기대는 60% 정도였고 김영삼 대통령 개인에 대한 인기는 선거전에서의 득표율인 42%를 훨씬 밑도는 30% 정도에 불과했다. 〈뉴스메이커〉, 1993. 6. 27, p. 43을 참조하라.

20) *Korea Herald*, 1993. 4. 18.

21) 〈뉴스메이커〉, 1993. 6. 13, pp. 8∼9.

하니 그 치유를 위한 구체적 방법론을 제시하라"고 주문했다. 22) 또 안병영 교수도 취임 6개월을 평가하는 기회에 "확고한 개혁원칙과 제도적 개혁프로그램이 시급하다"고 주장했다. 23) 민주당의 제정구 의원은 "현재의 개혁은 대통령이 혼자 하기 때문에 위아래 손발이 안 맞고, 즉흥적이며 본질에는 접근도 못하고 있다"고 비판했다. 24) 민자당 내에서 개혁과정에서 소외감을 느끼고 일부 민정・공화계 의원들은 "정당정치 부재로 인한 정치실종"을 주장했으며, 민주당에서는 "개혁은 국회를 중심으로 추진되어야 한다"고 주장했다. 25)

이같이 김영삼의 개혁리더십에 대한 국민적 지지와 비판적 평가가 교차되는 가운데, 1993년 5월 김영삼은 김덕룡 정무 제1장관으로 하여금 "현재로선 법과 제도를 통해 개혁할 것보다 지도자의 결단과 정치력으로 개혁할 수 있는 것들이 더 많으며, 이것이 더 시급하다"고 공표하게 함으로써 취임 초부터 자신이 추진하던 방식으로 개혁을 지속적으로 추진할 것임을 분명히 했다. 그리고 같은 발표문에서 김덕룡 장관은 "법과 제도가 완비될 때까지 기다리자는 것은 개혁을 하지 말자는 것이며 그런 주장을 하는 사람을 개혁을 두려워하고 기피하는 사람들"이라고 지적했다. 26) 이 같은 김 장관의 발언에 대해 이후 심각한 반론은 제기되지 않았고, 김영삼에 대한 지지율은 계속 80~90% 수준을 유지했다. 요컨대 대부분의 엘리트들도 김영삼의 상황인식과 수범적 개혁드라이브에 대해서 일반적 지지를 표하지만, 다양한 이해관계에 따라 그 평가와 인식을 달리할 뿐인 것으로 보인다.

---

22) 〈동아일보〉, 1993. 3. 3.
23) 〈동아일보〉, 1993. 8. 23.
24) 〈조선일보〉, 1993. 5. 27.
25) 〈동아일보〉, 1993. 8. 22.
26) 〈한겨레〉, 1993. 5. 24.

그러나 김영삼의 일반국민 및 정치사회적 엘리트층과의 커뮤니케이션은 형식상 의례적 수준을 벗어나지 못했고, 내용상 단순하고 깊이가 없어 "지도자-국민과의 관계"가 높은 지지율에도 불구하고 어설프고 허전하다. 어떤 면에서 "내가 지금 모범을 보이고 앞장서서 뛰고 있으니 여러 말 말고 따라오기나 해라"는 식으로 개혁을 추진하는 것 같다. 즉, 그는 대통령과 국민들 사이의 간격을 좁히고자 청와대 앞길과 인왕산을 개방하고 기자회견도 자유로이 질의응답하는 방식으로 바꾸는 등 변화를 시도했지만, 그가 국민들과 커뮤니케이션하는 방식은 과거의 대통령들과 크게 다르지 않는 수준인 것 같다.

예컨대, 김영삼은 지금까지 취임식 때를 제외하곤 직접 국민들에게 그의 비전과 정책을 알리고 설득시키기 위한 감동적 연설이나 자유스러운 대담을 가진 적이 없다. 또 대통령으로서 여러 지역이나 기업을 방문, 시찰할 때, 과거 대통령들보다 미소를 많이 짓거나 대화 형식이 부드러워지긴 했으나 주민이나 직원들과의 대화내용은 역시 의례적 격려와 호소의 차원을 벗어나지 못했던 것 같다. 즉, 신체적 접촉이 있었고 만나는 형식이 그전보다 부드러워졌다고는 하나 대화의 깊이가 별로 없어 그의 "계몽성"을 국민들의 마음에 인상깊게 침투시키지는 못한 것 같다. 말하자면 김영삼은 국민들과의 커뮤니케이션에 관한 한, 전근대의 "군주적 폐쇄성"[27]을 극복하지 못했기 때문에 스스로 정당성 있는 정부의 최고 권력자이고 또 높은 인기를 누리

---

27) 이러한 폐쇄성의 원인에는 여러 가지가 있을 수 있다. 첫째, 권력소유자로서의 대통령이 위엄 있게 보여야 한다는 마키아벨리적 이미지 관리차원에서 계산된 것일 수 있고, 둘째, 아직 대통령으로서는 수습기에 있기 때문에 우선은 과거 대통령처럼 의례적 수준의 커뮤니케이션을 유지하는 것일 수 있으며, 셋째, 대통령 자신이 국민들과의 자유롭고 진지한 대화나 토론을 할 준비가 되지 못했다는 개인적 차원의 이유가 있을 수 있겠다.

는 국가지도자이면서도 그의 "계몽성"을 극대화하면서 심도 있는 국민적 공감대를 형성하는 데 실패하는 것으로 보인다.

또한 김영삼은 그간 인사정책에서도 "군주적 폐쇄성"을 극복하지 못했다. 그는 그동안 몇 차례의 개각 및 정계개편과 관련된 인선과정에서 지나치게 보안에 신경쓰고 비밀리에 결정하는 스타일의 "용인술"을 보였다. 이러한 비밀주의적 인사정책이 그의 오랜 야당생활에서 비롯된 습관적 행태이거나 인선결과의 의외성을 높임으로써 집권자의 카리스마를 제고하는 효과는 이해될 수는 있겠으나 개방적인 민주사회를 지향하는 과정에서는 정상적인 합리적 관행이라고 평가할 수는 없는 사항이다. [28] 그리고 김영삼은 최근 "아무리 능력이 있어도 소용없다"는 그 스스로의 발언에서 유추할 수 있는 것과 같이, 그에게서 근대적이고 합리적인 가치관으로서의 "능력"보다 자신과의 친분관계와 그에서 비롯된 개인적 신뢰도가 더 중요한 인물평가의 기준이 되고 있다. 그래서 김영삼 정부의 출범 이후 새로 유행했던 말이 "가신"(家臣)이란 말이었으며, 주요 부서에 임명된 사람들은 이 가신들이거나 이들과 친분이 깊은 인사들이었다. [29] 또 이른바 "가신" 그룹과 그에 깊이 연결된 인사들은 최근 모두 "군주가 신하들에게 베푸는" 논공행상식의 배려로 모두 관직, 당직 또는 정부투자기관의 고위급 임원으로 임명되었다. [30] 이것도 김영삼의 개혁리더십이 "군주적 폐쇄성"을 완전히 극복하지 못함을 보여주는 예라 하겠다.

요컨대, 김영삼은 그간의 개혁과정에서 자신이 솔선수범하는 방식으로 국민들의 자발적 지지와 참여를 유도하고, 국민들의 비판에 대해 개방적 태도를 취하면서 그 같은 비판과 요구에 대해서는 일정한

---

28) 〈동아일보〉, 1994. 2. 24.
29) 〈조선일보〉, 1994. 1. 26.
30) 〈동아일보〉, 1994. 1. 17.

기준과 원칙을 가지고 대응하였다. 이로써 국민들을 "계몽"하고 정국을 주도하는 것에는 성공했다. 하지만 지도자로서 국민들과의 커뮤니케이션과 엘리트들에 대한 인사정책이 여전히 과거의 권위주의적인 대통령들과 크게 다를 바 없이 폐쇄적이었기 때문에 "개혁권위주의" 또는 "문민독재"라는 비판을 면치 못했다. 따라서 지난 1년 동안 김영삼이 보여주었던 국민들과의 상호관계의 성격을 중심으로 파악할 때, 그는 "계몽군주형"의 지도자였다고 할 수 있다.

3. 온건변화의 정치노선

그렇다면 김영삼이 추구하는 변화는 어느 정도 수준에 해당되는 것인가? 안병만 교수는 "지금 개혁은 김 대통령이 결단을 내리고 모범을 보임으로써 성역이 없다는 것이 과거와 다르다"면서 "현재의 개혁은 혁명적 요소가 더 많다"라고 전제한 뒤 "혁명적 변화는 지도자의 독재를 조장할 우려가 있고 공포 분위기로 사회의 생산성과 창의성을 저하시키며, 이의를 허용하지 않음으로써 사회를 침묵시킬 수 있다"는 우려를 표명하였다. 31) 또 그동안 일부 보수진영의 사람들에 의해 이른바 "반체제 활동가"로 불리던 많은 재야인사들이 주요 정부직에 임명되고 김정남 사회문화수석비서관이 재야인사들의 의견을 수렴하는 창구역할을 한다 해서 특히 기득권층에 해당되는 사람들은 대단히 큰 폭의 변혁을 우려하기도 한 것이 사실이었다. 그래서 적당한 개혁이나 현상유지를 바라는 사람들은 현재의 개혁을 "혁명"이라고까지 표현했다. 32) 요컨대, 현 정부가 추진하는 변화의 성격은 "절차나 과정

---

31) 〈조선일보〉, 1993. 5. 27.

상이 아닌 내용상의 혁명적 변화"라는 김덕룡 정무 제1장관의 수사적 표현으로 집약될 수 있는데,[33] 필자는 다음과 같은 몇 가지의 관찰들을 이유로 김영삼의 변화를 위한 정치리더십은 결코 혁명적이라고 할 수 없고, 다만 온건변화를 추구하는 순수한 의미의 개혁에 해당한다고 생각한다. 그 이유는 다음과 같다.

첫째, 김영삼이 주위 사람들로부터 "덕장형"(德將型) 지도자로 평가되듯,[34] 비교적 관대하고 포용적인 그의 성격은 혁명적 혹은 급진적 변화와 거리가 멀다. 제13대 국회의원선거에서 김영삼은 1979년 자신이 신민당 총재시절 유신정권의 정치공작에 놀아나 자신에 대해 총재직 가처분 신청을 냈던 유기준 씨를 경기도 광주에 공천하여 당선시켰고, 1979년 당시 김종필 국무총리의 부동산 비리가 밝혀졌을 때 이를 고발하자는 건의에 대해 "나의 투쟁대상은 박정희 대통령이지 김종필 총리가 아니다. 적을 많이 만들 필요가 없다"면서 덮어두라고 했다. 1976년 신민당의 당권을 이철승 씨에게 빼앗긴 이후 최소한 1년 동안 그의 중도통합론에 대한 비판을 삼갔으며, 1970년 김대중 씨에게 대통령후보 경선에서 패한 후, "김대중 동지의 승리는 바로 나의 승리"라고 선언한 뒤, 약속대로 전국을 함께 순회하며 선거운동을 도왔다.[35] 그의 이 같은 포용력과 친화력은 정직성과 충성심을 기준으로 주위의 사람들을 동지로 만들어 나가는 특유의 용인

---

32) 최장집, "개혁의 단계, 대통령, 정치계급," 〈한겨레〉, 1993. 9. 25.

33) 이것은 김 장관이 1993년 5월 26일, 민자당의 "김영삼 정부 개혁 100일 정책대토론회"에서 주제발표한 이후 보충답변을 통해 말했던 내용이다. 〈조선일보〉, 1993. 5. 27을 참조하라.

34) 박권흠, 《김영삼, 그 투쟁과 사상과 경륜》(백양, 1992), p. 38.

35) 이상의 내용에 대해서는 이광복, 《인간 김영삼: 섬 소년에서 대통령까지》(행림출판, 1993), pp. 283~297; 박권흠, 앞의 책(1992), pp. 40~42를 참조하라.

술36)에 접합되어 많은 사람들을 자기편으로 끌어들이는 데 적지 않은 기여를 했던 것 같다.

김영삼의 이러한 친화력은 자신이 지닌 약점, 즉 상대방을 논리적으로 설득할 수 있는 능력이 많지 못한 것을 보상하는 차원에서 중요한 역할을 하고 있다. 그래서 이철승 씨처럼 과거에 그와 함께 야당 생활을 했던 정치인의 평은 그가 이론적 설득보다 특유의 붙임성으로서 사람을 믿게 만들며 조직을 관리하는 스타일의 정치인이며, 말재주는 별로 없으나 열심히 사람을 만나 동지를 규합하는 사람이라는 것이다. 37) 어쨌든 김영삼이 남다른 재주나 언변을 갖추지는 못했지만, 남에게 덕을 베풀고 관대하게 대하는 성격의 소유자인 것은 틀림없는 것 같다. 38) "혁명은 반대하는 사람을 배제할 수 있지만 개혁은 모든 것을 끌어안으면서 해야 한다. 공동선을 실현하는 방향, 경제를 살리는 방향에서 공동체 구성원 모두가 흔쾌히 동의하는 그런 합의 속의 개혁을 지향하고자 합니다"39) 라는 발언도 자신의 관대한 성격과 무관하지 않다. 따라서 이제까지 그는 많은 사람들이 "다칠 수 있는" 특별한 초법적 기구를 만들지 않고, 다만 솔선수범적 자기 혁신을 통해 확보된 도덕적 우위성을 최대한 활용하고 감사원과 같은 기

---

36) 이에 대해서는 〈뉴스메이커〉, 1993. 9. 23을 참조하라.

37) 조갑제 씨와의 인터뷰, 〈월간조선〉, 1993. 10.

38) 그의 측근에서 일했던 이들은 김 대통령이 일본의 德川家康과 같다든지, 심지어 "공자가 이 땅에 와서 정치를 한다 해도 흉내내지 못할 정도로" 관대한 인물이라고까지 극찬하는데, 이는 지나친 표현으로 봐야 할 것이다. 박권흠, 앞의 책(1992), p. 39; 이광복, 앞의 책(1993), pp. 286~288을 참조하라. 그리고 분명히 언급해야 할 것은 김 대통령이 관대한 성격의 소유자라 해서 항상 그렇다는 것은 아니고 다만 일반적 성향이 그렇다는 것이다. 그역시 냉혹한 권력의 속성에 따라 현실주의적으로 행동한 사람이다.

39) 〈동아일보〉 창간 37주년기념 대통령 특별회견(1993. 4. 1) 중에서.

존 정부기관들을 변화의 실천주체로 동원하는, 단순하고, 상식적이며, 온건한 방식으로 현재 상황을 이끌고 있다고 평가할 수 있다.

둘째, 김영삼은 지금까지의 성장과정과 정치역정에서 혁명실천의 전단계로서 계급분석적 관점에서 현실문제를 진단, 비판한 적이 없다. 그가 혁명적 인물이 아니라는 점은 비교적 부유한 가문출신의 보수적 기독교 신앙인40)이라는 점과 그가 비교적 반항기질이 많은 막내가 아니라 가족적 사랑을 충분히 받고 자란 장남이자 외아들이라는 사실41)에서 유추할 수도 있다. 또 그는 성장과정을 통해 계급분석적 관점에서 정치·사회적 문제를 이해하는 학습을 받은 적이 거의 없는 것 같고,42) 실제의 반독재 정치투쟁과정에서도 계급분석적 차원에서 문제

---

40) 그의 가문은 최소한 조부모 때부터 독실한 기독교 집안이다. 어려서부터 그는 기독교 윤리와 함께 종교적 분위기에서 자랐고, 최근까지 보수적 장로교 단에 속하는 서울 충현교회의 장로로, 부인 손명순 여사는 권사로 있었다. 그는 《나의 결단》에서 사랑과 관용의 종교(기독교, 불교, 유교)와 민주주의는 서로 그 기본정신에서 같고 "열정적이되 배타적이지 않고, 저항하되 배타적이지 않으며, 용맹하되 보복적이지 않은 그런 정신이 바로 종교적인 것이며, 이런 철학에 바탕을 둔 정치를 할 때에 위대한 전진이 이룩되는 것이다"라고 썼다. 이광복, 앞의 책(1993), pp. 87~92를 참조하라.

41) 김 대통령은 1남 5녀 중 맏이이자 외아들이다. 케빈 레만에 의하면, 맏이 (first born)는 질서지향적이고 완벽주의자로서 대개 보수적 성향이 강하고, 버금이(middle child)는 타협적이고 중재적 성향이 탁월한 반면, 막내는 대체로 반항적이거나 조작적(manipulative) 경향이 있다고 한다. 더 자세한 내용은 Kevin Leman, *The Birth Order Book: Why You are The Way You Are*(New York: Fleming H. Revell C, 1985), pp. 14~18; Jean Blondel, *Political Leadership*(London: Sage, 1987), pp. 118~120을 보라.

42) 그가 서울대 문리과대학 철학과에 재학시, 철학과 과목에서 유식철학(唯識哲學)과 노장철학(老莊哲學)만 A를 받고 나머지는 대부분 B, C, D를 받았고, 부전공으로 택한 정치학과 과목들, 즉 헌법, 정치학개론, 국제공법, 현대정부형태론, 서양정치사상, 유럽외교사, 국제관계론, 유럽정치사, 국가론, 비교정부론, 정치학강독, 의회제도론 등을 수강했다. 또한 그의 졸업논

를 진단하고 처방을 제시한 사실이나, 또 그렇게 유추할 수 있는 문헌적 근거를 아직 찾을 수 없다. 43) 이러한 사실들은 현재 그가 추진하는 변화가 결코 혁명이 될 수 없음을 보여주는 여러 단서들 중 일부이다.

셋째, 김영삼의 정치기반인 민자당이 자신의 민주계와 다수파인 민정계·공화계라는 보수집단과의 합작형태로 되어 있다는 사실은 김영삼으로 하여금 돌출적 정책변화나 급진적 혁명을 시도하지 못하게 하는 구조적 요인으로 작용한 것으로 보인다. 44) 또 김영삼 주위의 핵심 개혁추진세력을 구성하는 주요 엘리트들은 과거 반독재투쟁에 참여했던 "투사들"이었지만 다른 진영의 인사들에 비해 온건한 정치노선을 추구한 인물들이다. 더욱이 이들은 합법적 대통령선거를 통해 권력을 잡았기 때문에 기존 사회질서와 규범을 전격적으로 무시하면서까지 무리한 혁명을 시도할 것 같지는 않다. 또한 이른바 "YS 인맥"이 현대 한국사회의 전통적 엘리트 계층과 긴밀하게 연결되고 보수층, 지식인층, 재야운동세력, 경제엘리트층, 일반사회단체 등에 다양하게 분포되어 있어서 급진적 혁명을 시도하기 어렵다. 45) 이것은 자연

문은 "칸트에 관한 소고"였으며, 10살 위의 손도심(孫道心)과 함께 '순학회'(純學會)라는 공부서클을 만들어 활동하였다고 하지만 특별히 독서나 토론의 대상이 되었던 주제나 문헌은 알려져 있지 않다. 정상구, 앞의 책(1992), p. 198; 이광복, 앞의 책(1993), pp. 40~44를 참조하라.

43) 그에 관한 전기물들을 조사해 보면, 그의 정치생애 중 어떠한 시기에도 한국정치사회에 대한 계급분석적 진단이나 처방이 아직 발견되지 않는다.

44) 정치학자 출신 민자당 국회의원 손학규 박사는 "YS정부는 구세력과 연립을 통해 집권했기 때문에 구세력의 입장을 전면 부정하기는 쉽지 않다"고 말했다. 〈사회평론〉, 1993. 6, p. 70을 참조하라.

45) 이에 대해서는 〈신동아〉 1993. 4의 특별기획 "김영삼 인맥 대연구"에 실린 김대곤, 장병수, 이종환, 장인석 기자의 글을 참조하라. 그리고 송문홍, "제도권 '在野', 개혁세력인가 좌파세력인가," 〈신동아〉, 1993. 10과 강창원, "YS인맥들 '전화독대'로만 귀띔," 〈뉴스메이커〉, 1993. 8. 26에는 현재의 정부여당에서 활

히 김영삼이 대대적 변화를 추진한다 하더라도 그것은 기존 구조의 철저한 변혁이 아니라, 그가 말하는 "인사혁명"[46]을 통해 "현 구조 내에서의 과감한 엘리트 순환"이나 "기존 체제의 도덕성 회복" 수준을 넘어서지는 않는 것임을 시사하는 것이다.

끝으로, 실명제 실시도 "경제혁명"이 아니라 사회도덕성의 회복 차원에서 이루어진 것이다. 1993년 8월 12일 금융실명제가 전격 실시되자 언론에서는 이를 한국 경제사상 최대의 "경제혁명"이라고 보도했지만, 실상 그것은 혁명적 경제정책이 아니라 정치·사회적 개혁을 위한 준비과정으로서 금융질서의 도덕성 회복을 목표하는 것이었다.[47] 또 9월 24일에 발표된 실명제 보완조치는 오히려 경제적 충격을 크게 완화시키기 위한 고려에 비롯된 것이라 당초의 개혁의지가 약화된 내용을 담고 있다고 지적받을 정도였다.[48] 이것은 김영삼이 현재의 자유시장경제의 기본틀에 거슬리는 조치를 취하지 않고 다만 그것이 건강하게 작동할 수 있는 사회·도덕적 기본환경의 조성에 더 많은 비중을 두고 있음을 시사한다. 그래서 경실련(經實聯) 같은 사회단체는 실명제 실시로 인한 정부의 지나친 규제가 경제를 위축시켜

───────────
　동중인 재야출신 인사와 YS인맥에 닿는 재야 활동가들에 대한 소개가 나온다.
46) 이 용어는 대선에서 당선된 뒤 한 월간지와 가진 인터뷰에서 김영삼 대통령이 한 말에 나온다. 정순균 기자의 당선인터뷰, "깨끗하고 강력한 정부로 한국병 고쳐 신한국 만들겠다,"〈월간중앙〉, 1993. 1.
47) 즉, 김영삼 대통령은 "실명제"의 정착을 통한 도덕적 금융질서의 정착을 제1의 관심사로 여기고 실명제를 단행한 것이다. 당초 실명전환시 계좌당 5천만 원이 넘는 부문에 대해서 그 출처를 밝히도록 한 것이 중소기업의 자금난을 초래할 위험성을 크게 고려하지 않았으며, 실명전환이 어려운 검은 자금을 공채로 흡수하는 방안을 고려하지 않았고, 그리고 금융소득에 대한 종합과세를 1996년으로 미룬 사실 등은 대통령이 경제정책상 실명제를 단행한 것이 아님을 보여준다 하겠다.〈동아일보〉, 1993. 8. 15.
48)〈한겨레〉, 1993. 9. 25.

서는 안 된다며 정부가 도덕성 회복이란 이유 때문에 실명제를 경직된 방식으로 추진해서는 안 된다고 지적했다. [49] 동시에 김영삼 정부로서는 경기회복, 투자증대, 수출증대 등을 위한 모종의 조치들을 통해 국가경제를 활성화해야 하는 과제에 직면했기 때문에 경제혁명을 단행할 계제가 아니었다.

4. 민족자주노선의 추구

다른 한편, 김영삼은 "한국병이란 따지고 보면 해방 이후 민족정기를 바로 세우지 못한 탓"[50]이라고 주장하고, 해방 이후의 한국정치사와 현 정부를 민족주의적 시각에서 자리매김하려는 의도가 엿보이는 정치적 이니셔티브를 취하고 있다. 이러한 김영삼의 이니셔티브는 ① 현 정부에 대한 정치사적 위상정립, ② 이와 관련한 민족정기 확립 차원의 각종 조치들의 실천, ③ 세계전략적 차원에서의 유연한 민족통일정책의 추구 등 3차원에서 전개되는 것 같다.

우선 김영삼은 외견상 현 정부가 해방 이후의 정치과정에서 비록 정치권력을 획득하는 데는 실패했지만 민족사적 정통성을 인정받았던 범상하이 임정세력"[51]과 연결되는 정부임을 자임한 것으로 보인다. 주지하는 바와 같이, 과거의 이승만, 박정희, 전두환, 노태우 정권들은 상하이 임정을 민족사적 정통성을 지닌 정부로 선언했지만 그것은 형식적 차원에서 그쳤을 뿐, 그 정치적 의미를 현재적으로 강조

49) 〈동아일보〉, 1993. 8. 17.
50) 〈동아일보〉, 1993. 7. 24, 국사편찬위원회 회원들과의 대화에서 나왔다.
51) 이 용어는 필자가 이해를 돕기 위해 만든 것으로, 해방 직후에 민족자주적 입장에서 분단극복을 위해 노력했던 김구, 김규식, 조소앙, 안재홍 등이 각각 형성했던 정치세력들을 포괄적으로 일컫는 말이다.

하고 살리는 조치를 취한 것은 아니었다. 오히려 과거의 정권들은 해방 이후의 정치과정에서 친일 보수세력과 극단적 사회주의 세력에 대항하여 투쟁했던 김구,[52] 김규식, 조소앙, 안재홍 등의 합리적 진보 및 민족양심 세력을 반공주의와 강압정치로 매도하고 탄압했던 것이다. 그러나 김영삼은 국정연설을 통해 "독립과 민주화를 향해 달려온 도덕적 힘과 한강의 기적을 이룩한 경제적 저력의 결합"을 통해 민족의 미래를 건설해야 한다고 언급함으로써[53] 해방 이후의 합리적 진보세력과 박정희 정권 이래 반독재투쟁을 계속했던 민주화운동 세력이 한국민족주의의 전개과정에서 서로 동일한 선상에 놓여있음을 강하게 암시했다.

그런가 하면, 김영삼은 이상과 같은 맥락에서 민족정기를 회복하기 위한 이니셔티브들을 많이 취했다. 그는 취임 후 첫 번째로 맞이한 3·1절 독립유공자 윤기섭(尹琦燮)의 미망인 박정심(朴貞心) 여사를 방문한 자리에서 "애국지사들이 미처 돌보지 못한 유족들을 국가가 잘 보살피는 것은 우리 사회의 혼돈된 가치관을 바로 세우는 출발점이어야 한다"[54]고 말함으로써 그간의 정치가 민족사적으로 혼돈된 가치관에 의해 굴절되었음을 인정했다. 또 국사편찬위원들과

---

52) 김 대통령이 첫 번째로 존경하는 인물은 김구이며, 다음으로 간디, 처칠, 케네디 등이다. 이광복, 앞의 책(1993), p. 322.

53) 이 연설문 작성을 주도했던 김정남 사회문화수석비서관은 오랫동안 신한국의 건설은 "독립과 민주화를 위해 싸워온 정통성 — 도덕적 에너지와 한강의 기적을 이룩한 관리 — 과 경제적 에너지가 창조적으로 결합돼야 한다"고 말했으며, 이 같은 맥락에서 "합리적 진보와 양심적 보수의 연대"로 신한국을 창조해야 한다고 강조한 것으로 알려졌다. 또 이 같은 언급은 현 정부가 박정희 대통령 시대의 근대화 과정을 선택적으로 평가하고 있음을 시사하는 것이다. 〈조선일보〉, 1993. 9. 23.

54) 〈조선일보〉, 1993. 3. 2; 대통령비서실, "김영삼 대통령: 변화와 개혁의 100일"(1993), p. 6.

만난 자리에서 해방 후사에서의 일제유산 청산과 군사정부에 의해 폐지되었던 대학 국사과목의 필수과목으로의 환원을 논의하였다. 55)

또 그는 과거 중앙청과 국립중앙박물관으로 쓰이던 구총독부 건물을 조속히 해체하고 그 자리에 원래대로 조선조 궁원(宮園)을 복원하라고 지시했으며, 이어서 그동안 전직 대통령들이 청와대로 써오던 구총독관저도 일제잔재의 청산 차원에서 하나의 흔적도 남기지 말고 없애라고 지시했다. 56) 또한 중국에 있던 임정요인의 유해 5위를 국내로 봉환, 국립묘지에 안장하였고, 이어서 서재필 등 미국에 있는 독립지사들의 유해도 국립묘지로 이장할 것으로 알려졌다. 이밖에도 그는 4·19, 5·16, 광주사태를 각각 "혁명", "쿠데타적 사건", "광주민주화운동" 등으로 각각 규정함으로써 현대정치사상 주요한 사건들을 민족적 차원에서 재평가할 수 있는 계기를 마련하였다.

끝으로 김영삼은 세계전략적 차원에서 유연한 통일정책을 추진하고 있다. 현 정부의 통일정책은 "남북 화해와 교류", "남북연합", "통일국가의 완성"이라는 3단계 통일방안을 중심으로 6공 정부나 김대중 씨의 통일정책과 내용상 크게 다르지 않은 형태로 추진된다. 또한 그는 변화하는 세계정세에 대한 탄력 있는 인식과 북한에 대한 민족공동체적 접근을 배경으로 국제정치상황에서의 민족주체역량의 배양과 국민적 합의를 중요시하는 통일전략을 구사하는 것으로 보인다.

우선 그는 냉전 이후 새로운 "무질서"57) 가 계속되는 세계정세 속에

---

55) 〈동아일보〉, 1993. 7. 24.

56) 구총독관저의 완전해체를 지시한 후 어느 건설업자가 해체공사비를 한 푼도 안 받는 대신 관저 건물을 다른 데로 옮겨 관광자원으로 활용하고 싶다는 제의를 했으나 김영삼 대통령은 "요즘도 친일파가 있느냐"라면서 그 같은 제의를 일축했다고 한다. 〈동아일보〉, 1993. 8. 11, 12. 27을 참조하라. 그러나 이러한 조치는 이미 전시되고 있는 유물의 보관문제를 신중하게 고려하지 못한 성급한 것이었음을 지적해야 한다.

서 "새로운 우리나라의 세계전략을 수립해야 한다"고 주장하고 "남북문제는 더 이상 우리 민족만의 문제가 아니다. 새로운 세계구도 아래서 해결방향이 모색되어야 한다"는 입장을 천명했다. 그는 미국, 일본, 중국, 러시아 등 주변 4강의 한반도에 대한 영향력이 새로운 형태로 더 강화될 가능성이 있기 때문에 이에 따른 동북아 질서의 개편이 남북분단으로 고착되지 않도록 특히 경계할 필요가 있다고 본다. 그러나 만약 한국이 중국과 일본의 패권주의를 적절히 견제하면서 동북아 평화정착에 기여할 수 있다면 새로운 동북아 질서형성은 오히려 남북관계개선과 평화통일에 긍정적 효과를 줄 수도 있다고 인정했다.[58]

다른 한편, 김영삼은 북한을 하나의 독립적 실체로 인정하면서도 "남과 북은 궁극적으로 같이 울고 같이 웃어야 할 생명공동체요 운명공동체"라는 점을 강조했다.[59] 또 통일에 대한 민간차원의 논의를 대폭 활성화하는 한편 통일과 관련한 북한과의 협상 및 대화채널은 정부당국으로 제한했다. 또 이 같은 통일정책을 국민적 합의를 바탕으로 추진하기 위해 대통령 직속의 민주평화통일자문회의 구성원을 확대, 개편했다. 여기에는 과거 재야에서 통일운동을 하던 인사들도 참여하게 되었다. 요컨대, 김영삼은 통일정책수행과정의 민주화, 북한에 대한 민족공동체적 인식 그리고 세계정세 및 동북아정세의 변화에 대한 자주적이고 현실적 대응 등을 바탕으로 남북통일이란 민족주의적 과제를 통일 그 자체에 지나치게 매이지 않는 방향에서, 그리고 지역적·세계적 전략의 차원에서 해결하려는 것처럼 보인다.

---

57) 이 같은 표현은 미국의 사회학자 월러스타인(Immanuel Wallerstein)이 "앞으로 세계는 적어도 50년간 무질서 상태를 경험할 것이다"라고 말한 데서 나왔다. 〈동아일보〉, 1993. 9. 20.
58) 김영삼, 《2000 新한국》(동광출판사, 1993), pp. 170~172를 참조하라.
59) 위의 책, p. 171.

5. 맺음말: 평가와 제안

이상에서 검토한 집권 초기 김영삼의 개혁리더십이 성공할 수만 있다면, 그것은 한국의 현대정치를 안정된 민주주의로 정착시키는 것에 주요한 계기를 제공할 수 있다. 그간 한국의 민주주의는 시민혁명 또는 국민적 공감대를 극대화할 수 있는 지도자의 자기 혁신이 결여되었기 때문에[60] 정치적 합의를 바탕으로 하는 건강한 제도화가 실패하는 가운데 불구의 형태로 전개되었다. 그러나 절차상 합법적 정당성을 갖고 출범한 김영삼 정부가 만약 적정수준의 경제활성화와 정치·사회적 개혁을 성공적으로 이룩한다면, 한국의 민주주의는 온전한 정치적 제도화를 기약할 수 있고 나아가 대한민국은 남북통일을 위한 국민적 기반을 확고히 다질 수 있을 것이다.

그러나 앞으로 김영삼의 "변화와 개혁"을 위한 정치리더십은 민자당 내에서의 수적 열세, 장기화될지도 모를 경제침체,[61] 그리고 핵을 이용한 북한의 도발전략[62] 등으로 인해 예기치 않은 시련을 겪게 될지

---

60) 흔히 한국의 현대정치는 첫 단추부터 잘못 꿰어졌다고 비판한다. 필자는 이 같은 맥락에서 대한민국의 성립이 "시민혁명" 없이 이루어졌기 때문에 이후의 자유민주주의가 불구상태를 면치 못했으며, 이를 극복하기 위한 지도자들의 "자기 혁신"도 소홀했기 때문에 정치적 혼란과 부정부패를 피할 수 없었다고 본다.

61) 신정부 개혁추진 과정의 장애요인으로 민자당 내 보수파와 같은 기득권층의 반발이 46.9%로 가장 큰 것으로 나타났으며, 개혁추진의 우선 과제는 경기활성화가 36.6%로 지도층의 개혁 32.9%를 앞서고 있다. 이상경, "여론조사가 보여주는 국민들의 "기대"와 "우려"는 어떤 것?" 〈사회평론〉, 1993. 5. 25, p. 37을 참조하라.

62) 미국의 해리티지재단(Heritage Foundation)은 "한국의 민주화 과정과 미국의 이해관계"라는 정책보고서에서 북한에 대한 핵사찰이 성공하지 못할 경우, 첫째, 북한은 연간 7개의 핵무기를 제조, 핵테러 위협을 가하거나, 둘

도 모른다. 따라서 이러한 제반 장애요인들을 극복할 수 있는 정책의 개발과 시행이 필요한 것은 물론이다. 그러나 필자가 분석한 김영삼의 개혁리더십의 특징을 비판적으로 검토하고 이에 따라 김영삼이 앞으로 반드시 유의해야 할 사항들을 요약하면 다음과 같다.

첫째, 김영삼은 계몽군주형 지도자로서 취임 1년의 개혁정국을 비교적 성공적으로 이끌어왔다고 볼 수 있다. 그러나 인사정책이 지나치게 비밀주의로 행해졌고, 국민과의 커뮤니케이션이 과거의 대통령들과 같이 형식적이거나 의례적인 수준에 머물렀기 때문에 대중여론의 폭넓은 지지는 있었으나 보다 심도 있는 국민적 공감대를 형성하는 것에는 성공하지 못했다. 즉, 국민과의 커뮤니케이션과 인사정책에 관한 한 김영삼은 군주적 폐쇄성에서 벗어나지 못하고 있다. 따라서 앞으로 자신의 계몽성을 최대한 살리면서 개혁을 성공적으로 추진하기 위해서는 직관보다는 합리적 판단기준에 의해 인사정책을 포함한 주요 정책들을 결정, 집행하고 국민들과의 성공적 커뮤니케이션을 위해서는 자연스럽고 솔직한 대화방식을 자주 이용하는 방향으로 전환하는 것이 필요하다. 이것은 각종 지식과 정보가 대중적으로 보급되어 대중의 참여감을 증진시킬 수 있는 정치적 대안의 필요성이 점점 강조되는 오늘의 상황에 적응하며63) 지도자에 대한 국민적 호

째, 김일성체제의 내부붕괴로 한국의 개혁작업을 위협할 수 있다고 주장했다. 〈조선일보〉, 1993. 10. 15.
63) 현대사회는 "지식사회"로 전환되고 있으며, "대의민주주의"보다 "참여민주주의"를 더 선호하는 것으로 나타난다. 경제적으로는 "생산소비자"(prosumer)가 출현함으로써 과거보다 현명하고 정보가 많은 이른바 "현명하고 지식 많은 사람들의 사회"로 변화하고 있다. P. Drucker, 김용국 역, 《새로운 현실》(시사영어사, 1989), pp. 211~249; John Naisbitt, 이창혁 역, 《메가트렌드》(21세기북스, 1988), pp. 189~197; Alvin Toffler, 이규행 역, 《제3물결》(한국경제신문사, 1993), pp. 327~354를 참조하라.

감과 신뢰감을 증진시키고 지속적인 지지를 확보할 수 있는 여러 방법들 중 하나다.

둘째, 앞으로 김영삼은 개혁 혹은 온건변화 추구세력은 대체로 조직적으로 미약하고, 정책적으로 명확하지 못할 수 있다는 점을 유의하여 대처해야 한다. 우선 조직적 차원에서 정치권 내 안정세력 확보와 시민운동단체들의 지속적 참여유지에 각별히 노력해야 한다. 이를 위해서는 우선 보수진영 내의 많은 전문인력들을 적극 활용하거나 개혁적 인사들을 과감히 등용해야 하며, 동시에 공공문제의 해결에 적극 참여하는 시민운동단체들이 관제화되지 않으면서도 그들의 의견이 정책결정 과정에서 소외되지 않도록 해야 한다. 이것은 정권을 쥐고 있으면서 온건변화를 지향하는 정치세력이 취할 수 있는 최선의 방책일 것이다.64) 만약 김영삼이 이러한 리더십을 성공적으로 발휘하지 못할 경우, 최대변화 및 최소변화 요구세력들의 심각한 비판과 정치적 도전에 직면할 것이다.

셋째, 김영삼 정부는 부정부패 척결을 위한 사정(司正)에서 새로운 사회가 어떤 것이라는 것을 구체적으로 보여줄 수 있는 포지티브 프로그램의 개발과 집행을 서둘러야 한다. 민주주의 사회는 단순히 반공이나 반부패 차원의 정책과 같은 네거티브 처방으로가 아니라, 일반적으로 형성된 국민적 합의를 바탕으로 보편적 사회규범에 합당한 사회건설적 포지티브 프로그램에 의해서 기틀이 잡히는 것이다.65) 즉, 개혁의 구체적인 내용들이 부문별로 자세하게 제시되고

---

64) 과거 해방 직후 3년 동안 정치과정에서 신민족주의 계열의 정치인들은 이런 온건 개혁노선을 택하면서 권력쟁탈전에 임하여 실패하고 말았으나, 이제 김영삼 정부는 권력을 쥐고 있는 상태에 있으므로 "온건변화" 차원의 개혁을 과감하게 실천할 수 있었다.

65) 포지티브 프로그램이란, 예컨대 민자당이 지난 10월 6일에 제안한 '공직자

강력하게 시행되어야 하는 것이다. 왜냐하면 이제 우리 국민들은 그간의 부정부패 척결과정에서 경험했던 일련의 대리보상적 쾌감과 흥분에서 벗어나 우리가 지향하는 사회가 "바로 이런 것이로구나!"라고 느끼면서 실제의 생활 속에서 그것을 체험하고 싶어하기 때문이다.

넷째, 이제까지 한국민족주의는 민주화와 민족통일의 과제를 성취하기 위해 노력했으나, 오늘날 한국은 적어도 지역주의 내지 블록화 경향에 맞추어 최소한 극동 3국간의 협력체제를 어떻게 구축할 것이냐 하는 새로운 과제에 직면하고 있다. 국내적 민주화가 이제 겨우 시작단계에 있고, 민족통일의 과제는 아직 해결의 기미조차 보이지 않는 현실에서 동시에 우리는 중국이나 일본과 같은 주변국가들과 새로운 지역 차원의 협력체제를 모색해야 한다. 따라서 김영삼은 보다 광범위한 차원에서 민족주의적 리더십을 발휘할 수 있어야 할 것이다. 즉, 한민족공동체 실현의 대상과 범위를 북한뿐 아니라 중국, 러시아, 미국, 일본 등지에 있는 한인교포들로까지 확대해서 세계적 차원의 한민족공동체를 형성할 수 있는 방안을 마련하는 한편, 일본의 "신대동아공영권 구상"이나 중국의 지역패권주의에 대응할 수 있는 전략적 대응방안을 마련하는 데 필요한 이니셔티브를 취할 수 있어야 하는 것이다.

선거 및 선거부정방지법안'과 같은 정치개혁안이나, "운전자의 정지선 지키기"와 같은 교통질서 확립이나 환경보호에 관한 새로운 정책들에 이르기까지, 우리 주위의 각종문제들을 실제로 해결하고 새로운 사회의 모습을 실감케 하는 데 필요한 구체적인 대안들을 말한다.

제 13 장

김대중 대통령과 민주시민사회 건설의 과제
'제 2건국' 선언과 관련하여

1. 머리말

IMF 관리체제하에 있는 우리나라 국민들은 매일 뉴스를 보며 한탄만 하고 있다. 흉악하고 패륜적인 범죄들이 수그러들지 않으며, 일상화되다시피 한 공직자들의 부정과 비리가 계속 드러난다. 심지어 학교교사들까지 학생들을 이용하여 뒷돈을 챙기고 있다. 정치인들이 이권개입과 교묘한 탈법으로 부정한 정치자금을 모으는 것이 관례화된 지는 오래이다. 환경관리시스템은 엉성하게 운용되어 삶의 질이 나아지기는커녕 점점 악화되는 조짐이 있고, 지구적 차원의 기상이변 때문에 언제 무슨 재앙이 닥칠지 불안하기만 하다. 사정과 정치개혁은 언제나 속시원하게 매듭지어지지 않고 적당한 타협과 술수로 그저 매끄럽게만 끝내는 경우가 대부분이다. 잘 풀어지지 않을 것 같은 경제문제와 함께 우리의 정치사회는 마치 가라앉았던 흙탕물이 다시 일 듯, 그대로 혼탁하고 무질서하다. 사회 전반적으로 도덕적 해이현상이 심각하다. 개인당 국민소득도 1만 달러에서 6천 5백 달러로 추락해버렸다.

    이러한 상황에서 김대중 대통령(이하 김대중)은 국정의 총체적 개
혁을 위해 '제2건국'을 선언하고 현재 추진중에 있다. 1998년 8·15
경축사를 통해 발표된 김대중의 '제2건국' 선언에는 다양한 시대적 요
구들이 반영된 국정운영과제와 실천원리들이 포함되어 있다. 정치적
상징조작의 측면에서 볼 때, '제2건국' 프로젝트는 과거 집권했던 대
통령들이 나름대로 '새 나라 새 사회'를 건설하기 위해 시도했던 프로
젝트들과 다를 바 없는 것으로 생각할 수 있다. 그러나 한 국가의 최
고지도자가 자신의 임기 동안 실천하고자 하는 국정의 주요 과제들을
명시함으로써 국민들에게 비전을 제시하고, 동시에 자신이 이끌고
있는 정부의 정당성을 유지, 확대하고자 하는 것은 당연한 책무이다.
    하지만 이러한 '제2건국'에 대한 국민들의 반응은 아직 무덤덤하
다. 또 야당에서는 이것을 정치적 동기가 담긴 것으로 평가절하함으
로써 '제2건국'이 필요로 하는 국민적 합의의 범위를 축소시키려 하고
있다. 이것은 선언내용이 부적절하기 때문이라기보다, 이 선언의 실
천과정이 아직 짧을 뿐 아니라 김대중 집권 8개월 동안 외환위기 극복
외에 구조조정을 비롯한 각종 국내 개혁작업에서 아직 국민들의 마음
을 살 만한 성과를 내지 못했기 때문인 것으로 볼 수 있다.
    그러나 현재 우리나라는 6·25 이후 최대의 국난이라는 IMF 관리
체제하에 있다. 그리고 이러한 위기상황은 우리의 정치, 경제, 사회
각 분야에서 심각한 구조조정을 요구한다. 또한 정부가 추진하는 '제
2건국' 운동은 이 같은 요구에 대한 능동적 대응으로서 우리 사회가
건전한 민주적 공동체사회로 정착하는 방향에서 추진되어야 한다.
이러한 판단에서 이 글에서는 한국정치를 리더십적으로 접근할 때 고
려될 수 있는 다음 두 가지 논점을 전개의 이론적 전제로 삼는다.
    첫째, 현재 우리 사회는 아직 미국이나 영국, 혹은 일본 등과 같은
선진국들처럼 성숙한 민주시민사회가 아니기 때문에 정치지도자의 국

가경영능력과 그것의 발휘가 정치·사회적 발전의 촉진에 매우 긴요하다. 어떤 경우든, 정치란 권력투쟁적 측면과 함께 국가경영능력, 즉 국가가 당면한 각종 문제들을 해결하는 리더십의 측면이 공존하는 현상이다.[1] 우리의 경우, 정치에서 리더십 현상에 대해 별 관심을 두지 않았다. 그러다가 국민들의 기대를 모으는 가운데 '문민정부'를 출범시켰던 김영삼이 적지 않은 시행착오로 국민들을 크게 실망시킨 이후, 정치학자들은 주어진 권력의 활용이라는 맥락에서 정치엘리트들의 리더십, 즉 자질과 안목, 그리고 국가경영능력의 중요성을 인식하기 시작했다.[2] 그리고 이른바 '박정희 신드롬'도 리더십 혹은 국가경영능력의 중요성에 대한 새로운 인식의 반영이지 결코 독재에 대한 낭만적 향수에서 비롯된 결과는 아니라고 필자는 생각한다. 정치리더십의 강조는 결코 독재의 옹호가 아니다.

---

1) 그러나 지금까지 한국의 정치학은 정치발전을 논의하는 가운데 국민들의 정치참여와 권력분산의 제도화, 혹은 국가와 사회세력 사이의 협조체제 강구 등과 같은 차원의 처방을 제시하는 것에 집중했던 것으로 보인다. 예컨대, 최장집 교수는 권력집중을 문제삼고 그 해결방안으로 권력분산의 제도화를 포함한 절차적 민주주의의 확립을 처방하고 있다(최장집, 1997). 그러나 필자가 생각할 때, 정치발전 혹은 민주주의에 대한 이러한 접근은 그동안 한국정치학계에 "권력중심적 연구경향"(Tucker, 1981)이 유행하여 정치체계의 "투입부문"에만 주된 관심을 두었던 데에서 비롯된 것이라고 생각한다(정윤재, 1992). 그리고 이러한 기존의 논의방식에 대한 반성적 입장에서 정치리더십, 혹은 국가경영능력의 중요성을 강조한 견해는 김학준 박사에 의해 최근 제기되기도 했다(〈동아일보〉, 1998. 9. 5).

2) 마키아벨리에 대해 두 권의 책을 낸 시오노 나나미도 "정치란 보다 넓은 것으로서, 말하자면 가진 힘을 어떻게 하면 공정하게 그리고 효과적으로 활용할 수 있느냐 하는 '기법'"이라고 말하며 정가에서 지배적으로 쓰이는 권력투쟁으로서의 정치를 "협의의 정치"로 규정한다. 또한 현대 일본과 한국에서 요구되는 것도 이런 넓은 의미의 정치라고 주장한다. 시오노 나나미, 오정환 역, 《마키아벨리 어록》(한길사, 1997), pp. 21~22를 참조.

둘째, 지금까지 우리나라 학자들은 우리의 정치문화가 권위주의적 경향이 강하다고 비판적으로 평가하는데(한배호·어수영, 1987), 우리는 이러한 우리 국민의 성향을 보다 새로운 차원에서 해석할 필요가 있다. 즉, 리더십 측면에서 볼 때, 정치지도자가 일반국민들의 정서와 기대가치에서 크게 벗어나지 않는 정책과 결정을 집행할 경우 대부분의 국민들은 그것에 순응하고 동참하는 팔로워십(followership)을 갖추고 있다고 볼 수도 있다. 더 적극적으로 말해서, 이제 우리는 우리 국민들이 서양인처럼 세련되지는 않아도 "공동체 속의 자아관념"을 바탕으로 국가권력에 대해서는 "공손함" 혹은 "civility"(김비환, 1997)의 미덕을 갖추었다고 보고 그러한 경향이 정치상황에 따라 어떻게 이용되고 굴절되었는가를 검토함으로써 우리의 정치문화에 대한 이해의 지평을 넓혀야 할 필요도 있을 것 같다. 그런 점에서 "국민들은 잘못 인도될 때만 이른바 나쁜 짓을 한다"는 루소의 지적이 시사하는 바가 의미 깊다. 문제는 정치리더십이다. 정치지도자가 어떻게 일하느냐에 따라 민심은 달라지고 정치발전의 내용이 만들어진다.

이 같은 배경과 전제에서 필자는 이 글을 통해 먼저 전임 대통령들의 정치캠페인들을 비판적으로 검토한 다음, '제2건국' 운동이 궁극적으로 우리 사회를 정상적이고도 성숙한 민주시민사회로 만드는 데 기여하기 위해서 김대중 정부가 반드시 고려해야 한다고 생각되는 기본방향과 실천프로그램들을 제시하고자 한다.

2. 실패한 정치캠페인들과 '제2건국'

그동안 새로운 정부가 들어서면 국가 최고지도자인 대통령들은 의례 '새 나라 새 사회'의 건설을 내세우고 정치적 캠페인을 벌였다. 그러나 돌이켜 보건대, 박정희 시대의 권위주의적 통치 이후, 이른바 민주적인 새 나라 건설을 내걸었던 대통령들은 모두 당초의 약속대로 소기의 목표를 달성하는 데 성공하지 못하였다.

우선 1979년 10·26 이후의 혼란기를 거치면서 12·12 쿠데타, 1980년 5·17 비상계엄확대조치, 그리고 광주민주화운동에 대한 폭력적 진압 등을 통해 권력을 잡고 제5공화국을 출범시켰던 전두환은 '정의로운 민주복지국가의 건설'을 내세웠다. 그러나 그러한 구호는 5공 정권의 태생적 반민주성으로 대국민 설득력을 거의 완전하게 결했으며, 실제로 그러한 구호 아래 실행된 정책이나 조치도 미미했다. '정의사회의 구현'이란 이름 아래 이른바 불순분자에 대한 삼청교육대 훈련과 비리공무원과 언론인 수천 명에 대한 강제해직 조치는 심각한 인권탄압의 결과만 초래했을 뿐, 정의와는 거리가 먼 무자비한 폭거에 불과했다. 그리고 정의로운 사회를 구현하기 위해 자신과 주변의 부정부패를 스스로 용납하지 않을 것이며 모든 공직자들의 부정부패도 계속 척결하겠다고 공언했으나, 과거 권위주의 정권의 유산인 정경유착과 공공연한 정치자금 수수행태, 그리고 정권말기에 드러난 대통령 친인척들의 비리는 정의사회와는 무관한 것들이었다. 정당성 없는 반민주적 5공 정권의 '정의사회 구현'을 통한 민주복지국가의 건설이란 국정목표는 역시 말뿐인 구호로 끝나고 말았다(한배호, 1994: 414~415).

다음으로 1987년의 6월 민주항쟁과 6·29 선언을 거치며, 야당의 분열이란 구조적 이점으로 출범할 수 있었던 제6공화국의 노태우는 '위대한 보통사람의 시대'를 기치로 내세우고 권위주의의 청산과 민주사회의 건설을 주창했다. 이것은 자신이 서민적 '보통사람'임을 내세워 선거에서 승리하기 위한 표어로 시작된 것이지만, 권위주의적 정치문화를 청산하고 정치와 시민생활에서의 실질적 민주주의를 정착시키기 위해 표방된 것이다. 그는 입법, 행정, 사법 3부의 적절한 균형과 견제를 구체화한 새 헌법에 따라 민주주의의 제도화를 추구했고, 언론자유화, 행정의 분권화, 전국민의료보험 및 국민복지연금제의 실시 등의 조치도 취했다. 그러나 노태우는 자신의 소극적이고 방어적인 성격으로 민주주의의 건설과 정착에 반드시 필요한 효과적이고 강력한 리더십을 행사하지 못했을 뿐만 아니라 이 같은 민주화조치 이면에서 그는 전임 대통령들과 다름없이 막대한 정치자금의 불법모금을 계속했고, "대세편승적" 성향이 강했던 그의 리더십적 특징으로 인해(정윤재, 1991) 정책상 수많은 시행착오를 거듭함으로써 국민들을 짜증나게 하고 크게 실망시켰다. 그의 '위대한 보통사람의 시대' 구현 노력은 진실성과 성실성이 결여된 제스처에 불과했다.

그리고 김영삼의 '신한국 창조' 역시 부정적 의미의 정치적 조작의 수준을 벗어나지 못한 구호였다. 역사상 '최초의 문민정부'라는 수식어와 함께 출범한 김영삼 정권은 변화와 개혁을 통해 파행정치, 리더십의 부족, 각종 비리, 경제침체, 잦은 인사교체와 지역편중 등과 같은 전임 정권의 병폐들을 치유하여 '신한국'을 창조하겠다고 과감하게 선언했다. 그러나 민주화를 내세운 권력투쟁에는 능했지만 주어진 권력을 민주주의 원칙과 국리민복의 목적에 합당하게 활용하는 국가경영능력이 상대적으로 빈곤했던 김영삼은 스스로 고치고자 했던 '한국병'을 고치기는커녕 그대로 방치했거나 악화시켰을 뿐이다. 그는 자신이 주창했던 '신한국' 창조를 위한 구체적 개혁프로그램을 제시, 실천하지 못했고, 잦은 인사교체와 경험 없는 인사의 등용으로 국정상의 난맥을 피하지 못했다. 그리고 가장 민주적이라던 그의 정치리더십은 권위주의적 성격을 탈피하지 못함으로써 사회·정치적 시민문화의 건전한 형성을 이루지 못했고, 정권 말기에는 외환위기에 능동적으로 대처하지 못해 오늘날 국가가 IMF 관리체제로 전락하게 만드는 결과를 초래했다(김충남, 1998: 153~191).

이상에서 간단하게 비판적으로 검토한 전임 대통령들의 '새 나라 건설' 캠페인은 모두 각각 나름대로의 판단에 따라 우리나라를 모범적 민주시민사회로 만들고자 하는 의도에서 채택된 것이겠지만, 모두 소기의 성과를 거두는 데 실패했다. 전두환의 '정의사회 구현'은 정권의 태생적 반민주성과 경직된 권위주의적 리더십의 영향으로 애당초부터 성공할 수 없었던 구호였다고 봐야 할 것이다. 노태우의 '위대한 보통사람의 시대'는 민주화가 시작되는 초기단계에 걸맞은 구호였을지 모르나 정치지도자 자신의 수동적인 리더십적 성향과 진실성과 성실성의 결여 때문에 소기의 성과를 거두지 못한 정치적 구호였다. 김영삼의 '신한국 창조'는 지도자 자신의 대단한 의욕과 일반국민들의 많은 기대 속에서 제시된 비전이었으나 자신의 국가경영능력 빈곤과 지나친 낙관주의, 그리고 비효율적 정책운용으로 또다시 국민들을 실망시켰을 뿐이다.

요컨대, 이상의 정치지도자들은 민주시민사회의 건설에 대해 의지를 지니고 있었고, 그것을 실천할 수 있는 권력을 보유하기는 했지만, 각자 그것을 실천하는 데 필요한 안목과 기술이 제한적이었고, 특히 국민들이 최고지도자로서 대통령을 존경할 수 있는 도덕적 리더십을 결여했기 때문에 소기의 성과를 거두지 못했다고 평가할 수 있다. 또 그랬기 때문에 그러한 정치캠페인과 구호들은 정권이데올로기 차원의 조작적 성격을 넘어서지 못한 채, 계속해서 국민들을 실망시키고, 민주주의의 제도화를 지체시키기만 했다.

전임 대통령들의 정치적 구호들에 대한 이러한 부정적 기억이 아직도 생생한 가운데, 김대중도 1998년 8월 15일 건국 50주년을 기해서 '제 2건국'을 선언하고 국정개혁과 국민의식개혁운동을 추진했다. 그는 참여민주주의, 시장경제, 보편적 세계주의, 지식기반의 국가, 신

노사문화, 남북교류 등을 목표로 하는 국정과제와 자유, 정의, 효율의 3대 실천원리를 제시하고 '제2건국'이란 "정부수립 이후 50년 동안 이룩한 산업화와 민주화의 저력을 바탕으로 민주주의와 시장경제를 완성하기 위한 국정의 총체적 개혁이자 국민적 운동"이라고 규정했다. 그리고 이의 성공을 위해서는 무엇보다도 국민의식 개혁이 시급하다고 판단하고 시민단체 네트워크의 참여를 통한 "한국판 르네상스운동"을 전개할 것을 강조했다(〈조선일보〉, 1998. 8. 15).

그러나 이러한 내용의 '제2건국' 역시 현재 냉소와 불신의 대상이 되고 있다. '제2건국'의 내용과 취지는 좋으나, 진선진미한 말들의 백화점식 나열과 종합에 불과하다는 비판도 있다. 이를 바라보는 국민들 역시 힘차고 활기 있게 이에 동참하기보다는 심드렁하게 쳐다보고 있다. 그리고 정치인 사정과 청문회, 신북풍사건 등과 관련하여 계속된 정치적 악순환으로 '제2건국'은 어디론가 숨은 것도 같다. 김대중은 대통령 취임 이후 IMF 관리체제를 벗어나기 위한 혼신의 노력을 다하는 것으로 보인다. 그럼에도 불구하고 그는 국가 최고지도자로서 정치노선상의 불확실성과 과거를 답습하는 것 같은 인사정책으로 국민들의 기대에 미치지 못하고 있다. 그 결과 오늘의 한국정치는 IMF 관리체제하에서도 여야는 계속해서 권력차원의 파당적 갈등과 대립에서 깨어나지 못하고 있다. 그야말로 국민을 이끌어 가야 할 정치인들은 비상체제하에서도 서로 권력다툼과 파당적 이해싸움에 빠져 있다. 그리고 정치지도자들의 어느 구석에도 국민들에게 당당하게 내핍과 인내와 수고를 그리고 정부정책에의 협조를 강력하게 요구할 만한 도덕적 당당함과 보편적 원칙에의 헌신성이 보이지 않는다. 진정한 우국상도(憂國傷道)의 자세가 결핍되어 있는 것처럼 보인다.

한마디로, 김대중은 나름대로 열심히 일하지만 권력게임을 한 단계 넘어서는 더 높은 도덕적 성실성과 진실성을 보여주지 못하기 때문에 여야에 대한 양비론적 비판을 극복하지 못하고 있다. 어찌 보면, 김대중은 정치게임에 능한 자신의 '경륜'과 집념으로 이룩한 자신의 '지적 적응력'의 현시에 집착하여, 정작 필요한 결단과 도덕적 자기 혁신은 보여주지 못하는 것 같기도 하다. 그래서인지 삼성경제연구소가 발표한 〈격변기 GEO의 고뇌와 결단〉이란 연구보고서에서, 김영삼은 깊은 생각 없이 즉흥적으로 행동했던 "돈키호테형"으로, 김대중은 계속 고뇌만 하고 정작 중요한 결단은 내리지 못하는 "햄릿형" 국가경영자로 유형화되기도 했다.

3. 성숙한 민주시민사회 건설의 과제

그렇다면 우리 사회가 성숙한 민주국가로 발전하기 위해서는 '제2건국'이 어떠한 방향과 목표에서 추진되어야 하는가? 한마디로 '제2건국'은 무엇보다도 정치의 도덕성 회복과 공동체적 시민문화의 정착을 기본방향으로 추진되어 우리의 민주주의가 내용적으로 충실한 정상적 시민사회로 변모하는 데 공헌해야 한다. 김대중이 '제2건국' 선언을 통해 참여민주주의, 지식산업사회, 보편적 세계주의 등을 포함한 여러 가지의 국정운영과제를 나열하고 제시했지만, '제2건국' 운동은 기본적으로 현대정치 50년 동안 아직도 미완으로 남아 있는 국내 차원의 정치사회적 통합을 위해 무엇보다도 먼저 정치의 도덕성 회복을 기본목표로 삼아야 한다. 3)

---

3) 적어도 공자의 "정자정야론"(政者正也論)이나, 플라톤의 정치철학과 미국 정치학자 제임스 번즈의 리더십론을 고려할 때, 정치리더십의 도덕적 및 윤리적 차원의 문제를 생각하는 것은 지극히 당연한 일이다. 이와 관련된 주장을 한 글로는 백승현, "전환기의 리더십과 플라톤적 정치지도자론," 〈고

오늘날 우리 사회는 전반적인 도덕적 해이현상으로 거세개탁(擧世皆濁)의 지경에 처해 있다. 그리고 이러한 도덕적 해이는 무엇보다도 정치인 및 고위직 공무원들을 포함한 파워엘리트들의 공복의식과 책임의식의 빈곤에서 비롯되었다. 또한 어떠한 종류의 개혁조치나 정책도 정치권을 포함한 최고지도층의 도덕성이 먼저 확립되지 않고는 성과를 낼 수 없다. 현재 우리의 경우, 불법정치자금에 관한 한, 4·19세대, 5·16 세대, 광주민주화운동 세대 등을 구분할 필요 없이 모두가 타락해 있어, 도무지 누구에게 미래에의 희망을 걸어야 할지 막연하고 답답하다. 작금의 정치는 정치의 도덕성 제고가 "각종 제도개혁에 작용하는 구조적 제약을 극복하기 위한 선행조건"(홍원표, 1998: 24)이라는 주장이 설득력 있게 제기되고 있을 정도로 매우 비도덕적이다. 따라서 '제2건국' 운동이 민·관 공동으로 추진되지만 실제로는 관(官)을 이끌어 가는 김대중을 비롯한 정부 고위층의 도덕적 자기혁신으로부터 시작되어야 하는 것이다.

다음으로 '제2건국' 운동은 공동체적 시민문화의 정착을 지향해야 한다. 그간의 민주화 과정은 권위주의적 독재정권의 타도 혹은 절차적 민주주의의 확립을 위한 시민, 사회단체의 정치참여 기회의 확대에 주력하였다. 그래서 시민사회의 정치화와 조직화가 언제나 주요한 민주화 과제가 되었을 뿐 시민사회의 공동체화 내지 시민생활의 질적 향상을 위한 노력은 크게 미흡했다. 법치의 미완성, 건전한 국가관의 쇠퇴, 기초생활공동체의 파괴 등으로 우리의 시민사회는 "작게 분획되고, 원자화되고, 시민적 하부기반이 약한 대중사회적 성격을"(최장집, 1997: 408) 띠게 되었다. 그래서 한국인들은 우수한데 한국사회는 엉망이라는 말이 상식처럼 떠돈다. 따라서 앞으로의 민주

화운동은 시민생활의 질적 향상, 공동체적 문화의 정착, 기초복지제
도의 정착 등의 방향으로 나가야 할 것이다. 현재 우리 사회는 민주
적 정권교체, 민주적 법과 제도운용 등의 면에서나 민주적이지만, 만
약 '제2건국' 운동이 이상과 같은 두 가지 방향에서 성공적으로 추진
된다면 우리 사회는 명실공히 내용적으로도 성숙한 민주적 시민사회
로 발전할 수 있을 것이다.

그렇다면 이러한 두 가지의 기본방향에서 '제2건국' 운동을 성공적
으로 이끌기 위해 김대중과 '국민의 정부'는 구체적으로 무엇을 해야
할 것인가? 첫째, 대통령을 포함한 고위층 인사들은 국가적 차원에서
의 자기 헌신의 실천으로 국민들을 감동시킬 수 있는 도덕적 이니셔
티브를 취해야 한다. 둘째, 도시새마을운동의 전개와 사회복지제도
의 정착을 통해 기초생활공동체를 재건해야 한다. 셋째, 철저한 법치
의 확립을 통해 사회적 인프라의 건설과 시장경제체제의 합리적 운용
을 기해야 한다. 이를 보다 상세하게 설명하면 다음과 같다.

1) 도덕적 이니셔티브가 필요하다

현재와 같은 경제적, 도덕적 국가위기상황에서 사태수습을 위한 일
상적 정책처방이나 권력게임 차원의 정치적 술수만으로 국민들을 이
해시키고 '믿고 따라오게' 하고 '제2건국'에 보다 많은 국민들이 참여
하게 할 수 있을 것인가?[4] 현재 우리 사회가 안고 있는 각종 부조리
와 부정부패 현상 등의 문제들이 절차적 민주주의와 권력분산 차원의

---

4) 예컨대, 최근에 실시된 한 여론조사에서 제2건국 운동의 시급한 과제는 "전
국민 동참의식"이 73.4%로 최고였고, 나머지는 남북교류(3.5%), 지식정
보산업투자(5.9%), 신도시문화형성(17.1%) 등이었다. 〈무등일보〉, 1998.
10.10, p.16.

제도도입만으로 다 해결될 수 있을 것인가? 그럴 수 없다. 현 정부가 과거의 정부와 같이 적당히 정권을 유지하는 것에는 성공할지 몰라도 '제2건국' 운동이 추구하는 초당적 범국민운동으로서의 제도, 의식, 생활 차원의 일대개혁은 될 수 없다. 김대중과 정부는 국민들이 21세기 지도자의 제1덕목으로 "청렴과 도덕성"을 꼽고 있다는 사실(〈동아일보〉, 1998. 8. 13)을 가볍게 보아 넘겨서는 안될 것이다.

현재와 같이 사회적 통합이 붕괴되고 도덕적 해이가 도처에 만연되어 정부에 대한 국민들의 기대와 신뢰가 바닥에 처한 상황에서는 정치, 경제적 개혁과제의 적절한 수행보다는 오히려 비정치적, 비경제적 접근을 통해 문제해결을 시도하는 것이 더 효과적일 수도 있다.[5] 그런 맥락에서 필자는 무엇보다도 지금은 김대중이 한 단계 높은 도덕적 이니셔티브를 먼저 취하면서 개혁을 줄기차고 단호하게 실천하는 "변혁적 리더십"을 발휘할 때라고 본다. 권력게임과 자원분배의 차원에서 이루어지는 주고받기식 거래로서의 정책입안과 정책집행에 국한되는 "거래적 리더십"보다도, 정치지도자와 정부, 그리고 시민단체와 국민들이 혼연일체가 되어 나라살림의 구석구석을 새롭게 변화시키는 "변혁적 리더십"이 최고지도자에 의해 발휘되어야 한다. 변혁적 리더십의 핵심은 지도자와 국민들 사이의 특정 목표와 가치를 공유하면서 혼연일체가 되어 당면문제들을 해결하는 것이다. 그리고 변혁적 리더십은 "도덕적으로 향상적이다". 그래서 변혁적인 지도자와 국민들은 품격 있는 도덕성을 매개로 상호관계를 맺는다. 전략적으로 말해서, 일반국민들보다 한 단계 위의 진솔한 도덕성을 갖추고 그에 따른 실천적 모범을 보임으로써 지속적이고 효율적으로 당면문

---

5) 최근 황주홍 박사도 "국가위기의 본질: 비경제적 접근"이란 글을 통해 이러한 주장을 폈다. 이 논문은 제7회 아태평화재단 국내학술회의 "국민의 정부: 과제와 전망"에서 발표된 것이다.

제들을 해결하는 지도자이다(Burns, 1978: 29~46, 401~466).

그렇다면 보다 구체적으로 현재 김대중은 어떻게 해야 하는가? 먼저 김대중의 리더십적 특징을 살펴보자.

첫째, 김대중은 민주주의 혹은 민주화에의 의지와 신념이 과거 어느 대통령에 비해 강하다. 김대중은 박정희 시절부터 반독재 민주화 투쟁에 앞장서면서 죽을 고비를 3번씩이나 넘겼던 가장 대표적인 야당지도자였다.

둘째, 효과적 "의사소통" 능력을 구비한 지도자이다. 사상의학(四象醫學)에서 김대중은 보통 소음인(少陰人)으로 분류된다. 소음인은 공개적인 자리에서는 말수가 적고 주로 사석에서 친밀한 대화를 즐기는 형이지만 김대중은 공·사석을 막론하고 유창하고 설득력 있게 말을 잘하는 지도자이다. 이것은 아마도 오랫동안의 정치체험과 자기훈련, 그리고 많은 독서에 의해 얻어진 결과일 것이다.

셋째, 김대중은 "가치 합리적" 행동을 익힌 지도자이다. 흔히 알려지길, 김대중은 카리스마적 권위가 있어 주변의 인물들에게 마치 교사처럼 일방적인 설교조로 말한다고 한다. 그러나 직접 관찰의 기회를 가졌던 어느 정치학자에 의하면, 김대중은 비록 말도 안 되는 말이라 해도 면담자의 말에 인내심을 갖고 귀를 기울이고, 좋은 아이디어다 싶으면 항상 메모하며 경청한다고 한다. 다만 너무 맥락이 닿지 않는 말을 할 때는 "그 주장의 진위를 시비하지 않고 선비 같은 학자적 자세로 자신의 얘기를 줄줄 말하고 대화를 종결짓는다"(황태연, 1998). 이것으로 보아 김대중은 진지한 토론과 대화를 통해 문제해결의 단초를 찾고자 노력하는 지도자인 것 같다. 그리고 김대중이 효과적 "의사소통" 능력과 "가치 합리적" 자세를 지닌 지도자의 모습은 그가 대통령이 된 후 가졌던 강연회, 강의, 대담, 두 차례에 걸친 "국민과의 대화"에서 어느 정도 확인되었다.

그렇다면 다시 원래의 질문으로 돌아가서, 이제 김대중은 무엇을 해야 하는가? 만약 지금의 우리나라가 국가적으로 아무런 문제가 없고 민주주의 정치도 잘 제도화되어 있는 상태라면 이상에서 소개한 바와 같은 김대중의 리더십적 능력과 특징을 그대로 살려 평상적인 "거래적 리더십"을 발휘하면 정권을 유지하거나 뜻한바 정책의 실천에 문제될 것이 별로 없을 것이다.

그러나 주지하는 바와 같이, 현재 우리나라는 내외적으로 '위기상황'에 처해 있다. 누구라도 믿고 따를 사람이 없어 국민들은 불안하고 답답해하고 있다. 정치인들은 죄다 뻔뻔스러운 모리배(謀利輩)이거나 음흉한 파워엘리트로 폄하(貶下)되고 있다. 장관이나 당료들이 방송에 나와 국가의 어려운 현실을 말하며 국민들의 협조와 성원이 절대 필요하다고 강조하지만, 모두가 불신과 냉소의 태도를 보이고 있다. 한마디로 "민무신불립"(民無信不立)의 상태다.

따라서 김대중이 그가 추진하는 개혁과 '제2건국'을 통한 국민의식 개혁운동이 성공하기를 바란다면, 앞서 설명한 그의 통상의 리더십 능력을 발휘하는 이상의 과감한 도덕적 이니셔티브를 취해야 한다. 그럼으로써 사람들로 하여금 그와 그의 정부를 믿게 하는 것이 최우선 과제다. 그렇지 않으면 국민들은 '제2건국'도 과거의 대통령들이 시도했던 정치적 캠페인과 다를 게 없다고 단정할 것이다. 따라서 설혹 '제2건국'이 대과(大過) 없이 진행돼도 성공적인 권력게임을 위한 소도구 중 하나로밖에 평가될 수도 있음을 상기해야 한다.

그렇다면 김대중이 취해야 할 도덕적 이니셔티브는 무엇인가? 도덕적 이니셔티브란 한마디로 현실적이고 타산적인 이해관계를 넘어 보편적 가치들(예컨대, 준법, 국가 백년대계 차원의 고려, 공평성, 불편부당성, 정의, 비폭력 등)에 해당되는 행동을 스스로 실천하는 행위를 말한다. 이때 도덕적이란 도덕주의적과 근본적으로 다르다.[6] 도덕적

이란 누구나 공감하는 보편적 도덕률의 지속적 견지와 실천 그 자체에서 우러나는 것이며, 도덕주의적이란 자신은 실제로 행하고 희생하는 것이 없으면서도 도덕적이고 교훈적인 말로 타인들을 가르치려는 자세이다. 예컨대, 간디가 비폭력의 원칙을 끝내 지키면서 독립투쟁을 했다든지, 대처수상이 노조와의 심각한 대립 속에서도 끝까지 법과 나름대로의 보수주의적 신념을 지켜가며 영국병을 치료하는 데 성공했던 경우에서 보는 바와 같이, 비폭력과 준법이라는 보편적 가치를 성실하게 지키면서 정치적 게임을 하고 정책을 집행하는 행위 자체가 정치지도자의 도덕성을 말해주는 것이다. 반면, 김영삼이 부정부패의 추방을 공언하고 "내 손으로 한 푼도 받지 않겠다"고 선언하고 나서는 뒤에서 자신의 아들을 통해 정치자금을 받은 행위는 도덕주의적 행태의 대표적인 예이다.

'제2건국'의 구체적 추진업무는 전과 동일하게 관할 부서나 자발적 민간단체가 담당할 수 있겠지만, 그 추진과정에서 국가 최고지도자인 김대중이 먼저 국가와 민족차원의 대의에 따라 투쟁했던 간디나 레닌, 그리고 대처 수상과 같이 엄격한 "자기 포기의 영웅"이 되어야 한다. 이것은 결코 이상주의적 견해가 아니라 비상한 시기에 국민통합을 위해 현실적으로 아주 생생하게 요청되는 솔선수범이다. 오늘날과 같이 도덕적 해이현상이 편만한 상황에서 김대중이 누구보다 먼저 자기 극복의 도덕적 리더십을 보여야 한다.

---

6) 미국 정치학자 James M. Burns도 moral과 moralistic을 구분해서 사용하고 있다. 흔히 도덕적이라고 했을 때 양자를 혼동하기 쉬운데, 번즈는 양자를 구분하면서 변혁적 리더십은 추종자들과 도덕성으로 연결되며, 이것은 지도자가 보편적 가치를 추구하고 실천할 때 가능한 것이다. 번즈는 이러한 것의 가장 극적인 예로 간디의 독립투쟁이나, 뮈르달이 "도덕적 투쟁"이라고 불렀던 미국에서의 인권투쟁을 들고 있다(Burns, 1978: 455~457).

영웅이란 독재자가 아니라 누구나 공감할 수 있는 보편적 가치나 원칙에 헌신적으로 매진하는 도덕적 성실성과 진실성의 소유자로서 타인의 자발적 복종을 이끌어 내는 인물이다(박상익, 1997: 369~388). 일견 모순 같지만, 민주주의도 그것이 필요로 하는 보편적 가치와 원칙을 지키고자 하는 영웅이 있어야 제대로 설 수 있다(이홍구, 1996). 선진국들도 모두 이러한 도덕적 리더십을 발휘하는 영웅적 지도자들의 끈질긴 투쟁과 희생에 의해 성장되고 가꿔졌다. 이런 의미에서, 이제 김대중은 우리 정치사회에서의 민주주의적 제도화와 민주시민사회의 건설을 위해 영웅적 리더십을 발휘해야만 한다. 과거에는 권력을 얻기 위해서 투쟁했다면, 이제는 이미 얻어진 권력을 가지고 도덕적 성실성과 준법의 원칙을 끝까지 지키고 실천하는 새로운 민주화투쟁을 감행해야 하는 것이다. 정치발전은 억압받던 지도자가 권력을 쟁취함으로써만 완성되는 것이 아니라 민주화 의지를 가진 정치지도자가 권력을 얻은 다음에 남다른 희생정신과 도덕성, 그리고 추진력을 가지고 민주주의의 제도화를 꾸준히 실천 궁행할 때에야 비로소 가능하기 때문이다. 구체적으로 김대중의 도덕적 이니셔티브는 적어도 다음의 3차원에서 발휘될 수 있을 것이다.

첫째, 김대중은 먼저 정치노선의 선택과 정치적 사안의 처리에서 도덕적 수범을 보여야 한다. 우선 각종 정책수행의 기조로서 어느 하나의 이념적 지향을 영국의 대처 수상처럼 명확하게 천명하고 국민의 지지를 유도하는 것이 바람직하다.[7) 즉, 원칙 없이 이쪽저쪽 다 살

---

7) 지금까지의 김대중 대통령 발언과 정부발표를 종합해 볼 때, 현 정부의 노선은 좌우 대통합 혹은 세력간 연합 혹은 협의주의적 협조노선을 추구하는 중도개혁주의로 요약될 수 있다. 만약, 이것이 사실이라면, 또 자신의 노선이 영국의 블레어 수상이나 앤소니 기든스의 "제3의 길"과 같은 것이라면, 김 대통령은 이러한 자신의 정치노선을 정하여 국민들에 소상하게 밝히고

피며 일시적 인기나 조작적 동원에 연연하는 포퓰리즘의 가능성을 배제하고, "욕심을 내지 않는 것"이 정치지도자의 도덕성이다. 그리고 현재 김대중과 검찰수뇌부가 주도하는 정치인 사정이 '표적 사정', '정치음모' 혹은 '소도둑이 바늘도둑 잡는다'는 식으로 비난받고 있다. 이러한 불신상태를 극복하기 위해서, 대통령이 먼저 지금까지의 개혁과정과 불법정치자금과 관련된 정치인 사정문제에 대한 대국민 특별성명을 발표한 후, 집권자의 관용과 화해로써 정치자금 관련 정치인 사정을 즉시 중단하고, 대신 미래지향적으로 부패방지법을 하루빨리 제정, 시행하는 것이 바람직하다. 이것은 김대중이 정치적 부패와 타락의 책임에 관한 한 자기 자신도 죄인임을 먼저 자인하는 한 단계 높은 도덕성을 보여주는 것으로써, '제2건국'에 대한 국민적 합의를 넓히고, 공고하게 하는 계기가 될 수 있다. 다만 '국세청을 이용한 정치자금 모금문제'와 '대북 총격요청사건'이, 분명 여권에 의한 정치적 조작이 결코 아니라면, 이것만큼은 특별검사제를 도입해서라도 끝까지 철저하게 수사해서 진상을 밝히고 정치적 흥정 없이 법대로 깨끗하게 처리하여 국기(國基)를 확고하게 다지는 것이 정치의 도덕성을 제고하는 길이다.

둘째, 각종 정책의 입안과 집행과정(행정) 및 자기 주변관리 차원에서의 도덕성을 확보할 일이다. 이 점에서, 이미 실시한 공무원 봉급 10% 삭감조치는 실패작이다. 그보다는 대통령과 장관들부터 자

지지를 요구해야 할 것이며, 그렇지 않으면 아닌 대로(보수든 진보든) 태도를 명확하게 하는 것이 바람직하다. 이것은 이제까지의 집권세력들이 일단 정권만 잡으면 "국민정당화", "대중정당화"를 시도하여 이념정당의 기틀을 잡지 못했는데, 현 정부는 이런 점에 착안하여 과거 이념정당의 제도화에 대해 생각이 짧았던 집권세력들과의 뚜렷한 차별성을 보였으면 하는 것이 필자의 바람이다.

신들의 '엄청난' 판공비를 반납하거나 봉급을 삭감하는 조치를 했어야
했다(〈조선일보〉, 1998.9.23). 그랬다면 국민들은 적지 않은 감동을
받았을 것이고, '제 2건국'에의 호응도가 지금보다 훨씬 높았을 것이
다. 또한 최근 논란이 된 팔당호 정화사업과 국립공원 그린벨트 규제
완화와 같은 정책과 관련하여 정부는 단호하고도 명확한 태도를 견지
해야 한다. 비록 이익집단의 로비나 집단시위를 통한 국민들의 요구
가 있다 하더라도 장기적 국가경영의 비전에 입각하여 추진할 것은
강력하게 추진하고 거부할 것은 단호하게 거부하면서 국민들을 설득
하는 것이 중요하다. 그리고 대통령 주변의 권력핵심부부터 자세하고
구체적인 차원에서 기왕의 법적 규정을 솔선하여 지키는 것이다. 예
컨대, 청와대나 감사원 같은 힘 있는 기관들부터 "장애인고용촉진법"
에 따른 법정 장애인 고용숫자를 정확하게 지키는 수범이 중요하다.
물론 개인의 사생활 및 친인척 관리, 그리고 이른바 '동교동 사단'에
대한 정실인사의 배제 등에서도 냉정하고 철저해야 할 것이다.

셋째, 김대중이 권력획득 과정에서 다짐한 정치적 약속 — 예컨대,
자유민주연합과의 내각제 개헌약속 — 및 제반 정치적 절차에 충실해
야 한다. 이것은 내각제 자체가 중요해서라기보다 정치지도자의 약
속이행은 마땅한 기본윤리로서 정치 본연의 도덕성 회복과 지도자 자
신에 대한 국민의 신뢰증진에 대단히 중요하기 때문이다.[8] 과거 노
태우가 중간평가를 상황변화를 이유로 흐지부지시킨 것이나, 김영삼
이 한 푼의 돈도 받지 않겠다던 약속을 깬 것은 대국민 약속을 가볍

---

8) 최근의 한 여론조사에 의하면, "DJP의 내각제개헌 약속이 지켜져야 한다"는
　 설문에 50.5%가 찬성했다. 물론 대통령 단임제에 대해 65.9%가 찬성했는
　 데, 이것은 국민들이 권력구조 자체보다는 정치적 약속이 지켜지는 것이 더
　 중요하다는 견해를 가지고 있기 때문인 것으로 보인다. 〈주간조선〉 1524호
　 (1998.10.13)를 참조.

게 여긴 탓이다. 그 결과로 국민들의 정치인 신뢰는 땅에 떨어졌다. 더구나 내각제 약속은 이미 선거를 통해 국민들의 정치적 인준을 받은 것이기 때문에 국민들과의 약속이기도 하다. 만약 김대중이 시정의 풍설과 정치평론가들의 예측을 깨고 분명히 이 같은 약속을 지키고 자민련과 긴밀히 협조한다면,[9] 김대중과 '국민의 정부'의 도덕성이 제고될 뿐 아니라, 나아가 우리의 정치문화를 한 단계 격상시키는 결과가 될 것이다. 현재 이와 관련하여 국민회의와 자민련은 서로 미심쩍어 하고 공조체제에 불협화음이 있는 것처럼 비치는 것은, 바로 김대중 자신에게 엄청난 도덕적 부담임을 깊이 인식해야 할 것이다. 그렇게 될 때 사람들 사이에 '김대중은 역시 못 믿을 사람'이라는 냉소와 푸념이 다시 일 것이고 따라서 '제2건국'도 빛이 바랠 것이다.

과거 박정희가 분명 독재자였음에도 불구하고 가난극복과 근대화라는 과제의 성취에 스스로 헌신하는 일정한 도덕성을 지녔기 때문에 국민들의 마음을 움직였으며 오늘날까지 "최고의 지도자"로 평가받고 있는 것이다(〈동아일보〉, 1998. 8. 14). 이와 마찬가지로 김대중도 민주정치의 제도화를 위해 헌신하는 도덕적 리더십을 발휘하는 것이 '제2건국'을 성공적으로 이룰 수 있는 기본방책이다. 한마디로, 김대중은 정치 9단의 경륜과 지적 적응력의 현시(顯示)에 집착하는 듯한 차원을 뛰어넘어 민주발전의 미래지향적 전망을 가지고 법과 원칙의 확립 및 정치의 도덕성 회복을 위해 몸을 던져야 한다. 이것이 곧 "사인여천"(事人如天)의 구체적 실천이다. 최근 개천절 전날, '제2건

---

9) 물론 국민회의와 자민련이 태생적으로나 이념, 노선상 서로 이질적임을 인정할 수 있다. 그러나 같은 여당으로서 그리고 김종필 총리의 리더십적 성격으로 보아 양당이 국가경영 차원에서 내각제 약속에 충실한 모습을 보인다면 국민들은 그나마 실추된 여야정치인들을 신뢰할 수 있을 것이고, 김대통령의 개혁과 '제2건국'은 크게 힘을 받게 될 것이다.

국' 범국민추진위원회가 발족되면서 공동대표와 고문, 그리고 위원으로 참여하는 많은 명망가들의 이름이 신문지상에 소개되었지만, 이들은 일단 자신의 이름이 추진위원회에 올려졌다는 사실만으로 자신의 역할을 다했다고 생각할 가능성이 많음을 직시해야 한다. 김대중은 모든 과제실천의 행동주체는 대통령 자신임을 자각하고 현실적 이해관계를 넘어서는 적극적인 도덕적 리더십을 발휘해야만 한다.

2) 기초생활공동체를 재건해야 한다

우리가 민주주의의 정착 혹은 민주화의 진전에 대해 논의할 때, 먼저 시민사회의 형성과 발전을 언급하는 것이 보통이다. 그리고 시민사회란 국가와 상대적 존재로 민주사회에서 주권자인 시민들의 자발적 참여와 운동으로 형성되는 주체적 시민집단을 총체적으로 일컫는 개념이다. 그리고 이러한 시민사회는 현실적으로 각종 사회단체, 이익집단, 직능단체, 노동조합 등과 같은 결사들의 존재와 그들의 자유로운 활동으로 구체화된다(김호기, 1997: 227~249). 그리고 그동안 우리나라 학계에서는 민주화와 관련하여 시민사회를 논할 때, 시민들의 조직화와 정책결정 과정에의 참여 및 그것을 위한 권력분산의 제도화를 주로 강조하는 경향이 있었다. 그래서 오늘날 민주화란 "소외집단이 정당을 통하여 정치과정에 참여하는 것을 의미하며, 소외집단이 정치와 사회의 중심으로 진입하는 통합의 과정"(최장집, 1997: 196)으로 간주되기도 한다.

그러나 시민사회에는 이 같은 민주주의적 참여와 결사체들의 조직화 및 활성화만으로 설명될 수 없는 측면들이 분명히 있다. 즉, 건강한 민주주의 국가에서 볼 수 있는 시민사회의 또 다른 측면은 생활공동체의 존재다. 그런데 앞에서 이미 말했듯이 자칫 시민사회의 발전에 대한 논의를 각 집단들의 민주적 정치참여에만 국한시키다 보면, 이른바 생활민주주의 혹은 생활정치의 현장이자 실천주체인 소단위 생활공동체 및 그 구성원들의 구체적 삶의 질에 대한 관심은 크게 소홀해질 수 있다. 그래서 민주주의의 제도화는 선거와 같은 정치참여의 수준에서뿐 아니라 시민들의 공동체적 생활문화의 형성과 상호신뢰하며 살아가는 사회기풍의 진작을 심각하고 신중하게 고려하는 가운데 추진해야 마땅한 것이다. 10)

이렇게 볼 때, 유감스럽게도 현대 한국정치사는 한마디로 기초생활공동체의 연속적 파괴과정이었다 해도 과언이 아닐 것이다. 즉, 산업화와 도시화가 가속화되면서 인구의 이동성이 높아지자, 금방 과거의 촌락과 같은 전통마을이 사라졌고, 도시지역의 아파트촌이나 주거지역들은 모두 형식적 마을, '콩가루 동네', '모래알 동네'로 전락했다. 이웃 없는 아파트문화가 어느새 당연하고 자연스러운 것으로 인식되고 있다. 그리고 민주화되고 산업화된다는 것이 소단위 기초생활공동체 속의 국민들의 삶의 질로 볼 때는 부정적 의미밖에 없는 변화일 뿐이다. 물론 오늘날의 이러한 불행한 결과는 정치리더십과 국가정책 차원의 이니셔티브가 크게 빈곤했기 때문이다. 즉, 인간은 언제 어디서나 공동체적 동물임을 확인하며 살아가는 존재임에도 불구하고, 그간의 근대화, 민주화 과정에서 적어도 각자가 살고 있는 주거지역, 즉 기초단위 생활공간에서의 공동체적 삶을 위한 정책적

---

10) 이러한 점에 비추어 볼 때, 후쿠야마가 한국은 동아시아 국가들 중 상호신뢰와 협동이 뒤지는 사회로 "사회자본"(social capital) 형성에 취약점이 있다(Fukuyama, 1995)고 지적한 것이나, 새로운 민주주의의 경우 제도화가 선거와 같은 영역에서만 부분적으로 이루어지고 있다고 지적한 오도널(O'Donnell, 1996: 34~51)의 지적은 경청할 만하다. 최장집 · 임현진 편, "한국민주화의 관제", 《한국사회와 민주주의》, pp. 420~421을 참조.

배려가 크게 미흡했던 것이다.

이 같은 기초단위 생활공동체의 파괴와 시민사회의 파편화, 원자화 현상과 그로 인해 일반국민들이 느끼는 불만과 소외감과 고절감에 대한 문제의식은 결코 감상주의적 향수에서 비롯된 것만은 아니다. 인간이면 누구나 공동체적 삶에 대해 생생한 욕구를 갖는다. 오늘날 우리 사회를 건강한 민주시민사회로 만들기 위해서는 시민들의 민주적 참여를 활성화하고 제도화하는 것만이 아니라, 도시화, 산업화된 새로운 환경에 맞는 새로운 형태의 생활공동체 형성을 도모하는 것이 매우 중요하다. 특히 일반국민들의 입장에서 볼 때는 바로 이러한 기초단위 생활공동체가 새롭게 형성되어 함께 사는 이웃끼리 서로 인사하고 왕래하며 신뢰하는 가운데 생활하는 것이 더 중요한 민주주의 제도화의 내용일 수 있다는 점을 심각하게 고려해야 한다.

그러나 그간 우리의 정치는, 언론 및 집회의 자유쟁취, 민주주의의 제도화, 권력구조의 합리화, 남북통일의 성취, 세계화의 추진, 정보선진국가의 건설 등과 같은 거시적 차원의 정책적 처방에 치우친 나머지, 국민들의 피부에 와 닿는 민생정치, 생활정치, 생활공동체의 회복과 같이 실제적 삶의 질의 향상과 관련된 미시적 차원에 대한 관심과 배려는 상대적으로 크게 소홀했다. 지방자치제의 실시로 이러한 문제가 해소될 것으로 기대했지만 지방의회의원들은 새로운 파워엘리트로 군림하고자 하는 행태를 벗어나지 못하고 있다. 아무리 거시적 차원의 정책들이 제대로 추진되고 그에 따른 소기의 성과가 있었다 하더라도, 미시적 차원의 생활정치, 민생정치, 그리고 이를 통한 생활공동체의 회복이 제대로 이루어지지 않는다면, 그것은 민주주의가 아니다. 속 빈 강정이고 껍데기 민주주의다. 이것은 곧 실질적 시민사회의 부재를 뜻하는 것이기도 하다.

기초생활공동체 구성원 사이의 긍정적 생활경험과 이웃끼리의 나늘의 생활이 부재하다면, 그렇게 사는 사람 자신도 불행할 뿐 아니라 차세대들을 국가 차원의 책임과 의무를 실천하는 정상적 시민으로 육성하기도 힘들다. 자라는 동안에 공동체적 체험이 없는 청소년들이 어떻게 국가 차원의 공동체 윤리에 쉽게 적응하겠는가? 따라서 이제 '제2건국'을 추진하는 현 정부는 국민들이 실생활 차원에서 삶의 질을 향상시키고 진정한 의미의 시민사회를 형성하기 위해 구체적 대책을 수립하고 실행해야 한다. 그렇다면 기초생활공동체의 활성화를 통해 건강하고 내실 있는 시민사회를 만들기 위해 김대중은 무엇을 해야 할 것인가?

첫째, 기초적 사회복지제도의 확립이 필요하다. 현대정치사 50년 동안 정치공동체의 건강한 발전을 위한 차원에서 사회복지문제가 제대로 다루어진 적이 없다. 이념과 체제 차원의 논쟁과 정책갈등은 있었지만 전반적으로 사회복지제도 문제가 심각한 정책적 관심사가 된 적이 없었던 것이다. 단위별 노동조합이나 직능별 압력단체들이 활성화되기는 했어도 각각의 특수이익을 확보하는 차원의 사회복지를 추구했을 뿐 국가 전체 차원에서 체계적이고 합리적인 사회복지제도의 구비문제는 제대로 다루지 못했다. 그 결과 우리 사회에서는 각종 투기와 한탕주의적 범죄로 생존과 생활안정을 위한 기반을 각자 확보하는 것이 상례화되었고, 극빈자나 노인, 그리고 신체장애자들에 대한 복지제도는 아직까지도 후진국 수준에 머물러 있다.

더욱이 IMF 관리체제 이후 사회경제적으로 양극화되는 경향을 보이고 있다. 현재 우리 사회는 "20 대 80 사회", 즉, 20%의 전문직 종사자들은 안정된 생활을 하는 반면, 나머지 80%는 실업의 언저리에서 근근이 살아가는 양극화 사회로 변모하고 있다고 한다. 자동차시장에서도 대형차와 소형차가 많이 팔리고 중형차의 수요는 격감하고 대신 중고차의 수요가 커졌다고 한다. 이것은 곧 중산층의 붕괴를 의미하는 것으로 잘못하다가 우리 사회는 극단적 이념운동의 집단폭발로 심각한 사회통합의 위기를 맞을 수 있다(김호기, 1998: 261~276).

이와 함께 더 심각한 문제는, 우리나라의 사회복지제도가 질과 양모든 면에서 아주 열악한 상태에 머물고 있어 현재의 악화되는 경제상황에서 늘어나는 실업인구를 제도적으로 보호할 수 있는 장치가 없다는 사실이다. 한국의 사회복지비는 GDP 대비 3.1%로 OECD 가입국가 중 가장 낮은 터키(7.1%)의 절반 수준에 불과하다. 따라서 이번 기회에 정부는 세제개혁이나 노동시간 단축과 같은 경제정책을 취함과 동시에, 저임금층의 기본소득 보장 프로그램과 같은 사회복지제도의 도입을 본격적으로 서둘러야 한다(조흥식, 1998: 279~327). 그래서 저소득층을 포함한 일반시민들의 기초적 공동체생활을 뒷받침할 사회안전망을 하루속히 구축해야 할 것이다.

다음으로, 새마을운동의 현대적 변용을 통해 산업화, 도시화된 상황에 어울리는 새로운 생활공동체 형성을 기해야 한다. 과거 박정희가 추진했던 새마을운동이 관주도의 국민운동이었고 새마을운동중앙협의회가 권위주의 정부에 "봉사"했던 관변단체의 성격을 띠었음은 공지의 사실이다. 그리고 그것은 농촌소득 증대사업의 일환으로 전개되었다. 그러나 다른 한편, 그것은 국민들이 실생활 속에서 협동하고 돌아보며 마을공동체 속에서 서로 봉사하며 살아가는 체험과 감동을 제공했던 국민운동이었음도 우리는 인정해야 한다. 그러기에 최근 여론조사에서 역대 정부의 정책 중 새마을운동이 가장 높이 평가되는 것인지도 모른다(〈동아일보〉, 1998. 8. 14). 그것이 비록 관변운동적 성격을 띠었을지라도 국민들 각자에게는 근대화된 새 사회의 일원이라는 소속감과 책임감을 갖게 했으며, 질서 있고 깨끗한 환경에서 협동하며 사는 보람을 갖게 했던 것이다. 현 정부가 새마을운동기구를 폐지하지 않고 새로운 민간운동단체로 육성시키고자 하여 그동안 사회운동지도자로 일했던 인물을 새로운 책임자로 임명한 것은 아마도 새마을운동의 이러한 공헌과 필요성에 대한 평가가 있었기 때문일 것이다. 그러나 이러한 캠페인의 추진이 또 다른 관변단체의 육성이라는 비판을 극복하고 소단위 기초생활공동체의 형성과 실질적인 삶의 질의 향상에 기여하는 시민운동으로 성공시키기 위해서는, 적어도 다음과 같은 점에 유의해야 할 것이다.

첫째, 이제 그것은 도시지역, 특히 아파트지역에서 이웃을 회복하는 공동체형성 운동으로 추진되어야 한다. 물론 유동성이 많고 개인생활에 바쁜 도시주민들이지만, 정부당국은 우리의 생활의 질을 높이고 민주주의를 위한 사회적 통합을 새롭게 형성시키기 위해서는 도시새마을운동 혹은 아파트새마을운동은 반드시 필요한 프로젝트임을 인식하고, 의지와 인내심을 가지고 꾸준히 추진하기 바란다. 이 사업은 마을공동체의 현대적 회복이라는 정당한 명분이 있으므로 시행과정에서 다소의 잡음이 있더라도 일관되게 추진하는 것이 바람직하다.

둘째, 거창한 이벤트성 캠페인보다 세부적 차원에서 이웃과 함께 생활하는 데 필요한 간단한 예절들을 일상화하는 방향으로 유도하는 것이 바람직하다. 예컨대, 이사갔을 때 그저 떡만 돌리지 말고 명함과 함께 반드시 이웃과 만나 인사하는 것이라든지, 같은 아파트나 통로주민들끼리 엘리베이터나 계단에서 만났을 때 서로 인사 나누는 것과 같은 생활예절이 관례화되도록 지속적으로 홍보, 계몽하는 것이 중요하다. 원래 "마을" 혹은 "말"로 표현되는 공동체는 "말의 소통"으로 만들어지는 법이기 때문에, 무엇보다도 이 같은 기본예절과 공동체생활 테크닉을 일상화함으로써 서로 대화하고 교통하는 관계로 나아가는 것이 중요하다.

이런 점에서, 오늘날 우리에게 필요한 것은 아나바다(아껴쓰고, 나눠쓰고, 바꿔쓰고, 다시쓰자) 운동이나 함께 메주·간장 담기, 평소에 이웃과 인사를 하며 지내자는 미안실감(미안합니다, 안녕하십니까, 실례합니다, 감사합니다) 운동 등이다. 미안실감의 인사와 대화가 먼저 풀리면 아나바다뿐 아니라 여타 모든 문제들도 풀리기 시작할 것이며, 그렇게 되면, 일상생활 속에서 사람들 사이의 사회적 소속감과 신뢰감이 점차 확산될 수 있을 것이다. 특히 우리나라 사람들은 서로 모르는 사람끼리는 안면몰수하기 일쑤다. 아는 사람끼리는 예의범절을 잘 지키지만, 모르는 사람일 경우에는 자기 자신이 실수해서 상대방에게 불편을 끼친 경우라도 "미안합니다"라는 기본예절언어로 분명하게 사과하지 않고 적당히 눈치만 살피고 끝내는 경우가 허다하다. 이로써 서로 믿지 못하는 사회적 악순환이 되풀이되고 있다. 이러한 관행은 하루빨리 타파해야 할 대상이다. 이젠 서로 모르는 사람끼리라도 친근하게 인사하고 예의를 지키는 성숙한 수준의 시민의식개발과 실천이 특히 요구된다.

셋째, 새마을운동기구를 결코 정치적으로 이용해서는 안 된다. 주변에서 새마을운동 지도자들을 유정회 국회의원에 임명하자고 했지만, 박정희는 새마을운동의 순수성을 유지하고자 하는 나름의 동기로 이를 결코 허락하지 않았다(김정렴, 1997: 273). 최근 야당에서는 '제2건국' 운동이 많은 사회단체들을 동원하고 있어 그것이 신당창당 음모의 일환이라고 비판하는데, 김대중은 굳이 이런 비난을 받으면서까지 기존의 각종 사회단체들을 정치적으로 동원하려고 하지 말고, 이들은 그냥 내버려두는 것이 상책이다. 다만 '제2건국'의 각종 취지에 공감하여 참여하는 단체나 조직의 활동을 측면지원만 하면 되는 것이다. 그리고 현재 동사무소의 산하조직처럼 인식된 반상회라는 이름의 회의를 '마을회의'로 이름을 바꾸어 사용케 함으로써 과거의 부정적 이미지를 벗고 이제 민주시민사회의 기초단위 주민회의로서 새 출발하도록 하는 것이 좋을 것이다.

마지막으로, 이상과 같은 새마을운동이 다시 성공하기 위해서는 범국민추진협의회 회원들과 새마을운동협의회 회원들의 헌신적 노력이 필요하다. 우리 사회는 아직 성숙된 민주시민사회가 아니기 때문에 운동단체들의 적극적인 역할이 필요하다. 이른바 고위층 인사들의 자발적인 마을회의 참여와 분위기 형성이 필요한 것은 두말할 나위 없다. 이들의 헌신으로 기초생활공동체가 회복된다면, 장기적으로 우리의 시민사회를 질적, 내용적으로 튼튼하게 하고, 단기적으로는 '제 2건국' 운동의 대국민 침투효과를 제고하는 데 유용할 것이다.

이상 기초사회복지제도의 확립과 새마을운동의 현대적 변용을 통한 기초생활공동체 재건프로젝트는 한국사회가 지향해야 할 "열 가지 발전이상"(임현진, 1997: 422~423) 중 적어도 네 가지 ─ 즉, 지역, 계층, 세대 사이의 갈등극복, 더불어 사는 공동체의식의 회복, 시민 자율과 참여의 신장, 삶의 질 향상과 안전권 보장 ─ 의 발전이상을 한꺼번에 성취할 수 있는 구체적 기회를 제공하는 것으로 우리 사회의 내적 통합을 증진시키고 삶의 질을 향상시키는 것에 기여하는 바도 적지 않을 것이다.

3) 철저한 법치를 정착시켜야 한다

두말할 필요도 없이 민주주의 사회는 법에 의한 질서유지를 뼈대 삼고 공동체 구성원 각자의 사회적 인격을 살로 삼아 세워지고 유지된다. 부드러운 살과 딱딱한 뼈가 합쳐 우리의 몸을 이루듯 건전한 사회기풍 및 정치문화와 함께 법과 법치가 확립되지 않으면 민주주의는 불가능하다. 거시적으로 볼 때, 우리나라는 법에 의해 다스려지는 민주주의 법치국가이다. 그러나 미시적으로 보면 법적 무정부상태나 마찬가지다. 우리 사회 어느 구석이든 법을 이용해 치부하거나 법망을 교묘하게 피해 이권에 개입하는 일이 비일비재하다. 사업계나 정치계는 물론이고 교육계와 문화계에서조차 법이 소용없기는 마찬가지다. 법이나 규정은 국리민복과 사회정의의 원천이 아니라 공직자들의 치부수단으로 전락했다. 그래서 우리 사회는 한마디로 "개판"이며, 어느 설문조사에서는 우리나라 대학생의 84%가 "법대로 살면 손해"라고 답변했다(황주홍, 1998: 75~78). 오늘날 우리 사회가 이토록 법적 무정부상태로 전락하게 된 이유는 적어도 다음 세 가지이다.

첫째, 우리나라 사람들은 전통적으로 온정주의와 연고주의에 따라 행동하는 경향이 강하다. 이미 우리 사회가 민주화와 산업화 과정을 겪은 지 오래지만 인정에 이끌리는 온정주의는 아직도 일반적 사회관행으로 남아 있어, 부정과 부패, 부조리와 탈법의 문화적 원천이 되고 있다. 그리고 혈연, 지연, 학연과 같은 개인적 연고를 매개로 하는 "집단이기주의"(최재석, 1994: 191~195)가 국가적 차원의 법의식과 공공의식을 압도하기 때문에, 그 같은 연고로 "아는 사람"끼리 형성되는 인간관계가 법과 공공규범의 집행과정에서 아직도 큰 영향력을 행사하고 있다. 다시 말해서 아직도 우리 사회에는 "공식적으로 제도화된 영역 밖에 존재하는 연고주의나 온정주의와 같은 호혜-수원관계가 법과 제도가 명시하는 규범과 절차를 넘어 주요 인자로 작동하고 있어"(임현진, 1997: 422) 전체사회 차원의 민주화에 큰 걸림돌이 되고 있다. 그래서 우리 사회는 아직도 껍데기 법치국가요, "아는 사람끼리"라면 법도 없고 민주주의도 없는 아노미적 사회다. 따라서 가령, 미국은 법치가 너무 오랜 관행이 되어 대화와 타협에 의한 분쟁해결이 필요한 나라이지만 우리나라는 이와 정반대로 "인간적인" 타협관행을 냉정하게 불식시키고 사회생활에서 준법관행이 확고하게 자리 잡도록 하는 냉정하고 엄격한 정책이 필요한 나라이다.

둘째, 권위주의적 독재정치와 짝해온 관료주의적 관행이 법치의 확립을 방해했다. 민주주의 국가에서 행정부는 주권자 국민들의 공복(公僕)으로서 법을 집행하는 기관이다. 그러나 우리나라에서 그동안 행정부는 권위주의적 독재정치의 도구로서 국민들 위에 군림하며 호가호위(狐假虎威)했던 관료집단의 다른 명칭에 불과했다. 물론 그러한 행정국가적 통치관행이 경제적 근대화에 기여한 면이 있지만, 민주주의적 법치확립의 충실한 안내자 역할은 하지 못했다. 특히 민생과 관련된 제반 법규들이 세밀하게 마련되지 못해 그 시행과 적용과정에서 세무공무원을 포함한 일선 행정관리들에게 지나치게 많은 재량권을 허용했던 사실과 제1공화국 이래 지속된 경찰조직의 정치적 극우세력집단화 및 권력의 시녀화가 법집행의 민주성과 공평성을 크게 해쳤던 것이다. 그 결과, 국가기관과 관료집단은 공공이익의 실천주체가 아니라 또 하나의 이익집단으로 전락했다고 비판받고 있으며, 일반국민들은 행정기관과 행정공무원들을 기회주의적으로 대하며 실익과 편의를 챙기는 것을 생존경쟁에서 이기는 영리한 처세술로 당연시되었다. 이러한 관행은 자연스럽게 부정부패의 먹이사슬의 형성으로 나타났다. 이런 점에서 김대중이 최근 실시하는 중·하위직 공무원 사정을 철저하게 실시하고 범법자가 가려질 경우 이들을 철저하게 처벌해야 한다.

셋째, 그러나 우리 사회가 법적 아노미상태로 전락한 것은 무엇보다도 정치지도자들과 엘리트의 민주사회 건설을 위한 준법적 리더십의 빈곤 때문이다. 우리가 아무리 농경사회적 인정이 많고 관료주의적 관행이 부정적이라 하더라도 그동안 우리 사회의 근대화 발전과정을 이끌었던 고위층 인사들이 민주주의 제도화에 의지와 목표를 가지고 그것의 구현을 위해 준법을 자기희생적으로 실천했다면 결과는 달랐을 것이다. 이승만의 초법적 전횡, 박정희, 전두환의 군대식 마키아벨리즘, 정치자금문제와 관련한 노태우, 김영삼의 비굴한 탈법비리 등은 민주적 법치를 위해 개혁과 교육적 기능을 수행해야 하는 정치지도자의 규범에서 크게 벗어난 것들이다. 그리고 전통적 유교문화의 부정적 유산인 "귀속주의 또는 비공식주의"에 보다 익숙했던 엘리트층의 무책임한 파벌주의적 정치행태[11]도 우리 사회가 법과 공공제도의 정착을 통한 정상적 민주화의 도정을 밟지 못하게 했던 주요 원인이다. 이렇게 최고지도자들과 엘리트들이 앞장서 법을 무시하는 비민주적 행태를 보이는 중에 국민들이 온전히 법을 지킬 것으로 기대한다는 것은 연목구어(緣木求魚)나 다름없다.

　이상과 같은 이유들 때문에 우리나라는 50년의 민주주의 역사를 지속하면서도 아직 법치민주주의가 확립되지 않았다. 적어도 거시적 차원에서는 법치의 실천을 추구했지만, 미시적 차원에서의 법치는 요원하다. 어찌 보면 역사상 민주주의 발전에 필요한 제 조건을 어느 정도 갖추었다고 평가할 만한 '국민의 정부'는 우리나라의 법치민주주의를 정상궤도에 올려놓을 수 있는 좋은 기회를 맞고 있다. 무엇보다도 권위주의적 비리와 불법조치에 의해 가장 피해를 많이 본 당사자가 바로 김대중이기 때문이다. 그동안 여러 형태의 정부들이 들어서고 나갔지만 그들은 이번 정부만큼 법치를 확실하게 실천하고 제도화, 일상화할 수 있는 내적 조건을 갖추지는 못했다고 보인다. 그러나 아무리 좋은 기회와 조건을 갖추었다 할지라도, 김대중과 정부당국이 법치확립에의 확고한 의지를 가지고 필요한 정책적 조치를 끈질기게 실천하지 않는다면 아무런 의미가 없다. 그렇다면 이를 위해 김대중과 "국민의 정부"는 구체적으로 무엇을 해야 할 것인가?

---

11) 유교문화적 배경과 관련한 우리나라 엘리트의 정치문화에 대해서는 다음을 참조하라. 안청시, "한국정치문화의 특성과 변화," 〈한국정치연구〉(서울대 한국정치연구소) 창간호, 1987, pp. 303~319; 신명순, "정치문화와 민주주의," 한국정치학회 편, 《현대한국정치론》(법문사, 1986), pp. 280~283.

첫째, 김대중과 정부는 무엇보다도 여야 간 그리고 노사정 간 합의된 바에 따라 제정된 법률들을 강력하게 적용하고 집행해야 한다. 이제부터라도 정치인들의 탈법, 불법사례를 엄정하게 단속하고 기왕에 시작한 공무원 사정을 법에 따라 지속적으로 추진해야 한다. 또한 김대중은 결연한 의지로 노사문제도 합법적 테두리 내에서 해결되도록 리더십을 발휘해야 한다. 그리고 정부는 IMF 관리체제하에서 추진되는 현재의 구조조정 과정이 우리나라에서 법치를 정착시킬 수 있는 아주 유용한 기회임을 인식하고 여러 분야에서의 철저한 준법행정을 고무하고 정착시키는 데 진력해야 한다.

　둘째, 국민들의 일상생활과 밀접하게 관련된 문제 중 심각한 것이 교통문제와 환경문제인데, 이 분야들에서의 준법을 생활화할 수 있는 특별대책을 마련, 시행해야 한다. 이를 위해 먼저 경찰을 포함한 교통담당공무원들과 환경담당공무원들에 대한 특별교양교육을 실시하고, 동시에 각급 교육기관을 활용하거나 사회단체의 협조를 얻어 일반국민들의 교통 및 환경 관련 법률에 대한 홍보와 준법계몽활동을 대대적으로 펴야 한다.

　셋째, 영국병 치유에 성공했던 마거릿 대처 수상이 노조와 투쟁하는 가운데에서도 "좋은 시민 되기 캠페인"을 직접 벌이며 국민들의 동참을 호소하고 다녔듯이, 만일 필요하다면 김대중도 준법생활과 관련하여 그와 같은 범시민운동을 벌이며 국민들에게 직접 참여를 호소하는 것이 좋을 것이다. 이때는 막연한 교통질서 지키기나 환경오염 줄이기식의 구호를 내걸지 말고, "빵빵하지 않기", "정지선 제대로 지키기", "경찰에게 봐달라고 안 하기", "내가 먼저 양보하기" 등 구체적인 행동요령과 관련된 캠페인을 벌이는 것이 좋다. 최근 영국의 블레어 수상이 사회범죄 소탕을 위해 "무관용" 작전을 펴며 범죄추방 3개년 운동을 선언한 것(〈조선일보〉, 1998. 10. 3)도 하나의 좋은 예라 하

겠다. 그리고 이러한 캠페인에 김 대통령이 직접 나설 때는 굳이 '제
2건국'을 표방할 필요가 없다. 지금은 슬로건보다 실천적 내용을 채
워 나가는 것이 중요한 시기이기 때문이다.

4. 맺음말

한마디로, '제 2건국' 운동은 앞에서 언급한 바와 같은 김대중과 파워
엘리트의 도덕적 실천과 수범이 선행되지 않는다면, 실패했던 과거의
정치적 캠페인들과 같은 운명을 맞게 될 수 있다. 근대화 발전과정에
서 정치리더십은 근대적 가치실현에의 의지, 엘리트 장악력, 그리고
안목과 기술 등 세 가지 차원의 능력을 갖추어야 국가발전 과정을 성
공적으로 이끌 수 있다(Tsurutani, 1973: 91~101). 과거 박정희는 경
제근대화 외에 국가발전과 관련된 여타 부문에 대한 안목이 부족했
다. 그러나 김대중은 과거의 어느 대통령보다 민주발전과 관련된 안
목이 비교적 앞서 있다고 볼 수 있다. 김대중이 이 같은 장점을 최대
한 살려 앞에 언급한 바와 같은 도덕적 리더십을 발휘하면서, 민주시
민교육, 법치의 확립, 환경문제의 해결, 공동체적 시민사회의 형성에
앞장선다면, 우리나라 민주주의의 제도화에 의미 있게 기여한 지도자
로 성공할 수 있을 것이다. 이러한 과정을 통해 만약 김대중의 이니
셔티브로 추진되는 '제 2건국' 운동이 성공한다면, 그것은 적어도 다음
과 같은 정치·사회적 의의를 지닐 수 있을 것이다.

첫째, 김대중이 일련의 개혁조치를 통해 국가위기 극복에 성공한다
면, 우리의 현대정치사가 새로이 의미 있게 재평가될 수 있는 기회를
얻을 수 있다. 그래서 최소한 이승만이나 박정희의 동상이 공공장소
에 번듯이 세워지고, 나아가 정치와 정치인들을 긍정적으로 평가하고

서로를 존경하는 사회적 분위기가 조성될 수 있다.

둘째, 진정한 의미의 지도층 형성의 계기를 제공할 수 있다. 우리의 현대사는 불행하게도 파워엘리트로서의 고위층은 있었어도 대중의 모델이 될 수 있는 지도층, 즉 "노블레스 오블리주"를 실천하는 고위층은 드물었다. 그러나 김대중과 고위층이 국민들을 감동시키는 도덕적 리더십을 실천함으로써 '제2건국'이 성공할 수 있다면, 우리사회의 고위층은 지도층으로 변화될 수 있는 기회를 얻게 될 것이다. 그 결과로 팽배한 사회적 불신이 해소되고 공동체적 시민사회가 정착될 것이다.

그러나 거듭 말하거니와 앞에서 강조한 바대로, 누구보다도 김대중이 다양한 차원에서 도덕적 리더십을 계속 발휘하는 가운데 제반 개혁프로젝트들을 추진하고 실천하지 않는다면, 이러한 희망은 또다시 무산될 것이며, 우리의 앞날은 여전히 어두움에서 헤어나지 못할 것이다. 학자들 사이에서 나폴레옹은 "민주주의는 무질서가 아니다"라는 판단에서 투쟁했던 프랑스 민주주의의 "영웅"으로 칭송받는 한편, 겨우 시저를 흉내냈던 음흉하고 간사했던 "독재자"로 비난받기도 한다. 그러나 나폴레옹은 오늘날까지 대다수 프랑스인들의 마음속에 자부심과 영광의 역사의 주인공으로 남아 있다. 김대중은 이 점에 유의하여 무엇보다도 "민주주의는 부정부패가 아니다"라는 입장에서 스스로 결단을 내리고 그것에 매진하는 "강력한 리더십"(Little, 1988)을 발휘하기 바란다.

제 14 장

노무현 대통령과 한국의 정치문화
그의 화법에 대한 이해와 비판

1. 머리말: '참여정부'의 출범과 한국정치문화

노무현 정부가 출범한 지 100일이 지났다. 작년의 대통령선거에서 노무현 후보는 우리나라 정치사상 처음으로 돈과 패거리로 유지되는 '선거조직'보다는 인터넷통신의 신속한 정보확산 기능과 적극적 지지 자들 및 그들에 의해 고무된 일반시민들의 자발적 투표참여에 힘입어 대통령으로 당선되었다. 따라서 지난 2월 25일 그가 이끄는 '참여정 부'가 출범할 때, 사람들은 '그동안 지지부진했던 정치개혁이 이제는 제대로 되겠구나' 하고 기대를 한껏 부풀리기도 했다. 그리고 필자는 한국민주주의의 발전과정을 정치리더십의 측면에서 주의 깊게 관찰 하는 정치학자의 한 사람으로, 1) 지난 선거과정에서 드러난 노무현

---

1) 졸고, "제 3세계 발전에 대한 정치리더십 접근 시론," 〈한국정치학회보〉제 25집 2호(1992) ; "정치리더십과 민주주의의 제도화," 〈한국정치외교사학회 논총〉(2000) ; "새로운 의회정치 지도자상과 의회제도," 〈의정연구〉(2000년 10월호) ; "한국사회의 발전과 대통령의 자질," 고려대 정부학연구소 정책포 럼 발표논문(2002년 7월).

대통령(이하 노무현)의 인간적 면모와 정치적 문제의식, 그리고 당선 이후에 제시된 비전과 정책구상들을 보고, 그가 대통령으로서 5년의 임기를 성공리에 마치고 온 국민의 따뜻한 박수를 받으며 퇴임할 수만 있다면, 그의 당선과 집권은 여러 불합리한 관행 및 비리와 얽혀 있는 권위주의 정치문화를 청산하고 한국민주주의를 한 단계 더 성숙하게 만드는 주요한 계기가 될 것이라고 생각했다.

특히 노무현이 그동안 변호사, 지구당위원장, 국회의원, 장관, 그리고 대통령후보로 활동하는 동안 보여준 정치행동상의 여러 면모들을 종합할 때, 그가 시도하는 정치개혁을 국민들의 지지 속에 매끄럽게 마무리할 수만 있다면, 우리의 정치에는 적어도 일관성의 문화, 토론문화, 그리고 자주/자존의 정치의식이 어느 정도 자리 잡을 수 있을 것으로 기대된다. 최근 노무현은 취임 100일을 기념하는 기자회견에서도 정치문화의 혁신을 통해 민주주의 정치발전의 기틀을 확고하게 만들고자 하는 그의 집념을 피력하였다. 그는 현재 '참여정부'의 국가경영이 비록 불만스럽고 혼란스러워 보일지라도 대한민국은 지금 "한 시대를 마감하고 새 시대가 요구하는 새로운 관행과 문화"를 만들고 정착시키는 과정에 있음을 특히 강조하였는데, ① 권력중심의 권위주의 정치로부터 국민중심의 참여정치로의 전환, ② 배타적 국정운영으로부터 토론과 합의라는 시스템에 의한 국정운영, ③ 권력과 언론의 합리적 관계설정을 그 요체(要諦)로 하고 있다.2)

그러나 새 정부 출범 이후 3개월 동안 노무현의 잦은 파격적 언행과 장관들의 시행착오로 노무현과 그의 정부에 대한 국민들의 기대와 지지는 크게 감소되었다. 어느 한 여론조사에 의하면, 노무현의 지지도는 취임 초기보다 약 30%나 떨어졌고, 각부 장관들의 평균성적은

---

2) 〈문화일보〉, 2003. 6. 2.

C-로 매겨지기도 했다. 그리고 최근 교육부가 NEIS의 시행여부를 놓고 갈팡질팡하고, 그의 친형 건평 씨와 후원회장 이기명 씨의 부동산 매매문제가 불거지자, '노무현도 별수 없군' 하는 실망의 소리와 잠시나마 '노 정권 퇴진운동'을 주장하는 구호까지 등장했다. 사실, 노무현이 야당정치인 시절과 대통령후보 시절에 보여주었던 일관된 정치행로와는 달리 집권 이후 3개월 동안 '참여정부'는 잦은 정책상의 혼선으로 많이 얼룩져 있다. 또한 자유토론문화가 국무회의와 청와대회의에는 물론 대통령이 각종 이익단체와의 협상에 직접 나서는 데까지 적용되어 국가경영이 표류하고, 국가의 통제기능이 상실되었다는 비판과 지적이 끊임없었다. 그리고 냉전 이후 자주/자존의 정치의식을 회복하고자 하는 각종 이니셔티브들과 시민단체들은 '반미' 혹은 '친북' 등으로 자주 비판받았다. 더욱이 노무현은 최근 미국과 일본을 방문했을 때 그가 국내 선거과정에서 보여주었던 것과는 정반대되는 발언을 많이 했다 하여 그의 지지자들로부터도 거센 비판을 받았다. 그래서 취임 100일을 지낸 노무현과 그의 정부가 갈 길은 더 멀고 험해진 것 같다.

그렇지만 노무현의 대통령 임기가 아직 4년 이상 남아 있어 임기 초에 잠시 어렵더라도 그가 추구하는 정치문화의 대대적 변화와 정치사회적 개혁을 성공적으로 매듭지을 수 있는 기회는 아직 있을 것이다. 그리고 이른바 민주화세력의 지지를 받아 집권했던 김영삼과 김대중도 비록 반독재 민주투사였지만 한국정치의 고질병 중의 하나인 불투명하고 건강치 못한 권위주의 정치문화를 척결하는 데 성공하지 못했기 때문에 현재 노무현이 추진하는 "문화개혁"은 한국의 정치발전사상 중요한 의미를 지닌 정치적 시도로 여겨진다.

그래서 이 짧은 글에서 필자는 현재 많은 비판과 비난, 혹은 혐오의 대상이 되는 '노무현 화법'을 집중 검토하고자 한다. '노무현 화법'

이란 노무현이 권위주의 정치문화의 청산을 염두에 두고, 여러 차원의 국정수행 과정에서 자신의 의사와 목표 혹은 특정 정책의 배경 등을 국민들에게 효과적으로 전달하기 위해 동원하는 여러 가지의 커뮤니케이션 수단들을 이른다. 필자는 우선 그간의 관찰을 바탕으로 '노무현 화법'의 종류와 특징을 정리한 다음, 그것이 어떠한 정치적 의도와 배경에서 시도되는 것인지를 필자의 주관적 해석으로 헤아려 볼 것이다. 마지막으로는 이러한 분석을 바탕으로 노무현의 '참여정부'가 남은 임기동안 국가경영에 성공하기 위해서 반드시 필요하다고 생각되는 몇 가지 의견을 제시하고자 한다.

2. '노무현 화법'의 몇 가지 특징들

그렇다면 현실정치의 장에서 활용되는 '노무현 화법'에는 어떠한 것들이 있는가? 노무현의 화법이 적지 않은 국민들에게는 거칠고 낯선 것임에 틀림없는데도 그러한 화법을 계속 구사하며 정치개혁을 추진할 의사를 비추고 있다. 이러한 데에는 그동안의 정치과정에서 자신에게 축적된 일정 수준의 도덕성 및 독학과 현장체험을 통해 체득한 자신의 정치적 문제의식에 대한 상당한 정도의 자기 확신이 뒷받침된 것으로 이해된다. 최근 한 기자회견에서 노무현이 이기명 후원회장과 친형이 관련된 부동산 매매건에 대해 해명하면서 "위법사실이 밝혀지면 그만두겠다"는 식의 발언을 서슴지 않은 것을 보면, 그는 당당함과 자신감이 상당한 정치지도자인 것 같다. 이 화법은 이러한 자신감과 확신에 찬 문제의식을 배경으로 작동되는 것으로 보이는데, 필자가 관찰한 '노무현 화법'은 다음 세 가지로 요약될 수 있다.

첫째, 노무현은 자신의 솔직한 마음과 감정을 여과 없이 드러내는 직설을 즐긴다. 그의 이러한 직설은 과거 재야변호사 시절이나 지구당위원장 시절, 그리고 대중적 반향을 일으키는 효과적 수단이 필요한 국회의원선거나 대통령선거시 주요한 기여를 했다. 그리고 그는 이러한 직설들을 대통령으로 당선된 이후에도 계속 사용하는데, '대통령직을 못해 먹겠다'는 그의 발언이 아마도 그 절정일 것이다. 2003년 5월 18일 광주민주화운동 기념식장에 참석하기 위해 장관들과 함께 식장에 입장하려 할 때 한총련 학생들의 시위로 정문통로가 막혀 우회해서 식장으로 들어갈 수밖에 없었던 어처구니없는 사건이 발생했다. 그후 이에 대한 해명과 유감의 뜻을 전하고자 청와대를 방문한 5·18 행사추진위원회의 간부들과 만났던 자리에서 노무현은 "이러다가 대통령직을 못해 먹겠다는 위기감이 든다"고 토로했다. [3] 노무현은 얼마 전 미국을 방문하였을 때에도 "미국이 53년 전 한국을 도와주지 않았다면, 나는 지금 정치범수용소에 있을지도 모른다"는 '과장된' 말을 불필요하게 쏟아냈으며, 그의 '친미발언'과 관련한 의견을 묻는 기자들의 질문에 대해서는 "미국과 합의를 얻기 위해 왔는데, 미국이 듣기 싫은 소리, 나쁜 소리, 입바른 소리나 한다면 되겠는가"라면서 굳이 안 해도 될 얘기를 '솔직하게' 했다. [4]

일본방문에서도 노무현은 지나칠 정도로 '정직한' 말들을 많이 했다. 그는 일본국회가 자신의 일본방문 당일에 통과시킨 이른바 유사법제와 과거사 문제에 대한 명시적 태도표명을 하지 않았던 것에 대한 질문을 받고는, "한국 대통령이 어떤 의지를 표명한다 안 한다 하는 것으로 과거사를 매듭지을 수 있는 것이냐에 많은 의문이 있을 수 있다"[5]고 말함으로써, 지도자는 국민들이 마음속에 담긴 생각들을

3) 〈조선일보〉, 2003. 5. 22.
4) 〈한겨레〉, 2003. 5. 17.
5) 〈조선일보〉, 2003. 6. 9.

잘 표현하지 못하고 있을 때 "대신 말해주는 존재"로서 경우에 따라서 당대의 주요 이슈에 대한 책임 있는 대변자 역할을 해야 한다는 일반적 기대와는 반대되는 언행을 보였다. 6) 그런가 하면 굳이 안 해도 될 얘기를 해서 문제가 되기도 했다. 그는 일본방문시 "공산당이 합법적으로 허용되어야 온전한 자유민주주의 국가라고 할 수 있다"는 내용의 발언을 하여 괜한 분란을 일으켰다. 물론 그것이 하나의 원론적 견해로 전혀 잘못된 것이라고는 볼 수 없지만 자유롭게 자신의 견해를 말할 위치에 있는 학자도 아닌 바에야 대통령으로서 굳이 그렇게 자기의 생각을 세미나에 참석한 학자처럼 말할 필요는 없는 것이다. 그뿐 아니라, 일본방문 말미에 가진 기자회견에서 "과거사 문제를 말하지 않겠다고 결심하고 선택했으나 선택할 때부터 잘하는 일인가 자문자답했다. 나는 정치인이라서 여론에 관심을 가져야 할 처지이다. 확고하게 성취할 것이 있어서 밀린 것인데 아무래도 그렇다. 그래서 착잡한 것이다"7) 라고 마음을 털어놓았다. 이것은 정치지도자의 책무는 "선택하는 일"이라고 말했던 윈스턴 처칠 수상의 충고와 반대되는 언급이다. 정책선택에 관한 한, 지도자는 냉정하게 선택하고 또 엄정하게 말해야 하는 것이다.

또 노무현은 취임한 지 두 달이 채 안 된 시기에 가진 〈문화일보〉와의 인터뷰에서, "겉으로 드러나는 여러 가지 평가를 조합해보면 국민의 정부가 겪었던 과정을 비슷하게 걸어가고 있다는 불안한 느낌을 받는다"는 성급한 자기진단을 털어놓았다. 이어서 그는 "문화의 새로운 싹이 눈보라에 묻힐 수도 있고, 기성의 사고와 문화에 짓밟힐 수

---

6) 이 같은 견해를 일찍이 칼라일도 시사하였다. 박상익, "영웅으로 가득 찬 세계를 꿈꾼 역사가: 토머스 칼라일의 복권을 위하여," Thomas Carlyle, 박상익 역, 《영웅의 역사》(소나무, 1997), pp. 384~385 참조.

7) 〈한겨레〉, 2003. 6. 10.

도 있다. 제가 우울한 것은 이런 불안감 때문"이라고 말했다.[8] 이 역시 자신의 '솔직한' 마음들을 여과 없이 그대로 표출한 사례들이다.

그리고 일본방문 직전 부동산 구입문제로 자신의 후원회장인 이기명 씨가 언론에 자주 거명되며 의혹과 비판의 표적이 되자, 고초를 당하실 선생님을 생각하면 잠을 못 이루고 송구스럽기 짝이 없다는 감성적 내용의 사신(私信)을 인터넷으로 보내고 또 공개했다.

그런가 하면 솔직한 자신의 마음표현은 자신의 정치적 우군일 수도 있는 전교조에게도 적용되었다. 전교조가 이른바 반미교육을 한다는 보고를 듣고, "특정 교원단체가 국가적 공론이 이뤄지지 않은 사안을 아이들에게 가르쳐도 좋은 것인지 검토하라"고 지시한 것이다.[9] 자신의 잠재적, 현실적 지지자들에 대한 이러한 직설은 과거에 없던 일임에 틀림없는 새로운 문화심기의 시도인 것처럼 보인다. 노무현 자신은 이러한 직설과 다변은 "대중적 집회와 강연을 좋아하는" 자신의 성향에 기인하며, 그것으로 초래된 신뢰도 저하와 국정혼선은 "권력중심의 권위주의 정치로부터 국민중심의 참여정치"로의 전환과정에서 나타나는 "과도기적 현상"이라고 합리화했다. 또, "미국 대통령이 자주 텔레비전에 나가 활발하게 말하는 것에는 거부감이 없으면서 한국 대통령이 자주 나오면 너무 자주 나온다고 하는 이중성은 버려야 한다"[10]면서 오히려 그를 비판하며 충고하는 여론을 되받아쳤다.

노무현의 이러한 직설들이 비록 성장과정에서 얻어진 평소의 습관에서 비롯된 것이라지만, 최고 공직자인 대통령이 사적 감정을 너무 자주 표출하고, 정리되지 못한 비어와 속어를 거침없이 말하는 것은 그런 문화와 용어에 익숙하지 못한 대다수 국민들과 특히 양질의 언

---

8) 〈조선일보〉, 2003. 4. 26.
9) 〈조선일보〉, 2003. 4. 24.
10) 〈한겨레〉, 2003. 6. 3.

어문화를 보고 익히며 자라야 할 우리 아이들을 배려하기는커녕 무시하는 처사이다. 정치리더십의 가장 승화된 역할은 학교 교실이 아닌 생활 속에서의 교육적 역할임을 망각한 것이다. 11)

둘째, 직접토론을 선호한다. 노무현은 국회의원 시절에 이미 청문회 스타였으며, 대중적 호응도가 높았던 연설가였다. 뿐만 아니라 그는 나름대로의 체험과 학습과정을 통해 한국정치의 문제점들을 누구하고라도 토론할 수 있는 능력을 구비한 대표적 자수성가형 엘리트이다. 더욱이 그는 대통령선거 과정에서 새천년민주당이 처음으로 도입했던 국민경선제에 따라 여러 차례의 후보토론회에서 정면대결을 벌이면서 당당하게 이겼던 승자였다. 그리고 정몽준 씨와의 후보단일화 과정에서도 또 한 차례 토론을 거치는 경쟁에서 오뚝이처럼 이겼고, 마지막으로 교육적 배경이나 사회적 경력으로 보아 자신과는 비교도 안 되는 수준의 엘리트인 한나라당 이회창 후보까지도 제쳤던 '토론의 달인'이다. 이런 그였기 때문에 대통령으로 취임한 이후 우리나라를 '토론공화국으로 만들고 싶다'고 공언할 만도 했다. 토론은 우리가 성취하고자 하는 민주주의의 공고화 과정에서 빼놓을 수 없는 민주적 문화현상 중 하나이기 때문에 노 대통령의 그러한 공언이 전혀 불필요하다거나 쓸모 없는 시도라고 생각하기는 어렵다.

그리고 노무현은 스스로 문제가 있다고 생각되는 경우에 당사자들과 직접 토론하기 시작했다. 청와대 비서관회의나 국무회의가 종래의 '상명하달식' 혹은 '침묵이 금이다'라는 식에서 토론회식으로 바뀌

---

11) 정치리더십의 교육적 역할과 관련해서는 James M. Burns, 한국리더십연구회 역, 《리더십 강의》(생각의 나무, 2000), pp. 731~739; Taketsugu Tsurutani, *The Politics of National Development: Political Leadership in Transitional Societies* (New York: Chandler Publishing Co., 1973), pp. 179~180 참조.

어 운영되기 시작했다. 또 자신이 임명한 강금실 법무부장관에 대한 검찰 내에서의 거부반응이 심해 새로운 보직인사를 단행하기 어렵게 되자, 국가원수로서는 전례 없이 평검사들과 직접 공개토론함으로써 매듭지었다. 그뿐 아니라 한국방송공사의 신임사장 임명과정에서 노조원들의 완강한 저항에 부딪치자 비공개로 노조 및 시민단체 대표들과 만나 담판을 짓기도 했다.

또한 2003년 4월 15일 노 대통령은 각 부처별로 이제까지 해결하지 못하고 미루어온 24개 현안들을 해결하기 위해 '사회적 갈등을 방치하지 않고 뛰어들어 조정하는 대통령'으로서 '해결사' 역할을 자임하고 나섰다. 즉, 핵폐기물처리장이나 호남고속철 분기역 선정문제와 같은 고질적 현안들의 경우 "대통령이나 장관들이 나섰다가 문제가 해결되지 않으면 정부의 권위가 떨어진다는 생각 때문에 갈등을 마냥 방치하다 국력낭비를 초래한 과거사례를 반면교사"하여 대통령이 직접 나서 담판하거나 중재하여 해결하겠다는 것이다. [12]

또한 노무현의 직접토론은 직접대화, 인터넷조회, 혹은 화상회의 방식을 통해 계속 이어지고 있다. 그는 6월 5일 전국의 시장, 군수, 구청장 등을 청와대로 초청해 직접 특강을 한데 이어 11일에는 정부 내 3급 이상 공무원 1,123명을 상대로 인터넷 조회를 했다. 그는 뉴스를 볼 때마다 대통령이 생각하고 말한 것이 그대로 국민에게 전달되는 것 같지 않아 항상 아쉬움이 있었다며, 향후 공무원들과 인터넷을 통해 직접 대화하고 싶다고 했다. 그는 자신의 일본방문을 '굴욕외교'라고 비판하는 사람도 있으나 "우리 민족과 국가의 자존심을 훼손하는 일은 없었다"고 말하고, "저도 공무원이 엉터리라고 뒷소리 안할 테니, 공무원들도 뒷소리 하지 말고 나를 직접 비판해 달라"고 주

---

12) 〈한겨레〉, 2003. 4. 16.

문했다. 이어 오는 20일에는 중앙부처 실, 국장들과 직접대화를 가질 예정이며 적절한 시기에 4급공무원들과도 화상대화를 추진중이다. 또 일선 경찰서장과 세무서장들과의 만남도 계획하고 있다.[13]

그러나 이러한 노무현의 직접토론방식에 의한 문제해결 노력에 대한 비판도 만만치 않다. 특히 경제위기의 타개와 관련해서 전직 경제부총리들과 경제수석들은 경제정책을 조정/총괄할 리더십이 복원되어야 하며 특히 대통령이 직접 이익집단과 만나서는 경제팀이 제대로 경제를 꾸려갈 수 없다고 조언하고 있다.[14] 언론인 이원섭 씨는 노무현이 무뚝뚝한 경상도 사나이면서도 언어감각이 탁월하고 논리적 설득에 강하다는 자부심 때문인지 토론을 통한 정면돌파를 선호하지만, 말을 너무 많이 하고 또 직설적으로 하기 때문에 불필요한 오해를 받고 상황을 꼬이게 한다고 비판했다. 이어서 그는 경우에 따라 굳이 말하지 않고 '여백'을 남겨두는 것이 더 유리할 때가 있는 것이며, 전체시스템이 돌아가지 않고 대통령의 정면돌파만 돋보이면 곳곳의 함정에 빠질 위험성만 더 커진다고 충고했다.[15]

셋째, 유머를 활용하고자 노력한다. 이제까지 한국정치에는 조크나 유머가 없었다. 있다 하더라도 요정이나 룸살롱과 같이 어둠침침한 구석에서 몇몇 정객들끼리의 술자리에서나 있었다고 해도 과언이 아니다. 그동안 우리나라 정치사회에서의 언어문화는 대체로 일방적이거나 침묵이 중시되는 권위주의 성향을 벗어나지 못했다. 여기에는 서열과 효율성을 중시하는 관료문화와 군사문화가 기여했다고 볼 수 있다. 그래서 문제의식이 있는 사람들 사이에서 우리나라도 과거 글과 풍류를 제대로 아는 선비들이나 구미의 정치인들처럼 위트와 유

---

13) 〈조선일보〉, 2003. 6. 12.
14) 〈조선일보〉, 2003. 6. 10.
15) 〈한겨레〉, 2003. 4. 11.

머를 할 줄 아는 정치인들을 볼 수 있을 때 민주주의도 성숙할 수 있을 것이라는 얘기가 회자(膾炙)된 지는 오래이다. 그러니까 우리의 경우, 정치 관련 모임에서 세련된 매너와 함께 품위 있는 위트와 유머가 유쾌하게 오가게 되면 그것 자체가 정치발전의 중요한 지표가 될 수 있는 것이다.

그런데 노무현은 유머를 아는, 그리고 역대 어느 대통령보다 유머를 즐길 수 있는 준비가 더 많이 되어 있는 지도자처럼 보인다. 아니면 적어도 유머를 활용해서 새로운 정치문화를 만들어 보려고 애쓰는 대통령임에 틀림없다. 취임 초인 2003년 2월 27일, 신임각료 임명장 수여식 및 '간담회' 때 일이다. 임명장 수여가 끝나고 대통령의 간단한 당부의 인사말이 끝나자 문희상 비서실장이 관례대로 '간담회 종료'를 선언했다. 그러나 노무현은 "간담회가 아니라 연설회로군요"라고 한마디 조크를 던져 분위기를 밝게 했고, 자연스럽게 대화를 나누는 간담회가 이어지게 했다. 그 이튿날 수석-보좌관회의에서도 직설적인 그의 언어습관으로 또 한 번 웃음을 자아냈다. TV카메라가 전면에 없는 것을 확인하고 "아, 오늘 인사말 안 해도 되겠네" 하고 혼잣말을 했다. 그러나 잠시 후 옆쪽에서 카메라가 돌아가는 것을 보고는 화들짝 놀라며 "어, 있네. 그럼 말하는 척해야…" 하다가 말꼬리를 문재인 민정수석에게 돌려 갑자기 "아직까지 바깥에서 주무신다면서요. 춥지 않으세요"라고 조크, 한바탕 웃음을 자아냈다. 부산출신인 문 수석은 그때까지 아직 서울에 집을 장만하지 못하던 터였다. 16)

또 진대제 정보통신부 장관의 인사시비로 청와대 전체가 긴장하고 있을 때에도 회의분위기를 바꾼 것도 노무현의 조크 한마디였다. 3월 3일 이중국적 문제로 마음고생하던 진 장관에게 "악의 없는 것은 폭넓

---

16) 〈뉴스메이커〉, 2003. 3. 20, p. 30.

게 허용해서 한국민의 활동을 세계로 확장할 필요가 있다. 상심하지 말라"고 격려한 뒤 느닷없이 "스톡옵션은 어떻게 됐나요"라고 물어 좌중을 웃음바다로 만들었다. 3월 5일. 수석-보좌관회의에서의 일이다. 나종일 국가안보보좌관의 대북접촉 사실의 언론보도로 수석비서관들이 긴장하던 터였다. 노 대통령이 자리를 잡고 자료를 훑어본 뒤 "시나리오를 보니 제 얘기가 없던데 …"라고 한마디 한 것이 좌중의 긴장을 풀어주는 역할을 했다. 이 한마디는 대통령이 무슨 말을 할지 조마조마하던 참석자들에게 숨통을 터 주었고, 나 보좌관의 북경회담 건은 언급하지 않겠다는 뜻을 간접으로 전한 것이 되었다. 그리고 당일 회의진행은 문 비서실장에게 맡긴다는 뜻까지 다 포함된 일석삼조의 한마디 조크였다.[17]

또 2003년 3월 18일 국무회의 때 일이다. 대통령은 예정시각보다 10여분 일찍 회의장에 도착했다. 그는 일일이 장관들과 악수를 나눴다. 이때 한명숙 환경부장관은 대통령이 앞으로 다가오자 "이렇게 불쑥 들어오시면 어떻게 합니까?" 하고 농담을 건넸다. 그러나 노무현은 "옷 다 입고 있는데 뭘"이라고 응수, 좌중을 웃음바다로 만들었다. 분위기를 부드럽게 만들고 구성원들 사이에 친화감을 높이는 방법은 반드시 유머만이 아니다. 공직사회는 자칫 경직되고 엄숙한 분위기로 일관되기 쉬운데 노무현은 기존의 관행과 격식을 깨는 특유의 어휘나 제스처로 분위기를 이끌기도 한다. 이미 유행이 되었던 "맞습니다, 맞고요"가 대표적인 예이며, 국무회의 중간의 커피브레이크를 마무리하고 회의를 다시 시작할 때 그는 손뼉을 짝짝 치며 "자 시작합시다"라며 상황을 정리한다.[18] 김영삼, 김대중 두 전직 대통령들이

---

17) 〈뉴스메이커〉, 2003. 3. 20, p. 31.
18) 〈문화일보〉, 2003. 4. 9.

비록 민주화투사였지만 다 같이 권위주의 정치문화에서 충분히 자유롭지는 못했기 때문에 대통령 재직시 이들에게서 '노무현 화법'과 같은 커뮤니케이션을 기대하기란 매우 어려운 일이었다.

3. '노무현 화법'에 담긴 정치적 의도: 하나의 해석

〈동아일보〉와 코리아리서치가 2003년 5월 25일에 실시한 한 여론조사에서 응답자들은 "노 대통령에게 불만스러운 점"으로 "신중하지 못한 언행"을 가장 많이 꼽았다. 이것은 국민들의 입장에서 볼 때, 국정혼란이나 비리의혹도 문제지만 대통령 당사자의 거친 표현이 심각한 문제로 인식되고 있음을 의미한다.[19] 그래서 노무현의 정계입문을 권유했던 송기인 신부처럼 그의 초기 국정운영을 "서투르다"[20] 라고 평가하는 사람들도 있으며, 그가 토론과 대화를 중시하고 또 직접 실천하지만 고려대 함성득 교수처럼 그것이 국정난맥을 초래하고 "토론을 위한 토론"[21] 에 그치고 있다고 비판하는 사람들도 있다.

그러나 필자는 적어도 노무현이 군사독재정부하에서 노동자 편에서 인권변호사로 활동했고 부산출신이면서도 전라도 출신인 김대중의 정치노선을 일관되게 따르면서 정치경력을 쌓았던 줏대 있는 정치인이기 때문에 분명히 나름대로의 어떤 계획과 의도를 가지고 특유의 화법들을 계속 구사하고 있다고 생각한다. 즉, 불만과 폄하의 대상이 되기도 하는 그 특유의 화법들은 그가 추구하는 새로운 시민참여문화 혹은 민주적 정치문화의 형성과 전혀 무관하지 않다는 것이다. 그렇

---

19) 〈주간조선〉, 2003. 6. 12, p. 30.
20) *Joongang Daily*, 2003. 4. 10.
21) 〈뉴스메이커〉, 2003. 5. 29, p. 19.

기 때문에 여러 비판이 있음에도 불구하고 그가 특유의 화법들을 계속 고집한다면 분명히 그것들은 그가 추진하고자 하는 정치사회적 개혁과 긴밀하게 연관된 것으로 보는 것이 보다 현실적일 것이다. 그렇다면 그가 개혁대상으로 생각하는 현재의 한국정치에 대한 그의 문제제기는 어떠한 것인가? 최근 정치개혁과 관련된 그의 발언을 중심으로 살펴보자.

첫째, 한국현대사를 되돌아보며 그는 우리가 지켜 보수해야 할 것과 버릴 것을 분명히 했다. 즉, 앞으로 우리가 보수해야 할 것은 "민족의 자존, 민주주의, 4·19, 5·17, 1987년의 6월 항쟁 등 자유와 민주주의 정신, 인권"과 같이 "전 국민이 함께 싸워서 얻은 소중한 가치"이며, 버리고 타도해야 할 것은 "군사정권에 대한 굴종, 타협의 대가로 언론이 얻은 약간의 특권과 기득권"이다. 22)

둘째, 정치개혁을 통해 제거되어야 할 이른바 "잡초 정치인"의 유형을 일일이 명시했다. 즉, "사리사욕과 잘못된 집단이기주의에 빠지는 정치인", "개혁의 발목을 잡고 나라의 앞날을 막으려 하는 정치인", "나라야 찢어지든 말든 지역감정으로 득을 보려는 정치인", "전쟁이 나든 말든 안보를 정략적으로 이용하는 정치인"은 "잡초"로서 제거되어야 한다고 주장했다. 23) 이러한 노무현의 언급은 자신은 한국현대사에서 시행되었던 "자유민주주의 정치"의 두 가지 전통들 — 즉, 이승만과 박정희로 대표되는 '강압적 국가주의 전통'과 김구 등을 포함하는 민족주의 세력과 4·19 등 민주화운동 세력으로 연결되는 '저항적 민권주의 전통' — 중에서 후자의 시각에 서 있음을 시사한 것이며, 특히 "잡초 정치인" 척결을 주장한 것은 이 두 가지 전통 중 어느

---

22) 〈조선일보〉, 2003. 4. 8. 신문의 날 축사.
23) 〈조선일보〉, 2003. 5. 9.

쪽을 선호하는 정치인이든 정치인들의 행동양식상의 근본적 변화, 즉 정치문화의 대대적 혁신을 시사한 것이다.24) 이와 관련하여 노무현은 최근 세무공무원들을 대상으로 한 특강에서도 "근본적 개혁은 사람들의 행동양식을 개혁하는 것이고 행동양식은 문화"라면서 어떠한 비난과 공격이 있더라도 "문화개혁"을 흔들림 없이 추진하겠다고 선언함으로써,25) 그는 기존의 구태의연한 사고방식과 행동양식의 획기적 혁파를 통해 새로운 정치문화의 형성과 건강한 자유민주주의의 성취를 일관되게 추구할 것임을 밝혔다.

요컨대, 노무현은 그가 정치개혁을 통해 버려야 한다고 명시했던 가치와 "잡초" 정치인들이 그동안 유지했던 권위주의 정치문화는 바로 그 자신이 활용하는 화법들 — 직설, 직접토론, 그리고 유머 — 이 정상적으로 일상화될 때 사라질 수 있다고 믿는 것으로 필자는 이해한다. 그렇기 때문에 그는 온갖 비판과 비난에도 불구하고, 자신 특유의 화법들을 지속적으로 활용하는 것으로 판단되며, 동시에 이러

---

24) 정치리더십 전문 정치학자 제임스 번즈에 의하면, 자유민주주의 전통에서 정치인들의 "도덕적 리더십"은 필수적이다. 그리고 그것은 "목적가치", "행동양식가치", 그리고 "자유토론" 등 3차원에서 평가될 수 있는 것으로, 우리나라의 경우, 자유민주주의를 목적가치로 받아들이는 것에 동의한다면, 이제 중요한 과제는 행동양식가치들을 — 예컨대, 성실성, 공정성, 약속지킴, 준법성, 투명성 등 — 을 실천함으로써 국민들의 정치와 정치인들에 대한 신뢰를 증진시키는 것임은 재론의 여지가 없다. 따라서 한국의 정치발전 문제는 우리 현대사에 존재하는 '강압적 국가주의 전통'과 '저항적 민권주의 전통' 중 어느 쪽이 먼저 이러한 행동양식가치들을 실천하여 자신들의 주장과 노선을 아름답고 신뢰할 만한 것으로 보여주느냐에 달려 있다고 볼 수 있다. 행동양식가치의 중요성에 대해서는, James M. Burns, 한국리더십연구회 역, 《리더십 강의》(생각의 나무, 2000) ; 졸고, "한국의 정치발전과 대통령의 리더십," 국민대 정치대학원/사단법인 4월회 정책토론회 논문집 〈차기 대통령의 리더십과 경제대책〉(2002. 11. 19, 한국프레스센터), pp. 43~55 참조.
25) 〈한겨레〉, 2003. 6. 14.

한 노무현의 화법과 그에 따른 언행은 적어도 다음과 같은 정치적, 전술적 판단을 배경으로 하는 것 같다.

첫째, 그동안 일상화되었던 권위주의적 정치문화는 '말과 일' 중 일 그 자체와 일의 효율적 완성을 강조했기 때문에 말과 말 문화는 어렵지 않게 무시되거나 억눌렸다는 비판적 인식이 전제되어 있다. 따라서 '노무현 화법'과 그것의 지속적 활용은 기존의 보수적 기득권세력에 의해 오랫동안 길들여지고 단단해진 말 결핍 문화, 말 최소화 문화, 침묵의 문화를 최대한 약화시키고 청산하는 것을 목적으로 한다고 볼 수 있다.

둘째, 이제까지의 권력정치와 권위주의 문화로 민족자존이 훼손당하고 민주주의가 파행으로 지속되는 현대사 속에서 살아온 기존의 파워엘리트들에게 익숙한 점잖고, 엄숙하고, 예의바른 화법에 충실해서는 기존의 부정적 정치문화를 혁파할 수 없다는 인식이 전제되어 있다. 따라서 '노무현 화법'은 그 자체가 권위주의적 기성문화에 대한 생생한 도전인 셈이다.

셋째, 또한 아직 정치적 기반이 미약한 노무현과 주변의 입장에서 정치개혁을 성공적으로 이루기 위해서는 현재 법적, 제도적으로 주어진 언론의 자유, 사상의 자유, 표현의 자유, 출판의 자유 등을 최대한 활용하여 개혁헤게모니를 장악해야 한다는 전술적 판단이 깔려 있을 가능성이 크다. 현재 대통령을 포함하여 정책결정 과정을 장악한 사람들은 기존의 '중심' 파워엘리트에 속한 정치인들에 비해 권력자원이 상대적으로 빈약한 '주변적' 존재이다. 따라서 그들은 자신들이 무형의 자원으로 이미 보유한 한국정치에 대한 지식 및 비판적 문제의식, 설득능력, 네티즌과의 호응도 높은 관계, 그리고 대선승리로 얻게 된 각종 정보에의 접근권을 최대한 활용하여 그들의 정치적 목표를 달성하고자 할 것이다.

따라서 필자가 생각건대, '노무현 화법'에 동반된 이러한 전략적, 정치적 의도들에 대한 적절한 이해와 평가가 없는 상태에서 비롯되는 그에 대한 평가들—예컨대, 그가 '무식해서 그렇다든지', '국가경영의 경험이 부족하다든지', '제대로 말하는 것을 몰라서'라든지 하는 비난들—은 그렇기 때문에 공허하다. 더욱이 뉘앙스나 상황이 조금씩 다를지는 모르나 이러한 비판들은 우리나라의 역대 대통령들 거의 모두에게 그대로 적용될 수 있기 때문에 더욱 그렇다. 다시 말해서 '노무현 화법' 자체가 분명히 나름대로의 기준에 따른 비판의 표적이 될 수는 있겠지만, 우리가 그것에 동반된 정치적 목적과 의도들이 한국의 정치발전과 긴밀하게 연결될 수 있음을 확인할 수 있다면, 우리는 노무현의 개혁노선과 '노무현 화법'을 보다 균형감각이 있는 방식으로 비판하고 평가할 수 있을 것이다. 우리의 정치평론이 단순한 권력경쟁 차원의 상대방 흠집내기 담론에서 누구라도 동의할 수 있는 민주주의의 공고화라는 공동과제를 앞에 두고 펼치는 차분한 수기치인(修己治人)의 담론으로 전환될 때, 여당의 개혁정책이든 야당의 집권전략이든 우리 모두에게 의미 있는 커뮤니케이션의 소재가 되는 것이다. 그렇지 않으면 다 헛말이고 췌사(贅辭)인 것이다.

4. 맺음말: 몇 가지 제언

결론적으로, '노무현 화법'은 단순한 실수나 생각 모자람에서 비롯되는 것이 아니다. 그렇게 오해받거나 폄하되는 경우가 있을지라도 그럼에도 불구하고 의도적이고 적극적으로 채택되고 활용되는 전술적 수단으로 보는 것이 적절하다. 또 사실 실수나 모자람에서 비롯되는 것이라 하더라도 그것이 이슈가 있을 때마다 번번이 반복되는 것이라면 그것에는 다분히 정치적 효과를 노리는 의도성이 내재된 것으로 보아야 할 것이다. 그리고 노무현의 입장에서 보아, 그것은 돈과 조직이 빈약한 가운데서도 자신을 대통령으로 당선시킨, 그리고 대통령에 당선된 이후에도 그 효용성이 평가되는 개인적 자산이며 정치도구이다. 나아가 노무현의 국가경영이 성공적으로 마무리될 경우, '노무현 화법'은 권위주의 정치문화를 약화시켜 건강한 시민문화가 정착되는 데 기여할 수 있을 것이며, 더구나 민주주의가 말로 하는 정치임을 인식할 때, 제도적 모양만 갖춘 현 단계의 한국민주주의를 보다 공고화하는 데 기여할 수 있을 것이다. 그러나 노무현은 자신이 추진하는 정치문화의 개혁을 위해서는 적어도 다음 다섯 가지 사항을 각별히 고려하며 '노무현 화법'을 사용해야 한다.

첫째, 집권 이전의 선거과정과 집권 이후의 정책집행 과정의 화법은 결코 동일할 수가 없음을 특히 인식해야 한다. 정치리더십은 말과 일의 변증법적 조화로 그 효율성이 극대화될 수 있다. 즉, 연구실 안의 정치학자나 의학자는 자신의 연구와 논리로 말만 잘해도 되지만, 그들이 섬겨야 할 사람들과 현장에서 계속 교류해야 하는 정치지도자나 의사는 말과 일을 다 잘해야 한다. 그리고 권력을 얻지 못해 그것을 얻기 위해 애쓰는 정치인은 일 대신에 말을 많이 하게 되어 있고, 일단 권력을 얻고 임무를 수행하는 정치인은 말 대신 일을 많이 하게 되어 있다. 그렇기 때문에 노무현은 개혁과 관련해 자신감과 강박의식을 표출하기보다 겸손함과 여유를 보이면서 발언의 횟수를 의도적으로 줄이는 노력이 필요하다. 그리고 토론을 지속하되 그 토론은 결론이 없거나 애매한 상태로 내버려두어도 좋은 경우가 흔한 학자들의 그것이 아니라 일정한 시간적 제한 내에서 분명한 매듭을 지어야 하는 정책결정자의 숙고과정의 일부여야 한다. 즉, 대통령이 하는 토론은 토론이되 학자들이나 살롱에서의 그것과 다른 것이기에 일정한 형식과 정책목표가 있는 토론임을 명심해야 한다. 그러다 보면 그가 노동전문 변호사와 청문회스타로서 성장하는 동안 습득하고 활용한 직설적 대화방법이 그를 반대하던 사람들의 눈과 귀에도 듣기 좋고 보기 좋은 것으로 바뀔 것이다.

둘째, 특히 집권한 정치지도자는 자신이 말하는 존재임과 동시에 다른 사람들을 말하게 하는 존재임을 명심하기 바란다. 누구나 어렵지 않게 인정하듯이, 정치란 "언어게임"이며 어찌 보면 언어를 통한 커뮤니케이션 그 자체라고도 말할 수 있다.[26] 그러나 더 나아가 민세 안재홍은 정치란 순우리말로 "다사리"이며, 이는 사람들을 "다 사리어(다 말씀하게 하여, 萬民總言) 다 살리는 것(大衆共生)"이 곧 우리 고유의 정치개념이었음 밝히고, 다사리 이념의 현대적 구현을 위해 의회정치의 발전이 필요하다고 주장했다.[27] 그렇기 때문에 노무

---

26) "In fact, politics and communication are inseparable. Politics, like communication, is a process, and like communication, politics involves talk. This is not talk in a narrow sense of the spoken word but talk in the more inclusive sense, meaning all the ways people exchange symbols-written and spoken words, pictures, movements, gestures, mannerisms, and dress." 이에 대해서는 다음을 참조함. Dan Nimmo, *Political Communication and Public Opinion in America*(Santa Monica, CA: Goodyear Publishing, 1978), p. 7; Robert E. Denton, Jr. and Dan F. Hahn, *Presidential Communication: Description and Analysis* (New York: Praeger, 1988), p. 5.

27) 졸고, "해방 직후 한국정치사상의 분석적 이해: 안재홍과 백남운 정치사상의 비교분석,"〈한국정치학회보〉제 26집 1호(1992); 졸저,《다사리공동체를 향하여: 민세 안재홍 평전》(한울, 2002), pp. 207~213; 졸저,《다사리국가론: 민세 안재홍의 사상과 행동》(백산서당, 1999), 제 1장 참조. 그리고 정약용은 수령들이 어르신들을 초청하여 음식을 베풀고는 반드시 한 말씀을 구하는 "걸언"(乞言)의 예를 다할 것을 일렀고, 유교사상에서의 정치는 "경청(敬聽)의 정치"로 하늘과 주변의 사람들에게 묻고 들어서 덕을 최대한 베

현은 이제부터라도 자신의 발언횟수를 줄이는 한편, 다른 사람들을 초청하거나 자신이 현장을 쫓아가 기회를 만들고 다른 사람들로 하여금 한 말씀 하게 하여 경청하고 지혜를 구하는 마음의 여유를 갖는 것이 필요하다. 뿐만 아니라 주요 정책들의 결정과 집행과정에서 해당 부서의 장관이나 청장과 같은 고위관리들로 하여금 적극적으로 말하도록 기회를 주어야 하며 그것이 바로 권한위임의 구체적 표현임을 인식해야 한다.

셋째, 노무현은 무엇보다도 자신 안에 내재한 화를 더 다스려야 한다. 필자가 보건대, 그는 자신의 학력과 경력이 상대적으로 화려하지 못한 사실과 사회정치적 성장과정에서 체득한 한국정치에 대한 근본적 문제의식, 그리고 막내로서의 성장과정에서 비롯될 수 있는 '두고 보자'하는 식의 심리적 특성 때문에[28] 기실 마음속에 화 혹은 한을 많이 담고 있는 정치지도자이다. 한 사람의 성숙한 인격체로서 노무현은 틀림없이 화를 조절하는 능력을 나름대로 구비하고 있을 것이다. 그러나 그가 한 국가의 최고지도자로서 '화를 풀어헤친다'는 인상이 강할 정도의 모습을 계속 보인다면 이것은 재고해야 할 것이다. 공직자로서 화를 다스리는 것은 아주 중요한 수기(修己)이며, 그러한 수기는 치인(治人) 차원에서 반드시 실천해야 할 덕목이다. [29] 공인

푸는 것이다. 이상에 대해서는 정약용, 다산연구회 역, 《목민심서 2》(창비, 1993), pp. 11~15; 김영명, "한국정치학의 기원과 정체성 탐색," 미발표논문을 참조.

28) 졸고, "출생순서와 리더십 스타일, 그리고 한국정치," 미래인력연구센터·한국리더십연구회 제1회 학술발표회 논문집 〈글로벌시대의 New Leadership〉 (2000. 10. 27), pp. 65~79 참조.

29) 일찍이 율곡 이이는 거친 말과 화냄을 경계하여 "성용정"(聲容靜)을 포함한 구용(九容)과 "분사난"(憤思難)을 포함한 구사(九思)의 덕목을 강조하였다. 이이(李珥), 유정동 역, 《栗谷集》(삼성출판사, 1988), p. 446 참조.

의 화냄은 사인의 그것과 달리 파장이 크기 때문에 공인의 화 다스림은 매우 중요하다. 노무현이 화를 지금보다 더 잘 다스리게 되면 그의 자신감과 자부심은 겸손함으로 우러날 수 있으며, 보다 여유 있게 그의 장기 중의 하나인 유머를 더 즐길 수 있을 것이다.

넷째, 언론이 각자의 가치관에 따라 여론을 형성하고 그에 따른 정치적 영향력을 행사하고자 하는 것은 지극히 자연스러운 일인 만큼, 정치지도자로서 대통령은 학자들처럼 언론의 '비합리적' 행태에 수시로 대응하여 비판하는 것은 결코 바람직하지 못하다. 따라서 언론의 다양한 취재보도 경향에 대해서는 일단 열린 자세가 요구되며, 만약 문제점이 있다고 느낀다면 대통령 자신이 세미나 참석자처럼 일일이 토를 다는 식으로 대응하지 말고 관련부처 장관이나 비서진이 나서서 특정 정책을 정제된 의견으로 제시하고 묵묵히 시행하는 것이 바람직하다. 그리고 어떤 경우든 대통령이 특정 언론사에 '대항해서' 직접 다투는 것은 많은 국민들을 짜증나게 하는 처사이므로 오로지 일꾼으로서 자신의 일에 무실역행(務實力行)하는 것이 최선이다. 그리되면 언론도 나름대로 판단해서 자연스럽게 노무현을 평가하는 상황이 올 것이다.

일단 주어진 예산으로 국가경영을 위임받은 이상, 대통령은 말보다 구체적인 일로써 자신의 의지와 공공목표 달성능력(예컨대, 국민소득 2만 달러 달성 혹은 고교교육 정상화 등)을 보여주는 것이 중요하다. 언론인들은 말과 글로써 자신의 존재를 확인하고 보상받고자 하지만, 대통령은 소처럼 묵묵하게 열심히 일하다 연말에나 겨우 새경을 받는 머슴과 다를 바 없는 존재임을 노무현은 한 번 더 심비(心碑)에 새기기 바란다. 정치인은 이러한 인내와 절제의 과정을 거쳐 정말로 말 잘하는 정치인이 되는 것이며 언론도 나중에는 스스로 인정해주는 데까지 이르는 것이다. 일을 묵묵히 하다보면 입이 열리는 것이며 그 때 한마디 하면 천하의 마음을 잡을 수 있는 것이다.

다섯째, 막말이나 비어, 속어 등의 사용을 특히 삼가야 한다. 노무현이 그 특유의 화법으로 말이 풍성하게 오가는 성숙한 정치문화를 만들고자 하는 의지와 노력은 평가할 수 있지만, 오럴 해저드(oral hazard)란 말까지 유행하는 현실을 직시하고, 무엇보다도 '청와대가 감옥 같다', '한국이 개판이다', '못 해먹겠다', '정치범수용소', '술 마시고 헛소리하고', '깽판', '쪽수', '패가망신' 등과 같은 비어와 막말, 속어는 적극 삼가야 한다. 미국의 대통령이라 할지라도 비어와 막말을 하면 비판과 혐오의 대상임은 한국과 동일하다. 노무현이 어휘선택에 신중하지 않으면 그가 즐기는 직설과 직접토론은 여전히 공해가 될 뿐이며 그러다 보면 유쾌하게 유머를 주고받으며 국사를 논의하는 여유를 기대하기는 어려운 것이다.

말에 관한 한, 한국의 정치문화는 아직도 후진상태에 있다. 그러나 노무현이 대통령에 당선됨으로써 한국의 말 정치문화는 한번 크게 변화할 수 있는 기회를 맞고 있다고 생각된다. 앞서 언급하고 토론한 대로, 노무현의 화법은 아직 그 자체로서 성숙한 것은 아니지만 기존의 관행적인 말 문화를 뒤집을 수 있는 것이기 때문에 그의 국가경영이 성공할 경우, 그것은 한국의 권위주의적 정치문화를 소멸시키는 데 기여할 수 있을 것이다. 그러나 만약 노무현과 그의 '참여정부' 핵심들이 지난 100일 동안 보여준 것과 다름없는 무절제한 언행을 계속 보인다면, 한국의 정치문화가 권위주의를 떨쳐버리고 민주적 방향으로 자리 잡을 수 있는 기회는 또다시 무산되고 말 것이다. 노무현의 화법, 즉 직설, 직접토론, 그리고 유머는 분명히 과거의 최고지도자들이 결(缺)하고 있던 것인 만큼 노무현은 이상에서 제안한 바를 심사숙고하여 우리의 정치문화가 한 단계 더 성숙할 수 있는 기회를 만들어주기 바란다.

제 4 부

정치리더십과 한국민주주의

제15장 　정치리더십과 민주주의의 제도화*
한국정치에 대한 리더십적 비판과 처방

1. 머리말: 정치에 대한 리더십 접근

1997년 여름 페루의 알베르토 후지모리 대통령은 140여 일을 끌던 일본대사관 인질사태를 성공적으로 마무리했다. 1996년 여름 페루의 좌파게릴라들에 의한 일본대사관 점거 및 인질사건이 발생하자, 후지모리 대통령은 인질범들과 다각도로 협상했다. 그리고 대사관 내 일본인들의 생명보전에만 관심을 가졌던 일본의 압력에도 불구하고, 그는 "어떠한 경우든 테러리스트들의 폭력에 굴복할 수 없다"는 원칙을 일관되고 단호하게 고수했다. 그는 인질사태를 해결하기 위해 쿠바의 카스트로 수상까지 만나는 등 국제적 차원의 외교교섭도 활발하게 벌였으나 성공할 기미가 보이지 않았다. 그래서 후지모리 대통령은 직접 현장에서 무력진압 작전을 진두지휘하여 해를 넘기며 끌어오던 인질사태를 성공적으로 마무리할 수 있었다. 폭력에는 결코 굴복할 수 없다는 원칙을 끝내 고수하며 사태를 해결했던 그는 당시 국내

* 이 글은 한국정신문화연구원의 연구비를 지급받아 수행한 연구과제 결과물을 수정·가필한 것임.

외에 신선한 충격을 주었다. 현재 후지모리는 몰락한 독재자로 일본에 망명해 있지만 당시 필자는 후지모리가 선진국과는 질적으로 다른 국가적 상황에 있는 후발 산업화국가의 책임 있는 지도자로서 인질사태에 관한 한 명분과 원칙에 충실한 강력한 리더십을 보여주었다고 생각했다.

혼히 오해하듯, 강력한 리더십은 결코 독재자의 전유물이 아니다. 오늘날 강력한 리더십의 표본으로 일컬어지는 영국의 대처 수상, 미국의 레이건 대통령, 호주의 프레이저 수상의 경우에서 보는 바와 같이, 자유민주주의가 제도적으로 정착된 국가들에서도 당면한 과제의 해결을 위해서는 최고 정치지도자의 강력하고 효과적인 리더십이 필요하다는 점이 점차 중요하게 인식되고 있다. 강력한 리더십을 발휘하는 지도자는 자신의 이념과 정책노선이 확고하고 분명하며, 정책적 토론과 논쟁에 유능한 사람이다. 또 이들은 대중들이 책임감을 가지고 행동하고 따라오도록 영향력을 행사하는 탁월한 능력이 있을 뿐 아니라, 자기 자신을 상식과 같은 일반적 도덕기준과 법적 규정에 따라 통제하는 것에도 성공적이다. 이들은 국가적 차원의 단결과 단합을 강조하면서도 이념이나 노선상의 차별성을 그대로 유지하는 경향이 있다(Little, 1988: 1~5). 이 같은 강력한 리더십은 경우에 따라 이른바 선진민주주의 국가에서도 필요하며, 또 정치적으로 자유민주주의를 정착시켜보려고 노력하는 후발 산업화국가들의 경우에는 거의 필수적 요건이다. 1) 서양의 정치적 민주주의는 시민혁명 과정 혹은

---

1) 이상과 같은 견해의 배경이 되는 자료에는 Strobe Talbott, "Why the People Cheer the Bad Guys in a Coup," *TIME*, May 4, 1992, p. 37; Robert J. Barro, "Pushing Democracy is No Key to Prosperity," *The Wall Street Journal*, December 14, 1993; Joe Klein, "Elections Aren't Democracy," *Newsweek*, July 12, 1993, p. 44; Glenn D. Paige, "Towards a Theory of

그 이후의 정치제도화 과정을 효과적으로 이끌었던 나폴레옹이나 크롬웰, 그리고 조지 워싱턴 등과 같은 지도자들이 없었다면 불가능했을 것이다. 오늘날 이스라엘이나 싱가포르가 안정된 민주주의 국가로 발전한 것은 다른 요인들과 함께 벤구리온 수상이나 이광요 수상과 같은 지도자들의 탁월한 리더십의 결과로 보는 것이 자연스럽다.

그럼에도 불구하고, 제2차 세계대전 이후 현대정치학의 발전을 주도하다시피 했던 미국정치학에서 정치리더십은 학문적 주류를 형성하지 못했다. 그래서 정치적 독재자 혹은 장기집권자들의 영향력이 컸던 개발도상국 연구에서 정치리더십을 중요하게 인식, 평가하는 연구는 별로 없었다. 다만 그러한 중에도 정치에 대한 현실감각을 구비하고 정치리더십의 중요성을 인식했던 미국 내 몇몇 정치학자들은 정치리더십 연구에 주요한 선구자적 업적을 냈다. 페이지(Glenn D. Paige, 1977), 터커(Robert C. Tucker, 1981), 번즈(James M. Burns, 1978)가 바로 그들이다. 페이지는 미국정치학이 리더십에 소홀했던 이유는 진화론적, 경제적, 심리학적 결정론과 같은 유럽적 학문경향 때문이라고 비판한 다음, 정치지도자들을 "창조적 잠재력"을 지닌 존재로 간주하고, 정치리더십 행동은 성격, 역할, 조직, 임무, 가치관, 그리고 상황 사이의 상호작용에 의해 달라진다고 이론화했다. 터커는 그간 현대정치학이 지나치게 "권력중심적" 접근에 경도되어 정치의 역할과 범위를 축소했다고 평가한 다음, 플라톤적 전통에 입각하여 정치를 공동체에 대한 적극적 봉사 혹은 방향제시의 예술로 보았다. 그러면서 앞으로 정치학은 "리더십 접근"에 의해 정치인이나 비정치인들의 문제해결적 노력을 적극적으로 분석하고 평가하는 방향으로 나아

Korean Political Leadership Behaviour," in Dae-sook Suh and Chae-jin Lee(eds.), *Political Leadership in Korea*(Seattle: University of Washington Press, 1976), pp. 223~236 등이 있다.

가야 한다고 주장했다. 번즈는 정치를 좁은 의미의 권력으로만 파악하는 정치연구는 사람들로 하여금 권력의 역할과 리더십의 기능에 대해 무지하게 만든다고 전제하고, 리더십 접근은 방법론상, 기존의 구조주의적 접근과 행태주의적 접근을 통합하는 것이라고 주장했다. 그는 무엇보다도 리더십이란 "목적 있는 권력"임과 정치에서 도덕성의 중요성임을 강조했다. 그는 정치권력의 도덕성 판단기준으로 "행동양식가치"(성실, 정직함, 공평함 등)와 "목적가치"(평등, 자유 등), "자유로운 의사소통"을 제시했다. 2)

한편, 우리나라 언론과 학자들이 정치리더십을 보다 자주 논의하기 시작한 것은 특히 김영삼 대통령의 '문민정부'가 들어선 이후부터이다. 우리 현대정치사에서 몸을 던져 원칙을 지키며 문제해결을 시도했던 지도자들은 정치적으로 성공하지 못했고, 권력을 잡은 지도자들의 대부분은 권위주의적 행태를 타파하지 못하거나 민주주의에 대한 화려한 수사만 늘어놓고 제스처만 보이다가 시간과 권력을 낭비했다. 그래서 많은 이들이 민주화투쟁으로 나름대로 권위를 인정받았던 김영삼 정부에 대해 큰 기대를 걸었던 것이 사실이다. 그러나 초기의 의욕적 개혁정치는 뚜렷한 원칙과 구체적 프로그램도 없이 즉흥적으로 추진된다는 비판을 호되게 받았고, 집권 중·후반기에는 한보사태, 차남 김현철 스캔들, 외환위기 등으로 초래된 정치·사회·경제적 혼란을 제대로 수습하지 못하는 무능력함을 노정했다. 그래서 국민들 사이에는 정치와 정치인들을 더욱 불신하는 풍조가 다시 만연하게 되었고 심리적 허탈감 때문인지 '박정희 신드롬'마저 유행했다.

따라서 이제는 우리나라 정치를 정치지도자를 포함한 인간적 요소

---

2) 정윤재, "현대정치학과 정치리더십," 박찬욱·정윤재·김남국, 《미래한국의 정치적 리더십》(미래인력연구센터, 1997), pp. 35~47을 참조하라.

를 중심으로 분석, 평가하는 작업이 필요하며, 정치리더십에 대한 합리적 이해도 절실한 때인 것 같다. 실제로 사회과학의 각 분야들은 리더십 현상 연구에 관심을 돌리기 시작했으며, 언론들도 두드러지게 지도자나 리더십의 문제를 자주 다룬다. [3] 그러나 그동안 우리 학계가 정치를 구조주의적 · 제도주의적 관점, 경제중심적 접근, 혹은 정치엘리트들에 대한 심리학적 환원주의에 입각해서 분석하고 평가하는 쪽에 치우쳤기 때문에[4] 공직을 담당하는 엘리트들의 지도자적 품성과 능력, 이념과 가치관, 역사의식과 도덕성, 의지 및 정치지도자들과 국민들 사이의 역동적 상호관계 등에 더 진지한 관심을 두는 연구에는 소홀했고, 최소한 대학의 정치학 교과과정에서도 리더십(시민의식을 포함한)의 연구와 교육은 거의 제외되었다. 어쩌면 오늘날의 리더십 빈곤과 정치인 불신, 공권력 약화 등의 현상은 우리의 척박했던 정치리더십 연구와 교육의 필연적 결과라 할 수 있을 것이다.

이상과 같은 관찰과 문제의식에 따라, 필자는 먼저 정치리더십에 대한 상호작용모델과 제 3세계 발전에 대한 정치리더십 접근의 이론적 맥락을 간략하게 소개함으로써 오늘날 새롭게 주목받고 있는 정치에 대한 리더십 접근에 대한 이해를 돕고자 한다. 그리고 우리의 현대정치가 아직도 제대로 해결하지 못하는 리더십 차원의 문제점들을 세 가지로 정리해서 하나씩 검토할 것이다. 한국 현대정치사에 등장했던 우리의 정치지도자들은 반공이나 근대화, 그리고 민주화를 내건 권력투쟁에는 익숙했지만, 막상 주어진 권력을 효과적으로 활용

---

3) 이러한 경향과 관련하여 최근 송복 교수는《논어》에 나타난 인본주의적 리더십론을 소개하면서 "사람주의"의 중요성을 강조하였다. 《동양적 가치란 무엇인가》(미래인력연구센터, 1999), p. vii.

4) 졸고, "제 3세계 발전에 대한 정치리더십 접근 시론,"〈한국정치학회보〉제 25집 2호(1992), pp. 222~241.

함으로써 민주주의를 제도화하는 데 별로 성공하지 못했다. 한국정치에 대한 이 같은 비판적 검토는 자연스럽게 "한국민주주의의 제도화를 위해 우리의 정치지도자들이 실천해야 할 리더십적 이니셔티브는 무엇인가?"라는 질문으로 연결되는데, 이에 대한 논의는 결론에서 시도할 것이다.

2. 정치지도자와 환경, 그리고 리더십

한 국가의 발전 혹은 쇠망이 한 사람의 정치지도자에 의해 결정되는가? 이것은 정치를 리더십적으로 접근하고자 할 때 흔히 접하게 되는 질문이다. 이에 대한 필자의 대답은 간단하다. 한 국가나 조직의 흥망성쇠가 한 사람의 책임 있는 지도자에 의해 완전히 배타적으로 좌지우지된다고 단정할 수 없지만, 그 한 사람의 역할은 다른 어떤 사람들의 역할보다 중요하다는 것이다. 따라서 정치에 대해 리더십적으로 접근하는 것도 정치현상을 과학적이고 적실성 있게 연구하는 하나의 방법이다.[5] 그리고 정치발전을 포함한 모든 형태의 발전 혹은 변화과정과 관련한 정치리더십의 역할 사이의 관계를 이해하기 위해서는 우선 역사와 영웅 사이의 관계에 대한 논의를 검토하는 것이 유익할 것이다.

토머스 칼라일(Thomas Carlyle)의 견해를 바탕으로 하는 영웅사관의 입장에서 볼 때, 인류의 역사란 본질적으로 "영웅들의 이야기"이

---

5) 정치리더십에 대한 연구의 필요성과 의의에 대한 안내서로는 Jean Blondel, *Political Leadership: Towards a General Analysis*(London: Sage Publications, 1987); Robert C. Tucker, *Politics as Leadership*(Columbia: University of Missouri Press, 1981)이 있다.

며, 세계사의 모든 주요한 계기에는 반드시 그 시대의 "구원자"로서의
위인이 있다. 이러한 영웅사관에 의하면, 영웅들은 하나님으로부터
직접 나오는 힘을 자유롭게 사용하는 위인이며, 영웅은 시대가 요청
해서 나타나는 것이 아니라 신의 섭리에 의해 보내지는 이 세상의 "빛"
이다. 그리고 영웅이 아닌 일반인들은 영웅을 사랑하며, 존경하고,
복종하며 따르는 가운데 자신들도 훌륭한 삶을 영위하게 되는 것이다.
역사가 지속되는 한 이러한 "영웅숭배"도 계속된다. 6)

한편 허버트 스펜서(Herbert Spencer)는 이러한 영웅사관과는 정반
대로 사회진화론을 폈다. 그에 의하면, 사회는 하나의 통일적이고,
점진적이며, 진보적인 방식으로 진화하는 것이며, 어느 한 개인도 이
러한 발전과정을 변화시킬 수 없다. 스펜서는 "어느 위인이 사회를
변화시키기 전에, 사회가 반드시 그 위인을 만들어내야 한다"고 강조
하고, 인류역사를 검토해 볼 때, 사회정치적 변화는 "여러 환경적 조
건들의 집적물"의 결과라고 결론지었다(Spencer, 1884).

---

6) Thomas Carlyle, *On Heroes, Hero-Worship, and the Heroic in History*
(Boston: Houghton Mifflin, 1907), lec. 1, pp. 1~2, pp. 11~15를 참조
하라. 그러나 영웅사관에 대한 이와 같은 상식적 이해는 일부 교정을 필요
로 한다. 다만 이 글에서는 논의의 전개상 일단 영웅사관을 기존의 이해방
식에 따라 그대로 옮겼음을 밝혀둔다. 최근의 한 연구에 의하면, 칼라일이
말한 영웅들은 흔히 이해하듯 전지전능한 절대자와 같은 존재가 아니라, 인
간으로서 "성실성과 통찰력"이라는 도덕적 자질을 공통적으로 지닌 사람들
로서 범인들로부터 "자발적 복종과 존경"을 받는 사람이다. 그리고 이러한
영웅은 시대와 환경에 따라 시인, 예언자, 왕, 성직자, 문인 등 다양한 모
습으로 나타난다. 그리고 영웅이란 "다른 모든 사람들이 표현할 수 있을 듯
하면서도 하지 못하여 애태우던 것"을 표현해주는, 이들의 "대표자 혹은 대
변자"이다. 칼라일이 말하는 영웅으로는 단테, 셰익스피어, 크롬웰, 루터,
무하마드, 루소, 나폴레옹, 예수 등이 있다. 박상익, "영웅으로 가득 찬 세
계를 꿈꾼 역사가: 토머스 칼라일의 복권을 위하여," 《영웅의 역사》(소나
무, 1997), pp. 369~388을 참조하라.

그러나 이 같은 영웅사관과 사회진화론은 미국의 철학자 윌리엄 제임스(William James)의 "합리적" 접근에 의해 비판적으로 검토되었다. 제임스는 스펜서의 진화론적 역사관이 개인의 이니셔티브의 중요성을 완전히 부정하는 것은 "매우 모호하고 비과학적"이라고 비판하고, 리더십 현상이나 사회적 진화가 발생하기 위해서는 반드시 "개인과 환경 간의 일치"가 있어야 한다고 주장했다(James, 1917). 그리고 중요한 것은 위대한 지도자들이 어떻게 탄생하느냐가 아니라 "어떻게 해서 그리고 왜 그러한 위인들이 특정 시기에 특정 사회에 의해 선택되느냐"의 문제라고 생각했다.7) 사회학자 시드니 후크(Sidney Hook)는 "영웅들의 드라마틱한 행동의 가능성은 역사적 선행사건들의 방향에 의해서 이미 준비되는 것이다"라는 전제하에 역사상 영웅으로서 업적을 남긴 주요 지도자들은 그 영향력이 객관적 상황보다 덜 중요한 "대세편승형 인간"과 역사 진행방향에서의 "분기점"을 발견하고 대세의 흐름을 주도해 가는 "대세주도형 인간"으로 구분된다는 견해를 제시하기도 했다(Hook, 1943).

현대정치학에서 정치리더십의 중요성을 강조하고 리더십적 접근을 시도하는 것은 제임스나 후크가 취하는 바와 같은 개인과 환경에 대한 합리적 접근과 맥락을 같이 한다. 즉, 오늘날 정치학에서 리더십적 접근을 취하는 학자들은 대체로 영웅사관이나 사회진화론과 같은 과도한 환원주의적 태도보다 역사적 발전과정이나 정치·사회적 변화에서 개인과 환경은 서로 영향을 주고받으며 역사진행 과정 혹은

---

7) William James, *The Will to Believe*; David Taras and Robert Weyant, "Dreamers of the Day: A Guide to Roles, Character and Performances on the Political Stage," in Leslie Pal and David Taras(eds.), *Prime Ministers and Premiers: Political Leadership and Public Policy in Canada* (Scarborough, Ontario: Prentice-Hall, 1988), p. 4.

사회발전 과정에 서로 개입하고 있다는 전제를 받아들이고 있다. 그동안 현대정치학에서는 주로 체계분석 및 구조주의적 연구방법들이 유행했던 관계로 정치지도자들의 리더십 행위를 매우 소홀하게 다루었다. 이러한 점은 오늘날 정치리더십을 연구하는 학자들에 의해 비판받고 있으며, 정치리더십 연구자들은 정치리더십에 대한 이러한 상호작용접근에 의해 정치를 새롭게 이해하고 분석하고자 한다. 많은 사람들은 아직도 리더십적 조건들이 개인적 속성과 관련된 것으로만 믿는 경향이 있고, 그래서 리더십은 매우 개인적 현상으로 간주되고 있지만, 이 분야를 연구하는 대부분의 학자들은 "리더십이 개인적 속성들뿐 아니라, 지도자가 속한 사회적 관계망들, 사회, 정치적 조직들, 기관들, 그리고 지도자가 관계하는 크고 작은 추종자집단들과 긴밀하게 관련되어 있다는 것에 동의하고 있다."[8]

요컨대, 정치리더십에 대한 상호작용모델은 정치리더십 현상을 지도자의 개인적 특성과 그를 둘러싼 여러 종류의 환경요인들 사이의 상호작용의 결과로 간주한다. 정치지도자들은 나름대로의 꿈과 야망 또는 포부를 가지고 있으며, 각자 좋아하는 행동방식을 택하여 행동한다. 지도자들은 비전을 제시하고 자신이 활동하는 환경을 변화시키고자 하며, 때로는 제도적 구조나 정치문화를 개혁하는 데 성공하기도 한다. 이것이 바로 영웅사관이 강조하는 리더십 과정의 개인적 측면이다. 다른 한편, 정치지도자가 활동하는 환경에는 비교적 변화하지 않는 제도적 구조들, 장기적 역사, 사회적 조건들, 그리고 단기적 사회, 경제, 정치적 요구들이 포함된다. 이러한 리더십 환경은 정치리더십의 정치체제적 측면들로서 사회진화론이 강조하는 부분이다. 그러나 정치리더십에 대한 상호작용모델은 이같이 리더십 과정

---

8) Gabriel Sheffer(ed.), *Innovative Leadership in International Politics*(Albany: State University of New York Press, 1993), p. vii.

의 개인적 측면과 체제적 측면을 종합적으로 파악한다. 이러한 맥락에서, 정치지도자들은 그들의 행동을 구조화하고 행동의 자유를 제한하는 환경 안에서 활동하며, 동시에 환경을 변화시킬 수 있는 기회를 가지고 있고, 또 정치체제에 자신의 흔적을 남길 수 있는 잠재능력을 가지고 있는 것으로 간주된다. 결국 정치지도자들은 환경이 허용하는 한, 그리고 허용하는 범위 내에서 역사의 흐름에 변화를 일으킬 수 있는 것이다(Elgie, 1995: 3~28).

정치리더십에 대한 상호작용모델에 의한 정치연구는 지금까지 소홀했던 정치의 인간적 요인, 특히 정치지도자들의 리더십 행위에 대한 우리들의 관심을 새롭게 불러일으키며, 정치심리학적 환원에 의해 분석대상에서 제외되었던 정치지도자들의 가치관, 사상, 의지 등의 "합리적이고 의식적인 요소들"[9]을 분석평가의 대상으로 회복시킬 수 있다. 다음 절에서는 민주주의의 제도화에 대해 정치리더십적으로 접근할 경우, 고려될 수 있는 이론적 논점들을 생각해 보기로 한다.

3. 정치리더십과 민주주의의 제도화

발전 혹은 근대화 프로젝트는 선진국에서든 개발도상국들에서든 결코 자연발생적으로 성취되지 않았다. 유럽의 선진국들은 절대왕정을 거치면서 17, 18세기를 전후한 시기에 근대적 발전을 시도하기 시작했는데, 이때에도 민족국가의 형성과 발전을 위한 정치지도자들의

---

9) 정치엘리트에 대한 심리학적 분석이 인간의 이러한 요소들을 도외시할 가능성이 있음에 대한 비판은 이미 오래전에 미국의 정치학자 달 교수에 의해 제기되었다. Robert A. Dahl, *Modern Political Analysis*, 3rd ed. (Englewood Cliffs: Prentice-Hall, 1976), p. 115.

집요하고 계획적인 리더십이 효과적으로 장기간에 걸쳐 꾸준히 행사되었던 것이다. 이러한 점을 강조하여 이미 근대화 과정에서 정치리더십의 중요성을 인식했던 정치학자나 철학자들은, 마키아벨리가 쓴 《군주론》이 단순히 현실주의적 통치술에 대한 안내서만이 아니라 "하나의 근대국가를 건설하고 발전시키기 위해 정치지도자(군주)는 어떻게 행동해야 하는가?"라는 진지한 문제의식에서 저술된 근대민족국가 경영론이었다고 간주하고 있다. 10) 특히 미국의 일본계 정치학자 쓰루타니 다케쓰구 교수는 르네상스 시기의 이탈리아와 오늘날의 개발도상국들 사이에는 잦은 정치변동, 내부분열, 공통이해관계의 결핍 등과 같은 유사성이 존재한다고 전제하고, 이러한 형편에서 정치의 핵심적 과제는 "주어진 상황에서 당면한 문제를 해결하기 위한 여러 가지 대안들 중에서 한 가지를 선택하는 일"이라고 보았다. 쓰루타니는 마키아벨리의 생각은 오늘날 개발도상국들의 경우에도 가치 있는 것이며, 특히 이러한 일을 제대로 수행하기 위해서 군주는 "사자의 힘과 여우의 지혜"를 갖춰야 한다는 마키아벨리의 처방은 그 논리적 설득력과 현실적 타당성에서 오늘날의 정치학자들을 능가하는 것이라고 평가했다. 11)

이와 비슷한 입장에서, 미국의 한인 철학자 김상기 박사는 최근 한 논문에서 근대화를 이룩하는 데 성공을 거두었던 한국을 비롯한 아시아지역 국가들의 개발독재자들을 그람시의 용어를 빌려 "근대적 군

10) 예컨대, Taketsugu Tsurutani, "Machiavelli and the Problem of Political Development," *Review of Politics* XXX(July 1968), p. 316.
11) 그러면서 이 논문의 끝 부분에서 쓰루타니는 새로운 국가를 건설하고자 하는 정치지도자(군주)가 당면한 여러 어려움을 고려할 때, 정치란 "알팍한 도덕적 양전빼기나 마구잡이식 권력남용이 될 수 없는데, 이 두 가지는 똑같이 인간이 추구하는 궁극적 목표에 대해 파괴적이기 때문이다"라는 견해를 피력했다. 위의 글, p. 317, p. 331을 참조하라.

주"라고 부르고, 아시아국가들의 경제발전이 세계시장에서의 수요증가와 서구선진국가들로부터의 직접투자에 의해 탄력을 받았던 것도 사실이지만, 그래도 가장 결정적 요인은 그러한 "근대적 군주"들의 강력하고 효율적인 정치리더십이었다고 주장했다. 그는 특히 "빈곤보다 더 폭력적인 것은 없기" 때문에, 가난한 국가의 경우, 인간의 모든 잠재력을 질식시키는 절대빈곤을 극복한다는 것은 도덕적으로 피할 수 없는 과제라고 주장했다(Kim, 1998: 223~225).

필자는 이미 다른 글들을 통해 현대정치학에서 정치리더십의 문제가 소홀히 취급되었던 사실과 정치지도자의 역할이 지배적이었던 제3세계 국가의 정치분석에 정치리더십 접근의 필요성을 지적하였으므로,[12] 여기서 이를 재론할 필요를 느끼지 않는다. 다만 제3세계 국가 혹은 비서구개도국의 정치과정을 정치리더십적으로 접근하면서, 민주주의의 제도화를 위해 새롭게 제기할 수 있는 정치이론적 차원의 논점들을 쓰루타니 교수의 견해를 통해 아래에 요약, 소개하기로 한다.

첫째, 근대화 발전과정에서 정치지도자는, 구미의 자유주의적 이론가들이 흔히 생각하듯, 단순히 보조적, 주변적 기능을 수행하는 것이 아니라 "최종 결정권자"로서 핵심적 역할을 담당하는 존재다.[13] 그러나 기존의 전통적 비교정치학에서는 정치리더십의 존재와 역할

---

12) 정윤재, 앞의 글(1992)을 참조하라.

13) Taketsuku Tsurutani, *The Politics of National Development: Political Leadership in Transitional Societies*(New York: Chandler Publishing Co., 1973), p. 177. 물론 정치지도자란, 오도널이 말했듯이, "어느 날 신의 섭리로 태어난 구세주처럼 추앙을 받다가도 시간이 지남에 따라 영락한 신의 존재처럼 거부를 받는" 존재이다. 그러나 적어도 근대화 발전과정에서 집권 정치지도자의 영향력은 사실상 가장 크다고 보는 것이 타당할 것이다. Guillermo O'Donell, "Delegative Democracy," *Journal of Democracy*, Vol. 5(January 1994), p. 62.

은 구조와 제도 혹은 시스템 속에 가려져 제대로 인식되거나 평가되지 못했다. 특히 제3세계의 정치지도자는 결정적 영향력을 행사하는 경우가 대부분임에도 불구하고, 정치발전 과정에서는 "공공정책의 형성과정에 참여하는 개인들" 중 한 사람에 불과한 종속변수로 간주되었다. 14) 또 정치지도자의 역할이 체계이론에서는 투입과 산출 사이의 "전화과정"이라는 애매한 표현으로 무시되었는데, 개발도상의 제3세계 국가의 경우, 발전과정을 환경이 주도하는 것이 아니라 정치적 주체에 의해 환경과 조건이 형성되는 것이 현실이므로 이런 "투입 - 블랙박스 - 산출의 패러다임"은 거부되어야 한다는 비판을 받기도 했다. 15) 그리고 동아시아 발전에 대한 제도주의적 분석은 그 성공의 내부적 요인으로 "국가의 효율적 산업정책 입안과 집행"을 강조하지만, 이때의 국가는 "사실상 주도적 정치지도자"와 "보조적 기능의 수행자로서의 관료체계"로 구분해서 파악하는 것이 보다 현실적이다. 16)

둘째, 근대화 발전과정의 국가들에서 정치리더십은 "근대화 추진의지", "정치적 안목과 기술", 그리고 "엘리트 장악력"을 갖추어야 한다. 근대화 추진의지란 "평등, 합리성, 생산성 제고, 생활수준 향상, 민족적 단결 등과 같은 근대적 이상들을 추구하고 확산시키고자 하는

---

14) Gabriel Almond, "Approaches to Development Causation," in Gabriel Almond, Scott C. Flanagan, and Robert J. Mundt(eds.), *Crisis, Choice, and Change: Historical Studies in Development*(Boston: Little, Brown, 1973).

15) L. J. Sharpe and K. Newton, *Does Politics Matter? The Determinants of Public Policy*(New York: Oxford University Press, 1984). 이 책에 대한 서평은 *APSR*, Vol. 80, No. 3(September 1986), pp. 1088~1089에 있다.

16) 제도주의적 분석의 특징과 이에 대한 비판에 대해서는 임현진, "'근대화'를 통해 본 동아시아의 발전: 신화와 현실," 〈정신문화연구〉 제21권 제1호 (1998), pp. 47~66을 참조하라.

의지"이며, 정치적 안목과 기술은 "인간과 사회에 대한 전반적 지식과 경험, 그리고 제반 경영능력"을 뜻한다. 그리고 엘리트 장악력이란 말 그대로 "정치·사회적 엘리트를 실효적으로 장악하는 능력"이다 (Tsurutani, 1973: 91~95). 따라서 분석적으로, 제3세계 지역의 정치지도자들은 이 세 가지 차원을 준거로 그 유사점과 차이점이 드러날 수 있다.

셋째, 좋은 사회란 안정된 사회이다. 그리고 한 국가에서 사회적 안정이란 민주주의적 정치체제에만 국한된 속성이 아니다. 즉, 사회적 안정은 특정 체제에만 고유한 특성이 아니고, 지도자와 국민 사이에 형성되는 관계의 성격에 따라 얼마든지 모양을 달리해서 존재하거나 획득될 수 있다. 그러나 지금까지 주류의 비교정치학에서 사회적 안정은 민주주의적 정치체제가 제도적으로 확립된 경우에나 기대할 수 있는 것으로 간주되었다. 그러나 사회적 안정이 유지될 수 있는 방법은 각 국가가 처한 상황에 따라 다를 수 있기 때문에 그러한 가설적 명제를 고집할 이유가 없다. 예컨대, 선거절차와 의회를 중시하는 서양식 민주주의체제가 반드시 아니더라도 국민들을 공포와 좌절로부터 해방시켜주는 정치지도자가 강력한 리더십을 발휘할 경우에도 사회적 안정을 이룰 수 있는 것이다.17) 그래서 헌팅턴 같은 미국의 정치학자도 "무엇보다 중요한 첫 번째 과제는 자유가 아니라 정당한 공공질서를 창출해내는 일이다. 최선은 아니겠지만 자유 없이 질

---

17) 이러한 견해는 이미 미국무부 부장관 스트로브 텔보트에 의해 공언되었다. 그는 남미 페루의 알베르토 후지모리 대통령의 경우를 예로 들면서, 그가 비록 친위쿠데타로 권력을 잡았으나, 일단 대통령이 된 뒤, 군벌들의 사병, 이중과세, 가난 등의 문제를 과감하게 해결함으로써 국민들을 편안하게 만들었기 때문에 국민들로부터 높은 지지를 받았으며, 정치·사회적 안정도 기했다고 평가했다(Talbott, 1992: 37).

서를 유지할 수 있겠지만, 질서 없이 자유를 누릴 수는 없는 법이다. 어떠한 권위라도 그것이 규제받기 전에 먼저 존재해야 한다. 정부가 반항적 지식인이나 난폭한 장교들, 그리고 데모하는 학생들 때문에 아무 일도 못하고 있는 개발도상국가들이 결여한 것이 바로 이 같은 권위이다"18)라고 주장했다. 그렇다고 해서 카리스마적 리더십이나 폭력에 의한 사회적 안정이 정치발전의 한 단면으로 당연시되거나 정당화되어서는 안 된다. 왜냐하면 그러한 안정이 이루어졌다 해서 그 자체가 결코 민주주의의 제도화를 보장하지는 못하기 때문이다. 다만 그런 방식을 통해서라도 얻어진 안정 속에서 정치리더십은 그러한 안정을 최대한 활용하여 목표와 의지를 가지고 민주주의의 제도화를 위한 이니셔티브를 취하고 실천해야 하는 것이다. 19)

넷째, 좋은 정부란 국민들의 인정과 지지를 받을 뿐 아니라 다스리는 능력도 갖춘 정부이다. 그래서 정당성 있는 정치체제란 흔히 알려져 있듯 국민들의 인정만 받으면 되는 것이 아니라 사회적 갈등과 정책적 차원의 여러 문제들을 해결하고 관리하는 통치능력도 동시에 갖추어야 하는 것이다. 즉, 국민들의 지지 및 인정과 통치능력은 정당성의 두 가지 측면이다. 그러나 이 두 가지 측면을 내용으로 하는 정당성은 어떠한 형태의 정부에도 원래부터 내재하지는 않는다. 그리고 근대화 발전과정에 있는 어떠한 형태의 정치체제든 그 초창기의 통치능력은 정치리더십에 내재하는 것이고 또 그 정치리더십 행위로부터 자라나는 것이다. 그리고 정치체제에 대한 국민들의 지지 및 인정은 전통과 근대성이라는 두 가지의 가치가 서로 의미 있게 공존하

---

18) Samuel P. Huntington, *Political Order in Changing Societies* (New Haven: Yale University Press, 1969), pp. 7~8.

19) 이러한 점에 착안한 마키아벨리는 일찍이 "안정과 변화는 제도화보다 훨씬 이루기 쉽다"고 지적했다(Tsurutani, 1973: 149~151).

는 것에서 기대될 수 있다. 전통과 근대성은 상호보완적이고 서로 강화시켜주는 관계에 있으며, 서로 분리시켜 생각할 수 없다. 바로 이러한 이유 때문에 진정으로 안정된 사회는 토착적 정체성을 유지하는 것이다. 그리고 이 같은 토착적 정체성이야말로 정부와 국민 사이의 신뢰와 공동이익 형성의 바탕이며, 그래서 참으로 활력 있는 안정과 정당성의 바탕인 것이다(Tsurutani, 1973: 179).

다섯째, 어떠한 사회든 그 내부에 폭력이 존재한다는 것은 궁극적으로 그 사회를 이끌어 가는 정치리더십의 능력이 부족함을 의미한다. 따라서 발전과정에 대한 정치리더십적 접근은 억압적, 폭력적 정치형태를 정상적인 것으로 용인하거나 정당화하는 것이 아니라—개선의 여지가 있는—부족한 정치리더십의 결과로 간주한다.[20] 이는 정치리더십적 접근이 결코 폭력적 독재정치를 옹호하는 것이 아니라 어떠한 사회나 집단에도 존재하는 리더십 현상의 편재성(遍在性)을 전제로 하여 정치리더십의 질적 차이에 따라 정치현상을 구별하여 평가할 수 있음을 강조하는 것이다. 동시에 이러한 이론적 명제는 정치에 대한 비폭력적 접근[21]이 흐르기 쉬운 이상주의적 경향을 극복하는 한편, 현실적으로 폭력으로부터 완전히 자유로울 수 없는 정치를 정치리더십 차원에서 가능한 한 개선하고자 하는 가치지향을 담고 있다.

여섯째, 하나의 이상으로서의 정치는 사회를 교육하고 개혁하는 기능을 지니는 것이다. 그리고 정치리더십은 사실상 교육과 개혁의 방향 및 내용을 결정한다. 아리스토텔레스가 이미 사회체제는 그 속에

---

20) Tsurutani, 앞의 책(1973), p. 178.
21) 정치에 대한 비폭력적 접근을 시도한 대표적인 연구로는 Glenn D. Paige, *To Nonviolent Political Science: From Seasons of Violence* (Honolulu: Center for Global Nonviolence Planning Project, Matsunaga Institute for Peace University of Hawaii, 1993).

살고 있는 정치지도자들을 포함한 시민들이 선량한 만큼만 좋게 마련이라고 주장했던 것도 이런 맥락에서이다. 그리고 아리스토텔레스의 말을 정치리더십의 관점에서 보다 적극적으로 말하자면, "사회는 정치리더십이 그 사회를 교육하고 개혁하는 데 성공하는 만큼만 좋을 뿐이다."[22] 루소도 "일반국민들이 이른바 나쁜 짓을 할 때는 오로지 그들이(좋은 지도자들 만나지 못해) 잘못 인도 받을 때밖에 없다"[23]고 말했다. 또 공자도 "정자정야"(政者正也)를 말하고, 다산이 "정기이정물"(正己而正物)을 주장했을 때,[24] 이것은 제반 사회·정치적 개혁을 통해 사회를 올바로 만드는 작업이 곧 정치임을 뜻하는 것으로 무엇보다도 먼저 자기 자신을 올바로 다스려야 한다는 의미에서 수기치인(修己治人)의 뜻을 포함하고 있다. 전통 성리학에서는 수기치인을 "내 스스로 자신을 닦는 데 정진하면 사람들은 저절로 다스려지게 된다"는 매우 이상적인 방향으로 해석한다(배병삼, 1997: 49~68).

이상의 논점들은 제 3세계 발전도상국가들의 정치과정에 대한 리더십적 접근이 무분별한 개발독재의 용인이 아님을 옹호할 뿐 아니라, 개발도상국들의 정치를 새롭게 비교분석하고 평가하는 하나의 규범적 기준을 제공한다. 그리고 이러한 논점들은 동시에 그동안 제 3세계 연구에서 지나치게 자유주의적 관점에서만 개념화되었던 정치를 보다 균형 있게 재정립하는 기회를 제공할 수 있다.[25]

---

22) Tsurutani, 앞의 책(1973), pp. 179~180.
23) J. Rousseau, *The Social Contract*(Penguin, 1968); David Held et al. (ed.), *States & Societies*(New York: New York University Press, 1983), p. 73.
24) "정자정야"는 《논어》(論語)의 〈안연편〉(頻然篇)에 나오며, "정기이정물"은 정약용의 《대학공의》(大學公義)의 권 1에 나온다.
25) 이와 관련하여 지적해 둘 것은 그동안 일부 학자들이 자유주의적 신조들을 지나치게 모범적으로 적용했던 관계로 리더십적 요인보다는 제도적 절차와

4. 한국정치에 대한 리더십적 비판

예외도 있겠지만, 한국을 포함한 제3세계 지역의 정치지도자들은 대개 근대화를 추진하려는 의지가 확고하다. 그리고 정치지도자들은 국내 정치·사회적 엘리트들을 효율적으로 장악하고 있다. 다만 항상 문제가 되는 것은 근대화를 추진하는 최고 정치지도자들의 정치적 안목과 기술이다. 이 정치적 안목과 기술은 정치지도자의 리더십적 내용에서 가장 비중 있는 부분이다. 제3세계 지역에서 동일한 개발독재자라 할지라도 그 정치과정과 결과가 내용상 큰 차이를 보이는 것도 사실상 정치지도자들이 지닌 안목의 차이 때문이라고 볼 수 있다.[26] 즉, 근대화 발전의 과정과 결과는 "전권결재자"로서의 정치지도자가 사회적 안정, 좋은 정부, 폭력과 비폭력, 민주정치 등에 대해 어떠한 안목과 태도를 가지고 있느냐에 따라 달라진다.

따라서 제3세계 발전과정에 대해 정치리더십적으로 접근할 경우, 우리가 특히 관심을 기울여 분석하고 평가해야 할 부분은 바로 이 정치적 안목과 기술이다. 그리고 우리가 정치지도자의 이러한 안목과 기술에 유의해서 한국의 현대정치사를 비판적으로 검토할 때, 한국의 주요 정치지도자들에게서는 사상적·도덕적·민주적 리더십 등 세 가지 차원에서 빈곤현상이 발견되어 이를 상론하면 다음과 같다.

합의, 산출기능보다는 투입기능, 그리고 권력의 효율적 사용보다는 자유로운 권력투쟁에 더 많은 비중을 가지고 제3세계 발전과정을 분석, 평가했는데, 이제는 이것들을 보다 종합적으로 균형 있게 고려하는 정치개념 및 정치분석이 필요하다. 이러한 필자의 견해와 관계없이 정치와 정치리더십에 대한 자유주의적 기본입장에 대해서는 장동진, "자유주의와 정치리더십," 한국정치학회, 1997년 9월 월례학술회의 발표논문을 참조하라.

26) 이런 점을 고려해 볼 때, 건국기 지도자로서 이승만과 이스라엘의 벤구리온, 개발독재자로서 박정희와 싱가포르의 이광요는 서로 구별된다.

1) 사상적 리더십의 빈곤

우리 사회가 아직도 제대로 해결하지 못한 것 중 하나는 바로 사상적 줏대의 확립문제이다. 이 줏대란 자기 정체성을 의미한다. 현대정치사에서 우리나라의 정치지도자들은 중국, 일본, 미국 등의 외세들과 그에 부수해서 들어오는 사상과 문화에 대해 민족공동체 차원의 사상적·문화적 줏대를 떳떳하게 세워 보지 못한 채 세월을 흘려보냈다. 그래서 오늘날까지 지도층과 국민들 사이에는 의식의 괴리가 남아 있고, 스스로에 대한 일그러진 이미지가 별다른 변화 없이 그대로 남아 있다(이동식, 1974: 19~30).

이러한 비판적 평가는 우리의 지도자들이 외래사상이나 문화에 대해 언제나 배타적이어야 했고 지금도 그래야만 한다는 전제에서 기인하는 것이 결코 아니다. 다만 적어도 구한말 이래 오늘날에 이르기까지 대부분의 정치지도자들은 중국과 일본과 미국 등으로부터 쇄도하는 외래사상과 문화들에 대해 뚜렷한 자기 주관에 따라 취사선택하는 여유와 거름과정을 생략한 채, 시대적 흐름과 대세에 현실적·실용적으로 적응하고 대처하기에 급급했고 그 이후에 이러한 민족적 경험에 대한 자기 성찰적 노력이 제대로 이루어지지 못했음을 지적하는 것이다. 그리고 심한 경우, 집권자나 그 주변의 엘리트들은 외세의 앞잡이나 대리인의 역할을 하지 않을 수 없었으며, 이로 말미암아 생겨난 외세 및 자신에 대한 비뚤어진 감정이나 줏대 없는 의식이 자연히 일반국민들에게까지 침투되었음을 직시해야 하는 것이다.

그 결과 오늘날 우리의 의식 속에는 "자기 비하적이고 자기 말살적 관념"(이동식, 1974: 21)이 짙게 드리워져 있다. '한국사람은 자치능력이 없다', '우리의 운명은 강대국에 달려 있다', '우리는 미국이나 일본을 도저히 따라 잡을 수 없다', '한국인들은 게으르고 당파싸움만

한다', '엽전들은 할 수 없다', '한국인들은 독재를 해야 말을 듣는다', '한국의 전통에 내놓을 만한 것이 없다' 등과 같은 자기 말에 담긴 이러한 비하적이고 자기 모멸적 의식과 태도는 일제 강점기 일본인들과 그들에 빌붙어 살았던 친일반민족행위자들에 의해 유포되고 강화되었다. 이른바 식민사관에 따른 '문화정치'와 '황국신민화 교육'으로 우리의 민족적 줏대는 형편없이 내동댕이쳐지고 한민족으로서의 자부심과 역사의식은 최저수준으로 고갈되었으며, 아직도 이 상태는 정치적으로 말끔하게 치유되지 못하고 있다. 어느 정신의학자는 이러한 우리민족의 불행을 "민족 노이로제"(이동식, 1974: 22) 라고 표현한 적이 있다.

이러한 민족노이로제라는 자기 자신의 "줏대를 상실한 병"을 극복하기 위한 노력이 우리 현대사에도 분명히 있었다. 다만 모두 실패했을 뿐이다. 동학농민혁명, 독립협회, 3·1 항일시위운동, 단재 신채호의 역사민족주의 사상, 신간회운동, 반민족행위자처벌법에 의한 식민잔재청산 시도, 그리고 4·19와 같은 일련의 민주화운동 등이 그것이다. 동학농민혁명은 최제우, 최시형, 전봉준의 동학사상과 농민대중이 결합하여 척양척왜의 기치로 보다 개명된 군주제로의 길을 트며 조선조 말기의 정치·사회적 모순을 극복하고자 했으나, 청·일전쟁의 발발로 좌절되고 말았다. 일제암흑기를 견디면서 민족지도자들은 우리의 역사와 한글을 지키는 것이 민족과 민족혼을 지키는 길이라 생각하고 일제의 무단정치와 문화정책에 저항하였다.

해방 이후 안재홍이나 조소앙 같은 지도자들은 우리나라 엘리트들이 좌우의 서양이데올로기를 앞세우며 서로 대결하는 비극적 모순을 극복하고자 각각 "다사리 국가론"과 "삼균 국가론"을 제창했지만, 정치적 패배로 결실을 맺을 기회를 갖지 못했다. 27) 이승만도 당시 한국의 상황이 서구의 자유민주주의를 그대로 적용하기에는 적합하지 못하다고 판단하고 반공을 앞세우며 우리나라를 나름대로 자유민주주의가 꽃필 수 있는 나라로 만들어 보려 했지만, 스스로 권위주의적 독재자의 길에서 벗어나지 못했다. 28) 북한의 주체사상의 경우, 김일성의 독재체제를 미화하기 위한 정치적 목적과 관련해서 만들어진 것임에 틀림없지만, 북한이란 하나의 독립된 국가가 남한과 적대하고 있는 자신의 상황적 조건을 고려하여, 나름대로 "자기 나라의 혁명의 주·객관적 조건을 잘 타산하고 그에 맞게 노선과 정책, 전략전술을 규정하여야 한다"는 입장에서 창안된 것이었다. 29)

우리나라의 경우, 자유민주주의가 하나의 '보편적' 정치이념으로 수용된 것은 오래됐지만, 아직 한 번도 정치적 차원에서 그에 대한 "자아준거적"30) 비판과 줏대 있는 취사선택의 과정을 거친 적이 없다. 즉, 역대 최고 정치지도자들 중 어느 누구도 구미지역의 자유민주주의를 정식으로 문제 삼아 그 적실성 여부를 따지고 그 결과로 자유민

---

27) 양인의 정치사회사상에 대해서는 신용하 편, 《현대한국사회사상》(지식산업사, 1984)에 실린 졸고, "민세 안재홍의 신민족주의론"과 정학섭, "조소앙의 삼균주의"를 참고하라.

28) 졸고, "집권 전기 이승만 대통령의 정치리더십 연구," 〈한국정치외교사논총〉, 제22집 1호(2000) 참조.

29) 이에 대해서는 이정수, "주체사상의 본질과 최근 동향," 구영록 교수 화갑기념논총, 《국가와 전쟁을 넘어서》(법문사, 1994), pp. 768~785를 참조하라. 북한의 주체사상과 정치적 유일독재체제에 대한 이러한 평가적 인식은 북한이 동유럽 공산국가들과 달리 소련이 붕괴된 이후에도 나름대로의 사상적 논리를 가지고 중국과 함께 아직도 생존해 있다는 사실에 대한 하나의 설명을 제공할 수 있을 것이다. 그럼에도 불구하고 북한은 주체사상에 의한 정치노선의 과도한 경직성으로 말미암아 북한사회는 점차 생존능력을 상실해 가고 있는 것 같다.

30) 문승익 교수에 의하면, 자아준거적이란 "주체적 필요와 상황에 준거하는 것"이다. 문승익, "자아준거적 정치학," 〈국제정치논총〉 제13집(1974), pp. 111~118을 참조하라.

주주의 혹은 대안적 이데올로기를 긍정적으로 승화시키는 데 성공하지 못하였다. 박정희 대통령의 경우, "민족적 민주주의"나 "한국적 민주주의"를 기치로 내세웠다. 그가 국가를 경제적으로 근대화시키는 것에는 많은 성과를 거두었지만, 그것을 정치적으로 정당하고 안정된 민주주의로 제도화하는 데서는 결실이 초라하다(정윤재, 1995: 264~303). 또 김영삼 정부는 정치민주화를 위한 개혁을 시도했으나, 확고한 사상적 리더십과 그에 따른 일관된 정책적 실천이 부족했기 때문에 오히려 정치적 부패와 사회·윤리적 혼란만 가중시켰다.

자유민주주의에 대한 자아준거적 논의의 결과가 반드시 자유민주주의와 다른 형태의 이념이어야만 할 필요는 없다. 다만 자유민주주의체제 후에도 오랜 시간이 지난 지금 우리의 현실은 그것과 아직도 멀 뿐 아니라 많은 국민들 사이에 그에 대한 체화된 긍정적 경험과 그것을 바탕으로 한 공통신념이 잘 보이지 않는다. 따라서 자유민주주의의 이름으로 지속된 우리의 현대정치사에 대한 비판적 검토가 필요하다. 자유민주주의를 향한 정치적 민주화의 단계라는 오늘의 한국이 사상적·문화적 줏대를 잡지 못하고 어정쩡하게 서 있기는 예나 지금이나 다를 것이 없다. 자유시장 원리에 따라 물밀듯이 밀려오는 서구와 여타 지역의 문화와 유행과 풍속들이 난무하는 가운데 성인들과 특히 청소년들은 가치관과 문화의식의 혼돈 속에서 살고 있다. 물론 이것이 우리가 기대했던 다원주의 사회의 표본은 아닐 것이다.

근·현대 한국의 정치지도자들이 사상적·문화적 줏대를 제시하고 지키는 데 온전치 못했기 때문에, 오늘날 한국인들은 서양이나 중국 및 일본에 대하여 냉정하고 객관적인 비판적 안목을 가지지 못할 뿐더러 우리의 전통 속에 내재한 긍정적이고 보편적인 가치들을 제대로 인식하지도 못하고 비하하거나 무시하는 경향이 있다. 또 한국에는 공산주의에 반대하는 사상만 있지, 산업화된 한국사회의 대다수 국민들이 의지하고 실천하며 미래에의 비전을 가지고 자신들의 삶을 맡길 진정 사상다운 사상은 존재하지 않아 그간의 한국사회는 "무사상 또는 무이념의 사회"일 수밖에 없었다(최정호, 1989: 8~55). 자유우방국가들 혹은 자본주의 국가들과 아무런 문제없이 교류하면서도 나름대로의 사상적 줏대를 가지고 발전하고 있는 이스라엘, 중국, 싱가포르, 그리고 일본의 정치지도자들과 우리의 정치지도자들 사이에는 아주 커다란 질적 차이가 있음을 직시해야 한다.

요컨대, 현대한국의 정치지도자들은 사상적·문화적 정체성을 심어줄 사상적 리더십을 반공과 근대화 외에 성공적으로 발휘한 적이 없어 정상적인 이념적, 문화적 공동체의 형성을 이루지 못했다. 정부가 국민들을 충순한 민주시민으로 만들고 자발적 참여자로 만들기 위해서는 물질적 보상을 제공하거나 강제력을 행사하기에 앞서 스스로 상징적 대의명분 혹은 이념적 차원의 "일체화의 힘"을 지녀야 하는데 (김영국 외, 1986: 92), 우리의 현대정치사에서 정치지도자들은 반공의식이나 자유민주주의적 제도에의 요식적 적응에는 충실했지만 하나의 보편적 이념체계로서 자유민주주의가 제시하는 원칙과 명분에 따른 리더십의 행사로 국민들을 사회적으로 통합하고 그들과 정부를 일체화시키는 것에는 모두 미흡했던 것이다.

2) 도덕적 리더십의 빈곤

정치에서 도덕의 문제는 그리 간단한 문제가 아니다. 인간의 도덕적 완성을 정치의 궁극적 이상이라고 말할 수는 있을지 몰라도, 이른바 현실정치의 문제를 논의하는 데 인간의 도덕성이란 주제가 가지는 분석적 한계란 분명한 것이다. 그렇다고 해서 현실적으로 도덕성이 결여된 정치권력이 만족할 만한 수준의 지지와 정당성을 확보할 수는 없으며, 특히 정치지도자의 도덕성이 일반적 기대와 수준에 못 미칠 경우, 정치의 안정과 제도화를 향한 정치발전의 과정은 적지 않은 장애에 부딪칠 수밖에 없다. 더구나 갈등과 대립이 편재하고 있는 현대사회에서 정치리더십은 서로 대립하고 있는 요구, 가치, 그리고 목표들을 사회구성원들 사이의 의미 있는 행동으로 전화시키는 "촉발제와 같은 힘"이기 때문에(Burns, 1978: 38), 정치지도자의 도덕성은 오늘날 민주주의가 정착하고 성숙해 나가는 과정에서 중요한 영향력을 지닌다.31) 따라서 오늘날 정치지도자의 도덕성은 업무수행능력과 함께 성공적인 민주정치의 인적 요건으로 인식되고 있는 것이다. 그리고 정치리더십의 도덕성은 크게 인격적 혹은 사적 차원과 정책적 혹은 공적 차원으로 나누어 생각해 볼 수 있는데, 정치지도자의 여자관계와 관련된 것이 전자의 예라 한다면, 지역편중적 인사정책과 관련된 것을 후자의 예라 할 수 있을 것이다. 이렇게 볼 때, 한국현대정치에서 리더십 차원의 도덕성 결핍문제는 어렵지 않게 제기될 수 있어 이를 상론하면 다음과 같다.

우리나라는 정치적으로 자유민주주의체제이고, 헌법상 민주공화국이다. 하지만 실제로 국민들은 그러한 이념이나 법과는 괴리된 채, 권위주의적 정치행태와 위압적 행정관행 속에서 생활하고 생존할 수밖에 없었다. 이것은 일차로 대한민국 제1공화국이 이승만의 주도로 출범할 때, 다른 선진 자유민주주의 국가들과는 달리 국민적 합의의 정치적 계기로서의 성공적인 시민혁명이 없이 자유민주주의적인 법

---

31) 최근 정치사상을 전공하는 어느 정치학자는 플라톤의 정치철학과 제임스 번즈의 리더십론을 논하면서, "리더십의 본질과 그 과정을 살피는 데 리더십의 도덕적 및 윤리적 차원의 문제에 대한 고려가 수반되어야 한다는 것은 지극히 당연한 일이라 할 수 있다"고 강조하였다. 백승현, "전환기의 리더십과 플라톤적 정치지도자론,"〈고황정치학회보〉제1권(1997), p. 17.

과 제도만을 덮어씌운 형태로 시작되었던 사실에서 비롯된 불행이다. 동시에 이것은 또한 이승만 이후의 주요 정치지도자들이 시민혁명의 부재로 초래된 정치·사회적 합의의 빈곤상태를 해결하고 정치·사회적 통합을 도모하기 위한 도덕적 이니셔티브를 충분히 발휘하지 못했던 사실에서 비롯된 불행이기도 하다.

1948년의 5·10 총선거는 이승만의 노선에 반대했던 김구의 한독당 계열과 여운형, 김규식의 좌우합작계열의 정치인들이 불참한 가운데 치러졌기 때문에 총선 자체의 절차적 합법성만큼의 국민적 합의를 창출해 낼 수는 없었다. 따라서 이승만의 제1공화국은 나름대로 당시의 합법적 절차에 따라 대한민국의 정부로 시작되었지만, 모든 국민들이 그 정당성을 인정하여 기꺼이 복종하고 따르는 정부는 아니었다. 왜냐하면 이승만은 민족주의 차원에서 비도덕적인 친일반민족 인사들을 이용해서 정권을 잡았고, 다음으로 이러한 비도덕성을 극복하기 위한 자신의 도덕적 이니셔티브가 결여되었기 때문이다. 그래서 새로 출발한 대한민국 제1공화국의 경찰은 '이승만의 경찰'이었지 국민들의 경찰이 아니었다. 한마디로 대한민국의 초대공화국은 국민들에게 자발적이고 충순한 복종을 당당하고 권위 있게 요구하기 어려운 정치체제였다.

국가나 민족 차원에서 자부심을 서로 공유할 만한 영광스러운 역사도 없는 터에,32) 기회주의적으로 이승만에 빌붙은 친일분자들이나 모리배들이 그대로 위세를 부리는 상태인지라 대다수 국민들은 국가

---

32) 민족사적으로 볼 때, 우리 민족의 과거사는 영국이나 일본처럼 영광스럽지도 않았고, 유대인들처럼 치욕스럽지도 않았다. 그래서 민족구성원들이 내적으로 결합하고 단합할 수 있는 심리적 동기가 상대적으로 뚜렷하지 못한 것일 수 있다. 유대인들의 수난과 치욕의 역사에 대해서는 Max Dimont, 김용운 역, 《유태의 역사》(대원사, 1991)를 참고하라.

에 충성하고 국가의 법을 준수하기보다 냉소와 무관심, 비판과 비난으로 지낼 수밖에 없었다. 그래서 아직까지도 법을 지키는 사람은 현실적으로 손해를 보거나 불이익을 당할 뿐이고, 질서를 지키는 사람은 오히려 바보 취급받는 현상이 계속되고 있다. 더욱이 과거청산 차원에서 초대국회에서 제기된 반민족행위자 처벌이 이승만의 권력집착 때문에 무산됨으로써 현대 한국정치는 태생적으로 정치리더십의 도덕적 빈곤 속에서 출범했다. 따라서 이후의 정치과정상 '나는 우리 대통령을 따르고 우리 정부를 믿는다'는 긍정적이고 자연스런 시민의식과 충성심에서 비롯되는 국민통합이 형성되기는 매우 어려웠다.

이러한 분위기에다 매번 정권이 바뀔 때마다 새 역사창조의 슬로건과 함께 과거청산이 유행했지만, 그것은 언제나 유야무야되거나 전시효과 수준의 성과만을 남기고 막을 내렸기 때문에, 사람들 사이에는 원칙과 도덕을 지키기보다 무슨 수를 쓰더라도 한탕하고 시치미 떼는 것이 관례가 되었다. 법을 통해 마련된 '구멍'으로 빠져나가기 위해 '은근과 끈기로 버티는' 것이 상식적 처세였다. 반민특위, 김구 암살범의 처리, 5·6공 청문회가 그랬고, 이른바 문민정부하에서의 한보청문회도 그랬다. 더욱이 문민정부라 했던 김영삼 정권이 스스로 민주개혁을 공언했으면서도 뒤로는 차남인 김현철로 하여금 인사정책을 포함한 정책결정 과정에 힘을 행사하게 하고 또 그를 정치자금조성 창구로 활용했던 것은, 권력운용 및 정책 차원에서 보인 비도덕적 정치리더십의 대표적 사례라 하겠다.

이렇게 도덕적 합리성과 원칙이 결여된 정치행태들은 자연히 정치와 정치인들에 대한 자질문제를 제기하게 했고, 상호불신과 정치적 냉소주의를 초래했다. 이것은 다시 시민생활의 차원에서 이웃간의 불신과 외면을 조장하였고, 도덕과 법, 그리고 상식을 접어두고 기회주의적으로 당장의 이익을 챙기는 한탕주의적 처신이 '똑똑한' 인생살이로 여겨지게 하였다. 즉, 정상적 민주시민사회는 개인적 차원의 의리와 윤리가 사회정의와 양심이라는 보편적 기준과 함께 개인들의 행동을 지배할 때 가능한데, 우리 사회는 아직도 개인이나 소집단 차원의 윤리가 다른 모든 공공가치들을 덮어버리는 어둠 속에서 헤어나지 못하고 있다.

　정치세계가 조화되고 통합되지 못한 상태에서 정치인들이 불신과 무원칙의 진흙판 싸움을 지속하는 상황은 '만인의 만인에 대한 투쟁' 자체이며, 이것은 다시 국민들 사이에 또 다른 '전쟁심리'를 만연케 하여 건강한 사회적 통합을 방해하고 있다. 따라서 서로 믿고 인사하 며 대화하는 이웃은 이미 오래전에 사라졌다. 개인 차원의 윤리도 보 편적 원칙과 도덕률에 합당할 때 진정한 민주사회가 되는 것이다. 정 치지도자들의 도덕성이 바닥을 맴도는 가운데, 우리의 정치·사회적 통합이 이토록 지리멸렬한 상태로 남아 있는 한, 우리의 정치체제는 말 그대로 '천민자유주의' 혹은 '천민자본주의'와 짝하게 될 수밖에 없 으며, 이런 상태에서 만일 북한과 급작스럽게라도 통일된다면, 우리 나라는 되레 감당하지 못할 재앙을 맞을 수도 있다. 나아가 앞으로 우리나라의 정치지도자들은 세계에 흩어져 있는 한민족, 조선족, 고 려인들을 하나의 생활공동체로 통합되도록 유도하는 새로운 지구적 이니셔티브도 취해야 하는데, 이를 위해서는 무엇보다도 국내에서의 성공적인 정치·사회적 통합의 성취가 먼저 필요하며, 이것은 다시 정치지도자들의 도덕적 리더십을 반드시 수반해야 가능하다.

　다른 한편, 우리나라가 정치사회적 도덕성을 갖추지 못하고 그 결 과로 빚어진 사회통합의 빈곤을 떨치지 못하고 있음을 보여주는 또 하 나의 대표적 사례는 지역갈등이다. 특히 오늘날 자주 회자되는 영· 호남 간의 지역감정문제는 나름의 정치적·사회적·역사적 연원이 있 지만, 무엇보다도 먼저 지적되어야 할 것은 그것이 전라도지역에 대 한 역대 지도자들의 인사정책과 관련된 비도덕성에서 비롯되었다는

사실이다. 영·호남 간의 지역갈등이 삼국시대 이래의 역사적 연원이
있지만, 대한민국이 출범한 이후 역대 정치지도자들이 근대민족주의
의 차원에서 이 같은 비도덕적이고 비합리적인 지역감정의 고리를 끊
는 인사정책을 제대로 펴지 못했기 때문에 더욱 강화된 것이다. 이승
만 시대에 세칭 '하와이 시비'가 이미 있었고, 자유당시절에 장·차관
은 영남에서 16명, 호남에서 7명으로 2.3 : 1, 대법원장과 대법관은
영남 : 호남이 5 : 2의 불균형을 보였다. 또 민주당 국회의원들이 신파
와 구파로 갈릴 때 대체로 영·호남으로 갈라졌다. 또 박정희 시대에
이 같은 비도덕적 인사차별은 물론 개발차별까지 겹치는 바람에, 지
역간 갈등의 골은 깊게 패이기만 했다. 또 전두환 일파의 비도덕적 권
력남용의 결과로 빚어진 5·18 광주학살은 호남인들의 대응을 과격하
게 만드는 또 하나의 계기를 만들었다. [33]

현재 많은 학자들이 동의하는 것 중 하나는 우리의 근·현대사 동
안 아직도 근대국가를 제대로 세우지 못하고 있다는 주장이다. 이것
은 민족이 아직도 분단되어 있다는 뜻도 물론 포함하지만, 대한민국
건국과 함께 국가건설은 되었지만 국민형성은 안 되었고, 그에 따라
사회·정치적 통합도 아직 제대로 못 이루고 있음도 의미한다. 게다
가 우리의 정치사회는 아직도 지역갈등 차원의 모순을 해결하지 못하
고 있는데, 그 원인은 여러 가지가 있을 수 있지만, 역사적으로 시민
혁명과 같은 국민적 합의와 통합의 정치적 계기가 없던 데다, 이러한
취약점을 보완하고 정치·사회적 통합을 이룩하기 위한 집권정치지
도자의 도덕적 자기 혁신이 개인 및 정책 차원에서 충분치 못했다는
사실을 우선 지적하지 않을 수 없다.

---

33) 지역갈등의 역사적 연원에 대한 최근의 연구로 다음을 참조하라. 신복룡,
  "한국의 지역감정의 역사적 배경," 한국정치학회, 1996년 하계학술대회 발
  표논문.

3) 민주적 리더십의 빈곤

민주적 정치발전의 문제를 정치지도자와 관련해서 볼 때, 우리나라 현대정치사처럼 안타까운 경우는 아마 드물 것이다. 해방 후 현대사의 격랑 속에서 활동했던 주요 정치지도자들에 대한 객관적 평가가 아직도 부재하며, 건국 이후 대통령들의 동상도 공공장소에 제대로 서 있지 않다. 조선시대의 세종대왕과 이순신 장군의 동상이 서 있지만, 어딘가 생생한 감동을 주지 못하는 것이 사실이다. 떳떳하게 존경할 수 있는 지도자가 없는 우리 현실이 딱하다. 그런 가운데서도 과거 대통령들 중에서 가장 대표적인 대통령으로 우리는 이승만과 박정희를 꼽을 수 있다.

이 두 권위주의적 대통령은 그동안 여러모로 비판의 대상이었으나, 오늘의 한국이 형성되는 데 가장 많은 영향을 끼친 정치지도자들이다. 그러므로 이제는 민주/독재의 이분법적 기준에 따라 "그들은 독재자였다"는 식의 단순평가만 가지고 그들을 폄하할 수는 없다. 왜냐하면 그들 모두 표면적으로 민주주의를 부인하지는 않으면서 그것을 목표로 권력을 사용했던 정치지도자였기 때문이다. 그러나 그들이 권위주의적 독재자였다는 인식이 일반화된 현실에서 그들이 각각 대한민국의 '건국의 아버지' 혹은 '근대화의 영도자'라는 차원에서의 평가를 제대로 받지 못하는 것은 그들이 실제의 정치과정에서 민주주의를 제도화하기 위한 모범적 실천에 크게 소홀했기 때문이다.

이승만과 박정희는 각각 나름대로 국가와 민족 차원에서 투철한 사명의식을 지녔던 지도자들이었다. 즉, 자신이 속한 정치공동체 내의 문제해결에 대한 확고한 의지를 가지고 있던 신념의 지도자들이었다. 이승만은 한반도의 전면적 공산화를 막아야 한다는 강력한 반공사상으로 민족분단을 획책한다는 비난을 무릅쓰고 '선건국 후통일'의 원칙에 따라 대한민국을 세우고 초대 대통령이 되었다. 박정희는 스스로 가난했던 경험이 사무쳤기에 다른 무엇보다도 한국인들을 빈곤으로 부터 해방시키려는 일념에서 대통령직을 수행했다. 물론 그러한 목적 하의 근대화 추진이 그의 정권유지를 위한 명분이었음도 부인할 수 없다. '수출제일주의', '일하면서 싸우자', '민족중흥', '우리도 잘 살아보자' 등과 같은 구호들이 그의 정치리더십을 상징하는 대표적 수사였다. 경제개발을 위한 자금확보를 위해 한일협정을 체결할 때 비판이 들려오자, 박정희는 '내 무덤에 침을 뱉어라'면서 뜻을 굽히지 않았다.

그러나 두 대통령은 모두 민주적 정치발전과 관련된 솔선수범을 실천하는 데 적지 않은 한계가 있었던 권위주의적 지도자들이었다. 그들은 부하들과 국민들에게 명령하며 통솔은 했지만, 대화하고 토론하며 스스로 준법을 실천하는 민주주의적 리더십을 보여주지는 못했다. 이 대통령은 프린스턴대학에서 박사학위를 받았을 뿐 아니라 미국에서 오랫동안 체류하며 독립운동을 했던 관계로 민주주의에 대해 이론적으로나 체험적으로 아주 잘 아는 지도자였다. 그는 미국에 가기 이전부터 미국식 자유민주주의에 관한 지식을 많이 지니고 있었다. 그리고 그는 건국 직후 우리의 상황에서 자유민주주의는 적절하지 못하며, 제도보다는 지도자의 통솔력이 더 중요하다고 판단했다 (정윤재, 2000c). 그러나 그의 이러한 견해와 당시 국민들의 그에 대한 열광적 기대는 그로 하여금 '민주주의란 내가 하라는 대로 하는 것이다'라는 식의 권위주의적 행태를 취하게 했고, "초당파적"(백영철, 1995: 114~118) 정국운용을 고집하게 했을 가능성이 많다. 그래서 그는 민주적 지도자의 모습을 몸소 보여주거나 민주시민의 생활을 정착시키기 위한 리더십 실천에 많은 한계가 있었다. 이 점에서 이승만의 정치리더십은 카리스마적 권위를 지녔었음에도 불구하고 민주적

절차와 규정의 준수에 철저했던 이스라엘의 초대 수상 벤구리온의 그것과 대조된다(Zweig, 1991). 이승만은 자유민주주의 이념과 민주공화국 헌법을 내세웠지만 기실은 왕과 같은 행세로 권위주의적 관행을 답습했을 뿐이다. 신생국에서 집권 초기의 카리스마적 지도자들은 대부분 독립국가의 건설이라는 명분을 위해 헌신했던 "자기 포기의 영웅"[34]이었지만, 제 1공화국 시절의 이승만은 충분히 그렇지 못했던 것 같다.

한편, 박정희는 청소년 시절과 군 시절의 가난과 불운을 개인적 노력으로 극복했던 인물로 민주주의의 기본조건으로서 국민들을 가난에서 해방시키고 부강한 나라를 건설하고자 '5·16 군사정변'을 일으켰다. 그는 경제성장과 국가안보를 위한 정책집행이나 정권강화와 연장을 위한 조치들을 장군이 군사작전을 지휘하듯 용의주도하게 밀어붙였고, 이러한 그의 목적은 달성되었다. 그러나 그는 일제의 사관학교에서 군국주의적 군사교육을 우수한 성적으로 충실하게 받은 군인으로서 무엇보다도 개인의 자유와 절차상의 합리성을 강조하는 서양식 민주주의와는 거의 인연이 없었던 지도자였다. 그래서 그에게 서양식 자유민주주의는 당시 한국의 처지에서 볼 때, 하나의 '사치'였으며, 그것은 말 그대로 하나의 이데올로기적 장식에 불과했다. 아마도 박정희 자신에게는 자유민주주의보다 '반공'과 '조국근대화'라는 구호가 체질적으로 더 친근한 개념이었을 것이다.

박정희는 당초부터 민주적 절차와 자유로운 대화나 토론중심의 시민적 정치문화와는 거리가 멀었다. 따라서 국민 개개인이나 사회집

---

34) Lester Seligman, "Elite Recruit and Political Development," in Jason L. Finkle and Richard W. Gable(ed.), *Political Development and Social Change*(New York: John Wiley and Sons, Inc., 1971), p. 242; 신복룡, 앞의 글(1996), pp. 222~223에서 재인용.

단의 자율성을 제고하기 위한 리더십적 차원의 이니셔티브를 취할 만큼 자기 혁신적이지 못했을 뿐 아니라 오히려 그 같은 것들을 '근대화 작전'의 장애물로 여겼을 가능성이 많은 지도자였다(정윤재, 1995). 이런 점에서 그는 근대화를 위한 '개발독재자'로서 싱가포르의 이광요 수상과는 구별되는 정치지도자였다. 이광요는 영국의 케임브리지대학에서 경제학을 공부했고, 근대화를 위해 장기집권을 했으면서도 경제개발뿐 아니라 스스로 법을 준수하고 국민들의 환경보호의식과 공중도덕심을 뿌리내리게 하기 위한 정책들을 예방적 차원에서 과감하게 실천했다.35) 이에 비해 박정희는 우선 국민들을 가난으로부터 해방시키고 잘 살게만 만들면 된다는 식으로 근대화 추진에 몰두했던 군인이었다. 다시 말해서, 그는 민주주의의 여러 조건들 중 주로 경제발전과 국가안보와 관련된 조건들의 구비에만 국한된 리더십을 발휘했던 대통령이었다. 요컨대, 이승만, 박정희 두 대통령은 '근대국가건설'에 대한 집념과 의지 및 정치적 장악력이 뛰어났지만, 민주주의의 제도화와 관련된 안목은 실천적 차원에서 상대적으로 낮은 수준에 머물렀던 정치지도자들이었다.

한편, 김영삼 역시 민주주의를 위한 리더십 발휘에 큰 한계가 있는 지도자였음을 부인할 수 없다. 그는 일생을 반독재, 민주화 투쟁으로 일관했던 인물이고, 오랜 기간 동안의 군인출신 대통령시대를 마감하고 '최초의 문민대통령'이 되었기 때문에, 많은 기대를 받으며 대통령에 취임했다. 그러나 그는 권위주의적이었고, 현상유지 성향이 강한 기질을 지니고 있었다(정윤재, 1993: 749~767). 그의 민주화를 위한 정치리더십은 개혁의 원칙과 일관성이 결여되었다. 이는 물론

---

35) Beng-Huat Chua, *Communitarian Ideology and Democracy in Singapore* (London: Routledge, 1995); James Minchin, 이성봉 역, 《이광요》(삼호미디어, 1994)를 참조하라.

그의 무능 혹은 자질부족에서 비롯된 것일 수밖에 없다. 그리고 한보사태 및 김현철 스캔들로 높은 인기와 정당성의 한 축이었던 도덕성마저 크게 훼손되었기 때문에, 그로서는 민주주의의 제도화나 정치문화의 제고에 더 이상 긍정적 역할을 할 수 없게 되었다. 이 같은 김영삼의 리더십적 한계는 민주주의의 기본요건으로서 지도자 자신의 통치능력과 식견, 합리성, 그리고 정책과 노선의 일관성 등과 관련된 정치리더십의 중요성을 다시 한 번 심각하게 일깨워 주었다.

요컨대, 이상 세 사람의 대통령들은 각각 건국과 근대화와 민주화라는 시대적 과제의 해결을 위해 노력했던 정치지도자들이었지만, 민주주의의 제도화란 측면에서 보면, 모두 자체의 리더십적 한계를 노정했던 지도자들이었다. 이승만은 민주주의적 관행과 준법의 중요성을 잘 알았지만 자기중심적이고 권위주의적 권력지향으로 그것을 제대로 실천하지 못했고, 박정희는 원래부터 민주주의와는 인연이 거의 없는 상태에서 경제적 근대화에만 매진했을 뿐 정치와 시민문화의 민주주의적 성숙을 위한 정책적 배려에는 크게 소홀했다. 김영삼도 민주주의를 추구했지만 스스로 내면화되고 체화된 민주주의적 가치와 철학이 미미했고, 개혁의 원칙과 일관성이 취약했기 때문에 기대에 미치지 못했다. 모두 우리의 고질적인 권위주의적 정치문화를 청산하고 근대적 시민문화의 정착과 민주주의의 제도화를 내실 있게 실천하는 것에 일정한 리더십적 한계를 지녔던 정치지도자들이었다.

5. 맺음말: 민주주의 제도화를 위하여

이상에서 필자는 현대한국 정치리더십의 세 가지 빈곤현상, 즉 사상적 리더십의 빈곤, 도덕적 리더십의 빈곤, 그리고 민주적 리더십의 빈곤을 지적함으로써 현대 한국정치를 비판적으로 검토했다. 이 세 가지는 사실상 서로 연결된 우리 현대정치사의 문제점이다. 이러한 문제점들이 해결되기 위해서는 새로운 시민혁명이나 그에 버금가는 획기적 변혁이 필요하겠지만, 남북이 분단되어 사실상 서로 적대적 대치상황을 계속하는 상황에서, 그리고 IMF 경제위기가 아직 완전하게 극복되지 못한 채 국가경쟁력이 싱가포르나 대만에 비해 훨씬 뒤진 현실에서, 대중혁명에 의한 변혁은 대단히 위험하고 모험적이다. 우리나라가 처한 이러한 객관적 문제상황을 직시할 때, 결국 우리는 정치지도자들의 리더십적 이노베이션의 중요성을 새삼 강조하지 않을 수 없다.

이러한 의미에서 우리나라 민주주주의의 성공적 제도화를 위해 우리의 정치도 영웅을 필요로 한다.[36] 그러나 영웅의 존재가 곧 독재를 의미하지 않으며, 또한 독재는 결코 용납될 수 없는 것이다. 국민들의 선택과 참여에 의해 지도자가 결정되고, 채택된 정책과 법이 집행되는 민주주의적 상식과 관행이 무시된다면 그것은 역사적 반동에 불과하다. 그리고 우리는 우리가 추구하는 건강하고 안정된 시민사회를 구현하기 위해서, 근대적 시민사회가 갖는 필연적 모순과 직면해야 할지도 모른다. 이 모순이란 곧, 시민들은 평등을 희구하고 있지만 그러한 평등의 실현은 영웅적 지도자를, 그리고 정치적 불평등을 필요로 한다는 사실이다.[37] 그렇다고 우리가 절대능력자로서의

---

36) 영웅이란 표현에 대해서는 오해의 여지가 있다. 영웅 혹은 영웅사관에 대한 필자의 입장은 이 장의 주 6에 밝혀놓았다.

영웅을 기대하는 것도 아니며 그러한 영웅을 교조적으로 숭배하는 것도 아님은 재론의 여지가 없다. 다만 아직도 민주적 제도의 정치적 기능이 낮은 수준에 있고 합리적이고 책임감 있는 시민의식이 광범하게 정착되어 있지도 못한 상태에서는, 그리고 권위주의적이고 비합리적인 정치문화가 청산되지 못한 현실에서, 민주적 시민운동의 활성화와 함께, 이러한 현실을 타개하고자 하는 정치지도자들의 헌신적 역할과 노력이 무엇보다도 요청된다는 것이다.

그렇다면 이상에서 필자가 논한 제반 문제의식과 전임 대통령들에 대한 리더십적 비판, 그리고 변동하는 신세계질서를 전제로 할 때 장차 한국의 정치지도자들이 실천해야 할 리더십적 이노베이션은 무엇인가? 이러한 질문과 관련하여 차세대 정치지도자들이 유념해야 할 사항들을 정리하면 다음과 같다.

첫째, 이제 우리의 정치는 경제와 안보에 집착하는, 그렇기 때문에 언제나 질적으로 차선의 정치지도자와 엘리트에 만족할 수밖에 없었던 "생존의 정치"에서 민족구성원 개개인의 삶의 질을 향상시키고 자아실현을 도모하는 동시에 교육과 개혁이라는 정치본연의 기능회복에 공헌할 수 있는 정치지도자와 엘리트들이 진심으로 봉사하는 "삶의 정치"로 전진해야 한다. 이제 우리 국민들은 권력정치적 생존에 급급한 투쟁으로서의 정치보다는 진정으로 명예와 존경, 준법 그리고 봉사의 가치가 풍부하게 실천되는 정상적 정치를 희구하고 있다. 이제 사람들이 더 중요하게 생각하는 것은 특정 목적가치에 대한 이데올로기적 수사보다는 정치지도자 개인의 차원에서나 정치제도의 차원에서 정직함, 성실함, 진실함, 공정함 등과 같은 행동양식가치

---

37) 이러한 견해에 대해서는 이홍구, "영웅의 독재와 성웅의 저항: 나폴레옹 탄생 200주년과 간디 탄생 100주년을 맞아,"《이홍구 문집 1: 인간화와 정치》(나남, 1996), p. 255를 참조하라.

가 실천되는 것이라는 사실을 정치지도자들은 진지하게 인식하고 이에 부응해야 한다.

둘째, 정치리더십의 사상적 빈곤과 관련하여, 이제 한국의 차세대 정치지도자들은 세계화시대의 한민족공동체의 위상과 역할에 대한 비전과 전략을 제시할 수 있어야 한다. 세계화시대는 간단히 말해 자본주의 세계체제의 지구화로서 상품경제가 일상화되고 동시에 국가나 민족의 위상이 점차 약화될 가능성이 많다. 그러나 그럼에도 불구하고 한 국가나 민족은 결코 사라지는 것이 아니며, 민족통일의 과제를 안고 있는 우리의 경우 더욱 그러한 견지에서 민족공동체 차원의 대응방안을 강구해야 한다. 이와 관련해서 문명간의 충돌이 본격화될 21세기에 우리는 한민족의 문화적 전통성과 동질성을 어떠한 방식으로 유지할 것인가? 해방 이후 줄곧 '친밀한 우방'이었던 미국에 대해, 한반도에 '다시 진입하고 있는' 일본에 대해, 그리고 21세기의 강대국 EU와 중국에 대해 우리는 어떻게 대응할 것인가? 앞으로 정치지도자들의 비전이나 정당들의 정강은 이러한 차원의 문제점들에 대한 적절한 처방을 제시하는 국가경영전략이 담겨 있어야 한다. 따라서 앞으로 정치지도자들의 비전이나 정당들의 노선은 기존 국내정치 차원의 보수나 진보라는 스펙트럼에서 과감하게 벗어나 바로 이러한 차원의 국가경영전략에 따라 구별되는 것이 바람직하다.

셋째, 한국사회를 민주시민공동체로 만드는 프로그램을 강구하고 실천해야 한다. 그동안 한국의 현대사는 건국, 근대화, 그리고 민주화의 과정을 거치며 전개되었지만, 우리 사회는 아직도 불신과 부정부패, 그리고 권위주의적 문화로부터 자유롭지 못하다. 이것은 그동안 우리의 정치가 국민 각자를 민주적 인간으로 육성, 전환시키는 데 실패했다는 것과 현재의 우리 사회가 공동체적 통합을 이루지 못한 채 파편화되어 있다는 것을 의미한다. 정치발전이란 "법치와 공동체적 문명의 실현"이라고 할 수 있는데, 우리 사회는 아직 그렇지 못하다. 각종 민주적 제도가 도입되긴 했어도 그것의 운용에 필수적인 시민문화 혹은 법치문화가 형성되지 못했기 때문에 우리 사회는 아직도 과도기에 머물러 있다. 이제 차세대 지도자들은 이러한 문제와 관련된 창조적 이니셔티브를 취하여 우리 사회의 민주시민공동체화에 앞장서야 한다. 이것은 동시에 우리나라의 국제경쟁력을 높이는 길이기도 하다. 만약 이상의 제언들이 제대로 인식되고 실천된다면, 앞서 지적한 현대 한국정치의 세 가지 리더십의 빈곤문제가 해결될 수 있는 전기가 마련될 것이고, 그에 따라 한국의 민주주의는 정상적 제도화의 길로 들어설 수 있을 것이다.

제16장

출생순서와 리더십 스타일, 그리고 한국정치

1. 머리말: 출생순서와 가족 내 사회화

여러 사회집단 중의 하나인 가족은 제1차 집단으로서 개인의 인격형성에 매우 중요한 역할을 한다. 하나의 가정에서 자라는 동안 그 구성원들은 다양한 인간관계를 경험하며 인간에 대한 감정적 태도와 정치·사회적 가치관을 습득한다. 일찍이 미국의 비교정치학자 시드니 버바도 "개인들은 가족과 그 밖의 1차 집단생활을 통해 성장 후에 적용될 일련의 행동기준들을 배우고 익히는데, 보다 중요한 것은 각 개인들이 성장한 이후 정치·경제적 활동을 통해 수행하는 역할들과 비슷한 역할들을 이미 가족 내에서 수행하며 자란다는 사실이다" (Verba, 1961: 31) 라고 지적함으로써 개인의 사회화에 미치는 가족의 영향을 강조하였다.

우리가 보통 생각하듯이 한 가족의 구성원들인 부모와 형제자매들이 항상 친밀한 공동체적 분위기 속에서만 생활하는 것은 아니다. 가족이 비록 게마인샤프트의 특색을 지니는 집단이지만 가족 내 구성원들은 각자 개별적 위치에서 서로 복잡하면서도 세밀한 갈등관계들을 경험하며 지낸다. 최근에 발표된 한 심리학자의 연구에 의하면, 가족의 구성원들은 서로 사랑하고 존경하기보다 질투심과 경쟁심에 따라 행동하며 성장한다(Bly, 1996). 그리고 프로이트가 개인들의 성격형성을 결정하는 요인으로서 가족관계의 다이내믹스를 강조하기는 했지만, 형제자매들 사이의 다양한 갈등양상의 중요성을 보다 적극적으로 인식하지 못한 채, 자식과 부모와의 갈등만을 너무 강조했고, 전반적으로 청소년기의 리비도(juvenile libido)의 역할을 너무 과장했다. 즉, 하나의 가족은 각 구성원들에게서는 결코 하나의 동일한 환경이 아니며, 자식들의 경우 당사자가 맏이냐 버금이냐 아니면 막내냐에 따라 각기 다른 체험을 하며 사회화하는 것이다(Sulloway, 1996). 그러나 그동안 사회과학자들이나 역사학자들은 개인의 성격형성요인으로서 계급과 부, 그리고 가문 등을 중요하게 생각한 반면 개인의 출생순서의 중요성에 대해서는 거의 무지했거나 무시했었다(Ridley, 1996: 2).

그런데 과거부터 최근까지 출생순서와 성격과의 관계를 연구한 심리학자들은, 외동이, 맏이, 버금이, 그리고 막내는 한 가족 내에서도 각기 다른 사회화 과정을 겪으면서 서로 구별되는 성격을 형성하며, 이것은 또한 성년이 되었을 때의 리더십 행동과도 밀접한 관계가 있다는 가설을 제시했다. 미국의 저명한 상담심리학자 케빈 레만(Kevin Leman)은 많은 카운슬링 경험을 바탕으로 출생순서와 성격유형에 관한 여러 종류의 책을 펴냈고, 또 다른 심리학자 루이스 스튜어트(Louis H. Stewart)는 지적하기를, 출생순서에 따라 달리 나타나는 성격상의 특징들은 각기 성공적인 정치적 영향력을 발휘할 수 있는 상황이 다르다고 했다. 하버드대학의 심리학자 프랭크 설로웨이(Frank Sulloway)는 50만 명에 이르는 방대한 조사대상 인물들을 출생순서별로 구분하여 그들의 성격적 특징과 주요 역사적 사건들과의 관련성을 경험적으로 고찰하여 출생순서와 리더십 행동 사이의 관계에 대한 설득력 있는 명제를 제시했다. 그래서 필자는 먼저 이들의 견해를 차례로 검토하고 소개한 다음, 이를 한국의 경우에 적용해보고 장차 한국의 정치발전과 리더십 스타일에 대한 간단한 논의를 덧붙이고자 한다.

2. 케빈 레만의 임상심리학적 관찰

상담심리학자로서 카운슬링의 경험이 많은 케빈 레만(Kevin Leman)은 한 가족 내 형제자매들은 출생순서에 따라 성격적 특징이 다르며 따라서 이러한 출생순서는 한 개인의 성격형성, 결혼상대자의 선택, 직업 선택, 심지어 신앙생활에까지 "강력한 영향"을 미친다고 주장했다 (Leman, 1985: 11~12). 그리고 이렇게 각기 다른 성격을 지닌 형제 자매들이 건강한 인격자로 성장하기 위해서는 이 같은 각자의 특징을 보완하기 위한 훈련과 충고가 필요하다고 보았다.

레만 박사에 의하면, 맏이와 외동이는 대체로 "완벽주의적이고, 신뢰할 수 있으며, 양심적이다." 그리고 맡겨진 임무를 수행할 때는 "일일이 리스트를 작성하며, 체계적으로 일한다". 또 대체로 마음에 안 맞는 일이 있는 경우 "비판하기를 서슴지 않고, 심각하고 진지하며, 학자적 까다로움"을 숨기지 못한다. 뿐만 아니라 맏이나 외동이는 "목표지향적이고, 성취지향적이며, 자기희생적이며, 사람들을 즐겁게 해주는 성향이 있다." 또 이들은 "보수적이며, 법과 질서를 중시하며, 권위를 존중하고 따르는 경향이 있으며, 의식을 중시한다". 그리고 이들은 "법에 의존하는 경향이 있으며, 충성스럽고, 자기 독립적이다"(Leman, 1985: 61).

특히 맏이의 경우가 이 같은 성향을 갖게 되는 것은 자라는 동안 자기 밑의 동생들을 돌보는 "아기보기"의 경험을 가지며, 따라서 동생들에 대해서는 "챔피언이며, 부모와 같은 존재"로 생활하기 때문이다 (Leman, 1985: 62). 그리고 보다 더 원천적으로 맏이들의 이러한 성향의 원인은 부모에게 있다. 첫째, 맏이를 기르는 부모들은 모두 첫 경험이라 항상 "조바심 내며", "과잉보호적"이기 때문이다. 결혼한 후, 처음으로 아기를 낳아 처음으로 "양육기술"을 배워 가는 젊은 부모에게 맏이는 기니피그(*guinea pig*)처럼 매우 귀중한 존재이다. 그래서 맏이에게 애지중지 모든 관심을 기울이며, 게다가 시부모나 친정부모가 가까이에서 아기를 돌볼 경우, 맏이에 대한 관심과 애정의 과잉은 의심할 여지가 없다. 그래서 맏이는 대체로 다른 애들보다 말도 빨리 배운다.

둘째, 현실을 깨우치게 하려는 부모가 아이에 대해 어떠한 종류의 더 많고 더 좋은 성취를 강하게 요구하고 고무하며, 엄격한 규율에 의한 교육을 시키기 때문이다. 부모들은 자기들의 첫아이가 생생한 인생살이 속에서 삶을 익혀 가는 동안 성취도가 높은 존재가 되기를 바란다. 그리고 맏이들은 그러한 요구를 하는 어른들을 모델로 삼기에 자라면서 언제나 "앞선 자"이거나 "가족 내에서 모범적 존재"이다. 그래서 맏이는 보통 "작은 어른" 취급을 받으며 자라는 것이다(Leman, 1985: 62~64). 맏이는 일찍부터 지배적 위치를 누리며 다른 사람들의 일에 효과적으로 간섭하고 개입하면서 성장한다.

그런가 하면, 맏이도 "착한 살림꾼형"이 있고 이와 대조적인 "자기주장이 센 고집쟁이형"도 있다. 그리고 대체로 맏이들의 공통된 특징은 "주변 사람들에 의해 중요한 존재로 인정받을 것을 자신하고 있다"(Leman, 1985: 69)는 점이다. 이것은 물론 어려서부터 큰 관심과 기대의 대상으로 자라는 동안 형성된 성격으로 그래서 누구보다도 맏이 중에 사회·정치적으로 지도적 위치에 오르거나 각 방면에서 두각을 나타내는 인물이 많은 것은 놀라운 일이 아니다. 미국의 대통령들 중에 52%가 장남이었고 그 중 막내둥이는 4%에 불과했다. 그리고 《미국 인명록》(*Who's Who in America*) 과 《미국 남녀학자 인명록》(*American Men and Women of Science*), 그리고 《로드 학자 및 대학교수 인명록》(*Rhodes Scholars and University Professors*)에 등재된 사람들 중에 장남이 가장 많다. 1)

그리고 외동이의 경우, 대체로 맏이의 성격과 비슷하지만, 부모의 관심과 사랑을 독점하며 자랐기 때문에 맏이의 여러 특징들이 "슈퍼"한 상태에 있다고 보면 된다. 그래서 외동이들에게서 "황태자"가 되려는 성향은 더 강하게 나타나며, 또래끼리의 인간관계가 원만하지 못한 대신 자기와 나이 차이가 많은 어른들이나 어린이들과 좋은 관계를 유지하는 경향이 있다. 외동이는 항상 부모라는 "최고권위"와 배타적 관계 속에서 자라고, 언제나 중심인물이 되어야 마음이 편하며 동료들과의 경쟁에서 지는 경우가 드물다.

다음으로 버금이는 앞에서 설명한 맏이나 외동이와는 반대되는 가족 내 사회화 과정을 거친다(Leman, 1985: 117). 그래서 버금이는 자라는 동안 심리적으로 "서로 상반되는 모순"을 많이 경험한다. 맏이가 괜찮다면 '내리 닮기 효과'에 의해 맏이를 모델로 삼기도 하지만, 어떤 경우에는 특히 맏이가 강하고 훌륭한 사람인 경우 버금이는 정반대의 방향에서 돌파구를 찾는 경향이 있다.

그러나 버금이는 위의 맏이뿐 아니라 아래로 동생들과의 관계 속에서 성장하기 때문에 필연적으로 "협상하고 타협하는 법을 배우게 된다"(Leman, 1985: 122). 그래서 버금이들은 비교적 사교적이며, 분쟁을 조정하는 능력이 발달했으며, 어떤 경우는 그런 이유 때문에 우유부단할 수도 있으며, 비교적 가족 내에서 존경과 관심을 덜 받기 때문

---

1) "What Scholars, Strippers, and Congressmen Share," study by Richard Zweigenhaft, reported by Jack Horn, *Psychology Today*, May (1976), p. 34.

에 성격상 "신비스러운" 존재이며, 여러 종류의 압력을 받으며 자라기 때문에 성격상 "모호한 존재"인 경우가 많다(Leman, 1985: 118). 버금이들은 다른 사람을 배려한다는 어떤 상황적 이유 때문에 중재하고 타협을 유도하기보다 자라는 동안에 그렇게 하여 평화를 유지하는 것이 자기 마음에 더 좋다는 동기 때문에 타협이나 협상을 더 선호한다(Leman, 1985: 123). 또한 버금이는 종속적 위치에서 상대적으로 약자로서의 경험을 많이 하다가 동생들이 태어나면서부터는 상호 중재 역할을 많이 하고 후에 가서 지배적 경험을 하게 된다.

마지막으로 막내들은 어떠한가? 막내들은 맏이와 같이 부모나 가족들에 의해 관심과 사랑을 받고 자라지만, 맏이가 황태자라면 막내는 "마스코트"나 "만인의 어린 아기", 또는 "광대"로서 관심의 대상이 된다. 그래서 막내는 대체로 많은 사람들에게 인기 있는 사람이 되거나, 부모나 여러 형제자매들 틈 속에서 자기 몫을 챙겨야 하는 경험을 하는 동안 "사람들을 배후에서 조정하는 존재"로 자라기 쉽다. 그러나 가족 내에서 언제나 마지막 순서에 해당되는 것에 대한 불만이 많기 때문에 "관심"의 대상이 되고자 하는 욕망이 비교적 큰 편이다. 요컨대, 막내들은 "인기 있고, 외향적이며, 사랑스럽고, 담백한" 성향의 사람이지만, 동시에 "반항적이고, 비판적이며, 신경질적이고, 예의 없게 행동한다." 또 막내들은 "참을성이 약하고, 충동적인 경우"가 많다(Leman, 1985: 134). 그래서 막내들이 참을성이 많고 과묵한 것처럼 보이지만 마음속으로는 "두고 보자 언젠가는 보여주겠다"는 태도가 강하다. 막내는 처음부터 끝까지 종속적이며 약자의 위치를 벗어나지 못하며 따라서 모든 형태의 권위에 대해서 많은 불만과 분노의 감정을 갖는다. 버금이와 막내는 다 같이 "보다 높은 권위"에 호소할 필요성뿐 아니라 분파적이고 은밀한 술수를 개발할 필요성을 맏이보다 더 많이 느끼고 있다(Leman, 1985: 135ff).

3. 루이스 스튜어트의 가설

미국의 심리학자 루이스 스튜어트(Louis H. Stewart)는 무엇보다도 "특정 정치지도자들의 등장에서 상황과 개인적 특성들 사이의 상호작용"에 관심을 갖고, 이것을 설명하기 위해 특정 정치지도자의 등장에서 그의 리더십 스타일은 가족 내에서의 출생순서 및 그 상황적 특징과 관련이 있다고 보고 "어느 개인의 특징이 시대의 정치적 요구와 일치할 때 그는 정치지도자로 선택된다"(Herman, 1977: 205)라는 전제하에 그 개인적 특징들은 집안에서의 출생순서와 상당한 관련이 있다고 주장했다. 또 그는 "성공적 리더십은 지도자의 심리적 요구와 추종자들의 심리적 욕구 사이의 잠재적 일치에 달려 있다"(Rustow, 1970: 23)고 믿었다. 즉, 그는 각 개인들이 가족 내 출생순서2)에 따라 경험과 사회화 과정을 달리 경험하여 리더십 행동패턴도 다르게 형성된다고 보았다. 그가 출생순서에 따라 가족 내 사회화 과정과 관련하여 설정한 네 가지 리더십 스타일은 다음과 같다.

첫째, 어린이의 입장에서 볼 때, 부모는 지난 과거사회를 대표하고 어린이는 현재사회를 대표한다는 사실을 가정한다면, 외동이는 과거사회의 외로운 후계자임과 동시에 현재사회의 유일한 구성원으로서, 그 누구보다도 사회 전체와 가장 잘 일체화할 수 있는 존재라고 말할 수 있다. 그래서 어느 특정 상황에서, 지도자의 가장 중요한 임무가 모든 부류의 사람들을 서로 협력하게 하고 통합시키는 것일 경우에는 아마도 외동이가 성공할 가능성이 가장 많을 것이다.

둘째, 맏이는 과거사회의 첫 번째 후계자임과 동시에 팽창하는 현

---

2) 출생순서에는 임신순서(*pregnancy*), 실제로 태어난 순서(*actual birth order*), 가족생활을 통해 실제로 경험했던 순서(*family constellation*) 등 세 가지가 있다. 스튜어트는 이 연구를 위해 세 번째를 택해 사용했다.

재사회의 첫 번째 시민으로서 현재의 사회구성원은 모두 자기보다는 서열상 후순위에 있다. 그래서 맏이는 부모로부터 자기보다 나약한 사회구성원들에 대한 책임을 전수받음과 동시에 팽창하는 사회의 여러 요구들에 부딪치고 대응해야 한다. 이러한 경험들은 자연스럽게 맏이로 하여금 한 국가가 영토적 확장단계에 있거나 외국과 첨예한 대립관계에 있을 때 효과적 리더십을 발휘할 수 있게 한다.

셋째, 버금이는 맏이와 함께 팽창하는 사회를 경험하지만 그 상황이 맏이와 동일하지 않다. 예컨대, 버금이는 사회적으로 높은 위치의 사람들과 낮은 위치의 사람들 사이에서 살아간다. 그래서 다양한 사람들과 다양한 관계를 유지하거나 중재와 조정을 경험할 수 있는 기회를 가장 많이 가진다. 그래서 버금이들의 이러한 경험들은 그들로 하여금 화해와 권력의 포기 및 획득 사이를 오가는 상호조정이 필요한 상황에서 유능한 리더십을 발휘하게 한다.

넷째, 막내에게 사회는 이미 성장과 발전을 마무리한 상태이고, 모든 사회구성원들은 자기 자신을 기준으로 볼 때 "보다 높은" 위치에 가 있다. 따라서 막내는 자연스럽게 억압받는 민중들의 영웅이 되거나 혁명과 저항의 시대에 지도자로서 선택된다(Herman, 1977: 211~212).

요컨대, 스튜어트는 네 가지의 리더십 스타일, 즉 외동이형, 맏이형, 버금형, 그리고 막내형이 각각 사회적 갈등이나 내분상황, 국제분쟁이나 전쟁상황, 평화시, 그리고 혁명상황에서 지도자로 성공하는 경향이 있다는 가설을 제시했다. 이는 물론 각자가 가족 내에서 성장하는 동안 서로 다른 사회화 과정과 경험들을 통해 각기 다른 리더십 기술을 체득한다는 전제에서 비롯된다. 루이스 스튜어트는 이 가설에 따라 미국의 역대 대통령들과 낙선자 및 대통령후보 경선자들, 그리고 영국의 역대 수상들의 경우를 조사했다. 엄격하게 말해서, 스튜어트는 그의 가설을 검증하기보다 아직도 계속되는 논쟁 중

하나인 "위인"과 시대정신 사이의 관계를 해명하는 맥락에서 지도자의 출생순서와 시대정신이 어느 정도로 일치하는지를 알고자 하였는데, 이러한 경험적 자료조사를 통해 그는 상당히 긍정적 사실들을 발견했다.[3]

미국의 경우, 독립선언 이후에 식민종주국들과 전쟁하고 영토확장을 지속하던 1788년과 1824년 사이에 집권했던 6명의 대통령 중 5명이 모두 장남이었다. 그러나 일단 영토가 확정된 이후, 대외적으로 큰 전쟁 없이 안정되었던 1828년과 1858년 사이에 재임했던 5명의 대통령 중 한 명만 장남이었고 나머지 4명 모두 차남이나 막내들이었다. 그리고 남북전쟁 기간 중 남부지역의 대통령이었던 데이비스 (Jefferson Davis)는 열 자녀 중의 막내(MMMFMFFFFM10)였다.[4]

영국 수상의 경우도 마찬가지다. 영국의 국가적 상황이 위기로 여겨졌던 시기에 재임했던 수상 6명 중 5명이 장남이었다. 리버풀 (M1M), 로이드 조지(FM2M), 처칠(M1M), 파머스턴(M1FMF), 디즈레일리(FM2MM), 솔즈베리(MFFM4M). 그리고 비위기시에는 수상 15명 중 11명은 장남이 아니었다. 피트(FMFM4M), 웰링턴 (MMFM4MM), 멜버른(MM2MMF), 러셀(MMM3), 그레이(5남 1녀 중 장남), 필(FFM3MMFFMMMF), 살리스베리(MFFM4M), 글래드

---

3) Louis H. Stewart, "Birth Order and Political Leadership," in Margaret G. Herman(ed.), *A Psychological Examination of Political Leaders*(New York: Free Press, 1977), pp. 206~236.

4) 미국역사상 혁명적 기간은 남북전쟁 시기밖에 없었다. 그래서 스튜어트는 미국 외의 국가의 예를 들어 막내와 혁명기간 사이의 관계를 검토하였다. 월남의 호지명(FMM3), 중국의 쑨원(MMM3), 인도의 간디(MF MM4), 그리고 볼리바르(FFMM4)를 예로 들었다. 레닌(FMM3FFM)이나 카스트로 (FMM3MF), 그리고 가리발디(MM2MMF)는 둘째나 셋째였다(Herman, 1977: 226).

스턴(MMMFM5F), 로즈버리(FFM3M), 애스퀴스(MM2FF), 캠벨배너먼(FMFM4), 애틀리(MMFFFMM7M), 처칠(M1M), 이든(FMMM4M), 그리고 맥밀런(MMM3). 한편, 사회적으로 갈등이 심했고 경제적 공황으로 어려웠던 시기에 재임했던 수상인 볼드윈(M1)과 맥도널드(M1) 모두 외아들이었다(Herman, 1977: 232).

4. 프랭크 설로웨이의 방대한 연구

미국 하버드대학의 심리학자 프랭크 설로웨이(Frank Sulloway)는 근대역사상 등장했던 50만 명 이상의 인물들에 대한 방대한 전기적 자료를 컴퓨터로 처리하며 조사함으로써 맏이들과 버금/막내들의 성격에 대한 이론을 제시했다.5) 원래 설로웨이 박사는 "왜 어떤 사람은 기존의 사고방식을 거부하거나 혁명적 변화를 일으키는 데 재능이 있는가?"라는 질문에 대한 설명을 구하고자 했다. 이에 대한 설명으로 우리는 종교적 요인, 연령적 요인, 오이디푸스 콤플렉스와 같은 심리적 요인, 부와 사회신분적 요인 등을 들 수 있지만, 설로웨이는 무엇보다도 그러한 혁명적 변화를 일으키는 원인은 가족 내에서의 출생순서 및 그에 따라 다른 사회화 과정에서 형성되는 성격과 밀접한 관련이 있음에 유의했다(Sulloway, 1996: pp. xi~xiii). 그에 의하면, "가족은 그 자식들에게 목욕탕과 같은 하나의 환경과 단일한 경험만을 제공하지 않으며, 또한 가족구성원들은 같은 일이라도 서로 다르게

---

5) Frank Sulloway, *Born to Rebel: Birth Oder, Family Dynamics, and Creative Lives*(New York: Little Brown, 1996); Matt Ridley, "The Sibling Theory of Civilisation," *PROSPECT*, November 1996, pp. 30~33; *The Sunday Telegraph Review*(November 3, 1996), pp. 1~2.

해석한다." 그리고 자식이 집안에서 자라는 동안 부모의 사랑과 관심을 얻기 위해 서로 각기 다른 전략들을 사용하며, 결과적으로 출생순서에 따라 다른 성격을 형성한다(Sulloway, 1996: 352~353).

이러한 문제의식에 따라 설로웨이는 지난 5백 년 동안의 학문적 발전과정과 일반 역사영역을 경험적으로 관찰하였고, 그 결과 설로웨이는 "지난 5백 년 동안 발생했던 혁명들과 관련하여 가장 일관된 상관관계를 보였던 것은 출생순서였다"고 밝혔다. 그리고 버금/막내들은 맏이에 비해 자신을 "싸움에 진 개"로 여기고, 기존의 질서에 도전하는 경향이 더 많으며, 맏이들은 부모와 권위를 자신과 일체화함으로써 버금/막내들보다 현상유지를 더 원하는 경향이 있다고 주장했다. 또한 적어도 지난 5백 년 동안 출생순서의 영향력은 성, 사회계급, 인종, 국적, 그리고 시간을 초월한다고 주장했다(Sulloway, 1996: 356).

덧붙여서, 맏이들은 "반동적이고, 정통적이며, 다른 사람과 의견에 대해 참을성이 없고, 모험을 싫어하는" 성격이 많다. 반면, 버금/막내들은 "과격하지만, 새로운 의견에 개방적이며, 남에게 잘 속기는 하지만, 모험을 즐기는" 성격을 지닌 "타고난 반항자들"이다. 더욱이, 사람들은 각자의 출생순서에 따른 성격과 일치하는 유전인자들을 가진다. 즉, "맏이의 경우에는 순응형으로, 막내의 경우에는 반항형으로" 각각 유전인자가 배열된다고 주장했다. 그리고 맏이들은 처음부터 부모로부터 일정한 영역과 재산을 보장받으며 성장하기 때문에 보수적이지만, 그렇지 못한 버금/막내들은 맏이들과의 갈등을 피하거나 도전해서 싸우고 이겨서 자신의 위치를 확보해야 하기에 자연히 모험을 즐기고 혁명적 변화를 추구하게 된다는 것이다. 그는 출생순서와 관련한 그의 성격이론은 여자의 경우에도 마찬가지라고 주장했다(Ridley, 1996: 30).

예컨대, 과학분야에서의 혁명적 변화가 많았던 근대 초기에 새로운 혁명적 이론을 인정하고 받아들였던 버금/막내 과학자들은 맏이 과학자들보다 17배나 더 많았다. 맏이 과학자들은 새로운 이론을 수용하는 데 시간이 훨씬 더 많이 걸리며, 일단 새로운 이론을 받아들인 이후에도 과거의 이론에 대한 집착을 쉽사리 버리지 못하는 경향이 있다. 그러나 버금/막내 과학자들은 새로운 이단적 이론들을 지지하는 데에 맏이 과학자들보다 반세기는 앞서 갔다. 또 맏이 과학자들은 도량이 크지 못해 우선권을 놓치지 않기 위해 애쓰며, 학문적 필요로 인해 서로 연합하고 협력하는 경향이 버금/막내 과학자들 보다 약하다(Ridley, 1996: 356~360).

한편, 정치와 종교분야에서도 유사한 발견이 있었다. 맏이들은 근대민주주의가 확립되기 전 시기에 장자상속제도에 의해 정치권력을 장악하고 있었기 때문에 현상유지를 특히 선호했다. 그러나 버금/막내들은 반체제운동에 가담하여 죽음을 무릅쓰고 맏이들의 전횡과 독재에 저항했으며, 이들에게 사형선고를 내린 사람들은 대부분 정치권력을 잡고 있던 맏이들이었다. 서구정치사에서 버금/막내들은 일관되게 자유주의적 개혁을 지지했으며, 급격한 정치혁명운동에서 버금/막내들은 맏이들보다 18배나 더 주도적 역할을 했으며, 프로테스탄트 종교개혁운동에서는 맏이들보다 48배나 더 많은 버금/막내들이 순교당했다. 또 버금/막내들은 평등주의적 사회개혁을 위해 언론, 신앙의 자유, 노예제도 폐지, 그리고 인종 및 여성차별 제거 등을 위해 투쟁했다. 그런가 하면, 여러 형제자매들 중 맏이 정치지도자들이 "가장 훈계조이고 완고하며", 무솔리니, 스탈린, 체 게바라, 그리고 카를로스 자칼(Carlos the Jackal)의 경우에서 보듯, 공격적이고 폭력적인 수단을 즐겨 사용한다. 반면, 버금이 정치지도자들은 가족 내에서의 경험이 있어서인지 합작, 의회정치 과정, 합의에 의한 행정 등에 더 익숙하다.

버금/막내로서 타고난 반항자의 성격을 보이는 인물들은 빌 게이츠, 찰스 다윈, 피델 카스트로, 마틴 루터 킹, 배우 마돈나, 가수 글로리아 스타이넘, 모나코의 스테파니 공주 등이며, 맏이로서 특징적 성격을 보이는 인물은 조셉 스탈린, 존 웨인, 힐러리 클린턴, 영국의 찰스 왕세자 등이다. 또 설로웨이에 의하면, 프랑스대혁명 당시 지롱드파와 산악당파 사이의 유혈대립은 "계급갈등"이라기보다 "막내들과 장남들의 싸움"이었다. 왜냐하면, 온건 지롱드당(The Gironde)에 속했던 대부분의 인물들은 과격한 막내들이었고, 강경 산악당(The Mountain)은 로베스피에르 등과 같은 왕정을 지지하는 반동적 장남들이 주류였기 때문이다. 그래서 프랑스혁명은 초기에 버금/막내들로 구성된 혁명파들이 장남들로 구성된 왕정지지파들을 내쫓는 데 성공했으나 그후 1793년에 반동적이고 보수적인 장남들이 유혈쿠데타 및 공포의 테러로 다시 정권을 잡는 데 성공하는 등 버금/막내들과 장남들 사이의 갈등이 엎치락뒤치락 하는 가운데 진행되었던 것이다. 그리고 종교개혁 당시 가톨릭 국가들에서 프로테스탄트로서 순교했던 사람들의 96%가 버금/막내들이었던 반면, 프로테스탄트 국가들에서 가톨릭교도로서 순교했던 사람들 중 3분의 2는 장남이었다.

이상에서, 설로웨이는 지난 5백 년간의 과학 및 정치, 종교분야에 등장했던 50여만 명의 출생순서를 검토하여 그들의 성격과 사회적 역할의 차이를 구별하는 데 성공하였는데, 가족 내 형제자매 간의 갈등에 대한 설명에서 기존의 프로이트 심리학적 접근보다 진화론적 접근이 인류의 역사·정치·사회현상의 설명에 더 유리할 수 있다는 것을 보여주었다. 그러나 출생순서에 따라 다르게 형성되는 성격상의 특징들이 성장한 이후의 행동양식에 구체적으로 어떻게 반영되고 어떠한 식으로 영향을 미치는지에 대해서는 자세하게 검토하지는 못했다.

5. 한국 정치지도자에의 적용과 평가

이상의 연구결과들을 종합하면, 출생순서가 리더십 스타일에 매우 큰 영향을 미치고 있음을 알 수 있다. 즉, 가정 내 출생순서에 따르면 리더십 유형에는 보수적이고 권위추구적이며 완벽주의적 경향이 강한 맏이형(외동이 포함), 중재와 타협에 능하고 관대한 성향의 버금이형, 인내심이 있으나 저항적이고 배후조작적 성향이 많은 막내형이 있다.

이를 정치, 사회적 상황과 관련시킨다면 다음과 같이 정리할 수 있다. 즉, 맏이형 정치지도자들은 내외의 문제들로 국가가 위기상황에 처해 있을 때 대체로 성공적이고, 평화시 이익의 배분이나 세력간 조정과 협상이 긴요할 때는 버금이형 정치지도자가 적합하며, 정치·경제·사회적 문제들이 오랜 기간 축적되어 대단한 혁명적 변화가 필요한 시기에는 막내형 정치지도자가 유리하다. 물론 이것은 아직 가설적 단계에 있는 명제들이지만, 설로웨이의 방대한 자료검증으로 상당한 설득력을 지니고 있는 것처럼 보인다. 이러한 가설적 명제들을 한국의 현대정치사에 등장했던 주요 인물들에게 적용해보자.

이승만(이하 모든 인물에 대한 직명 및 경칭 생략)은 6대 독자였다. 귀하게 자란 외동이라서 그랬는지 그는 권위와 질서에 대한 태도가 적극적이었으며, 정치적으로 공격적이고 강경한 이미지를 유지했다. 이러한 이승만은 외동이의 전형으로 국내외적으로 격변기였던 해방정국에서 정치권력을 획득하는 데 성공했고, 6·25전쟁도 무사히 치러냈다. 그는 자신의 주변에 언제나 고분고분한 막료들만 두었고, 자신의 권위를 당연시하는 습관을 버리지 못하였다. 그리고 일상업무에서는 자기중심적 성향이 강했다. 그리고 자신의 체면과 권위가 손상되지 않는 범위 내에서 제도적 규범을 지켰고, 4·19로 자신의 권위가 전락했을 때는 이를 참지 못하고 외국으로 가버렸다.

윤보선은 9남매 중 장남이었다. 그는 집안에서 존경받는 어른이었고 일찍이 영국에 유학했던 손색없는 양반 출신의 엘리트였다. 그 때문인지 그는 자신의 우월성에 대한 자부심이 강했고, 언제나 타인들이 자신의 능력을 인정해서 써 주고 추대하기를 기다리며 정치적 경륜을 쌓았을 뿐, 대중중심의 현대정치와 권력투쟁에 적극적으로 대응하는 의지와 리더십 능력은 결여되었다. 그는 맏이의 두 유형, 즉 "착한 살림꾼형"과 "자기주장이 센 고집쟁이형" 중에 전자에 해당한다.

같은 민주당의 신파 리더였던 장면도 7남매 중 장남이었는데 윤보선과 같은 "착한 살림꾼형" 맏이였다. 당시 민주당 내 신·구파의 갈등이 해소되지 못했던 것은 양 파벌의 리더였던 두 사람이 모두 같은 유형의 장남이었기 때문일 것이다. 윤보선과 장면은 각각 권력 없는 대통령과 실권 있는 국무총리로서 상대방이 먼저 자기를 인정해주기를 기다리는 자존심만 공유했기 때문에 서로 상대방이 먼저 화해의 제스처를 취해주기를 기대했을 뿐 어느 누구도 먼저 다가가지 않았던 것이다. 만약 대통령과 총리 중 어느 한 자리만이라도 5남매 중 막내였던 신익희가 차지했더라면 민주당 정부의 팀워크 있는 운영이 가능했을 것이고, 5·16도 없었을지 모른다.

한편, 집안에서나 사회에서나 언제나 "주변인"이었던 막내 박정희는 불만과 불안의 돌파구로 4·19혁명 이후의 민주당정부시대를 혼란과 위기의 시기로 파악하고, 이를 타개하기 위한 목적에서 5·16 '군사정변'을 시도했고, 정권을 획득하는 데 성공했다. 이후 버금이 김종필의 조정역할에 힘입어 안정된 권력그룹을 형성할 수 있었다. 그는 정권을 잡은 이후 배후조작과 현상타파의 기술을 효율적으로 동원하면서 근대화를 기획하고 추진해나갔으며, 막내적 불안심리의 극복을 위해 개인적으로나 정책적으로나 '완벽성'을 추구했으나, 그 완

벽성은 작위적이었거나 부분적이었다. 6)

전두환은 7남매 중 다섯째였다. 그래서 그는 동료와 후배들에게 여전히 형과 같은 모습을 계속 보이고 있었지만, 그의 바탕인격에는 버금이/막내적 성향이 남아 있었다. 그는 육사에 들어간 이후의 사회화 과정에서 동년배들보다 두세 살이 더 많은 관계로 자연히 맏형 역할을 하며 성장했다. 그래서 그는 자신과 동료후배들의 이익과 관련하여 위기라고 판단했을 때, 그들을 챙기는 역할에 냉정하고 잔혹할 정도로 적극적이면서도(12·12 및 5·17), 인간적 따뜻함이나 타인을 배려하는 일에 낯설지 않았다. 그는 재임중 "자기주장이 센 고집쟁이형"의 모습을 자주 보였으면서도 주변에 대해 관대할 것은 관대하게 처리하는 버금/막내적 모습을 함께 보였다. 그가 은퇴 후에도 자신의 추종자들을 거느리고 다니고 잠재적 지지자들을 유지하는 것은 이러한 장남적 특성과 차남적 특성이 묘한 접합을 이루고 있는 데 기인한다.

장남이었던 최규하는 앞에서 살펴본 윤보선과 장면과 같은 타입이었다. 그래서 그는 위계질서와 권위에 순응하면서 자신의 이익을 챙기는 현상유지적 스타일의 인물이고, 자신의 권위가 손상되는 것을 피하기 위해 적법절차를 지키면서 끝까지 자신의 진심을 토로하지 않았으며, 이러한 행태는 변함없이 계속될 것이고 사후에라도 자신의 권위와 체면을 손상시킬 만한 기록은 아무것도 남기지 않을 가능성이 있다. 노태우는 2남 중 차남이었지만 실제로 형보다 더 많은 부모의 관심과 사랑을 받고 자랐기 때문에 외적으로 부드러우면서도 자의식이 강한 인물형이었다. 그래서 필요에 따라 변화하는 상황에 순응하며 자신의 입지를 확보했지만, 상황의 요구에 적응하는 여우형의 리더십 행동을 자주 보여 개인 차원의 '의리관계' 유지에는 약한 편이었다.

---

6) 이것은 그가 바버의 리더십 유형 중 "적극-부정형"에 해당되는 지도자였던 것과 상통하는 것이다(정윤재, 1995).

1남 5녀 중 장남인 김영삼은 이승만과 함께 대표적 맏이형 (외동이형 포함) 이다. 그래서 그는 자기중심적이고 또래나 동급연배의 사람들보다는 연장자나 아래 연배의 사람들과 좋은 관계를 유지하는 경향이 있다. 또한 과거의 박정희에 대한 반독재 투쟁이나 최근 김대중에 대한 '반독재 투쟁'에서 보듯, 그는 자신의 견해와 다른 사람들에 대해 참지 못하고 대립하거나 한바탕 '투쟁'하는 성격이어서 "돈키호테형"으로 불리기도 한다. 그러나 유사시 현상파괴력이 강한 것은 외동이나 맏이형의 특징이며, 그가 '군사정부시대'의 맥을 끊으며 대통령이 된 것도 이 같은 맏이형의 돌파력과 강한 의지로 일관했던 민자당내에서의 '험난한 투쟁'을 통해서였다. 이승만과 같이 그도 대체로 자신의 권위와 체면이 유지되는 경우라면 화해나 협조가 가능하지만, 그렇지 못할 경우엔 '적대적' 관계이니 냉담한 관계가 불가피하다.

　이에 반해 차남인 김대중은 박정희 시대에 반독재의 선봉에 섰던 야당지도자였지만, 어느 누구와도 언제라도 화해할 수 있는 여지를 남기고 있는 화해형 지도자로 정치노선이 다른 자민련과의 연합과 북한 김정일과의 6·15 정상회담이 그 단적인 예이다. 김대중과 김종필이 대화가 잘되는 것은 어쩌면 둘 다 차남형의 인물이기 때문일 것이지만, 양자의 관계는 정치적 비전이나 대의명분상의 갈등이 있을 때 언제라도 갈라질 수 있는, 혹은 언제나 협상의 여지가 있는 그런 성질의 것이다. 김대중은 나름대로의 훈련과 연구를 통해 원칙과 대의를 세우고 지키는 일에 일정한 성공을 이루었다고 할 수 있다. 그럼에도 불구하고 그가 대통령이 된 이후 그가 개혁을 추진하는 과정에서 우유부단하다는 "햄릿형"이라는 평가를 받은 것은 그가 여기저기 살피고 이모저모 고려하는 차남적 성향을 완전히 벗어나지 않았기 때문일 것이다.

　한국 현대정치사에서 등장한 모든 인물들의 경우에 대해 일일이 검증한 것은 아니지만, 이상의 경우에 한정지어 살펴볼 때, 출생순서와 리더십 스타일, 그리고 정치·사회적 상황에 대한 심리학자들의 가설은 타당한 것으로 미루어 짐작할 수 있다. 그렇다면 앞으로 한국의 정치발전을 위해서는 어떠한 형의 인물이 바람직한가? 이에 대한 논의는 앞으로 전개될 한국의 정치·경제적 상황에 대한 인식과 전망에 따라 다를 수 있다. 효율적 리더십은 "개인과 환경 간의 일치"가 있을 때 기대할 수 있기 때문이다(James, 1917). 먼저 앞으로 한국의 제반 여건, 즉 경제상황, 남북관계, 정치사회적 분위기 등이 위기로 치닫지 않고 정상적 상태로 전개되고 안정된다고 하면, 우리에게 바람직한 인물은 아무래도 대화와 타협 및 법과 관행에 따른 거래에 익숙한 버금이형일 것이다. 그렇지 않고 경제불황이 계속되고 남북관계가 제도화되지 못하여, 이념대립 등으로 예측가능한 상황으로 진전되지 못한다면 위기관리와 상황타개에 익숙한 맏이형이 바람직하다고 하겠다. 그러나 정치적 부정부패와 지역패권주의 등 한국민주주의의 고질적 문제들에 대한 집요한 문제의식을 전제로 대대적 개혁을 주창하며 나서는 막내형의 혁명적 리더십이 요구되는 상황이 올 수도 있을 것이다. 그러나 그 어떤 경우라도 우리가 명심해야 하는 것은 민주주의의 제도화에 필수적으로 요구되는 정치지도자의 자질은 가정 외적 차원에서도 얼마든지 후천적으로 습득되고 훈련된다는 것이다. 따라서 상황전개에 따라 출생순서상 바람직한 유형의 인물이 국가지도자로 세워진다 해도, 우리에게는 준법과 정직함, 관대함과 원칙 지키기 등과 같은 "행동양식가치"7)를 솔선해서 실천하는 도덕적 인물이

---

7) 정치지도자가 갖추어야 할 가치는 크게 두 가지가 있다. 즉, 자유, 평등, 민주주의 등과 같은 "목적가치"(end-values)와 정직함, 관대함, 약속 지킴, 공정함, 준법, 불편부당 등과 같은 "행동양식가치"(modal values)가 있다. 제임스 M. 번즈, 《리더십 강의》(생각의 나무, 2000), 한국리더십연구회

필요하다. 동시에 그는 상대방을 논리와 대화로 설득시킬 수 있는 커뮤니케이션 능력을 구비하고, 어떠한 경우에서라도 폭력(언어폭력 포함)을 피하고 대화와 협상으로 문제를 해결하고자 하는 강력한 의지와 능력을 지닌 인물이어야 할 것이다.

<hr />

역, pp. 93~97을 참조. 한국의 경우 정치인들은 목적가치에 따른 자기 합리화에 지나치게 경도되었던 관계로 "행동양식가치"의 실천을 통한 정치적 도덕성을 제고하는 데 크게 미진했다.

제17장

새로운 의회정치 지도자상과 의회제도

1. 머리말: 뒤떨어진 의회정치문화

정치제도로 보아 의회는 현대민주주의의 핵심이다. 민주주의가 "국민의, 국민에 의한, 국민을 위한 정치"를 지향한다면, 의회는 이러한 민주주의가 대중사회적 특징을 지닌 현대적 상황에서 정상적으로 작동하는 데 필요하고 적절한 제도적 장치임에 틀림없다. 즉, 국민투표에 의해 선출된 의원들이 많은 수의 국민의 권익을 위하고 대표하여 국정에 참여함으로써 주요 정책들을 결정하며 채택된 정책들의 집행과정을 지속적으로 모니터링하면서 국리민복을 챙기는 기관이 의회인 것이다. 정치의 개념을 그것에 해당하는 순우리말인 "다사리"로 풀어보면, "정치란 모든 사람을 다 말하게 하여(다 사리어, 盡白) 모든 사람을 다 살리는 것(다 살린다, 盡生)"[1]인데, 오늘날 정치의 이

---

1) 이러한 풀이는 민세 안재홍(民世 安在鴻, 1891~1965)이 시도한 것으로 조지훈도 이 사실을 확인하였다. 이에 대해서는 다음을 참조하라. 조지훈, 《조지훈전집 7》(나남, 1996); 천관우, "민세 안재홍 연보,"〈창작과 비평〉1978, 겨울호; 졸저, 《다사리국가론: 민세 안재홍의 사상과 행동》(백

러한 본래적 사명을 핵심적으로 담당하는 기관이 곧 의회, 우리의 국회이다.

그러나 현대 한국정치사에서 의회가 그러한 진백(盡白)과 진생(盡生)의 "다사리" 이념을 온전히 살리는 방향으로 국정을 제대로 담당했는지에 대해서는 의문의 여지가 많다. 의회가 민주정치의 핵심에 해당되는 제도인 만큼 그에 상응하는 주체적 노력을 얼마나 경주했는지 그리고 그 성과는 어떠했는지가 당연한 관심사일 수밖에 없다. 상하이 임시정부가 의정원(議政院)을 두어 운영하면서부터, 그리고 이승만 박사가 주도하던 제헌국회가 소집되고 제1공화국이 출범하면서부터, 민주주의를 지향하는 한국정치는 주요 격변기의 풍랑을 국회와 함께 겪었다. 그렇지만 아직까지 그 위상과 역할이 적극적으로 평가되지 못했다. 도리어 국회가 민주주의의 '방해물'로 간주된 적도 있다. 이른바 '민주화 세력들'이 집권한 후인 지금의 정치상황에서도 국회는 '경멸의 대상'이다.

왜 그렇게 된 것일까? 아마도 그동안 국가경영의 일차적 책임을 맡았던 권위주의적 정치지도자들의 의회발전을 위한 자기 변혁적 이니셔티브가 약했고 또 그들이 지배했던 권력구조도 지속적으로 불안정했기 때문일 것이다. 민주주의의 핵심인 의회정치가 발전하려면, 그러한 제도를 도입하는 것만으로는 부족하고 일단 도입된 제도들이 그것에 합당한 기능들을 수행할 수 있도록 적어도 그 초기단계에서는 "새로운 정치질서의 창출자"로서의 정치지도자들이 의지를 가지고 육성해주고 배려해야 한다(Tsurutani, 1973: 173~175). 그러나 우리의 경우 그렇지 못했기 때문에 우리의 국회는 여전히 실망스러운 상태로 남아 있다. 다음으로 의회의 기능과 역할이 제대로 발휘되지 못했던

산서당, 1999), pp. 21~29.

이유는 국회를 구성했던 의원들의 자질이 대체로 부족했기 때문이다. 이때의 자질이란 의원들의 교육수준이나 개인적 인성이나 인격을 말하는 것이 아니라, 국회의원이라고 하는 공적 헌법기관의 담당자로서 도덕적 자기 조절능력과 입법기능 수행자로서의 전문적 식견을 제대로 구비했느냐, 그리고 그러한 조건들을 구비한 의원들이 민주주의 제도화에의 의지를 가지고 적극적으로 행동했느냐 하는 차원에서 말하는 것이다. 의원들도 정치발전 과정에서 일정한 리더십 역할을 발휘해야 한다는 면에서 볼 때, 지금 논의의 초점이 되는 '의회저발전' 책임의 일단이 분명히 그들에게도 있다. 그러나 국회의원들의 수준이 낮았다는 사실은 우리 사회의 전반적인 시민문화적 수준이 낮은 상태에 있었고 문제의식을 지닌 국민들의 적극적 참여가 빈곤했다는 사실과도 결코 무관할 수 없는 문제이다.

한편, 그동안 우리의 한국정치 연구는 대부분 "자아준거적"(문승익, 1999: 71~100) 비판과 성찰이 부족한 가운데, 구미중심적 이론 소개와 검증 혹은 그러한 이론적 전제에 입각한 '과학적 관찰'에 치우쳐, 한국의 상황과 요구에 주체적으로 대응하는 실천지향적, 문제해결적 노력이 결여되었다. 대부분의 학자들은 항상 구미의 이론과 사례들을 준거로 들면서, 한국에 관한 "초사실적 일반화"(안청시, 1987: 481), 혹은 서구에서 개발된 방법에 맞추어 한국의 정치현상에 접근하는 "생활세계의 식민지화 현상"(김홍우, 2000: 713~715)을 거듭했고, 그 결과 한국의 현실을 개탄만 하거나 '현실은 이론과 다르다'는 변명으로 일관하기 일쑤였다. 이러한 정치적 환경과 학문적 경향 속에서 안정된 시민문화와 건강한 정치문화가 형성되기를 기대할 수 없었고, 건전한 시민양성을 위한 교육과 연구도 기대하기 어려웠다. 그러한 노력들과 이니셔티브들은 한결같이 '권위주의 정치의 상징들'로 여겨지기 일쑤였다.[2] 그 결과, 실망스러운 국회의원들의 출현과 개점휴업과 다름없는 파행적 국회운영이 다반사였고, 이른바 '민주화세력'이 집권한 이후의 의회정치도 그러한 과거의 예에서 벗어나지 못한 상태에 있다.

이렇게 볼 때, 현재 우리가 목격하는 낮은 수준의 의회정치문화는 결코 국회만의 문제가 아니라, 우리의 현대정치사 전반의 문제 및 정치문화와 연관된 것이며, 또 그것을 바라보는 시각과도 관련이 있다. 그래서 필자는 한국 현대정치사에 대한 전반적 평가와 함께 새로운 정치문화의 형성과 의회정치의 제도화가 성취되기 위해서는 무엇보다도 국회의원 자신들의 자기 혁신적 노력이 요구된다고 보고 그들에게 기대되는 리더십 역할과 자질을 중점적으로 논의할 것이다.[3]

2. 한국정치의 발전방향: 생존의 정치에서 삶의 정치로

그렇다면 대한민국이 출범한 이후 이제까지 우리가 경험했던 정치는 어떠한 것이었는가? 그것은 한마디로 "생존의 정치"였다. 해방과 건국, 근대화와 민주화가 주요 시기마다 지배적 "목적가치"로 제시되는

---

2) 이 역시 서구의 정치발전 과정에서 정치교육 혹은 시민교육이 얼마나 중요했는지에 대한 고려를 전혀 하지 않은 채 그러한 과정을 거쳐 현재 자유민주주의가 제도화되어 있는 국가들의 정치행태를 모방하거나 준거로 하여 판단한 결과에서 나오는 큰 오류이다.

3) 그러므로 이 글에서는 국회의장의 제도적 기능과 리더십 역할에 대한 아래의 기존연구들과는 성격을 달리하면서 국회의 제도화와 정치문화의 정착을 위한 국회의원 각자의 리더십 역할에 대한 논의를 전개할 것이다. 신명순, "국회의장의 선출방법과 중립성에 관한 연구," 〈의정연구〉 제6권 1호, 2000. 9, pp. 88~109; 이현우, "국회의장의 리더십: 제11~14대 국회공전과 의장의 역할," 《한국의회정치론》(건국대 출판부, 1999); 서준원, "국회의장의 정치적 역할," 제1, 2, 3공화국을 중심으로, 〈의정연구〉 제3권 4호, 1997.

가운데 '우선 살고 보자' 혹은 '잘 살고 보자' 혹은 '어찌되었든 민주주의를 신봉하는 내가 집권하고 보자'는 식의 생존적 투쟁이 지속되는 과정으로 한국정치 반세기가 흘렀던 것이다. 해방 직후의 분단도 비록 우리 자신에 의해 자초된 것은 아니지만, 소련에 한반도 전체를 내주지 않고 남한지역이라도 구하기 위한 미국의 편의주의적 결정으로 허둥지둥 38선이 선정됨으로써 비롯된 민족의 불행이었다. 이승만 박사의 반공이니셔티브와 함께 남한정부가 세워진 것도 생존의 심리와 전략의 결과였다고 할 수 있다. 6·25로 정치, 경제, 사회, 문화 등 각 분야에서 생존의 심리와 기술들이 더욱 '발전'되었고 확산되었다. 그것의 그림자는 오늘날까지도 짙게 드리워져 있다. 우리 사회는 아직도 '해방정국'이며 '전쟁심리가 그대로 남아 있는 긴장된 '싸움터'다. 박정희 장군에 의해 추진되었던 5·16군사정변과 경제개발계획의 추진 및 유신체제의 구축도 개인적으로나 국가적으로 생존의 심리와 논리가 그대로 정책과 행동에 반영된 것이었다고 보아도 무리는 아닐 것이다.

또한 이후의 정치과정에서 우리가 목격했던 12·12사건과 5·17사태, 그리고 군장성들의 대통령으로의 '진출' 등도 우리의 정치문화가 근시안적 "생존의 정치" 수준 이상으로 전개하지 못하게 하는 요인들이다. 민주화 투쟁으로 정치경력을 쌓았던 김영삼, 김대중 2명의 정치지도자들도 투쟁과 반대에 익숙한 논리와 전략으로 권력을 잡기는 했지만, 온전한 시민문화의 형성과 삶의 질을 높여줄 수 있는 환경조성 면에서 과거의 대통령들과 뚜렷하게 구별되는 형태의 리더십을 충분히 보여주지 못했다. 그들 역시 정치적 생존의 논리와 필요에 집착해 있었기 때문에 차분하고 평정한 마음으로 새로운 정치문화를 조성하는 데 필요한 정책들을 구상하고 실천하기는 어려웠을 것이다. 그러한 가운데 어떻게 의회만 제대로 발전하기를 기대할 수 있겠는가? 의회는 여유 있게 서로 상대방을 치켜세우기도 하고 신랄하게 매도하기도 하면서 시간을 충분히 가지며 "말하기를 즐기는 게임장소"라고 볼 수 있다. 국가 전반에서 각박한 "생존의 정치"가 행해지는데 의회만 유독 여유 있게 삶을 즐기며 살아갈 수는 없는 노릇이다.

게다가 한국정치는, 대통령제도 내각제도 아닌 교묘한 조합형태를 지닌 권력구조의 틀을 벗어나지 못한 상태였기 때문에 그 가운데에 끼여 있는 의회는 일정한 정체성을 확보하면서 그 기능이 정립되어 가는 이른바 제도화 과정을 충실하게 밟아오지 못했다. 그래서 의회의 기능은 그때그때의 최고권력자의 의향과 그에 의해 추진되는 정치적 목표에 따라 굴절되었다. 국회가 민의의 전당이며 국민 대표기관이기 때문에 누릴 수 있는 정당한 특권은 다만 최고권력자의 허락에 의해서만 자신의 목소리를 낼 수 있었을 뿐, 삼권분립의 원칙에 따른 독자적 자기 행보와 기능은 결여되어 있었다. 또한 권력구조가 대통령제라고 하면서도 내각제적 요소가 강하게 가미된 것이어서, 또 내각책임제라 하더라도 대통령의 권한은 그대로 대동소이하게 남아 있는 경우가 대부분이었기에 의회는 의회대로 각종 딜레마와 곡절을 다 겪어야만 했다.

분명 의회는 "말하는 곳"이지만, 우리 의회는 제대로 된 말을 하기보다 권력자의 일방적인 말만 듣는 통법부(通法部)이거나, 자기 스스로 만든 법과 규칙을 지키지 않고 폭력을 쓰고 억지를 부리거나 몸싸움이나 하는 범법부(犯法部)였다. 그리고 한국의 민주주의는 철저하게 "위로부터의 혁명"이거나, 아니면 반대로 민중의 봉기와 투쟁에 의한 "아래로부터의 혁명"을 거치면서 발전되는 것 중 그 어느 쪽도 아닌 어정쩡한 상태에서 전개되었다. 그 속에서 의회는 민의를 반영하는 국가경영과 최고지도자의 뜻을 받드는 국가경영 사이에서 건강한 책임감과 소명의식의 실천장소로 자리매김하는 것은 결코 쉽지 않았다. 의회구성원들의 자기 정립이 부족하고 권력현실주의가 보편화된 상태에서 의회는 겨우 천박한 자유주의에 의거한 이익과 권력의 '정당한' 배분과 거래가 이루어지고 이를 둘러싼 각종 비리가 난무하는 곳이기 십상이었다.

발전도상국가에서 의회는 위로부터의 혁명에 의해 '길들여진 기관'으로 출발하여 번듯한 대의민주주의의 전당으로 발전할 수도 있고, 아래로부터의 혁명에 의해 구성된 '자율적 기관'으로 출발하여 민중의 대변기관으로 정착할 수도 있다. 그러나 우리의 현대정치사에서 존재했던 의회는 그 중 어느 것도 아닌 상태에서 의원들간의 악다구니, 몸싸움, 폭력, 술수, 패거리, 목표지상주의, 불법, 탈법 등 비도덕적이고 음성적이며 비교육적인 관행이 일상화된 기관으로 오늘까지 남아 있는 것이다.

이제 우리의 정치는 달라져야 한다. 우리나라가 지난 반세기에 걸쳐 건국과 근대화, 그리고 민주화의 정치를 거치는 동안, 우리의 정치는 생존 차원의 논리와 관행을 벗어나지 못한 채 지금까지 달려왔다. 그러므로 이제부터라도 민주적인 삶의 여러 모습들을 하나하나 만들어가야 하고, 그것들이 축적되어 정상적인 민주주의의 정치가 제대로 자리 잡도록 해야 한다.

한마디로 우리에게는 겸양과 관대함, 자중자애와 배려의 덕성이 사회 각 부문에 배어들어, 정치적 토론과정에서 품격과 여유가 돋보이고 촌철살인의 기지(機智)와 유머가 넉넉하게 오가는 정치가 필요한 것이다. 그런 의미에서, 이젠 "생존의 정치"를 넘어서 "삶의 정치" 혹은 "생활의 정치"가 전개되어야 한다. 지난 반세기 동안 "생존의 정치"가 전개되는 과정에서 대한민국이라는 생존의 터전이 마련되었고, 근대화와 민주화의 과정을 거치면서 민주주의 정치가 열매 맺을 수 있는 경제적·제도적 환경이 마련되었음을 부인하는 사람은 없을 것이다. 물적 기반과 제도적 장치가 웬만큼 구비된 상태에서 이제 우리의 의회정치는 그 내용이 문화적 윤기와 덕스러운 행동들, 그리고 깊이 있는 국가경영의 대화들로 채워지는 것이 자연스럽다. 바츨라프 하벨 체코 대통령이 말한 것처럼, 이제 정치는 더 이상 "술수와 조작의 공학" 혹은 "실리를 추구하는 기술"이 아니라 "'의미 있는 삶'을 실현하고 또 그러한 삶을 보호하고 거기에 봉사하는 방법의 하나"(박영신, 2000: 163)가 되어야 한다. 그리고 이러한 "삶의 정치"는 현대민주주의 정치의 최일선인 의회에서부터 먼저 실천되어야 하며, 그것은 다시 의회 내의 핵심구성원인 국회의원들이 먼저 실천해야 하는 시대적 과제로 여겨 마땅하다.

3. 의회정치의 세 가지 리더십 유형

그렇다면 우리의 국회의원들은 어떻게 일해야 할 것인가? 전술한 바와 같이 우리의 현대정치사는 구미의 안정된 의회정치 경험에 비추어 보면, 언제나 뒤쳐지고 혼란스러운 의회정치의 연속이었다. 그러나 우리의 의회정치는 그러한 곡절과 혼란을 거치는 동안 우리 국민들로 하여금 국회를 민주정치의 필수적 제도로 인식하게 했으며, 또 지금의 국회의원들은 그 자질과 활동능력까지도 국민들과 시민단체들의 공개적 감시와 평가의 대상이 되고 있기 때문에 예전처럼 일상적 업무수행이나 선거운동에 구태의연한 자세와 관행으로 임할 수는 없는 상태에 있다. 그러므로 이제는 국회가 앞장서서 "삶의 정치"를 이끄는 견인차 역할을 감당할 수 있을 것이다. 또 마땅히 그래야 한다.

　그렇다면 우리의 국회의원들은 그러한 의회정치의 제도화에 기여하기 위해 앞으로 어떻게 의정활동을 해야 하는가? 이에 대한 대답과

관련하여, 필자는 결코 짧다고만은 할 수 없는 우리의 의회정치사 속
에서 적어도 다음 세 가지 유형의 리더십을 발견한 바,[4] 이것을 먼
저 검토하면서 의회정치의 발전에 대한 필자의 소견을 정리하겠다.
우리의 현대사 속에서 정치지도자들은 대체로 도덕적 리더십, 민주
적 리더십, 그리고 사상적 리더십이 빈곤했다(정윤재, 2000a: 179~
192). 그러나 그러한 가운데에도 우남 이승만과 해공 신익희, 그리고
옥계 유진산의 경우는 각자 특징적 리더십 유형을 대표하는 것으로
생각된다. 이들은 모두 군장성 출신이 아닌 점에서 그리고 상당 수준
의 고등교육을 받았을 뿐 아니라 일정 기간 의정생활을 경험했던 정
치인들이었다는 공통점을 지닌다. 이들은 모두 반공의 입장에서 보
수적 성향을 지녔다는 점에서도 대차가 없다. 그러나 이들 세 사람을
도덕성과 민주성을 중심으로 평가할 때 각각 특징적 리더십 유형을
대표하는 것이 확인된다. 이를 간략하게 묘사하면 다음과 같다.

첫째, 해공 신익희는 무실역행형(務實力行型)의 리더십을 대표한
다. 그는 반공주의자였다. 하지만 상하이 임정 시절의 경험 때문인지

---

4) 이러한 유형별 이해는 국회의 핵심구성원으로서의 국회의원에 대한 것임을
   밝힌다. 의회정치문화의 정착과 제도화에서 국회의장의 역할과 위상이 중요
   하긴 하지만, 우리나라 현대사와 같이 대통령제에 의한 권위주의적 행정부
   우위의 정치관행이 일반화되어 있는 경우에는 국회의장의 제도적 기능과 역
   할만 논의하는 것이 큰 의미 없는 것 같다. 그보다는 국회의 핵심구성원이
   자 독자적 헌법기관인 국회의원 자신들의 문제의식과 리더십 행동이 먼저
   필요하다고 생각한다. 즉, 민주화된 현 정부하에서도 대통령의 지명으로 국
   회의장이 선출되는 관행이 계속되는 한, 제도의 일부로서 국회의장의 역할
   에 대한 국제적 비교연구의 효용성보다는 국회의장 자신을 포함한 국회의원
   개개인들의 각성과 결단, 그리고 권력 차원의 대립과 갈등을 불사하는 리더
   십 행동이 더 중요하다는 것이 필자의 생각이다. 즉, 이제 우리나라의 정치
   발전을 위해서는 민중들의 참여와 투쟁보다는 국회의원들과 같이 선출된 공
   직담임자들의 각성과 투쟁이 더 필요하다는 것이다.

정치적으로 견해와 입장이 다른 사람이나 정파를 관용하고 인내하는 데 익숙했을 뿐 아니라 그들과 언제라도 접촉과 교통이 가능했다. 그러면서도 그는 민주적 신념과 절도 있는 행동이 돋보였다. 대통령후보가 되기 전까지 그의 생애를 관찰해보면, 그는 언제나 주어진 임무에 충실하게 일하는 스타일이다. 또 민주주의의 정착을 위해 중요하다 싶으면, 얼마든지 책임을 면할 수 있는 조건이 있었음에도 불구하고, 자발적으로 나서서 발언하고 행동하는 무실역행적 국회의원이었다. 또한 그는 대통령을 "하인"이라고 공개적으로 말할 정도로 민주주의에서 공직담임자는 "국민의 공복"임을 자임하였고, 상대방을 비판할 때도 자신의 우월성을 내세우지 않고 언제나 겸손하고 진지한 자세로 설득했다. 그는 제2대 국회의장 선거시에 같은 당내의 선거운동자들이 건네는 돈 봉투를 그 자리에서 불태우는 등 민주주의 정치인으로 개인 차원의 도덕성 유지에 돋보이는 사례를 남겼다(정윤재, 2000b).

둘째, 옥계 유진산은 대화정치형의 리더십을 대표한다. 옥계 유진산은 한민당 및 민주당 구파출신 정치인으로 1970년대의 야당이던 신민당의 총재를 역임했다. 그는 생전에 '사쿠라'라는 비난도 받았지만, "정치란 목적하는 바를 대화를 통해 설득하고 실현시키는 것이다"라고 믿고 소신껏 행동했다(김지은, 1993). 그는 보수정객으로서 반공노선은 분명했지만, 진한 동지애와 민주주의에 대한 확고한 신념으로 어떠한 경우든 대화와 비폭력으로 문제를 해결하고 난관을 극복하려 했다. 그는 독재를 증오했던 야당지도자로서 민주정치의 기본틀과 절차에 대한 분명한 인식을 지녔고, 다양한 인간관계의 조정, 막후교섭, 그리고 정치적 거래와 협상에 능했던 타협과 조정의 달인이었다. 그는 부산정치파동, 사사오입 개헌, 유신체제 출범 등과 같이 정치경쟁의 본질이 무시되는 경우에는 극렬한 저항투쟁을 벌였으나, 그렇지 않은 평상시의 경우에는 "원칙의 수준을 현실이 수용할 만큼 낮추는 것이 곧 정치"라는 시각에서 정치에 접근했으며, "참여 속의 개혁"을 실천하고자 노력했다. 필립 하비브 전 주한 미국대사는 그를 "학과 덕을 겸비한 정치가"로 평가하기도 했다. 그는 또 "한민족의 정신문화와 역사적 발자취는 민주국가로 발전될 수 있는 충분한 저력과 요소가 있다"고 자부했던 자의식 강한 낙관론자였다(유세열, 1984a).

셋째, 우남 이승만은 초월군림형(超越君臨型)의 리더십을 대표한다. 우남 이승만은 반공주의의 강력한 변호자였고 민주주의를 개인적으로 중요시했으며 의회제도의 도입에 일정한 역할을 했던 인물이었지만 의회정치의 제도화와 관련된 그의 실천적 노력은 그리 좋게 평가할 만한 것이 못된다. 그는 의회를 자신이 권력을 획득하기 위한 수단으로 여겼고 자신의 권력을 유지하는 수준에서만 그 기능과 권한을 인정했기 때문에 그에게 의회는 다분히 도구적 존재였다. 그는 미국에서 공부하여 민주적 절차의 중요성, 회의방법 등을 자세하게 숙지하고 있었고, 초대 국회의장으로서 동료의원들을 계몽하는 위치에서 군림하고자 하는 경향이 컸다. 그래서 그는 자신을 그러한 절차와 규칙, 또는 국회라는 제도를 초월해 있는 존재로 여겼고 또 그렇게 인정되기를 바랐다. 그가 건국이라는 목적가치를 추구하는 것에 일관된 태도를 견지했지만, 요인들의 암살 및 친일파들의 비호, 그리고 반공일변도의 국내정책들과 관련하여 그가 과연 공정하고 민주적이었느냐 하는 것에는 의문의 여지가 많다. 뿐만 아니라 그는 자신과 이해를 달리하는 정파나 의견들에 대한 참을성이 약했다(정윤재, 2000c).

그러나 이상에서 설명한 세 가지의 의회정치리더십 유형은 앞서 기술한 바와 같이 우리의 정치가 "생존의 정치"로 전개되는 동안 다 같이 왜곡되거나 정치적으로 성공적이지 못하였다. 이승만과 같은 초월군림형의 리더십은 건국 초기의 의회제도를 도입하는 데 유리한 영향력을 발휘할 수 있었다. 그렇지만 이승만은 자신의 초월군림형 리더십이 지닌 카리스마적 영향력을 의회정치의 정착에 온전하게 사용하지도 못한 채 자신에게 부여되었던 권력과 권위를 결국 허비하고 말았다(정윤재, 2000c). 이 점은 이스라엘의 벤구리온 초대 수상과 대조된다. 한편, 유진산과 같은 대화정치형의 리더십은 사실상 민주정치의 본령대로 실천하고자 했던 시도에 비롯된 것이지만, 냉전시대를 거치는 동안 우리의 정치가 극단적인 이분법적 사고와 행동, 그리고 명분론에 입각한 지사적 투쟁에 의해 압도당했기 때문에 제대로 열매 맺거나 평가받지 못했다. 유진산은 '사쿠라' 혹은 '야합'의 정치인으로 비난받기 일쑤였지만 최근 재평가되고 있다(김지은, 1993). 그리고 대화정치는 민주주의와 관련되는 한, 어떠한 경우에서든 명분과 이유가 있는 것이기 때문에 계속 주장되어 마땅한 것이다. 특히 앞으로 "생존의 정치" 시대를 보내고 "삶의 정치" 시대를 앞당기기 위해서 대화정치형 리더십의 중요성은 아무리 강조해도 지나치지 않은 것이다.

　마지막으로, 신익희가 보여주었던 무실역행형의 리더십은 그 사례가 많지 않았다. 해공이 대통령선거 유세 중에 급서하고 만 것은 그간의 한국정치에서 그런 민주적이고 솔선수범적인 리더십은 살아남기 힘들다는 사실의 간접적 상징일지도 모른다. 다만 신익희의 경우를 통해 우리에게도 이런 모범적 의회정치리더십이 있었고 또 그러한 리더십이 가능하다는 희망을 가질 수 있어 그나마 다행스럽다. 그는 능력과 덕성을 갖춘 엘리트로서 상하이 임정 이후 무실역행적 정치경력을 쌓아 마침내 존경받는 대통령후보로까지 성장했던 인물이었다. 앞으로 우리의 정치와 의회정치가 제대로 방향을 잡고 나아가기 위해서는 아무래도 해공이 보여준 바와 같은 무실역행형 및 옥계가 보여준 바와 같은 대화정치형의 의원들이 많이 출현해야 한다. 사상적 혹백논리나 파당적 이분법의 존재가치가 점차 소멸되는 추세를 감안할 때, 지금이야말로 옥계가 추구했던 대화정치가 만개할 수 있는 때라 하겠다. 해공은 민주주의의 제도화를 위해 몸소 기회 있는 대로 민주주의 원칙과 관련된 주장을 굽히지 않았을 뿐 아니라 주변의 정치인, 언론인 및 지식인들과도 격의 없이 지내는 장기를 지녔었다. 그럼에도 불구하고 그는 민주성과 도덕성과 관련된 자신의 행동 면에서 자기 훈련이 비교적 잘된 정치인이었다. 옥계 역시 권위주의적 독재정치하에서 온갖 수모와 비난을 감수하며 민주주의 원칙과 대화정치에의 소신을 지키고 실천했던 정치지도자였다.

앞으로 우리의 정치에, 특히 "삶의 정치"가 전개되는 새로운 정치상황에서 이승만이 보여주었던 초월군림형의 리더십은 필요하지 않다. 혹시 스스로 군림할 만한 능력과 경륜을 갖추었다고 생각하는 의원이 있다면, 그는 우선 이승만을 타산지석으로 삼아 민주적 덕목과 법 및 규칙들을 앞장서 실천하고 지키는 모범을 보여야 한다. 그리고 해공과 옥계가 보여주었던 무실역행형 및 대화정치형의 리더십을 갖춘 정치인들이 많이 배출되어야 한다. 그래야만 한국민주주의의 앞날이 밝을 수 있다. 이런 새로운 리더십을 갖춘 의원들이 더욱 많이 등장할 때, 우리의 정치와 의회는 권위주의적 정치문화와 부패한 거래관행에서 자유로울 수 있으며 의회정치의 제도화도 가능해진다.

4. 바람직한 국회의원의 기본요건: 도덕성과 커뮤니케이션, 그리고 전문성

의회제도를 포함하여 모든 종류의 정치제도들이 그 본래의 기대되는 기능들을 원활하게 수행하기 위해서는 — 비교정치학에서는 이를 제도화라고 한다— 그것이 포함하는 각종 직위에서 그것의 운용을 실제로 담당하는 사람들의 도덕성과 그것을 바탕으로 하는 국민들의 신뢰가 필수적이다. 동양에서 공자(孔子)가 "민무신불립"(民無信不立)을 말한 것이나, 후쿠야마(Francis Fukuyama)가 자유주의 사회의 운용에 필요한 사회자본으로서 공동체 구성원 사이의 "신뢰"를 말한 것도 다 같은 맥락에 기인한다. 즉, 정치적·행정적 제도들의 제도화를 위해서는 그 제도 자체의 형식적 완결성 여부만이 문제되는 것이 아니라 그것을 운용하는 사람들 혹은 정치적 주체세력들의 도덕성이 반드시 전제되어야 하는 것이다.

그런데 그동안 이러한 정치적 이슈와 관련된 논의에서는 마키아벨리즘과 같은 정치현실주의의 논리와 가르침이 그 핵심을 차지했다. 따라서 도덕이나 그것을 주제로 하는 정치적 담론은 '전근대적'이거나 '비과학적'인 것으로 간주되었고, 다만 인간의 이기성이나 폭력성과 같은 '악마적 성향'에 근거한 처방과 대책만이 현실적으로 타당하고 '과학적인' 것으로 인정되었다. 그래서 마키아벨리가 죽은 지 5백여 년이 지나도록 그가 쓴《군주론》은 "어떻게 권력을 획득하고 행사할지에 관하여 리더들에게 실질적 충고를 해주는 책 중에서 가장 유명한— 그리고 가장 악명 높은— 책으로" 자리 잡고 있다.

그러나 현대 리더십 연구의 개척자 중 한 사람인 미국의 정치학자 제임스 번즈 교수는 "실질적 영향력으로서의 정치리더십"을 토론하는 가운데 마키아벨리즘과 관련한 기존의 이러한 흐름을 비판하였다. 그에 의하면, 마키아벨리의 현실주의적 충고는 "전혀 실제적이지 못하다". 왜냐하면, 마키아벨리의 그러한 충고에 충실했던 군주들은 단명(短命)했을 뿐이며, 5) 그러한 원칙에 따른 국가들 사이의 관계

---

5) 이러한 평가는 체코의 대통령 바츨라프 하벨이 그의 저서 *Summer Meditations on Politics, Morality and Civility in a Time of Transition*(London:

도 오래 지속되지 못했다. 또 마키아벨리는 "인간은 본질적으로 이기적이고 자기중심적이며 자기방어적이라는" 절반의 진리를 냉혹성과 이기성의 이데올로기로 극화하였을 뿐이다. 더욱 문제가 되는 것은 마키아벨리가 리더와 추종자들인 사람을 "조작할 수 있는 물건"으로 간주했다는 점이다. 따라서 이러한 마키아벨리의 충고들은 리더들과 추종자들 사이의 감정이입을 북돋아 가치와 목표의 일치를 획득하는 데는 큰 한계가 있다는 것이다. 즉, 번즈는 마키아벨리의 《군주론》이 인간의 내부에 있는 가장 저차원적 공통 동기들을 찾아내 그것을 권력자만의 이익을 위해 이용하는 측면에서만 리더십을 가르치고 있다고 비판했던 것이다(번즈, 2000: 730~732).

그래서 번즈는 마키아벨리보다 차라리 지금까지 전 세계적으로 거의 1천만 부나 팔린 데일 카네기(Dale Carnegie)의 《카네기 인간관계론》(How to Win Friends and Influence People)이 훨씬 더 실제적이라고 주장했다. 카네기는 이 책에서 리더는 영향력을 행사하고자 하는 대상의 사람들을 기만하는 것이 아니라 그들이 원하는 바를 진지하게 발견하고 불러일으켜 그것을 충족시켜 줌으로써 본래의 목적을 달성한다는 것이다. 그리고 이러한 맥락에서, 카네기는 인간의 인정을 받고 싶은 욕망과 자존심을 어루만져 줌으로써 이를 시작으로 다시 고

Faber & Faber, 1992)에서 언급한 다음 내용과 상통한다. "정치는 주로 권력과 여론을 교묘히 조작하는 행위이고, 도덕은 거기에 설 자리가 없다고 아직도 주장하는 이들의 생각은 옳지 않다. 정치술책은 실로 정치가 아니다. 잠시 천박한 정치를 할 수는 있으나 오랫동안 성공하지는 못한다. 술책을 써서 어떤 이가 쉽게 국무총리가 될 수 있을지는 모르나, 그것이 그 사람의 유일한 성공일 것이다. 그런 방식으로 그가 더 나은 세계를 만들지는 못할 것이다"(박영신, 2000: 172에서 재인용). 이 책은 국회의 수석전문위원인 강장석 박사에 의해 번역되어 《프라하의 여름》(고려원, 1994)이란 제목으로 출간되었다.

차원의 욕구를 만족시켜 주는 것이 인간관계 형성이나 판매전략의 핵심으로 보았다. 그렇다면 이러한 논의는 바람직한 의회정치리더십과 무슨 관계가 있는 것인가? 번즈 교수는 그의 책 《리더십 강의》 맨 앞부분에 마키아벨리를 소개한 다음 곧이어 "대통령직은 무엇보다도 도덕적 리더십이 절실하게 필요한 자리다"라는 프랭클린 루스벨트 대통령의 말과 "자기 자신과 대중을 연결시키기 위해서, 사람은 대중의 욕구와 희망에 맞추어서 행동해야 한다. … 우리는 그들을 도와 높은 차원의 임무를 이해하도록 해야 한다. 이것이 리더십의 기초다"라는 마오쩌둥의 말을 인용해 적고 있다. 말하자면, 번즈는 리더십의 정수는 지도자들이 도덕성을 유지하며 집단구성원들의 다양한 욕구들을 충족시켜주기 위한 진지한 문제의식에서 그들과 함께 보다 고차원의 가치실현을 추구하는 데 있음을 강조하는 것이다.

리더십에 대한 번즈의 이러한 견해는 의회리더십과 관련하여 적어도 다음과 같은 함의를 가지고 있다. 첫째, 의원들이 주체가 되는 정치활동을 단순히 '천박한' 현실론만 통용되는 권력게임으로 바라볼 것이 아니라, 정치란 국가구성원들의 절실한 욕구와 기대가 무엇인지를 발견하고, 그것의 충족을 위한 책임감 있고 진지하며 목적 있는 활동으로 간주해야 한다. 즉, 권력 그 자체를 목적으로 삼는 것이 아니라 그 권력을 가지고 무엇을 할 것이냐에 대한 성찰의 중요성을 깨닫게 한다. 둘째, 국회의원들을 포함한 정치인들은 정치에 대한 기존의 조작적 관념을 버려야 한다. 이제 더 이상 "정치는 곧 음모와 술수이어야 하고 정치인은 거짓과 속임의 사람이 될 필요가 없는 것이다"(박영신, 2000: 165). 정치인들은 마치 판매원이 고객확보를 위해 최선을 다하듯 신중하고 진지한 자세로 국민들의 욕구와 기대에 부응하기 위해서는 자신의 능력과 자질을 최대한 발휘하고 동원해야 한다. 그렇다면 그러한 국회의원들에게 요구되는 리더십의 자질과 능력은 어떠한 것인가?

첫째, 국회의원들에게 도덕성은 필수적이다. 정치에서 도덕의 문제에 대한 논의는 다양할 수 있다. 그것은 단순히 개인적 윤리 차원의 앞가림만을 의미하지 않는다. 경우에 따라서 규칙준수나 노선과 정책의 일관성이 도덕성일 수 있고, 지역차별이나 남녀차별을 배제하는 것도 도덕성일 수 있다. 그런 면에서 볼 때, 의원들에게는 무엇보다도 정직함, 준법, 성실함, 공평무사함, 시간 지킴, 약속 지킴, 배려 등과 같은 "행동양식가치들"의 실천과 관련된 도덕성이 크게 요구된다고 하겠다. 그간 우리의 정치는 자유, 평등, 민족주의, 근대화, 그리고 민주화 등과 같은 "목적가치들"의 달성에 매달리다 보니 그러한 가치들의 정책적 실현을 위해 과정과 절차상에서 정치주체들의 "행동양식가치"에는 주의를 별로 기울이지 못했던 것이 사실이다. 그러나 이제는 정치적 목적과 함께 그것을 이루고자 하는 국회의원들이 이러한 행동양식가치들을 스스로 실천하는 차원의 도덕성이 매우 절실하고 중요하다. 정치지도자가 목적가치에만 매달려 행동양식가치들을 무시할 때, 그는 언제나 타인들에게 "훈계만 하는" 성가신 존재일 뿐 구성원들에게 감동을 주는 "도덕적" 지도자는 될 수 없다.

둘째, 국회의원들에게는 특히 커뮤니케이션 능력이 절실하게 요구된다. 그동안 우리 정치와 사회의 커뮤니케이션은 잘못된 군사문화와 '빨리빨리 문화'의 영향으로 일방적 지시형이나, 억압적이고 폭력적인 어휘와 억양 및 스타일이 주류를 이루었다. 그러나 이제 다문화시대, 쌍방커뮤니케이션시대, 정보홍수시대, 유식한 시민시대, 그리고 인터넷시대를 맞이하여 국회의원들과 정치지도자들은 마땅히 국민들을 차분하게 설득시키고 동기를 부여할 수 있는 커뮤니케이션 능력을 갖추어야 한다. 학력의 고하가 문제가 아니라 정치인들은 이제 언론에서의 대담이나 토론프로그램을 생활의 일부로 즐길 수 있어야 한다. 또 정치인들은 결코 위압적 언사나 욕설, 반말이 아니라 존댓말로 말하는 습관을 들이는 것이 좋다. 정책토론에서도 흥분된 어조로 크게 고함을 지르는 것이 아니라 담담한 진술과 유쾌한 유머가 어울리는 커뮤니케이션의 일상화가 필요하다. 그런 점에서 앞으로 국회의원들은 우리 사회의 대화문화와 토론문화를 진작시키는 선구자 역할을 담당해야 하는 것이다. 이와 관련하여 국회의원에게는 말로 해야 하는 국회의 회의절차나 규정에 없는 몸싸움과 같은 물리적 행동과 언어폭력을 끝까지 거부하는 비폭력 정신도 필요하다.

셋째, 국회의원들은 특정 분야에 상당한 식견과 경험을 갖춤으로써 산재한 각종 문제들을 하나씩 해결해 나가는 전문가가 되어야 한다. 그동안 우리나라에서 정치인이라면 흔히 '목소리 크고 술 잘 마시며, 직업적으로 넉살 좋게 잘 비비는 사람들'이라고 여겼지만, 앞으로 국회의원들은 이러한 예에서 벗어나 좀 답답하더라도 원칙과 절차, 그리고 법을 지키면서 자신의 전문적 식견을 정책형성 과정에 효율적으로 반영할 줄 아는 전문가가 되어야 한다. 그래서 특정 분야의 전문가로서의 국회의원들은 다른 분야에 대해서는 여유 있고 겸손한 자세로 양보할 수 있어야 한다. 뿐만 아니라 국회의원들은 특정 분야에 대한 전문적 식견을 가지고 합리적이고 정당한 정책의 선택이 이루어지도록 정치과정을 지속적으로 모니터링할 수 있어야 한다(정윤재, 2000d: 19~23).

5. 민주주의와 영웅적 행동: 의원들의 새로운 각오

우리가 민주주의를 생각할 때 흔히 대중들의 정치참여와 그것을 가능케 하는 법적, 제도적 장치의 중요성을 강조한다. 그래서 어느 특정한 경우의 정치상황을 판단하고 평가할 때, 우선은 이러한 민주주의적 제 조건들의 존재 여부에 관심을 갖는 게 통상적이다. 그러나 지금까지 우리가 익숙했던 이러한 접근방식은 리더십의 차원에서 도출되는 다른 한 가지에 의해 보완되어야 한다. 즉, 민주적 정치참여와 그것을 가능케 하는 법적·제도적 장치들은 그것들의 중요성을 인식하고 민주적 정치운용을 꾸준히 실천해 가는 지도자 혹은 지도자집단이 있을 때만 민주주의 발전에 기여할 수 있는 것이다. 영국이나 프랑스, 그리고 미국에서 그들의 민주주의가 초기부터 정착될 수 있었던 것은 일정한 도덕성을 유지하며 민주적 정치과정을 꾸준히 이끌었던 정치집단과 정치지도자들이 존재했던 탓이다. 오늘날도 민주주의의 정착을 바라는 나라에는 그러한 역할을 담당하는 정치적 주체세력이 있어야 한다.

이렇게 볼 때, 건강한 의회정치의 정착을 위해서는 무엇보다도 그 핵심구성원들인 국회의원들의 사명의식과 그에 따른 "영웅적 행동"이 절실히 요구된다. 영웅이라는 개념과 민주주의가 서로 어울리지 않는 것처럼 보이지만, 여기서 말하는 영웅은 절대적 군림자가 아니라 칼라일이 말한 것처럼 일정한 보편가치와 공동목표에 매진하는 "진실하고 성실한 인간"(칼라일, 1997)이다. 바꾸어 말하면, 한국의 의회정치가 건강하게 발전하기 위해서는 앞서 미래 의회정치인들(의원들)에게 제시했던 세 가지 기본요건들(도덕성, 의사소통 능력, 그리고 전문성)과 관련해서 국회의원들의 즉각적 결단과 실천이 반드시 필요하다.[6] 이러한 영웅적 행동은 국가발전과 관련된 거대 프로젝트의 추

---

6) 안정된 시민사회가 만들어지기 위해서 우리는 근대시민사회가 갖는 필연적 모순과 직면해야 할지 모른다. 이 모순이란 곧 시민들은 평등을 희구하지만 그러한 평등의 실현은 영웅적 지도자와 정치적 불평등을 필요로 한다는 것이다. 이러한 견해에 대해서는 이홍구, "영웅의 독재와 성웅의 저항: 나폴

진과 반드시 연계될 필요는 없다. 우선 작은 부분에서부터 — 예컨 대, 어떠한 상황에서라도 욕설을 하지 않는다든지, 해당전문가를 방 문하여 진실하고 성실한 자세로 배운다든지, 혹은 국정감사 중에는 일체 금주한다든지 등 — 의원 각자가 개인생활과 직무수행 차원에서 실천할 수 있는 행동과 가치를 선택해서 무실역행, 실천궁행하며 꾸 준히 앞으로 나아가는 것이다. 이것이 곧 정치지도자의 도덕성이요 영웅적 결단이다.

이런 점에서, 리더십은 리더 개인의 선택과 그에 따른 행동에서 가치 차원의 명료한 차별성이 부각되고 현시되는 가운데 나타나는 갈등에서 출발한다(번즈, 2000: 743~744). 따라서 기존의 정치관행 과 상식 중에서 어느 것이라도 비도덕적이고 비합리적인 것이라는 판단이 들면, 즉시 이의 준행을 거부하고 새로운 품격의 가치들의 실 천을 주장하며 스스로 행동하는 사람이 곧 리더이다. 특히 장래 최고 지도자를 꿈꾸는 국회의원이라면 상기한 덕목에 충실하는 한편, 변 화하는 국민들의 기대와 욕구가 무엇인지를 간파하여 이에 따른 자 신의 이니셔티브를 확고하게 취하여 기존 사회와 정치에서 발견되는 문제해결을 위해 몸을 던지는 결단과 실천이 있어야 한다. 이것은 반 드시 거시적 차원에만 해당되는 것이 아니라 보이지 않는 미시적 차 원에도 해당된다. 정치의 도덕성은 거대 정책상의 그것과 함께 개인 각자의 행동양식가치 실천과 항상 연계되어 있기 때문이다.

그렇다고 의원들 모두가 "변혁적 리더십"을 발휘해야 한다는 것은 아니다. 지난 20세기 동안의 경험을 기준으로 볼 때, 입법부에 중재와 타협 및 협상은 있었지만, 변혁적 리더십은 없었다. 또 제도적으로 입 법부는 원래부터 적극적이고 포괄적이며 원칙에 충실한, 즉 변혁적

—————

레옹 탄생 200주년과 간디 탄생 100주년을 맞아,"《이홍구 문집 1: 인간화 와 정치》(나남, 1996), p. 255를 참조하라.

리더십을 위하여 만들어지기보다, 융통성 있고, 중재적이며, 점진적인 리더십을 위하여 만들어졌던 기관이다(번즈, 2000 : 599). 한마디로 의회는 도덕성을 수반한 "거래적 리더십"이 성공을 거둘 수 있는 정치조직이다. 따라서 필자가 여기서 주장하는 의원들의 영웅적 리더십이란 의원 자신과 의회에 대한 국민들의 신뢰도를 향상시키기 위하여 불합리하고 부패한 기존의 정치적 관행을 과감하게 떨쳐버리는 결단과 용기 있는 행동개시를 말한다. 그러한 영웅적 행동이 결행될 때, 의원들이 개입된 각종 타협과 거래는 건강한 협상이 되며, 그러한 의원들의 국회발언과 방송출연은 자라나는 세대들을 위한 훌륭한 교육재료와 본보기가 될 수 있다. 그동안 우리나라의 국회의원들도 의정활동을 하며 나름의 거래적 리더십을 발휘했지만 대부분의 경우 도덕성을 수반하지 못하여 국민들의 공감과 존경을 얻는 것에는 명백한 한계가 있었다.

요컨대, 이러한 영웅적 행동들은 결코 예외적인 것이 아니다. 민주주의 국가에서 국민들이 주인이라면 국회의원들도 주인이다. 이러한 영웅적 행위는 결국 주인된 도리에 합당한 상식적이고 자연스러운 행동인 것이다. 그것은 시끌벅적한 순간의 이벤트가 아니라 평상시 생활 속에서의 조용한 실천투쟁이다. 그간 우리의 정치는 이 같은 주인들의 주인된 역할과 행동이 결여되었기 때문에 "주인 없는 자리에 머슴이 설친다"라는 속담처럼 군인이나 관료들과 같은 "머슴들"이 나서 나라의 주인인 것처럼 설쳤던 것이다. 이제 나라의 주인인 국민이 주인된 노릇을 하기 위해서라도 국민들의 대표로서 나라의 주인들인 의원들 각자가 영웅이 되어야 한다. 그러기 위해서 국회의원들은 "진리와 양심이라는 높은 기준에 맞춰 통상의 정치를 비판"(박영신, 2000: 165)하고 행동하는 용기를 가져야 한다.

6. 맺음말: 요약과 제안

아직도 한국의 의회정치문화와 제도화 수준은 바람직하지 않다. 이른바 군사정부가 물러가고 민주화세력이 집권한 지 6년이 지났음에도 불구하고 아직도 자격미달 혹은 함량미달인 것처럼 보이는 의원들이 많고, 날치기와 발목잡기 등 파행적 국회운영이 여전하다. 이것의 원인은 국회 자체에 있다기보다 반세기 동안의 한국 현대정치가 한마디로 "생존의 정치"에 불과했고, 의원들의 자기 혁신 노력도 부족했기 때문이다. 정치가 생존의 차원에 머무는 한, 그것은 목표지상주의, 업적주의, 그리고 천박한 현실주의 혹은 원칙 없는 실용주의에 의해 압도당할 수밖에 없다. 이런 속에서 의회만 정상적으로 발전할 수는 없다.

이제 21세기를 향한 한국의 정치는 "삶의 정치"로 발전해야 한다. 삶의 정치란 국가구성원들의 삶의 질이 비물질적인 부문에서도 향상되어 "법치와 공동체적 시민문화"가 정착된 상태에서의 정치를 일컫는다. 우리의 정치가 이렇게 발전하기 위해서는 먼저 민주주의의 핵심제도인 의회가 건강하게 제도화되어야 한다. 그리고 이를 위해서는 의회의 핵심주체인 의원들의 자질과 능력이 제고되어야 한다. 이를 위해 의원들 각자는 한국정치사상 의회정치의 세 리더십 유형들 (무실역행형, 대화정치형, 그리고 초월군림형) 중 신익희와 유진산이 각각 대표하는 무실역행형과 대화정치형을 벤치마킹하는 것이 필요하다. 그리고 각 의원들이 갖추어야 할 세 가지 요건이 있는데, 이는 곧 도덕성, 의사소통 능력, 그리고 전문적 식견이다.

그러나 의회정치문화의 발전과 의회의 제도화를 위해서는 덕목과 요건들의 나열과 주장으로 가능한 것이 아니라 당사자들인 의원들의 영웅적 실천에 의해 구체화되는 것이다. 칼라일에 의하면, 앞서 말하였듯이, 영웅은 흔히 오해하는 것처럼 전지전능하고 막강한 지배자가 아니라 우리가 일상생활에서 볼 수 있는 "진실성과 성실성"을 갖춘 인물로서 시대마다 나름대로의 전문적 식견과 능력을 발휘하여 주위 사람들에게 감동과 깊은 영향을 주는 존재이다. 국회의원들이 이상에서 제시한 세 가지 요건들을 갖추고, 회의장에서의 물리적 행동과 언어폭력을 끝까지 거부하는 비폭력원칙을 실천할 때, 우리의 국회와 국회의원들은 '근대화 정치'와 '민주화 정치' 이후에 민주주의의 제도화를 성공적으로 일궈낸 주체가 될 수 있을 것이다. 나라의 주인이 주인다운 역할을 제대로 할 수 있을 때, 여의도 한가운데에 아름다운 "민주주의의 꽃"이 만개할 것이다.

제18장

한국사회의 발전과 대통령의 자질

1. 머리말: 문제제기 — 아직도 어려운 한국민주주의

1945년 8·15 '광복' 이후 반세기를 더 넘긴 한국민주주의는 아직도 미완성인 채로 남아 있다. 2002년 한국의 개인당 국민소득이 1만 달러에 근접했고, 사회적 분화와 전문화가 확산되었으며, 각종 차원의 교육수준이 전반적으로 향상되었음에도 불구하고 한국의 민주주의 정치는 여전히 '3류'라는 경멸적 수준을 넘지 못하고 있다. 해방 이후 현재까지 한국의 정치는 자유민주주의가 정치이념으로 선택된 가운데 대체로 반공건국, 경제근대화, 정치민주화의 도정을 겪으며 전개되었다. 다시 말해서, 우리 현대사의 주요 시기마다 정치지도자들은 각기 다른 정치중점 혹은 국정목표를 설정하고 그에 따라 정책을 시행하고 정국을 운용하였고, 그때마다 자유민주주의를 포기하지 않고 그것을 정착시키거나 성숙하게 발전시키기 위해 나름대로의 조치들을 선택하고 시행했다고 볼 수 있는 것이다.

그러나 자유민주주의를 정착시키기 위한 정치지도자들의 노력과 시도들은 충분하지 못했다. 또한 소기의 성과도 흡족할 만한 수준으로 나타나지 못하여 한국에서 "자유민주주의의 정치"는 여전히 불신과 불만, 그리고 냉소와 경멸의 대상이 되고 있다. 그래서 필자는 먼저 지난 반세기 동안 전개된 한국정치를 일단 "민주화의 전개과정", 즉 자유민주주의를 정착시키기 위한 각종 정책과 결정들이 나름대로 시행된 과정으로 간주하고, 주요 시기별로 그 특징과 한계를 비판적으로 검토해 볼 것이다. 그리고 이제 한국정치에서 절실하게 필요한 것은 정치지도자들의 도덕적 리더십임을 주장할 것이다. 이어서 필자는 정치(권력)에서 도덕의 중요성에 대한 기존의 논의들을 간단하게 재검토한 다음, 한국민주주의를 보다 성숙한 수준으로 한 단계 높이는 계기가 되게 하기 위해서는 어떠한 자질 혹은 능력의 소유자가 새 대통령으로 선출되는 것이 바람직한지 생각해볼 것이다.

2. 한국현대사와 정치발전

한국은 근대국가를 지향하며 발전했던 기간이 약 55년에 불과한 압축성장국가라 할 수 있다. 유럽의 이른바 선진국가들은 정치, 경제, 사회, 문화 각 방면을 근대적으로 전환시키는 데 3백여 년을 소비했고, 일본은 약 100년이 걸렸다. 그러나 한국은 1948년 대한민국을 국호로 출범한 이래 약 반세기 동안 각 부문의 근대화를 집약적이고 신속하게 성취하고자 노력했다. 그렇기 때문에 한국의 정치는 시행착오와 정변, 그리고 정책상의 오류를 많이 겪으면서 전개되었다. 또 대한민국은 구미의 다른 나라들과 달리 시민혁명도 없이 출범했기 때문에 국민적 합의와 사회통합이 아주 어려운 조건 속에서 민주주의를 향한 정책집행과 개혁이 계속 시도된 것이다. 그렇기 때문에 한국현대사는 종합적 전망에서 "민주화의 전개과정"으로 보아도 무리가 없다. 어떤 시기든 정치지도자들이 자유민주주의를 포기하지 않았고, 국민들도 그것을 버리자는 운동을 시도하지 않았다. 주요 시기를 이끌었던 최고지도자들이 비록 리더십의 한계와 단점이 있었지만, 각 시기의 최고지도자들과 그 지지세력들은 자유민주주의를 추구하면서 각기 나름대로 국가발전의 소명에 부응하고자 노력하였다고 할 수 있다. 이승만 대통령은 반공건국으로 자유민주주의가 시행될 수 있는 터전을 닦았고, 박정희 대통령은 자유민주주의의 물적 토대를 위해 경제근대화를 성취하였다. 그리고 이후의 전두환, 노태우, 김영삼, 김대중 등 4명의 대통령들은 정치 차원의 민주주의가 정착되게 하는 데 비록 충분히 만족스럽지는 않지만, 시기마다 필요한 정책과 조치들을 나름대로 집행하였다. 물론 그럼에도 불구하고 대한민국이 성숙한 민주주의 국가가 되기 위해서는 아직도 감당하고 해결해야 할 과제들이 많다.

해방 3년의 정치과정에서 냉각된 미소관계로 인해 분단이 고정되고 남북 사이의 정치적 대립이 불가피해지면서 이승만 박사와 한민당은 반소반공을 내세우며, 그래도 남한만이라도 북한과 소련의 공산주의로부터 지켜 남한을 미국과 같은 민주주의 국가로 세워야 한다고 주장하였다. 그리고 이승만과 그 추종세력은 당시 반소반공을 내세운 미국의 세계전략에 충실한 한국인 동반자로서 공산주의의 위협과 점령으로부터 우선 38이남 지역만이라도 구하기 위해서는 우선 남한만의 정부수립, 즉 '건국'이 필요하다고 국민들을 설득했다. 이른바 공산주의 세력에 대항하는 '건국'의 필요성을 역설하고, 이승만 세력들은 그것을 하나의 "목적가치"로 정하여, 각종 술수와 계책을 동원하였던 것이다. 그 결과 '건국'은 하나의 목적가치로서 국민들로부터 호응을 받았고, 여기에 이승만의 개인적 카리스마가 더해져 그로 하여금 어렵지 않게 집권과 권위주의적 독재로 나가도록 작용했다.

한마디로, 이승만과 그의 추종세력들에 의한 "자유민주주의 정치"는 민주주의가 공산독재에 대척되는 목적가치로서 그에 대한 국민적 지지를 이끌어내고 제1공화국 정치체제에 대한 지지를 동원하는 것에는 성공했지만, 한국정치 내부구조와 그 정치문화 자체를 민주적으로 정착시키는 것에는 뚜렷하게 기여하지 못했다. 이승만 시대를 주름잡았던 상층 파워엘리트들은 대부분 친일세력에 연결되어 있었고, 자유와 민주의 이름으로 불법탈법을 일삼았던 비도덕적 행태에서 벗어나지 못했다. 그리고 자연히 권위주의적 정치문화는 그대로 온존하면서 천박한 권력정치를 뒷받침하는 가운데 이승만과 그 추종세력들은 다만 민주적 정치발전에 필수적인 헌법이나 정당, 선거제도 등 근대적 정치제도들을 한국정치에 도입하는 데 일정한 기여를 했다. 이승만 대통령 시기와 바로 뒤의 짧은 장면 총리 시기에 우리는 "자유민주주의의 도입"으로서의 민주화를 겪었던 것이다.

　한편, 이승만이 하야한 후 잠시 동안 존재했던 제2공화국의 민주당 정부를 군사쿠데타로 붕괴시키고 권력을 장악했던 박정희와 그 추종세력들은 부유하고 강대한 민주주의 국가를 건설한다는 공약과 비전을 내세우며 역시 "자유민주주의 정치"를 포기하지 않았다. 물론 박정희 시대는 분명 개발독재시대였고, 정치적 자유와 언론의 자유가 크게 제약 당했던 시기였다. 박정희와 그의 지지자들은 가난에 찌든 당시의 한국사회는 민주주의를 실천하기는커녕 공산주의의 위협 앞에 허약하다고 진단하고 무엇보다도 먼저 경제적 근대화를 강력하게 추진하였다.

　박정희와 그의 추종세력에게 정치는 일사불란한 군사작전과도 같은 합목적적 프로젝트였고, 보릿고개에 허덕이는 백성들을 먹여 살리는 가부장적 위민(爲民)의 치였다. 그들은 정당간 자유로운 경쟁이 보장되는 의회제도나 지식인들의 양심의 자유, 사상의 자유, 그리고 학생들의 반독재시위는 선진부국에서나 누릴 수 있는 여유 혹은 사치라고 여겼다. 그들은 심하게 다쳐 당장 어찌할 바를 모르는 응급환자들에게 전권을 휘두르는 당직의사와도 같은 존재들로 "당장 먹여 살리고 안정을 보장해주는 일"에 전심하였다. 박정희 시대의 정치는 민주적 정치발전에 긴요한 물적 기반이 마련되었던 시기였다. 따라서 한국의 자유민주주의 정치는 박정희 시대를 거치는 동안 "경제적 근대화"의 단계를 겪었다고 할 수 있다.

박정희 이후 집권했던 전두환·노태우는 다 같이 12·12쿠데타 및 5·18 광주 '사태'의 주모자들이었기 때문에 양인 모두 권력쟁취의 비합법성과 비도덕성이라는 혹독한 비판에서 자유롭지 못했다. 박정희의 "경제적 근대화" 단계 이후, 민주주의를 정치적으로 한층 더 성숙하게 가꾸어 나가야 했을 그들에게 폭력적 정권쟁취와 무모한 인명살상으로 인한 도덕성의 결핍은 매우 무거운 짐이었다. 이들이 각각 평화적 정권교체를 실천하고 대통령직선제를 도입하여 제도적 차원의 민주주의 발전에 일정부분 기여했음을 인정할 수 있다. 그러나 양인모두 선배 정치군인이었던 박정희보다 민주주의를 더 많이 배웠다지만, 경제근대화 이후 한국정치의 비전을 제대로 제시하지도 못했고, 재임 중 수천억 원에 이르는 불법정치자금을 '관행'이란 명목으로 거두어들이는 '범죄'를 저지름으로써 한국정치를 더욱더 비리와 부도덕의 수렁에서 헤어나지 못하게 만들었다.

한편, 김영삼·김대중은 합법적 선거를 통해 대통령에 올라 취임초기 국민들로부터 많은 지지와 기대를 받으면서 최고지도자의 임무를 떠맡았지만, 대통령으로서 민주주의를 위해 투쟁했던 경력에 합당한 민주적 국가경영능력과 민주주의의 성숙에 필수적인 도덕성을 보여주는 데 양인 모두 성공하지 못했다. 그들이 반독재투쟁 과정에서 비판했던 지역편중 인사정책, 부정부패, 낙하산인사, 국회날치기

통과, 말 뒤집기, 권위주의적 행태 등을 그들 역시 그대로 반복했다. 심지어 양인의 친자식들이 불법정치자금 문제로 구속당하는 사태가 반복되었고, 장관이나 총리로 임명되었던 인사들이 각종 불법행위 및 비도덕적 행태로 도중하차한 사례가 빈번하였다. 그래서 박정희 사후에 집권했던 6명의 대통령들이 관여했던 지금까지의 한국 정치는 여러 가지 시련과 시행착오가 겹치는 가운데에서도 "정치개혁"으로서의 민주화가 지속적으로 추진되었고 또 추진되는 단계에 있다고 할 수 있다.

요컨대, 각 시기의 최고지도자들과 추종세력들은 반공건국, 경제근대화, 정치민주화라는 각각의 목적가치에 나름대로의 명분과 정책을 가지고 '충실하게' 매진했다. 그러나 "자유민주주의의 도입"에 기여했던 이승만이나 "경제적 근대화"에 전념했던 박정희는, 이후 여러 가지 "정치개혁들"을 시도했던 6명의 대통령들과 함께 정도의 차이는 있으나 공통적으로 권위주의적 정치행태를 충분히 극복하지 못했고 또한 정책집행과정에서의 도덕성에 한계를 노정하였다. 권위주의적 정치행태가 정치발전에 방해가 되는 비민주적 요소임을 잘 알면서도 그것을 완화하거나 불식시킴으로써 그야말로 실제로 권위가 있는 리더십 행동을 제대로 보여주지 못했던 김영삼 · 김대중은 그런 점에서 비도덕적이라고 비판받아 마땅하다. 양인이 반독재, 민주화투쟁으로 정치경력을 쌓았고 또 그러한 정치활동의 연장에서 대통령까지 되었다면 마땅히 권위주의적 행태를 벗어나 참신한 민주적 리더십의 모범을 보였어야 했던 것이다. 그리고 김영삼 · 김대중이 국가경영상의 실수나 시행착오를 전혀 피할 수 없었더라도 적어도 도덕성 면에서 과거의 대통령들보다 월등했다면 그들이 "서투른" 정치지도자들이었다는 평가는 면했을 것이다.

한국현대사를 총관(總觀)할 때, 해방 이후 과거의 모든 대통령들이 어떠한 시기의 최고지도자였든 다 같이 도덕성 면에서 문제가 적지 않았다는 공통점을 발견할 수 있다. 따라서 이제 21세기 한국의 정치발전, 즉 민주주의의 공고화를 위해서 정치지도자들의 도덕적 리더십은 필수적이며, 새로 등장할 대통령이나 그를 둘러싼 새로운 엘리트들이 누가 되었든, 그들은 앞으로 보다 분명한 도덕적 리더십을 보여 우리의 정치가 한 단계 더 전진하도록 적극 노력해야 할 것이다.

3. 정치에서 도덕의 중요성

그런데 그동안 정치학을 포함한 현대사회과학에서 도덕의 문제는 심각한 토론의 주제가 되지 못했다. 한국정치학의 경우, 많은 학자들은 사실과 가치를 분리해서 현상을 바라보는 행태주의적 연구경향에 일방적으로 경도되었기 때문에, 정치분석과 평가에서 도덕이나 덕성을 포함한 인간적 가치들은 대부분 학문적 관심영역 밖에 있었다. 비교정치학자들은 도덕과 같은 인간적 요소보다는 주로 제도 차원의 개혁과 보완의 필요성을 강조하는 경향이 있었고, 가치문제를 주로 다루는 정치사상 분야의 학자들은 대체로 '공리공론자들'로 간주되기 십상이라서 도덕의 문제가 본격적인 정치연구와 토론의 대상으로 등장하기가 쉽지 않았다.

　설사 학문적으로는 그렇다고 치더라도, 사실상 도덕성이 결여된 정치권력이 만족할 만한 수준의 정치적 지지와 정당성을 확보할 수는 없다. 특히 정치지도자의 도덕성이 일반적 기대와 수준에 못 미칠 경우, 정치안정과 제도화를 향한 정치발전의 과정은 적지 않은 방해를 받게 마련이다. 더구나 집단과 개인들 사이의 다차원적 대립과 갈등이 편재하는 현대사회에서 정치리더십은 서로 대립하는 요구, 가치 혹은 목표들을 통합하고 사회구성원들을 의미 있는 행동으로 유도하는 "촉발제와 같은 힘"이기 때문에 정치지도자의 도덕성은 직무수행 능력과 함께 민주주의를 정착시키는 데 필수적 요소라 할 것이다.

예를 들어보자. 만일 영국의 시민혁명이나 미국의 독립혁명 이후 민주주의 정치가 정착하는 동안에 그러한 정치과정의 주역들이 적절한 문제해결 능력과 함께 일반시민들이 존경할 만한 도덕성을 구비하지 않았다면 오늘날 우리가 보는 바와 같은 민주주의 정치는 온전히 제도화되지 못했을 것이다. 제2차 세계대전이 진행 중이던 시기에 미국의 대통령을 3번이나 연임했던 프랭클린 루스벨트는 "대통령직이야말로 무엇보다도 도덕적 리더십이 절실하게 요구되는 자리"라고 강조하여 말하였다. 체코슬로바키아의 자유화 과정에 직접 참여하여 시민포럼운동으로 공산정권을 붕괴시키는 데 성공하고 마침내 체코공화국의 대통령으로 당선되기도 한 극작가 바츨라프 하벨은 정치란 "덕성의 실천"이며, 오늘날 서구민주주의가 위기에 처한 것은 다름이 아니라 인간이 지니는 초월적 차원을 상실했기 때문이라고 진단했다.

한편, 정치에서 도덕성의 문제는 단순하게 개인적 차원의 수기(修己)에만 국한된 사안이 아니라 정치 혹은 치세(治世)라는 공공영역에서의 행동들과 관련된 사안이다. 즉, 정치지도자의 도덕성은 사적·인격적 차원과 공적·정책적 차원으로 나누어 생각해 볼 수 있다. 예컨대, 정치인들의 이성문제와 관련된 스캔들은 전자의 예이고, 지역 편중 인사정책, 고질적 부정부패, 나눠 먹기식 예산배정, 이념 혹은 정책상의 일관성 빈곤, 말 뒤집기와 거짓말 등과 관련된 것은 후자의 예라 할 수 있다. 미국의 클린턴 대통령이 이른바 "지퍼게이트"로 곤욕을 치렀음에도 불구하고 정치적으로 건재할 수 있었던 것을 성공적 외교정책이나 국내경제정책으로 설명할 수도 있겠지만, 도덕성 면에서 볼 때는, 그가 공적·정책적 차원에서 충분한 도덕성을 유지하고 있었기 때문이라고 설명할 수 있는 것이다.

그런데 현대 리더십 분야의 권위자인 미국 정치학자 번즈(James M. Burns)는 일찍이 정치지도자들의 도덕성 여부를 판단하는 세 가지 차원들 — 즉, "목적가치", "행동양식가치", 그리고 "자유로운 토론" — 을 제시함으로써, 정치에서 도덕의 문제를 사적 차원과 함께 공적/정책적 차원에서도 분석하고 평가할 수 있게 하였다. 즉, 앞서 소개한 세 가지는 번즈가 강조해마지않는 "도덕적 리더십"의 세 가지 조건들, 혹은 정치지도자들의 도덕성 여부를 판단하는 준거들인데, 이를 풀어서 소개하면, ① 정치지도자가 자유, 정의, 평등, 혹은 민주주의와 같은 "목적가치들"을 추구하고 있는가? ② 정치지도자는 정직, 책임감, 성실함, 공정함, 공약의 준수, 준법 등과 같은 "행동양식가치들"을 실천하고 있는가? ③ 정치지도자는 자유로운 의사소통을 통한 상호비판과 평가를 가능하게 하고 있는가?가 그것이다.

이상과 같은 질문에 따라 나치독일의 히틀러를 판단해보면, 히틀러는 우선 평등이나 정의의 신장과 같은 목적가치에 기여하지 못했다. 그리고 히틀러는 행동양식가치에서 명예성, 청렴성, 공정함과 같은 인간선행의 수준을 증진시키지 못하였다. 또 나치독일의 지도자로서 그는 자유로운 의사소통과 공개적 비판과정을 허용하지 않았기 때문에 결국, 히틀러의 정치리더십은 도덕적으로 용납하기 어려운 것이다.

그동안 우리는 한국정치사에 등장했던 많은 보스급 정치인들이나 전직 대통령들의 이른바 '돈질'에 대한 흥미로운 일화들을 빈번하게 들어왔다. 그러면서 누구는 존경스러울 정도로 인간적이었고, 누구는 얇은 봉투를 주며 생색을 냈으며, 누구는 수표나 현금을 왕창 집어주는 스타일이었다는 얘기를 하면서 은근히 한국이란 정치판에서

정치하려면 돈 없이는 안 된다는 생각을 심어주었다. 그렇지만 이제
는 그러한 어둡고 침침한 관행에서 과감하게 벗어나야 한다. 그러한
관행은 암울했던 시기의 생존전략이었고 먹고 살기 힘들던 시절의 에
피소드로 치부해야 한다. 이제 대부분 "어느 정도 먹고 살게 된" 오늘
의 한국사회에서는 정치인들이 모든 것을 투명하게 밝히는 용기와 결
단이 필요하고 그것을 바탕으로 형성되는 신뢰 속에서 보다 홀가분하
고 당당한, 그럼으로써 서로가 도덕적 존재로 상호 존경하는, 환한
대낮의 정치를 향해 나아가야 한다.

4. 성숙한 한국민주주의를 위한 처방: 대통령 선택의 기준들

정치지도자의 자질을 일반론적으로 열거하기는 쉽다. 그러나 그것보
다는 한국정치사에 대한 비판적 검토를 통해 이제까지의 정치발전 과
정을 보완하여 민주주의를 더 성숙한 단계로 끌어올리기 위해서 이제
우리의 정치지도자들에 필요한 요건은 무엇인지를 탐구해보는 것이
더 중요하고 필요한 작업일 것이다. 이러한 판단을 전제로 할 때, 앞
절들에서 이미 살펴본 대로 우리는 한국정치가 정치인들의 도덕적 리
더십을 통해 더 성숙해져야 하고, 또 그렇게 될 때 민주주의의 제도
화가 온전하게 매듭지어질 수 있을 것이라고 말할 수 있다.

그렇지만 민주주의 발전과정에서 정치인들의 도덕적 리더십은 일
정한 도덕적 가치들을 이데올로기화하거나 매카시즘과 같은 정치공
작의 수단으로 이용해서는 안 된다. 반공건국이나 경제근대화, 그리
고 반독재 정치투쟁에서의 민주화는 나름대로 이데올로기로서의 성
격을 띠면서도 민주화 진전과정에서 각각 의도적으로 혹은 결과적으
로 일정한 역할을 하였다고 평가할 수 있다. 그러나 이제 우리의 민

주주의를 견고하게 제도화시키기 위한 목적에서 논의되는 정치에서 도덕적 리더십의 문제는 어떠한 경우든 그것이 또 하나의 이데올로기로 작용하여 정적이나 반대정파를 공격하는 정치공작 차원의 도그마가 되어서는 안 된다. 그것은 정치적 입장이 어떠하든 간에 누구든지 솔선하여 개인적 차원의 수기(修己)나 정책선택과 집행의 차원에서 자신이 먼저 실천하는, 그럼으로써 주변과 국민일반에게 감동을 주고 그에 합당한 정치적 지지를 이끌어내는 자발적 혁신운동으로 시작되어야 한다. 이것이야말로 하루하루를 성실하게 살아가는 대한민국 국민들의 진정한 바람일 것이다.

그렇다면 이제 한국민주주의가 성숙하게 자리 잡게 하기 위해서는 어떠한 실천적 처방이 필요한 것인가? 필자는 이러한 질문에 답하기 위해 앞에서 소개한 번즈의 도덕성 판단을 위한 세 가지 기준을 준거로 이제까지 한국의 정치지도자들이 노정했던 비도덕성의 내용을 검토하고 이를 바탕으로 장차 필요한 것이 무엇인지를 살펴보고자 한다. 그리고 이러한 시도는 자연스럽게 대통령선거에서 우리가 뽑아야 하는 대통령은 어떠한 사람이어야 하는지에 대한 논의로 연결되는 것이다.

첫째, 새 대통령은 "분명한 이념과 노선으로 국가경영의 비전을 제시할 수 있는 사람"이어야 한다. 오늘날 한국의 정치상황에 뚜렷한 이념과 노선을 앞세우고 그것을 바탕으로 정책들을 개발하고 실천하고 있는 정당이 아직도 없다. 우리의 정당들은 대부분 오로지 대통령선거에서 이기기 위한 목적에서 선거 때마다 새로 만들거나 집권한 이후 각종 정치술수로 이념이나 노선상의 차이를 불문하고 과거 이승만이 그랬던 것처럼 '덮어놓고 뭉치자'식으로 이 사람 저 사람 다 끌어 모은 "캐치올"(catch-all) 정당이었다. 이러한 정당들은 원칙 없는 실용주의, 천박한 현실주의의 표본이며, 이해관계가 달라지면 즉시

갈리는 반짝 정당들이다. 현재의 한나라당이나 새천년민주당도 예외
가 아니다. 이것은 이념논쟁이나 사상갈등을 국론분열책동으로 몰았
던 냉전정치의 유산이며, 선거에서 무조건 이기고 보자는 권력정치
의 소산이다.

　그러나 이제 탈냉전시대를 생산적 민주정치로 헤쳐나가기 위해서
는 우선 먼저 이념과 노선이 선명한 정치지도자들을 중심으로 정당을
새로 만들고 그것을 바탕으로 정치지도자 혹은 정당간에 신선한 정책
경쟁을 펼쳐야 한다. 뚜렷한 이념이나 노선이 없이도 그때그때의 이
해관계에 따라 정당이 만들어지고 대권경쟁에서 이길 수는 있지만,
일관된 정책집행이 매우 어렵고, 정당정치의 정착에도 큰 장애가 된
다. 이념이 있어야 누구나 주장하는 "개혁"의 내용과 방향이 정해지
는 것이며, 따라서 개혁을 추구한다는 것이 곧 이념이 될 수는 없다.
따라서 누구든 스스로 보수주의자라면 노조와 끝까지 대립하면서 자
신의 보수주의 원칙을 끝까지 지키면서 영국병을 고치는 데 성공했던
마거릿 대처가 되어야 하고, 또 누구든 스스로 진보주의자라면 자신
의 이념지향을 분명히 밝히고 정치생명을 돌보지 않고 대 이승만 투
쟁에 나섰던 조봉암이 되어야 한다. 그래야만 정치적 경쟁관계라 해
도 서로 믿을 수 있고, 국민들이 신뢰하고 따를 수 있다. 그리고 이
념논쟁을 전 시대적 관행으로 치부하는 것은 위험천만한 일이다. 이
미 이념논쟁을 오래전에 경험하고 그것을 바탕으로 정당발전, 정치
발전을 구가하는 구미선진국가들의 처지와 제대로 이념과 노선에 따
른 정치가 시행되지 못했고, 따라서 정치·사회적 통합을 올바로 이
루어보지 못한 우리 정치는 크게 다르다. 우리의 현 발전단계를 성찰
하고 우리 정치와 사회가 지닌 문제들을 하나하나 꾸준히 해결하는
노력이 중요하며, 그러한 노력을 경주하는 과정에 서로 상이한 이상
과 방법이 얼마든지 제시될 수 있는 것이다. 이념과 노선은 국가경영

의 대본(大本)이며 정치적 지지확산의 출발점인 것이다.

지금까지는 권력지향적 목적에 따라 당과 인물이 이합집산했지만, 이제는 안 된다. 이번에도 그렇게 되면 우리의 정치는 부정부패와 비합리와 비능률의 수렁에서 벗어나지 못하고 더러운 기회주의적 권력 게임으로 다시 주저앉고 말 것이다. 우리의 경우 정당지지도나 투표 참여율이 저조한 것은 국민들의 정치의식이 성숙해서라기보다 "지지하고 즐거워할 만한" 제대로 된 정당이나 지도자가 보이지 않기 때문이라고 보는 것이 타당하다. 뚜렷한 이념과 노선을 천명하고 이에 따라 "이불변 응만변"(以不變 應萬變)의 지혜로 국민들에게 방향과 희망을 제시해주는 일이야말로 정치지도자의 첫 번째 임무이다. 그리고 그러한 정치지도자만이 "강력한 리더십"을 발휘할 수 있다. 이념과 노선에 따라 "적과 동지"의 구분이 명확하면 서로 신뢰하거나 존경할 수 있는 관계의 형성이 가능하지만, 그렇지 못하면 일순간 겉으로는 좋아 보이나 궁극적으로는 서로가 불신하거나 정략적 이용의 대상으로만 인식하는 불건전한 관계가 지속될 뿐이다.

둘째, 여러 행동양식가치들이 몸에 배어 있을 뿐 아니라, "말 잘하는 사람"이 최고지도자가 되어야 한다. 다른 동물들과 구별되게 오직 인간에게만 언어능력이 있다. 정치와 커뮤니케이션이 아주 밀접한 관계에 놓여 있다는 것은 2천여 년 전부터 아리스토텔레스를 포함한 많은 학자들에 의해 공통적으로 인정된 사실이다. 정치인들의 말, 즉 커뮤니케이션을 통해 공동체의 구성원들은 가치와 목표가 무엇인지 분명하게 인식하게 되고, 주변의 사회환경과 의미 있는 관계를 형성한다. 또 어떤 면에서 "정치는 곧 언어게임"이다. 그렇기 때문에 정치지도자들은 유권자들과 정치엘리트들에게 설득력 있게 말함으로써 권력을 얻게 되며, 권력을 잡은 이후에도 그들의 매일의 활동은 대부분 입을 열어 말을 하는 행위로 이루어진다. 따라서 정치지도자가 말을 잘하고 수사(修辭)에 능하다는 것은 매우 중요하며 특히 민주주의 정치의 핵심이다.

그렇다면 "말 잘하는 사람은 누구인가?" 그는 "빈 수레가 요란하다"는 속담에 나오는 그 빈 수레가 결코 아니다. 술 퍼마시며 분위기 잘 잡고 목에 핏대를 세우며 한바탕 큰소리나 치는 사람이 결코 아니다. 말 잘하는 사람은 우선 개인 차원의 여러 행동양식가치들 — 정직함, 성실함, 진실함, 준법, 균형 잡힘, 용기 있음, 약속 잘 지킴, 중언부언하지 않음, 시의 적절함, 변명하지 않음 — 을 실천함으로써 형성된 인격을 바탕으로 말하고 일하는 사람이다. 또 논어 계씨 편의 가르침대로 군자란 "군자유구사"(君子有九思) — 시사명(視思明), 청사총(聽思聰), 색사온(色思溫), 모사공(貌思恭), 언사충(言思忠), 사사경(事思敬), 의사문(疑思問), 분사난(忿思難), 견득사의(見得思義) — 를 실천하는 사람이다. 만약 그렇지 않다면 말 잘하는 사람이란 성경 중의 잠언에 이른 대로 "허탄(虛誕)과 거짓말"을 늘어놓는 사람일 수밖에 없다. 정치가가 일을 잘한다는 것은 매우 중요하다. 그렇지만 국민들과의 의미 있는 관계는 여러 형태의 커뮤니케이션에 의해 가능하기 때문에 정치에서 말의 중요성 또한 아무리 강조해도 지나치지 않는다.

이제 한국의 새 대통령은 정말로 말을 잘하는 사람이 되어야 한다. 그동안 권위주의 정치와 패거리 정치문화가 지배적이던 시대에는 말이 별로 필요하지 않았다. 또는 일방적이거나 비속한 말이나 글 — 지시, 명령, 규정, 반말, 막말, 거짓말, 욕설 — 들이 주를 이루었다. 그러나 이제는 일상적 담화와 대화가 무르익는 새로운 커뮤니케이션 문화를 전제로 하는 정치가 열려야 한다. 그렇기 때문에 이 시대를 이끌어 갈 지도자는 마땅히 쌍방통행의 진지한 토론, 진실과 여유가 담긴 대화, 그리고 이러한 풍성한 담론들로 형성되는 윤기 있는 문화

환경을 앞장서 주도할 수 있는 수사에 능한 인물이어야 한다. 이젠 우리 국민들도 정치인들의 유머 섞이고 요령 있는 연설과 내용이 알찬 토론을 즐기고 싶어한다. 그래서 말 잘하는 지도자가 이끌어 가는 정치는 곧 "다 말씀하게 하여(盡白) 다함께 살게 하는(盡生) 다사리"로 실천되는 것이며, 이렇게 될 때 우리의 민주주의도 마침내 활짝 아름다운 꽃을 피울 수 있게 된다.

셋째, 무엇보다도 그동안의 정치과정에서 민주주의의 건강한 제도화에 장애가 되는 기존의 "여러 고질적 문제들을 해결하기 위해 일관되게 노력해온 사람"이 새 대통령으로 뽑혀야 한다. 즉, 정치독재, 부정부패, 권력형 비리, 지역편중 인사정책, 불법정치자금 조성, 권위주의적 정치문화 등과 같은 우리나라 정치의 고질적 병폐들을 해결하기 위해 성실하게 땀 흘려 일해 온 사람을 최고지도자로 뽑는 것이 필요하다. 이러한 문제들은 정치적 이념이나 노선이 무엇이든 한국의 정치지도자라면 누구나 깊은 관심을 가지고 해결하기 위해 노력해야 하는 과제이다. 그렇기 때문에 이러한 문제들의 해결에 소홀할 때, 그는 비도덕적이란 비판을 면하기 어렵다. 왜냐하면 우리 정치의 민주주의와 그것을 둘러싼 환경은, 성숙한 구미국가들의 상황과는 다르게, 각종 부조리 부패 및 일상화된 권위주의 문화들로 막혀 있기 때문에, 대통령과 같이 선출된 공직담임자는 그저 자리에 앉아 있기만 해서는 결코 안 되고 그러한 막힘과 막힘의 가능성들을 제거하고 약화시키기에 각별한 노력을 기울여야 한다.

주의해야 할 것은 선거가 임박해서 "내가 당선되면 이러한 문제해결을 위해 몸 던져 일하겠다"는 사람보다도, 공직에 있을 때든 개인적 차원에서든 그러한 불합리한 행태를 고쳐나가는 데 일관된 입장을 보이고 또 꾸준히 실천해온 인물이 지지를 받아야 한다는 점이다. 막연한 잠재력이나 가능성보다는 하나라도 꼼꼼히 실천해온 사람이야말로 우리가 신뢰할 수 있는 지도자인 것이다. 혹여 뚜렷한 이념적 지향이나 실천적 경험도 없이 "이왕 나섰으니 대통령은 하고 그만 두어야지"라든지 "나도 한번 대통령이 되어 보자"는 식의 기회주의적 인사들이 쏟아놓는 막연한 미래희망에 기대를 걸어서는 안 된다. 그보다는 비록 사람들의 눈에는 잘 드러나지 않지만, 이념과 노선이 보수든 진보든, 한국의 정치발전에 대해 깊은 문제의식을 갖고 각종 문제들의 해결을 위해 자기 분야에서 성실하게 일한 지도자가 누구인지 잘 살펴보아야 한다. 그렇지 않고 '적당히' 대통령이 되어 '적당히' 자리와 돈을 배분하면서 '적당히' 권력을 즐기려는 인사는 처음부터 고려의 대상에서 제외하는 것이 좋다. 우리의 국정(國情)과 민생(民生)은 아직 그렇게 한가롭지 않다.

5. 맺음말: 누구를 뽑을 것인가?

이상 세 가지의 기준으로 볼 때, 대선을 앞두고 후보로 나와 있거나 물망에 오르는 인물들 중 세 가지 기준 모두에 충분히 합당한 후보를 찾기 어렵다.

한나라당 이회창 후보는 스스로 '개혁적 보수'라고 하지만 작위적 성격이 강하게 풍기며 속에서 우러나는 대중감화력과 언어적 설득력이 불충분하다. 그가 국민들에게 '법치구현'을 강조하지만 그에 대한 '병풍', '세풍', '북풍'과 관련된 의혹들이 상존하고, 또 그간의 정치과정에서 스스로 그럴 수 있으리라는 믿음과 비전을 보여주지 못하였다.

새천년민주당 노무현 후보는 민주당의 대선 후보경선 과정에서 재야시절부터 현재까지 일관되게 진보노선을 추구해온 점을 인정받아 '노풍'을 일으키며 대통령후보로 당선되었으나, 이후의 정치과정에서 말이 절제되지 못했고 노선의 일관성에 의구심을 갖게 하는 언행까지 보여 실망을 주었다.

현재 각급 여론조사에서 앞서고 있는 무소속 정몽준 의원은 말을 절제하는 가운데 '국민들은 혁명적 변화를 원하고' 자신을 이러한 '시대적 변화에 대응하는 인물'로 홍보하고 있지만 변화의 방향과 방법을 포함한 자신의 이념과 그가 어떠한 문제의식으로 무슨 일을 해왔는지를 신빙성 있게 드러내지 못하고 있다.

'확실한 보수'를 내세우는 박근혜 한국미래연합 대표는 비교적 정리된 언어구사능력과 함께 대중적 매력도 지녔으나 임시로 퍼스트레이디 역할을 한 이외에 직접 국정을 맡아 일해 본 경험이 없어 그녀의 능력이 어느 정도인지 헤아리기 어렵다.

보수성향임에도 무리하면서까지 현 정부에서 총리까지 지낸 이한동 씨는 이제까지의 무이념적 권력정치에 매우 익숙한 인물로, 스스로 '의리 있는 돌쇠'임을 확인받고 싶어하지만 자신이 어떠한 의리를 염두에 두고 대선출마를 꿈꾸는지 모호하다.

엘리트적 속성은 엘리트 개인의 능력과 그것을 바탕으로 획득한 정치사회적 지위를 내용으로 하는 "지위중심적이고 개별적인" 개념이지만, 리더십은 공동체적 문제해결 과정에서 형성되는 여러 관계들 속에서 일하는 리더의 속성으로 "관계적이고 집단적인" 개념이다. 그렇기 때문에 나라를 맡아 국민을 이끌어 갈 지도자는 결코 혼자서 크지 않는다. 누구나 자신의 입지(立志)와 함께 자발적인 시민단체나 자신의 직장에서 정상적 활동을 통해 성장하는 것이다. 그런 점에서 필자는 최근 건전하게 성장하고 있는 여러 NGO들의 활동과 함께 붉은악마 응원단과 노사모가 앞으로 장래세대들의 정치사회화 과정에 큰 영향을 미칠 것이며, 그러한 과정을 통해 민주적 리더십을 체험적으로 갖춘 차세대 지도자들이 성장할 것으로 기대한다. 이러한 점들을 고려할 때, 가장 바람직한 것은 선거 이전의 여러 과정들을 통해 장차 나라를 맡아 국민들을 이끌어갈 만한 존경받는 후보가 자연스럽게 드러나고 그가 선거라는 법적 절차를 통해 국민들의 기대와 축복 속에서 인준받는 양상으로 대통령이 선출되는 것이다.

그러나 우리의 정치는 아직 그럴 수준이 아니다. 따라서 비록 현재의 대선 후보들이나 물망에 오른 인물들이 모두 충분히 만족스럽지 못하다 해도 우리는 이들 중 정치인들의 도덕적 리더십과 관련하여 앞에서 언급한 세 가지 기준들에 가장 가까운 인물을 뽑아 국가경영 차원에서 "우리가 존경하고 따를" 지도자로 세울 수밖에 없는 것이다. 민주주의라는 이름의 나무는 조금씩 천천히 자란다.

제19장   중용리더십과 한국민주주의*

1. 머리말: 정치와 중용의 문제

정치는 적어도 두 가지 얼굴을 가지고 있다. 하나는 냉정한 권력투쟁
이고, 다른 하나는 공동체적 비전을 가지고 국리민복을 보살피는 일
이다. 그래서 특히 오늘날처럼 국민의 기대와 요구가 증가하여 국가
가 담당해야 할 일이 많아진 시대에 정치를 그저 권력투쟁으로만 이해
하는 것은 바람직하지도 않고, 현실적이지도 못하다. 그런 점에서 정
치를 권력차원의 경쟁이 수반된 국가경영으로 이해하는 것이 필요하
다. 또 국가발전을 위해 선택된 가치들을 바탕으로 필요한 정책을 마
련하고 집행하는 것이 정치지도자의 마땅한 소임이라 할 것이다. 1)

---

 * 이 논문은 민세안재홍선생기념사업회가 주최한 제 1회 민세포럼(프레스센
   터, 2011. 9. 5)에서 발표되었던 필자의 글을 대폭 수정·가필하여 새로
   쓴 것임.
 1) 정윤재, 《정치리더십과 한국민주주의》(나남출판, 2013, pp. 573~614). 이
    와 같은 맥락에서 일부 정치학자는 철학적 사유를 바탕으로 한국정치를 여러
    가치와 관련하여 논의할 필요가 있음을 주장하였다. 김홍우·홍광엽 외, 《가
    치와 한국정치》(소화, 2005) 참조.

가치(價値)는 정치영역은 물론 일상생활 속에서 인지나 감정과 함께 인간행위를 구성하는 중요한 요소 중 하나이며, 특히 다른 요소보다 동기부차적인 속성이 있어 많은 관심과 연구의 대상이 되어 왔다. 그리고 어떤 대상에 대한 인간의 인지기능과 비교할 때, 가치는 보다 깊이 내면화되어 있어 인간의 일상적인 생활에 대한 태도뿐만 아니라 정치, 사회적인 행동의 성격도 규정하는 경향이 있다. 정치학자 번즈(James M. Burns)에 의하면, 정치지도자의 리더십 행동과 관련된 가치는 크게 두 가지 범주로 정리된다. 하나는 "목적가치"(end values) 이고, 다른 하나는 "행동양식가치"(modal values) 이다.[2] 전자는 국정이념이나 비전을 규범적으로 제시하는 것과 관련된 보편적 가치로서 자유, 평등, 존엄, 그리고 인권 등이 포함된다. 이러한 보편가치를 반영한 민족주의, 민주주의, 공화주의, 자유주의, 사회주의도 목적가치가 될 수 있다. 후자는 이 같은 목적가치를 지향하는 엘리트나 지도자가 언행상 구비해야 하는 가치로서 신중, 명예, 용기, 정중, 정직, 공정 등이 이에 해당된다. 또 약속 지키기, 균형감각, 근면성실, 관용, 배려, 준법 등도 이에 포함될 수 있다. 오늘날과 같은 민주주의 시대에서 정치지도자가 성공하려면 이와 같은 목적가치와 행동양식가치를 적절하게 구비·실천하면서, 국민이 자유롭게 발언하고 참여할 수 있게 하는 의지와 제도를 갖춰야 하는 것이다.[3]

그런데, 정치와 관련된 여러 가치 중 특히 동양사회에서 중요시되어 온 가치인 중용(中庸)을 생각할 때, 우리는 적잖이 혼란스럽다. 왜냐하면, 그것은 어디서나 인간이라면 누구나 추구해 마땅한 보편적 규범으로서 "천"(天) 혹은 "천명"(天命)과 관련하여[4] 그 철학적 내포

---

2) James M. Burns 저, 한국리더십연구회 역, 《리더십 강의》(미래인력연구센터, 2000), pp. 143~153 참조.
3) 정윤재(2013), 앞의 책, pp. 47~50 참조.

가 매우 광범위해서 언뜻 현실과는 동떨어진 추상적인 사변에 불과한 것처럼 보이기 때문이다. 또한 중용은 흔히 균형 감각이나 신중함과 같은 행동양식가치로 간주되면서도, 현실적으로는 정치적 기회주의자의 행동을 포장하거나 비판하는 용어로 자주 이용되기도 한다.

이 같은 혼란스러운 이미지에도 불구하고 중용은 이미 우리의 일상과 정치담론에 깊숙이 자리 잡고 있고, 더욱이 윤리적 · 정치적 판단과 평가의 중요한 기준이 되고 있다. 이런 까닭에 중용에 대한 적정한 이해와 그 실천에 대한 탐구는 언제나 필요한 일이다. 이런 관점에서 2012년에 출간된 최상용 교수의 《중용의 정치사상》[5]은 시의적절한 학문적 기여라고 생각된다. 하나의 보편적 규범이나 목적가치로서의 중용에 대한 논의와 연구는 적지 않지만 정치적 실천에 필요한 행동양식으로서의 중용에 대한 논의는 부족한 편이다. 이와 같은 현실에서 "정치적 사고"로서의 중용에 대한 최상용의 연구는 시사하는 바가 크다. 그는 사람들의 가치관이나 행동양식이 "상대화"된 오늘날에 동서양의 공통 규범인 중용에 대한 연구의 필요성을 강조한다. 구체적으로 고대 동양의 공맹학과 고대 서양의 소크라테스와 플라톤, 그리고 아리스토텔레스에 의한 폴리스학을 중심으로 중용사상을 검토했다. 그는 중용이 동양에서는 요 · 순 · 우 · 탕(堯 · 舜 · 禹 · 湯)과 같은 인물을 기점으로 하는 수기치인론의 전통으로 후세에 이어졌으며, 서양에서는 고대 아테네의 "폴리티"(polity)를 원형으로 하

---

4) 필자는 이 글에서 "천"(天)을 "우주만물의 존재와 운행의 주재이자 인간생활의 규범을 제공하는 본체"로 간주하며, 경우에 따라 "천명"(天命), "천도"(天道) 혹은 "천리"(天理)와 특별한 구별 없이 병용한다. 각주 14 참조.

5) 최상용, 《중용의 정치사상》(2012, 까치). 이외에 중용에 대한 그의 논문으로 다음이 있다. 최상용, "중용탐구: 동 · 서양의 만남," 〈계간 사상〉, 1999년 3월호(통권 제 43호), pp. 6~32; 최상용, "중용정의론과 평화," 미출간 원고.

는 혼합정치체제 탐구의 전통을 형성했다고 파악했다. 6)

　중용에 대한 이 같은 정치사상적 이해와 평가를 바탕으로 최상용은 중용의 현대적 활용과 관련하여 "중용민주주의"라는 개념을 제시하고 이를 통해 현대정치의 폭력성과 극단성이 극복될 수 있기를 기대했다. 7) 그의 "중용민주주의"는 첫째, 인간능력의 가능성과 한계에 대한 자각을 토대로, 둘째, 각종 절대주의, 극단주의, 원리주의, 패권주의를 거부하고, 셋째, 다수와 법의 지배로 중용과 평화를 실현하는 정치체제를 의미했다. 8) 최상용은 중용이야말로 현대 민주주의체제를 더욱 지속가능한 체제로 만드는 데 기여할 수 있는 보편규범으로 생각했다. 그리고 그는 동서양의 훌륭한 정치지도자의 공통된 자질을 "중용적 판단력과 그것에 근거한 중용적 리더십"9)이라고 설명했다. 한마디로 그는 정치적 실천으로서의 중용에 대한 탐구가 궁극적으로는 탁월한 정치지도자로 평가되는 여러 인물에 대한 검토로 이어져야 할 필요성을 확인했던 것이다.

　이상과 같은 관찰과 평가의 연장선상에서 필자는 중용의 정치적 실천 혹은 행동양식으로서의 중용을 "중용리더십"으로 간주하고, 그 성격을 규명하는 데 집중하고자 한다. 이를 위해 먼저 동양인의 중용10)에 대한 관념 형성에 큰 영향을 끼친 《논어》와 《중용》에서의 논의들11)과 조선조 중기의 유학자 고봉(高峯) 기대승(奇大升, 1527~1572)

6) 최상용(2012), 앞의 책, pp. 15~16, pp. 20~21, p. 162.
7) 같은 책, p. 159.
8) 같은 책, p. 162.
9) 같은 책, pp. 157~158.
10) 이 글에서 "중용"은 "중도", "집중"(執中), "적중"(的中), "용중"(用中) 등의 표현이 지향하는 가치를 포괄하는 용어로 쓰고자 한다.
11) 이 글에서 "중용"은 주희의 《중용장구》를 지칭한다. 중용의 가치는 유학자뿐만 아니라 공자가 살았던 춘추전국시대의 제자백가 모두에게 공통된 주제

의 정치적 "중도"(中道)에 대한 견해[12]를 살펴볼 것이다. 그런 다음, 역사적으로 중용을 준거로 국가를 경영했던 대표적 사례로 세종대왕의 경우[13]를 검토하고자 한다. 이러한 검토를 바탕으로 중용리더십에 대한 개념화를 시도하고, 그 특징을 몇 가지 명제로 제시하고자 한다. 마지막으로 이 중용리더십을 키워드로 한국 현대정치사를 개관하고, 한국민주주의의 미래를 간단하게 전망하고자 한다.

2. 중용과 그 실천에 대하여: 《논어》, 《중용》, 고봉을 중심으로

주지하는 바와 같이, 동양의 유교적 전통에서 중용은 "천" 혹은 "천명"을 준거 삼아, [14] 수기치인(修己治人)하려는 군자가 추구하는 최고의

였고, 조선왕조에서도 주자학이 도입된 이래 중용에 대한 철학적 논의는 물론 그 정치적 실천과 관련된 논의가 다양하게 전개되었다. 중용리더십의 개념화 이전에 이에 대한 논의들을 모두 섭렵하는 것이 필요할 것이나, 그것은 현재로서 필자의 능력 밖이라서 이 과제는 차후로 넘기고자 한다.

12) 왜냐하면 조선조 중기 이후 유학은 정치적 실천보다 철학적 논변 혹은 심학적 경향으로 흘렀지만, 적어도 기대승은 그러한 경향 속에서 중용 혹은 중도의 정치적 실천에 대해 집중적인 논의를 폈기 때문이다.

13) 세종은 재위하는 동안 경연에서 《중용》을 진강했고, 공법이나 수령고소금지법을 개정하는 과정과 수령육기제 도입 과정 등을 포함하여 최소한 30회에 걸쳐 중용을 거론하며 국사를 논했다. 이런 이유로 일부 선행연구는 세종의 전반적인 국가경영을 중용을 준거로 한 정치 과정의 산물로 간주하여 그의 여러 면모를 중용적 "마음 씀씀이", 상황의 근본적 변화 없이 서로 다른 입장을 통합하는 "상황적 중용", 그리고 사안의 마땅함을 들어 새로운 정책을 펴는 "창조적 중용"으로 구분하여 소개하기도 했다. 박현모, 《세종처럼: 소통과 헌신의 리더십》(미다스북스, 2008); 정윤재, "수령고소금지법의 개정과 '공공함'의 정치," 〈한국동양정치사상사 연구〉, 제 15권 1호(2016), pp. 1~29; 박병련, "세종의 중용리더십," 정윤재 외, 《세종리더십의 핵심가치》(한국학중앙연구원, 2014), pp. 40~43 참조.

경지로 간주되어 왔다. 이러한 중용에 대한 규범적인 논의는 이미 《서경》과 《시경》에 나타난다. 15) 그리고 춘추전국시대에 난세극복을 위한 처방을 구하는 데 집중했던 공자(孔子)가 제자들과 나누었던 대화를 모은 《논어》와 《예기》에서 분리되어 읽혀 왔던 기왕의 《중용》에 남송(南宋)의 주희(朱熹)가 새로운 주석을 더해 편찬한 《중용장구》에 천명과 중용, 그리고 그 실천에 대한 생각들이 개진되었다.

일찍이 공자는 "도를 실행하는 것도 천명이요, 도를 폐하는 것도 천명"16)이라고 인식했다. 그래서인지 그는 "군자가 두려워하는 것의 첫째로 천명을 들었다. 17) 그리고 이러한 천명에 따라 덕이 구현되는 것을 중용으로 보았다. 그러나 당시 사람들이 중용을 깨닫고 행하지 못함을 안타까워했다. 공자에게 있어 중용이란 "충서"(忠恕)로써 최선을 다해 구하고 체득하여 언제나 겸손한 자세로 인간 세상에 구현하고자 했던 최고의 가치였다. 그렇기에 중용은 천명에 충실한18) 최고의 정치를 추구하며 이상적인 공동체를 지향하는 정치지도자라면

---

14) 공자에게 천 혹은 천명은 언제, 어디에서나 존재하는 것으로, 인격적이며, 우주만물의 생성과 운행의 주재로서 주자(朱子)가 말하는 "이"(理)에 해당한다. 공자 스스로가 언제나 최선을 다해 배우고 따라야 할 대상으로 인식했다. 정종복, "공자의 천명사상 연구," 〈교육과학연구〉, 제4집(1990), pp. 1~17 참조.

15) 유택화 주편, 장현근 역, 《중국정치사상사 선진편: 상》(동과서, 2008), p. 310.

16) 《논어》, 〈헌문〉. '道之將行也與, 命也, 道之將廢也與, 命也'.

17) 《논어》, 〈계씨〉. '孔子曰 君子有三畏, 畏天命, 畏大人, 畏聖人之言'.

18) 공자는 《논어》 곳곳에서 자신이 언제나 하늘(천, 천도, 천명)을 의식하면서 인간과 정치를 말하고 있음을 드러낸다. 예컨대, "하늘이 나에게 덕(사명)이 있으니(天生德於予) 환퇴(桓魋) 따위가 나를 어찌할 수 없다"(술이), "하늘이 사문의 전통을 끊고자 하지 않는다면(天之未喪斯文也), 광(匡) 지역 사람들이 아무리 난폭해도 나를 어찌하겠는가"(자한), "나이 오십에는 천명(天命)을 알고"(위정) 등과 같은 표현이 있다.

누구나 성취하고자 하는 비전이자 목표인 것이다.

《논어》에서 공자는 하늘의 속성인 중용을 근사(近似)하게나마 이룬 것으로 보이는 여러 구체적인 사례를 언급하면서, 중용이란 군자가 천명을 본받아 그 이치를 조금이라도 구현하여 나름대로 도달할 수 있는 최선의 상태로 설명했다.[19] 공자는 또한 군자의 모습을 "언제나 하늘의 이치를 따르는 데 뜻을 두고, 부지런히 그 덕과 인에 합당한 삶을 살며, 자유롭고 거칠 것이 없는 중에 자신의 일을 도모한다"(志於道 據於德 依於仁 遊於藝)[20]고 설명했다.

먼저 공자는 중용을 추구하는 군자의 덕스러우면서도 절제된 삶의 모습을 언급했다. 군자는 스스로에 대해 "망상과 같은 억측, 자기 생각대로만 억지 부림, 한 가지에 편벽됨, 그리고 자기중심적 행동"[21]을 경계하여 언행에 조심한다. 그리고 "밖에서는 공경하고 집 안에서는 효도하며, 상을 당했을 때는 새로 일을 벌이지 않고 평소의 자기 일을 중단하여 상례에만 충실하고, 평소 술을 마셔도 인사불성이 되도록 취하지는 않는다".[22] 공자는 또 지극히 사적인 삶 속에서도 군자는 천명이 항상 작동하고 있음을 의식하고, 자신과 주변을 알뜰하게 챙길 것을 주문했다. 즉, 공자는 잘 때는 죽은 사람처럼 똑바로 눕지 않고, 평소에도 일부러 엄격한 표정을 짓지 않았다. 그리고 상

---

19) 공자는 하늘의 덕을 좋아하기를 색을 좋아하듯 하는 사람을 보지 못했다고 하면서, 다만 그의 제자 안연이 배운 것을 하나라도 버리지 않고 익히기에 힘쓰고, 부지런히 덕행하기를 게을리하지 않았고 도중에 그침이 없이 매일매일 새롭게 나아갔다(吾未見好德如好色者與. 語之而不惰者其回也與. 自謂顏淵曰, 惜乎, 吾見其進也, 未見其止也)고 말했다. 《논어》, 〈자한〉.

20) 《논어》, 〈술이〉.

21) 《논어》, 〈자한〉.

22) 《논어》, 〈자한〉. '子曰 出則事公卿, 入則事父兄, 喪事不敢不勉, 不爲酒困, 何有於我哉'.

을 당한 친구를 보면 그와 아무리 친한 사이라도 반드시 낯빛을 고쳐 조의를 표했고, 관리나 소경을 만났을 때는 아무리 사사로운 자리일 지라도 반드시 정중한 자세로 대했다. 또 지인으로부터 성찬을 대접 받을 때는 반드시 놀란 표정으로 고마움을 표했고, 천둥과 폭풍을 만 났을 때도 경건한 모습을 보였다.[23]

또 군자의 행동과 관련해 "말을 가볍게 하지 않고 혹시라도 제대로 실천하지 않는 것을 부끄럽게 여기면서"[24] 마땅히 "9가지 행동원칙"(君子有九思)[25]을 실천하는 것이 중요하다고 보았다. 그러면서 공적(公的)인 생활 속에서도 중용을 준거로 사는 삶이 어떠한 것인지를 분명하게 보여주었다. 예컨대, 군자는 규정에 어긋나게 편법으로 가신(家臣)을 두는 일을 경계하거나[26] 구이(九夷)지역이 궁벽하여 가기를 꺼리기보다는 그곳에 가서 거기를 더 살기 좋은 곳으로 만든다고 적시했다.[27] 그에게 있어 군자의 배움(好學)이란 단순히 글 읽는 것을 좋아하는 것만이 아니라, 공적인 지도자로서 "음식을 먹되 포식하지 않고, 평소 안일함을 추구하지 않으며, 부지런히 일하되 말은 언제나 조심성 있게 하면서, 도에 합당한 방책을 구하고 시행하여 나라를 바로잡는 것"[28]이었다.

그리고 공자는 매우 현실주의적인 관점에서 정치를 논했다. 즉, 그는 정치란 "우선 백성이 잘 먹고 안심하게 살 수 있게 하면서도 그들이

---

23) 《논어》, 〈향당〉.

24) 《논어》, 〈이인〉. '子曰, 古者言之不出, 恥躬之不逮也'.

25) 《논어》, 〈계씨〉. '孔子曰, 君子有九思, 視思明, 聽思聰, 色思溫, 貌思恭, 言思忠, 事思敬, 疑思問, 忿思難, 見得思義'.

26) 《논어》, 〈이인〉.

27) 《논어》, 〈이인〉.

28) 《논어》, 〈학이〉. '子曰, 君子食無求飽, 居無求安, 敏於事而愼於言, 就有道而正焉, 可謂好學也已'.

지도자를 든든하게 믿는 것이 더 중요"29) 하고, "나라를 먼저 부(富)하게 한 다음, 백성을 가르치는 것(敎)이 필요하다"30)고 역설했다. 그런가 하면 지도자로서 군자는 "먼저 부지런하게 솔선수범하여 땀 흘려 일하는 수고를 감당해야 하며 언제나 그런 일을 귀찮게 여겨 피하지 말고 적극적으로 행해야 한다"31)고 강조했다. 이 같은 맥락에서 공자는 "최고지도자가 즐거이 예(禮)를 지키고 의(義)를 행하면 백성이 당연히 존경하고 복종할 것이며, 또 지도자가 흔쾌히 믿음(信)을 주면 백성은 성의를 다해 일할 것"32)이므로 최고지도자의 솔선수범이 얼마나 중요한지를 강조했다. 또 "최고지도자가 권력을 가지고 일하는 합당한 이유와 명분(正名), 즉 국가차원의 비전이 분명하게 제시되고 공유될 때, 백성 사이의 소통이 원활해지고 나랏일이 제대로 수행되어 백성은 걱정 없이 편안하고 관리도 구차한 변명을 늘어놓을 필요가 없다"33)고 설명했다. 한편 공자는 중용의 정치적 실천과 관련하여 그것을 "시중"(時中)으로 이해하고,34) 이 시중을 저울질을 의미하는 "권"(權)의 개념으로 풀이했다. 공자는《논어》의〈자한〉(子罕)편 마지막 부분에서 군자가 성숙한 지도자로 성장해 가는 단계를 다음과 같

---

29)《논어》,〈안연〉. '子貢問政, 子曰, 足食 足兵 民信之矣'.

30)《논어》,〈자로〉. '子適衛, 冉有僕, 子曰 庶矣哉, 冉有曰 旣庶矣, 又何加焉, 曰 富之, 曰 旣富矣 又何加焉, 曰 敎之'.

31)《논어》,〈자로〉. '子路問政, 子曰 先之勞之'.

32)《논어》,〈자로〉, '子曰 (중략) 上好禮 則民莫敢不敬, 上好義 則民莫敢不服, 上好信 則民莫敢不用情'.

33)《논어》,〈자로〉. '子路曰 衛君待子而爲政 子將奚先, 子曰 必也正名乎'.

34) 공자는 군자는 언제나 천리를 의식하고 체득하여 그것에 따르고자 하기 때문에 그의 중용은 군자로서 때에 맞는 "시중"이지만, 소인은 그렇지 아니하기 때문에 소인에게도 중용이 있다면 그것은 절제함과 신중함이 없는 소인의 그것에 불과한 것이라고 구별했다.《중용》,〈장구〉. '君子之中庸, 君子而侍中, 小人之中庸, 小人而無忌憚也'.

이 말했다. "사람들이 함께 배워도(學), 재능을 보이는 전문분야(道)는 각기 다르며, 같은 분야에서 재능을 발휘한다 해도 그 성취와 입신의 정도(位)가 다르다. 그리고 각각 입신하여 활동한다 해도 그 행사의 시의성과 공평무사함(權)이 사람마다 다 같지는 않다."35) 공자는 이렇게 정치지도자로서의 군자가 성숙한 자아실현 과정에서 보여주는 높은 수준의 행동양식을 "권"으로 표현했던 것이다.36)

이상에서 보듯, 공자는 정치 혹은 국가경영을 매우 현실주의적인 관점에서 바라보며, 특히 정치지도자의 상황에 적합한 선택과 행동의 중요성을 강조했다. 그러면서 그는 물질적 조건과 함께 정신적·심리적 가치의 중요성을, 그리고 말과 논리뿐 아니라 부지런하게 솔선수범하여 일하는 것의 중요성을 각별히 강조했다. 또 민본(民本)이 중요하다고 인식하면서도 실제의 정치 과정에서 최고지도자 자신의 마땅한 판단과 냉정한 선택에 따른 예방적이고 선제적인 조치가 중요함을 지적함으로써 중용의 정치적 실천이 실제로 어떠한 것인지를 분

---

35) 《논어》,〈자한〉. '子曰 可與共學 未可與適道, 可與適道 未可與立, 可與立 未可與權'.

36) 또한 공자와 같은 시대에 묵자(墨子)도 사태의 경중을 헤아리는 저울이란 의미로 권(權)이란 용어를 사용했다. 순자(荀子)는 인간의 헤아려 생각하는 사유능력의 의미로 권형(權衡)이란 용어를 사용했고, 다산 정약용도 이 용어를 취했다. 정약용은 맹자의 성선론을 이어받고 활용하여, 사람은 누구나 "자작"(自作)하는 존재이며, 각자 윤리적 주체로서의 권한 혹은 능력, 즉 "자주지권"(自主之權)을 갖는다는 사상을 폈고, 이 자주지권을 권형(權衡)이라고 별칭했던 것이다. 이 부분에 대해서는 다음을 참조했다. 고승환, "다산 정약용의 권형론 해석: 선진문헌에 대한 고증을 바탕으로,"〈다산학〉, 제29호(2016. 12), pp. 197~248; 정일균, "다산 정약용의〈중용〉론,"〈태동고전연구〉, 제15집, pp. 1~37; 정윤재, "정약용의 자작적(自作的) 인간관과 왕정개혁론: 조선후기 정치권력의 공공성문제와 관련하여,"〈한국정치학회보〉, 제33집 4호, pp. 83~104.

명히 보여주었다.

그리고 《중용》에도 공자의 생각과 유사한 맥락에서 개진된 천명과 중용에 대한 생각들이 개진되어 있다. 천명은 인간세계를 포함한 우주만물의 존재와 운행의 "보이지 않는 생명력"(性)이다.[37] 그리고 중용은 현실과 동떨어진 철학적 사변이 아니라 인간을 포함한 삼라만상의 운행을 규정하는 "천" 혹은 "천명"의 속성이다. 즉, 천명은 "편벽됨이 없이 두루 골고루 덕을 베풀며 평형을 이루고"(中) 동시에 "그러한 베풂의 작용이 변함없이 지속되는"(庸) 속성을 지닌다.[38] 그리고 이러한 중용의 지상구현을 위해서 요구되는 것이 바로 매사에 진실한 자세로 최선을 다하는 인간의 "성실함"(誠實)[39]이라고 했다. 그래서 이 같은 중용은 누구나 다 실천할 수 있는 것으로 생각되지는 않았다. 즉, "군자는 중용을 추구하나 소인은 중용을 거슬러 행동한다"[40]고 했으며, "군자의 중용은 군자로서 때에 따라 맞게 하는 것이고, 소인의 중용은 소인으로서 기탄이 없는 것이다"[41]라고 함으로써 중용 현실태(現實態)는 사람마다 다름을 인정했다. 중용은 하늘의 이치를 진정으로 배우고 따르며 품격 있고 공의로운 정치를 행하고자 하는 군자에게 기대되는 가치이다. 달리 말해, 중용은 행위주체인 사람의 품격과 수련의 정도에 따라 상이하게 드러나는 보편가치이다.

---

37) 《중용》, 〈장구〉. '天命之謂性'.

38) 《중용》, 〈장구〉. '不偏之謂中, 不易之謂庸'.

39) 성실함은 드러나지 않음이 없고, 성실함은 만물의 끝과 시작(誠者 物之終始)으로 성실함이 없으면 만물이 존재하지 않는다(不誠無物). 그래서 군자는 성실함을 늘 귀하게 여긴다(君子 誠之爲貴). 지극한 정성은 쉬는 법이 없다(至誠 無息). 《중용》, 〈장구〉, 16·25·26.

40) 《중용》, 〈장구〉. '君子中庸, 小人反中庸'.

41) 《중용》, 〈장구〉. '君子之中庸也 君子而時中. 小人之反中庸也, 小人而無忌憚也'.

또한 《중용》은 중용리더십의 역사적 사례로 순(舜)임금을 들면서 그가 국사를 맡아 어떻게 일했는지를 자세하게 기술하고 있다. 첫째, 순임금은 언제나 고전을 읽으며 그 가르침과 역사를 체득하고, 주변에 물으면서 일하기를 좋아했다(好問). 둘째, 순임금은 정사를 돌보는 가운데 사안과 상황을 잘 파악하면서 관련된 사람들의 말이나 여론의 추이를 세심하게 들었다(察邇言). 셋째, 언제나 사리와 시세에 합당하게 일을 처리하여 선을 드러내고 악을 누르고자 했다(揚善). 넷째, 순임금은 지도자로서 사안을 종합적으로 살펴 백성에게 알맞고 균형 잡힌 서비스를 제공했다(執其兩端 用其中於民).[42]

다른 한편, 조선왕조의 선조(宣祖) 초기에 직제학과 대사헌을 지낸 성리학자 기대승도 중용의 실천과 관련하여 유익한 견해를 남겼다. 그는 경연에서 명종 때 소윤의 영수 윤원형이 정권을 장악했을 때처럼 조정에서 정치적 토론이 부재한 당시 세태를 비판하면서 다음과 같이 말했다. "근래에는 대소의 일에 대해 말하는 자가 있으면 과격(過激)하다고 하면서 중도(中道)를 얻어야 한다고 합니다. 아랫사람들이 어찌 중도를 배우고 싶지 않겠습니까마는 '중'(中) 자는 가장 알기 어렵습니다. 그러나 선(善)한 사람과 악(惡)한 사람을 똑같이 대해주는 것이 중도가 아니고, 선을 드러내고 악을 막는 것이 중도입니다." 그는 또한, "매사에 '과격해서는 안 된다'고 말하는 것이 중도가 아니라 일이 마땅하게 되도록 하는 것이 바로 중도"(凡事以爲不可過激者, 非中. 而事之當然者, 乃中也)라고 주장했다.[43]

기대승은 "선한 사람과 악한 사람을 모두 거두어 함께 기르려고 하면 이것은 자막(子莫)의 집중(執中)"[44]이라면서 중도가 어정쩡한 중간치

42) 《중용》, 〈장구〉.
43) 기대승 저, 성백효 외 역, 《고봉전서 2》, 〈논사록〉 하권, pp. 200~201. 이하에서 《고봉전서 2》로 인용함.

를 취하는 것이 아님을 분명히 밝혔다. 그는 "한 자 되는 가지런한 나무막대기를 가지고 말한다면 다섯 치 되는 곳이 중도가 되지만, 가볍거나 무거운 물건일 경우에는 저울질로 무게를 달아 보며 중도를 찾는다"(以一尺木言之則五寸爲中, 以一輕一重言之則稱物爲中)[45]라고 말함으로써, 현실적으로 중도는 중간치가 되는 어느 하나가 아니라 대상과 목적에 따라 다양하게 선택되는 것으로 설명했다. 그는 또 "도(道)에 귀중한 것은 중도(中道)이고, 중도에 귀중한 것은 권도(權道)"[46]라고 말함으로써 정치지도자는 언제나 중용을 마음에 두고 그에 준거한 분명한 입장을 제시하면서도 때와 장소, 대상과 목적을 고루 헤아리고 융통성을 발휘하여 일을 마땅하게 처리할 줄 알아야 한다고 강조했다.[47]

그리고 기대승은 임금이 "중용의 도"를 구현하고자 진력하는 가운데 "아랫사람은 마땅히 기질(氣質)을 강대(剛大)하게 가지도록 힘써서 강포한 자를 두려워하지 않아야 할 것"[48]이라고 간절하게 말했다. 그는 이어서 "군자와 소인이 함께 있으면 형세(形勢)상 군자가 반드시 이기지 못한다. 군자는 소인을 이기지 못하면 몸을 이끌고 물러가

---

44) "子莫의 執中"은 두 가지의 중간을 헤아려 향하는 것으로 변통할 줄 모르는 중간치 행위를 지칭하는 말로 《맹자》, 〈고자 하〉에 나온다. "양주(楊朱)는 자신의 지조만 생각하고, 묵적(墨翟)은 모든 사람을 다 똑같이 사랑하여 각기 한쪽에 치우쳐 있다. 자막은 이 두 사람의 중간을 헤아려 행동한다니 도에 가깝다 하겠다. 그러나 때와 장소에 따라 적절히 변통하지 못한다면 이것 역시 해롭다."

45) 이 부분에서 필자는 "稱物"을 말 그대로 "저울질"로 이해했다. 《고봉전서 2》, p. 202.

46) 이 말은 군자가 정치를 행할 때(行道), 중도(中道), 즉 천도(天道)라는 보편적 규범을 준거로 하면서, 현실적으로 주어진 상황과 여건을 종합적으로 헤아리는 것(權道)이 중요하다는 뜻이다.

47) 《고봉전서 2》, pp. 201~202.

48) 《고봉전서 2》, p. 197.

도를 즐기면서 고민하지만, 소인은 군자를 이기지 못하면 갖가지 방법을 동원하여 선동하고 결탁해서 반드시 이기고야 만다"고 부연했다. 그리고 "소인이 권세를 잡으면 현량한 사람들에게 큰 해독을 끼치고 천하가 혼란해지는 것을 막을 수 없다"고 단언하면서, 그렇기 때문에 임금은 군자와 소인을 잘 분별하여 등용해야 한다고 강조했다. [49] 그리고 임금이 중도로 정사를 돌볼 때 현실적으로 경계해야 할 "9가지 폐단"[50]을 일일이 지적하면서 중용에 입각한 정치가 결코 기회주의적이고 중간자적 방임이 아님을 주장했다. 그것은 어떠한 경우라도 천리(天理)를 준거로 가장 마땅한 정치를 행하고자 하는 군자의 행사(行事)임을 역설했던 것이다.

중용과 그 실천에 대한 이상과 같은 검토를 통해 확인된 것은 다음과 같다. 첫째, 중용은 천명의 속성이며 동양의 유교전통에서 최고의 규범이자 대표적인 목적가치이다. 둘째, 지도자인 군자는 현실 속에서 중용을 최대한 체득하여 그것에 가까운 조화와 통합을 성취하고자 노력한다. 셋째, 중용은 군자가 공사 간의 생활 속에서 준행해야 할 행동양식가치로 간주되어 왔고, 그것은 마땅한 주견, 겸손함, 부지런함, 성실함, 예의 바름, 종합적인 사고와 적극적인 행동 등과 같은 덕성을 포함한다. 넷째, 중용은 단순히 균형감각이나 신중함만을 의미하거나 중간자적인 행태를 지칭하지는 않는다.

---

49) 송나라 재상 부필(富弼)의 말.《고봉전서 2》, p. 201.
50) "9가지 폐단"은 당인(唐人) 육지(陸贄)의 말로, "윗사람에게 해당되는 6가지"(남을 이기기 좋아하는 것, 과실 듣기를 부끄러워하는 것, 구변을 구사하는 것, 총명을 자랑하는 것, 위엄을 사납게 부리는 것, 강퍅한 행동을 자행하는 것)와 "아랫사람에게 해당되는 3가지"(아첨하는 것, 이리저리 형세를 관망하는 것, 두려워하고 연약한 것)이다.《고봉전서 2》, p. 202.

3. 세종의 "천민·대천이물"의 정치: 지극정성, 균형감각, 추진력

세종은 조선왕조에서 중용의 정치를 행했다고 평가되는 대표적인 군주다. 이 절에서는 세종이 정사를 돌보는 과정에서 실제로 어떻게 생각하고 행동했는지를 검토하는 것이 필요한바, 그가 재위 32년 동안 보여준 리더십 행동은 적어도 다음과 같은 3가지 특징을 포함하고 있었다.

1) 사상적 "줏대"[51)]가 분명했던 지극정성의 지도자

세종은 어려서부터 책 읽기를 무척 좋아해 《시경》, 《맹자》, 《사기》 등 동양의 역사와 사상, 그리고 문학에 걸친 웬만한 고전을 거의 다 섭렵했다. 그리고 태조 대에서 세종 대까지 왕세자 교육의 현장인 서연(書筵)에서 활용된 교재가 '사서오경'(四書五經)을 포함하여 《효경》, 《소학》, 《자치통감강목》, 《대학연의》, 《사륜요집》등이었던 것으로 보아,[52)] 세종은 대군을 거쳐 임금으로 즉위하기까지 최고지도자로서의 내면적 준비를 충실하게 마쳤던 것으로 추정된다. 즉, 세종은 일찍부터 유교적 민본(民本)에 충실한 성군(聖君)을 지향하는 내성외왕(內聖外王)의 구도 아래, 국왕과 왕세자에 대한 철저한 학문적 수련을 강조하는 성리학의 전통에 따른 리더십 훈련을 정상적으로 받았던 것이다.[53)]

---

51) "줏대"란 보통 "정체성"(正體性)으로 번역되는 *identity*를 순우리말로 표기한 것이다.

52) 세종의 성장과 교육내용에 대해서는 정재훈, "세종의 왕자교육", 정윤재 외, 《세종의 국가경영》(지식산업사, 2006), pp. 29~52 참조.

53) 이 같은 학문적 수련 외에 세종은 즉위한 이후 약 4년 동안 태종을 상왕(上

그리고 조선왕조의 창업자인 태조는 일찍이 그의 즉위교서(卽位敎書)에서 "하늘이 많은 백성을 낳아서 군장(君長)을 세워 그 백성을 길러 서로 살게 하고 다스려 서로 편안하게 한다. 이로써 군도(君道)의 득실(得失)이 있고, 인심(人心)의 복종과 배반이 있으며, 천명(天命)의 떠나감과 머물러 있음이 있게 된다"[54] 라고 천명했다. 이러한 사상적 경향은 "하늘이 많은 백성을 낳아 살게 하셨고 만물이 존재하고 살아가는 데에는 일정한 법칙이 있다(天生蒸民 有物有則)"[55]고 말했던 맹자의 사상과 상통한다. 물론 이러한 사상적 배경에는 맹자의 폭군방벌사상과 그것에 의한 고려왕조 폐기, 그리고 새로운 조선왕조 창업이라는 역성혁명이 자리하고 있음을 부인할 수 없다. 이처럼 조선초기의 왕족이나 양반과 같은 정치지배층은 "백성이 나라의 근본임"(民惟邦本)과 동시에 그들의 존재의 근원은 하늘(天)이라는 관념을 지니고 있었다.

세종도 당시의 이 같은 사상적 흐름 속에서 하늘로써 비롯된 백성들을 어질게 보살피고 다스리고자 했다. 그는 먼저 즉위교서에서 "태조께서 나라를 세우는 큰일을 하시고, 부왕 전하께서는 큰 사업을 이어받으시어 삼가고 조심하여 하늘을 공경하고 백성을 사랑하며, 충성이 천자(天子)에 이르고, 효하고 공경함이 신명(神明)에 통하여 나라의 안팎이 평안하고 나라의 창고가 넉넉하고 가득하며 … 일체의

王)으로 모시면서 정치의 현장에서 권력의 냉정함과 국가경영의 어려움도 체험적으로 학습할 수 있었다. 이러한 체험 과정을 통해 세종은 비극에 익숙해지는 성숙함과 독립적인 국왕의 면모를 갖추기 시작했던 것이다. 정윤재 외, 《세종리더십의 형성과 전개》(지식산업사, 2009) ; 이한우, 《세종, 조선의 표준을 세우다》(해냄, 2006), p. 57, p. 95 참조.

54) 강광식 외, 《한국정치사상사 문헌자료 연구 I: 조선전기 편》(한국학중앙연구원, 2007), p. 43.

55) 《맹자》, 〈고자 상〉.

제도는 모두 태조와 우리 부왕께서 이루어 놓으신 법도를 따라 할 것이며, 아무런 변경이 없을 것이다"라고 선언했다. 그리고는 군주로서 "그 위(位)를 바로 잡고 이제 처음으로 시작하는 임금의 직책을 삼가 수행(正位謹始)함으로써 종사를 소중하게 받들고 어짊을 베풀어 정치를 행하여야(施仁發政) 비로소 땀 흘려 이루어 주신 은택을 계속 이어가게 되리라"(세종원년 8월 11일)라고 다짐했다.

또한 세종은 나라의 근본인 백성은 빈부귀천(貧富貴賤)의 구분 없이 누구나 다 하늘로써 비롯되었다고 생각했다. 어느 양반이 자기가 부리던 노비를 함부로 벌주다가 죽인 사건을 들어 "노비가 비록 천민이나 하늘이 낸 백성 아닌 이가 없기에"(奴婢雖賤 莫非天民) 임금도 그 생명을 함부로 빼앗을 권한이 없다며 그 잘못을 강하게 꾸짖었다. "더욱이 신하된 자로서 하늘이 낳은 백성을 부리는 것만도 만족하다고 할 것인데, 그 어찌 제멋대로 형벌을 행하여 무고한 사람을 함부로 죽일 수 있단 말인가?"라고 반문하면서 "임금된 자의 덕은 백성을 살리기를 좋아할 뿐인데(人君之德 好生而已), 무고한 백성이 죽는 것을 보고 앉아서 아무렇지도 않은 듯이 금하지도 않고 그 주인을 추어올리는 것이 옳다고 할 수 있겠는가. 나는 매우 옳지 않게 여긴다"(세종26년 윤7월 24일)[56]라고 말하며 그 주인을 벌했다.

한편 세종은 "임금은 하늘을 대신하여 만물을 다스리는 존재"(人君之職 代天理物, 세종6년 6월 16일; 세종9년 8월 29일)로 생각했다. 조

---

56) 이러한 부분은 서양의 천부인권(天賦人權) 사상이나 영국의회가 1679년 찰스 2세의 전제정치로부터 인권을 보호하기 위해 제정했던 〈인신보호령〉(Habeas Corpus Act)의 배경이 되는 성경(聖經)의 "사람이 매로 그 남종이나 여종을 쳐서 당장에 죽으면 반드시 형벌을 받으려니와"(〈출애굽기〉 21장 20절)라는 내용을 상기하게 한다. 그러나 세종의 이 같은 조치는 서양의 천부인권사상과 주권재민(主權在民)의 원칙에 따른 정치사적 경험과는 거리가 있다.

선 개국공신 정도전도 이미 《조선경국전》에서 "인군(人君)은 천공(天工)을 대신하여 천민(天民)을 다스리니"[57] 라고 언명한 바 있다. 세종 역시 이와 유사하게 내가 "하늘을 대신하여 만물을 다스리니 마땅히 하늘의 도를 순종해야 한다"(代天理物 當順天道, 세종12년 3월 2일)고 밝혔다. 그리고 만약 군주가 천도(天道)를 경시하고 나라를 제대로 다스리지 못하면 "천재(天災)와 가환(家患)이 지속된다"(세종28년 3월 13일)고 생각했다.

그래서 세종은 백성을 자신에게 맡긴 하늘 앞에서 "범사에 최선을 다하면 이루지 못할 것이 없다"(凡事專心則無不成, 세종12년 9월 11일)는 자세로 정사에 임했다. 그는 "자연재앙은 인력으로 어찌할 수 없으나, 식량을 '배포'(配布)하고 각종 필요한 '조치'(措置)를 취하는 일은 사람의 힘으로 가능하다"(세종19년 1월 12일)고 생각하여 매사에 최선을 다하고자 했다. 또 "내 몸이 수고로움을 당하여 편안한 것을 뒷사람에게 물려주라"(세종28년 6월 18일)는 옛 가르침을 실천하고자 했다. 그리고 "대개 일을 쉽게 생각하면 성공하지 못하나, 그 일을 어렵게 여겨서 하는 이는 반드시 성공할 것이니 너는 그것에 힘쓰라"(세종9년 12월 8일)라는 세종의 말에서 알 수 있듯이 세종은 정사를 어렵게 생각하고 매사에 신중한 자세로 임했다. 그가 숨을 거두었을 때 "주상은 즉위한 이래 한 번도 게으르지 않았으며, 처음부터 끝까지 올바르게 일했다"(세종32년 2월 17일)라고 사관이 기록했을 정도로 세종은 "근면성실하게 일함으로써 하늘을 감동시키고자"(感激於天心, 세종8년 2월 26일) 했다.

그러면서도 세종은 늘 겸손했다. 그는 즉위하면서 "내가 박덕한 사람으로서 외람되이 생민(生民)의 주가 되었으니, 오직 이 백성을 기

<hr>

57) 정도전 저, 윤남한 외 역, 《국역 삼봉집 2》(솔, 1977), p. 238.

르고 어루만지고 달래주는 방법만이 마음속에 간절하다"(세종5년 7월 3일)며 자신을 낮추었다. 그리고 "제왕(帝王)의 도는 크게 공정(公正)하여 여러 사람의 마음에 순종할 뿐이니 인심(人心)에 순종하는 것이 바로 하늘에 순종(順從)하는 것이요, 하늘이 보는 것은 내 백성이 보는 것에서 시작되고 하늘이 듣는 것도 내 백성이 듣는 데서 시작된다(帝王之道, 廓然大公, 以順人爲心而已. 順人心, 卽所以順天也. 天視自我民視, 天聽自我民聽, 세종3년 9월 7일)고 말함으로써 민심이 곧 천심임을 적극적으로 인정하였다. 그는 또 "임금의 직책(職責)은 하늘을 대신하여 만물을 다스리는 것이다. 만물이 그 처소를 얻지 못하여도 오히려 대단히 상심할 것인데 하물며 사람에 있어서랴. 진실로 차별(差別)없이 만물을 다스려야 할 임금이 어찌 양민(良民)과 천민(賤民)을 구별해서 다스릴 수 있겠는가"(세종9년 8월 29일)라는 말로써 하늘이 낳고 맡긴 백성을 다스림에 있어 신분적 차별이 있을 수 없음을 강조했다.

이런 생각과 자세로 국정에 임했던 세종은 "나라를 다스리는 법은 〔백성들에게〕 믿음을 보이는 것이 가장 중요하다"(爲國之道 莫如示信, 세종7년 4월 14일)고 강조했고, 주변신료들과 어떻게 하면 "백성을 사랑하는 정치"(愛民之政, 세종9년 11월 11일) 혹은 "백성을 살리는 정치"(生民之政, 세종18년 7월 21일)를 행할 수 있을지를 진지하게 의논했다. 그는 일찍이 백성들이 "원통하고 억울한 처지를 면하게 하여, 전리(田里)로 하여금 근심하고 탄식하는 소리가 영구히 끊어져 각기 생생(生生)하는 즐거움을 이루도록 할 것이다"(以亦免於怨抑, 使田里永絶愁嘆之聲, 各遂生生之樂, 세종5년 7월 3일)라는 포부를 밝혔다. 그리고 관리들에게 무슨 일을 하든지 구체적으로 "백성을 기쁘게 할 일(悅民之事)을 궁리하라"(세종26년 7월 10일)고 지시했다. 이렇게 32년 동안 지속되었던 세종의 치세는 무엇보다도 백성들의 생명(生命)을 중시하는 그의 인본주의적 정치, 백성들의 마음까지 헤아리며 구체적인 민생(民生)을 챙기고 문제들을 해결하는 정치, 그리고 백성들과 소통(疏通)하고 그들을 교화하여 더불어 행복한 나라를 만들기 위한 정치로 전개되었다. 58)

2) 균형 감각이 있었던 지도자

세종은 균형감각을 가지고 국가를 경영했다. 재위 9년(1427)에 시작하여 재위 17년(1435)까지 추진했던 공법(貢法) 개정 과정에서 그는 신료와 농민, 중앙과 지방의 여론을 골고루 들었을 뿐 아니라, 국가 재정 확보와 백성의 세(稅) 부담을 함께 고려하는 합리적인 조세 제도를 도입하려고 노력했다. 59)

세종은 형 집행 과정에서 형량을 엄격히 적용하면서도 사안에 따라 융통성을 발휘하여 억울함이 없도록 했다. 재위 6년(1424)에 토지 소송에서 관아로부터 억울한 일을 당한 조원(曺元)이란 사람이 "임금이 착하지 못해서 이 같은 수령을 임용했다"고 말하여 참형에 해당하는 난언죄(亂言罪)를 범했으나, 세종은 무지한 백성의 말이니 죄로 다스

---

58) 이상의 내용은 정윤재, "세종대왕의 '천민·대천이물'론과 '보살핌'의 정치," 〈동양정치사상사〉, 제8권 1호(2009. 3), pp. 145~161의 내용 중 제2절을 일부 수정·가필하여 활용한 것임.

59) 이는 관리가 매년 작황을 일일이 조사하여 세금액을 정하는 〈손실답험법〉의 폐해를 시정하기 위한 목적에서 안출된 것이다. 신료와 오랜 찬반토론 끝에 토지 비옥도에 따라 전분6등으로, 날씨와 작황에 따라 연분9등으로 나누는 공법을 제정했다. 이는 반대론과 새로운 제도의 성공 불확실성을 극복하며 마침내 조세제도 개정을 성취한 세종의 균형감각과 끈질김을 보여주는 좋은 사례다. 한국학중앙연구원 세종국가경영연구소 편, 《세종실록에의 초대》, 제3기 실록학교 교재(2006. 8), pp. 353~359. 이후 《세종실록에의 초대 3》으로 인용.

리지 않도록 지시했다. 또 약노(藥奴)라는 곡산 노비가 주문을 외워 살인했다는 혐의로 진위가 밝혀지지 못한 채 10년 동안이나 투옥되어 있었는데, 갑자기 형조에서 그녀가 자백을 했다며 살인죄로 처형하려 했다. 재위 15년(1433)에 이를 보고받은 세종은 주문으로 살인했다는 것은 이치에 맞지 않는다며 좌부승지 정분(鄭苯)을 파견하여 진상을 조사하게 했다. 그 결과, 약노가 고문과 매를 견디지 못하고 차라리 죽기 위해 거짓으로 자백한 것임이 밝혀져 그녀를 석방하여 살려주었다. 그리고 세종은 1431~1433년(세종13~15년)에 부민고소금지법(部民告訴禁止法)을 재론하여 수령 등 관리의 비리로 억울한 일을 당한 백성의 고발을 접수하여 적정하게 처리해주되 해당 관리는 처벌하지 않는 묘합의 방안을 강구했다.[60]

반면에 세종은 왕실의 인척이 관련된 사건에 대해서는 엄격하게 조치했다. 실제로 세종은 재위 8년(1426)에 둘째 형 효령대군의 종들이 사찰의 승려들이 소유한 땅과 식량을 빼앗자, 즉시 그 종들에게 장형(杖刑)을 가하고 해당 지역의 관리는 파면했다.[61] 이후 재위 26년(1444)년에는 경기감사 이선(李宣)이 기민구제를 소홀히 한다는 보고를 받고, 그를 직접 불러 "내가 백성의 일에는 비록 가까운 족친이라 하더라도 오히려 용서하지 않았으니, 만약에 한 사람이라도 죽는 일이 있으면 경을 용서하지 않겠다"며 엄하게 질책했다.

또 세종은 세자와 대군에게 《소학》에서 사람을 가르치는 데 반드시 예악(禮樂)과 사어(射御)를 먼저 했음을 상기시키고, 무예는 조종의 가업(家業)임을 일깨우면서 솔선수범하도록 했다. 누구나 글공부와 함께 무예를 반드시 익혀 4면에 적을 두고 있는 우리나라를 방비하는 상

---

60) 정윤재, "세종대왕의 수령고소금지법 개정과 '공공함'의 정치," 〈한국동양정치사상사연구〉, 제5권 1호(2016. 3), pp. 1~29 참조.
61) 《세종실록에의 초대 3》, pp. 238~239 참조.

무정신(尙武精神)을 강조했다. [62] 세종은 각종 서적을 많이 편찬했고 말년에는 《총통등록》(銃筒謄錄, 1448), 《동국병감》(東國兵鑑, 1450), 《역대병요》(歷代兵要, 1450)와 같은 군사서적들을 편찬·보급하여 유교정치가 문약(文弱)에 흐르지 않도록 힘썼다.

세종은 해외문물, 특히 중국의 학문과 문화를 적극 수용하는 개방적인 정책을 펴면서도 자주적 안목과 정책 기조를 유지했다. 《자치통감》(資治通鑑)을 외울 만큼 탐독했지만, 우리 역사에 대한 공부도 게을리하지 않았다. 《고려사》(高麗史) 편찬 추진이나, 훈민정음 창제(1443) 및 반포(1446) 과정, 그리고 중국의 아악(雅樂)과 다른 우리만의 궁중음악을 새로이 만드는 과정에서 볼 수 있듯이, 중국에 대한 사대(事大)와 자주적(自主的) 문화 창달을 무리 없이 조화시키는 리더십을 보였다. 재위 28년(1446)에는 《칠정산내편》(七政算內篇)과 《칠정산외편》(七政算外篇)을 펴내 중국과 아라비아의 역법을 소개하면서, 해가 뜨고 지는 기준을 조선의 한양에 두는 새 역법을 만들어 실제 농사에 이롭게 했다. [63]

한편 일찍부터 전통의약에 관심을 가졌던 세종은 재위 15년(1433)에 삼국시대와 고려시대의 의료 처방을 한데 모아 《향약집성방》(鄕藥集成方)을 펴냈고, 재위 27년(1455)에는 중국의 전통적인 의약 처방을 모아 《의방유취》(醫方類聚)를 펴냈다. 세종이 훈민정음을 창제한 것도 중국과 우리나라의 음운 표기법을 모두 섭렵한 후, 둘 사이에서 발견된 세밀한 부분의 어긋남을 교정하고 이를 창조적으로 보완하기 위한 목적에서 시도된 것이었다. [64] 그는 또 "무릇 잘된 정치를

---

62) 《세종실록》, 24년 3월 19일; 30년 9월 22일. 이석제, 《나라와 백성을 향한 세종의 번뇌》(세종대왕기념사업회, 2002), pp. 103~104 참조.

63) 홍이섭(2004), 앞의 책, p. 279.

64) 홍이섭(2004), 앞의 책, p. 311.

하려면 반드시 전대의 치세와 난세의 발자취를 돌아보아야 할 것이요, 그 발자취를 돌아보려면 오직 역사의 기록을 상고해야 한다"[65]는 생각에서 국내의 능력 있는 신료나 농부와 부지런히 소통했다. 세종은 일찍부터 고전을 섭렵하여 경연에서 신료와 막힘이 없이 대화했는데, "비록 주자의 말이라도 다 믿을 수는 없는 듯하다"[66]고 말할 정도로 학문적으로 성숙한 주견을 가지고 있었다. 세종은 또 "왕이 중국의 황제를 본받아 모든 정사를 직접 다스려야 한다"는 참찬 김점(金漸)의 주장과 "중국의 법은 본받을 것도 있고 본받지 못할 것도 있으니 친정(親政)하지 말고 인재를 구하여 적절한 일을 믿고 맡겨 국사를 처리하는 것이 옳다"는 예조판서 허조(許稠)의 주장을 다 듣고 나서 허조의 의견에 따랐다. [67]

세종은 이처럼 중국에 사대의 예를 다하면서도 중국에 얽매이지 않고 조선의 형편을 잘 살피어 줏대 있게 판단하며 국정을 이끌어 국리민복(國利民福)의 실효(實效)를 추구했다. 이것은 그가 현실 문제에 접근하는 데 있어 그의 리더십에 중용(中庸)의 덕목이 적용되었음을 보여주는 것으로, 아마도 그것은 최선을 다해 중용을 실천하고자 했던 그의 부단한 노력의 결과였다고 할 수 있다. [68]

---

65) 《세종실록》, 23년 6월 28일.
66) 《세종실록》, 16년 10월 23일.
67) 《세종실록》, 1년 1월 11일.
68) 이상의 내용은 정윤재, "세종의 정치리더십 행동상 특징," 정윤재 외, 《세종 리더십의 핵심가치》(한국학중앙연구원, 2014) 중 제2절을 수정·가필하여 활용한 것임.

3) 추진력이 강했던 지도자

세종은 또한 '추진력 있는' 군주였다. 그는 논리적이고 참을성이 많은 성격을 지녔으면서도, 일을 결단하고 추진하는 능력도 겸비했다. 우선 그는 주변 신료의 끈질긴 반대에도 불구하고 형 양녕대군을 극진히 대접했고, 첨사원을 두어 세자(문종)가 정사를 담당하게 했으며, 내불당 건립을 끝까지 관철했다. 69) 공법의 도입이나 수령육기제의 실시, 70) 한글 창제와 4군6진의 설치 등은 세종이 말년에 술회했듯이 남들이 다 불가하다는 것을 여러 사람의 논의를 배제하고71) 적극 추진했던 프로젝트였다.

세종은 국방정책에서도 적극적인 전략을 구사했다. 먼저 재위 1년 (1419)에 상왕 태종이 주도적으로 단행했던 대마도 정벌을 통해 공세적 안보 전략을 직접 체험했다. 72) 그리고 그는 북방의 명과 동맹을

---

69) 이성무, "세종대의 역사와 문화," 한국정신문화연구원 편, 《세종시대의 문화》(태학사, 2001), pp. 29~31.

70) 막판에 고약해(高若海)가 무례한 언사까지 써가며 세종의 면전에서 반대했지만, 세종은 그의 직언은 인정하나 무례함과 사사로운 이익에 얽매임을 용서할 수 없다며 결국 그를 파면시키고 수령육기제를 채택하여 시행했다. 배병삼, "지방관 인기 논쟁을 통해 본 세종의 리더십," 정윤재 외, 《세종의 국가경영》(지식산업사, 2006), pp. 64~67 참조.

71) 《세종실록》, 26년 7월 23일.

72) 1419년(세종1년) 5월, 왜구가 지금의 충남 서천 지역에 배 50여 척을 몰고 출몰하여, 황해도에서 온천욕을 즐기던 태종이 급히 서울로 돌아와 심야회의를 했다. 이때 신료는 왜구가 돌아가기를 기다렸다가 공격하자는 소극적인 의견을 냈다. 그러나 조말생이 "안 됩니다. 허술한 틈을 타 공격하는 것이 오히려 병법에서는 필요합니다"라고 말하자, 태종은 "그동안 우리는 오면 치고 돌아가면 잡지 않는 방식으로 왜구를 대했다. 그러나 물리치지 못하고 항상 침노만 받는다면 중국이 흉노에게 욕을 당한 것과 무슨 차이가 있겠느냐. 허술한 틈을 타서 쳐부수는 것만 같지 못하다. 다만 일본 본토에서 온

맺고 여진족을 견제하는 일에 각별한 관심을 두었다. 그는 역사적으로 조상이 물려준 영토가 훼손당해서는 안 된다고 생각하여 북방 경계지역에 대한 정책을 지속적으로 강구했다.[73] 또 여진족을 피해 도호부를 용성(지금의 원산지역)으로 옮기자는 신료들의 주장에 본래 자리인 경원에 그대로 두자고 집요하게 설득하여, 애매한 태도를 보였던 좌의정 황희와 우의정 맹사성, 그리고 정초와 최윤덕 같은 이전론자의 생각을 모두 바꾸게 만들었다.[74] 그는 여진족이 함경도 북부 변경에 들어와 살려고 한다는 보고를 듣고, 그곳은 본래 우리나라 영토임을 지적한 다음 "영북진을 알목하(회령)에, 경원부를 소다로에 옮겨 옛 영토를 회복하여 조종의 뜻을 잇고자 한다"고 황희 등에게 밝혔다.[75] 그 뒤 김종서로부터 북방 지역의 형세에 대한 보고를 받으면서 "조종께서 지키시던 땅은 비록 척지촌토(尺地寸土)라도 버릴 수 없다"[76]고 말했다. 김종서를 핵심으로 재위 4년(1422)에 시작하여 재위 31년에 마무리한 6진 개척도 세종의 확고한 영토 의식과 추진력이 없었다면 불가능했을 것이다.[77]

그런가 하면 세종은 1432년(세종14년) 겨울 여진족 기병 200여 명이 평안도 북부 여연 지방을 침입한 사건이 발생하자, 우선 1차로 강계절도사 박초로 하여금 토벌케 했다.[78] 그러나 여진족의 침입과 약

왜인만은 따로 묶어 두어서 일본 본토가 경동하지 않도록 하라"(《세종실록》, 1년 5월 14일)고 명했고 이로써 대마도 정벌이 시작되었다.
73) 세종 대의 4군6진 개척 및 북방영토 정책에 대해서는 박현모, "세종의 사군육진 개척 연구," 정윤재 외(2009), 앞의 책, pp. 225~256 참조.
74) 《세종실록》, 10년 10월 20일.
75) 《세종실록》, 15년 11월 19일.
76) 《세종실록》, 19년 8월 6일.
77) 홍이섭(2004), 앞의 책, pp. 250~251.
78) 《세종실록》, 14년 11월 29일.

탈이 끊이지 않자 이듬해인 1433년 이른 봄에 의정부, 육조, 삼군도진무 등이 참여하는 대규모 궁중회의를 열어 현황을 면밀히 검토하고 계책을 적극 강구했다.[79] 이 회의를 통해 궐내 공론을 만든 세종은 현지에 가있던 평안도 절제사 최윤덕의 보고를 들은 다음 영의정 황희, 좌의정 맹사성, 우의정 권진, 이조판서 허조, 호조판서 안순, 예조판서 신상 등과 논의한 끝에 같은 해 4월 10일을 토벌개시일로 정했다.[80] 그뿐만 아니라 중앙과 현지의 긴밀한 협의를 통해 당초 최윤덕이 지휘했던 보병 중심의 토벌군을 기습작전에 유리하도록 기존의 보병(步兵) 5천 명에 기병(騎兵) 1만 명을 추가하여 토벌에 임하도록 했다.[81] 결국 여진족 183명을 참살하고, 248명을 생포했다. 또 소 110두, 말 67필, 그리고 각종 무기를 노획하는 큰 전과를 올렸고, 조선군 측은 피해가 사망 4명에 불과한 대승을 거두었다.[82] 이것이 바로 파저강 정벌이었다. 파저강 정벌을 논의할 당시 "대신과 장수와 재상들이 다 불가하다"고 반대했지만 세종은 "내가 드디어 정벌을 명령하여 성공하였다"[83]고 만년에 술회했다.

세종은 특히 국가 경영 전반이 문약에 빠지는 것을 막기 위해 상무(尙武)를 강조하며 무예 연마를 권하고 추진했다. 예컨대, 말을 타며 공을 치는 격구(擊毬)를 적극 권장하며 그것을 군사훈련의 하나로 시행했는데, 고약해(高若海) 등이 격구는 고려 말의 사치스러운 놀이로서 "구(毬)를 희롱하는 폐단이 있었다"고 비판하며 폐지를 주장했다. 이에 세종은 그것이 고려 전성기에는 무예 연마를 위해 활용되었으

79) 《세종실록》, 15년 2월 15일.
80) 《세종실록》, 15년 3월 24일.
81) 《세종실록》, 15년 3월 15일.
82) 박현모(2007), 앞의 책, p. 217.
83) 《세종실록》, 15년 11월 19일.

며, "말을 잘 타는 자가 아니면 능히 하지 못하는"[84] 것임을 지적했다. 그리고 자신도 임금이 되기 전에 격구를 해본 적이 있는데 "참으로 말 타기를 익히는 데도 도움"이 되었다면서 "내가 이것을 설치한 것은 유희를 위한 것이 아니고, 군사로 하여금 무예를 익히게 하고자 한 것"[85]이라며 폐지론을 잠재웠다.

한편 왜와 여진의 침입이 다소 뜸해진 재위 중반, 세종은 "군사가 창을 메지 아니하고, 백성이 편히 잠을 자고 있으며, 우리나라가 오늘날처럼 편한 적이 없었다"고 말하면서도, "대체로 보아 인심이 오래 편안한즉 점점 맥이 풀리고 게을러져서 비록 창졸히 급한 변이 있어도 반드시 수어(守禦)할 계책을 생각지 않을 것이다"라며 크게 경계했다. 나라가 평안할 때일수록 특히 외방의 군사가 서로 교대 근무하는 번(番)을 철저히 지킬 것을 명했다.[86] 그리고 산성을 쌓는 보루(堡壘) 작업은 국가에 매우 중대한 일이니 비록 백성이 힘들고 바쁘다 하더라도 미루지 말고 실시할 것을 독려했다.[87] 이즈음 나라가 안정되어 편안한데 왜 성을 서둘러 쌓고 무예연마를 다그치느냐는 불만의 소리가 나오자, 세종은 "나는 그렇지 않다고 생각한다. 편안한 때일수록 오히려 위태로운 것을 잊지 않고 경계함은 나라를 위하는 도리이다. 어찌 도적이 침범하여 들어온 후에야 성 쌓을 이치가 있겠느냐"[88]고 응수하며 유비무환의 방책을 적극 강구했다.

세종은 또 태조가 정도전 등을 시켜 편찬했던 《고려국사》(高麗國史)의 내용이 사실을 기록하는 데 문제가 많았음을 지적하고 개수(改

---

84) 《세종실록》, 12년 9월 21일.
85) 《세종실록》, 7년 11월 20일.
86) 《세종실록》, 12년 5월 16일.
87) 《세종실록》, 12년 9월 2일.
88) 《세종실록》, 14년 10월 10일.

修)를 명한 다음, 그의 전 재위기간 동안 유관, 변계량, 김종서, 정인지 등을 통해《고려사》편찬 작업을 완성시켰다. 89) 세종은《지리지》를 완성하여 펴내고, 비밀리에 만든 훈민정음을 반포한 이후90) 공식 문서에 훈민정음을 사용하도록 지시했다. 동시에 신하들로 하여금《용비어천가》를 훈민정음으로 짓게 하고(1445), 자신도 직접《월인천강지곡》을 짓는(1446) 한편, 수양대군에게《석보상절》을 짓게 했다. 91)

이상에서 살핀 바와 같이, 세종이 추진력 있게 국정을 이끌었던 것은 아마도 그가 상왕 태종 시기부터 일찍이 권력의 냉정함과 효율성을 잘 인식했었기 때문일 것이다. 92) 그래서 그는 결코 유교적 덕치(德治)만 행했던 '성군'이 아니라 사안에 따라서는 법가적 독단과 전횡도 마다하지 않았던 차가운 권력현장 속의 군주였다. 그는 중용의 원리에 따라 "저울질(權)할 수 있는 힘", 즉 권력(權力)을 활용해서 상황에 따라 마땅하고 적절한 정책과 조치를 취할 줄 알았던 탁월한 정치지도자였던 것이다.

---

89) 이한우(2003), 앞의 책, pp. 293~300 참조.

90) 세종은 대략 재위 21년부터 훈민정음 창제를 본격적으로 시작했던 것으로 보이며, 이를 비밀리에 진행하기 위해서인지 다음 해인 1440년 2월 22일에는 평안도 여연에서부터 여진을 막기 위한 천리장성 수축 공사를 시작했다. 그리하여 1443년 12월 30일에 훈민정음을 완성하여, 최만리 등의 반대를 극복한 이후, 1446년 9월 29일에 정식 반포했다. 이석제(2002), 앞의 책, pp. 362~385; 정윤재, "세종의 '보살핌' 리더십: 훈민정음 창제와 보급과정에서 보여준," 정윤재 외,《세종과 재상, 그들의 리더십》(서해문집, 2010), pp. 38~61 참조.

91) 홍이섭(2004), 앞의 책, p. 266, pp. 321~322.

92) 이상의 내용은 정윤재, 앞의 글(2014)의 제 4절 내용 중 일부를 수정·가필하여 활용한 것임.

4. 중용리더십과 한국민주주의

1) 중용리더십의 개념과 성격: "저울질"

이상의 논의와 검토로 볼 때, 중용리더십은 "성찰적 지혜"[93]의 하나로 인간사회를 문명화하고 통합하기 위한 진지한 정치적 노력의 하나라고 할 수 있다. 그리고 그것은 다음과 같이 정의될 수 있다. 중용리더십이란 "정치지도자가 편벽되지 않고 변함없이 덕을 행하는 천명을 준거 삼아 궁극적으로 지나침과 모자람이 최소화(最少化)된 건강한 정치공동체를 이루기 위해 상황에 알맞게 말하고 일하는 행위 혹은 그러한 능력"이다. 그래서 중용리더십은 어떠한 정치체제에서든 자신의 "창조적인 잠재력"(creative potential)[94]을 최대한 발휘하여 정치적 영광을 실현하고자 하는 정치지도자라면 누구나 취해야 할 바이다.

그렇다면 이러한 중용리더십은 구체적인 현실 속에서 어떻게 발휘되는 것인가? 이에 대한 답을 구하기 위해 필자는 앞 절의 검토에서, 특히 군자가 최고수준의 자아실현 상태에서 취하는 행동을 "권"(權)으로 표현했다는 점(공자), 현실정치에서 "도(道)에 귀중한 것은 중도(中道)고 중도에 귀중한 것은 권도(權道)"라고 했던 점(기대승), 그리고 중용리더십의 실천사례로 소개되었던 순임금과 세종대왕이 모두 권력(權力)을 가지고 일했던 정치지도자였다는 사실에 유의했

---

93) 그래서 중용이 실천적으로 추구하는 바는 원칙과 상황을 포함한 여러 요인 사이의 균형화를 염두에 두고 롤즈(John Rawls)가 제시했던 "성찰적 균형" (reflective equilibrium)과 유사한 것으로 이해하기도 한다. 최상용(2012), 앞의 책, p. 36.

94) Glenn D. Paige, *The Scientific Study of Political Leadership* (New York: The Free Press, 1977), p. 6; 정윤재, 《정치리더십과 한국민주주의》(나남출판, 2013), pp. 36~39 참조.

다. 그리고 각 경우에 공통으로 들어있는 "권"(權)은 단순히 "저울"이라는 명사가 아니라 "저울질하다"라는 동사로 이해하는 것이 타당하다고 판단했다.[95] 이렇게 생각할 때 중용리더십은 곧 정치적 "저울질"인 바, 필자는 정치적 "저울질"이란 구체적인 행동으로서의 중용리더십의 성격을 드러내기 위한 목적에서, 먼저 생활현장 속의 "저울질"을 자세하게 관찰하고자 한다. 예컨대, 기후변화를 포함한 천지조화에 비교적 예민하게 적응하며 농사짓는 어느 농부(農夫)[96]의 저울질을 생각해 보자. 그가 새로 수확한 포도의 무게를 달고자 할 때, 그는 먼저 어떤 포도를 얼마만큼 잴 것인지를 결정한다. 이러한 결정은 당연히 포도를 시장에 내다 팔 것인지 아닌지를 포함한 자신의 목적과 연결되어 있다. 그리고 선택한 포도를 저울쟁반에 올려놓는다. 다음으로, 그는 한 손으로 저울끈을 잡아 힘껏 들어올린다. 그리고 다른 한 손으로는 저울대를 적당히 누름과 동시에 저울추를 잡아 이리저리 옮기다가 저울대가 수평을 이루는 눈금에 저울추를 고정시킨다. 그리고 저울대 양쪽이 균형을 유지하는 동안 농부는 마침내 눈금을 읽어 무게를 확정한다.

요컨대, 이상과 같은 농부의 저울질 과정과 앞 절에서의 중용에 대

---

95) 이렇게 생각할 때, "권력"(權力)이나 "권도"(權道) 혹은 "권형"(權衡)이란 용어 속에 들어 있는 "권"(權)은 단순히 *power*나 "저울"이라는 명사가 아니라 "저울질"이라는 동사로 이해하는 것이 더 적실하다. 즉, "권력"을 "저울질할 수 있는 힘"으로, "권도"를 "저울질의 원칙"으로, "권형"을 "저울질로 균형을 잡는 것"으로 이해하면 중용리더십이 더 쉽게 이해될 수 있다.

96) 유교적 전통에서 흔히 말하는 사농공상(士農工商)으로 표현되는 직업상의 서열은 단순히 사회적 신분만을 반영하기보다 그 직업을 수행하는 과정에서 천명을 헤아리고 그것에 따른 자기반응능력이 필요한 정도를 반영한 것임에 유의할 때, 천명의 속성인 중용과 중용리더십을 설명하기 위한 예로서 농부의 경우가 합당한 것 같다.

한 논의를 종합적으로 참작하여 중용리더십의 구체적인 성격을 차례로 정리하여 소개하면 다음과 같다.

첫째, 정치지도자는 언제나 겸손, 정직, 준법 등과 같은 행동양식 가치를 실천하며 일한다. 그는 나랏일에 임하여 그 생각에 사특(邪慝)함이 없어서 언제나 완전한 하늘 앞에서 인간은 불완전하다는 것을 솔직하게 인정하고 자신을 낮추며 절제한다.[97] 그는 자신의 정치노선을 섣불리 중용으로 합리화하거나 하늘의 자리인 "가운데"(中) 혹은 하늘의 길인 "중도"(中道)로 표방하지 않는다. 다만 그는 하늘의 도리를 최대한 익히고 체득하여 주변 사람을 두루 용납하고 인내하며(忠恕) 선정(善政)을 펴고자 노력한다.

둘째, 정치지도자는 하늘에서 비롯되었으며(天生) 천심(天心)을 담지하는 국민을 나라의 근본(邦本)으로 간주하고 진실로 귀하게 여긴다(民而貴).[98] 그는 국민의 안녕과 복지를 위해 일함으로써 그들의 믿음(民信)과 지지를 얻어 정치적 성공을 추구한다.

셋째, 정치지도자는 현실적으로 주어진 정치상황이나 사안을 종합적으로 검토하고, 그에 대한 자신의 분명한 판단과 주견에 따라 마땅한 정치노선이나 정책을 제시하고, 그 실천을 위해 노력한다. 따라서

---

97) 《논어》, 〈위정〉 편에서 공자가 군자는 북극성처럼 "위정이덕"(爲政以德)하는 지도자라고 말한 다음, 곧바로 이어서 "사무사"(思無邪)를 언급한 것은 정치지도자는 자신이 하늘인 것처럼 교만하지 말고, 늘 겸손해야 한다는 가르침을 전한 것으로 보인다.

98) 국민의 법적 지위와 기대되는 정치적 역할은 그들이 속한 국가가 군주국이냐 아니면 민주공화국이냐에 따라 다르다. 또한 같은 군주국이라 할지라도 영국과 일본의 경우가 다를 것이다. 다만, 민주공화국에서 중용리더십을 발휘하는 정치지도자는 주권재민(主權在民)의 원칙에 따라 국민들을 나라의 주인으로 인식하고 그들을 섬기는 공복(公僕, *public servant*)으로서 최선을 다할 것이다.

혼히 오해되듯 중용리더십은 정치적으로 애매하고 어정쩡한 태도와는 무관하며, 기회주의적인 무정견이나 침묵도 아니다.

넷째, 정치지도자는 공사간(公私間)에 덕스러우면서도 스스로 선택한 공의(公義)에 따라 공동체적 안전과 발전을 도모하기 위해 여러 가지 형편을 헤아려 저울질하며 융통성 있게 일할 수 있는 힘, 즉 "권력"을 얻기 위해 경쟁한다.

다섯째, 권력을 얻은 정치지도자는 하나의 오케스트라를 지휘하듯 국정을 수행한다. 99) 그는 자신이 세운 목표를 달성하기 위해 다양한 인재를 골고루 등용하고, 정치적 경쟁자뿐 아니라 국민과도 정상적으로 소통하고 반응하면서 일한다. 그는 또 각종 현안의 해결 과정에서 그것을 급무(急務)로 여겨 법적·물리적 강제력을 동원하여 신속하게 처리하면서도, 향후 동일한 문제의 재발을 예방하기 위한 장기적인 대책을 국가적 선무(先務)로서 강구한다.

여섯째, 정치리더십에 대한 "메디컬 모델"이 제시한 바와 같이, 100) 정치지도자는 비전, 진단, 처방, 그리고 치료의 4가지 기능을 수행한다. 다만 그들은 순임금, 페리클레스, 세종, 이승만, 박정희, 김대중처럼 권력을 얻어 구체적인 치료행위까지 실천하는 경우101)와

---

99) 맹자는 시중에 능한 공자를 "집대성자"(集大成者)라고 하면서 "집대성"(集大成)이란 마치 협주곡을 연주할 때 처음에는 우렁찬 소리가 나는 주종(鑄鐘)을 쓰다가 마칠 때는 옥(玉)으로 만든 은은한 소리의 특경(特磬)을 써 여러 소리를 거두어들이며 종결하는 것에 비유해 설명했다. 또 화살이 표적까지 도달하게 하는 것은 백이와 숙제, 이윤과 같은 인물이 하는 일이고, 그것이 표적에 적중(的中)하게 하는 것은 공자 같은 분의 기력(氣力)이 할 수 있는 일이라고 했다. 《맹자》, 〈만장 하〉 참조.

100) 이 책의 제4장 "정치리더십에 대한 메디컬 모델" 참조.

101) 물론, 이 경우 각자가 중용리더십을 실천하고 성취하는 정도와 빈도가 다르기 때문에 이에 대한 정치적 평가가 다르게 마련이다.

공자, 소크라테스, 조광조, 조식, 최익현, 안재홍, 함석헌처럼 권력을 거부하거나 기회를 충분히 얻지 못해 직접적인 치료행위까지는 못하는 경우가 있다. 후자에 해당되는 정치지도자는 그래도 나라를 위해 "속이지 않고 권력을 거스르더라도 간곡하게 간한다[102]는 자세로 스스로 마땅하다고 생각하는 비전, 진단, 그리고 처방을 제시하며 권력을 비판한다.

이렇게 생각할 때, 본래 중용리더십이란 이른바 정치적 중간파 혹은 기회주의적인 정치인의 전유물은 결코 될 수 없는 것이다. 그것은 국가경영으로서의 정치에 임하는 사람이라면 누구나 마땅히 취하고 실천해야 할 바이다. 따라서 중용리더십의 사례는 국가경영에 참여하는 대부분의 정치인에게서 얼마든지 발견할 수 있다. 다만 정치지도자의 성향과 그가 처한 상황에 따라 그것이 발휘되는 정도(程度)나 빈도(頻度)에 차이가 있을 뿐이다. 정치적 독재자의 경우에는 그것이 발휘되는 정도가 아주 낮거나 거의 없지만, 성숙한 민주정치하에서는 중용리더십의 사례가 더 많이 발견될 수 있다. 그래서 중용리더십은 권력자가 왕도(王道)를 추구하는 경우에는 기대할 수 있어도 패도(覇道)를 취하는 경우에는 기대하기 어렵다.

또 중용리더십은 전시(戰時)나 국가위기 시에는 실행되기 매우 어렵고, 국가가 정치적 독립을 유지하고 평화적으로 안정되어 있을 때 실행될 여지가 많다. 그리고 정치지도자가 국정을 이끌어 갈 때 사안에 따라 중용리더십을 발휘할 수도 있고, 그렇지 않을 수도 있다. 또 같은 정책이라 할지라도 정치지도자는 시기에 따라 중용리더십을 다른 정도로 발휘하며 시행할 수도 있다. 이상에서 제시된 중용리더십에 대한 6가지 명제는 앞으로 계속 보완될 수 있으며, 생생한 정치세

---

102) 《논어》, 〈헌문〉. '勿欺也, 而犯之'.

계에서 활동하는 정치지도자의 다양한 리더십행동을 분석하고 평가하는 데 유용한 하나의 가이드라인으로 활용될 수 있을 것이다.

2) 중용리더십과 한국정치사 관견(管見)

대한민국의 현대정치사를 돌이켜 볼 때, 앞에서 제시된 바와 같은 중용리더십이 만족스러울 정도로 발휘된 적은 아직 없는 것 같다. 특히, 대한민국 제1공화국 정부는 미국의 독립혁명과 달리 국내적 단합과 정치적 통합의 계기로서의 시민혁명이 생략된 상태에서 출범했다. 그리고 제1공화국 정부 출범이후 이 같은 태생적(胎生的) 한계를 보완해 줄 정치적 혁신이 충분치 못했기 때문에 우리의 현대정치사는 언제나 극심한 정파적 대립과 이념 갈등에 시달려 왔다.

'보수' 진영의 반공/독재 노선과 이에 대응했던 '진보' 진영의 민족/반독재투쟁 노선이 정권투쟁과 겹쳐 대립하면서 정치적 극단주의가 일상화되었던 것이다. 그래서 국내 정국은 거의 언제나 극한 대치국면으로 점철되어 민주주의의 공고화는 여전히 못다 이룬 과제로 남아 있고, 정쟁에 의한 국회 파행은 연례행사처럼 반복되고 있다. 물론 이 같은 정치적 극단주의가 극복되지 못한 채 위기와 파행 속에서도 대한민국은 경제발전과 정치적 민주화를 성공적으로 이루어 냄으로써 발전도상국가의 모델이 되었고, 이제는 G20정상회의의 일원으로 성장하여 한반도 평화정착과 민족통일의 가능성을 여는 데 주도적인 역할을 하고 있다.

문제는 국내정치의 통합과 효율적인 민주적 국가경영체제의 확립인 바, 필자는 중용리더십의 실천이 그 해결의 열쇠라고 생각한다. 그동안 우리는 여러 조건이 불비(不備)한 중에서도 민주공화주의라는 시대적 보편가치에 따른 국가경영의 틀을 포기하지 않고 다잡으며 그것을 온전한 모습으로 발전시키기 위해 노력해 왔다. 그런 과정에서 우리의 정치지도자들은 비록 충분치는 못했어도 나름대로 각자의 판단에 따라 중용리더십을 발휘해 왔다고 본다.

우선 권력욕이 많은 독재자로 알려진 이승만 대통령의 경우를 살펴보자. 그는 집권초기 제헌국회가 합법적으로 추진하던 반민족친일행위자 처벌 과정을 불법적인 폭력으로 무산함으로써 고질적인 정치 분열의 단초를 제공했다. 그러나 그 자신이 강력한 반공주의자면서도 초대내각에 조선공산당 출신 조봉암을 농림부장관에 임명하여 농지개혁을 단행했다. 그리고 그는 독실한 기독교신자면서도 초대 정부구성원(21명)의 절반 이상을 비기독교인으로 구성했다. 이시영, 이범석, 이청천, 안호상, 이인, 정인보, 명제세 등 7명은 대종교신자였다.103) 또 민족적 정체성의 상징인 단군조선의 개국을 한민족 최초의 개국으로 인정하여 그를 기념하는 개천절(開天節)을 제정하고, 단기(檀紀) 사용을 도입했던 사실 등은 그가 민족현실을 감안하여 취했던 중용리더십의 주요사례라 할 수 있다. 그러나 그의 중용리더십은 중경임정세력을 정치적으로 포용하는 데까지는 이르지 못했다.

다음으로 박정희 대통령의 경우를 보자. 4·19혁명 이후의 정치적 혼란수습을 명분으로 군사쿠데타를 일으켜 집권에 성공한 다음 개발독재체제로서 경제적 근대화를 강력하게 추진했던 그는 중용리더십을 전혀 발휘하지 않았을까? 많은 여론조사에서 독재자였던 그가 역대 대통령 중 가장 위대한 대통령으로 선정되는 이유는 무엇인가? 그는 분명 개발독재자로서 국가발전을 위한 정책을 강력하게 추진했지

---

103) 국사편찬위원회, 《대한민국삼부요인총람》(광복출판사, 1986). 대종교신자 7명과 대종교와 밀접했던 전진한, 보천교신자였던 이순탁, 그리고 유교로 분류되었던 장택상을 합쳐 모두 10명이 전통신앙을 지닌 인사이다. 이는 초대 정부구성원 21명 중 거의 절반이었다.

만 그는 독재자답지 않게 각 분야 전문가와 수시로 소통하며 그들의 말을 경청하며 국정을 이끌었다. 또 장기집권하며 인권을 심각하게 유린한 경우도 있었지만, 결국 빈곤추방이라는 당초의 대(對)국민 약속을 지켰다. 그는 민주주의의 성숙한 발전에 필요한 경제성장의 조기달성을 위해 국력을 집중했지만, 정치, 사회, 문화 등 각 분야에서의 근대적 발전을 촉진하기 위한 종합적 기획을 구체화하지는 못했다. 그는 유교적 "부교론"(富教論)104)에 입각한 국가발전을 성취하여 민주주의 발전의 물적 토대를 구축했으며, 중국을 포함한 여러 개발도상국이 벤치마킹하는 발전모델을 남겼다.105) 그러나 1972년 10월에 유신(維新)을 단행함으로써, 그의 정책노선이 중용리더십의 관점에서 평가될 수 있는 여지를 많이 약화시켰다. 그렇지만 한국민주주의에 대한 그의 공헌이 완전히 무화(無化)되는 것은 아니다. 논란의 여지가 있겠지만, 박정희시대는 한국현대정치사의 노른자위라고 할 만하다. 이 시기의 성공적인 경제적 근대화로 대한민국을 반공주의적 민주공화국으로 출범시켰던 이승만시대가 '살아났으며', 이 시기의 반독재투쟁 과정에서 김영삼과 김대중의 '민주화'정치시대가 준비되었기 때문이다.

한편 대(對)북한 유화정책을 기조로 삼는 문재인 대통령은 전통적인 동맹국인 미국과 긴밀하게 공조하면서 한반도 비핵화를 추진하고 있다. 그는 진보세력의 지지로 대통령에 당선되었지만 보수적인 미

---

104) 《논어》, 〈자로〉. 위나라에 백성이 많음을 보고, 염유가 공자에게 무슨 일부터 해야 하는지 묻자, 먼저 그들을 부유하게 한(富之) 다음, 그들을 가르치라(教之)고 대답했다.

105) 북한 주민에 대한 의료봉사를 목적으로 청진에 갔다가, 녹슨 수돗물로 샤워도 제대로 못했다가, 서울로 돌아와 온수와 냉수가 콸콸 쏟아지는 욕실에서 샤워를 하다 엉엉 울었다는 연세대 세브란스병원의 인요한 교수의 증언은 박정희 대통령의 공헌에 대한 생생한 평가이다.

국 공화당정부의 트럼프 대통령과 대북제재와 압박에 일관되게 동참하며 그러면서도 남북관계 개선에도 일정한 성과를 내고 있다. 북한으로부터 정상회담의 조기개최를 제안받았을 때 "여건이 조성되면 성사되도록 함께 노력하자"고 신중하게 대응했다. 이것은 국내의 야당과 미국의 트럼프 대통령을 배려한 중용리더십의 좋은 예이다. 그리고 핵발전 중단이란 선거공약에 대한 비판여론이 높아지자 공론화위원회를 작동시켜 그 의견수렴 결과를 그대로 받아들여 결국 자신의 공약을 포기하고 핵발전을 지속케 함으로써 사태를 통합적으로 처리했다. 정치적으로 다른 견해를 가진 국민을 신중하게 고려하면서 권력을 활용하는 중용리더십이 작용한 결과라 할 수 있다. 또 최근 최저임금 1만 원이란 선거공약을 실천하고자 했으나 한국의 경제능력과 노동 상황을 고려하지 않고 단지 선거공약이라 해서 기계적으로 추진할 수만은 없었음을 솔직하게 인정하고 국민에게 공식 사과한 것은 과거에는 보기 힘들었던 탈권위주의적 중용리더십이었다. 그렇지만 앞으로도 그가 이 같은 중용리더십을 계속 발휘하면서 국내외 정책을 추진해 갈지는 두고 볼 일이다.

그런데 분단 상태에서 남북한이 군사적으로 대치했던 지난 70여년 동안 상대적으로 더 오래 집권했던 보수진영은 유감스럽게도 중용리더십을 충분히 발휘하지 못했다. 예컨대, 정직이나 준법과 같은 행동양식가치의 실천이나 정책적 혁신, 그리고 정치 과정에서 국민을 진정한 주권자로 인정하고 신뢰하는 중용리더십을 선제적으로 넉넉하게 보여주지 못했다. 그로 인해 국가경영의 정치적 선배로서 보수진영 정치인은 후에 집권했던 진보진영 정치인도 감히 무시하지 못하고 따라야 할 국가경영의 규범을 제대로 전해주지 못했다. 그 결과, 우리 정치인은 청산되어야 할 전근대적 구태(舊態)와 적폐(積弊) 속에서 전투적인 권력게임만을 반복할 수밖에 없었다.

그런가 하면 나름대로 중용을 이해하고 그 정치적 실천을 통해 한 국정치의 건강한 발전을 희구했던 안재홍(1891~1965)이 해방정국에서 좌파계급혁명을 반대하며 "순정우익"의 집권에 의한 건국을 추구했음에도 불구하고 자신의 노선을 "중앙당"(中央黨)106)이라고 표방했던 것, 그리고 이후 박정희 대통령의 개발독재시대에 야당이었던 신민당의 이철승 대표가 "중도통합론"(中道統合論)을 주창하며 화합의 정치를 추구했던 것은 앞에서 제시했던 중용리더십의 성격에 비추어 정치적으로 현명한 선택은 아니었던 것 같다.

5. 맺음말: 하나의 새로운 가능성

이상에서 필자는 중용과 그 정치적 실천에 대한 기존 유학에서의 몇 가지 논의와 세종대왕의 국가경영의 대강을 검토하여 행동양식으로서의 중용, 즉 중용리더십에 대한 개념화를 시도하고 그 특징을 6가지 명제로 정리해 보았다. 그리고 이 중용리더십을 고리로 한국현대 정치사를 간단하게 재검토했다. 이 같은 개념화와 검토를 통해 필자는 첫째, 행동양식으로서의 중용은 정치적 중간파나 기회주의적 태도와 무관하며, 둘째, 중용리더십은 천명이라는 최고선에 유의하는 탁월한 정치지도자의 다양한 면모를 아우르는 개념으로, 셋째, 이 중용리더십 개념을 활용하는 정치지도자 분석과 평가는 권력론이나 진영논리에 치우쳤던 인물연구나 정치사 기술의 단점을 보완할 수 있을 것이라는 하나의 가능성을 발견했다. 필자의 이러한 탐색과 발견이

---

106) 김인식, "안재홍의 신국가건설의 이념: 신민족주의의 이념 정향," 〈한국민족운동사연구〉, 제20호(1998), pp. 461~496 참조.

온당한 것이라면 중용리더십 개념을 활용한 한국정치에 대한 새로운 접근은 그동안 정치를 "민주 대 독재"로만 구별해서 검토하던 이분법적 접근이나 정파적 진영논리에 따라 지나치게 단순하게 평가되었거나 폄훼되었던 인물을 보다 균형 있게 인식할 수 있는 계기를 제공할 것이다. 107)

앞에서 제시된 중용리더십의 개념과 성격을 고리로 하여 대한민국의 정치사와 정치지도자의 면모를 새롭게 조명하는 연구가 축적될 때, 우리의 현대사는 보다 통합적으로 정리될 수 있을 것이다. 또 정치적 목적가치만을 의식한 나머지 행동양식가치를 심각하게 결여한 정치인까지 오로지 자기편이라는 이유만으로 감싸기에 급급했던 부끄러운 관행을 불식할 수 있을 것이다. 그리고 장차 정치인은 비록 정치적으로 다른 입장을 지녔거나 다른 정당에 소속되었다 해도 그 존재를 서로 인정하고 존중하며 공동체 차원에서 함께 공조공작(共助共作)하는 기회를 더 많이 가지게 될 것이다.

한국민주주의는 비록 장미(薔薇)처럼 한꺼번에 화려하게 피어나지는 못했어도 짧지 않은 시간 동안 수없이 많은 시행착오를 겪으면서 진화(進化)해 왔다. 여러 위기가 겹쳐 나라가 금방 뒤집힐 듯하다가도 국가적 파국으로 치닫지 않고 살아남아 성장과 발전을 지속했던 것이다. 마치 무궁화(無窮花)가 쉼 없이 피고 지며 씨를 맺는 것과 같다. 그리고 적어도 지난 2016~2017년의 질서정연하고도 에너지 넘쳤던 촛불시위와 문재인정부의 출범으로 인해 상대방을 무조건 '빨갱이'로 매도하는 것과 같은 극단주의적인 전술전략의 효용성이 크게 감소한 것으로 보인다. 87체제 이후 양 진영이 골고루 집권의 기회를 가지면서 이제는 최소한 어느 쪽이 집권해도 국망(國亡)에는 이르지

---

107) 물론 중용리더십에 대한 더 깊은 토론과 연구가 계속 시도되어야 할 것이다.

않는다는 경험을 공유하고 있으므로 각 정당은 서로 공존의 대상임을 솔직하게 인정해야 한다. 그래서 앞으로 한국정치의 "보수"와 "진보"는 중용이란 규범의 본래적 의미를 더 잘 이해하고, 중용리더십을 어느 쪽이든 먼저 실천하여 좋은 사례를 더 충실하게 보여 주려는 정치적 경쟁을 벌여야 한다. 이제는 목적가치 차원의 이념투쟁이 아니라 정치지도자가 누가 더 잘, 그리고 누가 더 많이 중용리더십을 실천하는지가 중요해졌다. 이러한 중용리더십의 실천과 관련된 정치적 경쟁이 본격화될 때 한국의 민주주의는 비로소 보다 성숙하고 효율적인 국가경영 방식으로 정착될 것이다.

제 20 장   **맺음말**
정치가는 말하며 일하는 사람이다

정치학을 공부하는 사람들에게 끊임없이 제기되는 몇 가지 질문들 중 하나가 "정치란 무엇인가?"라는 문제다. 우리가 정치적 인물이나 사건들에 대해 늘 얘기하기 때문에 이에 대한 대답이 쉬울 것 같지만 막상 말하려 하면 입이 잘 열리지 않고 머뭇거리게 된다. 그리고 이러저러한 생각들을 전개하다가도 결국에는 정치란 "권력투쟁"이요, 혹은 "사회적 가치들의 권위적 배분"이라는 정치학 개론서의 정의를 다시 반복하는 것이 보통이다. 그래서 특정 개인이나 집단이 권력을 획득하기 위한 경쟁과정에 참여하고, 만약 권력획득에 성공했을 경우 그 권력을 활용하여 사회적 가치와 자원들을 적절하게 배분하는 것이 곧 정치라고 이해하는 것이다. 정치에 대한 이러한 개념들이 이제까지 자주 회자되고 또 사람들의 기억에 오래 남아 있는 것은 아마도 그것들이 정치의 냉정하고도 계산적인 현 실태를 잘 그려내고 있기 때문일 것이다.

그러나 "정치란 무엇인가?"라는 질문을 더 적극적으로 따지고 들어 "정말 정치란 권력투쟁뿐인가?"라고 물으면 우리는 어렵지 않게 "아니오"라고 대답할 수 있다. 또 "정치란 무엇인가?"라는 질문을 "정치가는 무엇을 하는 존재인가?"라는 질문으로 바꾸면 이에 대한 대답은 여러 갈래로 나올 수 있다. 그리고 정치가 공동체의 형성과 유지 및 발전에 관련된 여러 가지 기능적 측면들을 두루 일컫는 것임을 고려하면 정치가의 역할에 대한 논의도 얼마든지 확장될 수 있다. 이에 관한 우리들의 상상력을 얼마든지 펼쳐갈 수 있는 것이다.

그런데 정치가 권력투쟁이든 가치의 배분이든 아니면 다른 무엇이 됐든 간에 그것은 영혼과 생명이 없는 기계들의 작동이 아니고 무엇보다도 의지와 가치관을 지닌 사람들의 행위임을 부인할 수 없다. 또 그렇기 때문에 정치는 무엇보다도 사람의 속성인 말하는 기능과 아주 밀접한 관계 속에서 이루어지는 프로젝트임을 발견하게 된다. 비행기의 기장이 조작하는 무수한 기계들은 여러 가지 언어기호로 연결되어 기능하며, 방향, 목적, 승무원들과의 관계, 승객들과의 관계 등이 모두 언어행위들로 생성되고 유지된다. 정치에 참여하는 정치인들도 마찬가지다. 권력투쟁이나 가치배분도 그것에 참여하는 정치적 주체들의 언어행위가 없다면 불가능하다. 그렇기 때문에 정치에서 무엇보다도 중요한 것은 커뮤니케이션이라 할 수 있다. 그리고 정치 체제의 유형과 관계없이 정치가는 어떠한 경우든 스스로 말을 하는 존재임과 동시에 구성원들 사이의 커뮤니케이션을 통제하거나 원활하게 해주는 조절자 혹은 소통을 원활하게 돕는 자이다. "영웅"이란 일반대중들이 마음속에 품고 있으면서 말로 제대로 풀어내지 못하는 것을 대신 말해주는 사람이다. 페리클레스도 감동적 연설로 민중들과 직접 소통하였고, 레이건 대통령도 수시로 노변정담식으로 국민들과의 대화를 즐기면서 강력한 리더십을 발휘했다. 조선시대의 이율곡도 "언로개색 흥망소손"(言路開塞 興亡所孫)이라 하여 언로의 개방에 의한 공론형성의 중요성을 강조하였다. 그리고 "신공론 부여정"(伸公論 符輿情)은 조선시대 유교정치의 주요 지침이었다. 이른바 수사학(修辭學)은 고대 그리스에서뿐만 아니라 현대정치에서도 정치지도자들의 필수훈련과목이다. 그것은 결코 궤변의 논리학이 아니라 정치공동체 구성원들과 말하며 공동체를 이끌어 가는 존재로서 자기 역할을 적정하게 수행하는 데 긴요한 리더십적 기능이다.

현대민주정치의 핵심인 의회가 영어로 "parliament"인 것도 결코 우연이 아니다. "parliament"는 프랑스어로 "말하다"의 뜻인 "parler"에서 비롯된 단어이다. 이를 통해 의회란 의원들이 서로 치열하게 '말싸움' 하는 곳임을 알아야 한다. 만약 그렇지 못할 경우, 의원들 대신 민간사회단체들이 말하기 시작할 것이며, 또 그것도 부족할 때는 일반민중들이 소리치며 일어나 시위를 벌이거나 폭동을 일으킬 것이다. 정치가는 그 기능상 글과 문서를 챙기는 서기(clerk)가 아니다. 그는 지속적으로 주변의 국가구성원들과 소통하면서 자기 자신이 말을 하고 또 그들이 말을 할 수 있도록 환경을 조성하기 위해 노력해야 한다. 그럼으로써 정치인은 "말"로써 "말/마을"을 형성할 수 있어야 한다. 그런 점에서 정치공동체는 예나 지금이나 먼저 대화공동체이어야 한다. 다만 과거에는 그 대화와 소통의 범주가 궁중이나 왕족들에게 국한되었지만, 오늘날에는 전 국민들로 확대되어 있을 뿐이다. 경세제민(經世濟民)의 일을 과거에는 군주나 소수엘리트만 말하면서 담당했으나 오늘날에는 마땅히 모든 사람들이 두루두루 말하는 가운데 실천되기 때문에 정치가가 말하고 말하게 하며 일하는 존재인 것은 과거나 현재나 마찬가지다.

공자(孔子)는 《논어》이인 편에서 "눌어언 민어행"(訥於言 敏於行)이라 하여 군자는 말에 신중하고 행동에는 민첩해야 함을 가르쳤고, 호머(Homer)는 《일리아스》에서 훌륭한 지도자는 "말 잘하는 사람"임과 동시에 "좋은 일을 하는 사람"(man of words and man of deeds)이라 함으로써 정치가는 그저 입만 움직이는 존재가 아니라 구체적인 일까지 챙기고 담당하는 존재임을 시사하였다. 현대중국의 개혁·개방을 이끌었던 덩샤오핑〔鄧小平〕도 생전에 "말과 일"을 기준으로 정치지도자의 유형을 '국보형', '국재형', '국폐형', '국요형' 등 네 가지로 분류하였다. 다산(茶山) 정약용은 수령들이 노인들을 초대하여 음식을 대접하면서 반드시 그들에게 "구언(求言)하여" 고을의 행정에 대한 의견을 들어야 한다고 했다. 안재홍(安在鴻)은 이러한 맥락에서 정치란 순우리말로 "다사리"로서 곧 "다 사리어(말하게 하여, 盡白) 다 살게(盡生) 일하는 것"이라고 주장하기도 하였다.

그래서 필자는 여기서 "정치가는 곧 말하며 일하는 사람이다"라고 규정하고 그러한 정치가의 언어행위가 구체적으로 어떠한 프로젝트(일)들과 연관되어 있는지를 검토하면서 "정치란 무엇인가?"라는 질문에 대한 대답을 구하고자 한다. 그렇다면 말하며 일하는 존재인 정치가는 구체적으로 어떠한 임무들을 수행해야 하는가?

첫째, 정치가는 무엇보다도 공동체의 미래와 관련한 비전과 국정운영 방향을 제시하는 존재이다. 즉, 이상사회 혹은 이상적 정치질서에 대한 꿈을 꾸고 그 꿈을 말해주며 일하는 사람이다. 플라톤에 의하면 국가의 최고지도자는 진리를 파지한 자로서 국가구성원들에게 나아가야 할 방향을 제시해 주는 방향제시적 기능을 담당하는 존재이다. 그렇지만 그동안 현대정치학에서 풍미했던 경험주의적 연구방법과 각론적 정책연구경향 때문에 정치가의 역할에 대한 그 같은 개념은 이른바 이상주의로 규정되어 정상적 연구활동의 범주에서 자주 제외되었다. 뿐만 아니라 정치행위에서 구성원들을 일체화하는 힘을 가지고 정치적 필요와 목적에 따라 인적, 물적 자원을 동원하는 데 필수적인 이데올로기도 이른바 '과학적' 이론의 형성에 치우쳤던 그간의 지배적 연구경향 때문에 정치학 내에서도 중요한 연구주제가 되지 못했다. 정치가란 어차피 자기의 이익을 추구하면서도 공동체의 이익과 관련된 행동을 담당하는 주체임에도 불구하고 국가경영의 비전과 실천프로그램이 담긴 정치이데올로기들은 한갓 개인 권력의 치장물 혹은 도구로 여겨졌을 뿐이다.

그러나 정치는 분명 공동체 차원의 꿈을 실천하는 과정이며 정치가는 그 꿈을 보여주고 말하면서 자기의 일을 계획하고 추진하는 주체이다. 그러기에 정치가에게 비전은 필수적이다. 비전이 없는 정치지도자는 원칙과 방향을 제시하지 못하고 조직구성원들에게 희망을 주지 못하며, 또 그 꿈이 분명치 못하면 지속적 신뢰를 얻기 어렵다. 꿈이 있는 사람들은 서로 그 꿈이 달라도 서로 신뢰할 수 있는 바탕을 마련할 수 있지만, 그렇지 못하면 서로 불신하거나 기회주의적으로 이용하는 대상으로만 보게 되기 쉽다. 그러므로 이념과 노선이 분명한 정치지도자와 정당이 있을 때에 정치가 발전한다. 또 종래의 관행적 이념구분이 필요 없게 되었다면 그에 상응하는 새로운 논리와 내용을 가지는 새로운 이념노선을 정립해서 제시할 수 있어야 한다. 그렇지 않으면 정치세계는 기회주의와 권력지향적 이합집산이 교차되는 이전투구(泥田鬪狗) 판일 뿐이다. 공자가 《논어》 자로 편에서 정치를 하게 되면 "먼저 명분부터 바로잡겠다"(必也正名乎)고 한 것도 이 때문이었다.

김구의 동상이 남산 위에 여전히 서 있는 것은 그가 생전에 꿈꾸었던, 그리고 그가 남긴 《백범일지》에 담긴 그의 꿈이 아직도 많은 이들의 가슴을 뭉클하게 하기 때문이다. 케네디 대통령이 묻혀 있는 알링턴 묘지에 참배객이 끊이지 않으며, 뉴욕의 공항 명칭을 그의 이름을 따서 명명한 것은 미국인들이 아직도 그가 생전에 보여주었던 신선한 꿈을 공유하기 때문이다. 중국대륙의 곳곳에 마오쩌둥(毛澤東)의 초상이 지금도 걸려 있는 것은 그가 제시했던 중국혁명의 비전이 시장경제가 자리 잡아 가는 지금에도 이어지고 있기 때문이다.

따라서 이제 정치에 대한 정상적 이해와 평가를 위해서는 이데올로기나 정치가들의 말과 글들에 대해 본격적 관심을 갖는 것이 중요하다. 그것은 이데올로기가 진리이어서가 아니라 어떤 사회에서든 정치를 꾸려가는 데 필요한 꿈과 프로그램이 담긴 프락시스(*praxis*)의 한 부분이기 때문이다. 그런 점에서 정치사상에 대한 연구도 그것을 철학적 사유의 결과로서만이 아니라 정치공동체의 발전에 필요한 "좋은 행동"으로서의 프락시스로 간주하는 방향에서 새롭게 시도되어야 한다.

둘째, 꿈을 꾸고 보여주는 정치가는 또 그가 제시한 꿈을 구체화하기 위해 그에게 주어진 지위와 권력을 활용하여 공동체가 당면한 각종 문제들을 해결하기 위한 여러 가지 프로젝트들을 추진하고 실행하여야 한다. 물론 영향력 있는 지위나 권력을 아직 얻지 못한 경우, 정치가는 자기 나름의 비전과 그것을 실현하기 위한 문제해결책들을 제시하면서 구성원들의 지지와 성원을 촉구할 것이다. 그런데 정치 혹은 국가경영에 꿈과 관련된 말들만 많고 그러한 꿈들을 구체화하기 위한 일들에 열중하기보다 자기의 꿈이 다른 것들보다 더 좋다는 것을 주장하는 일이 더 많게 되면 그 나라는 아직도 안정되지 못한 전환기 혹은 변혁기에 처해 있는 나라이다. 반대로 목표성취를 위한 일들만 많고 사람들이 각자의 꿈들을 서로 자유롭게 말하고 토론할 수 있는 기회가 없는 경우, 그 나라는 독재국가이다. 그런가 하면 같은 일을 하면서도 커뮤니케이션 능력이 훌륭한 정치가가 최고지도자가 되면 정치가 재미있고 보기에도 좋을 수 있지만, 그렇지 못한 사람이 최고지도자가 되면 정치는 재미없고, 자녀들에게 보여줄 것이 없으며 교육적 측면에서 장래세대들의 정치사회화에 기여할 바가 별로 없다.

하지만 그간 현대정치학은 정치체계 내에서 정치가들의 이러한 문제해결적 기능과 이와 관련된 정책선택 및 결정기능들을 매우 소홀히 여겼다. 그래서 이 같은 기능과 역할은 정치체계 내에서의 한 부분인 "전화"(conversion)라는 개념의 기능으로 단순하게 취급되었고 "결정"과 "정책"이 핵심을 이루는, 이른바 "산출기능"은 행정학의 대상으로 간주되어 정치학자들의 연구대상에서 제외되었다. 그 결과 정치는 주로 이익표출행위나 정당한 권력게임에의 참여와 같은 "투입기능"과 관련된 행동으로 간주되었을 뿐 정치체계 내에서의 여타 기능들의 수행과 관련된 리더십 현상과는 무관한 것으로 간주되기 일쑤였다. 그러나 정치가는 기능상 투입-전화-산출의 모든 부면에 해당되는 역할을 수행해야 하는 사람이므로 무엇을 요구하거나 주장하는 말에 능력이 있을 뿐 아니라 문제해결과 관련된 각종 실천적 프로젝트에도 충실해야 한다. 그러한 사람은 비록 어눌(語訥)하게 보여도 국민들을 감동시킴으로써 더욱 신뢰받을 수 있다. 또 아무리 말을 잘 못하는 사람일지라도 주어진 임무에 충실하게 매진하다보면 말문이 터지게 되어 있다. 자고로 정치가의 꿈이 담긴 말들은 그것을 실현하고 문제점과 장애들을 해결하기 위한 구체적인 일들에 의해 뒷받침될 때에만 빛을 발할 수 있다. 그러기에 정치리더십은 한마디로 "말과 일의 변증법"이라고도 규정할 수 있다.

셋째, 그러나 정치가가 아무리 거대한 비전을 내세우고 주어진 책무를 수행하며 문제해결에 매진한다 해도 공동체 구성원들 사이의 관계를 규정하고 또 여러 가지 일들을 해나가는 데 필요한 법과 제도, 그리고 제 규정들로써 국가경영상 일정한 틀, 즉 질서를 만들고 유지시켜 나가지 않으면 안 된다. 개인의 경우든 조그마한 단체의 경우든 꿈만 풍성하고 구체적인 일은 없이 말만 많으면, 허황되거나 피곤할 뿐이다. 그저 몽상하거나 "무엇이 진리인가?" "이것이 참인가?"라는 질문에 따른 철학적 논쟁만으로 모든 문제가 해결될 수 있다면 그것도 나쁘지는 않을 것이다. 그러나 인간의 대소사는 물론 국가경영의 일이 꿈과 말만으로는 되지 않는다. 또 꿈과 말과 관련된 일로서 경세제민의 여러 가지 프로젝트들이 아무리 많고 다양해도 그것들이 일정한 질서와 제도 속에서 정리되고 관리되지 못하면 국가는 제각각 오합지졸일 뿐이다. 그러한 정황 속에서 국민은 불안하고 어정쩡한 상태가 되어 생산적인 일들에 마음껏 종사할 여유를 가지지 못한다. 말하자면 정치적 비전과 문제해결 노력, 그리고 이것들과 관련된 말과 일들이 아무리 많아도, 이것들이 일정한 틀에 의해 짜여지고 질서 있게 관리되지 못하면 불안하고 혼란스러울 뿐이다. 그렇지 못하면 꿈은 망상일 뿐이고 말은 허언(虛言)일 뿐이며 그런 상태에서의 각종 업무와 일들은 그저 힘든 노역에 불과하다.

정치활동에는 조직이 있어야 하고 여러 정책적 제안들과 관련된 말들은 법과 규정으로 만들어지며, 각종 정책들과 법들을 실제로 집행할 수 있는 권위체가 있어야 한다. 이러한 틀, 곧 질서가 인간본능의 소산인지 아니면 인간노력과 선택의 소산인지에 대한 이론적 논란이 있을 수 있으나 그것이 필수적인 것임을 부정할 수는 없으며, 그래서 틀을 만들고 유지하는 정치가는 종종 입법가로 간주된다.

그런데 그동안 현대정치학에서는 정치가 틀을 세우며 질서를 잡아가는 것을 무조건 비판적으로만 평가하는 경향이 많았다. 정치에서 꿈꾸고 일하며 말하는 면만 강조되다 보니 질서를 세우는 일은 모두 소통을 억제하는 '독재' 혹은 무미건조한 '엔지니어링'이란 용어로 비판받기 일쑤였다. 그리고 헌팅턴 교수가 개발도상국가들에는 학생들이 데모하며 저항하는 "권위체"가 우선은 존재해야 한다고 했을 때 그러한 견해를 보수적인 것으로 타기하는 경향도 있었다. 그러나 정치적 틀을 세우는 일은 보수니 진보니 하는 이념적 지향이나 이론적 전망과 관계없이 어느 시대에나 필요한 정치가의 일이다. 마키아벨리가 한 국가의 유복함은 재임 동안만 현명하게 다스리는 군주를 갖는 것에 있지 않고 그가 죽은 후에라도 나라를 다스리는 데 활용될 수 있는 법을 만드는 군주를 갖는 것에 있다고 말했는데, 이 역시 정치에서 틀 짬의 중요성을 적절하게 이른 것이다. 다만 그 질서 혹은 틀은 정치가가 지닌 꿈과 일의 진행과정에 대한 설계에 따라 달리 나타날 수 있는 것이다. 정치는 비전을 제시하고 그것을 실현하기 위한 문제해결 기능을 담당하며, 그리고 사람과 사람 사이 그리고 집단과 집단 사이의 질서를 세우는 일을 수행한다. 또 정치질서는 말함과 함께 비전제시와 문제해결, 그리고 제도화, 곧 틀 짬의 세 가지 측면들을 진지하게 고려하는 가운데 형성되어야 하며 동시에 정치적 평가도 이러한 세 측면들을 균형 있게 고려하는 가운데 시도되어야 한다. 앞으로 정치학은 그동안 소홀히 취급했던 법과 제도 및 행정과정을 그 연구대상으로 삼는 진지한 노력을 경주할 필요가 있다.

이상에서 필자는 기본적으로 "정치가는 말하며 일하는 존재"임을 전제로, 비전을 제시하고 문제를 해결하며, 정치공동체의 질서를 확립하는 것을 그 핵심기능으로 삼는 일꾼임을 주장하였다. 이러한 생각은 물론 정치가 권력투쟁적 속성을 그대로 지니고 있음을 전제로 하는 것이지만, 기왕에 "지배-피지배의 권력게임"으로만 보았던 정치를 말과 일을 통한 "다스림의 기예"라는 새로운 인식에서 비롯된 것이다. 그동안 다스림이라는 정치기능이 은연중에 전문학자들 사이에서 일방적이고 권위주의적이라는 선입견 때문에 무시되었지만, 사실 따지고 보면 정치란 곧 다스림을 할 수 있는 위치에 오르기 위한 노력과정과 그러한 위치에서 권력을 활용하는 각종 행위의 종합이라 할 수 있다.

그동안 정치를 권력투쟁으로 봄으로써 그것을 쟁취하는 과정에 대한 이론적 연구가 풍미했지만, 이제는 그렇게 얻어진 권력을 제대로 활용하는 방법은 무엇일까 하는 차원에서 권력의 효용성 문제를 더 심각하게 논의할 필요가 있다. 터커 교수가 현대정치학이 지나친 "권력 중심적 분석"에 경도되었다고 비판하면서 새로운 대안으로 "리더십 접근법"을 제시했던 것도 이러한 맥락에서 오늘날 정치를 새롭게 이해해야 할 필요가 있다는 문제의식에서 비롯된 것이다. 그리고 이렇게 정치를 리더십적으로 접근할 때, 정치란 "권력을 얻었거나 얻고자 하는 정치가들이 구성원들과 커뮤니케이션을 유지하는 가운데 비전을 제시하고, 문제해결을 추구하며, 바람직한 정치질서를 형성해 가는 과정"이라고 정의할 수 있을 것이다. 물론 커뮤니케이션의 내용과 범위는 시대와 상황, 그리고 정치지도자의 선택에 따라 다를 것이다.

참고문헌

1. 국문 자료

가쿠마 다카시 (2000). 《아시아의 리더 김대중 대통령》. 창작시대.

강만길 (1983). "좌우합작의 경위와 그 성격." 송건호·강만길 편. 《한국민족
　　　주의론 II》. 창비.

_____ (1991). 《조선민족혁명당과 통일전선》. 화평사.

강원룡 (1993). 《빈들에서 1·2》. 열린문화.

강준식 (1990). "신익희는 우익쿠데타를 기도했었다." 〈다리〉 3월호.

고승환 (2016). "다산 정약용의 권형론 해석: 선진문헌에 대한 고증을 바탕으
　　　로." 〈다산학〉 29호 (12월).

공구·맹가 저. 이가원 역해 (1976). 《논어 맹자》. 동서문화사.

그레고리 핸더슨 저. 박행웅·이종삼 역 (2000). 《소용돌이의 한국정치》. 한울.

기대승 저. 성백효 외 역 (2007). 《국역 고봉전서 2》. 민족문화추진회.

김구 (1989). 《백범일지》. 서문당.

김규식 (1992). 《양자유경》. 우사연구회.

김기철 (1993). "신군부는 10·26직후부터 집권 꿈꿨다." 〈신동아〉 7월호.

김대상 (1990). 《해방직전사의 재조명》. 해성.

김대중 (1994). 《새로운 시작을 위하여》. 김영사.

김동성 (1994). "80년 서울의 봄과 민주화운동의 좌절." 《5공 평가 대토론》.
　　　동아일보사.

김메리 (1996). 《학교종이 땡땡땡》. 현대미학사.

김비환 (1997). "해방 후 한국정치사의 정치철학적 조명." 한국정치학회 1997
　　년도 연례학술대회 발표논문.

김상웅 (2006). 《해방 후 정치사 100장면》. 가람기획.

＿＿＿ (2008). 《한 권으로 보는 해방 후 정치사 100장면》. 가람기획.

김석영 편 (1956). 《신익희 선생 일대기》. 와세다대학동창회 출판부.

김석준 (1989). "국가능력과 경제발전: 한국의 제 1공화국～제 5공화국." 한국
　　정치학회 편. 《민족공동체와 국가발전》.

김성익 (1992). "전두환. 역사를 위한 육성증언 (3). 노태우와 나 사이엔."
　　〈월간조선〉 8월호.

＿＿＿ (1993a). "전두환 대통령 약전." 월간조선 편집부 편. 《비록 한국의
　　대통령》. 조선일보사.

＿＿＿ (1993b). 《전두환 육성증언》. 조선일보사.

김수진 (1996). "제 2공화국의 정당과 정당정치." 백영철 편. 《제 2공화국과
　　한국민주주의》. 나남.

김승채 (2007). "전두환 대통령과 국가질서." 한국정치학회·관훈클럽 편.
　　《한국의 대통령리더십과 국가발전》. 인간사랑.

김영국 외 (1986). 《정치학개론》. 박영사.

김영명 (1991). "이승만정권의 흥망과 그 정치사적 의미." 〈한국정치학회보〉
　　제 25집 1호.

＿＿＿ (1993). "한국의 민군관계와 민주화의 전망." 한국정치학회 편. 《한국
　　의 정치: 쟁점과 과제》. 법문사.

＿＿＿ (1999). 《고쳐쓴 한국현대정치사》. 을유문화사.

김영선 (1960). "민주당 腹案의 골자." 〈사상계〉 6월호.

김용삼 (1999). "탄생 1백주년 장면의 67년 생애." 〈월간조선〉 3월호.

김욱 (2004). "총선결과와 대통령-국회관계 전망." 한국정치학회 특별학술회
　　의 논문집.

＿＿＿ (2005). 《김대중의 끝나지 않은 이야기》. 인물과 사상사.

김운태 (1996). "권력구조와 정부." 이우진·김성주 편. 《현대한국정치론》. 나남.

김인수 (2003). 《시대정신과 대통령 리더십》. 신원문화사.

김인영 편 (2002). 《한국사회. 신뢰와 불신의 구조》. 소화.

김일영 (1995). "정계의 영원한 초대받은 손님: 장면론." 〈황해문화〉 6월호.

김장홍(1956). 《민족의 태양 - 우남 이승만 박사 평전》. 경찰도서출판협회.

김재춘(1969). "나의 혁명전야." 〈월간중앙〉 5월호.

김정기(2008). 《국회프락치사건의 재발견 II》. 한울.

김정렴(1993). 《한국경제정책 30년사》. 중앙일보사·중앙경제신문.

_____(1997). 《아! 박정희》. 중앙 M&B.

김정원(1984). "제 2공화국의 수립과 몰락." 김성환·김정원·허버트 빅스
　　　　외. 《1960년대》. 거름.

김종훈(1969). 《한국정당사》. 서울고시학회.

김준엽(1988). 《장정》. 나남.

김지은(1993). "야당거목 유진산. 그 숨겨진 이야기들." 〈월간조선〉 3월호.

김진(2009a). "현 정권의 'KK 크로니즘'." 〈중앙일보〉 2009. 4. 13.

_____(2009b). "위험한 우정, MB와 황석영." 〈중앙일보〉 2009. 5. 18.

김진배(1986). "실록 제 2공화국." 〈월간조선〉 1월호.

_____(1988a). "군 출신 대통령 인물 비교연구 상: 박정희·전두환·노태
　　　　우." 〈월간조선〉 6월호.

_____(1988b). "군 출신 대통령 인물 비교연구 하: 박정희·전두환·노태
　　　　우." 〈월간조선〉 7월호.

김충남(1998). 《성공한 대통령 실패한 대통령》. 둥지

_____(2006). 《대통령과 국가경영: 이승만에서 김대중까지》. 서울대 출판부.

_____(2011). 《대통령과 국가경영 2: 노무현과 이명박 리더십의 명암과 교
　　　　훈》. 오름.

김학준(1983). "4·19 이후 5·16까지의 진보주의 운동." 강만길 외. 《4월혁
　　　　명론》. 한길사.

_____(2000). "만인의 가슴에 남아 있는 거목의 생애: 해공 신익희 선생 재
　　　　조명." 〈국회보〉 5월호.

김형효 외(2000). 《민본주의를 넘어서: 동양의 민본사상과 새로운 공동체 모
　　　　색》. 청계.

김호기(1997). "민주화. 시민사회. 시민운동." 최장집·임현진 편. 《한국사
　　　　회와 민주주의》. 나남.

_____(1998). "IMF 관리경제와 사회통합 위기." 제 7회 아태평화재단 국내
　　　　학술회의 발표논문.

김호진(1991). 《한국정치체제론》. 박영사.

_____ (1994). 《한국정치체제론》 전정4판. 박영사.

_____ (2006). 《대통령과 리더십》. 청림출판.

김홍우(2000). 《현상학과 정치철학》. 문학과지성사.

_____ (2007). 《한국정치의 현상학적 이해》. 문학과 지성사.

김홍우·홍광엽 외(2005). 《가치와 한국정치》. 소화.

남광규(2010). "해방 이후 신익희의 정치활동과 정치노선." 〈평화연구〉 가을호.

남궁근·황성돈(2001). "김대중 정부 행정개혁 3년 평가." 한국행정학회 춘계
　　　대회 논문집.

노재현(1993). 《청와대비서실 2》. 중앙일보사.

《논어》.

니콜로 마키아벨리 저. 강정인·문지영 역(2003). 《군주론》. 까치.

대한민국 국회사무처(1971). 《국회사: 제4대 국회·제5대 국회·제6대 국
　　　회》. 광명인쇄공사.

_____ (1991). 《국회사(1): 제헌 국회~제3대 국회》.

대한성서공회 역주(1987). 《貫珠 聖經全書》.

도진순(1997). 《한국민족주의와 남북관계》. 서울대 출판부.

라종일(1988). "1952년의 정치파동: 행정부·의회·군부·외국의 상호작용."
　　　〈한국정치학회보〉 제22집 2호.

로버트 T. 올리버 저. 황정일 역(2002). 《이승만: 신화에 가린 인물》. 건국
　　　대 출판부.

로버트 T. 올리버(1990). 《대한민국 건국의 비화》. 계명사.

로버트 K. 그린리프 저. 강주헌 역(2006). 《서번트 리더십 원전: 리더는 머
　　　슴이다》. 참솔.

류근일(1981). 《이성의 한국인 김규식》. 동서문화사.

류이근(2008). "1%정부, 오늘 시작했는데 느낌은 꼭 임기말." 〈한겨레 21〉
　　　2008. 3. 3.

마크 게인(1986). 《해방과 미군정 1946. 10~11》. 까치.

막스 디몽 저. 김용운 역(1991). 《유태의 역사》. 대원사.

《맹자》.

모리치오 비롤리 저. 김경희·김동규 역(2007). 《공화주의》. 인간사랑.

문승익(1974). "자아준거적 정치학." 〈국제정치논총〉 13집.

_____ (1999). 《자아준거적 정치학의 모색》. 오름.

문한영 (1990). "60년대의 민족자주통일운동: 민자통을 중심으로 한 증언." 사월혁명연구소 편. 《한국사회 변혁운동과 4월 혁명》. 한길사.

민세 안재홍선집 간행위원회 (1983). 《민세 안재홍선집 2》. 지식산업사.

민족공동체 연구 편집부 (1991a). "해공 신익희 선생 일대기."〈민족공동체 연구 4〉5월호.

_____ (1991b). "해공 신익희 선생 국회속기록."〈민족공동체 연구 4〉5월호.

바츨라프 하벨 (1994). 《프라하의 여름》. 고려원.

박도원 (1985). 《한국 천주교회의 대부 노기남 대주교》. 한국교회사연구소.

박문수 (1993). "일제하 천주교단의 친일활동."〈역사비평〉겨울호.

박병련 (2014). "세종의 중용리더십." 정윤재 외. 《세종리더십의 핵심가치》. pp. 40~43. 한국학중앙연구원.

박석련 (1979). 《전체성 의학의 시대: 동서의학통합원리》. 신흥출판사.

박순천 (1972). "나의 교우 반세기."〈신동아〉2월호.

박영규 (2008). 《세종대왕실록》. 웅진지식하우스.

박영신 (1999). 《실천도덕으로서의 정치: 바츨라프 하벨의 역사참여》. 연세대출판부.

박정희 (1962). 《우리민족의 나갈길》. 동아출판사.

_____ (1963). 《국가와 혁명과 나》. 향문사.

박종국 (1996). 《세종대왕과 훈민정음》. 세종대왕기념사업회.

박찬욱·정윤재·김남국 (1997). 《미래한국의 정치적 리더십》. 생각의 나무·미래인력연구센터.

박찬표 (2007). 《한국의 국가형성과 민주주의》. 후마니타스.

박현모 (2006). 《세종, 수성의 리더십》. 삼성경제연구소.

_____ (2007). 《세종, 실록 밖으로 행차하다》. 푸른역사.

_____ (2008). 《세종처럼: 소통과 헌신의 리더십》. 미다스북스.

배병삼 (1997). "조선시대 정치리더십론: 수기치인과 무위이치론을 중심으로."〈한국정치학회보〉31집 4호.

배성동 (1998). "한국정치의 민주적 발전과제: 그 첫째-한 민주적 지도자의 정치적 생애 해공 신익희."〈명지대 사회과학논총〉제 14집.

백승현 (1997). "전환기의 리더십과 플라톤적 정치지도자론."〈고황정치학회보〉1권.

백영철 편 (1996). 《제 2공화국과 한국민주주의》. 나남.

백영철(1991). "제 1공화국의 의회정치에 관한 연구: 의회와 행정부의 관계를 중심으로." 〈한국정치학회보〉제 25집 1호.

_____ (1995). 《제 1공화국과 한국민주주의》. 나남.

_____ (1996). 《제 2공화국과 한국민주주의》. 나남.

백운선(1988). "이승만세력의 정치적 헤게모니 과정." 〈사상과 정책〉가을호.

부완혁(1960). "이로부터의 정치적 쟁점." 〈사상계〉10월호.

서관모(1990). "한국사회의 계급구조." 김진균·조희연 편. 《한국사회론》. 한울.

서병욱(1988). "5공비리 명세서." 〈월간조선〉7월호.

서정민(2008). 《세종, 부패사건에 휘말리다》. 살림.

서준원(1997). "국회의장의 정치적 역할: 제 1·2·3공화국을 중심으로." 〈의정연구〉제 3권 4호.

서중석(1992). 《한국현대민족운동연구》. 역사비평사.

_____ (2005). 《이승만의 정치이데올로기》. 역사비평사.

_____ (2008). 《대한민국 선거이야기》. 역사비평사.

세종국가경영연구소(2006). 제 3기 실록학교 교재. 《세종실록에의 초대》.

세종대왕기념사업회(1968). 《세종장헌대왕실록》.

손봉숙(1987a). "제 1공화국과 자유당." 한국정치학회 편. 《현대한국정치론》. 법문사.

_____ (1987b). "부산정치파동." 이기하·심지연·한정일·손봉숙. 《한국의 정당》. 한국일보사.

_____ (1987c). "자유당 창당의 배경." 이기하·심지연·한정일·손봉숙. 《한국의 정당》. 한국일보사.

_____ (1991). "한국자유당의 정당정치 연구." 〈한국정치학회보〉제 25집 1호.

손세일(1970). 《이승만과 김구》. 일조각.

손호철(1995). 《해방 50년의 한국정치》. 샛길.

손호철·정해구(1996). "제 2공화국 시민사회와 사회운동." 백영철 편. 《제 2공화국과 한국민주주의》. 나남.

송기도 외(1999). 《권력과 리더십》. 인물과 사상.

송남헌(1983). "우사 김규식에의 인간기행." 〈정경문화〉10월호.

_____ (1987). "우사 김규식." 한국사학회 편. 《한국현대인물론 II》. 을유문화사.

_____ (1989). 《해방 3년사 II: 1945~1948》. 까치.

_____ (1990a).《해방 3년사 Ⅰ: 1945~1948》. 까치.

_____ (1990b). "좌우합작운동과 우사 김규식." 한승조 외.《해방전후사의 쟁점과 평가》. 형설출판사.

_____ (1993). "한국정치의 권력엘리트." 길승흠 편.《한국현대정치론》. 법문사.

송복(1997).《한국사회의 갈등구조》(수정증보판). 경문사.

송원영(1990).《제 2공화국》. 샘터.

송의섭(1994).《별들의 공화국》. 고려서적.

송호근(2005).《한국, 어떤 미래를 선택할 것인가》. 21세기북스.

_____ (2008). "국가의 실종."〈중앙일보〉2008. 7. 22.

스칼라피노・이정식. 한홍구 역(1986).《한국공산주의운동사 1》. 돌베개.

시오노 나나미 저. 김석희 역(2003).《로마인 이야기 1》. 한길사.

시오노 나나미(1997).《마키아벨리 어록》. 한길사.

신명순(1986). "정치문화와 민주주의." 한국정치학회 편.《현대한국정치론》. 법문사.

_____ (1993). "한국정치와 정치문화." 김상준 외.《한국의 정치: 쟁점과 과제》. 법문사. pp. 317~360.

_____ (2000). "국회의장의 선출방법과 중립성에 관한 연구."〈의정연구〉제 6권 1호.

신문학회 편(1956).《신익희: 해공선생전기》.

신병식(1989). "분단국가의 수립과 이승만노선." 이수인 편.《한국현대정치사 1: 미군점령시대의 정치사》. 실천문학사.

신복룡(1996). "한국의 지역감정의 역사적 배경." 한국정치학회 하계학술대회 (서울 7월).

신상초(1960). "상노정권의 탄생과 동요."〈사상계〉10월호.

신용하(1984).《현대한국사회사상》. 지식산업사.

신익희(1959).《나의 小傳》. 시사시보사.

_____ (1967).《증보 나의 길》. 동아출판사.

신창현 편(1961).《신익희 선생 연설집》. 국민대 동창회.

_____ (1979).《해공 신익희》. 태극출판사.

실바(1982). "미국은 과연 장면정권의 붕괴를 몰랐는가."〈신동아〉5월호.

심융택(1972).《박정희 대통령 어록: 자립에의 의지》. 한림출판사.

심지연(1987). "제헌의원선거와 정부수립." 이기하・심지연・한정일・손봉숙. 《한국의 정당》. 한국일보사.

_____(1990). "민주당정권의 본질." 사월혁명연구소 편. 《한국사회 변혁운동과 4월혁명》. 한길사.

_____(2004). 《한국정당사》. 백산서당.

안병만(1989). 《한국정부론》(제 2판). 다산출판.

_____(1996). 《한국정부론》(제 3판). 다산출판.

_____(1998). "역대정부의 정책평가와 신정부의 정책과제." 한국행정학회 춘계학술대회 발표논문집.

_____(1999). "역대 대통령의 자질과 정책성향 연구." 한국행정학회 학술심포지엄 논문집.

안외순·이상익 외(2002). 《유교리더십과 한국정치》. 백산서당.

안재홍(1983). "한민족의 기본진로." 《민세 안재홍 선집 2》. 지식산업사.

안청시(1987a). "한국정치학의 발전과제와 방향모색." 한국정치학회 편. 《현대한국정치론》. 법문사.

_____(1987b). "한국정치문화의 특성과 변화." 《한국정치연구》(창간호). 서울대 한국정치연구소.

알렉시스 드 토크빌 저. 임효선·박지동 역(2003), 《미국민주주의 I》. 한길사.

앤드류 헤이우드 저. 이종은·조현수 역(2006). 《현대정치이론》. 아카넷.

양기선(1982). "Kim Kyusik as a Common Man and a Political Leader." *Korea Observer* VIII-1 (Spring).

양성철(1995). 《한국정부론: 역대정권의 고위직 행정엘리트 연구. 1948~1993》. 박영사.

양승태(2009). "국가 정체성과 정치적 지도력, 그리고 대통령." 양승태. 《대한민국이란 무엇인가: 국가 정체성 문제에 대한 정치철학적 성찰》. 이화여대 출판부.

양호민(1961). "민주주의와 지도세력." 〈사상계〉 11월호.

오경환(1992). 《대통령가의 사람들》. 명지사.

오유석(1992). "이승만 대 조봉암·신익희." 계간 〈역사비평〉 제 17호 여름.

오익환(1979). "반민특위의 활동과 와해." 송건호 외 《해방전후사의 인식 1》. 한길사.

와너(1961). "이승만 없는 한국." 〈사상계〉 4월호.

월간 전통과 시론 편집부(1990a). "해공 신익희의 생애와 사상(상)." 〈전통과 시론 6〉7월호.

_____(1990b). "해공 신익희의 생애와 사상(하)."〈전통과 시론 7〉8월호.

월간정치 편집부(1990). "해공 신익희: 한국사의 민주주의 증인."〈월간 정치 10〉7월호.

월간조선 편집부(1993).《비록 한국의 대통령》. 조선일보사.

월간조선(1993). "대통령 직무수행시 참고사항."〈월간조선〉1월호.

유광호(1998). "장면정권기의 경제정책." 정문연 현대사연구소 편.《한국현대사의 재인식 5: 1960년대의 전환적 상황과 장면정권》. 오름.

유미림(2006). "세종의 한글 창제의 정치." 정윤재 외《세종의 국가경영》. 지식산업사. pp. 79~120.

유병용 외(1997).《한국현대정치사의 재조명》. 한국정치외교사학회.

유병용(1998). "장면정권의 성립과 붕괴." 정문연 현대사연구소 편.《한국현대사의 재인식 5: 1960년대의 전환적 상황과 장면정권》. 오름.

유세열(1984a).《옥계 유진산: 생애와 사상과 정치 상·하》. 옥계 유진산 선생 기념사업회.

_____(1984b).《만년야인 유진산 총재 당의회발언사 상》. 옥계 유진산 선생 기념사업회.

유영준(1980). "한국 역대정권의 국가목표 설정과 그 정치적 과제."〈한국정치학회보〉제 14집.

_____(1988). "장면정권의 정치적 리더십." 한승조 편.《리더십 이론과 한국정치》. 민족지성사.

유재일(1994). "제 2공화국의 사회갈등과 정치변동."《한국사 17권: 분단구조의 정착 1》. 한길사.

유치송(1986). "신익희: 민주완성의 산 정치교본."〈민족지성 6〉8월호.

윤근식(1989). "긴장완화 속의 보수정권." 김운태 외.《한국정치론》. 법문사.

윤천주(1961).《한국정치체계서설》. 문운당.

_____(1978).《한국정치체계》. 서울대 출판부.

이경남(1983). "박정희·윤보선·허정·장면의 지상심판."〈정경문화〉7월호.

_____(1996). "제 2공화국의 실패요인과 군부권위주의의 등장." 백영철 편.《제 2공화국과 한국민주주의》. 나남.

이광복(1993).《인간 김영삼》. 행림출판.

이국영(1996). "민주주의 좌절과 5·16 쿠데타." 김호진 외.《한국현대정치

　　　사》. 법문사.

이기하(1984). 《한국정당발달사》. 의회정치사.

이남영(1985). "산업화와 정치문화: 민주의식 변화를 중심으로." 〈한국정치
　　　학회보〉 제 19집.

＿＿＿(1995). "전두환·노태우 정권의 성격과 리더십." 한국정치학회 편.
　　　《한국현대정치사》. 법문사.

이달순(1992). "제 1공화국과 한국전쟁(1948~1960)." 한국정치외교사학회
　　　편. 《한국현대사의 재조명》. 대왕사.

이도형(2001). 《건국의 아버지 이승만》. 한국논단.

이동수(2007). "개화와 공화민주주의: 〈독립신문〉을 중심으로." 〈정신문화연
　　　구〉 봄호.

이동식(1974). 《한국인의 주체성과 도》. 일지사.

이동현(1990). 《한국신탁통치연구》. 평민사.

이병천 편(2004). 《개발독재와 박정희시대-우리시대의 정치경제적 기원》. 창비.

이병천(2003). 《개발독재와 박정희시대》. 창비.

이부영(1977). 《잃어버린 그림자》. 정우사.

이상우(1984). "장면 총리의 비극." 〈신동아〉 2월호.

＿＿＿(1989). "박정희와 전두환. 독재자의 성적표." 〈신동아〉 5월호.

이상익(2004). 《유교전통과 자유민주주의》. 심산.

이상현 외(1988). "제 5공화국의 7대 의혹." 〈월간조선〉 2월호.

이숭녕(1981). 《세종대왕의 학문과 사상》. 아세아문화사.

이승만(1987). 《일본제국주의 군상》. 나남.

이신행(1995). "한국사회의 영역형성." 한국정치학회 편. 《한국현대정치사》.
　　　법문사.

이용원(1999). 《제 2공화국과 장면》. 범우사.

이원순(1988). 《인간 이승만》. 신태양사.

이윤식(1998). "국가경쟁력 제고를 위한 전자정부의 추진방향." 한국행정학회
　　　동계학술대회 논문집. pp. 421~436.

이이(2007). 《국역 율곡전서 3》. 한국학중앙연구원.

이장규(1991). 《경제는 당신이 대통령이야》. 중앙일보사.

이재열(1998). "민주주의. 사회적 신뢰. 사회적 자본." 〈계간 사상〉 여름호.

이재혁(1996). "신뢰의 사회구조화." 〈한국사회학〉 30집 1호.

이제마 저. 이가원 역(1975). 《동의수세보원》. 서문당.

이정복(1995). 《한국정치의 이해》. 서울대 출판부.

_____ (1996). "제 2공화국시대의 정치제도." 민준기 외. 《한국의 정치》. 나남.

_____ (2008). "미군정과 제 1공화국의 정치제도." 민준기 · 신명순 · 이정복 · 윤성이. 《한국의 정치: 제도, 과정, 발전》(전정판). 나남.

이정수(1994). "주체사상의 본질과 최근동향." 구영록 교수 화갑기념논총. 《국가와 전쟁을 넘어서》. 법문사.

이정식(1974). 《김규식의 생애》. 신구문화사.

_____ (1979). "신익희." 《한국근대인물 백인선》. 동아일보사.

_____ (1983). 《한국정치상황의 제 단면》. 고려원.

_____ (1986). 《한국현대정치사 3권-제 2공화국》. 성문각.

이정식 · 김학준(1988). 《혁명가들의 항일회상: 김성숙 · 장건상 · 정화암 · 이강훈》. 민음사.

이정희(1995). "제 2공화국의 정치환경과 장면의 리더십." 김호진 편. 《한국현대정치사》. 법문사.

이철수(2009). 《사회복지학사전》. 혜민북스.

이철순(2011). "우사 김규식의 삶과 정치활동," 〈한국인물사연구〉 제 16호.

이철승(1970). 《절망에의 도전》. 집현각.

이택휘 외(2001). 《남북한의 최고지도자》. 백산서당.

이한빈(1992). "정치지도자의 역할과 필요한 자질." 〈계간 사상〉 가을호.

이한우(1996). 《이승만 90년 상 · 하》. 조선일보사.

_____ (2000). "국회의장의 리더십: 제 11~14대 국회공전과 의장의 역할." 《한국의회정치론》. 건국대 출판부.

_____ (2006). 《세종: 조선의 표준을 세우다》. 해냄.

이현희 · 정경환 · 오영섭(2007). 《해공 신익희 연구》. 삼화출판사.

이호진 · 강인섭(1988). 《이것이 국회다》. 삼성출판사.

이홍구(1996). "영웅의 독재와 성웅의 저항: 나폴레옹 탄생 200주년과 간디 탄생 100주년을 맞아." 《이홍구 문집 1: 인간화와 정치》. 나남.

임성호(2009). "감상 치유할 감성 리더십이 필요하다." 〈중앙일보〉 2009. 6. 17.

임헌영(1985). "해방직후 지식인의 민족현실 인식." 《해방전후사의 인식 2》. 한길사.

임혁백(2011). "한국에서의 공공성의 정치와 공화주의." 임혁백. 《1987년 이

후의 한국민주주의: 3김 정치시대와 그 이후》. 고려대 출판부.

임현진(1997). "한국 민주화의 과제." 최장집·임현진 편. 《한국사회와 민주
주의》. 나남.

_____(1998). "'근대화'를 통해 본 동아시아의 발전: 신화와 현실." 〈정신문
화연구〉 21권 1호.

장동진(1998). "자유주의와 정치리더십." 한국정치학회 월례학술회의 (9월).

장면(1960). "나의 부통령직 4년." 〈사상계 6·7〉.

_____(1967). 《한 알의 밀이 죽지 않고는》. 가톨릭출판사.

장병혜·장병초 편(1992). 《창랑 장택상 자서전: 대한민국 건국과 나》. 창랑
장택상기념사업회.

장준하(1992). 《세계사》. 돌베개.

장훈(2004). "분열의 정치, '최악의 폭풍'속으로." NEXT 4월호. pp. 2~7.

정대철(1997). 《장면은 왜 수녀원에 숨어 있었나》. 동아일보사.

정도전 저. 윤한봉 외 역(1977). 《국역 삼봉집 2》. 민족문화추진회 고전국역
총서 121. 솔.

정두희(1982). "세종조의 권력구조-대간의 활동을 중심으로." 한국정신문화
연구원 역사연구실 편. 《세종조 문화연구》. 박영사.

정범모(2008). 《한국의 세 번째 기적: 자율의 사회》. 나남.

정병준(1995). 《몽양 여운형평전》. 한울.

정수산(1992). "제2공화국의 붕괴과정에 관한 연구." 서울대 박사학위논문.

정용석(1989). "제5공화국의 성장과 몰락." 〈민족지성〉 12월호.

_____(1995). "미래 한국의 정치지도자상." 〈한국일보〉 1995. 9. 2.

정윤재(1990). "해방 후 좌우합작노선과 그 향방." 한승조 외. 《해방전후사의
쟁점과 평가 2》. 형설출판사.

_____(1991). "노태우 대통령의 정치리더십 분석." 한국정치학회 하계학술
대회 발표논문.

_____(1992). "제3세계 발전에 대한 정치리더십 접근 시론." 《한국정치학회
보》 제25집 2호.

_____(1993). "김영삼 대통령의 개혁리더십의 정치적 성격과 한계." 한국정
치학회 학술발표논문집 〈문민정부와 정치개혁〉.

_____(1995). "박정희 대통령의 근대화 리더십." 한국정치학회 편. 《한국현
대정치사》. 법문사.

_____ (1997a). "현대정치학과 정치리더십: 이론과 사례를 중심으로." 박찬
욱 외. 《미래한국의 정치적 리더십》. 미래인력연구센터.

_____ (1997b). "'열린 나'의 정치사상." 〈한국정치연구〉 제 7호. 서울대 한
국정치연구소.

_____ (1998a). "김규식의 '합리적' 리더십 재검토." 〈한국현대사연구〉 (창간
호). 정문연 현대사연구소.

_____ (1998b). "김대중 대통령과 민주시민사회 건설의 과제." 〈정치정보연
구〉 제 1권 2호. 한국정치정보학회.

_____ (1999a). "자아준거적 정치학과 한국정치사상 연구: 문제해결적 접근
의 탐색." 정윤재 외. 《한국정치사상의 비교연구》. 한국정신문화연구
원. pp. 3~38.

_____ (1999b). 《다사리 국가론: 민세 안재홍의 사상과 행동》. 백산서당.

_____ (2000a). "정치리더십과 민주주의의 제도화: 한국정치에 대한 리더십
적 비판과 처방." 〈한국정치외교사논총〉 제 21집 2호.

_____ (2000b). "해공 신익희의 민주적 정치리더십 분석." 국민대 개교 54주
년기념 학술세미나 발표논문집.

_____ (2000c). "집권 전기 이승만 대통령의 정치리더십 연구." 〈한국정치외
교사논총〉 제 22집 1호.

_____ (2000d). "'언행일치'의 정치인을 보고 싶다." 〈자유공론〉 2월호.

_____ (2000e). "전두환 대통령의 정치리더십 분석." 〈정치정보연구〉 제 3권 1호.

_____ (2000f). "새로운 의회정치 지도자상과 의회제도." 〈의정연구〉 10월호.

_____ (2001a). "장면 총리의 정치리더십과 제 2공화국의 붕괴." 정윤재 외.
《장면·윤보선·박정희》. 백산서당.

_____ (2001b). "근대국가의 발전에 대한 정치리더십 접근: 쓰루타니 다케쓰
구를 중심으로." 정윤재 외. 《장면·윤보선·박정희》. 백산서당.

_____ (2001c). "대한민국이 보이는가?" 비전@한국 창립세미나 논문집 〈새
천년 한국의 비전-위기의 본질과 정책방향〉.

_____ (2002a). "정치적 신뢰의 문제: 전통가치와 도덕적 가치를 중심으로."
인산 김영국 교수 2주기 추모학술대회 발표논문집 〈세계화시대의 가
치파탄과 한국정치사상의 과제〉.

_____ (2002b). "박정희 대통령의 근대화 리더십에 대한 유교적 이해." 정윤
재 외. 《유교리더십과 한국정치》. 백산서당.

_____(2002c). "한국사회의 발전과 대통령의 자질." 고려대 정부학연구소 정책포럼 발표논문집 〈대통령선거와 언론의 역할〉.

_____(2002d). 《다시리 공동체를 향하여: 민세 안재홍 평전》. 한울.

_____(2003a). "'노무현 화법'과 한국의 정치문화." 한국정신문화연구원 개원 25주년기념 학술대회 발표논문집 〈한국의 문화변동과 문화적 정체성〉.

_____(2003b). 《정치리더십과 한국민주주의》. 나남.

_____(2005a). "노무현 대통령의 개혁리더십과 한국민주주의." 연세대 국가관리연구원. 춘계학술회의 논문집 〈노무현 정부의 국가관리: 중간평가와 전망〉.

_____(2005b). "말과 정치, 그리고 국회," 〈국회보〉 2005년 1월호. pp. 62~64.

_____(2005c). "전통문화, 리더십, 그리고 정치발전: 반세기 한국민주주의에 대한 새로운 성찰." 성균관대 유교문화연구소. 〈유교문화연구〉 제9집. pp. 175~199.

_____(2006a). "한국정치, 국가경영, 그리고 한국정치학." 서울대 한국정치연구소. 〈한국정치연구〉 제 15집 제 2호. pp. 1~20.

_____(2006b). "글로벌리즘, 동아시아 지역질서, 그리고 대한민국." 김영작 편. 《한국내셔날리즘의 전개와 글로벌리즘》. 백산서당.

_____(2007a). "세종의 정치리더십 형성과정 연구." 〈동양정치사상사〉 제 6권 1호. pp. 5~23.

_____(2007b). "한국의 대통령제에 대한 하나의 성찰: 정치문화, 권력구조, 정당발전의 문제를 중심으로." 대화문화아카데미 토론회 발표원고 (2007. 10. 11).

_____(2009a). "한국정치와 리더십." 홍재환·함종석 편저. 《국가경쟁력과 리더십》. 법문사.

_____(2009b). "한국 대통령의 정치리더십과 국민통합: 이승만, 박정희, 김대중의 경우." 이정복 편. 《21세기 한국정치의 발전방향》. 서울대 출판부. pp. 393~418.

_____(2009c). "세종대왕의 '천민·대천이물'론과 '보살핌'의 정치." 한국동양정치사상사학회, 〈동양정치사상사〉 봄호.

_____(2009d). "건강한 공동체를 향한 시민리더십." (재) 한국지역사회교육연구원. 지역사회운동 창립40주년기념 시민리더십 순회포럼집. 〈건강한 공동체를 향한 시민리더십〉. pp. 1~14.

_____ (2010). "해방직후 임정지지론의 정치적 성격: 민세 안재홍의 경우." 고정휴 외.《대한민국 임시정부의 현대사적 성찰》. 나남.

_____ (2013).《정치리더십과 한국민주주의》. 나남.

_____ (2016). "세종대왕의 수령고소금지법 개정과 '공공함'의 정치."〈한국 동양정치사상사연구〉제 15권 1호 (3월).

정윤재 외 (2014).《세종리더십의 핵심가치》. 한국학중앙연구원.

정일균 (1998). "다산 정약용의《중용》론."〈태동고전연구〉제 15집.

정일형 (1970).《오직 한 길로》. 신진문화사.

정재경 (1979).《한민족의 중흥사상: 박정희 대통령의 정치철학》. 신라출판사.

_____ (1991).《박정희 사상서설: 휘호를 중심으로》. 집문당.

정정길 (1994).《대통령의 경제리더십: 박정희·전두환·노태우 정부의 경제 정책관리》. 한국경제신문사.

정종복 (1990). "공자의 천명사상 연구."〈교육과학연구〉제 4집.

정종섭 (2002).《대한민국 헌법을 알자》. 일빛.

_____ (2007).《대한민국 헌법》. 금붕어.

제임스 M. 번즈 저. 한국리더십연구회 역 (2000).《리더십 강의》. 미래인력연 구센터·생각의 나무.

제임스 M. 번즈 저. 조중빈 역 (2006).《역사를 바꾸는 리더십: 변혁의 정치 리더십 연구》. 지식의날개.

조갑제 (1988). "전두환의 인맥과 금맥."〈월간조선〉5월호.

_____ (1992).《박정희 1: 한 근대화 혁명가의 비장한 생애》. 까치.

_____ (2004).《내 무덤에 침을 뱉어라》. 조선일보사.

조남욱 (2001).《세종대왕의 정치철학》. 부산대 출판부.

조동걸 (1995). "해공 신익희의 임시정부 활동."〈한국학논총〉제 18집. 국민 대 한국학연구소.

조병옥 (1959).《나의 회고록》. 민교사.

_____ (1986).《나의 회고록》. 해동.

조용중 (1990).《미군정하의 한국정치현장》. 나남.

조흥식 (1998). "지속가능한 사회발전과 복지정책." 제 7회 아태평화재단 국내 학술회의 발표논문.

주돈식 (1982). "장면정권의 붕괴전야."〈월간조선〉4월호.

_____ (2004).《우리도 좋은 대통령을 갖고 싶다》. 사람과 책.

중앙선거관리위원회 (1981). 《대한민국선거사 제 1집 (1948. 5. 10 ~ 1972. 10. 16)》. 보진재.

《중용》.

지해범 (1989). "전두환의 계산과 변명." 〈월간조선〉 9월호.

진덕규 (1981a). "이승만 시대의 권력구조 이해." 진덕규 외. 《1950년대의 인식》. 한길사.

_____ (1981b). 《이승만시대 권력구조의 이해》. 한길사.

_____ (2006). 《한국정치와 환상의 늪》. 학문과 사상사.

차기벽 (1980). 《민주주의이념과 역사》. 한길사.

_____ (1983). "4 · 19. 과도정부. 장면정권의 의의." 강만길 외. 《4월혁명론》. 한길사.

_____ (1993). 《간디의 생애와 사상》. 한길사.

천금성 (1981). 《황강에서 북악까지: 인간 전두환. 창조와 초극의 길》. 동서문화사.

최상묵 (1985). "환자와 함께하는 치료." 《정경 문화》 1985년 4월.

최상용 (2002). "중용탐구: 동 · 서양의 만남." 최상용 외. 《인간과 정치사상》. 인간사랑.

_____ (2012). 《중용의 정치사상》. 까치.

최장집 편 (1992). 《한국현대사: 1945 ~ 1950》. 열음사.

최장집 (1989). 《한국현대정치의 구조와 변화》. 까치.

_____ (1995). "과대성장국가의 형성과 정치균열의 구조." 《한국사회연구 3》. 한길사.

_____ (1996). "제 2공화국하에서의 민주주의의 등장과 실패." 백영철 편. 《제 2공화국과 한국민주주의》. 나남.

_____ (1997). "한국민주화의 현 단계와 질 높은 민주주의를 위한 과제." 최장집 · 임현진 편. 《한국사회와 민주주의》. 나남.

_____ (2002). 《민주화 이후의 민주주의》. 후마니타스.

_____ (2011). "정치가는 누구인가." 최장집 엮음, 박상훈 옮김. 《막스 베버, 소명으로서의 정치》. 폴리테이아.

최정호 (1989). "무사상의 사회. 그 내력과 구조." 〈계간 사상〉 여름호.

최진 (2003). 《대통령 리더십》. 나남.

최평길 (1997). 《대통령학》. 박영사.

토머스 칼라일 저. 박상익 역(1997).《영웅의 역사》. 소나무.

프랜시스 후쿠야먀 저. 안진환 역(2005).《강한 국가의 조건》. 황금가지.

프랜시스 후쿠야마(1996).《트러스트》. 한국경제신문사.

프레드 그린슈타인 저. 김기휘 역(2000).《위대한 대통령은 무엇이 다른가》. 위즈덤하우스.

하워드 가드너 저. 김원영 역(2009).《미래마인드》. 재인.

한국정신문화연구원 현대사연구소 편(1998).〈지운 김철수〉. 현대사연구소 자료총서 제 4집.

한국정치외교사학회 편(1990).《해방의 정치사적 인식》. 대왕사.

_____(1995).《한국현대정치사》. 법문사.

_____(1997).《한국현대정치사》. 집문당.

한국정치학회·관훈클럽 편(2007).《한국의 대통령 리더십과 국가발전》. 인간사랑.

한국혁명재판사 편찬위원회(1962).《한국혁명재판사 1·2》.

한배호(1987).《한국정치문화》. 법문사.

_____(1994).《한국정치변동론》. 법문사.

_____(2003).《한국정치문화와 민주정치》. 법문사.

한승인(1984).《독재자 이승만》. 일월서각.

한승조(1988).《리더십 이론과 한국정치》. 민족지성사.

_____(1992).《한국정치의 지도자들》. 대정진.

한승주(1981). "제 1공화국의 유산." 진덕규 외.《1950년대의 인식》. 한길사.

_____(1983).《제 2공화국과 한국의 민주주의》. 종로서적.

_____(1986). "제 2공화국." 한국정치학회 편.《현대한국정치론》. 법문사.

한용원(1993).《한국의 군부정치》. 대왕사.

한정일(1987). "이 박사의 정당관." 이기하·심지연·한정일·손봉숙.《한국의 정당》. 한국일보사.

한창수 외(1998). "격변기 CEO의 고뇌와 결단."〈삼성경제연구소 보고서〉제 156호.

한태수(1961).《한국정당사》. 신태양사.

한태연(1960). "국무총리론."〈사상계〉10월호.

한표욱(1996).《이승만과 한국외교》. 중앙일보사.

함석헌(1961a). "국민감정과 혁명완수."〈사상계〉1월호.

_____(1961b). "새 나라를 어떻게 세울까? (상)"〈사상계〉4월호.

_____(1961c). "새 나라를 어떻게 세울까? (중)"〈사상계〉5월호.

함성득(1997). "대통령학의 이론적 고찰과 우리의 연구과제."〈한국행정학보〉31집 1호.

_____(1999).《대통령학》. 나남.

함성득 편(2000).《한국의 대통령과 권력》. 나남.

_____(2001).《김영삼 정부의 성공과 실패》. 나남.

허동현(1999).《장면: 건국·외교의 선구자》. 분도출판사.

허정(1979).《허정회고록: 내일을 위한 증언》. 샘터사.

홍성걸·유승남(2002). "빅딜과 산업경쟁력: 김대중 정부의 산업구조 조정정책 평가." 한국행정학회 하계학술대회 논문집.

홍원표(1997). "현대한국정치와 '근대성'의 문제." 한국정치학회 1997년도 연례학술회의 발표논문.

홍이섭(1961). "4월혁명의 재평가."〈사상계〉4월호.

홍재환·함종석 편저(2009).《국가경쟁력과 리더십》. 법문사.

홍하상(2005).《CEO 박정희》. 국일미디어.

황의서(1997). "해방 후 좌우합작운동에 대한 국내 정치세력의 입장 비교분석."〈한국정치학회보〉제 31집 1호.

황주홍(1998). "국가위기의 본질: 비경제적 접근." 제 7회 아태평화재단 국내학술회의 발표논문.

황주홍·고경민(2002).《지도자론: 한국의 리더와 리더십》. 건국대 출판부.

황태연(1998). "김대중 대통령: 바람직한 리더십과 치적." 한국정치학회 충청지회 학술대회 발표논문.

2. 영문 자료

Abrahamsen, David(1977). *Nixon vs. Nixon*. N. Y.: Farrar, Strauss and Giroux.

Allen, Richard C. (1960). *Korea's Syngman Rhee: An Unauthorized Portrait*. N. Y.: Charles E, Turtle Co.

Almond, Gabriel A. & James Coleman(eds.) (1960). *The Politics of De-*

veloping Areas. Princeton: Princeton University Press.

Almond, Gabriel A., Scott C. Flanagan, & Robert J. Mondt eds. (1973). *Crisis, Choice, and Change: Historical Studies in Development*. Boston: Little. Brown.

Aristotle (1945). *Politics*, ed. and trans. Ernest Barker. London: Oxford University Press.

Barber, James D. (1985). *The Presidential Character: Predicting Performance in the White House*. 3rd ed. Englewood Cliffs, New Jersey: Prentice-Hall.

_____ (1977). *The Presidential Character: Predicting Performance in the White House*. Englewood Cliffs, N. J.: Prentice-Hall.

Barro, Robert J. (1993). "Pushing Democracy is No Key to Prosperity." *The Wall Street Journal*, 14, December.

Bennis, Warren G. (1969). "Post-Bureaucratic Leadership." *Trans-Action*, 6(9), July-August.

Bentley, Arther F. (1949). *The Process of Government*. Bloomington: Principia.

Bermosk, Loretta & Porter, Sarah E. (1979). "Holistic Health as Human Wholeness." In *Women's Health and Human Wholeness*. New York: Appleton-Century-Crofts.

Blondel, Jean (1966). "Government." In Norman Mackenzie (ed.), *A Guide to the Social Sciences*. New York: The New American Library.

_____ (1980). *World Leaders*. N. Y.: Prentice-Hall.

_____ (1987). *Political Leadership: Towards a General Analysis*. London: Sage Publications.

Bruce, Bueno de Mesquita & Randolph M. Siverson (1995). "War and Survival of Political Leaders: A Comparative Study of Regime Types and Political Accountability." *American Political Science Review*, Vol. 89, No. 4, December.

Bunce, Valerie (1981). *Do New Leaders Make a Difference?: Executive Succession and Public Policy under Capitalism and Socialism*. Princeton: Princeton University Press.

Burns, James M. (1956). *Roosevelt: The Lion and Fox.* N. W. : Harcourt, Brace & Co.

_____(1978). *Leadership.* N. Y. : Harper & Row.

Carlyle, Thomas (1907). *On Heroes, Hero-Worship, and the Heroic in History.* Boston: Houghton Mifflin.

Chimin, Wong K. & Lien-Teh, Wu (1932). *History of Chinese Medicine.* Tientsin: Tientsin Press.

Chua, Beng-Huat (1995). *Communitarian Ideology and Democracy in Singapore.* London: Routledge.

Chung, Yoon-Jae (1988). *A Medical Approach to Political Leadership: An Chae-hong and A Healthy Korea.* Ph. D. Dissertation, University of Hawaii, Manoa.

Clarke, Peter (1992). *A Question of Leadership: From Gladstone to Thatcher.* London: Penguin Books.

Clinch, Nancy Gager (1973). *The Kennedy Neurosis.* N. Y. : Grosset and Dunlap.

Dahl, Robert A. (1958). "A Critique of the Ruling Elite Model." *American Political Science Review*, Vol. 22, No. 2, June.

_____(1976). *Modern Political Analysis.* 3rd ed. Englewood Cliffs: Prentice-Hall.

Denton, Jr. Robert E. & Dan F. Hahn (1991). *Presidential Communication.* N. Y. : Praeger.

Dettman, Paul R. (1974). "Leaders and Structures In 'Third World' Politics: Contrasting Approaches to Legitimacy." *Comparative Politics*, January.

Downs, Anthony (1957). *An Economic Theory of Democracy.* New York: Harper & Row.

Dye, Thomas R. & Harmon Zeigler (1970). *The Irony of Democracy.* Belmont: Wadsworth.

Easton, David (1953). *The Political System: An Inquiry into the State of Political Science.* N. Y. : Alfred.

_____(1965). *A Systems Analysis of Political Life.* N. W. : Wiley.

Edinger, Lewis J. (1964a). "Political Science and Political Biography: Reflections on the Study of Leadership(Ⅰ)." *Journal of Politics*, Vol. 26, No. 2, May.

_____(1964b). "Political Science and Political Biography(Ⅱ)." *Journal of Politics*, Vol. 26, No. 3, August.

_____(1965). *Kurt Schumacher: A Study in Personality and Political Behavior.* Stanford: Stanford University Press.

Elgie, Robert(1995). *Political Leadership in Liberal Democracies.* London: Macmillan Press.

Erickson, Eric H. (1958). *Young Man Luther.* N. Y.: Norton.

_____(1969). *Gandhi's Truth.* N. Y.: Norton.

Evans, Peter B., Reuschemeyer, Dietrich, & Skocpol, Theda(eds.) (1985). *Bringing the State Back In.* Cambridge: Cambridge University Press.

Feit, Edward et al. (1978). *Governments and Leaders: An Approach to Comparative Politics.* Boston: Houghton Mifflin.

Finkle, Jason L. & Richard W. Gable eds. (1971). *Political Development and Social Change.* N. Y.: John Wiley and Sons.

Ford, Donald H. & Urban, Hugh B. (1963). *Systems of Psychotherapy: A Comparative Study.* New York: John Wiley & Sons.

Fukuyama, Francis 저. 안진환 역(2005). 《강한 국가의 조건》. 황금가지.

George, Alexander & Juliett L. George(1956). *Woodrow Wilson and Colonel House.* N. Y.: The John Day House.

George, Alexander(1974). "Assessing Presidential Character." *World Politics*, 26, January.

Gibbons, Michael(1987). *Interpreting Politics.* N. Y.: New York Univ. Press.

Gillian, L. A. (1954). *Clinical Aspects of the Autonomic Nervous System.* New York: Little, Brown & Co..

Glad, Betty(1980). *Jimmy Carter, In Search of the Great White House.* N. W.: W. W. Norton & Co..

Greenleaf, Robert K. (1977). *Servant Leadership: A Journey into the Nature of Legitimate Power and Greatness.* N. Y.: Paulist Press.

Greenstein, Fred I. (1969). *Personality and Politics: Problems of Evidence, Inference, and Conceptualization.* Chicago: Markham.

Greenstein, Fred I. & Daniel Lerner (1970). *A Source Book for the Study of Leadership and Personality.* Chicago: Markam.

Han, Sung-joo (1974). *The Failure of Democracy in South Korea.* Berkeley, Calif. : University of California Press.

Hargrove, Erwin (1993). "Presidential Personality and Leadership Style." George C. Edwards, John H. Kessel, & Bert A. Rockman eds. *Researching the Presidency: Vital Questions, New Approaches.* Pittsburgh, P. A. : University of Pittsburgh Press.

Held, David et al. ed. (1983). *States & Societies.* N. Y. : New York Univ. Press.

Herman, Louis H. (1977). "Birth Order and Political Leadership." Margaret G, Herman ed. *A Psychological Examination of Political Leaders.* N. Y. : The Free Press.

Hermassi, Elbaki (1972). *Leadership and National Development in North Africa: A Comparative Study.* Berkeley: Univ. of California Press.

＿＿＿＿(1980). *The Third World Reassessed.* Berkeley University of California Press.

Heywood, Andrew. 이종은 · 조현수 역 (2006). 《현대정치이론》. 아카넷.

Hilleboe, Herman E. & Larimore, Granville W. (eds.) (1965). *Preventive Medicine: Principles of Prevention in the Occurrence and Progression of Disease.* Philadelphia: W. B. Saunders Co. .

Hofstadter, Richard (1948). *The American Political Tradition.* N. Y. : Knopf.

Hollander, Edwin P. (1978). *Leadership Dynamics.* N. Y. : The Free Press.

Hook, Sidney (1943). *The Hero in History.* Atlantic Highland, N. J. : Humanity Press.

Howard Gardner. 김원영 역 (2009). 《미래마인드》. 재인.

Hull, Diana (1987). *Informed Consent: From the Body to Body-Politic in the Nuclear Age.* Santa Barbara: Nuclear Age Peace Foundation.

Huntington, Samuel P. (1965). "Political Development and Political Decay." *World Politics,* 17.

_____ (1969). *Political Order in Changing Societies.* New Haven: Yale University Press.

Ionescu, Ghita (1991). *Leadership in an Interdependent World: The States-manship of Adenauer, De Gaulle, Thatcher, Reagan and Gorbachev.* London: Longman.

James M. Burns. 한국리더십연구회 역 (2000). 《리더십 강의》. 미래인력연구센터・생각의 나무.

James, William (1917). *Selected Papers on Philosophy.* N. Y. : E. P. Dutton.

Janda, Kenneth F. (1960). "Toward the Explication of the Concept of Leadership in terms of the Concept of Power." *Human Relations,* Vol. 13, No. 4.

Jonsen, Albert R. (1983). "Watching the Doctor." *The New England Journal of Medicine,* 303 (25).

Kellerman, Barbara (ed.) (1984). *Leadership: Multidisciplinary Perspectives.* New Jersey: Prentice-Hall.

_____ (1986). *Political Leadership: A Source Book.* London: University of Pittsburgh Press.

Kim, Choong Nam (2007). *The Korean Presidents: Leadership for Nation Building.* Norwalk, Conn. : Eastbridge.

Kim, Sangki (1998). "The Modern Prince: A Note on the Developmental Dictatorship." *The Review of Korean Studies,* Vol. 1, September.

Klein, Joe (1993). "Elections Aren't Democracy." *Newsweek,* 12-44, July.

Kotter, John & Paul L. Lawrence (1974). *Mayors in Action.* N. Y. : Wiley.

Kryspin, Jan (1987). "A New Theory of World Health." *International Journal of World Peace,* 4 (3).

Lam, Anthony K. S. (1981). "Traditional Chinese Medicine and Western Medical Practice: Personal Observation," In Martin S. Straum & Donald E. Larsen (eds.), *Doctors, Patient, and Society: Power and Authority in Medical Care,* 148-150. Waterloo, Canada: Wilfrid Laurier University Press.

Lasswell, Harold D. (1930). *Psychopathology and Politics.* Chicago: University of Chicago Press.

Ledermann, Erich Kurt (1986). *Philosophy and Medicine*, revised ed. Brookfield: Gower Publishing Co..

Lee, Chong-Sik (1984). "The Personality of Four Korean Political Leaders: Synnman Rhee, Kim Ku, Kim Kyu-Sik and Yo Un-Hyong." 김준엽 박사 화갑기념위원회, 《한국과 아세아》, 고려대 아세아문제연구소.

Lee, Yong-Sun (1976). "Political Elites and the Socio-economic Development of South Korea, 1948~1972." Ph. D. Dissertation, Wayne State University.

Leman, Kevin (1985). *The Birth Order Book: Why You Are, The Way You Are.* N. Y.: Fleming H. Revell Co.

Lewy, Robert (1980). *Preventive Primary Medicine: Reducing the Major Causes of Mortality.* Boston: Little, Brown and Co..

Lintz, Juan J. (1978). *The Breakdown of Democratic Regimes: Crisis, Breakdown and Reequilibration.* London: The Johns Hopkins Univ. Press.

Lipset, Seymour Martin (1980). *Political Man.* Garden City: Doubleday.

Little, Graham (1988). *Strong Leadership: Thatcher, Reagan and An Eminent Person.* London: Oxford University Press.

Machiavelli, Niccolo (1962). *The Prince.* New York: New American Library.

Mazlish, Bruce (1972). *In Search of Nixon.* N. Y.: Basic Books.

_____ (1974). *Leadership in American Revolution: The Psychological Dimension.* Washington. D. C.: Library of Congress.

McDonald, Donald (1975). "American-Korean Relations, 1945~1965: A Survey of the Record." Unpublished Paper for the U. S. Department of State.

Migdal, Joel S. (1988a). "Vision and Practice: The Leader, the State and the Transformation of Society." *International Political Science Review*, Vol. 9, No. 1, January.

_____ (1988b). "Visionary Realism and Political Leadership." *International Political Science Review*, Vol. 9, No. 1, January.

Minogue, Kenneth (1995). *Politics: A Very Short Introduction.* London: Oxford University Press.

Mosca, G. (1963). *The Ruling Class.* N. Y.: McGraw-Hall.

Moynihan, Daniel Patrick (1973). *Coping: Essays on the Practice of Government*. New York: Random House.

Myrdal, Gunar (1968). *Asian Drama: An Inquiry into the Poverty of Nations*. 3 vols., N. Y. : Pantheon.

Nash, David T. (1985). *Medical Mayhem*. New York: Walker.

Nelson, Michael (1998). "The Psychological Presidency." In Michael Nelson (ed.), *The Presidency and the Political System*. Washington. D. C. : CQ Press.

Neubauer, Deane & Pratt, Richard (1982). "The Second Public Health Revolution: a Critical Appraisal." *Journal of Health Politics, Policy, and Law*, 6 (2).

Nixon, Richard (1982). *Leaders*. London: Sidgwick & Jackson.

Nordlinger, Eric A. (1981). *On the Autonomy of the Democratic State*. Cambridge: Harvard University Press.

O'Donell, Guillermo (1994). "Delegative Democracy." *Journal of Democracy*, Vol. 5, January.

Paige, Glenn D. (1966). "Rediscovery of Politics." In John D. Montgomery & William J. Siffin (eds.), *Approaches to Development: Politics, Administration, and Change*, 44~58. New York: Macgraw-Hill.

_____ (1972). *Political Leadership: Readings for an Emerging Field*. N. Y. : The Free Press.

_____ (1977). *The Scientific Study of Political Leadership*. N. Y. : The Free Press.

_____ (1993). *To Nonviolent Political Science: From Seasons of Violence*. Honolulu: Center for Global Nonviolence Planning Project, Matsunaga Institute for Peace, University of Hawaii.

Palos, Stephan (1971). *The Chinese Art of Healing*. New York: Herder & Herder.

Pika, Joseph (1981). "Moving Beyond the Oval Office: Problems in Studying the Presidency." *Congress & the Presidency*, 9, Winter.

Plato (1945). *The Republic*, trans. F. M. Conford. London: Oxford University Press.

_____ (1957). *Statesman*, ed. Martin Oswald and trans. J. B. Skemp.

Indianapolis: Bobbs-Merrill.

_____(1961). *The Sophist & The Statesman*, eds. Raymond Klibansky & Elizabeth Anscombe and trans. A. E. Taylor. London: Thomas Nelson and Sons.

Poulantzas, Nicos(1969). "The Problem of the Capitalist State." *New Left Review*, 58.

_____(1978). *State, Power, and Socialism.* London: New Left Books.

Pye, Lucian W. (1966). *Aspects of Political Development.* Boston: Little Brown.

_____(1985). *Asian Power and Politics: The Cultural Dimensions of Authority.* Cambridge, Massachusetts and London: The Belknap Press of Harvard University Press.

Richter, Melvin(1968). "Montesquieu." In David Sills(ed.), *International Encyclopedia of the Social Sciences 10.* New York: The Macmillan Co. and The free Press.

Ridley, Matt(1996). "The Sibling Theory of Civilization." *PROSPECT*, Nov.

Rost, Joseph C. (1993). *Leadership for the Twenty-First Century.* London: Praeger.

Rustow, Dankwart A. (1967). *A World of Nations: Problems of Political Modernization.* Washington. D. C. : The Brookings Institute.

Sartori, Giovanni(1969). "Politics, Ideology, and Belief System." *American Political Science Review*, LXIII, June.

Schlesinger, Jr, Arthur(1983). *Creativity in Statecraft.* Washington. D. C. : Library of Congress.

_____(1989). *The Imperial Presidency.* Boston: Houghton Mifflin.

Sharpe, L. J. & K. Newton(1984). *Does Politics Matter?: The Determinants of Public Policy.* N. Y. : Oxford University Press.

Sheffer, Gabriel ed. (1993). *Innovative Leadership in International Politics.* Albany: State University of New York Press.

Sianuk, Nordom(1993). *Charisma and Leadership.* N. Y. : Knopf.

Siegler, Miriam & Osmond, Humprey(1979). *Patienthood: The Art of Being a Responsible Patient.* New York: Macmillan Publishing Co. .

Skocpol, Theda (1979). *State and Social Revolution.* Cambridge: Cambridge University Press.

Spencer, Herbert (1884). *The Study of Sociology.* N. Y. : D. A. Appleton.

Spragens, Jr, Thomas A. (1976). *Understanding Political Theory.* N. Y. : St. Martin's Press.

Stewart, Louis H. (1977). "Birth Order and Political Leadership." In Margaret C, Herman ed. *A Psychological Examination of Political Leaders.* N. Y. : The Free Press.

Suh, Dae-sook & Chae-jin Lee eds. (1976). *Political Leadership in Korea.* Seattle: University of Washington Press.

Suh, Dae-sook (1967). *The Korean Communist Movement, 1918~1948.* Princeton: Princeton University Press.

Sulloway, Frank J. (1996). *Born to Rebel: Birth Order, Family Dynamics, and Creative Lives.* London: Little, Brown and Co..

Takestugu, Tsurutani (1973). *The Politics of National Development: Political Leadership in Transitional Societies.* London: Chandler Publishing Co.

Talbott, Strobe (1992). "Why the People Cheer the Bad Guys in a Coup." *Time,* May 4.

Taras, David & Robert Weyant (1988). "Dreamers or the Day: A Guide to Roles, Character and Performances on the Political Stage." In Leslie Pal and David Taras (eds.), *Prime Ministers and Premiers: Political Leadership and Public Policy in Canada, Scarborough.* Ontario: Prentice-Hall.

The Commission on Global Governance (1995). *Our Global Neighbour-hood: The Report of the Commission on GLOBAL Governance.* N. Y. : Oxford University Press.

Therborn, Goran (1978). *What Does the Ruling Class Do When It Rules?.* London: New Left Books.

Toynbee, Arnold (1972). *A Study of History.* University of Oxford Press.

Tsurutani Takestugu & Jack B. Gabbert eds. (1992). *Chief Executives: National Political Leadership in the United States, Mexico, Great Britain, Germany, and Japan.* Washington: Washington State Univ.

Press.

Tsurutani Takestugu (1968a). "Machiavelli and the Problem of Political Development." *The Review of Politics,* xxx, July.

_____ (1968b). "Stability and Instability: A Note in Comparative Political Analysis." *The Journal of Politics,* xxx, November.

_____ (1973). *The Politics of National Development: Political Leadership in Transitional Societies.* London: Chandler Publishing Co.

Tucker, Robert C. (1965). "The Dictator and Totalitarianism." *World Politics.* 17, July 4.

_____ (1973). *Stalin as Revolutionary, 1879~1929.* N. Y.: Norton.

_____ (1981). *Politics as Leadership.* Columbia: Univ. of Missouri Press.

_____ (1990). *Stalin in Power: The Revolution from Above, 1928~1941.* N. Y.: Norton.

_____ (1995). *Politics as leadership.* Columbia: University of Missouri Press.

Verba, S. (1961). *Small Groups and Political Behavior: A Study of Leadership.* Princeton: Princeton University Press.

Viroli, Maurizio (1999). *Repubicanism.* New York: Hill & Wang.

Wallerstein, Immanuel (1979). *The Capitalist World-Economy.* Cambridge: Cambridger University Press.

Weber, Max (1958). *Essays in Sociology.* N. Y.: A Galaxy Book.

Weiner, Myron (1962). *The Politics of Scarcity: Public Pressure and Political Response in India.* Chicago: University of Chicago Press.

Welsh, William A. (1978). *Leaders and Elites.* N. Y.: Holt, Rinehart and Winston.

Wiatr, Jerzy J. (1988). "Introduction: Political Leadership from a Comparative Perspective." *International Political Science Review.*

Wills, George (1994). *Certain Trumpets: The Nature of Leadership.* N. Y.: Simon & Shuster.

Wolfenstein, Victor E. (1971). *The Revolutionary Personality.* Princeton: Princeton University Press.

Woolpert, Stephen (1982). "A Comparison of Rational Choice and Self-

Actualization Theories of Politics." *Journal of Humanistic Psychology*, 22(3).

Zweig, Ronald W. (ed.) (1991). *David Ben-Gurion: Politics and Leadership in Israel*. London: Frank Cass.

724

■ 저자 소개

정 윤 재

서울대 정치학과 및 동대학원 졸업
미국 하와이대 정치학과 졸업(정치학박사)
충북대 정치외교학과 교수,
영국 케임브리지대 퀸스칼리지 방문학자 역임
현대사상연구회 회장, 한국동양정치사상사학회 회장,
한국정치학회 회장 역임
한국학중앙연구원 연구처장, 국제협력처장,
세종국가경영연구소 초대소장, 한국학진흥사업단 단장 역임
현재 한국학중앙연구원 한국학대학원 사회과학부 교수

■ 주요 저서
《한국현대정치사》(공저), 《미래한국의 정치적 리더십》(공저),
《남북한의 최고지도자》(공저), 《장면·윤보선·박정희》(공저),
《유교리더십과 한국정치》(공저), 《한국정치사상의 비교연구》(공저),
《세종의 국가경영》(공저), 《세종리더십의 형성과 전개》(공저),
《세종과 재상, 그들의 리더십》(공저),
《청소년을 위한 세종리더십 이야기》(공저),
《비폭력과 한국정치》(공역), 《리더십강의》(공역),
《영혼의 리더십: 간디의 생애와 유산》(공역),
《다사리 공동체를 향하여: 민세 안재홍 평전》, 《다사리 국가론》,
《정치리더십과 한국민주주의》, 《비살생 정치학》(단독 번역) 등.